加持祈祷奥伝

小野清秀

眞言秘密
兩部神法

加持祈禱奥傳

小野清秀著

東京
二松堂發行

眞言秘密
兩部神法

加持祈禱奥傳

小野清秀　述

緒言

元來《ぐわんらい》秘密《ひみつ》と云《い》ひ、神法《しんぱふ》と云《い》ふものは、筆《ふで》や詞《ことば》に現《あら》はすことの出來《でき》ないものであつて、それ〳〵其《そ》の道《みち》の師匠《ししやう》に就《つい》て、以《い》心傳心《しんでんしん》の裡《うち》に相承傳授《さうしやうでんじゆ》を受《う》けるより他《ほか》はないのである。從《したが》つて此等《これら》の秘密神法《ひみつしんぱふ》は、古《いにしへ》より未《いま》だ嘗《かつ》て世間《せけん》に公開《こうかい》されたことはない。若《も》し之《こ》れを傳授《でんじゆ》を受《う》けずして行《おこな》ふとか、又《また》は其《そ》の機《き》に非《あ》らざるものに授《さず》くるやうなことがあれば、越法《おつぱふ》といつて酷《ひど》ひ冥罰《めいばつ》を蒙《かうむ》るものとしてある。從《したが》つて非常《ひじやう》な神秘的《しんぴてき》なものであり、又非常《またひじやう》な大利根《だいりこん》の人物即《じんぶつすなは》ち天才《てんさい》でなければ、修行《しゆぎやう》も出來《でき》ず、靈驗効果《れいけんかうくわ》もないものとしてあつたのである。

然《しか》るに世《よ》は進歩《しんぽ》し、人智《じんち》は發達《はつたつ》し、昔《むかし》の難事《なんじ》とする所《ところ》や、不思議《ふしぎ》として居《を》つたことも、今日《こんにち》では平々凡々《へい〳〵ぼん〳〵》何人《なんぴと》も了解《りやうかい》し得《う》るやうになつたものが少《すく》なくない、それで單《たん》に秘密《ひみつ》とか神法《しんぱふ》とかいつて、奥殿《おくでん》に仕舞《しま》ひ込《こ》んで置《お》くのは、現代式《げんだいしき》でないばかりか、謂《い》はゞ寶《たから》の持《も》ち腐《くさ》りである。勿論《もちろん》眞言《しんごん》秘密《ひみつ》や、兩部《りやうぶ》神法《しんはふ》が平々《へい〱》凡々《ぼん〱》たるものであるといふのではない。それには超絶《てうぜつ》せる大哲理《だいてつり》もあり、難澁《なんじう》深酷《しんこく》なる修行法《しゆぎやうはふ》もある、けれど大學者《だいがくしや》大賢人《だいけんじん》でなければ其《そ》の道理《だうり》が解《わか》らぬといふことはない。眞理《しんり》は普遍《ふへん》であるから、愚夫《ぐふ》愚婦《ぐふ》にも通用《つうよう》せねば眞理《しんり》とは云《い》はれぬ。又《また》如何《いか》なる六ヶ敷《しき》事《こと》でも、専心《せんしん》誠意《せいい》でやれば、必《かなら》ず成功《せいかう》熟達《じゆくたつ》するものである。機根《きこん》相應《さうおう》と云《い》ひ、天才《てんさい》適所《てきしよ》と云《い》ひ、特性《とくせい》といふことは、尤《もつと》も至極《しごく》であるけれど、天才《てんさい》の不勉強《ふべんきやう》不熱心《ふねつしん》よりは、愚人《ぐじん》の一念《ねん》の方《はう》が恐《おそろ》しいのであつて、要《えう》は熱心《ねつしん》如何《いかん》といふことに歸着《きちやく》するのである。

左《さ》れば一切《さい》を世間《せけん》に公開《こうかい》し、志《こころざし》ある者《もの》に對《たい》して、入道《にふだう》入門《にふもん》の手引《てびき》を爲《な》すことは、決《け》つして罪惡《ざいあく》でもなければ、無用《むよう》のことでもないと信《しん》ずるのである。併《しか》しながら此《こ》の本《ほん》を讀《よ》めば何人《たんぴと》でも直《たゞ》ちに樂々《らく〱》と修行《しゆぎやう》が出來《でき》、又《また》著《いちぢる》しく効果《かうくわ》があるものとは云《い》はれぬ、禪宗《ぜんしう》等《など》では一切《さい》の形式《けいしき》に囚《とら》はれず、釋迦《しやか》も達磨《だるま》も何《なん》のその、お經《きやう》も儀式《ぎしき》も御無用《ごむよう》といふけれど、それは大悟《だいご》徹底《てつてい》の上《うへ》の話《はなし》であり、大哲人《だいてつじん》の境界《きやうかい》をいつたものである。又《また》浄土宗《じやうどしう》や眞宗《しんしう》、其《そ》の他《た》大《たい》抵《てい》の宗教《しうけう》では、行住《ぎやうぢゆう》坐臥《ざぐわ》、即《すなは》ち寢《ね》て居《を》つても、便所《べんじよ》でも、専念《せんねん》信仰《しんかう》せよと云《い》ふが、それは熱心《ねつしん》であれ、専純《せんじゆん》であれといふのであつて、秘密《ひみつ》神法《しんはふ》はそういふ譯《わけ》にはゆかぬ。矢張《やは》り形《けい》式《しき》が大切《たいせつ》である。人《ひと》と人《ひと》との應對《おうたい》でも、云《い》ふ詞《ことば》は同《おな》じであつても、寢轉《ねころ》んで謂《い》ふのと、行儀《ぎやうぎ》正《たゞ》しく、きちんと端坐《たんざ》して云《い》ふのとは、相手方《あいてかた》の受《う》けも違《ちが》へば、自分《じぶん》の氣持《きもち》も違《ちが》ふ。することは一つでも、禮裝《れいさう》でやるのと、肌抜《はだぬぎ》でやるのは、結果《けつくわ》の上《うへ》に於《おい》て價値《かち》の差《さ》がある。信《しん》は莊嚴《さうごん》より起《おこ》るといふのも、爭《あらそ》はれぬ人情《にんじやう》の機微《きび》を穿《うが》ちたる現實《げんじつ》である。故《ゆゑ》に秘密神法《ひみつしんはふ》は何人《なんぴと》にも出來《でき》ぬことはないが、其《そ》の効果《かうくわ》を實現《じつげん》するには、一定《てい》の形式法軌《けいしきはふき》に從《したが》ひ、至誠《しせい》專念《せんねん》を以《もつ》て修行《しゆぎやう》せねばならぬのである。寢《ね》て居《を》つて牡丹餅《はたもち》の棚《たな》から落《お》ちるを待《ま》つが如《ごと》き、熟柿主義《じゆくししゆぎ》、不精主義《ぶしやうしゆぎ》では決《け》つして成功《せいかう》するものではない。

本書《ほんしよ》では、加持祈禱《かぢきたう》の原理《げんり》や、其《そ》の効果《かうくわ》に就《つい》ての理屈《りくつ》は、極《きは》めて簡單《かんたん》に要綱丈《えうかうだけ》を説明《せつめい》し、大部分《だいぶぶん》は修行《しゆぎやう》の順序法式《じゆんじよはふしき》を、詳細《しやうさい》に解説《かいせつ》し、更《さら》に修行《しゆぎやう》する者《もの》の心得《こゝろえ》を力説《りきせつ》することにしてある。原理論《げんりろん》には相當《さうたう》の學力《がくりよく》、即《すなは》ち哲學《てつがく》とか、心理學《しんりがく》とか、論理學《ろんりがく》とか、宗教學《しうけうがく》とかいふ、豫備智識《よびちしき》が無《な》くては、分《わか》り惡《にく》いが、修行《しゆぎやう》するにはそれ程《ほど》の學問《がくもん》はなくとも、單《たん》に對象即《たいしやうすなは》ち神佛《しんぶつ》の存在《ぞんざい》、換言《くわんげん》すれば宇宙的大靈力《うちうてきだいれいりよく》の實在《じつざい》といふことを體信《たいしん》し、又加持祈禱《またかぢきたう》の可能《かのう》であり、有効《いうかう》であるといふことを確認《かくにん》し、法式《にふしき》の通《とほ》りに、秩序正《ちつじよたゞ》しく順次修行《じゆんじしゆぎやう》してゆけばよいのである。此《こ》の信念《しんねん》と此《こ》の修行《しゆぎやう》とをするのは、半可通《はんかつう》の生學問《なまがくもん》のあるよりは、却《かへ》つて單純《たんじゆん》無垢《むく》の頭腦《づのう》の方《はう》が宜《よい》のである。卽《すなは》ち寧《むし》ろ學問《がくもん》の少《すく》ない、正直《しやうじき》な、熱誠《ねつせい》の人《ひと》の方《はう》が、修行《しゆぎやう》も進《すゝ》み、効果靈驗《かうくわれいけん》も著《いちじる》しいものである。尤《もつと》も有識《いうしき》の賢者《けんじや》が、如法誠實《によほふせいじつ》にやれば、それは所謂《いはゆる》鬼《おに》に金棒《かなぼう》で、大成大果《たいせいたいくわ》を見《み》るのは云《い》ふまでもないことである。

眞言秘密《しんごんひみつ》の修法《しゆほふ》にも、澤山《たくさん》の流派《りうは》がある。又兩部神法《またりやうぶしんぽふ》にも、種々《しゆじゆ》と異《ことな》つた儀式《ぎしき》がありますが、著者《ちよしや》は三十餘年《よねん》の間《あひだ》、各派各流《かくはかくりう》に亘《わた》つて、仔細《しさい》に研究《けんきう》したのであつて、孰《いづ》れを是《ぜ》とし、孰《いづ》れを否《ひ》とするやうな、偏見我見《へんけんがけん》は持《も》て居《を》らぬ上《うへ》に、孰《いづ》れの流派《りうは》にも特長《とくちやう》があることを體認《たいにん》して居るのであるから、本書《ほんしよ》では固《もと》より一流一派《りうは》を固守《こしゆ》することを避《さ》け、一方《はう》より云《い》へば各流派《かくりうは》の長所《ちやうしよ》を採《と》り、又他方《またたはう》より見《み》れば、現代的實際的《げんだいてきじつさいてき》に有効《いうかう》であると信《しん》ずるものを自由《じいう》に取捨《しゆしや》して發表《はつぴやう》したのである。從《したが》つて頑迷不靈《ぐわんめいふれい》の人々《ひとびと》が、彼《か》れ此《こ》れいふのは、初《はじ》めより覺悟《かくご》の前《まへ》である。併《しか》し最後《さいご》には著者《ちよしや》の云《い》ふ所《ところ》が、全勝《ぜんしやう》を制《せい》し、之《こ》れに由《よ》つて大《おほい》に秘敎《ひけう》神法《しんぽふ》の研究《けんきう》や、流行《りうかう》を促進《そくしん》することになるのは、火《ひ》を見《み》るよりも猶《な》ほ明《あき》らかである。

由來何業何事《ゆらいなにげふなにごと》でも、我田引水《がでんいんすゐ》といふことは、免《まぬ》がれ難《がた》い所《ところ》である。他《た》を譏《そし》り、己《おの》れを慢《ほしいまゝに》することは、總《すべ》てのものが陷《おちい》り易《やす》いのであるが、宗敎《しうけう》は特《とく》にそれが酷《ひど》い。秘密《ひみつ》でもないものを惜《を》しみ隱《かく》し、何人《なんぴと》でも分《わ》かることを秘傳《ひでん》とか、奥儀《おくぎ》といつて、己《おの》れ獨《ひと》りの專有《せんいう》の如《ごと》く思《おも》ひ、普及公開《ふきふこうかい》を忌《い》み、容易《ようい》に他《た》の長所《ちやうしよ》を認《みと》めず、又《また》知《し》りつゝも自家《じか》の非《ひ》を改《あらた》めざるのみか強《しい》て擁護《ようご》せんとするの弊《へい》がある。之《こ》れは營業的商略上止《えいげふてきしやうりやくじやうや》む得《え》ぬことでもあつたろうが、併《しか》しそれは甚《はなは》だしい舊慣《きうくわん》である。今日《こんにち》は一切《さい》を公開《こうかい》して、社會一般《しやくわいつはん》の批判《ひはん》を仰《あふ》ぎ、是《ぜ》を是《ぜ》とし、非《ひ》を非《ひ》として、一意進展《いしんてん》の路《みち》をたどらねばならぬのである。

著者《ちよしや》は如上《じよじやう》の見地《けんち》に立《た》ちて、宗教《しうけう》を研究《けんきう》し、各教各派《かくけうかくは》に亘《わた》つて、洽《あま》ねく其《そ》の長所短所《ちやうしよたんしよ》を精《せい》覈《げう》し、長《ちやう》を長《ちやう》として之《こ》れを表明《ひやうめい》し、秘密《ひみつ》も奥儀《おくぎ》もあつたものではない。人《ひと》の知《し》り得《う》る所《ところ》、自己《じこ》の學《まな》び得《え》た所《ところ》を、公開《こうかい》して世《よ》に訴《うつた》ふることが、斯道《しだう》に忠實《ちうじつ》なるものであるといふことを信《しん》じて疑《うたが》はぬのである。

左《さ》れば修行《しゆぎやう》の法軌《はふき》にしても、古來《こらい》の法則中《はふそくちう》に無用《むよう》と思《おも》ふものがあれば、遠慮《ゑんりよ》なく之《こ》れを削除《さくじよ》し、又根本《またこんぽん》の意義《いぎ》さへ相異《さうい》せねば、舊式《きうしき》を現代式《げんだいしき》に改《あらた》め、術語《じゆつご》の如《ごと》きも、新熟字《しんじゆくじ》を用《もち》ゐたのがある。根本意義《こんぽんいぎ》、一定《てい》の法式《はふしき》、至誠專念《しせいせんねん》、此《こ》の三つが具足《ぐそく》すれば、それでよいのである。若《も》しそれ徒《いたづ》らに新奇《しんき》を弄《らう》して、根本義《こんぽんぎ》を破《やぶ》り、儀式《ぎしき》を輕視《けいし》し、不《ふ》眞面《まじめ》であれば、千百年《ねん》を經《ふ》るとも、決《け》つして成就《じやうじゆ》することはないのである。

壇前普禮、着座
普禮、金剛合掌

金剛三昧耶

覽子觀、
金剛合掌

三密觀、蓮華合
掌、淨三業

被甲護身

淨地、金剛合掌

佛部三昧耶、虛
心合掌

加持香水、
小三古印

觀佛

蓮華部三昧耶、
八葉印

加持供物、
小三古印

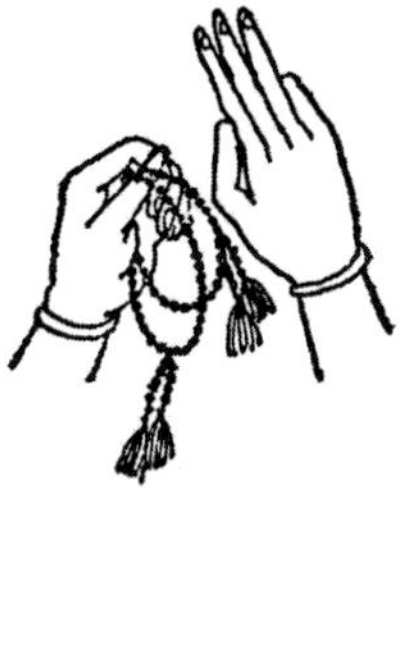

金剛起

普禮、喪白、神分祈願、五悔、淨三業、普禮、發菩提心、金剛合掌

金剛橛、亦名地結

寳車輅、亦名送車輅

三昧耶戒

金剛墻 亦名四方墻

請車輅

道場觀、如來拳印

發願、五大願、普供養印、三刀偈

召請

大金剛輪

小金剛輪

大虚空藏

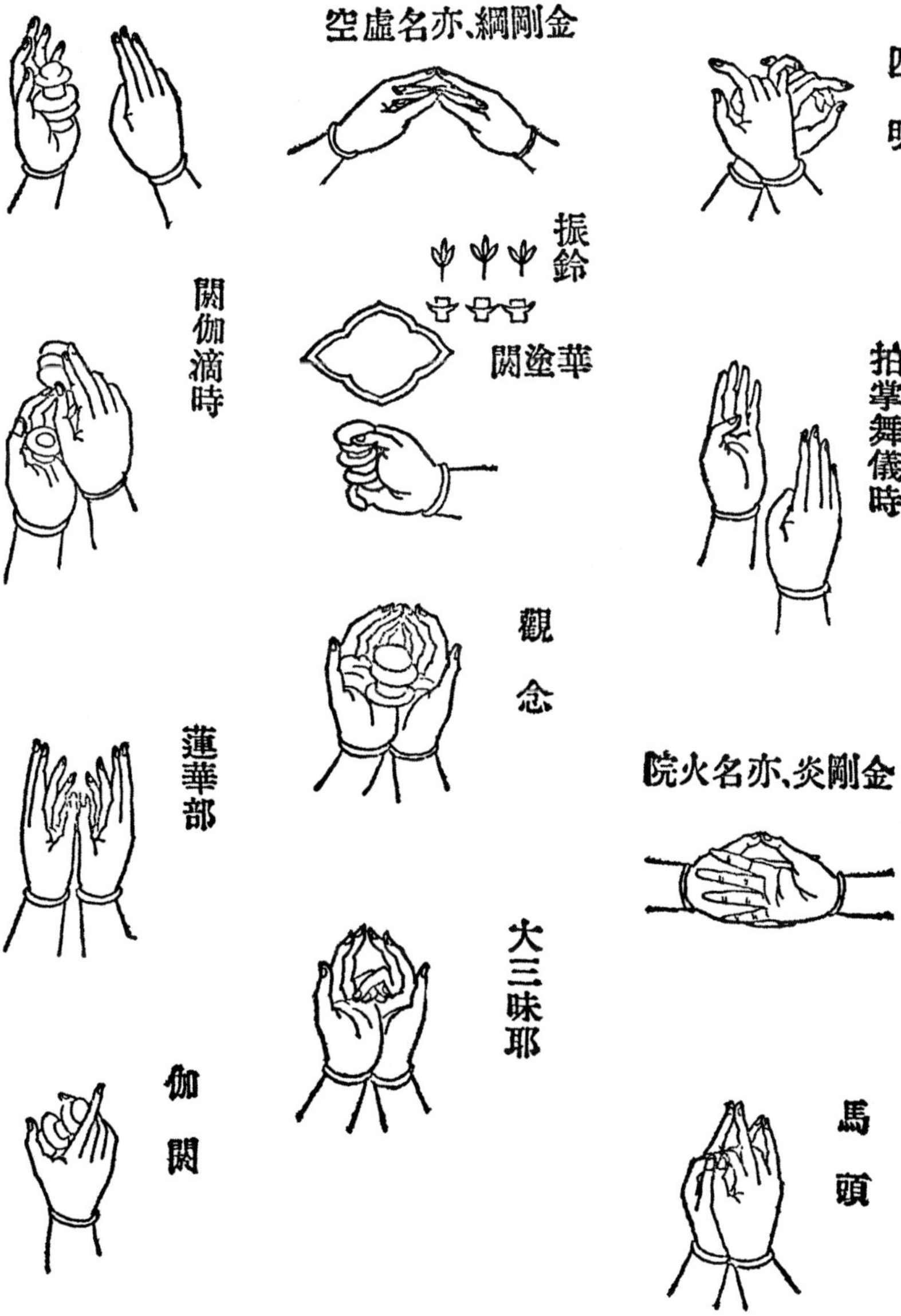
金剛網、亦名虚空
四明
振鈴
閼伽滴時
閼塗華
拍掌舞儀時
觀念
蓮華部
金剛炎、亦名火院
大三昧耶
伽閼
馬頭

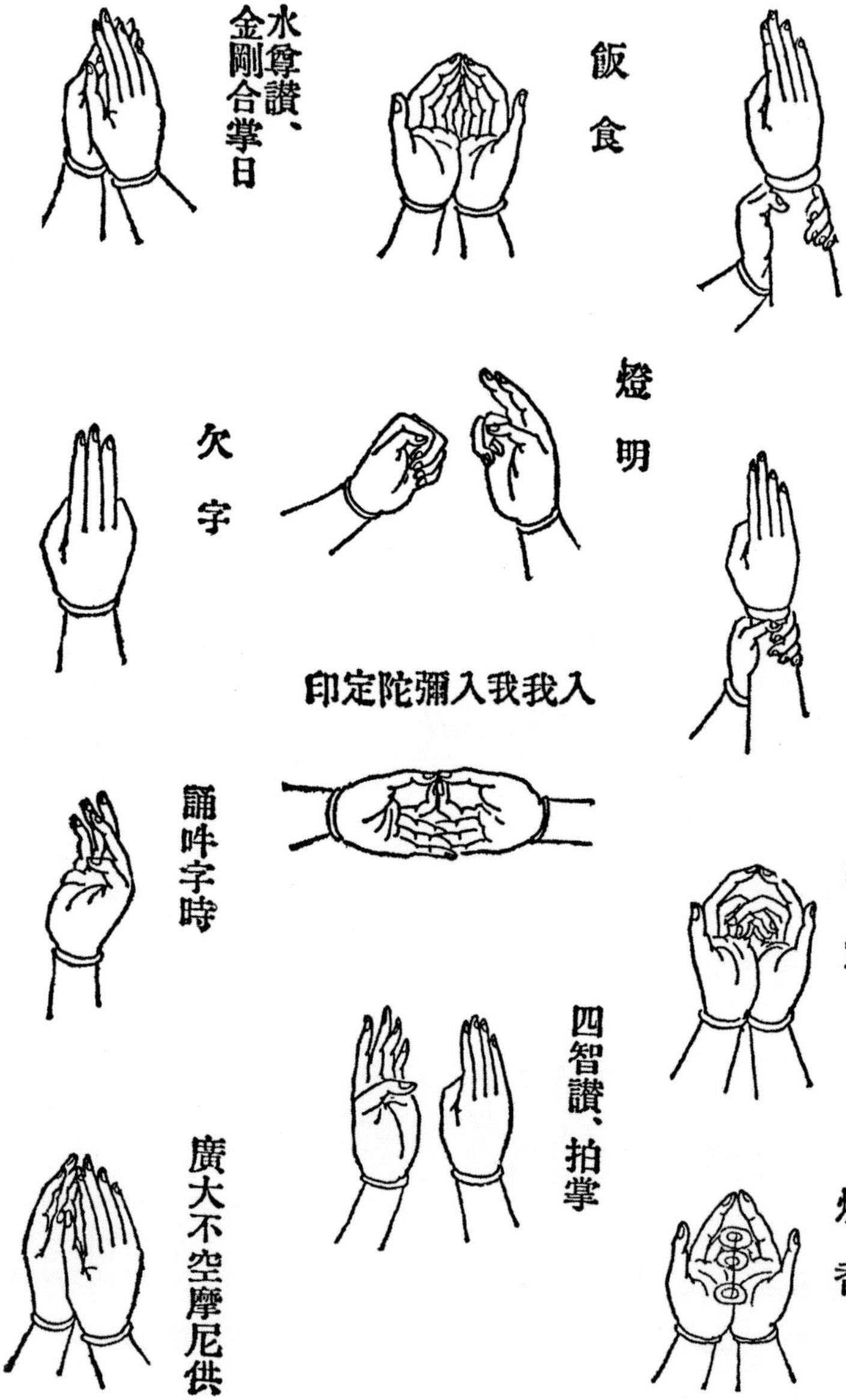

塗香
飯食
水尊讃、
金剛合掌日
塗香印異
燈明
欠字
入我我入彌陀定印
華鬘
誦吽字時
四智讃、拍掌
燒香
廣大不空摩尼供

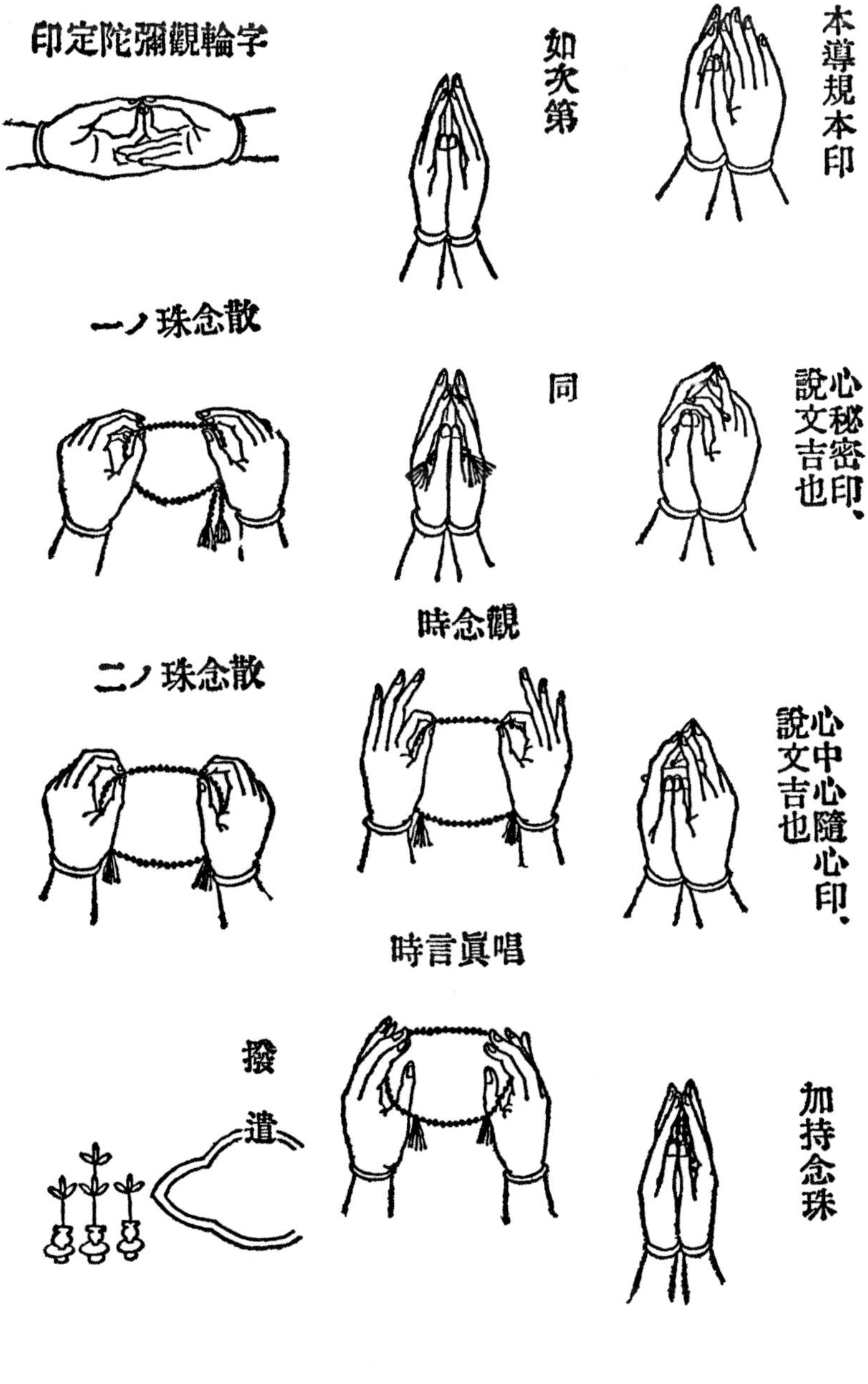

本導規本印

如次第

字輪觀彌陀定印

心秘密印、説文吉也

同

散念珠ノ一

心中心隨心印、説文吉也

觀念時

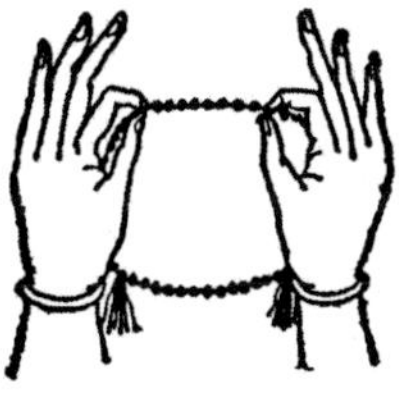

散念珠ノ二

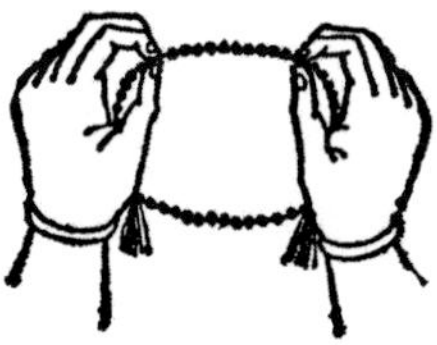

加持念珠

唱眞言時

撥遣

拍掌ノ一

隱形

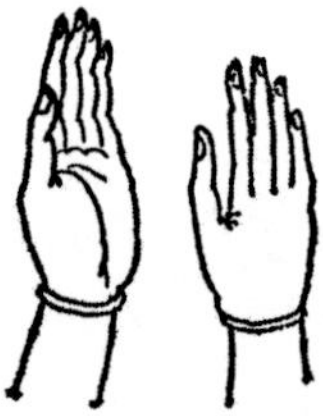

拍掌ノ二

指花撥遣

華投

施無畏

眞言秘密 兩部神法 加持祈禱奥傳

目次

緒言……一

上編 眞言秘密の巻

發端……一
第一章 三國傳來……六
第一節 龍猛菩薩と南天の鐵塔……六
第二節 支那の眞言密教……九
第三節 日本の眞言密教……一一
第二章 教理の大綱……一三
第一節 六大縁起……一三
第二節 四種の曼荼羅……一六
第三節 三業具足……一八

第四節　三大圓融……二〇
第五節　本有不生……二二
第六節　金胎兩部……二四
第三章　加持祈禱の本義……二八
第一節　加持の眞義……二八
第二節　祈禱の意義……三一
第三節　入我我入……三三
第四節　三力具足……三五
第四章　入門灌頂……三八
第一節　誓願と戒法……三八
第二節　結緣灌頂……四〇
第三節　受明灌頂……四一
第四節　傳法灌頂……四三
第五章　秘密修法の準備……四四

第一節　秘法支度物……四四
第二節　秘敎法器……四五
第三節　秘密修法壇……四七
第六章　秘密修法の種別……四九
第一節　五部法三部法……四九
第二節　息災の修法……五二
第三節　增益の修法……五四
第四節　降伏の修法……五六
第五節　鈎召の修法……五八
第六節　敬愛の修法……六〇
第七節　四種法の分類法……六一
第七章　護摩法……六三
第一節　護摩の眞義……六三
第二節　護摩支度……六四

第三節　護摩法の分類……六六
第四節　破壇作法……六八
第八章　六法十八道……六九
第一節　六法行事……六九
第二節　入道場の作法……七一
第三節　十八道法……七二
第九章　觀音菩薩の六秘法……八一
第十章　虛空藏菩薩の福智增進秘法……八四
第十一章　文殊菩薩の大智並見佛、飛行、秘藥の三秘法……八六
第十二章　地藏菩薩和合妙法……九〇
第十三章　不動明王の修法……九三
第十四章　大威德明王の憎惡及怨敵調伏法……一〇二
第十五章　金剛夜叉明王の降神秘法……一〇六
第十六章　降三世明王の榮達、白狀、調伏密法……一〇九

第十七章　軍荼利明王の美貌增力並鑛物透視秘法……一一三
第十八章　馬頭觀音の婦女敬愛及論勝秘法……一一六
第十九章　烏蒭沙摩明王神變十大秘法……一一九
第二十章　大元帥明王の鎭護國家秘法……一二四
第二十一章　孔雀明王の延命持仙秘法……一二七
第二十二章　愛染明王の馬陰藏三昧……一二九
第二十三章　天部の意義……一三二
第二十四章　大黒天の本誓秘法……一三三
第二十五章　毘沙門天の隱形飛行呪殺密法……一三六
第二十六章　吉祥天の天女現身不思議法……一四一
第二十七章　帝釋天の加護妙法……一四六
第二十八章　辨才天の三十二味及妙音成就法……一四八
第二十九章　摩醯首羅天の男女召呼秘法……一五一
第三十章　摩利支天の隱形縛鬼增力大秘法……一五三

第三十一章　地天の福神召請士崇豐盤の秘法……一五七
第三十二章　伎藝天の十大秘法……一五九
第三十三章　大聖歡喜天の神變福德大自在法……一六三
第三十四章　深沙大將仙術秘法……一六七
第三十五章　迦樓羅天の漁利開戸蛇使秘法……一六九
第三十六章　鬼子母神の現身髑髏使役秘法……一七六
第三十七章　氷迦羅天の愛子現身秘法……一八〇
第三十八章　水天龍王の秘密修法……一八二
第三十九章　青面金剛の降魔秘法……一八四
第四十章　荼吉尼天の神變不可思議秘法……一八七

眞言秘密の卷目次　終

眞言秘密 兩部神法 加持祈禱奥傳

下編 兩部神法の卷

目次

發端……一
第一章　神代の傳流……五
第一節　饒速日命の傳統……五
第二節　天兒屋根命の傳流……七
第三節　天太玉命の傳流……九
第四節　大己貴命の直傳……一三
第二章　神佛習合の事實……一六
第一節　奈良朝の神佛習合……一六
第二節　平安朝の神佛習合……一七
第三節　鎌倉以後の神佛習合……一九

第三章　神儒佛習合の流派……………………………………一一
第一節　北畠一條の習合説……………………………………一一
第二節　伊勢神道……………………………………………一二
第三節　唯一神道……………………………………………一三
第四節　伯家神道……………………………………………一五
第五節　垂加神道……………………………………………一六
第六節　兩部神道……………………………………………一七
第七節　山王一實神道………………………………………一九
第八節　法華神道……………………………………………二〇
第九節　雲傳神道……………………………………………二二
第十節　御流神道……………………………………………二三
第四章　神明の種別……………………………………………二五
第一節　宇宙の活力たる神…………………………………二五
第二節　偉人の靈力としての神……………………………二七

第三節　異物の通力としての神……三九
第五章　靈驗の確實性……四一
第一節　人間と神明……四一
第二節　神力の發動……四二
第三節　信仰の威力……四四
第四節　行力の成就……四五
第六章　修行の課程……四七
第一節　自省と誓願……四七
第二節　懺悔更生……四九
第三節　主神奉安……五〇
第四節　身濯の行事……五一
第五節　鎭魂行事……五三
第六節　物忌行事……五四
第七章　祈禱の方式……五七

第一節　裝殿圖式……五七
第二節　禁護修祓……五八
第三節　神明勸請式……六〇
第四節　祈念及送神……六一
第五節　神道護摩法……六二
第八章　山籠の修行……六五
第九章　斷食の修行……六八
第十章　吸氣食霞の行法……七二
第十一章　養神錬膽の修行……七五
第十二章　九字を切る法……七八
第十三章　神符の作法……八一
第十四章　衰運挽回開運祈禱……八五
第十五章　治病祈禱法……八九
第十六章　諸病間接祈禱法……九三

第十七章　病氣封加持法……九五
第十八章　諸病禁厭法……九九
第十九章　鎭火火渡法式……一〇五
第二十章　寃罪消除法……一〇九
第二十一章　稻荷勸請の秘傳……一一一
第二十二章　稻荷祈禱神符……一一四
第二十三章　害虫消除法……一一八
第二十四章　星祭鎭魂神法……一二三
第二十五章　漁獵祈禱神法……一二八
第二十六章　道饗庚申祭秘法……一三一
第二十七章　年越祈禱秘法……一三五
第二十八章　靈藥調劑秘法……一三八
第二十九章　延命長壽の秘法……一四二
第三十章　自他災難豫知秘法……一四五

第三十一章　災禍消除神法……一四九
第三十二章　不疲精根の秘法……一五二
第三十三章　頓死蘇生の秘法……一五四
第三十四章　人格轉換の神術……一五七
第三十五章　勝負事必勝の神法……一六〇
第三十六章　自他精神交感秘術……一六三
第三十七章　讀心察相の秘法……一六六
第三十八章　物質變換の秘法……一六九
第三十九章　繫縛活殺の秘術……一七二
第四十章　護身調伏の神術……一七六

兩部神法の卷目次　終

眞言秘密
兩部神法

加持祈禱奥傳

上編　眞言秘密の巻

上編

眞言秘密の巻

發端

佛教《ぶつけう》の中《なか》の眞言宗《しんごんしう》は、秘密教《ひみつけう》又《また》は略《りやく》して密教《みつけう》とか密宗《みつしう》とかいつて居《ゐ》る、それは眞言宗《しんごんしう》の一方《はう》には教相《けうさう》といつて、學理《がくり》を說《と》く教《をしへ》があると俱《とも》に、又《また》一方《はう》には事相《じさう》といつて、一定《てい》の修《しよ》法《はふ》に依《よ》つて、神變不思議《しんぺんふしぎ》の靈驗《れいけん》を現《あら》はすことを主《しゆ》とする、所謂實踐法《いはゆるじつせんはふ》とか、實驗道《じつけんだう》といふものがあつて、教相《けうさう》の方《はう》は一般《はん》に說《と》き示《しめ》し、半公開的《はんこうかいてき》であるが、事相《じさう》の方《はう》は絕對《ぜつたい》に公開《こうかい》を禁《きん》じ、師資相承《ししさうしよう》の他《ほか》、決《け》つして傳授《でんじゆ》を許《ゆる》さぬから、秘密《ひみつ》〳〵といふやうになつて、眞言秘密《しんごんひみつ》といへば、全《まつ》たく人間界《にんげんかい》から飛《と》び離《はな》れたものであると考《かんが》へらるるに至《いた》つたのである。

併《しか》し秘密《ひみつ》といふ語《ご》は、決《け》つして不思議《ふしぎ》とか、又《また》は包《つゝ》み隱《かく》すといふ意味《いみ》ではない、元來《ぐわんらい》は其《そ》の理《り》が深遠《しんゑん》であり、其《そ》の實行《じつかう》が困難《こんなん》であつて、普通《ふつう》の人《ひと》では容易《ようい》に知《し》ることも出來《でき》ず、行《おこな》ふことも出來《でき》ぬから、自然《しぜん》と秘密《ひみつ》になつて、一般的《はんてき》に行《おこな》はれぬといふ次第《しだい》である、左《さ》れば眞言宗《しんごんしう》の僧侶《そうりよ》行人《かうじん》となるには、極《きは》めて上根上智《じやうこんじやうち》の人《ひと》でなければ、入門《にふもん》を許《ゆる》さぬといふ例《れい》になつて居《を》つたのである。

元來佛敎《ぐわんらいぶつけう》には、八萬《まん》四千の法門《はふもん》があり、八千餘卷《よくわん》の經論《きやうろん》があり、八家《け》九宗《しう》と分《わ》かれ、今《こん》日日《にちに》本《ほん》に現存《げんぞん》するものでさへ、十四宗《しう》五十八派《は》といふ多數《たすう》に上《のぼ》つて居《ゐ》る、而《そう》して佛敎《ぶつけう》に關《くわん》係《けい》した書籍《しよせき》は、大約拾萬冊《ないやくじふまんさつ》を超《こ》へて居《ゐ》るといふ盛況《せいきやう》である、從《したが》つて大乘佛敎《だいじようぶつけう》、小乘敎《せうじようけう》、權《ごん》敎《けう》、實敎《じつけう》、聖道門《せいだうもん》、淨土門《じやうどもん》、自力宗《じりきしう》、他力宗等《たりきしうなど》と、種々《しゆぐ》に分別《ぶんべつ》されて居《ゐ》るが、之《こ》れを敎主《けうしゆ》即《すなは》ち敎《をしへ》を說《と》かれた本尊《ほんぞん》、所謂御《いはゆるお》經《きやう》を說《と》かれた佛《ほとけ》の方《はう》から區別《くべつ》すると、釋迦敎《しやかけう》、彌陀敎《みだけう》、大《だい》日敎《にちけう》の三《みつ》つとなるのである。

佛敎《ぶつけう》と云《い》へば釋迦《しやか》が敎主《けうしゆ》であり、御經《おきやう》と云《い》へば悉《ことゞ》く釋迦《しやか》の說《と》かれたものであると、誰《た》れも一般《はん》に信《しん》じて居《ゐ》るが、其《そ》の實《じつ》は前《まへ》の如《ごと》く三《みつ》つの敎主《けうしゆ》たる佛《ほとけ》があるのである、法華經《ほけきやう》とか、華嚴敎《けごんきやう》とか、楞伽經《りよがきやう》とかいふやうなお經《きやう》は、直接釋迦《ちよくせつしやか》が說《と》かれたのであるから、此等《これら》のお經《きやう》を所依《しよえ》とする天台宗《てんだいしう》とか、日蓮宗《にちれんしう》とか、華嚴宗《けごんしう》とか、禪宗《ぜんしう》といふのは取《と》りも直《なほ》さず釋迦敎《しやかけう》である、それから阿彌陀經等《あみだきやうなど》は阿彌陀佛《あみだぶつ》が說《と》かれたのであつて、此《こ》の阿彌陀經等《あみだきやうなど》所謂《いはゆる》三部經《ぶけう》を依用《えよう》する、淨土宗《じやうどしう》とか眞宗《しんしう》とかいふのは、即《すなは》ち彌陀敎《みだけう》である、又大日敎始《まただいにちきやうはじ》め五《ご》部の秘經《ひきやう》と稱《しよう》するものは、大日如來《だいにちによらい》が説《と》かれたのであつて、此《こ》の大日經等《だいにちきやうなど》を用《もち》ふる、眞《しん》言宗密教《ごんしうみつけう》は卽《すなは》ち大日教《だいにちけう》である。

然《しか》らば釋迦《しやか》と、彌陀《みだ》と、大日《だいにち》の三如來《によらい》は、どういふ關係《くわんけい》であるかといふに、釋迦《しやか》とは吾《わ》れ〳〵人間《にんげん》と同樣《どうやう》の形相《ぎやうさう》を備《そな》へて、人間凡夫《にんげんぼんぷ》と同《どう》一のお話《はなし》をされた有樣《ありさま》を云《い》ひ、彌陀《みだ》とは釋迦《しやか》が難行苦行《なんぎやうくぎやう》して自覺《じかく》せる德相《とくさう》と、慈悲《じひ》の絶對《ぜつたい》とが一致《ち》して、救濟感化《きうさいかんくわ》の爲《た》めに、積極《せききよく》的《てき》に活動《くわつどう》する次第《しだい》をいつたのである。又大日《まただいにち》とは宇宙《うちう》の本體《ほんたい》そのものを指《さ》したのであつて釋迦《しやか》も彌陀《みだ》も悉《こと〴〵》く此《こ》の大日如來《だいにちによらい》の分身《ぶんしん》であり、發動《はつどう》の形式《けいしき》であり、隨緣現相《ずゐえんげんさう》の一《ひと》つである。從《したが》つて大日如來《だいにちによらい》の説法《せつぽふ》は、衆生濟度《しうじやうさいど》といふ如《ごと》き意義《いぎ》を表《へう》に現《あら》はさず、一切《さい》の方便《はうべん》や假《か》説《せつ》を斥《しりぞ》けて、宇宙《うちう》の眞相《しんさう》そのままを示《しめ》されたのである。故《ゆゑ》に普通《ふつう》の人《ひと》には分《わか》り難《がた》く、深遠《しんゑん》秘奥《ひあう》であるといふことになるのである。

一個《こ》の人間《にんげん》であつても、如上《じよじやう》の三《みつ》つの場合《ばあひ》と、三《みつ》つの話《はな》し方《かた》は、誰《た》れにもある。卽《すなは》ち小《せう》學生《がくせい》に對《たい》する話《はな》し方《かた》と、大學生《だいがくせい》に對《たい》する説方《ときかた》と、自己《じこ》一個《こ》の意見主張《いけんしゆちやう》として説《と》くのには、それ〳〵程度《ていど》も違《ちが》へば、方便比喩《はうべんひゆ》の工合《ぐあひ》も異《こと》なるのである。又官吏《またくわんり》とか軍人《ぐんじん》とかいふ特別《とくべつ》の資格《しかく》を以《も》つて立《た》つ場合《ばあひ》と、均《ひと》しく社會《しやくわい》の一員《ゐん》として立《た》つ場合《ばあひ》と、家庭《かてい》の一人《にん》として行動《かうどう》する場合《ばあひ》、一切他《さいた》に關係《くわんけい》なく、全然自己《ぜんぜんじこ》一人丈《にんだけ》にて、父母妻子《ふぼさいし》其《そ》の他何《たなに》ものにも囚《とら》はれざる境遇《きやうぐう》に在《あ》つての行動《かうどう》とは、皆《みな》それ〳〵相違《さうゐ》するものであることは、至當《したう》であり、自然《しぜん》の情《じやう》勢《せい》である。故《ゆゑ》に釋迦《しやか》が三様《やう》に働《はたら》き、又《また》一大日《だいにち》が彌陀《みだ》釋迦《しやか》と現《あら》はれたとしても、決《け》つして不《ふ》合理《がふり》ではない。惡人《あくにん》には惡人《あくにん》に對《たい》する說方《ときかた》がある。小供《こども》には小供《こども》、學者《がくしや》には學者《がくしや》、皆《みな》それぞれ相手次第《あひてしだい》の工夫《くふう》がなければならぬのである。

大日如來《だいにちにょらい》と釋迦如來《しやかにょらい》が一《ひと》つであらうと、別《べつ》であらうと、それは問題《もんだい》ではない。釋迦《しやか》があつて佛教《ぶつけう》が開始《かいし》せられ、眞言密教《しんごんみつけう》も佛教《ぶつけう》の中《うち》の一《ひと》つの宗派《しうは》であるが、其《そ》の所依《しよえ》の五部《ぶ》の秘《ひ》密《みつ》は、大日法身如來《だいにちほふしんにょらい》の直說《ぢきせつ》であつて、人間同様《にんげんどうやう》の應身佛《おうしんぶつ》たる釋迦《しやか》の所說《しよせつ》でも、變化不思議《へんくわふしぎ》の報身《はうしん》たる阿彌陀《あみだ》の所說《しよせつ》でもなく、宇宙《うちう》の眞相《しんさう》が少《すこ》しの方便假說《はうべんかせつ》を交《まじ》へずに。釋迦並《しやかならび》に其《そ》の後《ご》の大德等《だいとくら》の手《て》に依《よ》つて、佛教《ぶつけう》の中《なか》に編《あ》み込《こ》まれたものといふことになるのである。

宇宙《うちう》の眞相《しんさう》の直說《ぢきせつ》であるだけに、深奥《しんあう》であり幽遠《いうゑん》であるから、秘密《ひみつ》である。秘密《ひみつ》であつても眞理《しんり》が籠《こも》つて居《ゐ》る以上《いじやう》は、研究《けんきう》の出來《でき》ぬことはない。諒解《れうかい》の出來《でき》ぬ筈《はず》はない。否《いな》、方《はう》便假說《べんかせつ》や、荒唐無稽《くわうたうむけい》の誤魔化《ごまくわ》しには、研究《けんきう》の不可能《ふかのう》なるもの、學習《がくしふ》の無用《むよう》なるもの、無價《むか》値無効《ちむかう》のものが多《おほ》いが、眞實《しんじつ》の正理《せいり》は、何人《なにびと》にも諒解《れうかい》されねばならぬ。從《したが》つて又何人《またなにびと》も修《しゆ》行《ぎやう》の出來《でき》ぬ道理《だうり》はないのである。左《さ》れば眞言秘密《しんごんひみつ》の公開《こうかい》は、時代《じだい》の要求《えうきう》に應《おう》じたるものである。眞言秘密《しんごんひみつ》の實修《じつしう》は、現代有爲《げんだいいうゐ》の士《し》が、當然心掛《たうぜんこゝろが》くべき大道正路《だいだうせいろ》であらねばならぬのである。

全體眞言秘密《ぜんたいしんごんひみつ》の加持祈禱《かぢきたう》といへば、病氣《びやうき》の平癒《へいゆ》を祈《いの》るとか、雨《あめ》を祈《いの》るとか、國家泰平《こくかたいへい》、怨敵調伏等《おんてきてうふくなど》の如《ごと》きものとのみ考《かんが》へて居《ゐ》るが、決《けつ》してそれ丈《だけ》の仰山《ぎやうさん》なもの、否《いな》、それ等《ら》の外的《ぐわいてき》のものが主眼《しゆがん》ではなくして、自己《じこ》の修養《しうやう》、自已《じこ》の健康增進《けんかうぞうしん》、自己《じこ》の智慧開發《ちゑかいはつ》、自己《じこ》の福德進轉《ふくとくしんてん》といふこと、換言《くわんげん》すれば自己《じこ》一人《にん》、又《また》は一家《か》の消災《せうさい》、開運《かいうん》、增福《ぞうふく》を、自己《じこ》が請願《せいぐわん》祈念《きねん》する要道《えうだう》であるのである。左《さ》れば眞言僧侶《しんごんそうりよ》になる爲《た》めでもなく、又宗敎家《またしうけうか》になる考《かんが》へも、必要《ひつえう》もなくても、自己自身《じこじしん》の幸福《かうふく》の爲《た》めに、求道修法《きうだうしうはふ》することが、極《きは》めて肝要《かんえう》である。殊《こと》に今日《こんにち》の如《ごと》く世智辛《せちがら》い世《よ》の中《なか》では、一定《てい》の短日月《たんじつげつ》を限《かぎ》るが、又《また》は他《た》の職業《しよくげふ》の餘暇《よか》に、此《これ》等《ら》の修行《しゆぎやう》を努《つと》め、以《もつ》て安心立命《あんしんりつめい》と同時《どうじ》に、現世《げんせ》の利益《りえき》、即《すなは》ち物質的幸福《ぶつしつてきかうふく》、位地上《ゐちじやう》の幸運《かううん》を確實《かくじつ》に體得《たいとく》すべきである。

勿論國家《もちろんこくか》社會《しやくわい》の爲《た》めに、又《また》は他人《たにん》の幸福《かうふく》の爲《た》めに、祈念《きねん》を凝《こ》らすことは、誠《まこと》に立派《りつぱ》な菩《ぼ》薩行《さつかう》であつて、出來得《できう》れば己《おの》れを捨《す》てても、利他救濟《りたきうさい》の大悲《だいひ》を企《くはだ》てねばならぬが、それは特殊《とくしゆ》の人《ひと》、其《そ》の當然《たうぜん》の位置《ゐち》に居《ゐ》るものの爲《な》すべき責務《せきむ》であつて、普通《ふつう》一般《はん》の人々《ひと〴〵》は、先《ま》づ自己《じこ》を主《しゆ》として、自己《じこ》救濟《きうさい》といふことが、緊喫《きんきつ》の急《きふ》である。此《こ》の自己《じこ》救濟《きうさい》といふことが、やがて延《ひい》ては社會國家《しやくわいこくか》の救濟《きうさい》といふことに擴張《くわくちやう》され、或《あるひ》は又其《またそ》の一部《ぶ》が、動機《どうき》といふことになるものである。

思想險惡《しさうけんあく》、生活《せいくわつ》の不《ふ》安定《あんてい》が、著《いちじる》しく肉薄《にくはく》して居《ゐ》る今日《こんにち》、自己《じこ》救濟《きうさい》、自己《じこ》安定《あんてい》が何《なに》よりも大切《たいせつ》であり、急務《きふむ》である。宗教《しうけう》を單《たん》に精神的《せいしんてき》にのみ解《かい》するのは、精神主義《せいしんしゆぎ》の痼疾《こしつ》であり、又宗教《またしうけう》そのものの自殺《じさつ》である。物心相伴《ぶつしんあひともな》ひ、衣食足《いしよくた》つて禮節《れいせつ》を知《し》り、精神安固《せいしんあんこ》にして、窮《きう》して濫《らん》せず、金剛不壞《こんがうふくわい》の大安立《だいあんりつ》と、透徹不動《とうてつふどう》の眞生活《しんせいくわつ》とが、互《たがひ》に融會《ゆうえ》一致《いつち》して、茲《こゝ》に始《はじ》めて宇宙《うちう》の眞相《しんさう》も、人生《じんせい》の眞歸趣《しんきすう》も、了々《れう〳〵》として娑婆即寂光土《しやばそくじやくくわうど》、現世即天國《げんせいそくてんごく》の大妙境界《だいめうきやうかい》が現前《げんぜん》するものである。

第一章　三國傳來

第一節　龍猛菩薩と南天の鐵塔

今《いま》より三千年《ねん》の昔《むかし》、天竺即《てんちくすなは》ち今《いま》の印度《いんど》に現《あら》はれたる、世界唯一《せかいゆゐ》の大宗敎《だいしうけう》たる、佛敎《ぶつけう》の開祖敎主《かいそけうしゆ》、大聖釋迦牟尼世尊《だいせいしやかむにせそん》が、六年《ねん》の難行苦行《なんぎやうくぎやう》、三十成道《せいだう》、五十年《ねん》の說法《せつはふ》、八十にして拔提河畔《ばつだいかはん》に入寂《にふじやく》せられてから、間《ま》もなく佛敎內《ぶつけうない》に二十餘《よ》の宗派《しうは》が分立《ぶんりつ》し、その爲《た》め却《かへ》つて衰退《すゐたい》に傾《かたむ》いたのを、釋尊《しやくそん》の滅後《めつご》七八百年《ねん》の交《かう》に、龍猛菩薩《りうみようぼさつ》と云《い》ふ大德《だいとく》が現《あら》はれて、佛敎《ぶつけう》を興隆《こうりう》した。龍猛《りうみよ》は他《た》の宗派《しうは》では龍樹《りうじゆ》と云《い》つて、均《ひと》しく印度佛敎中興《いんどぶつけうちうこう》の祖《そ》、八宗《しう》の師主《ししゆ》と仰《あふ》いで居《ゐ》る。

龍猛《りうまう》は神童《しんどう》で、壯年《さうねん》の頃《ころ》には如何《いか》なる學問藝術《がくもんげいじゆつ》も通《つう》せぬことはなく、遂《つひ》には隱身《いんしん》の藥法《やくはふ》を製《せい》し、此《こ》れを呑《の》みて身《み》を隱《かく》し、王宮《わうきう》に入《い》りて宮女《きうぢよ》を犯《おか》すといふやうな亂暴《らんぼう》をしたが、之《こ》れは正道《せいだう》でないと悟《さと》り、それより佛法《ぶつぽふ》に歸依《きえ》し、五天竺《てんちく》を周遊《しうゆう》して佛敎《ぶつけう》の發展宣傳《はつてんせんでん》に務《つと》め遂《つひ》に南天竺《なんてんちく》に至《いた》り、鐵塔《てつたふ》を開《ひら》いて、親《した》しく金剛薩埵《こんがうさつた》に秘密灌頂《ひみつくわんちやう》を受《う》け、大日如來《だいにちによらい》の直說《ちきせつ》たる秘密相承《ひみつさうしよう》、最尊無上《さいそんむじやう》の眞言陀羅尼《しんごんだらに》、五部《ぶ》の秘經《ひきやう》を發得《はつとく》して、之《こ》れを人間界《にんげんかい》に流傳《りうでん》せしむるに至《いた》つたのである。

五部《ぶ》の秘經《ひきやう》とは、大日經《だいにちきやう》、金剛頂經《こんがうちやうきやう》、蘇悉地經《そしつちきやう》、瑜祇經《ゆぎきやう》、念誦經《ねんじゆきやう》である。

又印度《またいんど》（天竺《てんちく》）の秘密相承《ひみつさうしよう》は、大日如來《だいにちによらい》、金剛薩埵《こんがうさつた》、龍猛《りうみよ》、龍智《りうち》と續《つゞ》き、龍智《りうち》の門下《もんか》が種々《しゆ〳〵》に分《わ》かれ、其《そ》の下《した》より善無畏《ぜんむゐ》、金剛智《こんがうち》、不空《ふくう》の三人《にん》が、南方海路《なんはうかいろ》と、北方《ほくはう》の西藏蒙古《ちべつともうこ》より、支那《しな》に入《い》りて傳《つた》へたのである。而《しか》して印度《いんど》の方《はう》は、其《そ》の後《ご》數《すう》百年《ねん》を經《へ》て、一般《はん》の佛《ぶつ》教《けう》も大《おほい》に衰《おとろ》へ、眞言密教《しんごんみつけう》は今日《こんにち》でも、其《そ》の形式《けいしき》の一部《ぶ》は、波羅門教《はらもんけう》、及《およ》び其《そ》の變態《へんたい》せる印《いん》度教《とけう》に依《よつ》て行《おこな》はれて居《ゐ》るけれども、眞言宗《しんごんしう》としての根本義《こんほんぎ》や、密教《みつけう》としての眞精神《しんせいしん》は、全《まつ》たく消滅《せうめつ》して、徒《いたづ》らに迷信的《めいしんてき》の装飾品《さうしよくひん》たるに止《とゞ》まつて居《ゐ》るのである。

因《ちなみ》に波羅門教《はらもんけう》は、印度《いんど》の建國《けんこく》の事情《じじやう》に伴《ともな》ふ、國家的《こくかてき》の宗教《しうけう》であつて、佛教以前《ぶつけういぜん》の國教《こくけう》であつたから、眞言密教《しんごんみつけう》の修法《しうはふ》が、此《こ》の波羅門教《はらもんきう》の形式《けいしき》を、ある部分《ぶぶん》ある程度《ていど》まで活用《くわつよう》したのは、事實《じじつ》であるが、其《そ》の意義《いぎ》に於《おい》ては、全然異《ぜん〳〵こと》なるものがある。例《たと》へば護摩《ごま》を焚《た》くのでも、波羅門《はらもん》の方《はう》では、火《ひ》そのものに直《たゞ》ちに靈力《れいりよく》ありとし、神聖視《しんせいし》して居《ゐ》るのであるが、密《みつ》教《けう》の方《はう》では、内護摩外護摩《ないごまそとごま》といつて、行者《ぎやうじや》の精神《せいしん》がそこまで到達《たうたつ》せねば、火《ひ》は只《たゞ》の火《ひ》であつて、祈禱《きたう》の効果《かうくわ》を發顯《はつけん》することは出來《でき》ぬ、主觀《しゆくわん》と客觀《きやくくわん》、精神《せいしん》と物質《ぶつしつ》、内《ない》の心《こゝろ》と外《ぐわい》の火《ひ》と、歸點《きてん》が一致《ち》した所《ところ》に、靈力威德《れいりよくゐとく》が發現《はつげん》するのである。單《たん》に心《こゝろ》だけでも弱《よわ》く、單《たん》に火《ひ》だけでも効《かう》が無《な》いといふのである。精神《せいしん》の威力《ゐりよく》を外界《ぐわいかい》に活現《くわつげん》せしむるには、外火《ぐわいくわ》を助《たす》けとし外火《ぐわいくわ》を常途《じやうと》の火《ひ》以上《いじやう》に、効驗《かうけん》あらしむるには、心念《しんねん》の熱《ねつ》を加《くは》ふべきであるといふのが、密《みつ》敎《けう》の護摩《ごま》の趣意《しゆい》である。

第二節　支那の眞言密敎

總《すべ》て佛敎《ぶつけう》の各派《かくは》は、印度《いんど》にて發起《ほつき》せられ、支那《しな》に入《い》りて譯經事業《やくきやうじげふ》と倶《とも》に、更《さら》に研究《けんきう》せられ、宗派《しうは》として組成《そせい》せられ、而《しか》して日本《にほん》に於《おい》て完成實行《くわんせいじつかう》せられて居《ゐ》る傾《かたむ》きがある。眞言密《しんごんみつ》敎《けう》は特《とく》に日本《にほん》に於《おい》て、組成實行《そせいじつかう》せられ、印度《いんど》では其《そ》の存否《そんぴ》さへ疑《うたが》ふものがある。支那《しな》では一時盛《じさかん》であつたけれども、深《ふか》く研究《けんきう》せられ、又組成《またそせい》せらるるに至《いた》らなかつた。單《たん》に朝廷《てうてい》だけの祈禱《きたう》の具《ぐ》として、形式的《けいしきてき》の修行《しゆぎやう》を勤《つと》むるのみであつた。而《しか》して唐武《たうぶ》の廢佛《はいぶつ》と倶《とも》に、殆《ほと》んど全滅《ぜんめつ》するに至《いた》つたのである。併《しか》し密部《みつぶ》に關《くわん》する譯經《やくきやう》は、實《じつ》に澤山《たくさん》であつて、支那《しな》は眞《しん》言密敎《ごんみつけう》の經論《きやうろん》の飜譯場《ほんやくぢやう》たるの觀《くわん》がある。併《しか》し唐以後《たういご》に於《おい》ては、變態《へんたい》して瑜伽宗《ゆがしう》といひ、又《また》喇嘛敎《らまけう》と化《くわ》し、時々敎界《ときどきけうかい》の水平面上《すゐへいめんじやう》に、其《そ》の頭《あたま》を現《あら》はすこともあるのである。

支那《しな》の唐朝玄宗《たうてうげんしう》の開元《かいげん》四年《ねん》に、印度《いんど》の善無畏《ぜんむゐ》が八十の高齡《かうれい》を以《もつ》て、玉門關《ぎよくもんくわん》より入《い》り來《き》たり、密敎《みつけう》を傳《つた》へ、玄宗《げんしう》は之《こ》れを歡迎《くわんげい》し、弟子《でし》一行《かう》と倶《とも》に、大日經等《だいにちきやうなど》を譯出《やくしゆつ》した。此《こ》れが支那密敎《しなみつけう》の北傳《ほくでん》、又《また》は陸傳《りくでん》といふのであつて、陸路西北《りくろせいほく》の方《はう》から來《き》たからである。又敎理《またけうり》より云《い》へば、密敎《みつけう》は金剛部《こんがうぶ》と胎藏部《たいざうぶ》の兩部《りやうぶ》に分《わ》かれて、善無畏《ぜんむゐ》の方《はう》は大日經《だいにちきやう》を主《しゆ》とする胎藏部《たいざうぶ》の方《はう》を傳《つた》へたのである。而《しか》して支那《しな》には善無畏《ぜんむゐ》以前《いぜん》にも、密敎《みつけう》の傳來《でんらい》が無《な》かつたでない。密部《みつぶ》の經《きやう》を譯出《やくしゆつ》し、或《あるひ》は呪咀加持《じゆそかぢ》の法《はふ》を修《しう》したることはあつたが、孰《いづ》れも斷片的《だんぺんてき》であつて、正式完全《せいしきくわんぜん》のものとは云《い》へぬのである。

善無畏《ぜんむみ》に後《おく》るること四年《ねん》、開元《かいげん》十二年《ねん》に、南天竺《なんてんちく》の金剛智《こんがうち》が、海上《かいじやう》より入《い》り來《き》たり、其《そ》の弟子《でし》不空《ふくう》と倶《とも》に、譯經《やくきやう》及《およ》び宣傳《せんでん》に努《つと》め、不空《ふくう》は一度《ど》印度《いんど》に歸《かへ》りて、更《さら》に廣大《こうだい》なる密部《みつぶ》の經論《きやうろん》を持《も》ち來《き》たり、主《しゆ》として金剛部《こんがうぶ》の敎旨《けうし》を傳《つた》へ、其《そ》の譯經《やくきやう》の多《おほ》きことと、朝廷《てうてい》の厚遇《こうぐう》せしことは、前後比《ぜんごひ》なく、支那《しな》の密敎《みつきう》は、全《まつ》たく不空《ふくう》の手《て》に由《よつ》て、組織大成《そしきたいせい》せられたのである。

不空《ふくう》の門下《もんか》に慧果《けいくわ》あり、之《こ》れ卽《すなは》ち日本《にほん》弘法大師《こうはふだいし》の師匠《ししやう》である。又善無畏《またぜんむゐ》の弟子《でし》たる義林《ぎりん》義林《ぎりん》の弟子《でし》順曉《じゆんぎやう》は、日本天台宗《にほんてんだいしう》の開祖《かいそ》たる傳敎大師《でんけうだいし》の師匠《ししやう》であつて、傳敎大師《でんけうだいし》は天台宗《てんだいしう》と供《とも》に、眞言密敎《しんごんみつけう》や、禪宗《ぜんしう》や、淨土敎《じやうどけう》をも併《あは》せて傳來《でんらい》し、又宣傳《またせんでん》したのである。

慧果《けいくわい》以後《ご》は、一二の他碩德大家《ほかせきとくたいか》なく、開元《かいげん》四年《ねん》より貞元元年《ていげんぐわんねん》に至《いた》る九十年間《ねんかん》の生命《せいめい》であつて、武宗《ぶそう》の會昌《くわいしやう》五年《ねん》に、毀佛《きぶつ》が行《おこな》はれ、密敎《みつけう》は朝廷《てうてい》の信仰擁護《しんかうようご》に依《よつ》て、其《そ》の隆盛《りうせい》を來《き》たしたのであるから、朝廷《てうてい》の廢佛令《はいぶつれい》にて、全然滅裂《ぜんぜんめつれつ》したのである。後《の》ち元《げん》の世《よ》に、發思《はつし》八といふ偉人《ゐじん》が出《で》て、變態的密敎《へんたいてきみつけう》卽《すなは》ち今日《こんにち》の西藏《ちべつと》の喇嘛《らま》敎紅衣派《けうかういは》を唱《とな》へ、大《おほい》に朝廷《てうてい》の尊崇《そんすう》を受《う》けたが、幾《いくはく》もなく西域《せいゐき》に漸退《ぜんたい》するに至《いた》つたのである。

第三節　日本の眞言密敎

弘法大師《こうはふだいし》より少《すこ》し前《まへ》に、傳敎大師《でんけうだいし》が密敎《みつけう》の一班《はん》を傳《つた》へ、之《こ》れを天台宗《てんだいしう》に附屬《ふぞく》して宣傳《せんでん》したから、台密《だいみつ》と稱《しよう》して居《を》つた。又《また》それより遙《はる》か以前《いぜん》に、役《えん》の小角《せうかく》や、越《えつ》の泰澄《たいちよう》、道慈律師《だうじりつし》山階《やましな》の玄昉等《げんはうなど》も、密敎《みつけう》の一小部《せうぶ》を傳《つた》へて居《を》つたが、固《もと》より論《ろん》ずるには足《た》らぬ。日本《にほん》の密敎《みつけう》否《いな》、印度《いんど》、支那《しな》、日本《にほん》の三國《ごく》に亘《わた》つて、眞《しん》に眞言密敎《しんごんみつけう》を組織完成《そしきくわんせい》したのは弘法大師《こうはふだいし》である。弘法大師《こうはふだいし》は久《ひさ》しく入唐《にふたう》して、慧果阿闍梨《けいくわあじやり》に就《つい》て深《ふか》く密敎《みつけう》を學《まな》び、數《すう》百の經論《きやうろん》や佛具《ぶつぐ》を持《も》ちて歸朝《きてう》し、朝廷《てうてい》の公許《こうきよ》を得《え》、京都《きやうと》の東寺《とうじ》に於《おい》て之《こ》れを弘布《こうふ》した。故《ゆゑ》に傳敎大師《でんけうだいし》の台密《だいみつ》に對《たい》して、東密《とうみつ》と云《い》ふのであるが、要《えう》するに台密《だいみつ》の方《はう》は兼業《けんげふ》で、東密《とうみつ》の方《はう》は專門《せんもん》である。後《の》ち高野《かうや》山《さん》を開《ひら》き、密敎《みつけう》の根本道場《こんほんだうぢやう》とし、上下《じやうげ》の信望《しんばう》を蒐《あつ》め、殆《ほと》んと奇蹟《きせき》とも云《い》ふべき、法力《はふりき》靈驗《れいけん》を現《あら》はすこと、幾《いく》十度《ど》となく、大師《だいし》と云《い》へば弘法《こうはふ》、不死留身《ふしりうしん》の超人的偉物《てうじんてきゐぶつ》として、千餘年《よねん》の今日《こんにち》に至《いた》るまで、一般《はん》の尊信《そんしん》を繫《つな》ぎ、排他我見《はいたがけん》の尤《もつと》も盛《さかん》なる宗教界《しうけうかい》にて、他《た》の宗派《しうは》の寺院《じゐん》にすら、大師《だいし》を祀《まつ》るものがあり。又神道者流《またしんだうしやりう》にも大師《だいし》を尊崇《そんすう》するものが少《す》くないのである。而《しか》して其《そ》の門下《もんか》にも十哲《てつ》を始《はじ》め、幾多《いくた》の大德碩學《だいとくせきがく》が出《い》で、眞言密教《しんごんみつしう》の教勢《けうせい》は、全《まつ》たく朝野《てうや》を風靡《ふうび》するに至《いた》つたのである。

眞言宗《しんごんしう》は後日《ごじつ》に至《いた》つて、教理上《けうりじやう》の異議《いぎ》から、新義古義《しんぎこぎ》の二大派《だいは》に分《わ》かれ、新義《しんぎ》の派祖《はそ》を興教大師《こうけうだいし》と云《い》ひ、弘法大師《こうはふだいし》より二百六十年後《ねんご》の出《で》である。此《こ》の新義《しんぎ》に對《たい》して在來《ざいらい》のものを古義《こぎ》と云《い》ひ、其《そ》の古義《こぎ》が、高野派《かうやは》、東寺派《とうじは》、御室派《みむろは》、醍醐派《だいごは》、勸修寺派《くわんしうじは》、隨心院派《ずゐしんゐんは》、泉涌《せんにゆ》派等《はなど》に分《わ》かれ、新義《しんぎ》の方《はう》は、智山派《ちざんは》、豐山派《ほうざんは》に分《わ》かれて居《ゐ》る。

又事相《またじさう》の方《はう》では、大師《だいし》の門下《もんか》實慧眞雅《じつけいしんが》に依《よ》りて、二大潮流《だいてうりう》を生《しやう》じ、實慧《じつけい》の後《のち》に益信《えきしん》なる大德出《だいとくい》で、遂《つひ》に廣澤流《ひろざはりう》の初祖《しよそ》と爲《な》り。眞雅《しんが》の下《もと》に聖寶出《せいはうい》でて、小野《をの》流《りう》の始祖《しそ》と爲《な》り。此《こ》の廣澤小野《ひろざはをの》の二流《りう》は、各々《おの〱》六派《は》に分《わ》かれ、野澤《やたく》十二流《りう》と稱《しよう》し、遂《つひ》に三十六流《りう》を生《しやう》じ、今日《こんにち》にては益々分岐《ます〱ぶんき》して、各自獨特《かくじどくとく》の法流《はふりう》を傳授《でんじゆ》して居《ゐ》る。

新義古義《しんぎこぎ》の別《べつ》よりも、野澤《のざは》十二流三十六流《りう》の派《は》の分《わ》かれよりも、眞言宗内《しんごんしうない》にて一種特別《しゆとくべつ》の旗《き》幟《し》を飜《ひろがへ》して居《ゐ》るのは、修驗派《しゆげんは》即《すなは》ち醍醐山《だいごさん》三寶院《はうゐん》を大本山《だいほんざん》とする所謂山伏派《いはゆるやまぶしは》である。此《こ》の派《は》は小野《をの》流《りう》の祖《そ》たる聖寶《せいはう》、即《すなは》ち理源大師《りげんだいし》が、仁和《にんな》十六年《ねん》に醍醐山《だいごさん》を開《ひら》いたのが始《はじ》まりで、遠《とほ》くは役《えん》の行者《ぎやうじや》の跡《あと》を踏《ふ》み、所謂荒修行《いはゆるあらしゆぎやう》、眞《しん》の修養鍛錬《しうやうたんれん》を期《き》するものであつて、文字《もじ》の如《ごと》く山《やま》に伏《ふ》し、或《あるひ》は斷食《だんじき》し、或《あるひ》は瀧《たき》に打《う》たる等《など》、猛烈《まうれつ》の修行《しゆぎやう》を主《しゆ》とするのである。

第二章　教理の大綱

第一節　六大縁起

弘法大師《こうはふだいし》の著書《ちよしよ》である。即身成佛義《そくしんじやうぶつぎ》の最初《さいしよ》に、六大無碍常瑜伽《だいむがいじやうゆが》とある。之《こ》れは大日經《だいにちきやう》の宇宙論《うちうろん》より來《き》たものであつて、萬有《ばんいう》の體性《たいせい》を示《しめ》したのである。六大《だい》とは、地《ち》、水《すゐ》、火《くわ》、風《ふう》空《くう》、識《しき》の六である。地水火風《ちすゐくわふう》は物質《ぶつしつ》である、識《しき》は心《こゝろ》である。精神《せいしん》である。空《くう》は無碍《むがい》の性質《せいしつ》で融合自在《ゆうがふじざい》の力《ちから》であつて、他《た》の五大《だい》が互《たがひ》に無碍《むがい》し、瑜伽《ゆが》即《すなは》ち相應《さうおう》する媒介力《ばいかいりよく》、位置《ゐち》を示《しめ》したのである。地大《ちだい》は堅固《けんご》の性質《せいしつ》、即《すなは》ち千古不壞《せんこふくわい》の力《ちから》、勢力恒有保存《せいりよくこういうほぞん》の實體《じつたい》である。水大《すゐだい》は濕潤《しつじゆん》の性質《せいしつ》、即《すなは》ち凝集力《ぎようしふりよく》である。火大《くわだい》は煥煖《くわんだん》の性質《せいしつ》、即《すなは》ち勢力《せいりよく》である。動力《どうりよく》である。膨《はう》脹力《ちやうりよく》である。從《したが》つて離散《りさん》の義《ぎ》を有《いう》するのである。風力《ふうりよく》とは動搖《どうえう》の性質《せいしつ》、即《すなは》ち活動長養《くわつどうちやうやう》の力《ちから》である。

形式《けいしき》としての地水火風空識《ちすゐくわふうくうしき》、例《たと》へば肉體《にくたい》は地大《ちだい》、血液《けつえき》は水大《すゐだい》、體温《たいをん》は火大《くわだい》、呼吸《こきよ》は風大《ふうだい》、各孔腹《かくこうふく》と四大《だい》の相融合《あひゆうがふ》する場所《ばしよ》は空大《くうだい》、腦力《なうりよく》 精神力《せいしんりよく》 は識大《しきだい》である。又性質《またせいしつ》としての堅《けん》、濕《しつ》、煖《だん》、動《どう》、無碍《むがい》、知覺作用《ちかくさよう》、此《こ》の六大六性《だいせい》は、人間始《にんげんはじ》め、宇宙萬物《うちうばんぶつ》に一つとして、此《こ》れを具備《ぐび》して居《を》らぬものはない。禽獸虫魚草木《きんじうちうぎよさうもく》は固《もと》より、土石《どせき》に至《いた》るまで、矢張《やは》り此《こ》の六大《だい》に由《よ》りて成立《せいりつ》し、各々《おのおの》六性質《せいしつ》を備《そな》へて居《ゐ》る。卽《すなは》ち石《いし》に地大堅固《ちだいけんご》あるは勿論《もちろん》、水大濕潤《すゐだいしつじゆん》の性《せい》もあり、發熱《はつねつ》の力《ちから》もあり、動搖飛離《どうえうひり》のこともあり、空間《くうかん》もあり、石《いし》として塔《たふ》となり石垣《いしがき》となるは知力卽《ちりよくすなは》ち作用《さよう》であつて識大《しきだい》に當《あた》るのである。石《いし》の六大六性《だいせい》を人間《にんげん》に比《ひ》すれば、非常《ひじやう》の相違《さうゐ》があるけれども、六大六性《だいせい》たるに於《おい》て何等欠陥《なんらけつかん》はないのである。例《たと》へば砂糖黍《さたうきび》と黑《くろ》砂糖《ざたう》と赤砂糖《あかざたう》と白砂糖《しろざたう》のやうなもので、人間《にんげん》の六大《だい》は白砂糖《しろざたう》、動物《どうぶつ》のは赤砂糖《あかざたう》、植物《しよくぶつ》のは黑砂糖《くろざたう》、鑛物《くわうぶつ》のは砂糖黍《さたうきび》といつたやうなものである。

而《しか》して此《こ》の六大《だい》の前《まへ》の五大《だい》は物質《ぶつしつ》、識大《しきだい》は心《こゝろ》であるから、之《こ》れを哲學的《てつがくてき》に云《い》へば、宇宙《うちう》萬有《ばんいう》は 悉《ことごと》く物心二元《ぶつしんげん》から成立《せいりつ》して居《ゐ》るといふことになるのである。斯《か》く人間《にんげん》も犬《いぬ》も猫《ねこ》も草《さう》草《くさ》も木《き》も、悉《ことごと》く物心《ぶつしん》二元《げん》、六大《だい》より成《な》り立《た》つて居《を》つて、均《ひと》しく六性《せい》を有《いう》して居《ゐ》るから、木《もく》も成佛《じやうぶつ》が出來《でき》、畜生《ちくしやう》も菩提心《ぼだいしん》即《すなは》ち佛心《ぶつしん》を發《おこ》すことが出來《でき》、況《ま》して人間《にんげん》は此《こ》の肉身此《にくしんこ》の儘《まゝ》で、大日如來《だいにちによらい》と同《おな》じく、即身成佛《そくしんじやうぶつ》が出來《でき》るといふのである。佛《ぶつ》と凡夫《ぼんぷ》とは六大《だい》の精疎《せいそ》と、六性《せい》の作用《さよう》が違《ちが》ふだけで、本來《ほんらい》は同《どう》一物《ぶつ》であるが、女人惡人《じよにんあくにん》でも如何《いか》なる愚人《ぐじん》でも、法《はふ》に依《よつ》て修行《しゆぎやう》すれば、必《かなら》ず成佛《じやうぶつ》するものであるといふのが、眞言宗《しんごんしう》の立《た》て前《まへ》であるのである。

又《また》木《き》も金《かね》も石《いし》も土《つち》に、均《ひと》しく六大《だい》から成立《せいりつ》し、六性《せい》を有《いう》して居《ゐ》るから、人間《にんげん》が木像《もくざう》に化《は》け、石《いし》が金《かね》になり、水《みづ》が火《ひ》に見《み》へ、旱天《かんてん》に雨《あめ》を呼《よ》び、雨天《うてん》に日《ひ》を招《まね》き、龍蛇《りうだ》をも得脱《とくだつ》せしめ得《う》るといふのである。例《たと》へば忍術等《にんじゆつなど》で人間《にんげん》が姿《すがた》を隱《かく》すといふけれども、全然《ぜんぜん》そこに在《あ》る形《かたち》を無《な》くすることは出來《でき》ぬ。其《そ》の實《じつ》は姿《すがた》を變化《かゆ》るのである。卽《すなは》ち人間《にんげん》の形《かたち》を風《かぜ》に化《くわ》したり火《ひ》に化《くわ》したり、襖《ふすま》に變《へん》じたりして、相手《あひて》の目《め》を錯覺《さくかく》せしむるのである。

此《こ》の六大緣起《だいえんぎ》、六大無碍《だいむげ》といふ、宇宙論《うちうろん》、大純正哲理《だいじんせいてつり》があるから、凡夫《ぼんぷ》が此《こ》の儘成佛《まゝじやうぶつ》が出來《でき》る上《うへ》に、自分獨《じぶんひと》り成佛《じやうぶつ》する丈《だけ》ではなく、他《た》をも加持《かぢ》し、祈禱《きたう》して、成佛《じやうぶつ》せしめ、又《また》は病氣《びやうき》を癒《いや》したり、不幸《ふかう》を幸運《かううん》に導《みちび》き、或《あるひ》は雨《あめ》を降《ふ》らし、或《あるひ》は隱形飛行《いんけいひかう》し、或《あるひ》は惡物惡人《あくぶつあくにん》を調伏《てうふく》し、或《あるひ》は不良《ふりやう》の性質《せいしつ》を、善良《ぜんりやう》に轉換《てんくわん》せしむることが出來《でき》るのであつて、加持祈禱《かぢきたう》の原《げん》底《てい》が哲學《てつがく》の原理《げんり》に基《もと》づいて居《ゐ》ることが明白《めいはく》である。

第二節　四種の曼荼

六大《だい》無碍《むげ》常瑜伽《じやうゆが》の次《つぎ》に、四曼不離《まんふり》と云《い》はれてある、曼《まん》とは曼荼羅《まんだら》で、曼荼羅《まんだら》は梵語《ぼんご》である。輪圓具足《りんゑんぐそく》とか、壇《だん》又《また》は道場《だうぢやう》といふ意味《いみ》もある。前《まへ》の六大《だい》は世界萬有《せかいばんいう》の本性《ほんせい》を示《しめ》したものであるが、此《こ》の四曼《まん》は現象《げんしやう》そのものを論《ろん》じたものであつて、一切《さい》の現象《げんしやう》を大《おほ》きく分類《ぶんるゐ》して四種《しゆ》としたのである。四種《しゆ》とは

一、大曼荼羅《だいまんだら》

此《これ》は物《もの》の色相《しきさう》に名《な》づけたものである。人間《にんげん》で云《い》へば、此《こ》の身體全部《しんたいぜんぶ》を指《さ》していふのであるから、大《だい》といつたのである。

二、三摩耶《まや》曼荼羅《まんだら》

三摩耶《まや》とは梵語《ぼんご》である。平等《びやうどう》とか、本誓《ほんせい》とか、除障《ぢよしやう》とか、驚覺《けいかく》とかいふ意義《いぎ》があつて、物《もの》の形象《けいしやう》に名《な》づけたのである。男《をとこ》とか、女《をんな》とか、老人《らうじん》とか、少年《せうねん》とか、肥大《ひだい》とか、丈《たけ》長《なが》とか、色白《いろじろ》とか、美貌《びばう》とか、人相好《にんさうがう》とかいふやうなことを謂《い》ふのである。

三、法曼荼羅《はふまんだら》

法《はふ》とはここでは名稱《めいしよう》のことである。如何《いか》なるものにも名《な》のないものはない。何《なに》か分《わか》らねば、その分《わか》らぬといふことが、畢竟《ひつきやう》そのものの代用名稱《だいようめいしよう》である。故《ゆゑ》に物《もの》あれば名《な》がある。名《な》がなければ物《もの》なしとまでいふのである。之《こ》れが聲字卽實相《せいじそくじつさう》といつて、眞言《しんごん》宗獨特《しうどくとく》の哲學《てつがく》である。

四、羯摩曼荼羅《こままんだら》

羯摩《こま》とは梵語《ぼんご》であつて、威儀事業等《ゐぎじげふとう》の義《ぎ》を有《いう》するので、物《もの》の作用《さよう》に名《な》づけたのである。人間《にんげん》で云《い》へば特性《とくせい》即《すなは》ち工藝《こうげい》が上手《じやうず》とか、書《ゑ》が得意《とくい》とか、文章《ぶんしやう》が甘《うま》いとか、又《また》は軍人《ぐんじん》、官吏《くわんり》、技師《ぎし》、農夫《のうふ》、商業《しやうげふ》といふやうに、職業《しよくげふ》の分別《ぶんべつ》と見《み》てもよいのでる。

以上《いじやう》は一物《ぶつ》の上《うへ》に、色相《しきさう》、形象《けいしやう》、名稱《めいしやう》、作用《さよう》の四《よつ》つがあることを示《しめ》したのである。一《ひと》つの物《もの》の上《うへ》に此《こ》の四《よつ》つが具備《ぐび》して居《ゐ》るから、四曼不離《まんふり》である。此《こ》の四曼《まん》は宇宙萬有《うちうばんいう》に悉《こと〴〵》く此《こ》れを具備《ぐび》して居《を》らぬものはないのである。

此《こ》の四曼《まん》が自分丈《じぶんだけ》の不離《ふり》であることは明《あき》らかであるが、更《さら》に四曼相互《まんさうご》の間《あひだ》にも不離《ふり》がある。例《たと》へば法曼《はふまん》の内《うち》にも他《た》の三曼《まん》が入《い》り込《こ》み、羯摩曼《こままん》の内《うち》にも他《た》の三曼《まん》が融合《ゆうがふ》して居《ゐ》ることは固《もと》より、甲《かふ》の人《ひと》の四曼《まん》と乙《おつ》の人《ひと》の四曼《まん》と互《たがひ》に不離《ふり》することが出來《でき》るから、弟子《でし》が師匠《ししやう》の仕事《しごと》を習《なら》ひ覺《おぼ》へ、懇意《こんい》の者《もの》の容貌《ようはう》や言語《げんご》や作業《さげふ》が、次第《しだい》に相接近《あひせつきん》し、類似《るゐじ》するやうになるのである。六大《だい》でも固《もと》より同樣《どうやう》で、親《おや》の六大《だい》と子《こ》の六大《だい》とが、互《たがひ》に無礙融通《むがいゆうづう》するから、子《こ》の病氣《びやうき》に親《おや》が代《かは》り、親《おや》の意《い》を子《こ》が續《つ》ぐといふことや、其《そ》の他萬事《たばんじ》に就《つい》て、六大無礙《だいむがい》、四曼不離《まんふり》が、他《た》のものと互《たがひ》に無礙不離融合《むがいふりゆうがふ》するから、加持《かぢ》といふことが成立《せいりつ》し、祈禱《きたう》の効力《かうりよく》が現《あら》はるるのである。卽《すなは》ち行者《ぎやうじや》の六大《だい》と四曼《まん》とが、病人《びやうにん》の六大《だい》四曼《まん》と無礙融通《むがいゆうづう》するから、祈禱《きたう》の靈驗《れいけん》が現《あら》はれ、病《やまひ》の爲《た》めに活動力《くわつどうりよく》の鈍《に》ぶた、病人《びやうにん》の六大《だい》四曼《まん》に行者《ぎやうじや》の强烈《きやうれつ》なる六大《だい》四曼《まん》が加《くは》はつて、勢力《せいりよく》を復活《ふくくわつ》するのである。

第三節　三業具足

三業《ごふ》とは三密《みつ》とも云《い》ふ、四曼不離《まんふり》の次《つぎ》の句《く》に、三密加持速疾顯《みつかぢそくしつけん》とある。卽《すなは》ち三密加持《みつかぢ》すれば速疾《そくしつ》に顯《あら》はるるといふので、三密《みつ》とは、身《み》、口《くち》、意《い》の三業《げふ》である。此《こ》の句《く》は父母《ふぼ》生《う》む所《ところ》の此《こ》の肉身《にくしん》で、其《そ》の儘成佛《まゝじやうぶつ》の出來《でき》ることをいつたのであつて、身密《しんみつ》とは、大日如來《だいにちによらい》なれば大日如來《だいにちによらい》、阿彌陀佛《あみだぶつ》なれば阿彌陀佛《あみだぶつ》、不動明王《ふどうみやうわう》なれば不動明王《ふどうみやうわう》の印《いん》を結《むす》ぶことである。卽《すなは》ち自己《じこ》の信《しん》ずる佛《ぶつ》、本尊《ほんぞん》の印《いん》を手《て》に結《むす》んで趺跏《けつか》趺座《ふざ》することをいふ、口密《こうみつ》とは、印《いん》を結《むす》んだ本尊《ほんぞん》の眞言陀羅尼《しんごんだらに》と唱《とな》ふることである。意密《いみつ》とは、本尊《ほんぞん》が不動明王《ふどうみやうわう》であれば、印《いん》が變《へん》じて不動明王《ふどうみやうわう》と爲《な》り、眞言《しんごん》も一字《じ》一字《じ》に明王《みやうわう》に化《くわ》し、自分《じぶん》も亦明王《またみやうわう》そのものと同化《どうくわ》すると觀《くわん》ずるので、本尊《ほんぞん》も印《いん》も眞言《しんごん》も自分《じぶん》も皆不動明王《みなふどうみやうわう》と一體不離《たいふり》となるのを、三密加持《みつかぢ》、三業《ごふ》具足《ぐそく》といふのである。こうなれば疾《すみ》やかに顯得成佛《けんとくじやうぶつ》とて、其《そ》の身《み》その儘《まゝ》に成佛《じやうぶつ》するといふのである。

六大《だい》が無碍《むがい》であり、四曼《まん》が不離《ふり》であり、三密《みつ》が互《たがひ》に加持《かぢ》するから、佛《ほとけ》と凡夫《ぼんぶ》と一體《たい》となるのは自然《しぜん》の情勢《じやうせい》である。既《すで》に成佛《じやうぶつ》さへ出來《でき》るのであるから、其《そ》の他《た》のことは何《なん》でも出來《でき》ないものはない筈《はず》である。此《こゝ》にいふ三密加持《みつかぢ》は、成佛《じやうぶつ》のことをいつたのであるが、吾人《ごじん》が日常《にちじやう》のことでも、此《こ》の三密加持《みつかぢ》、三業具足《ごふぐそく》が肝要《かんえう》である。例《たと》へば學者《がくしや》にならうと思《おも》へば、自分《じぶん》の好《この》み信《しん》ずる先輩大學者《せんぱいだいがくしや》を本尊即《ほんぞんすなは》ち對象《たいしやう》として、其《そ》の人《ひと》の行動《かうどう》を印《いん》、即《すなは》ち手本《てほん》とし、常《つね》に其《そ》の人《ひと》の言動《げんどう》を口《くち》にし、其《そ》の人《ひと》の性行《せいかう》を心《こゝろ》に念《ねん》じて、其《そ》の人《ひと》の如《ごと》く、其《そ》の人《ひと》と一致《ち》するやうに心掛《こゝろが》くれば、遂《つひ》に成功《せいこう》するのである。商業《しやうげふ》でも、工業《こうげふ》でも、藝術《げいじゆつ》でも皆同《みなどう》一である。

印《いん》は目的《もくてき》である。意密《いみつ》は希望《きばう》と熱心《ねつしん》である。口密《こうみつ》は實行努力《じつかうどりよく》である。此《こ》の目的《もくてき》と熱心《ねつしん》と努力《どりよく》とが互《たがひ》に加持《かぢ》、即《すなは》ち三《みつ》つが一致《ち》し具足《ぐそく》せねば、成佛《じやうぶつ》は愚《おろ》か、一少些事《せうさじ》でも成熟《せいじゆく》することはない。此《こ》の三《みつ》つが一致《ち》し具足《ぐそく》すれば、如何《いか》なることでも成功《せいこう》せぬことはなく、而《しか》して此《こ》の三《みつ》つが能《よ》く加持《かぢ》する程《ほど》、それだけ速《すみや》かに成功《せいこう》するものである。而《しか》して又此《またこ》の三密《みつ》は、自分丈《じぶんだけ》のが加持《かぢ》するばかりでなく、佛《ぶつ》の三密《みつ》と凡夫《ぼんぷ》のが互《たがひ》に加持《かぢ》し、甲《かふ》の人《ひと》の三業《ごふ》と、乙《おつ》の人《ひと》の三業《ごふ》とが互《たがひ》に加持《かぢ》するから、一人《ひとり》善人《ぜんにん》があれば一家《か》が善《ぜん》に遷《かへ》り、一國亦清化《こくまたじやうくわ》するのである。行者《ぎやうじや》の三密《みつ》が信者《しんじや》の三密《みつ》と加持《かぢ》するから、修行《しゆぎやう》が進《すゝ》み、信仰《しんかう》が強《つよ》くなり、師匠《ししやう》の三密《みつ》が弟子《でし》の三業《ごふ》と加持《かぢ》渉入《せふにふ》するから、弟子《でし》の技術《ぎじゆつ》が上達《じやうたつ》するのである。

第四節　三大圓融

三大《だい》とは、體大《たいだい》、相大《さうだい》、用大《ようだい》である。人間《にんげん》は固《もと》より、宇宙萬有何《うちうばんいうなに》ものでも、此《こ》の三大《だい》を具足《ぐそく》して居《を》らぬものはない。體《たい》があれば必《かなら》ず相《さう》があり、體《たい》と相《さう》とがあれば、何等《なんら》かの作用《さよう》をせぬものはないのである。六大《だい》は體大《たいだい》に當《あた》り、四曼《まん》は相大《さうだい》に當《あた》り、三密《みつ》は用大《ようだい》に當《あた》るのである。

此《こ》の三大圓融《だいゑんゆう》といふことは、體相用《たいさうよう》の三大《だい》が、互《たがひ》に融合圓通《ゆうがふゑんつう》して不離《ふり》の關係《くわんけい》に在《あ》ることを極論《きよくろん》したものである。體《たい》の在《あ》る所《ところ》には必《かなら》ず相用《さうよう》を具《ぐ》し、相《さう》を離《はな》れて體用《たいよう》なく、用《よう》に即《そく》して體相《たいさう》がある。物《もの》あれば必《かなら》ず心《しん》あり、心《しん》を離《はな》れて物《もの》なく、物心不二《ぶつしんふに》、互《たがひ》に抱合《はうがふ》して一を為《な》すといふのである。

元來唯心哲學《ぐわんらいゐしんてつがく》、精神主義者《せいしんしゆぎしや》は、本體《ほんたい》は本體《ほんたい》、現象《げんしやう》は現象《げんしやう》、本體《ほんたい》は眞實不虚《しんじつふきよ》のもの、現象《げんしやう》は虚妄假相《きよまうかさう》である。從《したが》つて現象界《げんしやうかい》の作用《さよう》は、悉《こと〴〵》く妄動《まうどう》である。虚僞《きよぎ》であるとして、物質《ぶつしつ》を輕視《けいし》し、否《いな》、寧《むし》ろ惡視《あくし》し、本體《ほんたい》はどこまでも獨《ひと》り本體《ほんたい》で、現象《げんしやう》、相用《さうよう》とは、全《まつ》たく別異《べつゐ》の寂然空妙《じやくぜんくうめう》なるものであると為《な》し、從《したが》つて成佛《じやうぶつ》するにも、此《こ》の現世穢土《げんせいえど》を捨《す》て、此《こ》の穢汚《えを》なる肉身《にくしん》を捨《す》て、此《こ》の凡夫《ぼんぷ》の妄心《まうしん》を捨《す》てねば成佛《じやうぶつ》は出來《でき》ぬとして居《を》つたのである。

三大《だい》が互《たがひ》に圓融《ゑんゆう》し、而《し》かも佛《ぶつ》の三大《だい》と、吾々凡夫《われ〳〵ぼんぷ》の三大《だい》とが、亦互《またたがひ》に圓融《ゑんゆう》するから、佛《ぶつ》凡不二《ぼんぷに》一體《たい》と為《な》り、彌陀《みだ》同體《どうたい》とか、我《わ》れ即大日如來《そくだいにちによらい》といふことが出來《でき》るのである。此《こ》れが即身成佛《そくしんじやうぶつ》、凡夫即佛《ぼんぷそくぶつ》の根源《こんげん》であつて、從《したが》つて又加持祈禱《またかぢきたう》の靈驗《れいけん》ある所以《ゆえん》である。

物《もの》を離《はな》れて心《しん》のみ獨《ひと》り存在《そんざい》し、現象界《げんしやうかい》と全然《ぜん〳〵》別立《べつりつ》せる實體界《じつたいかい》があるとすれば、それは吾《ご》人《じん》とは關係《くわんけい》も因縁《いんねん》もないものとなるのである。然《しか》るに六大無碍《だいむがい》三大圓融《だいゑんゆう》すれば、現象即實《げんしやうそくじつ》在《ざい》、即事《そくじ》而眞《じしん》、即《すなは》ち現象《げんしやう》の内《うち》に實在《じつざい》があり、實在《じつざい》を離《はな》れて現象《げんしやう》なく、要《えう》するに表裏《へうり》であり又物《またもの》は形式《けいしき》、心《しん》は作《さ》用動力《ようどうりよく》であるといふことになつて、今日《こんにち》の尤《もつと》も進歩《しんぽ》せる、科學的《くわがくてき》の基《き》礎《そ》に立《た》てる、歸納的大哲學《きなふてきだいてつがく》と全然《ぜんぐ》一致《ち》する、千古不磨《せんこふま》の大眞理《だいしんり》である。

第五節　本有不生

六大無碍《だいむがい》で以《もつ》て體性《ほんせい》と爲《な》り、四曼不離《まんふり》で以《もつ》て相象《さうしやう》と爲《な》り、三業具足《ごふぐそく》して作用《さよう》を爲《な》し、體《たい》相用《さうよう》の三大《だい》が圓融《ゑんゆう》すれば、渺《べう》たる五尺《しやく》の此《こ》の身《み》も、宇宙《うちう》の全體《ぜんたい》を備《そな》へ、吾《わ》れ卽宇宙《そくうちう》、宇宙《うちう》卽我《そくわ》れである。獨《ひと》り吾人《ごじん》ばかりでなく、犬猫《けんべう》も草木《さうもく》も亦然《またしか》りである。芥子粒《けしつぶ》の内《うち》にも亦宇《またう》宙《ちう》があるといふのは、此《こ》の原理《げんり》から云《い》つたのである。

我《わ》れ卽宇宙《そくうちう》であるから、佛《ぶつ》も我《わ》れに備《そな》はり、鬼《おに》も地獄《ぢごく》も極樂《ごくらく》も、皆我《みなわ》れに具足《ぐそく》して居《ゐ》るのである。之《こ》れが本有《ほんいう》である。常住《じやうぢう》である。成佛《じやうぶつ》すといつても、我《わ》れを離《はな》れて他《た》のものとなるのではない。我《わ》れに在《あ》る佛《ぶつ》の方面《はうめん》を現《あら》はすのである、極樂淨土《ごくらくじやうど》に往《ゆ》くのも、此所《こゝ》を離《はな》れて別《べつ》の世界《せかい》に走《へんこ》るのではない。我《わ》れに備《そな》はる宇宙《うちう》の、極樂方面《ごくらくはうめん》を開現《かいげん》するのである。此《こ》れが本不生《ほんふしやう》である。併《しか》し不生《ふしやう》にして而《し》かも生《しやう》ずる。卽《すなは》ち不生而生《ふしやうにしやう》、生而不生《しやうにふしやう》で、我《わ》れ〳〵は凡夫《ぼんぷ》の方面《はうめん》が表《おもて》に現《あら》はれて、佛《ぶつ》の方面《はうめん》が裏《うら》に隱《かく》れ、佛《ぶつ》は佛《ぶつ》の方面《はつめん》が表《おもて》に出《い》で、凡夫《ぼんぷ》の方《はう》面《めん》が奥《おく》に隱《かく》れて居《ゐ》るのである。

凡夫《ぼんぶ》の奥《おく》に佛《ぶつ》が在《あ》る如《ごと》く、佛《ぶつ》にも亦凡夫《またぼんぶ》の方面《はうめん》がある。從《したが》つて世間《せけん》で云《い》ふ善惡《ぜんあく》の如《ごと》きは、全然別物《ぜんぜんべつもの》、正反對《せいはんたい》のものではない。物《もの》の一端《たん》は善《ぜん》と假《か》りに名《な》づけ、他《た》の一端《たん》をば假《か》りに惡《あく》と云《い》ふのである。凡夫《ぼんぶ》と佛《ぶつ》といふのも亦之《またこ》れと同《おな》じことである。凡夫《ぼんぶ》に佛性《ぶつしやう》がなければ、成佛《じやうぶつ》も往生《わうじやう》も出來《でき》ぬ。如來《によらい》と全《まつ》たく無關係《むくわんけい》である。又佛《またぶつ》に凡性《ぼんしやう》がなければ衆生濟度《しゆじやうさいど》の活動《くわつどう》が出來《でき》ぬのである。

慾《よく》といふのは誰《だ》れでもある。慾《よく》そのものは善《ぜん》でも惡《あく》でもない。萬物《ばんぶつ》に備《そな》はる自然《しぜん》の本能《ほんのう》である。然《しか》るに此《こ》の慾《よく》を小《ちひ》さく動《うご》かす、例《たと》へば自己《じこ》一人《にん》の爲《た》めに慾《よく》をかくといふのが、凡《ぼん》夫《ぶ》であり、亦惡《またあく》とも云《い》はれるのである。此《こ》の慾《よく》を人《ひと》の爲《た》め、社會國家《しやくわいこくか》の爲《た》めに動《はたら》かすのは、善《ぜん》である。佛《ぶつ》、菩薩《ぼさつ》である。凡夫《ぼんぶ》は自己丈《じこだけ》の利益《りえき》や名位《めいゐ》を望《のぞ》み、佛《ぶつ》は衆生《しゆじやう》一切《さい》を濟度《さいど》したいといふ大慾望《だいよくばう》がある。怒《いか》つて犬猫《けんべう》を打《う》ち、夫婦喧嘩《ふうふげんくわ》の怒《いかり》は、惡《あく》の方《はう》であるが、文王一《ぶんわうひと》たび怒《いか》つて天下《てんか》を治《をさ》むるのは、怒《いか》りでも善《ぜん》である。左《さ》れば善惡《ぜんあく》は畢竟大小《ひつきやうだいせう》の相違《さうゐ》である。程《てい》度《ど》の問題《もんだい》である。

本有不生《ほんいうふしやう》で萬物同體《ばんぶつどうたい》、佛凡不二《ぶつぼんふに》、善惡具存《ぜんあくぐそん》であれば、無《む》は有《う》とはならぬ。有《う》は決《け》つして無《む》に歸《き》せぬ。之《こ》れが物質不滅《ぶつしつふめつ》、勢力恒存《せいりよくこうぞん》の公理《こうり》と一致《ち》するのである。故《ゆゑ》に生死《しやうし》とか、増減《ぞうげん》とか、成壞《じやうゑ》とかいふのは、無《む》から有《う》を生《しやう》ずるのでもなく、有《う》が無《む》となる譯《わけ》でもなく、本來《ほんらい》有《あ》るものが、其《そ》の形《かたち》を變《へん》じたり、表裏《へうり》を轉換《てんくわん》したり、位置《ゐち》を取《と》り易《か》へたりするばかりである。

既《すで》に我《わ》れに宇宙《うちう》の全理《ぜんり》全體《ぜんたい》が具足《ぐそく》し、善惡佛凡《ぜんあくぶつぼん》一切《さい》が本有不生《ほんいうふしやう》であれば、心掛《こゝろが》けの如何《いかん》に由《よ》り、又修行《またしゆぎやう》の如何《いかん》に依《よ》りて、我《われ》に備《そな》はつて居《ゐ》る。佛《ほとけ》でも鬼《おに》でも、極樂《ごくらく》でも地獄《ぢごく》でも、病氣《びやうき》でも健康《けんかう》でも、自由自在《じいうじざい》に現《あら》はすことが出來《でき》るのである。自己《じこ》の加持祈禱《かぢきたう》、他《た》の爲《た》めの加持祈禱《かぢきたう》、何《なに》ものも一切成佛《さいじやうぶつ》し、如何《いか》なることも爲《な》し得《え》ぬことはないといふのは、此《こ》の原理公則《げんりこうそく》に基《もと》づくのである。

第六節　金胎兩部

眞言密教《しんごんみつけう》にては、佛《ぶつ》を始《はじ》め其《そ》の他《た》一切《さい》のものを、金剛界《こんがうかい》、胎藏界《たいぞうかい》の二《ふた》つに分《わ》け、之《こ》れを兩部《りやうぶ》と云《い》ひ、金剛界《こんがうかい》の曼荼羅《まんだら》、胎藏界《たいぞうかい》の曼荼羅《まんだら》、金剛界《こんがうかい》の大日如來《だいにちによらい》、胎藏界《たいぞうかい》の大日如來《だいにちによらい》といつた工合《ぐあひ》に區別《くべつ》してあるが、勿論之《もちろんこ》れは一應《おう》の區別《くべつ》であつて、金剛界《こんがうかい》の內《うち》にも胎藏界《たいぞうかい》が備《そな》はり、胎藏界《たいぞうかい》の內《うち》にも金剛界《こんがうかい》が存在《そんざい》して居《ゐ》るのは、云《い》ふまでもない所《ところ》であつて、金胎兩《こんたいりやう》部不二《ぶふに》である。

併《しか》し一應《おう》の區《く》別《べつ》よりすれば、胎藏界《たいざうかい》は地《ち》水火風空《すゐくわふうくう》の物的《ぶつてき》五大《だい》を表《へう》とし、金剛界《こんがうかい》は識大《しきだい》を主《しゆ》とし、胎藏界《たいざうかい》は凡界《ぼんかい》を示《しめ》し、金剛界《こんがうかい》は佛界《ぶつかい》を表《あらは》し、胎藏《たいざう》は理《り》の體《たい》、金剛《こんがう》は智《ち》の用《よう》、又常《またじやう》途《と》の例《れい》にて云《い》へば、胎藏界《たいざうかい》は未學《みがく》の人《ひと》、金剛界《こんがうかい》は研究《けんきう》せる智者學者《ちしやがくしや》といふやうになるのである。又胎藏界《またたいざうかい》は萬人共通《ばんじんきようつう》の體理《たいり》であるから、平等《びやうどう》を意味《いみ》し、金剛界《こんがうかい》は智《ち》の作用《さよう》であるから、各自《かくじ》獨自《どくとく》のものがあるゆへ、差別《さべつ》を意味《いみ》することになるのである。

金胎兩部《こんたいりやうぶ》、差別《さべつ》と平等《びやうどう》、體《たい》と用《よう》、理《り》と智《ち》、此《こ》れに竪《たて》の義《ぎ》あり、横《よこ》の義《ぎ》あり、不二《ふに》の義《ぎ》あり、而二《にに》の義《ぎ》あり、金剛界《こんがうかい》の九會《ゑ》、胎藏界《たいざうかい》の十三大院等《だいゐんとう》の曼荼羅《まんだら》があつて、宇宙萬有《うちうばんいう》一切《さい》の佛凡《ぶつぼん》、十界《かい》の衆生《しうじやう》を網羅《まうら》して、宇宙《うちう》の原理《げんり》と、萬有《ばんいう》の實相《じつさう》と、成佛《じやうぶつ》の因縁方式《いんねんはうしき》を示《しめ》し、五大轉《だいてん》じて五智《ち》、五佛《ぶつ》となるの有様《ありさま》を實寫《じつしや》してある。

竪門建立

	六大	性徳	業用	形	色	種子	曼荼羅		
物	地大	堅	不壞	方	黃	阿	胎大日	理智	總
	水大	濕	攝持	圓	白	鑁	金大日		

六大
- 火大…煖…離散…三角…赤…囉…不動
- 風大…動…長養…半月…黑…訶…降三世
- （不動・降三世）…理智…別
- 空大…無碍…自在…寶形…青…佉…愛染…不二
- （理智別・不二）…胎藏界
- 心…識大…了知…識別…雜形…雜色…吽…解説輪…金剛界

横門建立

胎藏界…物…五大
- 地大…堅…釋迦…成所作智
- 水大…濕…彌陀…妙觀察智
- 火大…煖…寶生…平等性智
- 風大…動…阿閦…大圓鏡智
- 空大…無碍…大圓…法界體性智
- 吽…雜色雜形
- 識別—了知
- 識大—心—金剛界

而二…
- 金剛界…智…差別…精神…心法…竪…識大…大智…陽…佛…歸納法
- 胎藏界…理…平等…物質…色法…横…五大…大悲…陰…衆生…演繹法
- …不二

金

(七) 理趣會 十七尊 (3)	(八) 降三世會 一尊又七十七尊 (2)	(九) 降三世三昧耶會 七十三尊 (1)

剛界曼荼羅

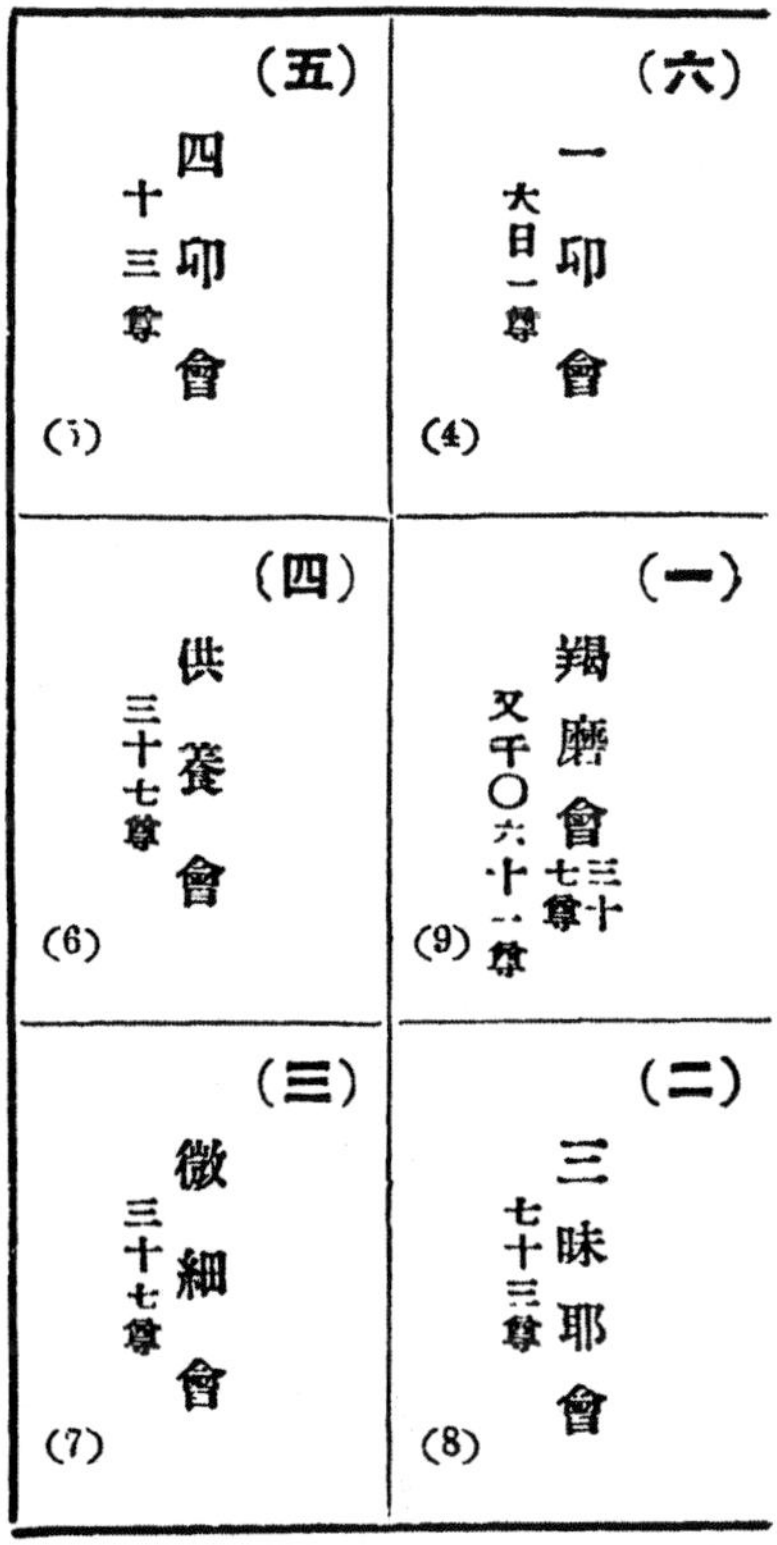

胎藏界曼荼羅

此《こ》の金剛界曼荼羅《こんがうかいまんだら》は、修行《しゆぎやう》の順序《じゆんじよ》と其《そ》の次第昇進《しだいしやうしん》して成佛《じやうぶつ》する有様《ありさま》と、それから向下化《かうげくわ》他《た》の次第《しだい》を示《しめ》したるものにてゝ會《ゑ》即《すなは》ち説法《せつはふ》の集會《しふゑ》を意味《いみ》し、胎藏界《たいざうかい》は本有《ほんいう》の佛菩薩《ぶつぼさつ》や天《てん》部《ぶ》の諸神乃至《しよじんないし》餓鬼《がき》畜生《ちくしやう》に至《いた》るまで、各々《おの〳〵》其《そ》の位置《ゐち》に在《あ》ることを示《しめ》したのである。故《ゆゑ》に胎藏《たいざう》界《かい》は社會《しやくわい》の自然的組成《しぜんてきそせい》の現狀《げんじやう》とか、吾人《ごじん》の各種《かくしゆ》の作用《さよう》を本能的《ほんのうてき》に表《あらは》したものと見《み》るべく、金剛界《こんがうかい》の方《はう》は一年生《ねんせい》より卒業《そつげふ》、小中大學《せうちうだいがく》と進《すゝ》む徑路《けいろ》を表示《へうじ》したものであると倶《とも》に、又此《またこ》の金胎兩部《こんたいりやうぶ》は宇宙《うちう》の縮圖《しゆくづ》と見《み》るべく、或《あるひ》は佛《ぶつ》の活動的寫實《くわつどうてきしやじつ》とも云《い》ふべく、或《あるひ》は又吾人《またごじん》の心身《しん〳〵》兩様《りやうやう》の作動《さくどう》そのものとも比《ひ》すべく、此《こ》の兩部《りやうぶ》九會《ゑ》十三大院《だいゐん》、幾《いく》千の諸尊《しよそん》が、互《たがひ》に加持渉入《かぢせふにふ》して、成佛道並《じやうぶつだうならび》に萬般《ばんはん》の作業《さげふ》を發動《はつどう》するものである。

第三章　加持祈禱の本義

第一節　加持の意義

大日經疏《だいにちきやうそ》に、加《か》とは佛日《ぶつじつ》の光《ひかり》が、行者《ぎやうじや》の心水《しんすゐ》に映《えい》ずるを云《い》ひ、持《ち》とは行者《ぎやうじや》の心水《しんすゐ》が佛日《ぶつじつ》の光《ひかり》を受持《じゆぢ》するを云《い》ふといつてある。佛《ぶつ》の力《ちから》とか、絶對《ぜつたい》の力《ちから》とか、大靈《だいれい》の力《ちから》とかいふ威力《ゐりよく》靈力《れいりよく》妙力《めうりよく》不可思議力《ふかしぎりよく》が、信者《しんじや》や衆生《しうじやう》の心身《しんく》の上《うへ》に加被《かひ》するのであるから、之《こ》れを佛《ぶつ》の加被力《かひりよく》といひ、行者《ぎやうじや》や信者《しんじや》や衆生《しうじやう》の心身《しんく》には、本來本有《ほんらいほんいう》の力《ちから》があつて、能《よ》く此《こ》の佛《ぶつ》とか、絶對《ぜつたい》とかの加被力《かひりよく》を受持《じゆぢ》し、此《こ》の靈力《れいりよく》威力《ゐりよく》と一致《ち》する作用《さよう》功徳《どく》があるから、之《こ》れを衆生《しうじやう》の功徳力《くどくりよく》といふのである。

此《こ》の本尊《ほんぞん》の加被力《かひりよく》と、行者《ぎやうじや》や信者《しんじや》の功徳力《くどくりよく》とが、意氣投合《いきとうがふ》して、互《たがひ》に融和《ゆうわ》致《ち》一したのが、即《すなは》ち感應《かんおう》である。加持《かぢ》すれば感應《かんおう》がある。之《こ》れを行者《ぎやうじや》と病人《びやうにん》とに例《れい》して云《い》へば、行者《ぎやうじや》が病氣《びやうき》を癒《なほ》してやりたいといふ熱誠《ねつせい》と、修法《しうはふ》の努力《どりよく》とが、病人《びやうにん》の心身《しんく》に闖入加被《ちんにふかひ》し、病人《びやうにん》は亦《また》行者《ぎやうじや》を信《しん》じて、病氣《びやうき》を癒《なほ》したい、必《かなら》ず癒《なほ》るものといふ信念《しんねん》と誠意《せいい》がある。之《こ》れが即《すなは》ち病人《びやうにん》に本有《ほんいう》の功徳力《くどくりよく》であつて、此《こ》の兩者《りやうしや》の力《ちから》が互《たがひ》に感應《かんおう》して、病氣《びやうき》といふ假妄《けまう》の錯誤《さくご》は除去《ちよきよ》せられて、本來《ほんらい》の健康體《けんかうたい》に復《ふく》するのである。

水《みづ》を加持《かぢ》すれば、水《みづ》に行者《ぎやうじや》の威力《ゐりよく》が加被《かひ》して、水《みづ》の力《ちから》が強《つよ》くなり、火《ひ》を加持《かぢ》すれば、火《ひ》と行者《ぎやうじや》の心火《しんくわ》、身熱《しんねつ》とが一致《ち》感應《かんおう》して、靈火《れいくわ》となり、土石《どせき》を加持《かぢ》すれば、土石《どせき》の作用《さよう》が強《つよ》くなり、總《すべ》て萬有《ばんいう》に本有固持《ほんいうこぢ》して居《ゐ》るけれども、能《よ》く發動《はつどう》することの出來《でき》ぬ靈力《れいりよく》を、一方《はつ》の既《すで》に作動《さくどう》して居《ゐ》る靈力《れいりよく》で誘掖開發《いうえきかいはつ》して、零《れい》から隱《かく》れた一を引出《ひきだ》し、それに一方《はう》の一を加《くは》へて二《に》といふ大勢力《だいせいりよく》を活躍《くわつやく》せしむるのが、即《すなは》ち加持《かぢ》の効果《かうくわ》である。即《すなは》ち零《れい》の如《ごと》く見《み》へたるものが、一以上倍加《いじやうばいか》の二《に》といふ威力《ゐりよく》を現《あら》はすから、加持力《かぢりよく》の至極《しごく》に達《たつ》すれば、旱天《かんてん》に雨《あめ》を降《ふ》らすことも、石《いし》を化《くわ》して金《きん》と爲《な》すことも、水《みづ》を酒《さけ》と變《へん》せしむることも、草木《さうもく》や畜生《ちくしやう》を發心《ほつしん》せしむることも、地中《ちちう》の埋藏物《まいざうぶつ》、即《すなは》ち鑛脈《くわうみやく》等《など》を透視《とうし》することも、又遠隔《またゑんかく》の者《もの》に豫感《よかん》せしむることも、惡人《あくにん》を調伏《てうふく》することも、決《け》つして奇怪《きくわい》でなきのみか、當然《たうぜん》の可能《かのう》と云《い》はねばならぬのである。

此《こ》の加持《かぢ》は他人《たにん》や他物《たぶつ》を加持《かぢ》するばかりでなく、自分《じぶん》で自分《じぶん》を加持《かぢ》することが出來《でき》るのみか、此《こ》の自己加持《じこかぢ》といふことが、成佛《じやうぶつ》の道《みち》にも、世渡《よわた》りの上《うへ》に於《お》ても、極《きは》めて肝要《かんえう》であつて、常《つね》に自己《じこ》を加持《かぢ》して、絶對《ぜつたい》の靈力《れいりよく》、本尊《ほんぜん》の加被力《かひりよく》を受持《じゆぢ》して、他《た》に倍加《ばいか》したる勢力《せいりよく》を活現《くわつげん》せねばならぬのである。

又此《またこ》の加持《かぢ》は、遠隔《ゑんかく》の地《ち》に在《あ》るものに對《たい》しても、感應《かんおう》に異《かは》りはなく、又相手《またあひて》が國家社會《こくかしやくわい》とか、或《あるひ》は相手《あひて》が承知《しようち》して居《ゐ》ると、否《いな》とに關《くわん》せず、其《そ》の効力《かうりよく》は必然《ひつぜん》であり同《どう》一であるのである。猶其《なほそ》の詳細《しやうさい》や、事實《じじつ》は、後《のち》の加持實行《かぢじつかう》の所《ところ》にて、述《の》ぶるであろう。

第二節 祈禱の意義

祈禱《きたう》とは、日本《にほん》の固有《こいう》の詞《ことば》では、イノルと云《い》ひ、イは忌《い》みであつて、清浄潔齋《せいじやうけつさい》、即《すなは》ち齋《さい》戒沐浴《かいもくよく》すること、ノルは申《まを》し述《の》ぶることで、自己《じこ》の心身《しん〳〵》を清浄《せいじやう》にして、御願《おねが》ひ申《まを》すといふこと、即《すなは》ち請願《せいぐわん》である。自己《じこ》より以上《いじやう》のもの、神佛《しんぶつ》とか、絶對《ぜつたい》とかに對《たい》して、依頼《いらい》し請願《せいぐわん》することである。尤《もつと》も自分《じぶん》より以下《いか》の者《もの》、即《すなは》ち動物《どうぶつ》とか、小供《こども》とか、下僕等《しもべなど》に對《たい》して依頼《いらい》することもあるが、それは此所《こゝ》にいふ祈禱《きたう》ではない。此所《こゝ》にいふ祈禱《きたう》は、自分《じぶん》の力《ちから》の及《およ》ばぬ所《ところ》を、自分以上《じぶんいじやう》の強大《きやうだい》なる力《ちから》を有《いう》するものに依頼《いらい》し請願《せいぐわん》して、扶《たす》け助《たす》けて貰《もら》ふといふ意味《いみ》である。

依頼《いらい》するのである。助《たす》けて貰《もら》ふのであるから、それには先《ま》づ禮儀《れいぎ》を正《たゞ》して頼《たの》まねばならぬ。無禮失態《ぶれいしつたい》があつては、相手《あひて》の感情《かんじやう》を害《がい》し、折角《せつかく》の事《こと》も徒勞水泡《とらうすゐはう》に歸《き》するから、先《ま》づ第《だい》一に禮儀《れいぎ》を正《たゞ》し、清浄潔白《せいじやうけつぱく》にして極《きは》めて愼重《しんちよう》の態度《たいど》を執《と》らねばならぬ。それから依頼《いらい》する交換條件《かうくわんでうけん》として、此《こ》の願《ねがひ》が成就《じやうじゆ》したならば、どういふ報賽《はうさい》即《すなは》ち御禮《おれい》をするとか、又豫《またあらかじ》め斯様《かやう》々々《〳〵》にするからとて、それを先《ま》づ實行《じつかう》して、然《しか》る後《のち》に祈禱《きたう》にかかるとかするのである。

例《たと》へば此《こ》の病氣《びやうき》を平癒《へいゆ》させて貰《もら》ひたい。其《そ》の代《かは》りに先《ま》づ今《いま》から好《す》きな酒《さけ》を止《や》めるとか、烟草《たばこ》を禁《きん》ずるとかを決行《けつかう》し、或《あるひ》は祈禱《きたう》して病氣《びやうき》の平癒《へいゆ》した後《のち》に、何《なに》か慈善《じぜん》を行《おこな》ふとかいふやうなことをするのである。

此《こ》の祈禱《きたう》にも、自分《じぶん》が自分《じぶん》の爲《た》めにするのと、他人《たにん》の爲《た》めに祈禱《きたう》してやる場合《ばあひ》とある。他人《たにん》の爲《た》めに祈禱《きたう》するのは加持《かぢ》と異《かは》りはないが、自分《じぶん》が自分《じぶん》の爲《た》めにするときは、加持《かぢ》のやうに漠然《ばくぜん》たるものではない。祈禱《きたう》の目的《もくてき》といふものが、極《きは》めて具體的《ぐたいてき》になつて居《を》らねばならぬ。而《しか》して確乎《かくこ》たる誓約《せいやく》をすることが肝要《かんえう》である。自分《じぶん》で自分《じぶん》を加持《かぢ》するのは、本尊《ほんぞん》を信《しん》じて成佛道《じやうぶつだう》を成就《じやうじゆ》したいといふのが主眼《しゆがん》であるが、自分《じぶん》で自分《じぶん》のことを祈禱《きたう》するのは成佛道《じやうぶつだう》でもよいけれど、それよりは何《なに》か一《ひと》つの人生上《じんせいじやう》處世上《しよせいじやう》の目的條件《もくてきでうけん》を定《さだ》めて、それが甘《うま》くゆくやうに依賴《いらい》して、神佛《しんぶつ》の冥護《めいご》助力《じよりよく》を乞《こ》ふのである。

尤《もつと》も加持《かぢ》も祈禱《きたう》も、其《そ》の根本義《こんぽんぎ》に於《おい》ては、何等《なんら》異《かは》りはないのであるが、今日常途《こんにちじやうと》の考《かんが》へ方《かた》、やり方《かた》にては、加持《かぢ》は行者《ぎやうじや》が、病人《びやうにん》や其《そ》の他對人《たたいじん》又《また》は對物的《たいぶつてき》にやるものとし、祈禱《きたう》は本尊卽《ほんぞんすなは》ち神佛《しんぶつ》に對《たい》して行《おこな》ふもののやうになつて居《ゐ》る。而《しか》して此《こ》の加持祈禱《かぢきたう》は、行者卽《ぎやうじやすなは》ち僧侶《そうりよ》のみのやる仕事《しごと》としてあるが、順序《じゆんじよ》を踏《ふ》んで行《ゆ》けば、何人《なんぴと》がやつても差支《さしつかへ》はない。勿《もち》論《ろん》順序《じゆんじよ》に依《よ》つて修行《しゆぎやう》すれば、それが卽《すなは》ち行人行者《かうじんぎやうじや》であり、今日《こんにち》の所謂《いはゆる》法律上《はふりつじやう》又《また》は職業的《しよくげふてき》の僧侶《そうりよ》でなくても、行法上《かうはふじやう》の僧侶《そうりよ》とも云《い》へるのであるから、如法《じよはふ》に修行《しゆぎやう》すれば、職業的《しよくげふてき》のものよりは、却《かへ》つて眞《しん》の効果靈驗《かうくわれいけん》のあるものである。要《えう》するに加持《かぢ》も祈禱《きたう》も、大誓願《だいせいぐわん》を以《もつ》て遂行《すゐかう》せねばならぬのである。

第三節　入我我入

本尊《ほんぞん》卽《すなは》ち神佛《しんぶつ》の三密《みつ》と、行者修法者《ぎやうじやしゆはふじや》の三密《みつ》が一致《ち》融合《ゆうがふ》するのを、三々平等《さんくびやうどう》といふ。卽《すなは》ち修法者《しゆはふじや》が不動明王《ふどうみやうわう》なれば不動明王《ふどうみやうわう》を本尊《ほんぞん》として、明王《みやうわう》の印《いん》を結《むす》んで居《ゐ》れば、その印《いん》が明王《みやうわう》の忿怒《ふんぬ》の形相《ぎやうさう》と爲《な》り、又修法者《またしゆはふじや》が口《くち》に明王《みやうわう》の眞言陀羅尼《しんごんだらに》を唱《とな》ふれば、其《そ》の眞言《しんごん》が明王《みやうわう》の音《おん》聲《せい》と化《くわ》し、修法者《しゆはふじや》が意《こころ》に明王《みやうわう》なり觀念《くわんねん》すれば、修法者《しゆはふじや》の全身《ぜんしん》が明王《みやうわう》の姿《すがた》と同化《どうくわ》し、本尊《ほんぞん》の身口意《しんこうい》の三《みつ》つが、修法者《しゆはふじや》の身口意《しんこうい》の三《みつ》つと平等《びやうどう》となつて、更《さら》に差別《さべつ》がなくなるから、三々《さんく》平等《びやうどう》といふのである。

此《こ》の三々平等《さんくびやうどう》に至《いた》れば、本尊《ほんぞん》が我《わ》れの内《うち》に入《い》つて來《く》る。而《しか》して我《わ》れが本尊《ほんぞん》と同《どう》一になつて、同《どう》一の作動《さくどう》が出來《でき》るのである。之《こ》れを入我《じゆが》といふ。又至心專念《またししんせんねん》に本尊《ほんぞん》を觀《くわん》ずれば、我《わ》れが本尊《ほんぞん》の内《うち》に入《い》つて、我《わ》れと本尊《ほんぞん》とが無差別《むさべつ》となる。之《こ》れが即《すなは》ち我入《がにふ》である。忍術等《にんじゆつなど》で術者《じゆつしや》が傍《かたはら》に在《あ》る石地藏《いしぢざう》に化《は》け、石地藏《いしぢざう》と一體《たい》になる等《など》といふのは、矢張《やは》り此《こ》の意義《いぎ》から來《き》たものである。此《こ》の入我我入《じゆががにふ》、三々平等《さん〳〵びやうどう》が成就《じやうじゆ》した場合《はあひ》は、修法者《しゆはふじや》が本尊《ほんぞん》と同《どう》一になつて、一體《たい》の本尊《ほんぞん》であつたものが、全《まつ》たく同《おな》じものが二體《たい》になることがある。即《すなは》ち修法者《しゆはふじや》の身體《からだ》が消《き》へて、本尊《ほんぞん》が一《ひと》つ增《ま》すのである。それから修法者《しゆはふじや》の身體《からだ》が消《き》へて、本尊《ほんぞん》が中《なか》に這《は》入《い》つて仕舞《しま》ふこともある。即《すなは》ち一《ひと》つの本尊《ほんぞん》だけになることもある。又本尊《またほんぞん》の方《はう》が變化《へんくわ》して修法者《しゆはふじや》と同《どう》一になり、同《おな》じ修法者《しゆはふじや》が二人《ふたり》になることもある。又本尊《またほんぞん》が全然《ぜん〳〵》修法者《しゆはふじや》の身體《からだ》に入《い》つて仕舞《しま》ふて、本尊《ほんぞん》は無《な》くなり、修法者《しゆはふじや》一人《にん》のみとなることもある。此《こ》れ皆《みな》三密加持《みつかぢ》、三々平等《さん〳〵びやうどう》、入我我入《じゆががにふ》の結果《けつくわ》である。

新義眞言宗《しんぎしんごんしう》の開祖興敎大師《かいそこうけうだいし》が、高野山《かうやさん》にて勉強中《べんきやうちう》、他《た》の惡僧共《あくそうども》が、其《そ》の優勝《いうしよう》を忌《い》み嫉《ねた》み又其《またそ》の說《せつ》に反對《はんたい》して、多數徒《たすうと》を組《く》み、興敎大師《こうけうだいし》の所《ところ》に押掛《おしか》け、殺《ころ》す筈《はず》であつたので、興敎大師《こうけうだいし》は本尊不動明王《ほんぞんふどうみやうわう》の前《まへ》で、三密加持入定《みつかぢにふてい》した。惡僧共《あくそうども》は其《そ》の堂《だう》に入《い》つて見《み》たが、興敎大師《こうけうだいし》が見《み》へぬで、不動明王《ふどうみやうわう》が二體並《たいなら》んで居《ゐ》る。そこで此《こ》れは一《ひと》つは興敎大師《こうけうだいし》の入定《にふてい》したのに違《ちが》ひないと思《おも》ふけれど、どちらが人間《にんげん》か分《わか》らぬから、錐《きり》で以《もつ》て膝《ひざ》を刺《さ》した所《ところ》が、眞《しん》の不動《ふどう》明王《みやうわう》卽《すなは》ち木像《もくざう》の方《はう》を刺《さ》したに、木像《もくざう》の方《はう》から血《ち》が出《で》たといふ傳說《でんせつ》さへあるのである。

此《こ》の他佛敎各宗《ほかぶつけうかくしう》の靈驗談《れいけんだん》の中《なか》には、能《よ》く觀音菩薩《くわんおんぼさつ》や、其《そ》の他《た》の諸佛諸菩薩《しよぶつしよぼさつ》が、信者《しんじや》に代《かは》りて難《なん》を受《う》け、信者《しんじや》は危《あやふ》きを免《まぬ》がれたといふ話《はなし》は、幾百《いく》となくある。此等《これら》は均《ひと》しく信者《しんじや》が必死《ひつし》の信念《しんねん》に依《よ》つて、其《そ》の信《しん》ずる神佛《しんぶつ》と入我我入《じゆがゝにふ》した爲《た》めである。それで眞言宗《しんごんしう》では、繪《くわい》木效驗《ぼくかうけん》といつて、木佛金佛《きぶつかなぶつ》を單《たん》に偶像《ぐうざう》であり、之《これ》を信《しん》するのを迷信《めいしん》であるとせずして、偶《ぐう》像《ざう》にも亦靈驗《またれいけん》があるといふのである。

木佛金佛《きぶつかなぶつ》も、絕對普門《ぜつたいふもん》の大日如來《だいにちによらい》も、又大日如來萬德《まただいにちによらいばんとく》の一門《もん》たる、各々《おの〳〵》の佛菩薩《ぶつぼさつ》も、人《にん》間《げん》も、皆悉《みなこと〴〵》く六大《だい》に依《よ》つて成立《せいりつ》し、四曼三密《まんみつ》を具備《ぐび》して居《ゐ》るから、木像《もくざう》であつても、紙《かみ》に書《かい》た名號《みやうがう》であつても、御守札《おまもりふだ》であつても、念力《ねんりき》の如何《いかん》に由《よ》つて、此《こ》れを作動《さくどう》せしめ、威《ゐ》靈《れい》を發現《はつげん》せしむることが出來《でき》るといふのであつて、此《こ》れは一寸解《ちよつとかい》しにくいやうであり、又《また》强辨《きやうべん》のやうでもあるが、六大緣起《だいえんぎ》の宇宙的哲理《うちうてきてつり》に依《よ》れば、どうしてもそうならねばならぬのである。

第四節　三力具足

大日經《だいにちきやう》や其《そ》の疏《そ》に、我《わ》が功德力《くどくりよく》を以《もつ》ての故《ゆゑ》に、如來《によらい》の加被力《かひりよく》を以《もつ》ての故《ゆゑ》に、法界力《はふかいりき》を以《もつ》ての故《ゆゑ》に、此《こ》の三緣合《えんがつ》するを以《もつ》ての故《ゆゑ》に、則《すなは》ち能《よ》く不思議《ふしぎ》の業用《げふよう》を成就《じやうじゆ》すと說《と》いてある。何《なに》事《こと》でも自分《じぶん》の勉强《べんきやう》善行力《ぜんかうりよく》がなくてはならぬのは固《もと》よりであるが、單《たん》にそれだけではゆかぬ。卽《すなは》ち師父《しふ》とか、聖賢《せいけん》の敎《をしへ》とかいふものの敎導力《けうだうりよく》がなくてはならぬ。其《そ》の上《うへ》に更《さら》に又《また》、友人《いうじん》とか社會《しやくわい》の力《ちから》といふものがなくてはならぬ。前《まへ》の法界力《はふかいりき》と云《い》ふのは、此《こ》の社會《しやくわい》の力《ちから》をいふのである。

病氣《びやうき》でも、自分《じぶん》の用心《ようじん》と、醫藥《ゐやく》の力《ちから》と、看護《かんご》の力《ちから》と、此《こ》の三力《りき》が具足《ぐそく》し、共一《きよいつ》せねば、速《すみや》かに平癒《へいゆ》し難《がた》いのである。自已《じこ》の用心《ようじん》は我《わ》が功德力《くどくりよく》、醫藥《ゐやく》の力《ちから》は如來《によらい》の加被力《かひりよく》、看病《かんびやう》の力《ちから》は法界力《はふかいりき》である。之《こ》れを加持祈禱《かぢきたう》の場合《はあひ》で云《い》へば、本尊《ほんぞん》の加被《かひ》力《りよく》、信者《しんじや》の功德《くどく》力《りよく》、行《ぎやう》卽《すなは》ち者《は》加持《かぢ》祈禱《きたう》を行《おこな》ふ者《もの》の法力《はふりき》、卽《すなは》ち法界力《はふかいりき》、此《こ》の三《みつ》つが共《とも》に一致《ち》し、猛烈《まうれつ》でなければ、効果靈驗《かうくわれいけん》を速《すみや》かに現《あら》はすことは出來《でき》ぬのである。

此《こ》の法界力《はふかいりき》といふことは、一寸人《ちよつとひと》の氣《き》の付《つ》かぬことであつて、宗敎《しうけう》のすべては、大抵之《たいていこ》れを閑却《かんきやく》して居《ゐ》る。卽《すなは》ち佛力《ぶつりき》と自已《じこ》の信力《しんりき》の二《ふた》つ丈《だけ》を主《しゆ》として居《ゐ》るが、實《じつ》は此《こ》の法界力《はふかいりき》が大層有力《たいそういうりよく》であるのである。學生《がくせい》でも自分《じぶん》は大《おほい》に勉强《べんきやう》し、敎師《けうし》がよくても、家庭《かてい》や友人《いうじん》が惡《わ》ければ、結局立派《けつきよくりつぱ》な人物《じんぶつ》になれぬ場合《はあひ》が多《おほ》い。即《すなは》ち同行《どうぎやう》の力《ちから》、社會《しやくわい》の力《ちから》が、直接間接《ちよくせつかんせつ》に成否《せいひ》を司配《しはい》することが少《すく》なくないのである。加持祈禱《かぢきたう》でも、本尊《ほんぞん》は靈驗新《れいけんあら》たである。信者《しんじや》は熱誠《ねつせい》であつても、修法《しゆはふ》の行者《ぎやうじや》の法力《はふりき》が未熟《みじゆく》であるとか、其《そ》の人格《じんかく》が下劣《げれつ》であれば、効果《かうくわ》が現《あら》はれぬのである。

それから自分《じぶん》が自分《じぶん》で加持祈禱《かぢきたう》をやり、別《べつ》に仲介的《ちうかいてき》の行者《ぎやうじや》を要《えう》せぬ場合《はあひ》の法界力《はふかいりき》といふのは、先《ま》づ第《だい》一に場所《はしよ》に注意《ちうい》し、閑靜幽邃《かんせいいうすゐ》な所《ところ》とか、靈地《れいち》とか、又《また》は自宅《じたく》なれば、極《きは》めて清掃《せいさう》したる他《た》の物《もの》のない室《しつ》とかいふ工合《ぐあひ》に、總《すべ》て周圍《しうゐ》のものを善化《ぜんくわ》し、それが修行《しゆぎやう》の邪魔《じやま》にならぬやうにするのが、一《ひと》つの法界力《はふかいりき》である。

加被力《かひりよく》は所謂他力《いはゆるたりき》である。功徳力《くどくりよく》は所謂自力《いはゆるじりき》である。宗敎上《しうけうじやう》では自力宗《じりきしう》とか、他力敎《たりきけう》とかいふけれど、純他力《じゆんたりき》も純自力《じゆんじりき》も、一《ひと》つでは何事《なにごと》も出來《でき》ぬ。自力他力《じりきたりき》が競合《せりあひ》一致《ち》した所《ところ》に始《はじ》めて効果《かうくわ》が發生《はつせい》するのである。而《し》かも其《そ》の効果《かうくわ》の發生《はつせい》する舞台《ぶたい》は、社會《しやくわい》でなくてはならぬ。舞台《ぶたい》が惡《わる》ければ、折角《せつかく》の効果《かうくわ》が、其《そ》の價値《かち》を全《まつた》ふすることが出來《でき》ぬ。自力他力法力《じりきたりきはふりき》が共《とも》に優越《いうゑつ》して居《を》れば、如何《いか》なる大事《だいじ》、如何《いか》なる難事《なんじ》でも、不思議《ふしぎ》に早《はや》く且《か》つ好《よ》く成就《じやうじゆ》するものである。特《とく》に加持祈禱《かぢきたう》には、此《こ》の三力具足《りきぐそく》といふことが、極《きは》めて肝要《かんえう》である。

第四章 入門灌頂

第一節 誓願と戒法

眞言密敎《しんごんみつけう》の門《もん》に入《い》らんとするものは、先《ま》づ第《だい》一に大誓願《だいせいぐわん》を發《ほつ》せねばならぬ。その誓願《せいぐわん》といふのは、第《だい》一に不惜身命《ふしやくしんみやう》といつて、身體《からだ》は粉《こ》になり、生命《いのち》は捨《す》てても、此《こ》の秘密《ひみつ》の大法《たいはふ》を成就《じやうじゆ》するといふ大決心《だいけつしん》である。第《だい》二は自分《じぶん》一人《にん》の爲《た》め丈《だけ》の名利慾望《みやうりよくばう》には、少《すこ》しも頓着《とんぢやく》せぬで、人《ひと》の爲《た》め社會國家《しやくわいこくか》の爲《た》め、人類全體《じんるゐぜんたい》の爲《た》めに、大《おほい》に努力《どりよく》するといふ誓約《せいやく》である。勿論《もちろん》自分《じぶん》の爲《た》めを全然《ぜん〴〵》捨《す》てよといふのではない。自分《じぶん》も他《た》も共《とも》に立派《りつぱ》に立《た》ち行《ゆ》かれるやうに共存共榮《きようそんきようえい》、一切濟度《さいさいど》といふことが肝心《かんじん》である。

次《つぎ》に戒法《かいはふ》といふのは、密門《みつもん》に入《い》れば一切《さい》其《そ》の敎軌《けうき》に從《したが》ひ、決《け》つして他《た》を顧《かへり》みぬのが主要《しゆえう》である。それから人《ひと》としての守《まも》るべきことは、所謂《いはゆる》十善戒《ぜんかい》である。十善戒《ぜんかい》とは、第《だい》一が不《ふ》殺生戒《せつしやうかい》で、總《すべ》て生物《いきもの》を殺《ころ》すことは、天地自然《てんちしぜん》の大法《たいはふ》に背《そむ》くのは固《もと》よりであつて、殺伐《さつばつ》を事《こと》とするものは、酷薄忿怒《こくはくふんぬ》の性《せい》が増長《ぞうちやう》して、人格《じんかく》を完成《くわんせい》することが出來《でき》ぬからである。尤《もつと》も惡人《あくにん》や國賊《こくぞく》を誅伐《ちうはつ》し、職業上《しよくげふじやう》止《や》むを得《え》ず、漁夫《ぎよふ》が魚《うを》を捕《と》ふる如《ごと》きは、決《け》つして此《こ》の戒法《かいはふ》に違反《ゐはん》するものではないのである。

第《だい》二は不《ふ》偸盗戒《とうたうかい》、第《だい》三は不《ふ》邪淫戒《じやいんかい》、妻《つま》あるものが他《た》の女《をんな》を犯《おか》すのは、總《すべ》て邪淫《じやいん》である。淫買《いんばい》や淫賣買《いんばいかひ》もいけない。又自分《またじぶん》の妻《つま》であつても、姙娠中《にんしんちう》や月經時《げつけいじ》に犯《おか》すのは邪淫《じやいん》である。又夫婦《またふうふ》でも日中《につちう》とか神聖《しんせい》の場所《ばしよ》で淫《いん》するのは邪淫《じやいん》である。蓄妾《ちくせふ》は邪淫《じやいん》の尤《もつと》も甚《はなは》だしきものである。

第《だい》四は不《ふ》妄語戒《まうごかい》、此《こ》れには惡口《あくこう》とか、兩舌《りやうぜつ》と云《い》つて、甲《かふ》には乙《おつ》を惡《わる》く云《い》ひ、乙《おつ》には甲《かふ》を惡《わる》く云《い》ふとか、双方《さうはう》に都合《つがふ》のよいやうに云《い》ふのや、惡《わる》い串談《じようだん》とか、罵嘲等皆《はてうなどみな》いけぬので、十善戒《ぜんかい》では不《ふ》妄語《まうご》の次《つぎ》に、五《ご》に不《ふ》綺語戒《きごかい》、六《ろく》に不《ふ》惡口戒《あくこうかい》、七兩舌戒《しちりやうぜつかい》と、それ〱分《わ》けて細《こま》かに示《しめ》してある。

第《だい》八は不《ふ》貪慾戒《どんよくかい》、第《だい》九は不《ふ》瞋恚戒《しんゐかい》、第《だい》十は不《ふ》邪見戒《じやけんかい》、貪慾《どんよく》を恣《ほしいまゝ》にし、無暗《むやみ》に癇癪《かんしやく》を起《おこ》して怒《いか》るのは、云《い》ふまでもなくよくない。佛道《ぶつだう》は愚《おろ》か、何業《なにわざ》でも慾張《よくは》り過《す》ぎ、怒《いか》り過《す》ぐれば、必《かなら》ず失敗《しつはい》する。不《ふ》邪見戒《じやけんかい》といふのは、物事《ものごと》に見當違《けんたうちがひ》をして、愚痴《ぐち》をこぼすことがある。愚痴《ぐち》ぼい人《ひと》ほど仕末《しまつ》の惡《わる》いものはない。こんなものは如何《いか》にしても成功《せいこう》する氣遣《きづかひ》はないのである。

夫《そ》れから佛道《ぶつだう》に入《い》ると、入《い》らぬとに限《かぎ》らず、總《すべ》て如何《いか》なるものでも、覺《おぼ》へず知《し》らずの過失《くわしつ》がある。よし又過失《またくわしつ》はないとしても、自分《じぶん》の努力熱心《どりよくねつしん》が未《いま》だ充分《じうぶん》でないとして、朝夕《てうせき》二回《くわい》必《かなら》ず懺悔《ざんげ》することが必要《ひつえう》である。懺悔《ざんげ》は淨白法《じやうはくはふ》といつて、過去《くわこ》の罪惡過失《ざいあくくわしつ》を消殺《せうさつ》し、且《か》つ將來善進《しやうらいぜんしん》の動力《どうりよく》となるものである。

此《こ》の戒法《かいはふ》にも、懺悔《ざんげ》にも、それ〳〵印《いん》もあり、眞言《しんごん》もあり、念誦《ねんじゆ》の文句《もんく》もあり、彼《か》れ此《こ》れ方式《はうしき》があるが、それは其《そ》の道《みち》の師《し》に就《つい》て傳授《でんじゆ》を受《う》けてもよし、又此等《またこれら》は强《しひ》て方式《はうしき》に依《よ》らねばならぬこともない。始終《しじう》その積《つも》りで居《ゐ》れば、それでよいのである。

第二節　結縁灌頂

灌頂《くわんちやう》といふのは、印度《いんど》の國王《こくわう》が即位式《そくゐしき》や、又《また》は立太子式《りつたいししき》に、加持《かぢ》した香水《かうすゐ》を瓶《びん》に入《い》れて、王《わう》や太子《たいし》の頭頂《づちやう》に灌《そゝ》ぎ、王位《わうゐ》相續《さうぞく》の證《しよう》とする世俗《せぞく》の儀式《ぎしき》を轉用《てんよう》して、眞言入門《しんごんにふもん》のものに灌頂《くわんちやう》を行《おこな》ひ、秘密法門相續《ひみつはふもんさうぞく》の印信《いんしん》とするのである。弘法太師《こうぼふだいし》の著《かゝ》れた秘藏記《ひざうき》に、灌《くわん》は諸佛《しよぶつ》の大悲《だいひ》なり、頂《ちやう》は上《じやう》の義《ぎ》なり、菩薩初地《ぼさつしよち》より乃《すなは》ち等覺《とうかく》に至《いた》り、究竟《きうきやう》して妙覺《めうかく》に移《うつ》る時《とき》、諸佛大悲《しよぶつだいひ》の水《みづ》を以《もつ》て頂《ちやう》に灑《そゝ》ぐ。即《すなは》ち自行圓滿《じぎやうゑんまん》して佛果《ぶつくわ》を證《しよう》することを得《え》、是《こ》れ頂《ちやう》の義《ぎ》なり。諸佛《しよぶつ》の大悲《だいひ》は是《こ》れ灌《くわん》の義《ぎ》なり。云々《うんぬん》といつてある。

灌頂《くわんちやう》を受《う》くるには、どうしても阿闍梨《あじやり》に就《つ》かねばならぬ。阿闍梨《あじやり》とは梵語《ぼんご》であつて、師範《しはん》といふ義《ぎ》である。それで大德《だいとく》の行者《ぎやうじや》とか、僧侶《そうりよ》に就《つい》て、法式《はふしき》に遵《したが》ひて、灌頂《くわんちやう》を受《う》けねば、越三摩耶《をつさんまや》といふ密法違反《みつぽふゐはん》の罪《つみ》を受《う》け、佛罰《ぶつばつ》を蒙《かうむ》ることになるのである。

灌頂《くわんちやう》を行《おこな》ふには、先《ま》づ灌頂壇《くわんちやうだん》を拵《こしら》へ、それ／＼の法器支度《はふきしたく》を整《とゝの》へ、大日如來始《だいにちによらいはじ》め諸佛諸菩薩《しよぶつしよぼさつ》より餓鬼畜生《がきちくしやう》に至《いた》るまで書《か》いてある曼荼羅《まんだら》を掛《か》けて、受者《じゆしや》はそれ／＼順序方式《じゆんじよはうしき》に依《よ》つて、阿闍梨指導《あじやりしだう》の下《もと》に、至心《ししん》に懺悔《ざんげ》し、專念《せんねん》に歸依《きえ》し、至誠《しせい》を以《もつ》て、曼荼羅《まんだら》を禮拜《らいはい》するのである。斯《か》く一度《たび》秘密曼荼羅《ひみつまんだら》を見《み》るときは、自己《じこ》の中《うち》に在《あ》る宿善《しゆくぜん》は一時《じ》に開發《かいはつ》し、三世《せ》一切《さい》の諸佛諸菩薩《しよぶつしよぼさつ》は、均《ひと》しく之《こ》れを讃歎《さんたん》し、加護《かご》して、假令《たとへ》現世《げんせ》に於《おい》て成佛《じやうぶつ》せぬからといつても、遠《とほ》からず得道成佛《とくだうじやうぶつ》の因《いん》となるのであるから、結緣灌頂《けつえんくわんちやう》といふ、秘密法門《ひみつはふもん》に緣《えん》を結《むす》び付《つ》ける譯《わけ》になるのである。

第三節　受明灌頂

受明灌頂《じゆめいくわんちやう》は學法灌頂《がくはふくわんちやう》ともいふのである。先《ま》づ受者《じゆしや》は阿闍梨《あじやり》の指導《しだう》の下《もと》に、順序方式《じゆんじよはうしき》を經《へ》て、夫《そ》れより目《め》を包《つゝ》み、合掌《がつしやう》して兩指《りやうし》の間《あひだ》に花《はな》を挾《はさ》み、之《こ》れを大悲胎藏界大曼荼羅《だいひたいざうかいだいまんだら》に臨《のぞ》んで投《とう》ずるのである。而《しか》して其《そ》の花《はな》が大日如來《だいにちによらい》に當《あた》れば、其《そ》の人《ひと》は大日如來《だいにちによらい》に緣《えん》がある。又大日如來《まただいにちによらい》が其《そ》の人《ひと》の守本尊《まもりほんぞん》となるといふ次第《しだい》である。又其《またそ》の花《はな》が不《ふ》動明王《どうみやうわう》に當《あた》れば、不動明王《どうみやうわう》が有緣《うえん》の佛《ほとけ》、守本尊《まもりほんぞん》である。其《そ》の他阿彌陀《たあみだ》でも觀音《くわんおん》でも文殊《もんじゆ》でも皆同《みなおな》じことである。若《も》し其《そ》の花《はな》が佛《ほとけ》や菩薩《ぼさつ》に當《あた》らずして、餓鬼等《がきなど》に當《あた》れば、其《そ》の人《ひと》は未《いま》だ秘密法門《ひみつはふもん》に入《い》るべき機《き》でない。機緣《きえん》の未《いま》だ熟《じゆく》せざるものとして、更《さら》に懺悔《ざんげ》し、專心《せんしん》に信念《しんねん》を凝《こ》らすべきである。此《こ》の花《はな》を投《とう》じて有緣《うえん》の佛《ほとけ》を求《もと》むるのを、投華得佛《とうくわとくぶつ》といふのである。

明《みやう》とは眞言陀羅尼《しんごんだらに》このとであつて、投花得佛《とうくわとくぶつ》の其《そ》の本尊《ほんぞん》の眞言《しんごん》を敎《をし》へて貰《もら》ふから受明灌頂《じゆめいくわんちやう》といふのである。併《しか》し今日《こんにち》では眞言丈《しんごんだけ》ではなく、印《いん》も授《さづ》かり、又有《またう》緣《えん》の一尊《そん》だけの印《いん》や明《めい》のみでなく、多《おほ》くの眞言陀羅尼《しんごんだらに》や印《いん》の結《むす》び方《かた》を受《う》くるのである。

前《まへ》の結緣灌頂《けつえんくわんちやう》は、一般《はん》の信者《しんじや》となつたといふべきもの、即《すなは》ち基督教等《キリストけうなど》の洗禮《せんれい》と同《おな》じ程度《ていど》のものであるが、受明灌頂《じゆめいくわんちやう》は弟子《でし》入《い》りをして、將來行者阿闍梨《しやうらいぎやうじやあじやり》になる志願《しぐわん》であるから、入學《にふがく》して學生《がくせい》となつた譯《わけ》である。從《したが》つて受明《じゆめい》はそれ〳〵の教科目教科書《けうくわもくけうくわしよ》を授《さづ》けられ、此《こ》れから順次《じゆんじ》それを練習《れんしふ》してゆくといふ意味《いみ》になるのである。

第四節　傳法灌頂

傳法灌頂《でんぽふくわんちやう》は又傳教灌頂《またでんけうくわんちやう》ともいふ。此《こ》れは卒業式《そつげふしき》とか、登用式《とうようしき》といふべきもので、修《しゆ》行成滿《ぎやうじやうまん》の位《くらゐ》である。此《こ》の式《しき》は又授職灌頂《またじゆしよくくわんちやう》ともいひ、之《こ》れを受《う》けたものは阿闍梨《あじやり》となつて、他《た》に灌頂《くわんちやう》することが出來《でき》るのである。左《さ》れば其《そ》の作法《さはふ》も中々《なか〳〵》嚴密《げんみつ》である。昔《むかし》は勅命《ちよくめい》に依《よ》つて其《そ》の灌頂阿闍梨《くわんちやうあじやり》を選《えら》んだものであるが、今《いま》は有徳《いうとく》の僧《そう》に限《かぎ》つて之《こ》れを勤《つと》むるのである。其《そ》の正導師《せいだうし》を大阿闍梨《だいあじやり》といひ、作法《さはふ》を教授《けうじゆ》するものを、教授阿闍梨《けうじゆあじやり》といひ、金胎兩《こんたいりやう》部《ぶ》の秘法《ひはふ》、及《およ》び諸尊《しよそん》の大法《たいはふ》、並《ならび》に十八道護摩儀軌《だうごまぎき》、念誦法口傳《ねんじゆはふこうでん》、曼荼羅法等《まんだらはふなど》、殘《のこ》る所《ところ》なく傳授《でんじゆ》するものである。

此《こ》の傳法灌頂《でんぽふくわんちやう》の上《うへ》に、秘密三昧耶《ひみつさんまいや》といふ以心傳心《いしんでんしん》に正法《せいはふ》を持續《ぢぞく》する位《くらゐ》がある。此《こ》の位《くらゐ》は全《まつ》たく大阿闍梨《だいあじやり》であつて、悉地《しつち》已《すで》に等覺《とうかく》の佛位《ぶつゐ》に及《およ》んで居《ゐ》るから、萬事《はんじ》に自在《じざい》を得《え》て、新教新説《しんけうしんせつ》を唱道《しやうだう》し、佛《ほとけ》を作《つく》り、菩薩明王天等《ぼさつみやうわうてんなど》を作《つく》る事《こと》も出來《でき》るのである。此《こ》の三昧耶《さんまいや》は、以心灌頂《いしんくわんちやう》であるから、諸々《もろ〳〵》の事業作法《じげふさはふ》を具《ぐ》せず、師《し》の心《こゝろ》を以《もつ》て弟子《でし》の心《こゝろ》に授《さづ》くるのである。故《ゆゑ》に大日經疏《だいにちきやうそ》には、心《こゝろ》を以《もつ》て灌頂《くわんちやう》を爲《な》すとは、是《これ》の如《ごと》くの灌頂《くわんちやう》は、時《とき》を擇《えら》ばず、方《はう》を擇《えら》ばず。東《ひがし》に向《むか》つて位《くらゐ》を設《まう》け、或《あるひ》は南《みなみ》に向《むか》ふも、みな得《う》るなり、云々《うんぬん》と說《とい》てある。

第《だい》一に佛《ほとけ》に對《たい》し禮拜《らいはい》し供養等《くやうなど》すれば、佛緣《ぶつえん》を生《しやう》ずる端緖《たんしよ》となるから、之《こ》れを初見三昧耶《しよけんさんまいや》と云《い》ひ、第《だい》二に結緣灌頂《けつえんくわんちやう》を入靚三昧耶《にふとさんまいや》といひ、受明灌頂《じゆめいくわんちやう》を具壇三昧耶《ぐだんさんまいや》といひ、之《こ》れに傳法《でんぽふ》と秘密《ひはふ》とを加《くは》へて、五種《しゆ》の三昧耶《さんまいや》と稱《しよう》し、秘密敎育《ひみつけういく》の順序《じゆんじよ》とするのである。

第五章　秘密修法の準備

第一節　秘密支度物

秘密修法《ひみつしうはふ》に要《えう》する支度物《したくもの》の重《おも》なるものを擧《あ》ぐれば、大約左《たいやくさ》の如《ごと》くである。

本尊《ほんぞん》、經《きやう》、此《こ》れは修法《しうはふ》の種類《しゆるゐ》、卽《すなは》ち後《のち》に示《しめ》す四種法《しゆはふ》の如何《いかん》、又《また》は諸尊法《しよそんはふ》に由《よ》て異《こと》なるは勿論《もちろん》である。以下《いか》の諸物《しよぶつ》も亦《また》それ〴〵異《こと》なる場合《はあひ》があるが、それは其《そ》の都度《つど》に之《こ》れに記《しる》す。

曼茶羅《まんだら》、秘密壇《ひみつだん》、壇具《だんぐ》、二十種物《しゆぶつ》、供養物《くやうぶつ》、相應物《さうおうぶつ》、燒料《せうれう》、加持物《かぢぶつ》、雜具《ざつぐ》、此《こ》の內《うち》二十種物《しゆぶつ》とは、五寶《はう》、五香《かう》、五藥《やく》、五穀《こく》である。

五寶《はう》は、金《きん》、銀《ぎん》、瑠璃《るり》、眞珠《しんじゆ》、琥珀《こはく》であつて、此《こ》れで一切《さい》の寶《たから》を代表《だいへう》するのである。五香《かう》は、沈《ちん》、白檀《びやくだん》、丁字《ちやうじ》、欝金《うこん》、龍腦《りうなう》である。之《こ》れ亦《また》一切《さい》の香《かう》を代表《だいへう》するものである。五藥《やく》は、赤箭《せきせん》、人參《にんじん》、茯苓《ふくれい》、石菖蒲《せきしやうぶ》、天門冬《てんもんとう》で、一切《さい》の代表藥《だいへうやく》である。五穀《こく》は、稻《いね》、大麥《おほむぎ》小麥《こむぎ》・小豆《せうづ》、胡麻《ごま》である。此《こ》の二十種《しゆ》は各々《おの〳〵》五瓶《びん》即《すなは》ち二十瓶《びん》に入《い》れて使用《しよう》するのである。寶《たから》は最尊無上《さいそんむじやう》の意《い》を表《へう》し、灌頂《くわんちやう》又《また》は修法《しうはふ》の時《とき》に用《もち》ゐ、香《かう》は不淨《ふじやう》を掃《はら》ふものであつて、灌頂《くわんちやう》又《また》は修法《しうはふ》の時《とき》に用《もち》ふ、藥《くすり》は消災《せうさい》の義《ぎ》、穀《こく》は一切種子《さいしゆし》の代表《だいへう》、孰《いづ》れも灌頂《くわんちやう》又《また》は修《しう》法《はふ》の時《とき》に用《もち》ふるのである。

供養物《くやうぶつ》は、百種供養《しゆくやう》、六十種供養《しゆくやう》、二十種供養《しゆくやう》、十種供養《しゆくやう》、八種供養《しゆくやう》、六種供養等《しゆくやうなど》の別《べつ》がある。六種《しゆ》は、閼伽《あか》、塗香《づかう》、華鬘《けまん》、燒香《せうかう》、飲食《いんしよく》、燈明《とうみやう》、此《こ》れは布施《ふせ》、戒《かい》、忍辱《にんじよく》、禪定《ぜんじやう》般若《はんにや》、精進《しやうじん》の六度《たび》に擬《ぎ》したものであつて、普通《ふつう》は此《こ》の六種供養《しゆくやう》である。

相應物《さうおうぶつ》とは、増益修法《ぞうえきしうはふ》には柚子《ゆし》を用《もち》ふ。此《こ》れ氣力增長《きりよくぞうちやう》を義《ぎ》とし、延命修法《えんめいしうはふ》には仙藥《せんやく》を用《もち》ふるといふが如《ごと》きをいふのである。

第二節 秘密法器

秘密法器《ひみつはふき》とは、秘密修行修法《ひみつしゆぎやうしうはふ》に用《もち》ふる道具《だうぐ》の總稱《そうしよう》である。大日經《だいにちきやう》には、金篦《こんへい》、明鏡《めいきやう》、輪《りん》法螺《ほら》の四を示《しめ》し、念誦經等《ねんじゆきやうなど》には、輪《りん》を除《のぞ》き五股杵《こきね》が加《くは》へてある。併《しか》し諸尊法《しよそんはふ》一切《さい》を總《そう》じて必要《ひつえう》の法器《はふき》は、大約左《たいやくさ》の如《ごと》くである。

寶冠《はうくわん》、金剛杵《こんがうきね》、寶劍《はうけん》、弓箭《きうせん》、鈴《すゞ》、念珠《ねんじゆ》、寶捧《はうほう》、寶戟《はうげき》、輪《りん》、明鏡《めいきやう》、瓶《かめ》、法螺《ほら》、柄香爐《えかうろ》、磬《けい》散杖《さんぢやう》、寶扇《はうせん》、金篦《こんへい》、塗香《づかう》、白拂等《はくふつとう》である。

寶冠《はうくわん》は諸佛《しよぶつ》の冠《かんむり》、灌頂《くわんちやう》の時《とき》に受者《じゆしや》に冠《かぶ》らず、金剛杵《かんがうそ》は自體堅固《じたいけんご》にして他《た》を摧破《さいは》す、獨《どく》股杵《こきね》、三股杵《さんこきね》、寶杵《はうきね》、五股杵《ごこきね》、二股杵《にこきね》、蓮華杵《れんげきね》、塔杵《たふきね》、羯磨杵等《こまきねなど》があつて、修法《しうはふ》の種類《しゆるゐ》に依《よつ》て、各々《おの〳〵》用《よう》を異《こと》にするのである。寶劍《はうけん》は利劍《りけん》と寶劍《はうけん》との別《べつ》あり、製作《せいさく》も異《こと》なる、不動明《ふどうみやう》王《わう》の調伏《てうふく》、文殊菩薩《もんじゆぼさつ》の戲論《ざろん》を斷《た》つ等《など》の意《い》を示《しめ》すに用《もち》ふ。弓箭《きうせん》は惡魔降伏用《あくまかうふくよう》にて、愛染明王《あいぜんみやうわう》等《など》の標示《へうじ》を義《ぎ》とす。鈴《すゞ》は諸尊《しよそん》を歡喜《くわんき》せしめ、又驚覺《またきやうかく》せしむるに用《もち》ふ、五種《しゆ》の鈴《すゞ》がある。念《ねん》珠《じゆ》は珠數《じゆず》である。其《そ》の百八顆《くわ》は、百八煩惱《ほんなう》と百八尊《そん》を示《しめ》し、母珠《ほしゆ》は彌阿陀《あみだ》、糸《いと》は觀音《くわんおん》、寶《はう》捧《ほつ》は毘沙門天《びしやもんてん》の持《も》つ所《ところ》であつて、寶戟《はうげき》、杵《きね》と同一意味《どういみ》を有《いう》す。輪《りん》は轉輪聖王《てんりんせいわう》に象《かた》どり、成《じやう》道《だう》して法輪《はふりん》を轉《てん》ずることを表示《へうじ》するものである。

其《そ》の他《た》の明鏡《めいきやう》は、理智不二《りちふ》、正覺《しやうかく》の證《しよう》、瓶《かめ》は水《みづ》を盛《も》り灌頂《くわんちやう》に用《もち》ふる要器《えうき》、法螺《ほら》は正覺《しやうかく》の證《しよう》と警悟降伏《けいごかうふく》の表示《へうじ》、磬《けい》も亦其《またそ》の意《い》同《おな》じく、柄《え》香爐《かうろ》や散杖《さんぢやう》は式上《しきじやう》の要器《えうき》、寶扇《はうせん》は風大長《ふうだいちやう》養《やう》の義《ぎ》を表《あらは》し、金篦《こんへい》は心眼《しんがん》を開《ひら》かしむる爲《た》め、塗香《づかう》は前《まへ》に云《い》ふ如《ごと》し。白拂《はくふつ》は諸々《もろもろ》の塵垢《ぢんあい》を拂《はら》ふが爲《た》めであつて、犛《り》牛《ぎう》の尾《を》を以《もつ》て製《せい》し、灌頂《くわんちやう》の時《とき》に受者《じゆしや》の身《み》を拂《はら》ふを主用《しゆよう》とするのである。此《こ》の他《ほか》に臂《び》釧《せん》、指鐶《しくわん》、球鬘《じゆまん》等《など》を要《えう》することがある、孰《いづ》れも深密《しんみつ》の意義《いぎ》を有《いう》するのである。

第三節　秘密修法壇

壇《だん》とは土《つち》を積《つ》み場《ぢやう》を平《たひ》らかにした處《ところ》であるから、平等《びやうどう》の義《ぎ》を有《いう》し、諸尊《しよそん》が壇上《だんじやう》に集合《しふがふ》する故《ゆゑ》、輪圓具足《りんゑんぐそく》の曼荼羅《まんだら》となるのである。諸經《しよきやう》に造壇《ぞうだん》には、先《ま》づ擇地《たくち》が肝要《かんえう》であつて、諸《しよ》佛所說《ぶつしよせつ》の勝處《しようしよ》、山林寂靜《さんりんじやくじよ》にして菓《くわ》華《くわ》多《おほ》き好地《かうち》、山項《さんちやう》勝景《しようけい》、又《また》は清流《せいりう》の河邊《かへん》龍池《りうち》等《など》、或《あるひ》は麋鹿《びろく》等《など》の良獸名鳥群居《りやうじうめいてうぐんきよ》の山林《さんりん》、寺院塔廟《じゐんたふべう》の所在地《しよざいち》を選《えら》び、法壇建立《はふだんこんりふ》の地《ち》と爲《な》すを法《はふ》とすべしとある。

相地《さうち》が終《をは》れば、其《そ》の地《ち》中《ちう》の穢《ゑ》惡瓦石等《あくぐわせきなど》を除去《ぢよきよ》し、地《ち》鎭《ちん》の法《はふ》を修《しう》し、五寶等《はうなど》を埋《うづ》め、五穀《こく》の粥《かゆ》二桶《とう》を加持《かぢ》して、壇外《だんぐわい》と墻外《しやうぐわい》とに沃《そそ》ぎ、地主《ちぬし》の神《かみ》に地《ち》を乞《こ》ひ受《う》け、然《しか》る後《の》ち造壇《ぞうだん》すべきである。

壇《だん》には七日《か》作壇《さくだん》とて、灌頂壇用《くわんちやうだんよう》のものがあつて、金胎兩部《こんたいりやうぶ》に分《わか》ちてある。此《こ》の他《ほか》、大《だい》壇《だん》、四種壇《しゆだん》、聖天壇《しやうてんだん》、十二天壇《てんだん》、神供《しんぐ》壇《だん》、護摩《ごま》壇《だん》、一日事《にちじ》業《げふ》の水壇等《すゐだんとう》がある。

大壇《だいだん》は兩部《りやうぶ》の灌頂《くわんちやう》を云《い》ふのであるけれども、大法《たいはふ》の時《とき》には、護摩《ごま》壇《だん》や聖天壇等《しやうてんだんなど》に對《たい》するものである。其《そ》の形《かたち》は方形《はうけい》で、阿字《あう》菩提心《ぼだいしん》の大地《だいち》を表《あらは》し、四方面《はうめん》に蓮華《れんげ》葉《よう》を彫刻《てうこく》したるものと、單《たん》に四角《かく》なるものとがある。華形壇《くわけいだん》の十六葉《よう》は十六大菩薩《だいぼさつ》、四波羅密《はらみつ》・四攝等《せつなど》の十七大菩薩《だいぼさつ》を表《あらは》し、中間《ちうかん》の五色線《しきせん》は、五智《ち》三十七尊《そん》、四方《はう》四智《ち》を總合《そうがふ》して、法界體性智《はふかいたいせいち》に歸入《きにふ》する義《ぎ》を含《ふく》むのである。

此《こ》の大壇《だいだん》の莊嚴《さうごん》は、四面器《めんき》、五色佛供《しきぶつぐ》、五種鈴《しゆれい》、三種金剛杵《しゆこんがうきね》、五瓶《へい》・輪《りん》、羯磨《こま》、四橛《けつ》、四燈《とう》、金剛線《こんがうせん》を具《そな》ふるものであつて、壇敷《だんじき》を爲《な》し、四肘以上《ちういじやう》の壇《だん》である。

四種壇《しゆだん》とは、息災法《そくさいはふ》の修法《しうはふ》には圓壇《ゑんだん》、增益修法《ぞうえきしうはふ》には方壇《はうだん》・敬愛修法《けいあいしうはふ》には蓮華《れんげ》壇《だん》・降伏《かうふく》の修法《しうはふ》には三角壇《かくだん》、鈎召《こうせう》の修法《しうはふ》には半月壇《はんげつだん》を建立《こんりふ》せねばならぬ。又本尊《またほんぞん》が白色《はくしよく》ならば圓壇《ゑんだん》にして水輪《すゐりん》を觀《くわん》じ、本尊《ほんぞん》が黄色《くわうしよく》なれば方壇《はうだん》にして地觀《ちくわん》を修《しう》し、本尊《ほんぞん》が若《も》し赤色《せきしよく》なれば三角《かく》壇《だん》にして火輪《くわりん》を觀《くわん》じ、青色《せいしよく》であれば半月《はんげつ》にして風輪《ふうりん》を觀《くわん》ずるのである。此《こ》の各壇《かくだん》の造法《ざうはふ》、高低大小廣狹《かうていだいせうくわうけふ》、作《つく》る時期《じき》等《とう》がある。それ等《ら》は別《べつ》に記《しる》すべし。又壇上障礙《まただんじやうしやうがい》といつて、魔事《まじ》の起《おこ》ることがある。此《こ》れは行者《ぎやうじや》の妄念《まうねん》、又《また》は身體不淨《しんたいふじやう》より來《きた》るものであるから、大《おほい》に反省《はんせい》し、法《はふ》に依《よ》つて其《そ》の魔事《まじ》を防《ふせ》がねばならぬ。

又別《またべつ》に水壇《すゐだん》といふがある。水壇《すゐだん》といつても實《じつ》は土壇《どうだん》と木壇《もくだん》であるが、木壇《もくだん》は一日事業《にちじげふ》の爲《た》めに用《もち》ふることが多《おほ》いのである。水壇《すゐだん》といつたのは水《みづ》の平《たひ》らかなるに喩《たと》へたのであつて灑水《れいすゐ》にて淨《きよ》めるからである。此《こ》れを造《つく》るには、日月《じつげつ》の時節《じせつ》を擇《えら》ぶ必要《ひつえう》はなく、淨地《じやうち》を求《もと》め平正《へいせい》の地面《ぢめん》を作《つく》る、塗香《とかう》を以《もつ》て其《そ》の地《ち》の上《うへ》に塗《ぬ》り、四角《かど》に標《へう》を立《た》てて記《しる》しと爲《な》すのである。此《こ》れは急病《きふびやう》とか、兵亂《へいらん》の起《おこ》る時等《ときなど》に、俄《には》かに家宅《かたく》の内《うち》に建壇《けんだん》してもよいのである。左《さ》れば水壇《すゐだん》とは、急用《きふよう》の時《とき》に臨時《じんじ》に造《つく》るものと知《し》るべきである。

尤《もつと》も自己修法《じこしうはふ》の時《とき》には、強《しひ》て正式《せいしき》の壇《だん》がなくてはならぬことはない。其《そ》の觀念《くわんねん》を以《もつ》て修《しゆ》行《ぎやう》すればよいのである。

第六章　秘密條法の種別

第一節　五部法三部法

金剛界《こんがうかい》を五部《ぶ》に建立《こんりふ》し、此《こ》の各部《かくぶ》をそれ〲目的《もくてき》として修法《しゆはふ》するのが、五部法《ぶはふ》である。

五部《ぶ》とは

佛部《ぶつぶ》　此《これ》は大寂靜《だいじやくじやう》の德《とく》、中央大日如來《ちうあうだいにちによらい》の法界《はふかい》に週遍《しうへん》し給《たま》へる、偉大《ゐだい》なる作用《さよう》の總稱《そうしよう》である。秘藏記《ひざうき》には、斯《かく》の理《り》、斯《かく》の智《ち》、凡位《ぼんゐ》には未《いま》だ顯《あら》はれず、理智具足《りちぐそく》して、覺道圓滿《かくだうゑんまん》なるを佛部《ぶつぶ》と名《な》づくとある。此《こ》れは成道《じやうだう》の對象《たいしやう》とするものである。

金剛部《こんがうぶ》　堅固《けんご》の德《とく》、東方阿閦如來《とうはうあしゆくによらい》の不動不壞《ふどうふえ》の妙用《めうよう》を指《さ》したるもの、不動明王《ふどうみやうわう》の修法等《しゆはふとう》の對象《たいしやう》である。

寶部《はうぶ》　福聚《ふくじゆ》の德《とく》、南方寶生如來《なんはうはうしやうによらい》の不二《ふじ》平等《びやうどう》の妙用《めうよう》である。增益修法等《ぞうえきしゆはふとう》の對象《たいしやう》である。

蓮華部《れんげぶ》　清淨《しやう〲》の德《とく》、西方無量壽佛《さいはうむりやうじゆぶつ》の說法斷疑《せつはふだんぎ》して、本淨無垢《ほんじやうむく》の菩提心《ぼだいしん》を顯現《けんげん》する妙用《めうよう》である。往生安樂《わうじやうあんらく》を希《こひねが》ふ對象《たいしやう》である。

羯磨部《こまぶ》　作業《さげふ》の德《とく》、北方不空成就佛《ほくはうふくうじやうじゆぶつ》の所作成辨《しよさじやうべん》の德《とく》である。此《こ》れは一切《さい》の事業《じげふ》に關《くわん》する對象《たいしやう》である。

以上《いじやう》五部《ぶ》の修法《しゆはふ》は、則《すなは》ち五佛《ぶつ》の內証《ないしよう》であつて、各自《かくじ》の希《き》望目的《ばうもくてき》の異《こと》なるに從《したが》ひ、それに相應《さうおう》せる各部《かくぶ》を主尊《しゆそん》として修法《しゆはふ》すべきである。

次《つぎ》に胎藏界《たいざうかい》を三部《ぶ》に建立《こんりふ》し、金剛界《こんがうかい》の五部《ぶ》と對立《たいりつ》してある。三部《ぶ》とは

佛部《ぶつぶ》　他《た》の佛敎各宗卽《ぶつけうかくしうすなは》ち顯敎《けんけう》では、煩惱《ぼんなう》を斷《だん》じて仕舞《しま》はねば成佛《じやうぶつ》は出來《でき》ぬものとしてあるが、密敎《みつけう》では煩惱《ぼんなう》を斷《だん》ぜずして涅槃《ねはん》に入《い》ることが出來《でき》るとしてあつて、衆生《しゆじやう》の本有《ほんいう》の心《こゝろ》に、佛《ほとけ》と同一覺位《どうかくゐ》の能力《のうりよく》があるから、此《こ》の可能性《かのうせい》を指《さ》して佛部《ぶつぶ》とし、此《こ》の本能開發《ほんのうかいはつ》を目的《もくてき》として修法《しゆはふ》する對象《たいしやう》である。

蓮華部《れんげぶ》　此《こ》れには淸淨《しやうじやう》、莊嚴《さうごん》、能藏《のうざう》の三意《い》を有《いう》し、蓮《はす》の泥《どろ》より出《い》でて泥《どろ》に染《そま》ざる、本有《ほんいう》淸淨《しやうじやう》の德《とく》あることを示《しめ》して、その顯現《けんげん》に努《つと》めしむる爲《ため》である。

金剛部《こんがうぶ》　如來實相《によらいじつさう》の智《ち》に、堅固《けんご》と不壞《ふくわい》の二德《とく》あるを示《しめ》したのである。

胎藏《たいざう》三部《ぶ》は、本有可能性《ほんいうかのうせい》の開發《かいはつ》を目的《もくてき》とし、金剛《こんがう》五部《ぶ》は、旣《すで》に成就《じやうじゆ》せる作用《さよう》を對象《たいしやう》として、各自《かくじ》の成道《じやうだう》を指導《しだう》するものである。而《しか》して胎藏界《たいざうかい》の佛部《ぶつぶ》には羯磨《こま》と寶部《はうぶ》とを包容《はうがん》し、之《こ》れを開發《かいはつ》すれば、佛《ぶつ》、寶《はう》、羯《こ》の各部《かくぶ》の作動《さくどう》を爲《な》し得《う》るのである。又寶部《またはうぶ》を金剛部《こんがうぶ》に攝《せつ》し、羯磨部《こまぶ》を蓮華部《れんげぶ》に含《ふく》ませても差支《さしつかへ》はないのであるのみか、各部《かくぶ》に他《た》の各部《かくぶ》を攝《せつ》するものと見《み》てもよいのである。

又佛部《またぶつぶ》は息災《そくさい》の法《はふ》、蓮華部《れんげぶ》は觀音部《くわんおんぶ》として增益《ぞうえき》の法《はふ》、金剛部《こんがうぶ》は調伏《てうふく》の法《はふ》の對象《たいしやう》とするを

常《つね》とし、更《さら》に之《こ》れを人身《じんしん》に例《れい》すれば、腋《わき》より頂《ちやう》を上《うへ》として佛部《ぶつぶ》に配《はい》し、腋《わき》より臍《へそ》に至《いた》るまでを中《なか》として蓮華部《れんげぶ》に配《はい》し、臍以下《へそいか》を下《した》として金剛部《こんがつぶ》に配《はい》し、三部布字觀《ぶふじくわん》、及《および》六供養《くやう》の悉《しつ》地《ち》成就《じやうじゆ》の上中下《じやうちうげ》に應用《おうよう》せらるゝ密義《みつぎ》あり、要《えう》するに五部《ぶ》三部《ぶ》法《はふ》は、一切修法《いつさいしゆはふ》の源泉《げんせん》であるから、能《よ》く此《こ》の理《り》を會得《ゑとく》して、然《しか》る後《のち》に一切《いつさい》の威儀作法《ゐぎさはふ》を爲《な》すべきである。

第二節　息災の修法

眞言秘密《しんごんひみつ》の修法《しゆはふ》は、世間的《せけんてき》に之《こ》れを分類《ぶんるゐ》して、四種法又《しゆはふまた》は五種法《しゆはふ》としてあるが、其《そ》の實《じつ》は、息災《そくさい》、増益《ぞうえき》、敬愛《けいあい》、調伏《てうふく》、鈎召《こうせう》、延命《えんみやう》の六種《しゆ》あるのである。併《しか》し延命《えんみやう》を増益《ぞうえき》に合《あは》せて五種《しゆ》とし、又鈎召《またこうせう》を敬愛《けいあい》に合《あは》せても延命《えんみやう》を別立《べつりつ》しても五種《しゆ》となり、鈎召《こうせう》、延命《えんみやう》を敬愛《けいあい》と増《ぞう》益《えき》に攝《せつ》すれば四種《しゆ》となるのである。畢竟《ひつきやう》一切《さい》の修法《しゆはふ》は此《こ》の四又《また》は六法《はふ》を出《い》でざるものである。而《しか》して此《こ》の法《はふ》は金胎兩部《こんたいりやうぶ》、前《まへ》の五部《ぶ》三部《ぶ》法《はふ》に通《つう》ずるのである。

先《ま》づ息災修法《そくさいしゆはふ》は、三部法《ぶはふ》の上成就《じやう〱じゆ》の法《はふ》であつて、四種法《しゆはふ》の通法《つうはふ》として修《しう》すべきものである。秘藏記《ひざうき》に曰《いは》く、息災《そくさい》の法《はふ》は白月《はくげつ》とて月《つき》の上《かみ》十五日《にち》の中《うち》の、日月水木曜《じつげつすゐもくえう》の日《ひ》、及宿曜《およびしゆくえう》經《きやう》に在《あ》る二十八宿星《しゆくせい》の和善《わぜん》に當《あた》る宿《しゆく》を取《と》りて、初夜《しよや》の時《とき》に起首《きしゆ》し、行者《ぎやうじや》は北方《ほくはう》に向《むか》つて箕《き》座《ざ》し、右《みぎ》の足《あし》を以《もつ》て左《ひだり》の足《あし》を踏《ふ》み、自身《じしん》が法界《はふかい》に遍《へん》じて白色《はくしよく》の圓壇《ゑんだん》となると觀《くわん》じ、我《わ》が身《み》は一法界《はふかい》である。我《わ》が口《くち》は即《すなは》ち爐《ろ》の口《くち》である。我《わ》が身《み》は一法界《はふかい》の毘盧遮那如來《びろしやなによらい》（大日如來《だいにちによらい》

息災法曼荼羅

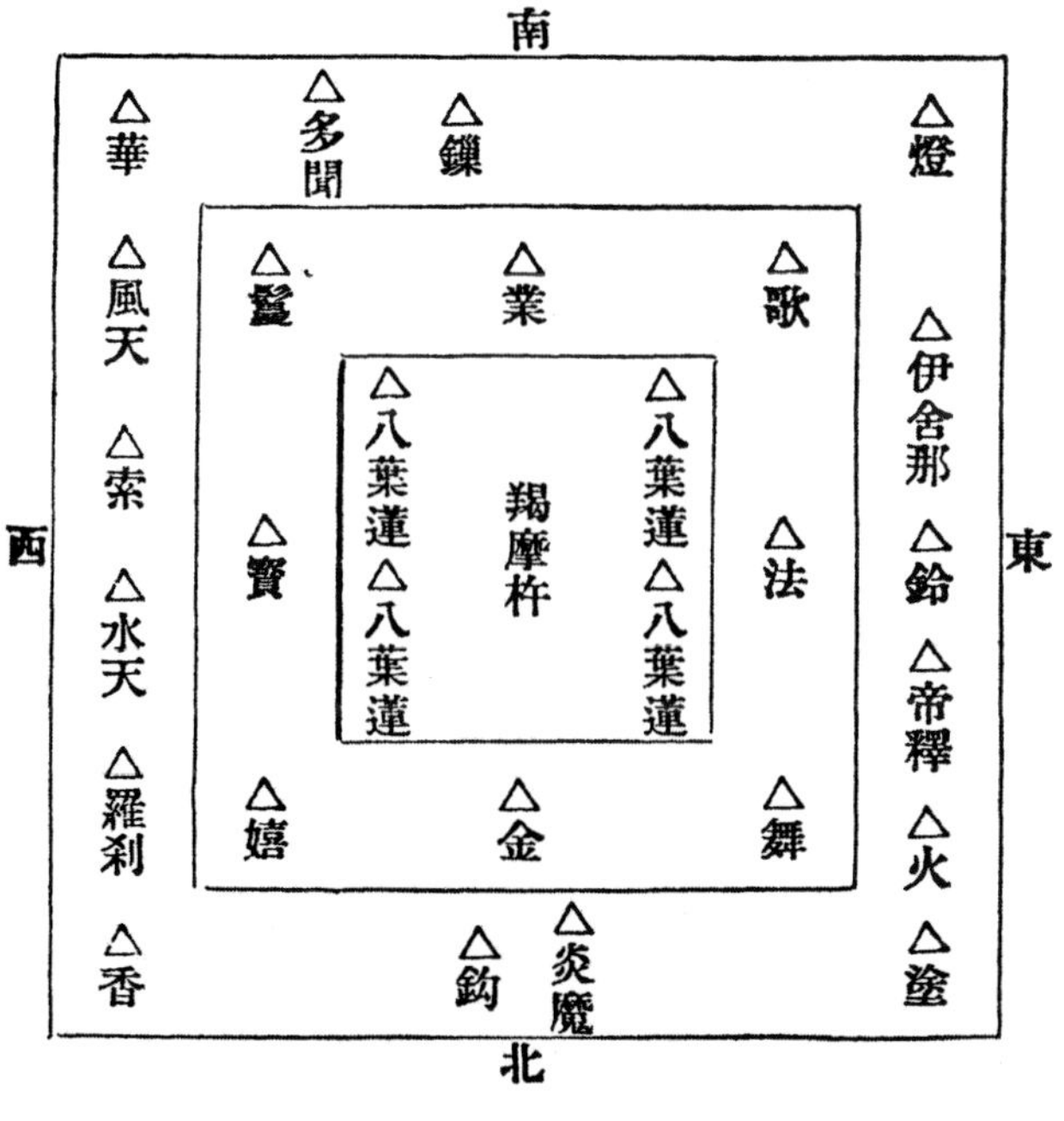

の事《こと》）となりて、我《わ》が毛孔《もうこう》より乳雨《にうう》を注《そゝ》いで法界《はふかい》に遍《へん》じて至《いた》らざる所《ところ》なく、又大智光《まただいちくわう》を放《はな》つて我《わ》が業煩惱《ごふぼんなう》を消除《せうぢよ》し、並《ならび》に甲某乙某《かふぼうおつぼう》が爲《た》めに、其《そ》の作《な》す處《ところ》の惡事《あくじ》を除滅《ぢよめつ》して、自他平《じたびやう》等《どう》の法利《はふり》を蒙《かうむ》り、大涅槃《だいねはん》を獲得《くわくとく》せんと、夫《それ》より眞言《しんごん》　オン、サバハ、ハナカナ、バサラヤを誦《じゆ》し、次《つぎ》に四明《みやう》卽《すなは》ち四攝菩薩《せつぼさつ》の眞言《しんごん》と印《いん》を結誦《けつじゆ》す。次《つぎ》に護摩《ごま》、次《つぎ》に某甲《ぼうかふ》、某乙《ぼうおつ》のために作《な》す處《ところ》の惡事《あくじ》悉《ことごと》く消除《せうぢよ》す。ソバカ（成就《じやうじゆ》）と唱《とな》へて終了《しうれう》するのである。

第三節　增益の修法

增益《ぞうえき》の修法《しゆはふ》は、物《もの》を增長《ぞうちやう》せしむる法《はふ》であつて、福德聚集繁榮《ふくとくじゆしふはんえい》を祈《いの》るものである。三部法《ぶはふ》の中《うち》では中成就《ちうじやうじゆ》の法《はふ》といつてある。增益法《ぞうえきはふ》は白月《はくげつ》の日《ひ》出《いで》を以《もつ》て起首《きしゆ》し、行者《ぎやうじや》は東方《とうはう》に向《むか》つて跏坐《かざ》し、其《そ》の福德《ふくとく》を修《しう》するには、卽《すなは》ち我《わ》が身《み》は法界《はふかい》に遍《へん》じ、黃色《くわうしよく》の圓壇《ゑんだん》となると觀《くわん》じ、又身《またみ》は降三世《がうさんぜ》尊《そん》となりて、極喜《ごくき》悅《えつ》の相《さう》ありと觀《くわん》じ、我《わ》が口《くち》は爐《ろ》の口《くち》となり、又身《またみ》は如意《によい》寶《はう》珠《しゆ》となりて、七寶及《はうおよ》び種々《しゆじゆ》の財物《ざいぶつ》を雨《ふら》し、自《じ》界《かい》の院內及《ゐんないおよ》び法界《はふかい》に滿《み》つと想《おも》ひ、又他《またた》の爲《た》めに官位封祿《くわんゐほうろく》を覓《もと》むるには、國王大臣《こくわうだいじん》、某甲《ぼうかふ》を愛念《あいねん》して、官祿《くわんろく》を授與《じゆよ》すと觀《くわん》じ、他《た》のために諸佛菩《しよぶつぼ》薩《さつ》加《か》被《ひ》し、國王大臣愛念《こくわうだいじんあいねん》して慶《けい》を與《あた》ふと觀《くわん》じ、若《も》し智慧《ちゑ》を修《しう》すれば、我《わ》が心《こゝろ》の智慧《ちゑ》の日輪《にちりん》より光明《くわうみやう》を出現《しゆつげん》して、法界《はふかい》を照耀《せうやう》すと觀《くわん》じ、降三世《がうさんぜ》の眞言《しんごん》を誦《じゆ》すべし、眞言《しんごん》はオン、ノウマク、ウン、次《つぎ》に四明《みやう》、次《つぎ》に阿喜《あき》、次《つぎ》に願《ねが》ふ所《ところ》を稱《しよう》し、次《つぎ》にノウマクと唱《とな》ふ。

増益法曼荼羅

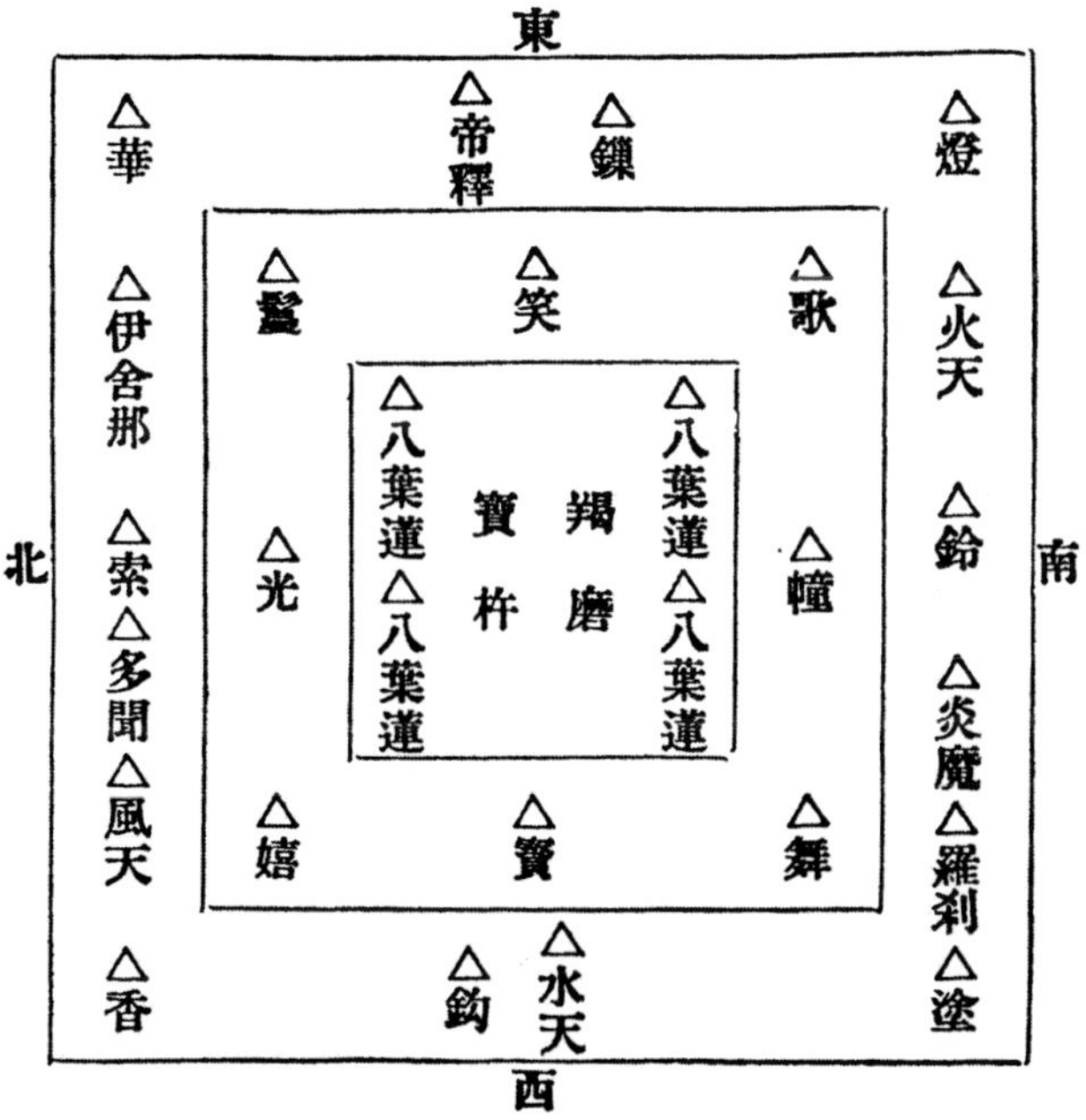

此《こ》の増益修法《ぞうえきしゆはふ》は、第《だい》一に福徳増益《ふくとくぞうえき》にて、世間《せけん》の快樂《くわいらく》、第《だい》二に勢力増益《せいりよくぞうえき》にて、官位爵祿《くわんゐしやくろく》、第《だい》三に延命増益《えんみやうぞうえき》にて、無病長壽《むびやうちやうじゆ》、第《だい》四に悉地増益《しつちぞうえき》にて、轉輪聖王《てんりんせいわう》の位《くらゐ》を獲得《くわくとく》すと爲《な》してある。其《そ》の他《た》は息災修法《そくさいしゆはふ》と異《こと》なることはないのである。

増益法曼荼羅《ぞうえきはふまんだら》と
延命法《えんみやうはふ》の曼荼羅《まんだら》と同《どう》一なり

第四節 降伏の修法

降伏法《がうふくはふ》は折伏法《せつぷくはふ》ともいひ、普通《ふつう》には調伏法《てうふくはふ》といふ。本來《ほんらい》は自已《じこ》の煩惱《ぼんなう》の賊心《ぞくしん》を調伏《てうふく》するのであるが、世間的《せけんてき》には、怨敵《をんてき》、惡人《あくにん》、魔魅《まみ》等《とう》を伏《ふく》する法《はふ》とするのである。三部法《ぶはふ》にては之《こ》れを下成就《しもじやうじゆ》としてある。此《こ》の法《はふ》は敎令輪明王《けうれいりんみやうわう》の法《はふ》に尤《もつと》も著《いちじ》るしく、身毛《みのけ》も竪立《よだ》つ程恐《ほどおそろ》しいものである。例《たと》へば人《ひと》を呪咀《じゆそ》して之《こ》れを殺《ころ》すが如《ごと》きことも、此《こ》の法《はふ》に含《ふく》まれて居《ゐ》るのである。併《しか》し本意《ほんい》は他《た》の人《ひと》にても、其《そ》の惡心《あくしん》を調御《てうぎよ》して善心《ぜんしん》に飜《ひるが》へさしむるに在《あ》るのである。調伏法《てうふくはふ》は黑月《こくげつ》（下《しも》十五日《にち》のこと）の日中《につちう》、又《また》は夜半《やはん》に起首《きしゆ》すべきである。日《ひ》の善惡《ぜんあく》は論《ろん》ずる所《ところ》でない。若《も》し急速《きふそく》を要《えう》する場合《はあひ》であれば白月《はくげつ》でも搆《かま》はぬ、火曜宿《くわえうしゆく》に當《あた》る日《ひ》が尤《もつと》もよろしい。三時《じ》に行《ぎやう》することはいけぬ。行者《ぎやうじや》は南面《なんめん》して蹲居《そんきよ》し、右《みぎ》の足《あし》を以《もつ》て左《ひだり》の足《あし》を踏《ふ》

降伏法曼荼羅

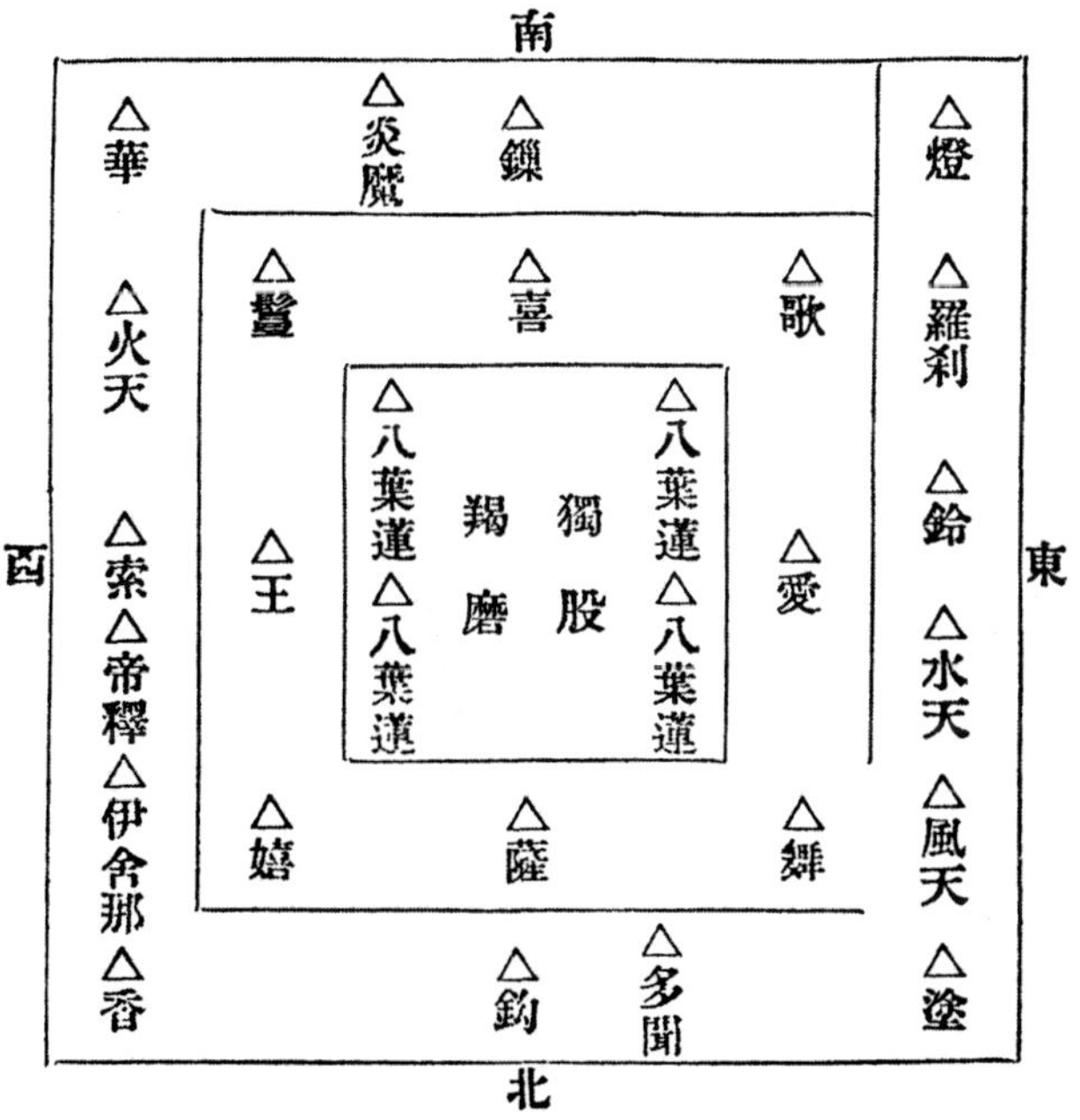

み、自身法界《じしんほふかい》に遍《へん》じて、青黑色《せいこくしよく》の三角《かく》の曼荼羅《まんだら》と爲《な》ると觀《くわん》じ、我《わ》が身《み》は一法界《ほふかい》である。我《わ》が口《くち》は爐《ろ》の口《くち》である。我《われ》は降三世忿怒尊《がうさんぜふんぬそん》であつて、眷屬《けんぞく》が圍繞《ゐねう》して居《ゐ》る。彼《か》の惡人《あくにん》の身《み》を壇《だん》の上《うへ》に追《お》ひ載《のせ》て、大智火《だいちひ》を放《はな》つて、我《わ》が身中《しんちう》の業《ごふ》、煩惱《ぼんなう》、及《およ》び彼《か》の惡人《あくにん》の貪瞋痴《とんしんち》、并《ならび》に作《な》す處《ところ》の事《こと》を燒淨《せうじやう》し、彼此平等《ひしびやうどう》に法《はふ》の利益《りえき》を蒙《かうむ》り、長壽福樂《ちやうじゆふくらく》を獲得《くわくとく》すと念《ねん》じ、降三世《がうさんぜ》の眞言《しんごん》を誦《じゆ》す、眞言《しんごん》は ウン、次《つぎ》に四明《みやう》、次《つぎ》に阿喜《あき》、次《つぎ》に某甲《ほうかふ》の作《な》す處《ところ》の惡事《あくじ》みな 悉《こと〴〵》く消滅《せうめつ》せん。ハッタと唱《とな》ふ。

此《こ》の法《はふ》は、第《だい》一に攝化降伏《せつくわかうふく》、人非人等《にんぴにんとう》を調伏《てうふく》す。第《だい》二に除難降伏《ぢよなんかうふく》、王難怨仇等《わうなんをんきうとう》を除《のぞ》く、第《だい》三に無名降伏《むみやうかうふく》、佛法《ぶつはふ》の中《うち》の苦惱《くなう》を除《のぞ》き去《さ》る。第《だい》四に悉地降伏《しつちかうふく》、諸々《もろ〳〵》の邪法《じやはふ》の障礙《しやうがい》を除去《ぢよきよ》するのである。

第五節　鈎召の修法

鈎召《こうせう》の修法《しゆはふ》は、諸尊法《しよそんはふ》に利益《りえき》なきとき、卽《すなは》ち悉地不成就《しつちふじやうじゆ》の時《とき》に、之《こ》れを修《しう》するものである。其《そ》の修法《しゆはふ》は息災法《そくさいはふ》に依《よ》り、鈎召《こうせう》の眞言《しんごん》を誦《じゆ》するのである。例《たと》へば聖天《しやうでん》の法驗《はふけん》なきときに叱咤《しつた》せんがため、軍荼利法《ぐんだりはふ》を能調伏尊《のうてうふくそん》として修《しう》し、茶吉尼《だきに》を鈎召《こうせう》せんには、大黑天法《だいこくてんはふ》を

鈎召法曼荼羅

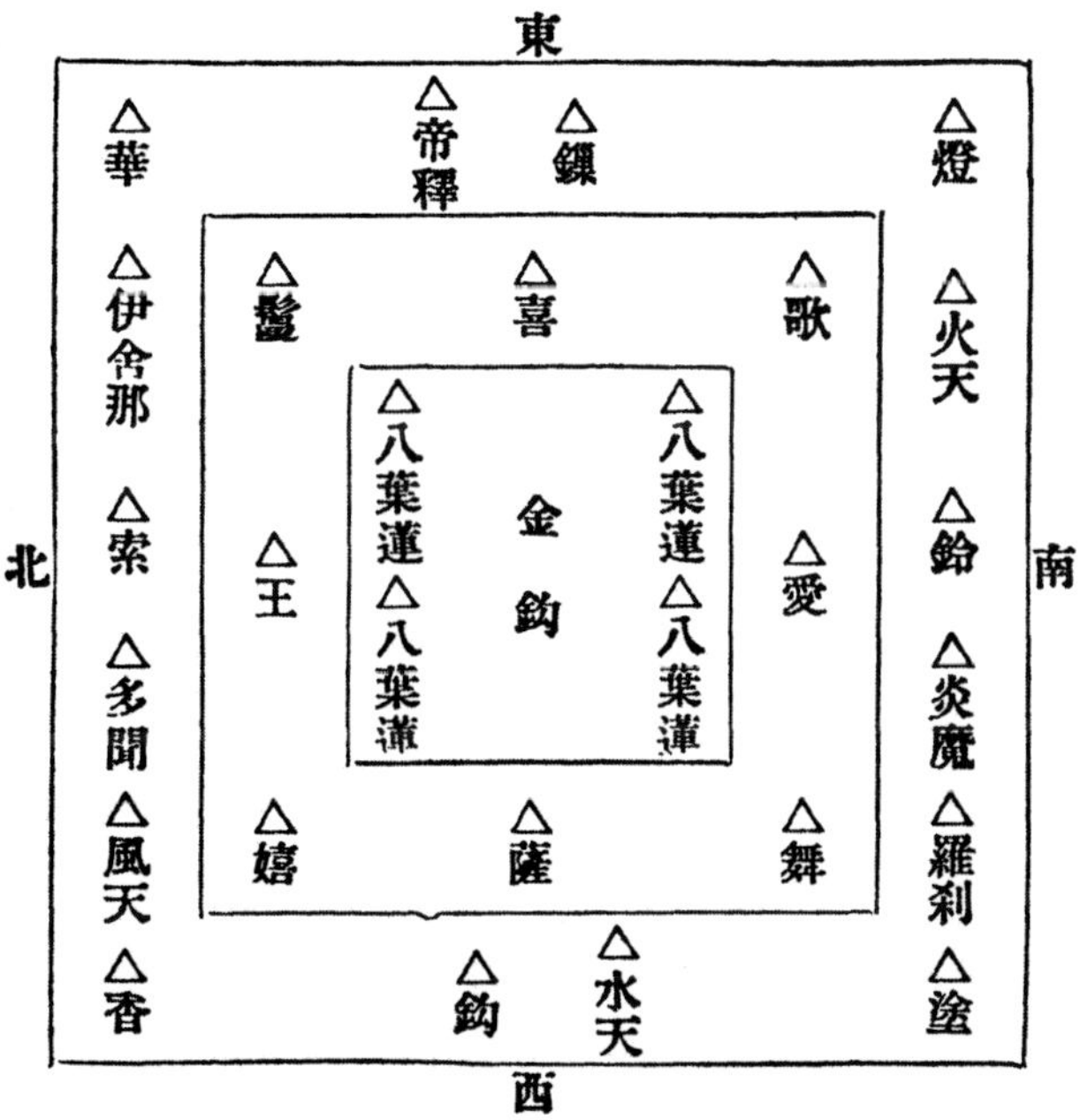

應用《おうよう》して修《しう》するが如《ごと》き、從《じゆう》は主《しゆう》に依《よ》りて鈎召《こうせう》せらるるの理《り》あるものとす。

又天龍《またてんりう》及《およ》び鬼神《きじん》を攝召《せつせう》せんとするときは、八蓮《えふ》の蓮華壇《れんげだん》を造《つく》り、諸々《もろく》の台藥《だいやい》を具足《ぐそく》して行者《ぎやうじや》は身《み》に黄色《くわうしよく》の衣《ころも》を着《ちやく》し、西《にし》に向《むか》ひて賢半跏《けんはんか》足《そく》を結《むす》び、壇《だん》は東《ひがし》に位《くらゐ》し、月《つき》の十六日《にち》より起《おこ》り、華果《くわ〳〵》は皆赤色《みなせきしよく》、飯食《いんしよく》も亦赤《またあか》を用《もち》ゆべし、後夜《こうや》に至《いた》つて法相應《はふさうおう》す。眞言《しんごん》は、オン、

アロキヤ、イケヘツ、ソワカ

第六節　敬愛の修法

敬愛修法《けいあいしゆはふ》は一に和合成就《わがふじやうじゆ》といふ。俗《ぞく》に愛敬《あいけい》といふは之《こ》れより出《い》でたのである。此《こ》の和合《わがふ》相《さう》は歡喜《くわんき》であるから、増益《ぞうえき》の一種《しゆ》ともなす。此《こ》の法《はふ》は後夜《こうや》の時《とき》を以《もつ》て起首《きしゆ》す。行者《ぎやうじや》は面《おもて》を西方《さいはう》に向《む》けて箕座《きざ》す。二《ふた》つの足《あし》を並《なら》べて踏《ふ》み、我《わ》が身《み》は法界《はふかい》に遍《あまね》くして、赤色八葉《せきしよくえふ》の蓮《れん》華《げ》となると觀《くわん》ず、又我《またわ》が身《み》は降三世尊《がうさんぜそん》となると觀《くわん》ずべし。前《まへ》の増益《ぞうえき》よりも層《そう》一層咲悦《そうせうえつ》の相《さう》とす。増益《ぞうえき》の法《はふ》に準《じゆん》じて種々《しゆ〴〵》の行事《ぎやうじ》を爲《な》し、眞言《しんごん》の始《はじ》めにも終《をは》りにも弱《じやく》と稱《しよう》す。又息災《またそくさい》の法《はふ》に依《よつ》て病《やまひ》を治《ぢ》するときは、鑁字《ばんじ》を觀《くわん》じ、寂靜《じやくせい》の眞言《しんごん》を誦《じゆ》す。眞言《しんごん》は、オン、バサラ、サタハ、ウン、此《こ》の敬愛修法《けいあいしゆはふ》は鈎召修法《こうせうしゆはふ》と倶《とも》に、觀念《くわんねん》、懺悔《ざんげ》、發願《ほつぐわん》、印明《いんみやう》、四明《みやう》、阿喜爾《あきに》成就《じやうじゆ》等《とう》の次第《しだい》あり。媚嚴敬愛《びげんけいあい》とて媚《こ》びて相愛《さうあい》すること、信伏敬愛《しんぶくけいあい》、和合敬愛《わがふけいあい》、鈎召敬愛《こうせうけいあい》とて彼此《ひし》召入《せうにふ》の別《べつ》あり。

敬愛法曼荼羅

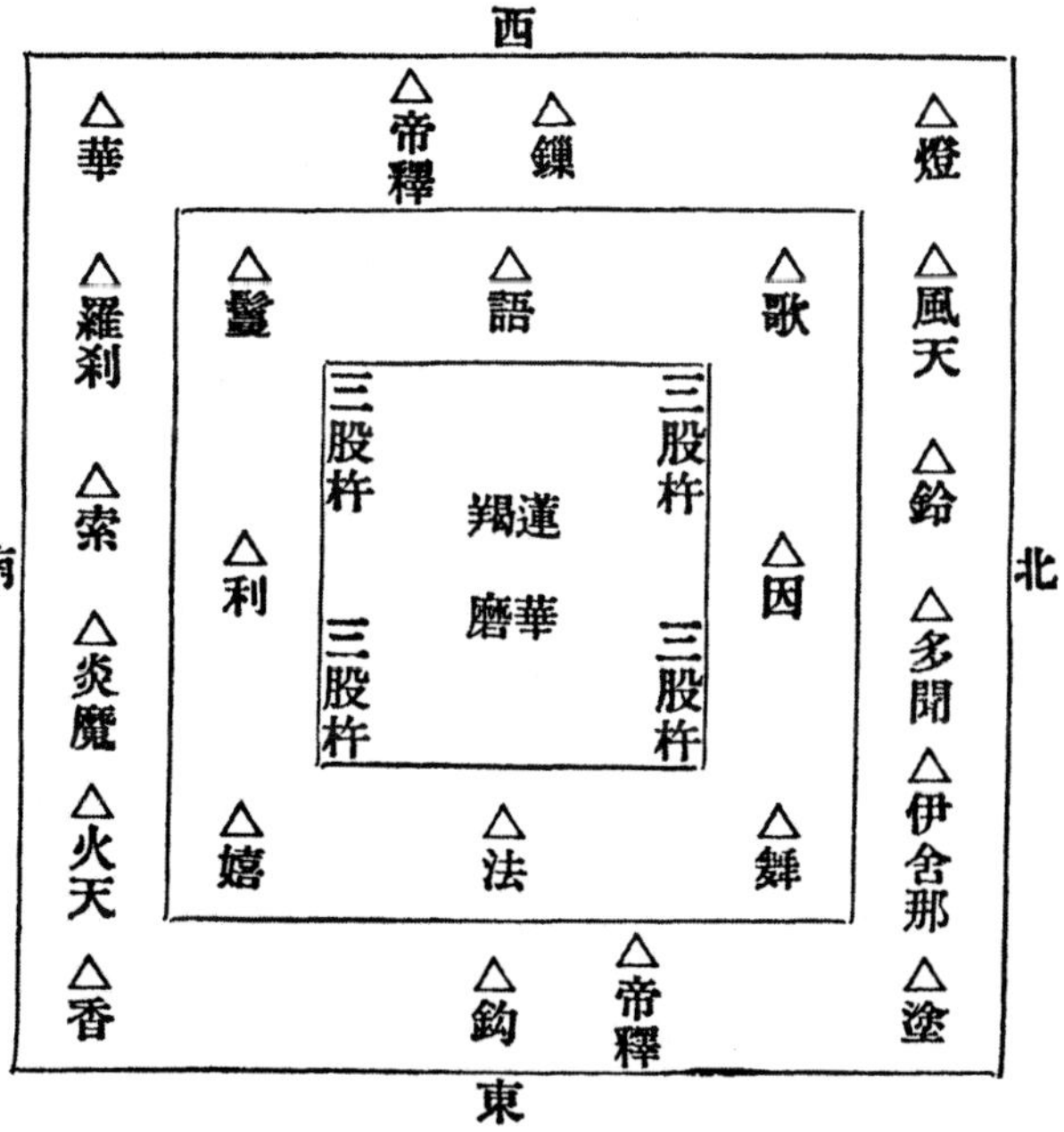

第七節 四種法の分類

種類

息災

増益

調伏

敬愛

心	恬泊	悦樂	忿怒	喜怒
壇形	圓	方	三角	蓮華
色	白	黃	青黑	赤
塗香	白檀	白檀加少鬱金	柏木	鬱金
燒香	沈木	白檀	安悉香	丁香等
燈油	酥	油麻	芥子	諸菓
時分	一日より八日	九日より十五日	廿三日より盡日	十六日より二十二日
同	一日より八日	九日より十五日	十六日より二十三日	二十四日より盡日
起首時	初夜	初日	日中或中夜	後夜
方角	北	東	南	西
座法	蓮	吉祥	蹲踞	賢
同	薩垂	蓮	丁子立	賢
念誦	默	不出聲	大聲	出聲
眼	慈悲	金剛	瞋恚	明目

同　　慈悲堅固　歡喜開敷　顰眉破壞　極惡動搖

同　　慈悲　　法　　忿怒　　熾盛

眞言加句　初オン 後ソワカ　初後ナウマク　初後ウンバツ　初オン 後ウンバツ

第七章　護摩法

第一節　護摩の眞義

護摩《ごま》とは焼《せう》の義《ぎ》である。外道《げだう》にも事火《じくわ》、又《また》は火食《くわしょく》といふことがあつて、其《そ》の方式《はうしき》は類似《るゐじ》して居《ゐ》るが、眞言密教《しんごんみつけう》の護摩《ごま》には内護摩外護摩《ないごまげごま》の別《べつ》があつて、内護摩《ないごま》とは、能《よ》く火《ひ》の自性《じせい》を了《りよ》し、其《そ》の業用《ごふよう》の惑業苦《わくごふく》の三道《だう》を焼《や》くのである。火《ひ》の自性《じせい》とは、大日法身《だいにちはふしん》の智火《ちくわ》であつて、法界《はふかい》に遍満《へんまん》し、其《そ》の業用《ごふよう》とは、周遍法界《しうへんはふかい》の智火《ちくわ》を以《もつ》て、法界《はふかい》の衆生《しゆじやう》の無明《むみやう》の煩悩《ぼんなう》を焼《や》き盡《つく》すのである。故《ゆゑ》に羅文《らじ》を觀《くわん》じ、周匝《しうさう》して火鬘《くわまん》あり、此《こ》れを想《おも》ふて其《そ》の身《み》に周遍《しういう》せしめ其《そ》の身《み》また力《ちから》と索《さく》とを持《じ》し、不動明王觀《ふどうみやうわうくわん》を爲《な》し、此《こ》の羅字門《らじもん》を以《もつ》ての故《ゆゑ》に諸業《しよごふ》を盡《つく》し、諸障《しよしやう》を浄除《じやうぢよ》することを得《え》て、業障《ごふしやう》を浄《きよ》め已《を》はりて自浄《じじやう》の種字《しゆじ》を生《しやう》ずるのである。

外護摩《げごま》とは、一に本尊《ほんぞん》、二に眞言《しんごん》、三に印《いん》である。本尊《ほんぞん》は供養《くやう》の爲《た》めの故《ゆゑ》に之《これ》を置《お》く。或《あるひ》は火《ひ》の中《なか》にこの曼荼羅《まんだら》の位《くらゐ》ありとするもよし、眞言《しんごん》とは爐《ろ》である。置火《おきび》の所《ところ》である。三に印《いん》とは卽《すなは》ち阿闍梨《あじやり》の坐處《ざしよ》である。外護摩《げごま》をなす時《とき》は、此《こ》の三位《ゐ》が正《たゞ》しく相當《さうたう》せねばならぬ。此《こ》の三《みつ》つはまた三業《ごふ》を淨《きよ》むる義《ぎ》である。而《しか》して三事《じ》を成《じやう》ずることになる。三事《じ》とは、息災《そくさい》、增益《ぞうえき》、調伏《てうふく》である。卽《すなは》ち護摩《ごま》は胎藏界《たいざうかい》の三部建立《ぶこんりふ》に相應《さうおう》するものである。三事《じ》の中《うち》にて、息災《そくさい》を作《な》すには、大悲大慈《だいひだいひ》を用《もち》ひ、增益《ぞうえき》には悲《ひ》と大喜《だいき》を以《もつ》て和合《わがふ》し、調伏《てうふく》には內心《ないしん》大悲《だいひ》より忿怒《ふんぬ》を起《おこ》すのである。三事《じ》三平等《びやうどう》、身口意《しんこうい》、本尊《ほんぞん》、爐《ろ》、行者《ぎやうじや》が三々平等《さん／＼びやうどう》、入我《じゆが》々入《にふ》の觀《くわん》を爲《な》すべきである。

第二節　護摩支度

先《ま》づ護摩壇《ごまだん》を要《えう》す、息災壇《そくさいだん》は圓《ゑん》にして中《なか》ば白色《はくしよく》、然《しか》るに今日《こんにち》にては方壇圓爐《はうだんゑんろ》を用《もち》ひて居《ゐ》る。それは十二種火神《しゆくわしん》の關係等《くわんけいとう》より來《き》たもので、深理《しんり》があるのである。而《しか》して壇《だん》は北方《ほくはう》に向《む》くべし、增益法《ぞうえきはふ》には東方《とうはう》に向《む》け、爐《ろ》を方形《はうけい》に作《つく》り、諸々《もろ／＼》の供具《くぐ》は皆黃色《みなくわうしよく》にして、大約《たいやく》觀音《くわんおん》を主《しゆ》とす、降伏法《かうふくはふ》には南方《なんはう》に向《む》け、爐《ろ》は三角《かく》に作《つく》り、供具《くぐ》は悉《こと／＼》く赤色《せきしよく》にして、大約《たいやく》金剛手《こんがうしゆ》を主《しゆ》とす、敬愛法《けいあいはふ》には西向《にしむき》と爲《な》し、爐《ろ》は八角《かく》に造《つく》り蓮華《れんげ》の葉《は》の如《ごと》くし、供養《くやう》は皆《みな》紫《し》檀色《たんいろ》である。

壇上《だんぢやう》の莊嚴《さうごん》は、五瓶《へい》には樒《しきみ》の葉《は》を立《た》て、中瓶《ちうへい》は軍荼利《ぐんだり》の後《うしろ》に安《あん》じ、四燈《とう》、四面器《めんき》、大佛《だいぶつ》供《ぐ》、小佛供《せうぶつぐ》、汁《しる》、餅菓《へいくわ》を供《そな》ふ。汁《しる》と餅菓《へいくわ》は中瓶《ちうへい》の左右《さいう》に供《そな》ふ。四燈或《とうあるひ》は二燈《とう》にてもよろし御修法《ごしゆはふ》の護摩《ごま》は三時《じ》の異《こと》なりあることなきも、四度加行《どかぎやう》の護摩《ごま》の時《とき》は、開白《かいはく》の初夜《しよや》は嚴重《げんちう》に供養《くやう》し、第二《だい》日《か》より後夜《こうや》には唯々粥《たゞ〳〵かゆ》のみ供《きよう》して、汁菓等《じふくわとう》は供《きよう》せず、又洗米《またせんまい》を水《みづ》に和《わ》して供《きよう》するも可《か》なり。初夜《しよや》は唯々香華《たゞ〳〵かうげ》のみにて、佛供等《ぶつぐとう》なし、日中《につちう》のみ佛供等《ぶつぐとう》を備《そな》ふ。扇火用《せんくわよう》の扇《あふぎ》は、檜扇《ひせん》と堂扇《だうせん》とあり。流儀《りうぎ》に依《よ》つて用《もち》ふ、本法《ほんぽふ》は爐《ろ》の底《そこ》に塗《ぬ》り入《い》るべきなれど、便《べん》宜上紙《ぎじやうかみ》に包《つゝ》み、中瓶《ちうへい》の後《うしろ》に水引《みづひき》にて結《むす》び付《つ》くるのである。又白木綿《またしろもめん》にて壇《だん》の四方《はう》に水引《みづひき》し丑寅《うしとら》の角《すみ》より始《はじ》め、順《じゆん》に廻《めぐ》らして丑寅《うしとら》の角《すみ》に至《いた》る。

以上《いじやう》の壇《だん》は、牙壇《げだん》であつて、四本足《ほんあし》の壇《だん》が多《おほ》いのである。而《しか》して其《そ》の足《あし》が外《そと》に張《は》り出《だ》して牙《きば》の如《ごと》き形《かたち》を爲《な》すから、牙壇《げだん》といふたのである。是《こ》れ花形壇《くわけいだん》の足《あし》に對《たい》して、智《ち》を表《あらは》したのである。

以上《いじやう》の他《ほか》、四種法《しゆはふ》の二十種物《しゆぶつ》より、法具《はふぐ》として、大杓《たいしやく》、小杓《せうしやく》、茅草《ちさう》、指環《ゆびわ》、護摩行法次《ごまぎやうはふし》

第《だい》の諸具《しよぐ》と、嗽口《そうこう》、塗香《づかう》、蘇油《そいう》、乳木《にうぼく》、飲食《いんしよく》、五穀《こく》、華《はな》、丸香《ぐわんかう》、散香《さんかう》

第三節　護摩法の分類

名	息災	増益	降伏	鈎召	敬愛
形	正圓	正方	三角	金剛	蓮葉
色	白色	黄色	黒色	雑色	赤色
時	初夜	初日	中日	一切	初夜中夜
面	北	東	南	諸方	西
尊	佛部	寶部	忿怒	金鈎	蓮華部
木	甘木	菓木	苦木	刺木	華木
寸 檀木	八指	十指	八指	八指	八指
同 乳木	六指	十指	八指	八指	八指
燒 加持	胡麻	粳米	芥子	粳米	粳米
爐 爐底	輪	三股	一股	鈎	蓮華

又支《またし》度物《たくぶつ》として、五寶《はう》五香《かう》五藥《やう》五穀《こく》の分配《ぶんはい》は左《さ》の如《ごと》し。

息災	五寶	金	銀	眞珠	瑠璃	水精或琥珀
	五香	沈	白檀	丁字	鬱金	龍腦
	五藥	人參	茯苓	赤箭	石菖蒲	天門冬
	五穀	稻	大豆	小豆或藥豆	大麥	胡麻
增益	五寶	黃金	白銀	眞珠	水精	瑠璃
	五香	白檀	鬱金	蘇合	丁字	靑木香
	五藥	哥勒梨	桂心	地黃	枸杞	天門冬
	五穀	前に同じ				
敬髮	五寶	前に同じ				
	五香	龍腦	鬱金	白檀	丁字	麝香
	五藥	人參	茯茶	天門冬	石菖蒲	牛黃
	五穀	前に同じ				
調伏	五寶	金	銀	眞珠	螺貝	赤珠或琥珀

五香　安息　麝香　甲香　丁字　蘇香
五葉　石菖蒲　鬼門　鬼箭　射子　巴豆
五穀　前の如し

第四節　破壇作法

行法次第《ぎやうはふしだい》の如《ごと》く修法《しゆはふ》し終《をは》れば、此《こ》の護摩壇《ごまだん》を破壞《はくわい》するのが本旨《ほんし》である。護摩達磨《ごまだるま》に曰《いは》く壇《だん》を壞《こは》つ時《とき》は、妙觀察智《めうくわんさつち》の印《いん》に住《ぢつ》して、大壇《だいだん》の中《なか》に阿字《あじ》ありと觀《くわん》ぜよ。是《こ》れ地輪《ちりん》の秤子《しゆし》なり、此《こ》の字《じ》變《へん》じて大壇《だいだん》となる。法然《はふねん》の道理《だうり》の作《な》す處《ところ》なり、而《しか》して今字《いまじ》あり、大風輪《だいふうりん》となる。即《すなは》ち地輪《ちりん》を破《は》す、所謂成《いはゆるな》るものは壞《こは》るるの義《ぎ》なり。想《おも》ふに如法莊嚴《によはふさうごん》の壇場《だんぢやう》は有相《うさう》の曼荼羅《まんだら》なり。相即無相《さうそくむさう》の故《ゆゑ》に、之《こ》れを壞《こは》して無相《むさう》に歸《き》する意《い》である。

古來《こらい》よりの法《はふ》には、火箸《ひはし》を取《と》りて爐緣《ろべり》を引《ひ》き破《やぶ》る等《とう》のことあるも、鉗《かん》を以《もつ》て爐《ろ》の緣《ふち》を控《ひか》ひ、少《すこ》しく音《おと》あらしめ、引《ひ》き破《やぶ》る勢《いきほひ》をなすべし。また獨鈷《とつこ》を用《もち》ひて、かくなすこともあり、而《しか》して壇《だん》を除《のぞ》き、或《あるひ》は破壇《はだん》の作法《さはふ》を行《ぎやう》せし時《とき》は、八字眞言《じしんごん》を誦《じゆ》するのである。其《そ》の壇《だん》内《ない》の物《もの》は、水中《すゐちう》に送《おく》り、或《あるひ》は貧者《ひんじや》に施《ほどこ》すべし。斯《か》くして求《もと》むる處《ところ》の諸事《しよじ》は、悉《ことごと》く圓滿成《ゑんまんじやう》就《じゆ》するのである。尤《もつと》も今《いま》は護摩壇《ごまだん》は寺院《じゐん》に据付《すゑつ》けてあつて、破壊《はくわい》することはないのであるから、其《そ》の心持《こゝろもち》にて作法《さはふ》すればよいのである。

第八章　六法十八道

第一節　六法行事

秘密《ひみつ》の修法《しゆはふ》に、能《よ》く諸尊《しよそん》といふことをいふが、諸尊《しよそん》とは各本尊《かくほんぞん》や、その本尊《ほんぞん》に附随《ふずゐ》するものをいふのであつて、諸尊《しよそん》の中《なか》には、佛菩薩明王《ぶつぼさつみやうわう》や天部《てんぶ》は固《もと》より、夜叉人非人《やしやにんぴにん》、餓鬼等《がきとう》も加《くは》はつて居《ゐ》る。此《こ》れはいづれも其《そ》の源流《げんりう》は大日以來《だいにちいらい》であつて、大日尊《だいにちそん》の普門萬德《ふもんまんとく》の一門《もん》一德《とく》として、活動《くわつどう》の一部《ぶ》を表《あらは》するものである。忿怒《ふんぬ》の如《ごと》きも、忿怒《ふんぬ》そのものは惡《あく》としても忿怒《ふんぬ》を以《もつ》て事《こと》を治《ぢ》する必要《ひつえう》はある。故《ゆゑ》に開《ひら》けば諸尊《しよそん》、閉《と》づれば大日《だいにち》一尊《そん》である。故《ゆゑ》に餓鬼《がき》阿修羅《あしゆら》も之《こ》れを大日尊《だいにちそん》の等同流類《とうどうりうるゐ》と觀《くわん》じ、餓鬼《がき》は大日尊《だいにちそん》の飢餓《きが》に苦《くるし》み給《たま》ふ體《てい》なりと謂《い》ふべきである。左《さ》れば夜叉《やしや》にても餓鬼《がき》にても阿修羅《あしゆら》にても荼吉尼《だきに》にても、供養《くやう》し、又修法《またしゆはふ》の相手《あひて》とするに於《おい》て、何等不合理《なんらふがふり》はないのである。

金胎兩部《こんたいりやうぶ》の九會《ゑ》九尊《そん》を合《がつ》すれば十八となつて、十八道《だう》の行事《ぎやうじ》、十八契印《かいいん》を生《しやう》じ、此《こ》の十八道《だう》を約《やく》すれば六法《はふ》と爲《な》り、六法《はふ》を細別《さいべつ》すれば十八道《だう》となるのである。元來此《ぐわんらいこ》の六法《はふ》十八道《だう》は、印度《いんど》の俗法《ぞくはふ》に準《じゆん》じ、本尊《ほんぞん》を召請《せうせい》し供養《くやう》するもので、大賓饗應所願祈念《たいひんきやうおうしよぐわんきねん》の儀式《ぎしき》であるが、深密《しんみつ》の義《ぎ》では、遮情《しやじやう》即《すなは》ち消極的《せうきよくてき》に云《い》へば、大般若《だいはんにや》の十八宮《きう》を表《あらは》し、表徳門《へうとくもん》即《すなは》ち積極的《せききよくてき》に云《い》へば、吾人衆生《ごじんしゆじやう》の十八界《かい》とて、眼《め》、耳《み》、鼻《はな》、舌《した》、身《しん》、意《い》の六根《こん》の所依《しよえ》と、六根《こん》の知覺《ちかく》の六識《しき》と、其《そ》の對境《たいきやう》たる色《しき》、聲《せい》、香《かう》、味《み》、觸《しよく》、法《はふ》の六境《きやう》、即《すなは》ち六根《こん》六識《しき》六境《きやう》の三六十八を表《あらは》し、此《こ》れを本尊《ほんぞん》の內證《ないしよう》の法門《はふもん》となし、法身大日如來《はふしんだいにちによらい》の功德《くどく》を表《あら》はしたものである。

六法《はふ》とは

一、莊嚴行者《さうごんぎやうじや》の法《はふ》　此《こ》の中《うち》に五あり、淨三業《じやうごふ》、佛部《ぶつぶ》、蓮華部《れんげぶ》、金剛部《こんがうぶ》、被甲護身《ひかふごしん》、即《すなは》ち秘密門《ひみつもん》に入《い》らんとするに、先《ま》づ我《わ》が身《み》を清《きよ》めて、佛法《ぶつはふ》の器《うつは》となすのである。

二、結界《けつかい》　此《こ》の中《うち》に二あり、地界《ちかい》、金剛墻《こんがうしやう》、即《すなは》ち身《み》既《すで》に調《とゝの》へ終《をは》れば、土地《とち》の不淨《ふじやう》を清《きよ》めて、佛法修行《ぶつはふしゆぎやう》の地《ち》とするのである。

三、莊嚴道場法《さうごんだうぢやうはふ》　此《こ》の中《うち》に二あり、道場觀《だうぢやうくわん》、大虛空藏《だいこくざう》、本尊《ほんぞん》の道場《だうぢやう》を設《まう》くる次第《しだい》である。

四、勸請《くわんじやう》の法《はふ》　此《こ》の中《うち》に三あり、送車輅《そうしやよく》、請車輅《しやうしやよく》、迎請《げいしやう》、本尊《ほんぞん》を召《よ》び降《くだ》すのである。降神法《かうしんはふ》と同《おな》じである。

五、結護法《けつごはふ》　此《こ》の中《うち》に三あり、降三世《かうさんぜ》、金剛網《こんがうかう》、火院《くわゐん》、此《こ》れは諸《もろ〳〵》の內外《ないぐわい》の魔障《ましやう》を除《のぞ》く法《はふ》、修法中《しゆはふちう》に外部又《ぐわいぶまた》は自分《じぶん》の心中《しんちう》より起《おこ》る障碍《しやうがい》を豫防《よばう》することである。

六、供養法《くやうはふ》　此《こ》の中《うち》に三あり、閼伽《あか》、華座《くわざ》、普供養《ふくやう》（事供養《じくやう》と理供養《りくやう》とあり）此《こ》れ殊勝《しゆしよう》の妙供《めうく》を以《もつ》て、本尊《ほんぞん》を供養《くやう》するのである。

斯《か》く修法《しゆはふ》の儀式《ぎしき》が終《をは》れば、それより所願《しよぐわん》、祈念《きねん》を爲《な》すことは云《い》ふまでもない所《ところ》である。

第二節　入道場の作法

修行者《しゆぎやうじや》が道場《だうぢやう》に入《い》らんとするには、先《ま》づ手《て》を洗《あら》ひ、口《くち》を漱《すゝ》ぎ、淨衣《じやうい》を著《ちやく》し、香水《かうすゐ》を身《み》に灑《そゝ》ぎ、塗香《づかう》を兩手《りやうて》に塗《ぬ》り、又命剛水《またこんがうすゐ》を以《もつ》て口《くち》を漱《すゝ》ぐ、眞言《しんごん》、オン、バサラ、タカタ、印《いん》は金剛拳《こんがうけん》、而《しか》して金剛薩埵《こんがうさつた》の威儀《ゐぎ》に住《ぢう》し、心《こゝろ》に吽字《うんじ》を觀《くわん》じ、薩埵身《さつたしん》と爲《な》り、足《あし》に蓮華《れんげ》を踏《ふ》むと想《おも》ひ、心《こゝろ》に慈悲《じひ》を懷《おも》ふて、徐歩《じよほ》し、堂前《だうぜん》に到《いた》りては、吽聲《うんせい》を發《はつ》し、右手《めて》を以《もつ》て彈指《だんし》し門《もん》に當《あ》てて三《み》たび振《ふる》ひ、門戸《もんこ》を開《ひら》くと想《おも》ふべし。門戸《もんこ》は衆生《しゆじやう》と佛《ほとけ》との異執《いしつ》と見《み》、吽聲《うんせい》は其《そ》の異執《いしつ》を驚覺《きやうかく》するの義《ぎ》である。風空《ふうくう》二指《し》を以《もつ》て彈指《だんし》するのは、印《いん》と言《げん》と意《い》と三密相應《みつさうおう》の體《たい》である。

戸《と》を開《ひら》きて入《い》りたる上《うへ》は、眼《め》に嚩吒《はた》の字《じ》を觀《くわん》じ、光明照耀《くわうみやうせうき》せりと想《おも》ひ、右《みぎ》に嚩《は》、變《へん》じて日《ひ》と爲《な》り、左《ひだり》に吒《た》、變《へん》じて月《つき》と爲《な》るの義《ぎ》である。是《こ》の情《じやう》を眼《め》を以《もつ》て道場《だうぢやう》の内《うち》を見《み》るに、諸佛遍滿《しよぶつへんまん》し給《たま》ふ。卽《すなは》ち頭面《づめん》を以《もつ》て其《そ》の佛《ほとけ》の海會《かいゑ》を禮《れい》す。此《こ》の時普禮眞言《ときふれいしんごん》、オン、サツバタタギヤタ、ハナマダ、ノウキヤイン、ミ、同時《どうじ》に金剛合掌《こんがうがつしやう》、次《つぎ》に着座《ちやくざ》、結跏《けつか》趺坐《ふざ》、又《また》は半《はん》跏坐《かざ》、次《つぎ》に普禮《ふれい》、印《いん》と眞言《しんごん》は前《まへ》と同《おな》じ、次《つぎ》に塗香《づかう》、先《ま》づ右手《めて》の大指頭《だいしとう》を以《もつ》て指《ゆび》を撮《つま》み、香《かう》を右手《めて》の掌中《しやうちう》に入《い》れ、左右《さいう》に三遍《べん》これを移《うつ》す。次《つぎ》に兩手《りやうて》の腕臂《わんぴ》等《など》に塗香《とかう》す。此《こ》の際《さい》は五分《ぶ》の法身《はふしん》、卽《すなは》ち五智《ち》如來《によらい》を磨塋《まえい》すると想《おも》ふべし。

夫《そ》れより三密觀《みつくわん》、己《おの》が舌《した》と心《こゝろ》と身《み》と兩手《りやうて》の中《なか》に於《おい》て、吽字《うんじ》を想《おも》ひ、其《そ》の字《じ》變《へん》じて金剛《こんがう》となると觀《くわん》ず、次《つぎ》に蓮華合掌《れんげがつしやう》を爲《な》し、掌中《しやうちう》に月輪《げつりん》あり、其《そ》の中《なか》に蓮華《れんげ》あり、上《うへ》に吽字《うんじ》あり、變《へん》じて五股杵《こきね》となると觀《くわん》ずべし。吽《うん》は金色《こんじき》なり、それより六法《はふ》十八道行事《だうぎやうじ》に移《うつ》るのである。

第三節　十八道法

一、浄三業《じやうごふ》　自分《じぶん》の身口意《しんこうい》の三業《ごふ》を清浄《しやうじやう》にして、本尊《ほんぞん》の身口意《しんこうい》三密《みつ》と平等《びやうどう》なりと観《くわん》ずべし。此《こ》の時《とき》の印《いん》は、蓮華《れんげ》合掌《がつしやう》、眞言《しんごん》は　オン、ハバハバ、キウタ、サバ、タルマ、サバサバ、キッド、カン、自他《じた》三業平等《ごふびやうどう》清浄《しやうじやう》の意《い》あり。

二、佛部《ぶつぶ》三昧耶《まいや》　佛部《ぶつぶ》の諸尊《しよそん》を我《わ》が身《み》の上《うへ》に開顕《かいげん》し、身業《しんごふ》の障罪《しやうざい》を除《のぞ》き、福智《ふくち》増進《ぞうしん》の意《い》なり。印《いん》は虚心合掌《きよしんがつしやう》、眞言《しんごん》は　オン、ダタガト、ナウベバヤ、ソワカ、法報應《はふはうおう》三身如來《しんによらい》を發生《はつせい》して、成就圓滿《じやうじゆゑんまん》の義《ぎ》なり。

三、蓮華《れんげ》三昧耶《まいや》　蓮華部《れんげぶ》の衆聖《しうせい》を修行者《しゆぎやうじや》の語業《ごごふ》に渉入《せふにふ》し、語業《ごごふ》清浄《しやうじやう》、説法自在《せつぽふじざい》の義《ぎ》なり。印《いん》は虚心合掌《きよしんがつしやう》又《また》は指《ゆび》の端《はし》を少《すこ》し屈《かゞ》め蓮華《れんげ》に象《かた》どる、眞言《しんごん》は　オン、バタマリ、ナウハバヤ、ソワカ、本有《ほんいう》の心蓮華《こゝろれんげ》發生《はつせい》の意《い》である。

四、金剛部《こんがうぶ》三昧耶《まいや》　意業《いごふ》清浄《しやうじやう》、菩提心《ぼだいしん》發得《ほつとく》の義《ぎ》なり。印《いん》は三鈷印《こいん》、眞言《しんごん》は次《つぎ》のと一同《どう》にす。

五、被甲護身《ひかふごしん》　大悲門《だいひもん》に出《い》でて、一切衆生《さいしゆじやう》を利益《りえき》せんが為《た》めに、堅固《けんご》の甲冑《かつちう》を着《ちやく》し、四魔降伏《まかうふく》の相《さう》を為《な》すのである。前《まへ》の三は自行《じぎやう》、被甲《ひかふ》は化他《くわた》、或《あるひ》は一が自行《じぎやう》、二三四五は化他《くわた》ともいふ。印《いん》は被甲《ひかふ》の形《かたち》、眞言《しんごん》は　オン、バサラ・ギニ・ハラ、ネンハタナ、ソワカ、金《こん》剛智火《がうちくわ》の極《きは》めて威耀《ゐき》なる義《ぎ》である。

六、金剛橛《こんがうけつ》　地結又《たけつまた》は地界《ちかい》と名《な》づく、結界法《けつかいはふ》である。大地《だいち》に橛《くひ》を打《う》ち込《こ》み、堅固金剛座《けんごこんがうざ》を作《つく》る意《い》を以《もつ》てすべし。印《いん》は火尖金剛杵《くわせんこんがうそ》の形《かたち》、眞言《しんごん》は　オン、キリキリ、バサラ、バサリ、ブリツ、マンダマンダ、ウンパツタ、之《こ》れ堅固金剛《けんごこんがう》の定慧《ていけい》を以《もつ》て、魔《ま》を制伏《せいふく》するの義《ぎ》である。

七、金剛墻《こんがうしやう》　四方結《はうけつ》といふ。自身軍荼利明王《じしんたんだりみやうわう》と觀念《くわんねん》し、一切《さい》の魔《ま》を除《のぞ》き、善神《ぜんしん》を招《まね》くの意《い》なり。印《いん》は墻《しやう》を四方《はう》に廻《めぐ》らすの形《かたち》、眞言《しんごん》は　オン、サラサラ、バサラ、ハツラカラ、ウンパツタ、此《こ》れ金剛墻《こんがうしやう》を廻《めぐ》らし、諸魔《しよま》を摧破《さいは》するの義《ぎ》である。

八、道場觀《だうぢやうくわん》　道場《だうぢやう》は曼荼羅《まんだら》の義《ぎ》であつて、十界《かい》の一切《さい》がみな一曼荼羅《まんだら》に集《あつ》まると觀《くわん》ずるのである。卽《すなは》ち器界《きかい》、樓閣《ろうかく》、蓮華《れんげ》、月輪《げつりん》、種《しゆ》三尊等《そんなど》、皆周遍《みなしうへん》すと想《おも》ふのである。欠字《かんじ》の青光空輪《せいくわうくうりん》、憾字《かんじ》の黑光風輪《こくくわうふうりん》、囕字《らんじ》の赤光火輪《せきくわうくわりん》、鑁字《はんじ》の白光水輪《はくくわうすゐりん》、暗字《あんじ》の黃光地輪《くわうくわうぢりん》、波羅《はら》字《じ》の金龜《きんき》、蘇字《そじ》の須彌山《しゆみさん》、欠字《けつじ》の七金山大小鐵圍山《こんざんだいせうてつゐざん》、紇利字《きうりじ》の八葉大蓮華《えふだいれんげ》、惡字《あくじ》の廣大宮《こうだいきう》紇利字《きつりじ》の蓮華台《れんげだい》、阿字《あじ》の滿月輪《まんげつりん》、鑁字《はんじ》の法界塔婆《はふかいたふば》、塔婆《たふば》變《へん》じて大日如來《だいにちによらい》となると觀《くわん》ずる次第《しだい》がある。

印《いん》は如來《によらい》の拳印《けんいん》であつて、理《り》智《ち》冥合《めいがふ》、兩部不二《りやうぶふに》の義《ぎ》を表《へう》するのである。眞言《しんごん》は　オン、ボリケン、ジンハ、ラウンにて、胸《むね》より喉《のど》の中《うち》の聲《こゑ》とす。牛《うし》の吼《ほ》ゆる如《ごと》く、三《み》たび唱《とな》ふべし。オン、ボク、ケンは大日如來《だいにちによらい》の三字《じ》の眞言《しんごん》であつて、法報應《はふはうおう》三身《しん》の眞言《しんごん》なり。三身淨《しんじやう》土《ど》と爲《な》す義《ぎ》もあるのである。此《こ》の拳印《けんいん》にて、左右《さいう》の肩《かた》、心《むね》、額《ひたひ》、喉《のど》、頂《ちやう》と壇《だん》との七所《しよ》を加《か》持《ち》すべし。

九、大虛空藏《だいこくぞう》　虛空藏菩薩《こくぞうぼさつ》の德《とく》に依《よ》りて、諸種《しよしゆ》の供養《くやう》、及《およ》び宮殿樓閣《きうでんろうかく》を生《しやう》ずることを意《い》味《み》し、印《いん》は摩尼供養印《まにくやういん》にして、眞言《しんごん》は　ヲン、ガガノウ、サンハバ、バサラ、コク、此《こ》れ虛空《こくう》の如《ごと》く、諸寶《しよはう》を能生《のうせい》し、衆生《しゆじやう》を歡喜《くわんき》せしむるの意《い》なり。次《つぎ》に又《また》二手金剛拳《しゆこんがうほう》を結《むす》び、オン、バサラ、キリラ、ウン、ジヤク、ウン、バン、コクと眞言《しんごん》を三遍唱《べんとな》へ、印《いん》にて、地《ち》、曼荼羅《まんだら》、上方《じやうはう》、額《ひたひ》、喉《のど》を加持《かぢ》し、又口《またくち》に印《いん》を接《せつ》し、供養《くやう》の意《い》を表《へう》す。

十、送車輅《そうしやよく》　寶車輅《はうしやよく》ともいふ。勸請法《くわんじやうはふ》の一《ひと》つである。金剛駕《こんがうが》ともいふ。此《こ》の車《くるま》を引《ひ》く尊《そん》は、佛部《ぶつぶ》にては不《ふ》動明王《どうみやうわう》、金剛部《こんがうぶ》にては金剛軍茶利《こんがうぐんだり》、又《また》は金剛童子《こんがうどうじ》、蓮華部《れんげぶ》にては蓮華《れんげ》軍茶利《ぐんだり》でめる。印《いん》は車《くるま》を引《ひ》く形《かたち》、眞言《しんごん》は　カン、トロトロ、ウン、オンは歸命《きみやう》である。トロ〱は車《くるま》の轉《てん》ずる聲《こゑ》、ウンは輪《りん》の種字《しゆじ》である。

十一、請車輅《しやうしやらく》、本尊《ほんぞん》の途中《とちう》行路《かうろ》の具《ぐ》である。前《まへ》の印《いん》を其《そ》の儘《まゝ》にして、次《つぎ》の眞言《しんごん》を唱《とな》ふ。ノウマク、シツチリヤ、チビキカナン、タタキヤタナン、オン、バサラ、キニヨウ、ヰカヲシヤヤ、ソワカ、此《こ》れは三世《ぜ》の諸如來《しよによらい》に歸命《きみやう》し奉《たてまつ》りて、金剛智火《こんがうちくわ》の使者《ししや》を以《もつ》て、召請《せうじやう》し奉《たてま》つるといふ義《ぎ》である。

十二、迎請《げいしやう》　召請《せうじやう》ともいふ。此《こ》の召請《せうじやう》の加持《かぢ》に依《よ》つて、本尊海會《ほんぞんかいゑ》は車輅《しやらく》を下《くだ》りて、壇上《だんじやう》に坐《ざ》し給《たま》ふのである。印《いん》は、佛部《ぶつぶ》は佛部心《ぶつぶしん》三昧耶《まいや》、蓮華部《れんげぶ》は蓮華部《れんげぶ》三昧耶《まいや》、金剛部《こんがうぶ》は金剛《こんがう》部《ぶ》の三昧耶印《まいやいん》を用《もち》ふ。佛部《ぶつぶ》の眞言《しんごん》は　オン、ニノウジキヤ、二十五遍唱《へんとな》ふ。蓮華部《れんげぶ》の眞言《しんごん》は　オン、アロリキキヤ、金剛部《こんがうぶ》の眞言《しんごん》は　オン、バサラ、トリゴレ、キヤ、此《こ》れ皆各部《みなかくぶ》の意《い》を表《あらは》したのである。

十三、結界《けつかい》　蓮華部《れんげぶ》は馬頭明王《ばとうみやうわう》、佛部《ぶつぶ》は不動明王《ふどうみやうわう》、金剛部《こんがうぶ》は降三世明王《がうざみやうわう》、各明王《かくみやうわう》の印《いん》と眞言《しんごん》とを用《もち》ふべし。

十四、金剛網《こんがうまう》　又《また》は虚空網《こくうあみ》ともいふ。虚空《こくう》に網《あみ》を張《は》り、諸魔《しよま》の入《い》るを防《ふせ》ぎ、又本尊《またほんぞん》に附《ふ》隨《ずゐ》したる魔《ま》をも防《ふせ》ぐのである。印《いん》は虚空《こくう》に網《あみ》を張《は》りたる形《かたち》、眞言《しんごん》は　オン、ビサフラ、ナウラコツレイ、バサラ、ウンジヤラ、ウンボツタ、此《こ》れ金剛網《こんがうまう》を虚空《こくう》に普遍《ふへん》ならしめて、諸魔《しよま》を防《ふせ》ぎ壇上《だんじやう》を擁護《ようご》するの意《い》である。

十五、火院《くわゐん》　又金剛炎《またこんがうえん》ともいふ。忿怒尊《ふんぬそん》の火生三昧《くわしやうざんまい》にして、火《ひ》を圍繞《ゐねう》せしめて魔《ま》の入《い》るを防《ふせ》ぐのである。印《いん》は三角印《かくいん》、火《ひ》の燃《も》ゆる形《かたち》、眞言《しんごん》は　オン、アサンモウ、ギネ、ウンボツタ、智徳猛利《ちとくまうり》の火《ひ》が諸魔《しよま》を摧破《さいは》するの義《ぎ》である。次《つぎ》に大三摩耶印《だいまやいん》を結《むす》ぶ、其《そ》の呪《のろ》ひは、オン、シヤウキヤレイ、マカ、サンバエン、ハンダハンダ、ソワカ、此《こ》れは軍荼利結界堅固《ぐんだりけつかいけんご》の義《ぎ》である。

十六、閼伽《あか》　閼伽香水《あかかうすゐ》である。閼伽《あか》は無垢《むく》といひ、或《あるひ》は水輪《すゐりん》の體《たい》に隨《したが》つて圓滿《ゑんまん》といふ。印《いん》は寶珠《はうしゆ》の印《いん》にして、一滴《てき》の閼伽《あか》より雲海《うんかい》の供養《くやう》を流出《りうしゆつ》する意《い》である。眞言《しんごん》は　ガガノウコクウサンバ、アサンバであるが、オン、バサラ、タカウンともいふ。一滴《てき》の閼伽虚空《あかこくう》に等《ひと》しく、一切處《さいしよ》に遍《へん》するの義《ぎ》である。

十七、蓮華座《れんげざ》　諸々《もろもろ》の聖衆《しやうしゆ》本尊各々其《ほんぞんおのおのそ》の位《くらゐ》に坐《ざ》し給《たま》ふと觀《くわん》じ、印《いん》は蓮華坐印《れんげざいん》を用《もち》ふ。眞言《しんごん》は　オン、カバラ、ソワカ、行者《ぎやうじや》か當《まさ》に金剛坐《こんがうざ》を得《え》、金剛蓮華身《こんがつれんげしん》を證《しよう》し、覺位《かくゐ》を得《う》るとの義《ぎ》である。

十八、普供養《ふくやう》　六種供養《しゆくやう》の内《うち》の閼伽《あか》を除《のぞ》きて、他《た》の塗香《とかつ》、華鬘《けまん》、燒香《せうかう》、飯食《はんしよく》、燈明《とうみやう》の五

つを供養《くやう》する法《はふ》である。今其《いまそ》の一々《いちく》に就《つい》て示《しめ》せば、

塗香《づかう》は、本尊《ほんぞん》に供《きやう》するものと、行者自分《ぎやうじやじぶん》に用《もち》ふるものとの二《ふた》つある。印《いん》は本尊《ほんぞん》の御身《おんみ》に香《かう》を塗《ぬ》る形《かたち》であつて、其《そ》の觀念《くわんねん》をせねばならぬ。眞言《しんごん》は　ヒータ、ケンド、ハバヤ、ソカ、此《こ》れ淨香《じやうかう》を發生《はつせい》するの義《ぎ》である。

花鬘《くわまん》は、時《とき》の花《はな》を献《けん》ずるのである。惡《あ》しき香《にほひ》のある花《はな》や、不祥《ふしやう》の花《はな》は、降伏《かうふく》の時以外《ときいぐわい》に用《もち》ひてはならぬ。鬘《かつら》とは糸《いと》を以《もつ》て花《はな》を貫《つらぬ》きたものである。此《こ》の時《とき》の印《いん》は、華鬘《けまん》の形《かたち》にて、眞言《しんごん》は　ノウマリ、サマンタ、ボタナン、マカ、マタリヤ、ビソナキヤテイ、ソワカ、此《こ》れ大慈《だいひ》の鬘《かつら》より妙好華《めうかうげ》を生《しやう》ずる義《ぎ》である。

燒香《せうかう》は、各部《かくぶ》に於《おい》て香《かう》を異《こと》にするが、それは前《まへ》の表《へう》を見《み》て知《し》るべし。印《いん》は燒香爐《せうかうろ》の形《かたち》、眞言《しんごん》は　ダルマ、タメバク、トキヤテイ、ソワカ、此《こ》れ我《わ》れ燒香《せうかう》を奉《たてま》つるに由《よつ》て、佛《ほとけ》の無《む》碍智《がいち》を得《え》、此《こ》の香雲《かううん》を法界《はふかい》に週遍《しうへん》ならしむるといふ義《ぎ》である。

飯食《はんしよく》は、香味《かうみ》あり、淨潔《じやうけつ》にして甘甜《かんてん》なるものを用《もち》ゐ、臭穢《しうゑ》辛苦《しんく》澁味《じふみ》殘《のこ》り物《もの》、不祥《ふしやう》の食《しよく》を忌《い》むのである。飯食《はんしよく》は無上《むじやう》の甘露《かんろ》にして不生不死《ふしやうふし》の味《あぢ》といひ、此《こ》の果徳成熟《くわとくせいじゆく》して更《さら》に無邊《むへん》上《じやう》の味《あぢ》を服《ふく》する時《とき》を、證《しよう》に入《い》ると爲《な》す。其《そ》の印《いん》は、虚心合掌《きよしんがつしやう》、眞言《しんごん》は　アララ、カララ、

マリ、ナダ、ピ、マリナテイ、マカマリ、ソワカ、此《こ》れ我《わ》れ諸々《もろ〳〵》の煩悩《ぼんなう》の喧諍《けんさう》を止《とゞ》むる食《しよく》を以《もつ》て施《ほどこ》し奉《たてまつ》る。之《こ》れに由《よつ》て廣大豊美《こうだいほうび》なる不老不死《ふらうふし》の妙食《めうしよく》を還《かへ》し給《たま》へとの義《ぎ》である。又《また》奉献《ほうけん》の際《さい》に此《こ》の義《ぎ》を観念《くわんねん》すべし。

燈明《とうみやう》は、如來《によらい》の光明《くわうみやう》にして破闇《はあん》の義《ぎ》である。果地《くわち》に至《いた》る時《とき》は、心《こゝろ》の障《さはり》は都《すべ》て盡《つ》き、無《む》量《りやう》の慧《けい》を轉《てん》じて、遍《あまね》く衆生《しゆじやう》を照《て》らす故《ゆゑ》に燈《ともしび》と爲《な》すのである。各部《かくぶ》に供《きよう》する油《あぶら》は、前表《ぜんぺう》に依《よ》つて知《し》るべし。印《いん》は燈明印《とうみやういん》。眞言《しんごん》はタタキヤタ、ラシ、ハバラネイ、ハバシヤノウ、タリヤ、ソワカ、此《こ》れ如來《によらい》の點光《てんくわう》は、諸々《もろ〳〵》の暗《やみ》を破《は》し、遍《へん》じて虚空《こくう》に等《ひと》しといふ義《ぎ》である。

次《つぎ》に四智《ち》讃《さん》、附《つ》けて拍掌《はくしやう》、金剛合掌《こんがうがつしやう》、金剛歌《こんがうか》を唱《とな》ふ。オン、バサラ、サツタソウ、キヤラカ、合掌《がつしやう》の儘臂《まゝひぢ》を伸《の》べて額《ひたひ》に安《あん》ず、次《つぎ》は法難《はふなん》の調《てう》、バサラ、ラタノウ、マトタラン、前《まへ》の印頂《いんちやう》より口《くち》に至《いた》る。又歌《またうた》を奏《そう》す、バサラ、ダルマガ、ヤナ、印《いん》を心《むね》にあて右《みぎ》に旋轉《せんてん》し、金剛合掌《こんがうがつしやう》して、復《ま》た頂上《ちやうじやう》に安《あん》じ、次《つぎ》に金剛舞《こんがうまひ》を進《すゝ》め、バサラ、キヤウマ、カロハバと唱《とな》へ三度《ど》舞儀《まひぎ》し、一拍《はく》、カロ、又《また》一拍《はく》バ、又《また》一遍《ぺん》バ、初《しよ》の二度《ど》は音《おと》なく、三度目《どめ》に音《おと》あらしむ、次《つぎ》に本尊讃《ほんぞんさん》、金剛合掌《こんがうがつしやう》して大慈大悲《だいじだいひ》云々《うんぬん》と唱《とな》ふ。次《つぎ》に廣大不空摩尼供《こうだいふくうまにく》、此《こ》れ廣大《こうだい》なる寶珠《はうしゆ》より無量《むりやう》の供物《くもつ》を出《だ》して、供養《くやう》するの意《い》である。印《いん》は虚心合掌《きよしんがつしやう》、寶形印《はうけいいん》、卽《すなは》ち萬寶《まんはう》を雨《ふ》らすの相形《さうけい》、眞言《しんごん》は　オン、アボロキヤ、フジヤ、マニ、ハナウマ、バサラ、タタキヤタ、ビロキテイ、サンマンタ、ハラサラ、ウン、此《こ》れ觀念《くわんねん》の如《ごと》く供養《くやう》せる寶珠《はうしゆ》は、三部諸《しよ》尊《そん》を觀照《くわんせう》し、普《あまね》く供養《くやう》を舒《の》べ展《の》ぶの意《い》である。

次《つぎ》に前印《ぜんいん》を散《さん》せずして三力偈《りきげ》、次《つぎ》に祈願句《きぐわんく》、次《つぎ》に禮佛《れいぶつ》、次《つぎ》に入我我入觀《じゆががにふくわん》、次《つぎ》に本尊《ほんぞん》の根《こん》本印《ほんいん》、次《つぎ》に心中心印《しんちうしんいん》、次《つぎ》に正念誦《しやうねんじゆ》、次《つぎ》に旋轉眞言《せんてんしんごん》、次《つぎ》に字輪觀《じりんくわん》、次《つぎ》に念誦《ねんじゆ》百八遍《へん》より千八十遍《べん》に至《いた》る。此《こ》の間本尊《かんほんぞん》の三摩地《まち》卽《すなは》ち定《てい》に住《ぢう》す。此等《これら》は其《そ》の加持祈禱《かぢきたう》の場合《はあひ》に、それ〳〵記載《きさい》すべし、今《いま》は略《りやく》す。

次《つぎ》に普供養《ふくやう》の印《いん》、迎請印《げいしやういん》、解界《げかい》、發遣《はつけん》、三部三昧耶《まいや》、被甲護身《ひかふごしん》、普禮《ふれい》と、前《まへ》の法《はふ》を逆《ぎやく》に行《おこな》ひ、出道場《でだうぢやう》の作法《さはふ》を行《おこな》ふのである。

以上《いじやう》にて眞言秘密《しんごんひみつ》の略儀《りやくぎ》と、一般《はん》に普《あま》ねく通用《つうよう》せらるる、加持祈禱《かぢきたう》の儀式《ぎしき》の大要《たいえう》を述《の》べ終《をは》つたのである。以下《いか》は、各本尊《かくほんぞん》に就《つ》き、各種《かくしゆ》の加持祈禱《かぢきたう》を行《おこな》ふ。實際《じつさい》の方法《はうはふ》を述《の》ぶるのである。

第九章　觀音菩薩の六秘法

觀世音菩薩《くわんぜおんぼさつ》には、八大觀音《だいくわんおん》、十六觀音等《くわんおんなど》と種類《しゆるゐ》が澤山《たくさん》あつて、孰《いづ》れも靈驗《れいけん》の新《あら》たなる菩薩《ぼさつ》である。西國《さいこく》三十三番《ばん》の札所等《ふだしよなど》に於《お》ける、靈驗談《れいけんだん》は數《かぞ》へきれぬ程《ほど》あるが、中《なか》に就《つい》ても修法《しゆほふ》として、尤《もつと》も効果《かうくわ》の著《いちじる》しきものは、千手觀音《せんじゆくわんおん》である。千手《せんじゆ》といふことは、一時《じ》に多《おほ》くのものを救《すく》ふといふ意味《いみ》にもなるのである。觀世音《くわんぜおん》は世音《せおん》を觀《くわん》ずるので、世間《せけん》の有樣《ありさま》を觀《み》又世人《またせじん》の望《のぞみ》を觀《くわん》じて助《たす》けるといふ意味《いみ》である。その世《せ》を略《りやく》して觀音《くわんおん》と云《い》ひ、觀自在《くわんじざい》ともいふのである。今千手觀音《いませんじゆくわんおん》の秘法《ひはふ》を述《の》べんに

一、名義《めいぎ》　梵語《ぼんご》にては、シヤカシラフジヤ、シヤカシヤラネイテイレイ、千手千眼《せんじゆせんがん》と譯《やく》す密號《ひがう》は大悲金剛《だいひこんがう》と云《い》ふ

三、形像《けいざう》　黄金色《うこんいろ》にして二十七面《めん》、四十二臂《ぴ》、臍下《さいか》に彌陀定印《みだちやういん》を結《むす》び、寶蓮《はうれん》の上《うへ》に坐《ざ》す

三、種字《しゆじ》　訖利キリク

四、三昧耶《まいや》形《けい》　開敷蓮華《かいしきれんげ》、又《また》は寶珠《はうしゆ》

五、印相《いんさう》　蓮華《れんげ》合掌《がつしやう》して、二頭指《とうし》二無名指《むめいし》の頭《かしら》を叉《くま》ひ、二大指《だいし》二小指《せうし》を開《ひら》き立《た》つ

六、眞言《しんごん》　大呪《だいじゆ》は千手千眼大悲心陀羅尼《せんじゆせんがんだいひしんだらに》にして、小呪《せうじゆ》は、バサラ、ダルマ、キリク

諸惡鬼降伏及《しよあくきかうふくおよび》除病《ちよびやう》の大法《たいはふ》。場所《はしよ》は孰《いづ》れにてもよろし、先《ま》づ兩手《りやうて》を以《もつ》て相背《あひそむ》けて合掌《がつしやう》し、大母指《だいぼし》を前《まへ》に向《む》けて舒《の》べ、浄水又《じやうすゐまた》は浄灰《じやうくわい》を以《もつ》て身《み》に灑《そゝ》ぎ、後《の》ち四方《はつ》の四角《すみ》に向《む》けて、如《じよ》法《はふ》に散布《さんぷ》すれば、卽《すなは》ち結界《けつかい》となる。

人若《ひとも》し惡鬼邪魅《あくきじやび》等《など》に惑亂《わくらん》せらるる時《とき》は、石榴枝《せきりうし》柳枝《りうし》を取《と》り、陰《ひそ》かに左《さ》の眞言《しんごん》を千八十遍《ぺん》誦《とな》へ、其《そ》の枝《えだ》にて患者《くわんじや》を打《う》てば、急速《きふそく》に平癒《へいゆ》す。眞言《しんごん》は

ナムサツパボツダタルマソウギヒヤナムアリヤ、バロキテイシハラヤ、ボダイサタハヤ、ナムハサラハニヤ、ボダイサタハヤタヂタトヒトキヤ、トヒハラジヤバラニソバカ

此《こ》の眞言《しんごん》は亦邪見外道《またじやけんげだう》を降伏《かうふく》することが出來《でき》る。日《ひ》の出《で》の刻《こく》、及《およ》び日中《につちう》、又日暮《またひく》れ時《どき》に各々《おのおの》二十一遍《ぺんづゝ》、此《こ》の眞言《しんごん》を唱《とな》ふれば、種々《しゆじゆ》の珍寶飯食《ちんぽうはんしよく》を十億《おく》の諸佛《しよぶつ》に供養《くやう》すると同《おな》じく命終《めいしう》の後《の》ち三途《さんづ》の苦《くる》しみを受《う》くることなく（三途《さんづ》とは地獄餓鬼畜生《ぢごくがきちくしやう》の三道《だう》に落《お》ちぬこと）、又女身《またによしん》を受《う》けず、彌陀《みだ》の浄土《じやうど》に往生《わうじやう》することを得《え》。又現世《またげんせい》にては横死《わうし》せず、惡神《あくしん》の犯《おか》す所《ところ》とならず、恐怖《きようふ》に遇《あ》ふことなし、畫像《ぐわざう》を描《えが》き、三白食《はくしよく》を爲《な》し、五辛酒肉《しんしゆにく》を斷《た》ち、新浄衣《しんじやうい》を

着《き》て、信心渇仰《しんじんかつかう》して祈《いの》るべし。

又《また》左手《ゆんで》の四指《し》を以《もつ》て拳《こぶし》を把《と》り、次《つぎ》に右手《めて》を以《もつ》て左手《ゆんで》の大母指《だいぼし》を握《にぎ》り、又拳《またこぶし》を把《と》る如《ごと》くにして、右手《ゆんで》の大母指《だいぼし》をして右手《めて》の虎口《ここう》の中《うち》に在《あ》らしめ頭《かしら》を出《だ》し、右手《めて》の指頭《ゆびがしら》を以《もつ》て來去《らいきよ》せしめ、

オン、グチグチ、グヤリ、シヤリシヤリ、シヤリレイ、ソバカ

といふ眞言《しんごん》を唱《とな》ふること百八遍《へん》なれば、夢中未來《むちうみらい》を前知《ぜんち》することが出來《でき》る。又惡夢《またあくむ》を轉《てん》じて吉夢《きちむ》と爲《な》すことが出來《でき》る。又日々《またひゞ》結誦《けつじゆ》すれば、一切《さい》の罪《つみ》と障害《しやうがい》とを除《のぞ》くことが出來《でき》るのである。

又起立《またきりつ》して足《あし》を並《なら》べ、左手《ゆんで》の大母指《だいぼし》を以《もつ》て屈《くつ》し、掌中《しやうちう》に置《お》き、心上《しんじやう》に當《あ》て著《つ》け、次《つぎ》に右手《めて》を以《もつ》て亦《また》かくの如《ごと》くし、右手《めて》を以《もつ》て右耳《うじ》の邊《へん》におき、頭指《とうし》を以《もつ》て來去《らいきよ》せしめ、

ナムニケンタ、ナムアリシヤバダ、ソバカ、ナムアリジヤラソバカ、ケイイケイ、ソバカ

といふ眞言《しんごん》を唱《とな》ふれば、蛇毒《じやどく》、藥毒《やくどく》を除《のぞ》くことが出來《でき》るのである。又此《またこ》の印眞言《いんしんごん》を常《つね》に受持《じゆぢ》讀誦《どくじゆ》すれば、七世《せい》の宿命《しゆくめい》を知《し》ることが出來《でき》、刀劍《たうけん》も害《がい》する能《あた》はず、王侯《わうこう》も瞋《いか》り罰《はつ》することが出來《でき》ず、永劫地《えいごふぢ》獄《ごく》の苦《く》を受《う》けず、善神《ぜんしん》が常《つね》に加護《かご》し、疫病流行《えきびやうりうかう》の際《さい》は、蓮華《れんげ》千八十

莖《けい》を取《と》りて、一《ひと》つづつ呪《じゆ》しては火《ひ》に燒《や》き盡《つく》せば、流行《りうかう》が卽《すなは》ち止《とゞ》まるのである。

第十章　虚空藏菩薩の福智增進秘法

虚空藏菩薩《こくざうぼさつ》の求聞持法《きうもんぢはふ》といふのは、非常《ひじやう》に名高《なだか》いものであつて、弘法大師《こうぼふだいし》は嚴島《いつくしま》の彌《み》山《せん》に於《おい》て、之《こ》れを修《しつ》し、非常《ひじやう》に聰明大智《そうめいだいち》を得《え》、新義眞言宗《しんぎしんごんしう》の開祖興教大師《かいそこうけうだいし》も、此《こ》の法《はふ》を修《しう》し、其《そ》の他諸大德乃至《たしよだいとくないし》學林《がくりん》の學生《がくせい》は、皆此《みなこ》の法《はふ》を修《しう》せぬものはない。求聞持《きうもんぢ》の法《はふ》は智惠《ちゑ》を增《ま》し、聰明《そうめい》を得《う》る法《はふ》、卽《すなは》ち學問《がくもん》の神法《しんぽふ》といふべきである。此《こ》の他福德《ほかふくとく》、威力《ゐりよく》、名聞等《みやうもんとう》の修法《はふ》あるも、重《おも》に福《ふく》と智《ち》の爲《た》めに行《ぎやう》するのである。

一、名義《めいぎ》　梵《ぼん》にては　アキャシャケバヤ、虚空藏《こくざう》と譯《やく》す。虚空《こくう》の破壞《はくわい》すべからざる如《ごと》く一切《さい》よく勝《か》つものなき故《ゆゑ》にといひ、諸法《しよはふ》の眞實際《しんじつさい》にして、其《そ》の狀虚空《じやうこくう》の如《ごと》くなるの意《い》あり。密號《みつがう》は、如意金剛《によいこんがう》、庫藏金剛《こざうこんがう》、富貴金剛《ふうきこんがう》、無盡金剛《むじんこんがう》と云《い》ふ

二、形像《けいざう》　右手《めて》には青蓮《せいれん》の上《うへ》に紅頗梨色《こうはりしよく》の如寶《によはう》あるを持《ち》し、左手《ゆんで》は施無畏《せむゐ》にし、肉色《にくしよく》にして、五智《ち》の寶冠《はうくわん》を頂《いたゞ》き、寶蓮華《はうれんげ》に坐《ざ》す。右《みぎ》は智門《ちもん》・左《ひだり》は福德門《ふくとくもん》を表《あらは》す

三、種字《しゆじ》　吽《うん》、唵《おん》、阿《あ》、ウン、オン、ア

四、三昧耶形《まいやけい》　寳珠《はうしゆ》又《また》は劍《けん》

五、印相《いんさう》　虚心合掌《きよしんがつしやう》して、二大指《だいし》を掌《てのひら》に入《い》れ、二頭指《とうし》を以《もつ》て大指《だいし》の甲《かふ》を押《お》す。此《こ》の他《ほか》にも法《はふ》あり

六、眞言《しんごん》　多《おほ》くは、オン、バサラ、ラタヤ、ウン、胎藏界《たいざうかい》にては、イ、アキャシャ、サンマンタ、ナウキャタ、ビヒッタラン、バサラタラ、ソバカ

此《こ》の菩薩《ぼさつ》を信《しん》じ、其《そ》の印《いん》を結《むす》び、眞言《しんごん》を誦《じゆ》すれば、怖畏急難《ふゐきふなん》を免《まぬ》かれ、能《よ》く無畏《むゐ》を得《え》、不淨《ふじやう》の女人《によにん》が三七日《にち》二十一日《にち》、又《また》は七七、四十九日間《にちかん》、至心《ししん》に此《こ》の呪《じゆ》を稱念《しようねん》すれば、女身《によしん》を轉《てん》することを得《う》といふ。

求聞持《きうもんぢ》の修法《しゆはふ》には、印《いん》は右手《めて》を拳《こぶし》にし、頭指《とうし》と大指《だいし》と相捻《さうねん》し、其《そ》の狀《さま》は香《かう》を捻《ひね》るが如《ごと》くし、其《そ》の頭指《とうし》の第《だい》二節《せつ》を屈《くつ》して、第《だい》一節《せつ》を極々端直《ごくごくたんちよく》ならしむ、本尊《ほんぞん》は畫像《ぐわざう》にて宜《よろ》し、供養《くやう》は六種《しゆ》と爲《な》し、眞言《しんごん》は　ナモアキャシャバヤ、オン、アリ、マン、ボリ、ソバカ、此《こ》の眞《しん》言《ごん》を一日《にち》に一度《ど》、又《また》は二度《ど》と定《さだ》め、又其《またそ》の誦《とな》ふる度數《どすう》をも定《さだ》め、總計百萬遍《そうけいひやくまんべん》に至《いた》るときは大智慧《だいちゑ》を得《え》、聞見《ぶんけん》することは、一切忘《さいわす》るることはないのである。

以上《いじやう》は單《たん》に印《いん》と眞言《しんごん》の結誦《けつじゆ》に依《よつ》て、聰明《そうめい》を求《もと》むる個人的《こじんてき》の修法《しゆはふ》である。若《も》し求聞持《きうもんぢ》の法《はふ》を正式《せいしき》に行《おこな》ふときは、十八道建立《だうこんりふ》に從《したが》ひ、それ〳〵順《じゆん》を追《お》ふて修法《しゆはふ》すべきは云《い》ふまでもない所《ところ》である。

第十一章　文殊菩薩の大智並見佛、飛行、秘藥の三秘法

虛空藏《こくざう》の方《はう》の聰明智惠《そうめいちゑ》は、學問《がくもん》の方《はう》であつて、見聞《けんもん》の記憶《きおく》強《つよ》く、博學洽聞《はくがくかうもん》によるを主《しゆ》とし、文殊《もんじゆ》の智慧《ちゑ》は、工夫謀略《くふうぼうりやく》といふやうな方《はう》であつて、難事《なんじ》に當《あた》つて巧妙《かうめう》の思慮分別《しりよふんべつ》、正《たゞ》しき處理法《しよりはふ》を案出《あんしゆつ》するといふ方面《はうめん》を主《しゆ》とするのである。均《ひと》しく大智《だいち》に相違《さうゐ》はなきも、多少《たせう》の分別《ふんべつ》あることを免《まぬ》かれぬのである。卽《すなは》ち虛空藏《こくざう》の方《はう》は、學者側《がくしやがは》、文殊《もんじゆ》の軍師參謀側《ぐんしさんぼうがは》、商《しやう》略政略側《りやくせいりやくがは》ともいふべきものである。

一、名義《めいぎ》　梵語《ぼんご》にて文殊師利《もじゆしり》、又《また》は曼殊室利《まんじゆしつり》と云《い》ふ。譯《やく》して妙吉祥《めうきつしやう》、妙德《めうとく》、妙音《めうおん》等《など》といふ。文殊《もんじゆ》は梵語《ぼんご》の略稱《りやくしよう》である。妙《めう》は佛《ほとけ》の無上智《むじやうち》にて猶《な》ほ醍醐《だいご》の純淨《じゆんじやう》第《だい》一なるが如《ごと》し。

吉祥《きつしやう》は衆徳《しうとく》を具《そな》ふる義《ぎ》である。妙音《めうおん》とは大慈悲力《だいじひりよく》を以《もつ》て、妙法音《めうはふおん》を演《の》べて一切《さい》をして聞《き》かしむるからである。密號《みつがう》を吉祥金剛《きつしやうこんがう》といひ、又《また》は般若金剛《はんにやこんがう》といふ。八不利劍《ふりけん》を以《もつ》て一切《さい》の妄想戲論《まうさうぎろん》を斷《た》つが故《ゆゑ》に、一切法無戲論如來《さいはふむぎろんによらい》ともいふ。胎藏界曼荼羅《たいぞうかいまんだら》にては八大童子《だいどうじ》を眷屬《けんぞく》とす。深智《しんち》三身《しん》の妙慧《めうけい》、生法利生《しやうはふりしやう》の德《とく》は、十方《はう》に及《およ》び、九界《かい》に被《かうむ》る。衆生《しゆじやう》の帝師《ていし》、三世《ぜ》諸《しよ》佛《ぶつ》の母《はゝ》といふ。金剛界曼荼羅《こんがうかいまんだら》には、賢劫《けんごふ》十六尊中《そんちう》に位《くらゐ》し、其《そ》の內證《ないしよう》は金剛利菩薩《こんがうりぼさつ》と同《どう》一體《たい》である。

二、形像《けいざう》　鬱金色《うこんいろ》にして頂《ちやう》に五髻《けい》あり、童子形《どうじがた》にして、左《ひだり》に蓮華《れんげ》を持《ち》し、その細葉《さいえふ》の青《あを》蓮華《れんげ》の上《うへ》に金剛印《こんがういん》あり、極照怡微笑《きよくせういびせう》して、白蓮華台《しろれんげだい》に坐《ざ》す。

三、種字《しゆじ》　阿《あ》ア、文殊院《もんじゆゐん》は淡《たん》タン、煩惱《ぼんなう》を空《むなし》ふするの意《い》、中台《ちうだい》八乘院《えふゐん》は大字《だいじ》の阿字《あじ》、其《そ》の他各文殊《たかくもんじゆ》に依《よつ》て異《こと》なれり。

四、三昧耶形《まいやけい》　青蓮華《あをれんげ》、利劍《りけん》、青蓮上《せいれんじやう》の三股杵《こそ》

五、印相《いんさう》　胎藏界文殊院《たいぞうかいもんじゆゐん》の尊《そん》は、虛心合掌《きよしんがつしやう》して二中指《ちうし》を無名指《むめいし》の背《せ》に附《ふ》し、二頭指《とうし》を屈《くつ》して二大指《だいし》を捻《ねん》ず、蓮上《れんじやう》の力《ちから》の形《かたち》、常《つね》には外縛《ぐわいばく》して二中指《ちうし》を立合《たちあは》せて劍形《けんけい》を爲《な》す。所謂文殊《いはゆるもんじゆ》の利劍《りけん》となす。

六、眞言《しんごん》　胎藏界《たいざうかい》は、チイケイ、クホラ、ビモクヰチ、バチシツタイ、タシヤマチシヤマチ、ハラチネン、ソバカ、此《こ》の童子《どうじ》解脱道《げだつだう》に住《ぢう》する文殊《もんじゆ》は、我《わ》れと異《こと》なることなからしめんとの所願《しよぐわん》を憶念《おくねん》する意《い》である。常《つね》には、アラバシヤナウの五呪字《じゆじ》を用《もち》ふ。

七、修法《しゆはふ》　求智《きうち》に修《しう》すること尤《もつと》も多《おほ》し、而《しか》して其《そ》の中《うち》にても世《よ》に能《よ》く修《しう》せらるる法《はふ》は、五字文殊《じもんじゆ》である。一字文殊法《じもんじゆはふ》は、出産《しゆつさん》、瘧疾《ぎやくしつ》に修《しう》し、六字文殊法《じもんじゆはふ》は、滅罪《めつざい》に修《しう》し、八字文《じもん》殊法《じゆはふ》は、天變《てんぺん》、鎭宅等《ちんたくとう》に修《しう》するのである。

五字文殊《じもんじゆ》　六字文殊等《じもんじゆとう》は、皆其《みなそ》の眞言《しんごん》の字數《じすう》に由《よ》つて名《な》づけたものであつて、文殊《もんじゆ》の本《ほん》體《たい》に相異《さうゐ》あるものではないのである。

今五字文殊《いまじもんじゆ》の辨財無碍《べんざいむがい》、虛空飛騰《きよくうひとう》、及《およ》び所求《しよきう》一切成就法《さいじやうじゆはふ》の大要《たいえう》を示《しめ》さんに月《つき》の十四日《か》か十五日《にち》に、極《きは》めて清淨《しやうじやう》なる所《ところ》を擇《えら》びて、曼荼羅《まんだら》を造《おく》り、未《いま》だ地《ち》に落《お》ちざる牛糞《ぎうふん》、卽《すなは》ち肛門《こうもん》より出《い》でつつある牛《うし》の糞《ふん》を取《と》りて、地《ち》に塗《ね》り、また白檀香《びやくだんかう》の泥《どろ》を以《もつ》て之《こ》れを塗《ね》り、曼荼羅《まんだら》のうちに於《おい》て、文殊師利童子《もじゆしりどうじ》の形像《けいぞう》を書《ゑが》き、身《み》は鬱金色《うこんいろ》の如《ごと》くし、種々《しゆぐ》の瓔珞《えうらく》を以《もつ》て其《そ》の身《み》を莊嚴《さうごん》し、右《みぎ》の手《て》に金剛劍《こんがうけん》を把《と》り、左《ひだり》の手《て》に梵篋《ぼんけふ》を把《と》り、月輪《げつりん》の中《うち》に住《ぢう》し、月輪《げつりん》の四面《めん》に周旋《しうせん》して、五字陀羅尼《じだらに》（眞言《しんごん》）を書《か》く、行者《ぎやうじや》は此《こ》の壇《だん》に對《たい》して、前《まへ》に示《しめ》したる金剛拳印《こんがうけんいん》を結《むす》び、念誦《ねんじゆ》すれば、無礙《むがい》の辯才《べんざい》を得《え》、又更《またさら》に種々《しゆ〴〵》の供養《くやう》を爲《な》し、結誦怠《けつじゆおこた》らざれば、一切《さい》の罪障《ざいしやう》を消滅《せうめつ》し、所求《しよきう》の一切《さい》を成就《じやうじゆ》し、空中飛騰《くうちうひとう》する等《など》、文殊師利《もじゆしり》と異《こと》なることなく、文殊師利《もじゆしり》の現身《げんしん》を見《み》、其《そ》の説法《せつはふ》を聞《き》くことを得《う》、念誦《ねんじゆ》の數《すう》は、五千萬遍《まんべん》に達《たつ》するを宜《よ》しとす。

六字文殊《じもんじゆ》の秘法《ひはふ》、此《こ》の印《いん》は二無名指《むめいし》を反鈎《はんこう》し、眞言《しんごん》はオンバケイダナマクなり。此《こ》の眞《しん》言呪《ごんじゆ》を持《ぢ》して成就《じやうじゆ》せんとするものは、或《あるひ》は乳《ち》を食《く》ひ、或《あるひ》は乳糜《にうび》を食《く》ひ、或《あるひ》は菜《さい》を食《く》ひ、果《くわ》子《し》を食《く》ひ、日《ひ》に別《べつ》に三度香湯《どかうゆ》にて洒浴《しやよく》す（五更以後《かういこ》の初時《しよじ》、日中以後《につちういご》を二時《じ》、黄昏《たそがれ》より初《しよ》夜《や》に至《いた》るを三時此《じこ》の三時《じ》に於《おい》て各々《おの〳〵》一度洒浴《どしやよく》す）洒浴後《しやよくご》は其《そ》の都度別《つどべつ》の淨衣《じやうい》を着《ちやく》し、結局《けつきよく》三浴《よく》三淨衣《じやうい》を要《えう》す。而《しか》して此《こ》の眞言《しんごん》を誦《じゆ》すること六十萬遍《まんべん》に至《いた》るのが、最初《さいしよ》の供養《くやう》である。それから法式《はふしき》に依《よ》る種々《しゆ〴〵》の供養法式《くやうはふしき》を行《おこな》ひ、沈木香《ちんぼくかう》をとり截《き》りて、長《なが》さ二指《し》千八十段《だん》とし酥合香《そがふかう》を點《てん》じて、無煙《むえん》の佉陀羅炭《きよだらたん》を燒《や》き、若《も》しくは紫薑木《しきやうぼく》を以《もつ》て、前《まへ》の沈香《ちんかう》に替《か》へ、前《まへ》の油中《ゆちう》に點《てん》じ、呪《じゆ》一遍《べん》して火中《くわちう》に投《とう》じて燒《や》く、卽《すなは》ち一種《しゆ》の護摩《ごま》なり。斯《か》くして千八十段《だん》を盡《つく》し、夜《よ》の明《あ》けんとして曉星《ぎやうせい》（明星《みやうじやう》）の出《い》づる時《とき》に至《いた》り、行者《ぎやうじや》は文殊師利《もじゆしり》を見《み》ることが出來《でき》る。而《しか》して一切《さい》の所求《しよきう》は 悉《こと〴〵》く成就《じやうじゆ》するのである。但《たゞ》し慾願《よくがん》の事《こと》は決《け》つして成就《じやうじゆ》せぬのである。此《こ》の秘法《ひはふ》はそれ〳〵の場合《ばあひ》に於《おい》て、偉大《ゐだい》の靈驗《れいけん》を現《げん》し大聰明大智慧《だいそうめいだいちゑ》を得《う》る他《ほか》、消災《せうさい》癒病開運等効果《ゆびやうかいうんとうかうくわ》の大《だい》なるものとす。

又秘藥《またひやく》の製法《せいはふ》として、惡瘡惡病《あくそうあくびやう》を患《うれ》ふる時《とき》は、龍腦香《りうなうかう》、沈香《ちんかう》、甘松香《かんしようかう》、多迦羅香《たからかう》、苦楝《くれん》木《ぼく》の樹皮《じゆひ》を取《と》り、此《こ》の五種《しゆ》を搗《つき》て米《こな》とし、牛膽《ぎうたん》を以《もつ》て團子《だんご》となし、陰乾《かげほし》にす。尤《もつと》も日中《につちう》に乾《ほ》し淨布《じやうふ》を以《もつ》て其《そ》の藥《くすり》の上《うへ》に被《お》ひ、日《ひ》の當《あた》らぬやうにすれば、陰乾《かげほし》となる。而《しか》して前《まへ》の印《いん》を以《もつ》て其《そ》の藥《くすり》を加持《かぢ》し、眞言《しんごん》百八遍《べん》を誦《じゆ》し、更《さら》に彈丸大《だんぐわんだい》の小丸《せうぐわん》を造《つく》り、盤中《ばんちう》に水《みづ》を盛《も》り和《ま》ぜ、瘡上《さうじやう》に塗《ぬ》ること二十一遍《べん》すれば、即《すなは》ち癒《い》ゆ、又腹中《またふくちう》の病《やまひ》は、淘《よ》れたる秔米《かうまつ》を取《と》り、水《みづ》に和《ま》ぜ、藥《くすり》に煎《せん》じて二十一回服《くわいふく》すれば、忽《たちま》ち平癒《へいゆ》するのである。

因《ちなみ》に一字《じ》とか五字《じ》とかいふ眞言《しんごん》(呪《じゆ》も陀羅尼《だらに》も同《どう》一)は漢字《かんじ》である。本來《ほんらい》は梵字《ぼんじ》であるべきゆへ、漢字梵字《かんじぼんじ》の代《かは》りに、假名文字《かなもじ》を用《もち》ひ、其《そ》の字數《じすう》が多《おほ》くなりても、道理《だうり》と意義《いぎ》効果《かうくわ》に相違《さうゐ》はないのである。

第十二章　地藏菩薩和合妙法
並五穀豐熟　怨敵邪魔、狂病退治法

地《ち》藏《ざう》菩《ぼ》薩《さつ》は普《ふ》通《つう》塞《さい》の河《か》原《はら》に於《おい》て、小《こ》供《ども》の友達《ともだち》となるばかりに思《おも》ふて居《ゐ》るが、秘《ひ》密《みつ》眞《しん》言《ごん》の修《しゆ》法《はふ》の上《うへ》では、特別《とくべつ》の法力《はふりき》を有《いう》する秘《ひ》法《はふ》があるのである。今《いま》其の主要《しゆえう》なるもの二三の大要《たいえう》を示《しめ》すべし。

一、名義《めいぎ》　梵語《ぼんご》にては、コッイウチキャバ、地藏《ぢざう》と譯《やく》す。大地《だいち》の種々《しゆぐ》の珍物《ちんぶつ》を出《だ》し、伏《ふく》藏《ざう》窮まりなきが如《ごと》く、一切《さい》の種字《しゆじ》を藏《ざう》し、法驗無量《はふけんむりやう》なるが故《ゆゑ》に地藏《ぢざう》といふのである。密號《みつがう》は悲願金剛《ひぐわんこんがう》、與願金剛等《よぐわんこんがうなど》といふ。金剛不壞行《こんがうふくわいぎやう》の境界《きやうかい》三昧《まい》に住《ぢう》すること、金剛輪《こんがうりん》の如《ごと》く、極《きは》めて堅固《けんご》不可壞《ふかくわい》なるを以《もつ》て、能《よ》く萬物《ばんぶつ》を持《ぢ》して更《さら》に傾動《けいどう》せず。一切《さい》の願望《ぐわんもう》を滿足《まんぞく》せしむるの義《ぎ》である。所謂《いはゆる》六道衆生能化《だうしゆじやうのうくわ》の主尊《しゆそん》である。

二、形像《けいざう》　種々《しゆぐ》に間飾《かんしよく》せる雜寶莊嚴《ざつぽうさうごん》の地《ち》の上《うへ》に、金銀玻璃《きんぎんはり》水精《すゐせい》の四寶《はう》を以《もつ》て蓮華座《れんげざ》と爲《な》し、其《そ》の上《うへ》に在《あ》つて、光明《くわうみやう》其の身《み》を周遍《しうへん》す。普通《ふつう》の僧形《そうけい》にて月輪《げつりん》、寶珠《はうしゆ》、錫杖《しやくぢやう》を持《ぢ》するを常《つね》とす。

三、種字《しゆじ》　賀字《かじ》　カ

四、三昧耶形《まいやけい》　幢《たう》、寶珠《はうしゆ》

五、印相《いんさう》　種々《しゆぐ》異說《いせつ》あるも、現今《げんこん》にては、鉢印《はついん》を用《もち》ふるを常《つね》とす。

六、眞言《しんごん》　オン、カカカ、ミサンマエイ、ソバカ

七、修法《しゆはふ》　滅罪福徳《めつざいふくとく》に修《しう》するを常《つね》とす。大福徳《だいふくとく》を獲《え》んとするには、眞言七萬遍《しんごんまんべん》を誦《とな》ふべし、極樂往生《ごくらくわうじやう》は三萬遍《まんべん》とす。其《そ》の他《た》は左《さ》に記《しる》す。六地藏《ちざう》とて六種《しゆ》あり。又《また》六道能化《だうのうくわ》なるが故《ゆゑ》に、六地藏《ちざう》ともいふ。

地藏菩薩儀軌成就法《ちざうぼさつぎきじやうじゆはふ》に曰《いは》く、若《も》し大福徳《だいふくとく》を得《え》むと念《おも》はば、阿迦木《あかき》を以《もつ》て護摩《ごま》を爲《な》し、眞言七萬遍《しんごんまんべん》を唱《とな》へ、若《も》し五穀成就《こくじやうじゆ》を得《え》んと思《おも》はゞ、稻實華《いねじつくわ》とて米《こめ》を煎《い》て華《はな》の如《ごと》くせしものを以《もつ》て護摩《ごま》を行《おこな》ふべし、又他人《またたにん》の爲《た》めに福徳《ふくとく》の法《はふ》を修《しう》するには、其《そ》の家《いへ》の竈《かまど》の土《つち》を取《と》りて護摩《ごま》を修《しう》すべし、若《も》し又位《またくらゐ》と官職《くわんしよく》の高《たか》さを求《もと》めんとせば、比哩華《ひりくわ》を以《もつ》て護摩《ごま》を行《おこな》ふべし、此等《これら》は總《すべ》て三萬遍以上《まんべんいじやう》の念誦《ねんじゆ》を要《えう》す。

又生々世々《またせいせいよよ》の怨敵《をんてき》を降伏《かうふく》せんと思《おも》はゞ、苦楝木《くれんぼく》を以《もつ》て護摩《ごま》の修法《しゆはふ》を爲《な》すべし、又惡靈邪家《またあくりやうじやけ》を伏《ふく》せんとせば、毒味《どくみ》を以《もつ》て護摩法《ごまはふ》を行《おこな》ふべし。若《も》し癲狂癇病《てんきやうあびやう》を除《のぞ》き治《ぢ》せんと思《おも》はゞ蓮寶草《れんぽうさう》にて三萬遍護摩《まんべんごま》すべし、若《も》し罪《つみ》を滅《めつ》し、善《ぜん》を生《しやう》じ、身後極樂《しんごごくらく》に生《しやう》ぜむと思《おも》はゞ、草《くさ》を以《もつ》て護摩《ごま》を爲《な》すべし。若《も》し惡人《あくにん》を呪咀《じゆそ》して本人《ほんにん》に還着《くわんちやく》（悔ひて服從《ふくじう》すること）せしめんと思《おも》はゞ、苦草《にがくさ》を以《もつ》て火中《くわちう》に投《とう》じて三萬遍護摩《まんべんごま》を修《をさ》むべし。

更《さら》に又無量《またむりやう》の榮華俸祿《えいぐわほうろく》を得《え》んと希《こひねが》はゞ白華烏草《はくくわうさう》を以《もつ》て三萬遍護摩《まんべんごま》すべし。若《も》し三昧《まい》の財徳《ざいとく》を辨《べん》せんと念《おも》はゞ、屈婁草《からすうり》を以《もつ》て三萬遍護摩《まんべんごま》すべし。若《も》し一切衆生《さいしゆじやう》を化度《くわたく》し、苦《く》を離《はな》れ樂《らく》を得《う》せしめんと思《おも》はゞ、白芥子《しろけし》を以《もつ》て三萬遍護摩《まんべんごま》すべし。若《も》し無佛世界《むぶつせかい》の衆生《しゆじやう》を化度《くわたく》せんと思《おも》はゞ、釋迦草《しやかさう》を以《もつ》て二十一萬遍護摩《まんべんごま》すべし。

又田畠《またはたけ》の五穀《ごく》が枯《か》れたるを生《いか》さんと思《おも》はゞ、古曼菁《ふるかぶら》を加持《かぢ》して散《さん》すべし。若《も》し萬病《まんびやう》を治《ち》せんとせば、牛膝草《ぎつしつさう》を三萬遍護摩《まんべんごま》して施《ほどこ》すべし。若《も》し三陰《あん》四熱《ねつ》の病《やまひ》を愁《うれ》ふるものあらば、陰乾《かげほし》の天門草《てんもんさう》を以《もつ》て護摩《ごま》を行《おこな》ふべし。

又夫婦《またふうふ》和《わ》せざるものあるときは、比罪草《ひざいさう》を以《もつ》て三萬遍護摩《まんべんごま》を行《ぎやう》すれば、必《かなら》ず和念《わねん》す。若《も》し惡友《あくいう》が善友《ぜんいう》を惑《まど》はさんとすれば、藤葉草《とうえふさう》を以《もつ》て三萬遍護摩《まんべんごま》すべし。以上《いじやう》は皆白月《みなはくげつ》の八日《か》十四日《か》、十五日《にち》に修法《しゆはふ》すべし。成就《じやうじゆ》すること疑《うたがひ》なし。

第十三章　不動明王の修法

明王と佛、菩薩

明王《みやうわう》といふのは、如來《によらい》の敎勅《けうちよく》を守《まも》りて、難化《なんくわ》の惡衆生《あくしゆじやう》を罰《はつ》して、隨順《すゐじゆん》せしむること、恰《あだ》かも王者《わうしや》が其《そ》の法令《はふれい》を四民《みん》に施《ほどこ》す如《ごと》く、明《あきら》かに且《か》つ嚴重《げんぢう》なるものであるから明王《みやうわう》と名《な》づけ、其《そ》の地位《ちゐ》をば敎令輪《けうれいりん》といふ。之《こ》れは如來《によらい》の自性輪《じせいりん》、菩薩《ほさつ》の正法輪《せいはふりん》に對《たい》したる名稱《めいしよう》である。例《たと》へば五佛《ぶつ》をば五智輪《ちりん》自性輪《じせいりん》といひ、五菩薩《ほさつ》をば正法輪《せいはふりん》の五菩薩《ほさつ》、五大明王《だいみやうわう》をば敎令《けうれい》輪《りん》の五大明王《だいみやうわう》といふが如《ごと》きものである。是《こ》れ即《すなは》ち如來《によらい》が生死海《しやうしかい》に入《い》りて菩薩身《ほさつしん》を現《げん》じ、正《せい》法《はふ》を宣布《せんぷ》し給《たま》ふに當《あた》り、衆生《しゆじやう》の意《い》相類別《さうるゐべつ》のうちに、剛強難化《がうきやうなんくわ》のものがあつて、如來《によらい》の敎《をしへ》に違《たが》ふを以《もつ》て、忿怒身《ふんねしん》を現《あら》はし、方便《はうべん》を以《もつ》て隨順《すゐじゆん》せしむるのである。

不動明王の秘法

一、名義《めいぎ》　梵語《ぼんご》にてはアジヤラヤタ、不動或は無動《ふどうあるひむどう》と譯《やく》す。大聖不動明王《だいせいふどうみやうわう》、聖無動尊《せいむどうそん》、不動使者《ふどうししや》、阿奢羅尊《あじやらそん》と呼《よ》び、密號《みつがう》を常住金剛《じやうぢうこんがう》といふ。不動《ふどう》とは是《こ》れ菩提心大寂《ほだいしんだいじやく》の義《ぎ》である。吾人本有無垢《ごじんほんいうむく》の眞心《しんく》の不傾動《ふけいどう》の名《な》である。其《そ》の本地身《ほんちしん》は大日如來《だいにちによらい》の所變《しよへん》と云《い》ひ、又使《またし》者法《しやはふ》には釋迦《しやか》の化身《けしん》といふ。五大尊《だいそん》の中尊《ちうそん》であつて、諸明王中《しよみやうわうちう》の總主《そうしゆ》であり、諸佛《しよぶつ》に通《つう》じたる敎令輪身《けうれいりんしん》である。

二、形像《けいざう》　此《こ》の尊《そん》は盛《さかん》に信仰《しんかう》せらるる故《ゆゑ》、感得《かんとく》の像《ざう》、戯畫《ぎぐわ》の像等《ざうなど》が現《あら》はれて、數《すう》十種《しゆ》の異體《いたい》がある。大體《だいたい》は慧刀《けいたう》と羂索《けんさく》とを持《ぢ》し、頂髪《ちやうはつ》は左《ひだり》の肩《かた》に垂《た》れ、一目《もく》にして諦《あき》らかに觀《くわん》、威怒《ゐど》して身《み》に猛炎《まうえん》あり、安住《あんぢう》して磐石《はんじやく》に坐《ず》す。面門《めんもん》に水波《すゐは》の相《さう》あり、充滿《じうまん》せる童子《どうじ》形《けい》である。此《こ》の不《ふ》動明王《どうみやうわう》は愛染明王《あいぜんみやうわう》の王者《わうしや》三昧《まい》なると、正反對《せいはんたい》に奴《ど》僕《ぼく》三昧《まい》に住《ぢう》し、頂《ちやう》の垂髪《すゐはつ》の七結《けつ》は、七代《だい》の主《しう》に忠僕《ちうぼく》なることを示《しめ》し、其《そ》の本誓《ほんせい》は行者《ぎやうじや》の殘飯《ざんぱん》を食《しよく》し、而《しか》して頂上《ちやうじやう》の蓮《れん》華《げ》に行者《ぎやうじや》を載《の》せて菩提成就《ぼだいじやうじゆ》の彼岸《ひがん》に到達《たうたつ》せしむといふ。大悲深重《だいひしんちう》の尊《そん》である。

三、種字《しゆじ》　訶《か》カ、歴《は》バ、含滿《がんまん》ガンマン、訶《か》は衆生《しゆじやう》の命風《めいふう》であつて、之《こ》れに空點《くうてん》を加《くは》へて大空不生《だいくうふじやう》に歸《き》せしむ、歴字《はじ》は煩惱《ぼんなう》である。之《こ》れに空點《くうてん》を加《くは》へて即《すなは》ち菩提《ぼだい》となるのである。含滿《がんまん》は上《うへ》の二字《じ》の合成《がふせい》である。此《こ》の他《ほか》に阿《あ》又《また》は吽等《うんなど》の秘說《ひせつ》もある。

四、三昧耶《まいや》形《けい》　劍或《けんあるひ》は索《さく》、獨股杵《どくこそ》、又《また》は倶利迦羅龍王《くりからりうわう》となすこともある。

五、印相《いんさう》　十四根本印《こんぽんいん》があるが、常《つね》には多《おほ》く獨股印《どくこいん》と、劍印《けんいん》とを用《もち》ふ。

六、眞言《しんごん》　大呪《だいしゆ》又《また》は火界呪《くわかいじゆ》と云《い》ふ。ナウマク、サラバ、タタキヤテイビヤク、サラバモツケイビヤク、サラバタ、タラタ、センダ、マカロシヤダ、ウンキキキ、サラバヒキナンウン、タラタカンマン、中呪《ちうじゆ》は即《すなは》ち慈救呪《じきうじゆ》である。ナウマク、サンマンタ、バサラタン、センタ、マカロシヤラタ、サバタヤ、ウン、タラタ、カンマン、(タラタをタラカとするもあり)小呪《せうじゆ》は、ナウマクサンマンタ、バサラタン、カン、智火所生《ちくわしよせい》、煩惱燒盡《ぼんなうせうじん》の義《ぎ》である。

七、修法《しゆはふ》　一切《さい》に通《つう》じ、殊《こと》に護摩《ごま》と云《い》へば、不動明王《ふどうみやうわう》を本尊《ほんぞん》とするものとのみ思《おも》ふものさへあるに至《いた》れり。

不動護摩の次第

不動明王《ふどうみやうわう》を以《もつ》て、初行《しよぎやう》の護摩本尊《ごまほんぞん》と爲《な》す。此《こ》の明王《みやうわう》は常《つね》に火生《くわしやう》三昧《まい》に住《ぢう》し、煩惱《ぼんなう》の薪《たきぎ》を燒《や》くの義《ぎ》なる故《ゆゑ》に、此《こ》の法《はふ》に相應《さうおう》するのである。弘法大師《こうほふだいし》の護摩次第《ごましだい》に曰《いは》く、先《ま》づ灑淨水《れいじやうすゐ》三鈷印《こいん》、軍荼利小呪《ぐんだりせうじゆ》、次《つぎ》に嗽口水《そうこうすゐ》、一鈷印《こいん》、バサラノウ、次《つぎ》に灑淨水《れいじやうすゐ》を諸々《もろ〳〵》の供物《くもつ》を上《うへ》に灑《そゝ》ぐ。次《つぎ》に嗽口水《そうこうすゐ》を爐《ろ》の口《くち》に灑《そゝ》ぐこと三度《ど》、次《つぎ》に羯磨加持《こまかぢ》、羯磨杵《こまそ》の印《いん》にて加持《かぢ》することなり。次《つぎ》に爐口《ろこう》を加持《かぢ》す。三股印及《こいんおよ》び軍荼利《ぐんだり》の眞言《しんごん》、次《つぎ》に薪《たきゞ》を積《つ》む。檀木及乳木《だんぼくおよびにうぼく》、以上《いじやう》は供養前《くやうまへ》の儀式《ぎしき》である。

念誦終《ねんじゆをは》りて數珠《じゆず》を本所《ほんしよ》に置《お》く、此《こ》れにて本尊《ほんぞん》と爐《ろ》と身《しん》とを三種《しゆ》といふ。此《こ》の三種《しゆ》に身口《しんこう》意《い》の三を具《ぐ》す。次《つぎ》に法界定印《はふかいぢやういん》を結《むす》び、心月輪《しんげつりん》の上《うへ》に鑁字《ばんじ》あり、變《へん》じて卒塔婆《そとば》となり。卒塔《そと》婆《は》變《へん》じて大日《だいにち》の羯磨形《こまがた》となる。入我我入《じゆががにふ》の大日如來《だいにちによらい》の相好《さうかう》にして身相具足《しんさうぐそく》せりとし、四處《しよ》を加持《かぢ》す。智拳印《ちけんいん》、眞言常《しんごんつね》の如《ごと》し、次《つぎ》に本尊《ほんぞん》の三摩地《まち》に入《い》り、根本印《こんぽんいん》を結《むす》んで、心月輪《しんげつりん》に覽字《らんじ》あり、變《へん》じて火輪《くわりん》となる。我《わ》が身《み》擧體火輪《きよたいくわりん》なりと觀《くわん》じ、卽《すなは》ち火天《くわてん》の大印《だいいん》三角形《かくけい》を結《むす》んで、四處《しよ》を加持《かぢ》す。火大《くわてん》の小呪《せうじゆ》アギノウヱイ、ソバカ百遍《べん》を唱《とな》ふ。次《つぎ》に加持芥子《かぢけし》十方結界《はうけつかい》次《つぎ》に茅草指環《ほつさうしくわん》、次《つぎ》に調薪《てうしん》して火《ひ》を扇《あふ》ぐ、次《つぎ》に淨水《じやうすゐ》を薪上《しんじやう》に灑《そゝ》ぐ、次《つぎ》に羯磨加持《こまかぢ》、次《つぎ》に爐《ろ》の口《くち》を加持《かぢ》す。次《つぎ》に一薪《しん》を採《と》り火天《くわてん》の小呪《せうじゆ》を誦《じゆ》し、爐中《ろちう》に投《とう》じ、定印《ぢやういん》を結《むす》び、此《こ》の華《はな》、荷葉《かえふ》坐《ざ》となる。坐《ざ》の上《うへ》に覽字《らんじ》あり、變《へん》じて賢瓶《けんへい》となる。賢瓶變《けんぺいへん》じて赤黑色《せきこくしよく》の火天《くわてん》の身《み》となる。四臂具足《びぐそく》せり。右《みぎ》の第《だい》一の手《て》は施無畏《せむゐ》、第《だい》二には數珠《じゆず》を持《も》ち、左《ひだり》の第《だい》一に仙杖《せんぢやう》を執《と》り、第《だい》二に軍持《ぐんぢ》を執《と》る。火炎身《くわえんみ》に遍《へん》ぜりと觀《くわん》じ、畢《をはつ》て大印《だいいん》を結《むす》び、大眞言《だいしんごん》卽《すなは》ち火炎呪《くわえんじゆ》を誦《じゆ》し、次《つぎ》に四攝《せつ》の印明《いんみやう》、並《ならび》に勸請《くわんじやう》の句《く》を加《くは》へ、ソバカの聲《こゑ》と倶《とも》に之《こ》れを招《まね》き、曼荼羅《まんだら》の火天《くわてん》の御《ぎよ》身《しん》と、爐中《ろちう》の火天《くわてん》と冥會《めいゑ》せしむ。次《つぎ》に唯願火天《ゐぐわんくわてん》、降臨此坐《かうりんしざ》、哀愍納受《あいみんなふじゆ》、護摩妙具《ごまめうぐ》と唱《とな》へ、次《つぎ》に嗽口《そうこう》に次《つぎ》に塗香《とかう》、次《つぎ》に蘇油《そいう》、次《つぎ》に乳木《にうぼく》、次《つぎ》に飯《はん》、次《つぎ》に五穀《こく》、次《つぎ》に華《はな》、次《つぎ》に丸香《ぐわんかう》、次《つぎ》に散香《さんかう》、次《つぎ》に蘇油《そいう》、次《つぎ》に普供養《ふくやう》の印《いん》、眞言《しんごん》三力偈《りきげ》、次《つぎ》に嗽口《そうこう》、天《てん》の御口《ぎよこう》を洗《あら》ふ。次《つぎ》に一華《げ》を以《もつ》て火天《くわてん》の小呪《せうじゆ》を誦《じゆ》して、曼荼羅《まんだら》の方《はう》に投《な》ぐ、坐《ざ》とす。次《つぎ》に前《まへ》に誦《じゆ》せし大呪《だいじゆ》の勸請句《くわんじやうく》を改《あらた》め、決邪《けつじや》の句《く》を置《お》き、外《そと》に向《むか》つて之《こ》れを撥《はつ》す。次《つぎ》に金剛合掌《こんがうがつしやう》して、唯願火天等《ゐぐわんくわてんとう》を誦《じゆ》すべし。此《こ》れにて第《だい》一火天段《くわてんだん》は畢《を》はる。

次《つぎ》に薪《たきゞ》を調《とゝの》へて火《ひ》を扇《あふ》ぎ、次《つぎ》に淨香水《じやうかうすゐ》を灑《そゝ》ぎて供養《くやう》を散《さん》すべし。此《こ》の時《とき》は羯磨加持《こまかぢ》、次《つぎ》に爐《ろ》の口《くち》を加持《かぢ》す。次《つぎ》に定印《ぢやういん》を結《むす》んで、我《わ》が心月輪《こゝろげつりん》の上《うへ》に吽字《うんじ》あり、變《へん》じて五股《こ》となる。遍體《へんたい》みな五股《こ》なり、變《へん》じて降三世《がうぜ》となる。八臂《び》にして四面《めん》ありと觀《くわん》ず、次《つぎ》に定印《ぢやういん》を變《へん》じて本尊印《ほんぞんいん》を結《むす》び、眞言《しんごん》を誦《じゆ》し、四處《しよ》を加持《かぢ》す。次《つぎ》に一華《げ》を以《もつ》て爐《ろ》の中《なか》に投《な》げ、それが坐《ざ》となり。其《そ》の上《うへ》に吽字《うんじ》あり、五股《こ》となる。また變《へん》じて降三世《がうぜ》となる。即《すなは》ち降三世《がうぜ》の眞言《しんごん》、ソハニソバ、ウン、バサラ、ウンポッタを誦《じゆ》し、勸請《くわんじやう》の句《く》を加《くは》へて、之《こ》れを招《まね》き、曼荼羅《まんだら》の中《うち》の尊《そん》と同《おな》じと思《おも》ふべし。次《つぎ》に唯願《ゐぐわん》の四句《く》偈《げ》、次《つぎ》に嗽口《そうこう》、次《つぎ》に塗香《とかう》、次《つぎ》に蘇油《そいう》、次《つぎ》に乳木《にうぼく》、次《つぎ》に飯《はん》、次《つぎ》に五穀《こく》、次《つぎ》に華《はな》、次《つぎ》に丸香《ぐわんかう》、次《つぎ》に散香《さんかう》、次《つぎ》に蘇油《そいう》、次《つぎ》に普供養《ふくやう》、次《つぎ》に嗽口《そうこう》、次《つぎ》に一華《げ》を以《もつ》て本尊《ほんぞん》の眞言《しんごん》の末《すゑ》に奉送《ほうそう》の句《く》を以《もつ》て、之《こ》れを送《おく》るべし。唯願明王《ゐぐわんみやうわう》、還着本望《くわんちやくほんもう》と唱《とな》ふ。此《こ》れにて部母段《ぶはだん》終《をは》る。

次《つぎ》に薪《たきゞ》を調《とゝの》へ、次《つぎ》に淨水《じやうすゐ》を灑《そゝ》ぐ。次《つぎ》に羯磨《こま》、次《つぎ》に爐《ろ》の口《くち》を加持《かぢ》す。次《つぎ》に本尊觀《ほんぞんくわん》、我《わ》が心《こゝろ》月輪《げつりん》の上《うへ》に囕字《らんじ》あり、變《へん》じて利劍《りけん》となる。利劍變《りけんへん》じて不動尊《ふどうそん》となる。忿怒《ふんぬ》暴惡《はうあく》の相《さう》なり。

次《つぎ》に刀印《たういん》を結《むす》んで眞言《しんごん》（大呪《だいじゆ》）を唱《とな》へて、身《み》を加持《かぢ》す。次《つぎ》に爐《ろ》の中《なか》に囕字《らんじ》あり、前《まへ》の如《ごと》く變《へん》ずと觀《くわん》じ、一華《げ》を以《もつ》て本尊《ほんぞん》の大呪《だいじゆ》を誦《じゆ》し、火《ひ》の中《なか》に投《とう》じ、此《こ》れは本尊《ほんぞん》の坐《ざ》なりと想《おも》ひ、眞言《しんごん》を誦《じゆ》して本尊《ほんぞん》を勸請《くわんじやう》す。召請《せうしやう》の句《く》は我今奉請《がこんほうしやう》、不動明王《ふどうみやうわう》、唯願大悲《ゐぐわんだいひ》、以本願故《いほんぐわんこ》、加《か》持此處《ちしこ》、受我微供《じゆがびく》、次《つぎ》に嗽口《そうこう》、次《つぎ》に塗香《とかう》、次《つぎ》に蘇油《そいう》、次《つぎ》に乳木《にうぼく》、次《つぎ》に飯《はん》、次《つぎ》に五穀《こく》、次《つぎ》に華《はな》、次《つぎ》に丸香《ぐわんかう》、次《つぎ》に散香《さんかう》、次《つぎ》に蘇油《そいう》、次《つぎ》に普供養《ふくやう》、次《つぎ》に芥子《けし》、次《つぎ》に普供養印明等《ふくやういんみやうとう》、次《つぎ》に嗽《そう》口《こう》三度《ど》、次《つぎ》に撥遣《はつけん》、即《すなは》ち一華《げ》を以《もつ》て本位《ほんゐ》の方《はう》に投《な》げ坐《ざ》となし。本尊《ほんぞん》の眞言《しんごん》の末《すゑ》に奉送《ほうそう》の句《く》を唱《とな》へて、之《こ》れを撥《はつ》す。唯願本尊《ゐぐわんほんぞん》、我今奉送云々《がこんほうそううんねん》、已上《きじやう》にて本尊段畢《ほんぞんだんをは》れり。

次《つぎ》に薪《たきゞ》を調《とゝの》へ火《ひ》を扇《あふ》ぎ、順次前《じゆんじまへ》の法《はふ》を繰返《くりかへ》し、五大明王《だいみやうわう》の段《だん》を行《おこな》ふ。種字《しゆじ》、印《いん》、眞言《しんごん》を異《こと》にするのみ。

次《つぎ》に又同《またどう》一法《はふ》を繰返《くりかへ》し、十二天《てん》段《だん》を行《おこな》ふ。最後《さいご》に打概眞言《だけつしんごん》、オン、コロコロ、ウン、バッタ、神線眞言《しんせんしんごん》、オン、チリチリ、ミハラ、キヤリ、ウン、ウン、ハッタ、掃壇上掃地《さうだんじやうさうち》の眞言《しんごん》、オン、カラカラ、ソキラ、カラダヤ、ソバカ、以上《いじやう》にて不動護摩全部終了《ふどうごまぜんぶしうれう》す。猶《な》ほ護摩《ごま》に就《つい》ては、諸尊《しよそん》に依《よ》り特別《とくべつ》の法《はふ》あり、併《しか》し其《そ》の大綱大意《たいかうたいい》は、此《こ》れに出《い》でざるのである。

不動明王降伏見佛秘法

若《も》し人《ひと》ありて能《よ》く不動明王《ふどうみやうわう》を憶念《おくねん》すれば、一切《さい》の障礙《しやうがい》を爲《な》すものと斷壞《だんくわい》せしめ、一切《さい》の魔象《ましやう》近《ちか》づくこと能《あた》はず。此《こ》の修行者《しゆぎやうじや》の居《ゐ》る一自由句《じいうく》の内《うち》には、魔事鬼神等《まじきじんとう》の障《さはり》あることなしと、又能《またよ》く此《こ》の明王《みやうわう》の印明《いんみやう》を結誦《けつじゆ》すれば、使者童子《ししやどうじ》卽《すなは》ち明王《みやうわう》の眷屬《けんぞく》が、或《あるひ》は隱《かく》れ、或《あるひ》は現《あら》はに、其《そ》の人《ひと》を守護《しゆご》して、一切《さい》の災障《さいしやう》を除《のぞ》き、求《もと》むる所《ところ》を迅速《じんそく》に成就《じやうじゆ》せしむ。

又正式《またせいしき》の護摩法等《ごまはふなど》を修《なさ》めずとも、或《あるひ》は山林寂靜《さんりんせきせい》の地《ち》に入《い》りて、清 淨《しやうじやう》の場所《はしよ》を求《もと》め、壇場《だんぢやう》を建立《こんりふ》して、梵行《ほんぎやう》を修《なさ》め、念誦《ねんじゆ》の法《はふ》を爲《な》せば、遂《つひ》には本尊《ほんぞん》の現身《げんしん》を見《み》て、一切《さい》の所願《しよぐわん》を成就《じやうじゆ》すべし。又河水《またかすゐ》に入《い》り、或《あるひ》は山頂《さんちやう》、樹下《じゆか》、塔廟《たふべう》に於《おい》て念誦《ねんじゆ》の法《はふ》を爲《な》せば、悉地成就《しつちじやうじゆ》すべし。或《あるひ》ば般若經《はんにやきやう》を安置《あんち》する所《ところ》に於《おい》て作《な》せば、急速《きふそく》に成就《じやうじゆ》すべし。又護摩《またごま》の行法《ぎやうはふ》を爲《な》す時《とき》は、五辛《しん》酒肉《しゆにく》を遠《とほ》くべし。斯《か》くして修行《しゆぎやう》する時《とき》は、久《ひさ》しからずして本尊《ほんぞん》を見《み》ることは固《もと》より、諸佛及《しよぶつおよ》び諸佛《しよぶつ》の淨土《じやうど》をも、望《のぞみ》に應《おう》じて見《み》ることを得《う》るのである。如何《いか》なることあるも決《け》つして四惡趣卽《あくしゆすなは》ち阿修羅《あしゆら》、畜生《ちくしやう》、餓鬼《がき》、地獄《ちごく》に墮《お》つることなく、決定《けつてい》して妙果《めうくわ》を證《しよう》し、成佛《じやうぶつ》 疑《うたが》ひなきものである。

若《も》しそれ正式《せいしき》に修法《しゆはふ》して、如法《じよはふ》に成就《じやうじゆ》するときは、國賊《こくぞく》を調伏《てうふく》し、或《あるひ》は雨《あめ》を召《よ》び、或《あるひ》は飛騰《ひとう》し、或《あるひ》は惡人《あくにん》を還着《くわんちやく》せしめ、或《あるひ》は死《し》を蘇生《そせい》せしめ、或《あるひ》は愚者《ぐしや》をして大智《だいち》を得《え》せしめ其《そ》の他《た》爲《な》さんとして得《え》ざることはないのである。

猶《な》ほ不動明王《ふどうみやうわう》の眷屬《けんぞく》八大童子《だいどうじ》の秘密成就《ひみつじやうじゆ》の法《はふ》あり、其《そ》の印《いん》と眞言《しんごん》とを記《しる》す。此《こ》れを結誦《けつじゆ》すれば、明王《みやうわう》の修行《しゆぎやう》が一層迅速《そうじんそく》である。

一、慧光童子《けいくわうどうじ》　印《いん》は金剛合掌《こんがうがつしやう》、眞言《しんごん》、オン、バサラ、マテンジンバラ、ボチシツタノウ

二、慧眞童子《けいきどうじ》　印《いん》は金剛合掌《こんがうがつしやう》、左右《さいう》の中指《なかゆび》を合《あは》せて、如意寶珠形《によいはうしゆがた》とす。眞言《しんごん》は、オン、ラタノウ、マチイハト、マカマタ、マク

三、阿耨達童子《あねたつどうじ》　印《いん》は金剛合掌《こんがうがつしやう》、左右《さいう》二中指《ちうし》を蓮葉《れんえふ》、即《すなは》ち未敷蓮華《みふれんげ》の如《ごと》くす。眞言《しんごん》は、オン、ハナバ、サラバナ、カハラ、シヤミノウ、マカダルマ、サン

四、指徳童子《しとくどうじ》　印《いん》は金剛合掌《こんがつがつしやう》、左右中指《さいうなかゆび》を掌中《しやうちう》に入《い》れ、面《めん》と相合《さうがふ》す。眞言《しんごん》は、オン、キヤラマ、マカウエリナ、ハリフラカ、マン

五、烏倶婆誐童子《うくはがどうじ》　印《いん》は金剛合掌《こんがつがつしやう》、眞言《しんごん》は、オン、バサラ、サツタバ、ウグバガ、マカサウキヤ、タ

六、清浄比丘《しやうじやうびく》 印《いん》は梵夾印《ぼんけふいん》、左手《ゆんで》を宮《かし》げ、右手《めて》を覆《おほ》ひ、相合《あひあは》せて函《はこ》の形《かたち》となす。眞言《しんごん》は、オン、マニ、ビユダダルマグロ、ラコツシヤダルマ、バタ、ナン

七、矜羯羅童子《れいこらどうじ》 印《いん》は蓮華合掌《れんげがつしやう》、眞言《しんごん》は、オン、ダロマ、コンガラ、チヒタ、サラ

八、制多迦童子《せいたかどうじ》 印《いん》は、外縛五股印《げばくごこいん》、眞言《しんごん》は、ラカツロマ、セイタカ、ウンウン、ハツタ、ナン

眞言《しんごん》は皆本尊《みなほんぞん》に歸命《きみやう》する意《い》である。次《つぎ》に劍印《けんいん》を結《むす》び、本尊《ほんぞん》の眞言《しんごん》、オン、アコラ、サンド、ガンを唱《とな》ふべし。

此《こ》の八大童子《だいどうじ》の中《うち》、一童子《どうじ》にても結誦《けつじゆ》すれば、童子《どうじ》常《つね》に其《そ》の人《ひと》を守護《しゆご》し、消災《せうさい》、開運《かいうん》、求福《きうふく》、榮達《えいたつ》を自由《じいう》ならしむるのである。

第十四章　大威徳明王の憎惡及怨敵調伏法

戰勝、呪殺等の大秘法

一、名義《めいぎ》 梵語《ぼんご》には、エンマントクカ、大威徳《だいゐとく》と譯《やく》す。五大尊《だいそん》の一にして、西方蓮華部《さいはうれんげぶ》

の忿怒身《ふんぬしん》、胎藏界曼荼羅《たいぞうかいまんだら》持明院《ぢみやうゐん》般若菩薩《はんにやぼさつ》の右《みぎ》に位《くらゐ》す。密號《みつがう》は威德金剛《ゐとくこんがう》、又《また》は持明金剛《ぢみやうこんがう》といふ。六面《めん》六臂《び》六足《そく》であるから、六面尊《めんそん》六足明王《そくみやうわう》と名《な》づけ、前《ぜん》六識《しき》の位《くらゐ》としてある。此《こ》の尊《そん》は文殊菩薩《もんじゆぼさつ》の所變《しよへん》にして、六足《そく》は六趣《しゆ》を淨《きよ》め、六度《ど》を滿《み》たし、六遍《へん》を成《じやう》ずと說《と》いてある。

二、形像《けいざう》　黑色忿怒形《こくしよくふんぬけい》にして、火炎髮《くわえんはつ》あり。六面《めん》は三面《めん》二重《ぢう》と爲《な》り、左右兩手《さいうりやうて》に大獨《だいどくこ》〓印《いん》を結《むす》び、右第《みぎだい》二手《しゆ》に利劍《りけん》、次手《じしゆ》に捧《ほう》、左《ひだり》二手《しゆ》は叉戟《さげき》、次手《じしゆ》は輪《りん》を持《ぢ》す。虎皮《こひ》を裙《すそ》とし、磐石《はんじやく》に坐《ざ》す。普通行《ふつうおこな》はるる像《ざう》は、此《こ》の形《かたち》であるが水牛《すゐぎう》に乘《の》つて居《ゐ》る。

三、種字《しゆじ》　瑟置理《ひちり》ヒチリ、又《また》は訖利《きるり》キルク、又《また》は吽《うん》ウン

四、三昧耶形《まいやけい》　寶捧《はうぼう》、或《あるひ》は利劍《りけん》

五、印相《いんさう》　內縛《ないばく》して二中指《ちうし》を立合《たてあは》す。又根本大獨股印《またこんぽんだいどくこいん》、或《あるひ》は內《うち》三股印《こいん》を用《もち》ふ。

六、眞言《しんごん》　大呪《だいじゆ》は　ナンバ、サンマンタ、バサラタン、オン、キリク、ヒチリ、ビキリタタノウ、ウン、サラバセトラリ、ダシヤリ、サタバヤ、サハタサハタ、ソバカ、小呪《せうじゆ》はヒツチリ、カラロヒ、ウン、ケン、ソバカ、此《こ》れ本尊歸命成就《ほんぞんきみやうじやうじゆ》の義《ぎ》であ。

七、修法《しゆはふ》　調伏法中人魔《てうふくはふちうじんま》を伏《ふく》するに用《もち》ふるを主《しゆ》とす。怨敵惡人《をんてきあくにん》に對《たい》しては、尤《もつと》も恐《おそ》るべき行法《ぎやうはふ》である。

調伏作法《てうふくさはふ》としては、本尊《ほんぞん》の前《まへ》に對《たい》して、三角壇《かくだん》を作《つく》り、オン、キリクヒツチリピキリ、タダノウウン、サバセツトロンノウシヤヤ、サタンバヤサタンバヤ、ソバタソバタソバカの眞言《しんごん》を誦《じゆ》すること一萬遍《まんぺん》、此《こ》の時《とき》は大獨股印《だいどくこいん》を結《むす》ぶ。誦數終《じゆすうをは》りて後《のち》に、黒泥《こくでい》を執《と》りて怨《をん》敵《てき》の人形《にんぎやう》を作《つく》り、仰向《あふむけ》に臥《ぐわ》せしめ、腹《はら》の中《なか》に驢《りよ》の糞《ふん》を著《つ》け、又驢《またりよ》の骨《ほね》を取《と》りて橛《くひ》を作《つく》る。其《そ》の長《なが》さ六寸《すん》なるもの五枚《まい》、一々《いち〳〵》の橛《くひ》に、各々《おの〳〵》眞言《しんごん》を誦《じゆ》すること一百八遍《へん》、二橛《くい》を以《もつ》て左《さ》右《いう》の肩《かた》に釘《くぎ》つけし、二橛《くい》を兩脛《りやうすね》に釘《くぎ》つけし、一《いち》を心《むね》の上《うへ》に釘《くぎ》つけし、南《みなみ》を向《む》きて坐《ざ》し、安《あん》悉香《しつかう》を燒《や》きて、眞言《しんごん》を誦《じゆ》すること一萬遍《まんぺん》、斯《か》くすれば怨敵《をんてき》は、卽《すなは》ち痛《やまひ》を患《うれ》ひ、血《ち》を吐《は》いて死《し》す。

又《また》一法《はふ》あり、本尊《ほんぞん》の前《まへ》に對《たい》し、三角火壇《かくくわだん》を作《つく》り、護摩《ごま》を行《ぎやう》すること七夜《や》、棘刺《きよくし》の柴《しば》を以《もつ》て火《ひ》を燃《もや》し、苦楝《くれん》の葉《は》二《ふた》つを取《と》つて、相愛《さうあい》の人名《じんめい》を書《しよ》し、葉《は》を相背《あひそむ》け、蛇皮《だひ》を用《もちひ》て裹《つゝ》み、鼠狼《そらう》の毛《け》を以《もつ》て繩《なは》となし、葉上《はじやう》を纒《まと》へるもの百八枚《まい》をもつて、眞言《しんごん》の句《く》の中《なか》に彼《か》の人名《じんめい》を稱《とな》へ、眞言《しんごん》を誦《じゆ》すること一遍《ぺん》にして、火中《くわちう》に一擲《てき》すれば、彼《か》の二人《ふたり》は互《たがひ》に相憎《あひにく》み疑《うたが》ひて和《わ》せざるに至《いた》るのである。

又《また》一法《はふ》あり、惡人《あくにん》を遠《とほ》く去《さ》らしめんと思《おも》はば、鳥《とり》の翅《はね》一百八枚《まい》を取《と》り、芥子油《けしゆ》を榲《ね》り、三角爐《かくろ》にて焼《や》き、刺棘《しきよく》の柴《しば》を燃《もや》し、護摩《ごま》すること一夜《や》、眞言句《しんごんく》の中《なか》に彼《か》の人《ひと》の人名《じんめい》を一遍《ぺん》唱《とな》へ、火中《くわちう》に一擲《てき》すれば、其《そ》の人自由《ひとじいう》を得《え》ずして、便《すなは》ち遠《とほ》く去《さ》るのである。

又《また》一法《はふ》あり、軍陣《ぐんぢん》にて勝《かち》を得《え》んと思《おも》はば、茅草《ほうさう》の葉《は》一百八枚《まい》の長《なが》さ十二指《し》なるものを取《と》りて、油麻油《ゆまいう》を榅《ね》り、三角《かく》の爐《ろ》の中《なか》に棘刺《きよくし》の柴《しば》を燃《たい》て火《ひ》を焚《た》き、護摩《ごま》すること七夜《や》、眞言《しんごん》を誦《じゆ》すること一百八遍《へん》、眞言句中《しんごんくちう》に敵《てき》の將帥《しやうすゐ》の名《な》を唱《とな》へ、眞言《しんごん》を一遍唱《ぺんとな》へて、火中《くわちう》に一擲《てき》すれば、彼《か》の軍陣破《ぐんぢんやぶ》れて、自然《しぜん》に勝《かち》を得《う》るのである。

又《また》一法《はふ》あり、鐵末《てつまつ》六兩《りやう》を取《と》りて、誦《じゆ》する眞言《しんごん》の句《く》の中《なか》に、彼《か》の人《ひと》の名《な》を稱《とな》へ、然《しか》る後《のち》に一撮《ひとつまみ》とりて、眞言《しんごん》を以《もつ》て加持《かぢ》し一遍《ぺん》、三角爐《かくろ》の中《なか》に一擲《てき》す。之《こ》れを護摩《ごま》すること七夜《や》なれば、怨敵《をんてき》自《おのづか》ら衰喪《すゐさう》す。

又《また》一法《はふ》あり、佉陀羅木《きよだらぼく》をとり、橛《くひ》の長《なが》さを四指《し》とし、三角爐《かくろ》の中《なか》に、火葬《くわさう》せる殘灰《ざんくわい》を以《もつ》て、人形《にんぎやう》を書《えが》き、眞言《しんごん》を誦《じゆ》し、橛《くひ》を加持《かぢ》すること一百八遍《へん》、橛《くひ》を人形《にんぎやう》の心上《しんじやう》に釘《くぎ》つけにし自身大威德忿怒尊《じしんだいゐとくふんぬそん》となり、左《ひだり》の脚《あし》を以《もつ》て、人形《にんぎやう》の心上《しんじやう》を踏《ふ》むと想《おも》ひて、眞言《しんごん》を誦《せう》すること一千遍《べん》、眞言《しんごん》の句《く》の中《なか》に怨敵《をんてき》の名《な》を稱《しよう》すれば、其《そ》の人卽《ひとすなは》ち滅亡《めつばう》す。

行者《ぎやうじや》が此等《これら》の法《はふ》を修《しう》し、其《そ》の目的《もくてき》を達《たつ》したる場合《ばあひ》は、必《かなら》ず懺悔《ざんげ》の法《はふ》を行《おこな》はねばならぬ。

又《また》三股印《こいん》を結《むす》び、心中心法《しんちうしんぽふ》の眞言《しんごん》、オン、ヒッチリ、カラロハウンケンソバカを毎日《まいにち》一千遍《べん》づつ誦《せう》すれば、一切《さい》の惡人近《あくにんちか》づからず、惡法成《あくはふな》らず、呪咀厭禱皆破壞《じゆそえんたうみなはくわい》し、若《も》し惡夢《あくむ》を見《み》たる時《とき》、此《こ》の眞言《しんごん》を七誦《しよう》すれば、惡夢《あくむ》の應《こたへ》なく、吉《きち》に轉《てん》ず。

又此《またこ》の心中心法《しんちうしんぽふ》の印《いん》と眞言《しんごん》を念誦《ねんせう》すること一千八十遍《べん》にして敵國《てきこく》に向《むか》つて印《いん》を揮《ふる》へば、其《そ》の家國《かこく》の境界《きやうかい》に、疫疾《えきしつ》、旱勞起《かんらうおこ》りて、滅亡《めつぼう》の慘《さん》を見《み》ることあり。若《も》し此等《これら》を解《と》かんと思《おも》はば、大悲心《だいひしん》を起《おこ》し、遙《はる》かに彼《か》の國界《こくかい》の人衆互《じんしうたがひ》に慈心《じしん》を起《おこ》して、相向《あひむか》ふこと父母《ふぼ》の如《ごと》く、男女《だんぢよ》の如《ごと》しと想《おも》ひて、眞言《しんごん》を誦《せう》すること一萬遍《まんべん》なるときは、即《すなは》ち災《わざは》ひが息《や》むのである。

第十五章　金剛夜叉明王の降神秘法

一、名義《めいぎ》　北方羯磨部《ほくはうこまぶ》の忿怒身《ふんぬしん》、梵語《ぼんご》には、バサラヤシヤ、譯《やく》して金剛盡《こんがうじん》、又《また》は金剛噉《こんがうかん》食《しよく》といふ。虚空庫菩薩《こくこぼさつ》の變身《へんしん》といひ、不空成就《ふくうじやうじゆ》即《すなは》ち釋迦《しやか》の所變《しよへん》ともいふ。五大尊《だいそん》の一にして、北方《ほくはう》の敎令輪身《けうれいりんしん》なり。一切《さい》の惡衆生及《あくしゆじやうおよ》び無情等《むじやうとう》の物《もの》と、三世《ぜ》一切《さい》の惡穢觸《あくゑしよく》と染欲心《せんよくしん》とを呑噉《どんかん》し、速《すみや》かに除盡《ちよじん》すといふ。大噉食《だいかんしよく》の本誓《ほんせい》烏《ウ》瑟《ス》沙《サ》麼《マ》明王《みやうわう》と相通《あひつう》ず。

二、形像《けいざう》　六臂《ぴ》にして乗器《しうき》を持《ぢ》す。弓《ゆみ》と箭《や》と劍《つるぎ》と輪《わ》と印《いん》と薩埵羯磨《さつたこま》なり。五眼忿怒《がんふんぬ》を布《し》き、三首《しゆ》にして馬《うま》の五髪《はつ》あり。珠寶遍《しゆはうあまね》く嚴飾《げんしよく》す。

三、種字《しゆじ》　吽《うん》ウン、又《また》は訶《か》カ、秘《ひ》には鑁《はん》バンなりといふ。

四、三昧耶形《まいやけい》　羯磨輪《こまりん》、牙《きば》、鈴《すゞ》、五股杵《こそ》、劍等《つるぎなど》の敎說《けうせつ》あり。

五、印相《いんさう》　股磨首印《こましゆいん》、二小指《せうし》を竪《た》て鈎《かぎ》の如《ごと》くし、各頭指《かくとうし》と大指《だいし》とを捻《ねん》じて圓形《ゑんけい》となす。又根本印《またこんぽんいん》といふのがある。それは二無名指《むめいし》二中指《ちうし》を内《うち》に叉《さ》きて齒《は》の形《かたち》を爲《な》し、二小指《せうし》は曲《ま》げて二頭指《とうし》と二大指《だいし》とを笑眼《せうがん》の形《かたち》の如《ごと》くするのである。根本印又《こんぽんいんまた》は根本心《こんぽんしん》ともいふ。

六、眞言《しんごん》、バサラ、ヤシヤ、ウン、大呪《だいじゆ》は、オン、バカヤキシヤ、バサラバタバ、ジヤウン、バンコク、ハラウエシヤ、ウン、之《こ》れ皆金剛噉食《みなこんがうかんしよく》の義《ぎ》である。一切《さい》の惡穢《あくゑ》を呑《の》み盡《つく》して、一切清淨成就《さいしやうじやうじやうじゆ》の願《ぐわん》といふ。

七、修法《しゆはふ》　五壇法《だんはふ》にて修行《しゆぎやう》し、壽永《じゆえい》の昔源平戰爭《むかしげんぺいせんさう》の時《とき》に、調伏《てうふく》に修行《しゆぎやう》せしことあり。息災調伏《そくさいてうふく》に通《つう》ず。妄《みだ》りに此《こ》の眞言《しんごん》を誦《せう》すれば、却《かへ》りて災《わざはひ》あり。四十歳以上《さいいじやう》の柔和忍辱《にうわにんじよく》の人《ひと》が結誦修法《けつせうしうはふ》すれば、効果著《かうくわいちじる》しといふ。

此《こ》の明王《みやうわう》の眞言《しんごん》を千八十遍誦《べんせう》すれば、三千世界《せかい》の中《うち》、上《かみ》は有頂天《うちやうてん》に至《いた》るまで、皆隨順《みなずゐじゆん》して攝伏《せつぷく》す。能摧《のうさい》の菩薩《ぼさつ》の化身《けしん》の天《てん》と、及《およ》び正業受《せいげふじゆ》の果《くわ》に主宰《しゆさい》たりといふ。此《こ》の根本大呪《こんほんだいじゆ》と根本印《こんほんいん》とを以《もつ》て男女《だんぢよ》を加持《かぢ》すれば、能《よ》く阿尾捨《あびしや》の法《はふ》を成就《じやうじゆ》す。阿尾捨《あびしや》とは神降《かみおろ》しといふことである。此《こ》の相手方《あひてかた》は男《をとこ》でも女《をんな》でもかまわぬ。又年齢《またねんれい》の如何《いかん》も問《と》ふ所《ところ》ではない。修法者《しうはふしや》が適當《てきたう》と信《しん》ずる人《ひと》を求《もと》めて、此《こ》の明王《みやうわう》の修法《しうはふ》を爲《な》し、其《そ》の人《ひと》に向《むか》ふて印《いん》と眞言《しんごん》にて加持《かぢ》すれば、百八遍乃至《へんないし》千八十遍《べん》にて、其《そ》の者《もの》に神降《かみくだ》り、三界《がい》三世《せ》の事《こと》を問《と》ふに、一切知《さいし》らざることなく、答《こた》へざることなく、能《よ》く善惡是非《ぜんあくぜひ》幸禍福災《かうくわふくさい》を告《つ》げ、又此《またこ》の眞《しん》言《ごん》を誦《せう》して止《や》まざる時《とき》は、三界《がい》の天《てん》より問《と》ふ所《ところ》の吉凶《きつきよう》を答《こた》へしむることが出來《でき》るのである。

飲食《いんしよく》に先《さき》だちて此《こ》の眞言《しんごん》を七遍誦《へんせう》すれば、食傷中毒《しよくしやうちうどく》の患《うれ》ひなく、又他《またた》より毒物《どくぶつ》を飲食《いんしよく》せしめられた時《とき》に、二十一遍唱《べんとな》へて、印《いん》にて毒《どく》ある器《うつは》を加持《かぢ》すれば、諸龍《しよりう》が其《そ》の毒《どく》を呑《の》みて無事《ぶじ》なることを得《う》るのである。既《すで》に毒《どく》を呑《の》み下《くだ》したる時《とき》は、自分本尊身《じぶんほんぞんしん》なりと觀《くわん》じて、眞《しん》言《ごん》を誦《せう》すれば、其《そ》の毒《どく》は忽《たちま》ち消《き》へて害《がい》なきを得《う》るのである。

又人《またひと》をして敬愛《けいあい》せしむるにも、或《あるひ》は驕慢《けうまん》の者《もの》を奴僕《どぼく》の如《ごと》くならしめんとするにも、皆此《みなこ》の印《いん》と眞言《しんごん》を以《もつ》てすれば、意《い》の如《ごと》くならぬことはないのである。

第十六章　降三世明王の榮達、白狀調伏密法

一、名義《めいぎ》　梵語《ぼんご》にては、蘇婆儞《そはに》ソバニ、譯《やく》して降三世《がうぜ》といふ。世《よ》の貪瞋痴《どんしんち》の三毒《どく》を降《くだ》すが故《ゆゑ》に名《な》づく。金剛界《こんがうかい》の敎令輪《けうれいりん》五大尊《だいそん》の一、東方金剛部《とうはうこんがうぶ》の忿怒身《ふんぬしん》である。孫婆明王《そんばみやうわう》、吽迦《うんか》羅《ら》金剛《こんがう》、縛曰羅吽金剛等《ばさらうんこんがうなど》といふ。

二、形像《けいぞう》　三面《めん》八臂《ぴ》、面上《めんじやう》に三目《もく》あり、火炎髮《くわえんはつ》あり、極忿怒相《ごくふんぬさう》なり。左右《さいう》二手《しゆ》に印契《いんけい》を結《むす》び、右第《みぎだい》一手《しゆ》に三股鈴《これい》、次手《つぎて》に箭《や》、次手《つぎて》に劍《つるぎ》、左第《ひだりだい》一手《しゆ》に三股戟《こほこ》、次手《つぎて》に弓《ゆみ》、次手《つぎて》に索《さく》白蓮上《はくれんじやう》に坐《ざ》す。又傲慢者大自在欲王《またがうまんしやだいじざいよくわう》を蹋《ふ》みて地《ち》に倒《たふ》し、定《ちやう》を彼《かれ》の頂《ちやう》に按《あん》じ、右足《うそく》にて彼《かれ》の王妃烏摩《わうひうま》の乳房《ちぶさ》の上《うへ》を踏《ふ》む。

三、種字《しゆじ》　吽《うん》ウン、或《あるひ》は阿《あ》ア、又《また》は斛《こく》コク、十五の異種字《いしゆじ》を說《と》くものもある。吽《うん》は金剛《こんがう》部《ぶ》の部主《ぶしう》を表《あらは》し、阿字《あじ》は淨菩提心《じやうぼだいしん》なる金剛薩埵《こんがうさつた》、斛《こく》は煩惱卽菩提《ぼんなうそくぼだい》の歡喜《くわんき》の聲《こゑ》である。

四、三昧耶形《まいやけい》　五股杵《こそ》、或《あるひ》は索《さく》

五、印相《いんさう》　右二手《みぎしゆ》各々《おの〳〵》金剛拳《こんがうけん》にして、頭指《とうし》を立《た》て、兩小指《りやうこゆび》を鈎結《こうけつ》したるものを羯磨印《こまいん》と

なし、其《そ》の三昧《まい》を標《へう》する時《とき》には、內《うち》五股《こ》、或《あるひ》は外《そと》五股印《こいん》を用《もち》ふ。

六、眞言《しんごん》　ソバニソバ、ウン、バサラ、ウンハッタ、又《また》は　ニソバ、バサラ、ウンハッタ

七、修法《しゆはふ》、調伏《てうふく》、姦通等《かんつうとう》の白狀《はくじやう》、榮達《えいたつ》、除病《ちよびやう》に行《おこな》ふ。十八道立《だうりつ》の修法《しゆはふ》として、極《きは》めて嚴《げん》重《ちう》なるものである。不動明王《ふどうみやうわう》の結界《けつかい》を用《もち》ひ、不動明王《ふどうみやうわう》を前方《ぜんぽう》に觀《くわん》じ、無量《むりやう》の忿怒《ふんぬ》聖衆《せいしう》の圍《ゐ》繞《げう》せる中央《ちうおう》に、降《かう》三世明王《せみやうわう》を安《やす》んず。

榮達《えいたつ》、除病《ちよびやう》、白狀《はくじやう》、調伏《ちやうふく》の修法《しゆうはふ》の時《とき》は、別《べつ》に左《さ》の眞言《しんごん》を用《もち》ふ、オン、ソバニソバウン、キャリカダキャリカダウン、キャリカダハヤウン、アダヤコリハガボンバサラ、ウンハッタ、此《こ》の眞言《しんごん》を唱《とな》ふるときは、三千大《だい》千世界《せかい》が六種《しゆ》に震動《しんどう》し、あらゆる天魔《てんま》鬼《き》界衆生《かいしうせい》に損《そん》害《がい》し、孰《いづ》れも悉《ことごと》く恐怖《きようふ》して、安《やす》きことなく、各々《おの〱》走《はし》り集《あつま》りて明王《みやうわう》の下《もと》に至《いた》り、戀念《れんねん》を乞《こ》ふといふ。

惡人《あくにん》を調伏《ちようふく》せんとするには、三角壇《かくだん》を造《つく》り、壇《だん》は南《みなみ》に向《む》け、惡木《あくぎ》を取《と》り、一遍呪《べんのろい》しては一木《き》を燒《や》き、三百二十四遍《へん》すれば、惡人自《あくにんみづか》ら降伏《かうふく》し、歸依《きえ》す。

又惡人《またあくにん》をして疾病《えきびよう》に罹《かゝ》らしめんとすれば、調伏壇《てうふくだん》を造《つく》り、根本眞言《こんぽんしんごん》を誦《せう》すること、一千八十遍《べん》、印《いん》は根本《こんぽん》五股印《こいん》、而《しか》して赤黑《あかくろ》二種《しゆ》の芥子《からし》を燒《や》くこと、一千八十粒《りゆう》、一遍《べん》一燒《しやう》、そ

の眞言《しんごん》の句《く》の中《んか》に、惡人《あくにん》の姓名《せいめい》を誦《てう》すれば、長病《ちやうびやう》に沈《しづ》むのである、併《しか》し死滅《しめつ》することはない。

又病《またやまひ》を除《のぞ》かんとするには、息災壇《そくさいだん》を造《つく》り、東《ひがし》に向《むか》つて白米《はくまい》を燒《や》くこと一千粒《つぶ》、一呪《もん》一燒《せう》して、その眞言《しんごん》の句《く》の中《なか》に、除病《ぢよびやう》の字《じ》を安《やす》んずれば、即《すなは》ち病息《やまひやす》む。

若《も》し又頓《またとん》に惡人《あくにん》を除《のぞ》かんとすれば、爐《ろ》の中《なか》に、惡人《あくにん》の姓名《せいめい》と人形《にんぎやう》とを安《やす》んじ、惡心《あくしん》を以《もつ》て呪《のろゐ》を誦《じゆ》すること、一百八遍《べん》、砂《すな》を以《もつ》て惡人《あくにん》の人形《にんぎやう》を打《う》ちて、之《こ》れを燒《や》けば、其《そ》の者即《ものすなは》ち死《し》す、若《も》し之《こ》れを蘇生《そせい》せしめんとすれば、忿怒王《ふんぬわう》に對《たい》して、慈悲心《じひしん》を以《もつ》て一百八遍《べん》を誦《せう》すれば、一定《てい》の時間内《じかんない》なれば、何等《なんら》の故障損害《こせうそんがい》なくして、囘生《かいせう》す。

若《も》し軍陣《ぐんじん》に於《をい》て勝《か》たんと思《おも》はば、香花木《こうかぎ》一百八枚《まい》を取《と》り、眞言《しんこん》を誦《せう》して之《こ》れを燒《や》く、印《いん》は五股印《こいん》、斯《か》くすれば如何《いか》なる敵軍《てきぐん》も、又魔軍《またまぐん》といへども、退散《たいさん》するのである、尤《もつと》も此《こ》れは正式《せいしき》の十八道《だう》の修法《しゆうはふ》を要《えう》するのである。

若《も》し山林《さんりん》に入《い》り惡獸毒蛇《あくじゆうどくじやとう》等に遇《あ》ふたる時《とき》は、二手《しゆ》の掌内《しやうない》に石《いし》を把《しは》り、呪《じゆ》すること二七遍《べん》（十四囘《かい》）にして、其《そ》の石《いし》を投投して行道《こうだう》の前《まへ》を護《ご》せしむれば、何物《なにもの》も降伏《かうふく》して損害《そんがい》を與《あた》ふることはないのである。

若《も》し國王大臣《こくわうだいじん》の愛敬《あいけい》を蒙《かうむ》らんと欲《ほつ》はば、敬愛壇《けいあいだん》を造《つく》り、如法《によほふ》に行法《ぎやうほふ》し、菊根《きくこん》一百八枚《まい》を燒《や》き、一呪《もん》一燒《せう》すれば、自然敬愛《しぜんけいあい》を受《う》くるに至《いた》るのである。

若《も》し重病人《じゆうびやうにん》を救濟《きうさい》せんと思《おも》はば、像《ぞう》の前《まへ》に對《たい》して、香水《かうすゐ》を呪《じゆ》すること一百八遍《べん》にして急《きう》に撮《つま》みて病者《びやうしや》の腹懷《ふくかい》のうちに入《い》るれば、則《すなは》ち醒起《せいき》治《ち》癒《ゆ》す、癲狂等《とんきやうとう》の病《やまひ》を治《ぢ》するには、龍《りう》の住《す》める池《ち》水《すゐ》をとり、呪《じゆ》すること一百八遍《べん》、二眼舌口等《がんぜつこうとう》を洗《あら》へば、自然《しぜん》に治平《ちへい》す。

若《も》し姦通等《かんつうとう》を白狀《はくじやう》せしめんとすれば、柘榴《ざくろ》木《ぼ》一丈《ぜう》二尺《しやく》なるものを取《と》り、加持《かぢ》すること一萬遍《まんへん》、印眞言《いんしんごん》は前《まへ》の如《ごと》し、然《しか》る後《のち》に男女《だんぢよ》を別々《べつ〳〵》に人形《にんぎやう》を造《つく》り、それを別々《べつ〳〵》に置《お》き、其《そ》の局《きよく》處《しよ》を一呪《じゆ》一打《だ》すれば、即《すなは》ち萬事《はんじ》問《と》ふに隨《したが》ふて自白《じはく》するのである。尤《もつと》も行者《ぎやうじや》が此《こ》の明王法《めうわうはふ》を修《しゆう》するには、七七日《にち》即《すなは》ち四十九日間《にちかん》、五穀《こく》の味《あぢ》と鹽《しを》を絶《た》ち、三白食《はくしよく》又《また》は菜食《さいしよく》して、一心《しん》に餘《よ》の事《こと》を思《おも》はず、眞言《しんごん》十萬遍《まんぺん》を誦《じゆ》すべし、十萬遍滿了《まんぺんまんりやう》の時《とき》、本尊《ほんぞん》が形《かたち》を現《あら》はし、大惡怖魔《だいあくきやうま》の狀《じやう》を作《さく》して、行者《ぎやうじや》を試《こゝろ》みることがあるが、愼《つゝし》みて決《け》つして恐《おそ》れ散心《さんしん》せぬやうにせねばならぬ、左《さ》すれば一切《さい》のものが降伏《かうふく》し加護《かご》し、大法速《たいはふすみや》かに成就《せいしゆ》するのである、斯《か》くして後《の》ち解結《かいけつ》、禮佛《れいはい》し、任意《にんゐ》に般若經等《はんにやきやうとう》を讀誦《どくせう》すべきである。

第十七章　軍茶利明王の美增力並鑛物透視秘法

一、名義《めいぎ》、梵語《ぼんご》にては、軍茶利《ぐんだり》グンダリ、瓶《かめ》と譯《しやく》す、又意譯《またいやく》には甘露《かんろ》、或《あるひ》は安樂《あんらく》といふ大咲明王《だいさくめうわう》、甘露《かんろ》金剛《こんがう》、吉里《きちり》〳〵明王《めうわう》の異名《ゐめい》あり、結界《けつかい》の主尊《しゆそん》であつて、五大尊《だいそん》の一である南方寶部《なんはうほうぶ》の忿怒身《ふんねしん》なり、此《こ》の尊《みこと》は佛部《ぶつぶ》蓮華《れんげ》金剛部《こんがうぶ》の辨事《べんじ》明王《めうわう》として、甘露《かんろ》軍茶利《ぐんだり》、金剛軍《こんがうぐん》茶利《だり》、蓮花《れんげ》軍茶利《ぐんだり》の三身《しん》がある、十八道《だう》に用《もち》ふる四方結地結火炎《はうけつちけつかえん》、虛空網大三昧耶《きよくうかうだいまいや》の結界《けつかい》は、皆此《みなこ》の明王《めうわう》の三昧《まい》である、卽《すなは》ち諸難《しよなん》を碎《くだ》き、能《よ》く守護《しゆご》する大威力者《だいゐりよくしや》である、甘露《かんろ》軍茶《ぐんだ》利《り》は觀自在《かんじざい》の所變《しよへん》、金剛軍茶利《こんがうぐんだり》は金剛手《こんがうし》の所變《しよへん》とす。

二、形像《けいぞう》、四面《めん》四臂《び》と、一面《めん》八臂《び》とあり、右手《みぎて》に金剛杵《こんがうづゑ》を執《と》り、左手《ひだりて》に滿願印《まんがんいん》を結《むす》び、二手《て》は羯磨印《こまいん》、身《み》に威光焰鬘《ゐかうえんまん》を佩《は》び、日輪中《にちりんちゆう》に住《じう》し、青蓮花色《あをれんげしよく》にして、瑟々《しつ〳〵》磐石《はんせき》に坐《ざ》し、正面《しやうめん》は慈《じ》、左右《さう》二面《めん》は忿怒《ふんね》、左第三面《ひだりだいめん》は大笑容《だいしようよう》を作《さく》し、後《あと》の第四面《だいめん》は微《すこ》しく怒《いか》て口《くち》を開《ひら》く又錦《またにしき》の天衣《てんい》を着《つ》け、虎皮《こひ》を腰《こし》に蔽《おほ》ひ、其《そ》の兩脚《りやうあし》に赤蛇《せきだ》あるもの等種々《などしゆ〳〵》あり。

三、種字《たねじ》、中央《ちうわう》に阿字《あじ》ア、其《そ》の兩邊《りやうへん》に吽字《おんじ》ウン、又軍字《またぐんじ》グン、或《あるひ》は吽字《おんじ》ウンを用《もち》ふ。

四、三昧耶形《まいやがた》、三股杵《こそ》、或《あるひ》は瓶《びん》。

五、印相《いんさう》、大羯磨印《だいこまいん》・三昧耶形印《まいやがたいん》の三股形《こがた》。

六、眞言《しんごん》、アミリテイ、ウンハツタ。

七、修法《しうはう》、五壇法《だんはう》に行《おこな》はるるを常《つね》とし、單獨《たんどく》に行《おこな》ふことは稀《まれ》である、四種法《しゆはう》と結界《けつかい》に通《つう》じ、重《おも》に除病《じよびやう》に行《おこな》ひ、又敬愛法《またけいあいはう》、飲食加持《いんしよくかじ》、大肥好欲法《だいひこうよくはう》、氣力增進法《きりよくぞうしんはう》、秘密藥《ひみつやく》、鑛物等《かうぶつとう》の埋藏發見法等《まいざうはつけんはうとう》に修《しう》せらる。

前述《ぜんじゆつ》の修法《しうはう》の際《さい》は、牙法印《がはういん》とて、左手《ひだりて》の小指《こゆび》を以《もつ》て無名指《むめいし》の背《せ》の上《うへ》に秘《ひ》め、次《つぎ》に中指《なかゆび》を以《もつ》て屈《くつ》して無名指《むめいし》の後《うしろ》より秘《ひ》め、小指《こゆび》の背《せ》の上《うへ》を壓《あつ》し、仍《すなは》ち其《そ》の上節《うへふし》を屈《かゞ》め、無名指《むめいし》を相《あい》側《たは》めつけ、次《つぎ》に食指《しよくし》を以《もつ》て中指《なかゆび》を屈《くつ》し小指《こゆび》の甲《かう》に壓著《あつちやく》して、指掌《ししやう》を掌《てのひら》に向《む》け無名指《むめいし》と相《あい》側《そばめ》てつく、次《つぎ》に大指《だいし》を以《もつ》て斜《なゝめ》に頭及《あたまおよ》び中《なか》二指《ゆび》の甲上《かうじやう》を捺《お》し、また無名指《むめいし》を側《そばめ》て著《つ》け、無名《むめい》指《し》を直《す》ぐ竪《た》て上《うへ》に向《むか》はしむ。

又法印呪《またはういんじゆ》とて、オン、ウウン、カタトダ、マタビジヤ、ケツシヤヤ、サラヤ、バツタ、更《さら》に又大心呪《まただいしんじゆ》あり、オン、トロトロ、チヒツタ、チヒツタ、バンダバンダ、カダカダ、アミリテイ、ウウン、バツタ、多《おほ》くの修法《しうはう》に此《こ》の大心呪《だいしんじゆ》と牙法印《がはういん》を用《もち》ふ、單《たん》に本尊《ほんぞん》を念《ねん》ずる時《とき》は、前《まへ》の印相眞言《いんさうしんごん》を結誦《けつしやう》するのである。

心痛《しんつう》、鬼病《きびやう》、惡心《あくしん》の際《さい》には、牙法印《がはういん》を結《むす》び、法印呪又《はういんじゆまた》は大心呪《だいしんじゆ》を四十九遍誦《へんじゆ》し、其《そ》の痛《いた》む所《ところ》を加持《かち》すれば、立所《たちどころ》に治《じ》す、若《も》し鬼病《きびやう》を治《じ》する時《とき》に、此《こ》の印明《いんめい》を以《もつ》て鬼《おに》を縛《はく》すれば、病人《びやうにん》の口中《こうちう》より血《ち》を吐《は》き出《だ》して、一切《さい》の病《やまひ》を治《じ》す、若《も》し此《こ》の牙印《がいん》と呪《じゆ》とを誦《じゆ》して、官府《くわんぷ》に伺《うかゞ》へば、官人歡喜《くわんじんくわんき》して憂事《ゆうじ》は解決《かいけつ》し、稱愛《しやうあい》を受《う》くるのである。

人若《ひとも》し胃痛《ゐつう》の爲《た》めに食《く》ふ事《こと》を得《え》ず、又黃眼《またかうがん》、黃腹《かうふく》、中氣《ちゆうき》、鬼大《くわいだい》、喘息《たんそく》、咽喉疼痛等《いんこうとうつうとう》の際《さい》には、石鹽《せきえん》、阿魏藥《あくわいやく》、訶梨勒《かなしかん》、茴香子《かいかうし》、乾薑《ほしづけ》、鉢胡椒《はちごま》の七味《み》を等分《とうぶん》に取《と》り各々《おの〳〵》半兩位《はんりやうぐらゐ》とも搗《つき》て末《こ》となし、砂糖《さとう》を加《くわ》へて丸《まる》と爲《な》し、太《ふと》さ棗《たは》の如《ごと》くにしたる物《もの》を、空腹《くうふく》に一服《ぷく》す牙《きは》印《いん》を以《もつ》て藥《くすり》をも、病者《びやうしや》をも加持《かち》す、呪《じゆ》百八遍《べん》にして、本腹《ほんぷく》す、他《た》に食《く》ひ合《あは》せるものなし又《また》此《こ》の藥《くすり》を常《つね》に服用《ふくよう》し、且《か》つ此《こ》の印《いん》と眞言《しんごん》を結誦《けつせう》して怠《おこ》らざれば、大肥好顏《だいひかうがん》の人《ひと》と爲《な》り、色《いろ》は豐美《ほうび》にして氣力旺盛《きりよくおうせい》なることを得《え》。

又鑛物卽《またかうぶつすなは》ち金銀銅石炭等《きんぎんどうせきたんとう》の伏藏《ふくぞう》の場所《はしよ》を知《し》らんとするには、金剛印《こんがうゐん》を結《むす》び、大心呪《だいしんじゆ》を每《まい》日《にち》三回《くわい》、一千八十遍宛念誦《べんづゝねんせう》し、三日《か》にして豫定《よてい》の場所《はしよ》を打《う》てば、聲《こゑ》の響《ひゞき》自《みづか》ら鑛《かう》の有無《ゆふむ》を知《し》るものあり、若《も》し三日《か》にして出《い》でざれば、七日作法《かさくはふ》し、飯食《はんしよく》を供養《くよう》し、呪《のろい》を誦《せう》すれば、即《すなは》ち出《い》づ、此《こ》の法《はふ》は特《とく》に秘法《ひはふ》とする所《ところ》であつて、行者《ぎやうじや》の心肝《しんかん》を砕《くだ》くを要《えう》す。

第十八章　馬頭觀音の婦女敬愛及論勝秘法

一、名義《めいぎ》、梵語《ぼんご》にては、訶野訖利婆《かのきりは》カノキリバ、馬頭《ばとう》と譯《やく》す、密號《みつがう》は噉食金剛《かんしよくこんがう》又《また》は迅速《じんそく》金剛《こんがう》と云《い》ふ、觀音《くわんおん》といふけれども、實《じつ》は明王部《めうわうぶ》であつて、蓮華部《れんげぶ》の敎令輪《けうれいりん》である、蓮華部《れんげぶ》の結界明王《けつかいめうわう》として、多《おほ》くの修法中《しゆはふちゆう》に存《そん》し、大力持明王《だいりきぢめうわう》といふ、噉食《かんしよく》の義《ぎ》と飢羸《きかん》の馬《うま》が草《くさ》を食《く》ふに更《さら》に餘念《よねん》なき有様《ありさま》と相類《さうるゐ》し、大悲《だいひ》専念《せんねん》の義《ぎ》と能《よ》く諸《もろ〳〵》の魔障《ませう》を摧《くだい》て、慈悲方便《じひはうべん》を以《もつ》て大忿怒形《だいふんどけい》を現《あら》はして、大威日輪《だいゐにちりん》となつて無邊界《むへんかい》の行者《ぎやうわや》を暗瞑《あんめい》を照耀《せうやく》して、悉地《こんち》を成就《せいじゆ》せしむること迅速《じんそく》なりとの義《ぎ》である。

二、形像《けいぞう》、其《そ》の身《み》非黄非赤《ひこうひせき》にして日《ひ》の初出《はつで》の色《いろ》の如《ごと》く、白蓮華《はくれんび》を以《もつ》て瓔珞《えいらく》と爲《な》し、其《そ》の身《み》を莊嚴《そうごん》す、光焔猛盛《かうえんもうせい》にして赫爕《せきはく》として鬘《かづら》の如《ごと》し、指甲長利《しかうちやうり》にして双牙《そうが》上《うへ》に出《い》で、香髮《かうはつ》は獅子《しし》の頂《いたゞき》の毛《け》の如《ごと》く、極《きは》めて吼怒《ほうど》の狀《じやう》ありて、又《また》三面《めん》二臂《び》にして、二臂《び》結印《けついん》、各面《かくめん》に三目《め》あり、中央《ちゆうおう》の面《めん》に馬頭《ばとう》を頂《いたゞ》くと、又《また》四面《めん》八臂《び》、四面《めん》の頂上《てうじやう》に天冠《てんかん》を頂《いたゞ》き、中面《ちゆうめん》の頂《いたゞき》に碧馬頭《へきはとう》を載《の》せ、左右第《さゆうだい》一手《し》は馬口形印《はこうけいいん》を結《むす》び、右方《さはう》には利劍《りけん》、鉞斧《ふてつ》、施無畏《しむゐ》、左方《さはう》は寶棒《ほうほう》輪《りん》、念珠《ねんじゆ》とす、又或《またあるひ》は青水牛《せいすゐぎゆう》に乘《の》るとするものあり。

三、種字《たねじ》、訶《か》カの頭字《かしらじ》に定點《ていてん》を加《くは》へ、瞰食《かんしよく》し盡《つく》すの意《い》と爲《な》し、或《あるひ》は眞言佉馱耶《しんごんきやだや》キヤタヤの頭字《かしらじ》とす。

四、三昧耶形《まいやがた》、馬口《はこう》、馬頭《はとう》。

五、印相《いんそう》、虛心合掌《きよしんがつせう》して、二無名指《むめいし》を掌《て》に入《い》れ、二頭指《とうし》を甲《かう》を合《あは》せて屈《くつ》し、二大指《だいし》の甲《かう》頭《とう》を外《そと》に張《は》る、是《こ》れ二大指《だいし》と二頭指《とうし》の間《かん》を馬口形《はこうけい》と爲《な》し、其《そ》の二頭指《りうし》を明王《ろうわう》の双牙《そうが》と觀《くわん》ずるのである。

六、眞言《しんごん》、オン、アミリヤ、ナウソバ、ウンハツタ、此《こ》れ甘露《かんろ》を生《せう》じて一切障《さいせう》を破壞《はくわい》する意《い》あり、又《また》キヤダ、ハンジヤ、サバダヤ、ソバカ、此《こ》れ亦《また》一切障《さいせう》を瞰食《かんしよく》し、諸障《しよせう》を破碎《はさい》し盡《つく》すの意《い》である。

七、修法《しゆうはふ》は、調伏《てうふく》、除病《やくびよう》、滅罪《めつざい》に修《しゆう》するを常《つね》とし、婦女《ふじよ》の敬愛《けいあい》を得《う》る法《はふ》、議論《ぎろん》に必勝《ひつせう》する法等《はふとう》に行《おこなは》せらるることあり、此《こ》の明王《めうわう》を憶念《おくねん》すれば、四十里《り》以内《いない》に障魔《せうま》近《ちか》づかず、諸《しよ》大菩薩《たいほさつ》と共《とも》に住《ぢう》することを得《う》といふ。

前《まへ》の印相眞言《いんそうしんごん》の他《ほか》に、馬頭大法身印呪《ばとうだいはふしんいんじゆ》あり、兩手《れうて》食指以下《しよくしいか》三指《し》を外《そと》に向《む》けて相叉《あひ》ぬき、頭指《とうし》各々《おの〳〵》縛《はく》して手背《しゆはい》に着《つ》くべし、合掌《がつせう》し二小指《せうし》を以《もつ》て並《なら》び竪《た》て合《あは》せ、二大指《だいし》相着《あひつ》け、大指《だいし》を屈《くつ》して來去《らいきよ》す、呪《じゆ》は　オン、トナトナ、マタマタ、カヤキリバ、ウウンバッタ、ソバカ又《また》一種《しゆ》の眞言《しんごん》あり、オン、ジャヤビアンヤ、アヒッタナカラジャヤタ、アラゼンナ、ソバカ此《こ》れは八大龍王《だいしんわう》を呼《よ》ぶときに誦《せう》するを常《つね》とす。

壇《だん》は四肘壇法《ちうだんはふ》にて、香水《かうすゐ》と牛糞《ぎゆうふん》とを以《もつ》て地《ち》を泥《どろ》にしてつくるを法《はふ》とす、五色《しき》の壇《だん》、黄《きい》、赤《あか》、青《あを》、黑《くろ》の四門《もん》、又《また》　十五燈《とう》を燃《とぼ》し、其《そ》の光《ひかり》にて八大龍王《だいりうわう》を喚《よ》ぶことあり。

人若《ひとも》し毒虫《どくむし》に螫《さゝ》れ、又《また》は毒蛇《どくちや》に齧《か》まれ、或《あるひ》は惡人《あくにん》に遇《あ》ひたる時《とき》、前《まへ》の法身印《はふしんいん》を以《もつ》て、法《はふ》身呪《しんじゆ》を誦《せう》し、之《こ》れを加持《かぢ》すれば、卽《すなは》ち治散《ちさん》す、又婦人《またふじん》をして戀着《こひちやく》せしめんとする時《とき》は、赤《あか》き美花《びか》を取《と》り、馬頭《はとう》の像《ぞう》の前《まへ》に對《むか》ひて、前《まへ》の印眞言《いんしんごん》にて呪《じゆ》すること二十一遍《べん》、一を像《ぞう》の脚《あし》に散《さん》じ、右手《みぎて》に華《くわ》を取《と》り、之《こ》れを呪《じゆ》する又《また》七遍《べん》し、婦人《ふじん》の方向《はうかう》に散《さん》すれば、彼女《かのぢよ》慕《した》ひ來《きた》るべし、又彼此《またかれこれ》ともに心《こゝろ》あらば、果子《くわし》を採《と》り呪《じゆ》すること二十一遍《べん》にして、人《ひと》をして送《をく》り食《く》はしむれば、彼女心《かのぢよしん》卽《すなは》ち違亂《ゐらん》して、極《きわ》めて相愛念《そうあひねん》して、更《さら》に他意《たい》あることなし。

又法心印呪《またはふしんいんじゆ》とて、二手食指以下《ししよくしいか》の四指《し》を以《もつ》て外《そと》に向《む》け相叉《あひ》ぬき、指頭《しとう》各々《おの〳〵》縛《はく》して手背《しはい》に着《つ》けて合掌《がつせう》し、並《ならび》に二大指《だいし》相着《あひつ》け、各々《おの〳〵》一節《せつ》を屈《くつ》し食指《しよくし》を着《つ》くることなく、大指《だいし》を來去《らいきよ》せしめ、オン、アミリトチバ、ウウンバツタ、ソバカの呪《じゆ》を誦《せう》し、牛黃《ぎうこう》、麝香《しやかう》、龍腦香《りうのうかう》をとり、三昧和《みわ》し研《す》り、呪《じゆ》すること一千八十遍《べん》、頂上及《てうじやうおよ》び二縛上《はくじやう》、心《しん》、喉《こう》、眉間《けんかん》、髮際《はつさい》、腦後《のうご》に點《しん》じ、又白芥子《またしろからし》を取《と》り呪《じゆ》すること二十一遍《べん》、右《みぎ》の手《て》を以《もつ》て論議所《ろんぎしよ》の門邊《かどべ》に之《こ》れを散《さん》じ、左《さ》の手中《しちゆう》に少許《すこしばか》を留《た》め、正《まさ》に論議《ろんぎ》する時《とき》、右《みぎ》の手《て》を以《もつ》て、左《さ》の手《て》の芥子《からし》をとり、論議《ろんぎ》の相手方《あひてかた》に向《むか》つて、密《ひそか》に散《さん》じ、且《か》つ彈指《だんし》すれば、如何《いか》なる難病《なんろん》も勝《か》たざることなしといふ。

又芸台《またうんせい》を末《いまだ》と爲《な》し、酪汁《らくしる》を用《もち》ひて麥《むぎ》に和《わ》し、加持《かち》して用《もち》ふれば、病毒《びようどく》、腹虫《ふくちゆう》を悉《こと〴〵》く吐《は》き出《だ》して、殘《のこ》す所《ところ》なしといふ。

此《こ》の明王《めうわう》の修法《しゆうはふ》を爲《な》すときは、修行者《しゆうげうじや》は一日飮食《にちいんしよく》すべからず、若《も》し飢《うえ》に忍《しの》びざる時《とき》は、酥《はた》を食《しよく》するは差支《さしつかへ》なし、香湯《かうゆ》即《すなは》ち藥湯《くすりゆ》にて洒浴《しゆよく》し、新淨衣《しんじやうい》を着《ちやく》して道場《だうじやう》に入《い》るべきものとす。

第十九章　烏蒭沙摩明王神變十大秘法

一、名義《めいぎ》、梵名烏芻沙摩《ぼんめいうすさま》ウスサマ、譯《やく》して穢跡金剛《わいせきこんがう》、不淨金剛《ふじやうこんがう》、愛觸金剛《あひしよくこんがう》・穢觸金剛《わいしよくこんがう》、壞硏金剛《くわいせきこんがう》、火頭金剛等《かとうこんがうとう》と爲《な》す、此《こ》の明王《めうわう》は北方羯磨部《ちはうこまぶ》の敎令輪《けうれいりん》であつて、金剛夜叉明王《こんがうやしやめいわう》と同《おな》じ本誓《ほんけい》であるが、夜叉明王《やしやめうわう》は心《こゝろ》の不淨《ふじやう》を食《くら》ふとし、此《こ》の明王《めうわう》は物《もの》の不淨《ふじやう》を食《くら》ふとす、不《ふ》動明王又《どうめうわうまた》は金剛夜叉《こんがうやしや》の所變《しよへん》といふ。

二、形像《けいぞう》、明王身相青色《めうわうしんそうせいしよく》にして、四臂《び》を具《ぐ》し、右手《みぎて》は膊《せん》に向《むか》つて縛曰羅《はさら》を採《と》り、左手肩《ひだりてかた》に向《むか》つて赤索《せきさく》を採《と》り、其《そ》の索《さく》は盤《わだか》まり屈《くつ》して、盤《わだか》まれる蛇《ぢや》に似《に》たり、右手《みぎて》は下《さげ》て仰《おほ》ぎ大指《だいし》博《は》く指頭《ゆびがしら》直《たゞし》く下《くだ》し舒《の》ぶ、其《そ》の餘《よ》の三指《し》は僅《わづ》かに屈《くつ》して上《うへ》に向《むか》ひ、左手臂《ひだりてひじ》を屈《くつ》して上《うへ》に向《むか》ひ、手《て》に珠數《じす》を採《と》り、中指《なかゆび》と頭《かしら》を用《もちい》て其《そ》の珠《たま》を捻《ひね》り、面《めん》貌端正《たんせう》にして極《きは》めて殊妙《しゆめう》なり、二龍王《りうわう》あり左膊《ひだりうで》の上《うへ》に絡《まと》ひ、其《そ》の二龍王《りうわう》の頭相鉤《とうそうつる》して仰《おほ》ぎ視《み》て胸前《けふぜん》に在《あ》りて倶《とも》に純赤色《じゆんせきしよく》なり、又《また》四龍王《りうわう》あり、並《ならび》に青色《せいしよく》あり、各《かく》一に絞《しほ》む、又《また》二龍王《りうわう》あり亦皆青色《またみなせいしよく》なり、各脚中《かくぎやくちう》に絞《まと》ふ、其《そ》の像《ざう》の頭上《づじやう》に一つの白龍王《はくりうわう》あり、蟠《うづく》まりて頭《かしら》を竪《た》てたり、其《そ》の像《ざう》は腰下《こしした》に虎皮《とらがは》を跨《また》に纏《まと》ひ、頭髮火焰《とうはつかえん》悉《ことごと》く皆竪《みなた》てり、又頭上《またづじやう》のみにあらず、頂背《てうはい》にも火焰《かえん》の光《ひかり》あり。

三、種字《たねじ》、吽《うん》ウン、惹《じや》ジヤ。

四、三昧耶形《みやがた》、獨股杵《とつこきね》、捧《ほう》、索《さく》、三股杵《こきね》。

五、印相《いんさう》、獨鈷《どつこ》、又《また》は三鈷印《こいん》を用《もち》ふ。内縛《ないはく》して二小指《こゆび》を竪《た》て合《あは》せたる獨鈷印《どつこいん》、又《また》は右《みぎ》の無名小指《むめいこゆび》を、左《さ》の無名小指《むさいこゆび》の内《うち》に叉《こまね》き中指《なかゆび》を立《た》て合《あは》せ、指頭《ゆびがしら》を鈎《かぎ》にして三股形《またがた》と爲《な》し、大《おや》指《ゆび》を叉《こまね》きたるもの。

六、眞言《しんごん》は、ヒツリ、ママリ、マリ、ヒツリ、ソバカ、又《また》はクロダノウ、ウンジャク、此《こ》の他法印呪《ほかはふいんじゆ》、身印呪《みいんじゆ》、解穢法印呪等《かいえはふいんじゆとう》あり、そは左《さ》に必要《ひつえう》に應《おう》じて記《き》すべきなり。

七、修法《しゆうはふ》は、産生《さんせい》、疾病《しきびやう》、渇水《かつすゐ》、枯木《かれき》、毒蛇《どくじや》、惡鬼《あつき》、怨家《ゑんけ》、相愛《さうあひ》、智慧《ちゑ》、富貴《ふき》の十種《しゆ》に修《しゆう》するも、常《つね》には安産又《あんざんまた》は産穢《さいわい》に行《ぎよう》すること多《おほ》し。

此《こ》の神呪《しんじゆ》を十萬遍誦《まんべんせう》すれば、明王身《めうわうみ》を現《あらは》して之《こ》れを守《まも》り、隨意《ずいゐ》に滿足《まんぞく》せしめ、貧窮《ひんきゆう》を離《はな》れて常《つね》に安樂《あんらく》ならしむとの誓願《せいがん》あり。惡鬼邪魔《あつきじやま》を拂《はら》ひて、永《なが》く苦患《くきよう》を免《まぬ》かれ、或《あるひ》は板木《こほく》に枝葉《しやう》を生《せう》せしめんとするには、白膠香《はくこうがう》一大兩《だいれう》を取《かつ》て樹心《じゆしん》に塗《ね》り、揚枝《やうじ》にて枯樹《こじ》を呪《じゆ》する事《こと》一百遍《べん》、日《ひ》に三度宛《どづゝ》三日間《かかん》行《ぎやう》すれば、即《すなは》ち華咲《はなさい》て實《み》を結《むす》ぶ。

又枯《またか》れたる泉《いづみ》に水《みず》を出《だ》さしめんとするには、淨灰《じやうはい》にて是《これ》を圍《かこ》みて、井華水《いどはなみず》三升《ぞう》を取《とつ》て泉《いづみ》の中《なか》に置《お》き、寅《とら》の時《とき》に於《おい》て呪《じゆ》すること一百八遍《べん》すれば、水車輪《すゐしやわ》の如《ごと》く湧出《わきいだ》す、若《も》し枯山《かれやま》をして草木《さうもく》を生《せう》せしめんと欲《ほつ》せば、賓鈇刀《ひんふつたう》一口《ふり》を以《もつ》て、四方《はう》に於《おい》て山《やま》を圍《かこ》み、呪《じゆ》する事《こと》三千遍《べん》、七日間《かかん》呪《じゆ》し了《をは》れば、即《すなは》ち草木《さうもく》を生《せう》ず。

若《も》し又野獸《またやじう》を歸伏《きふく》せしめんと欲《ほつ》せば、安息香《あんそくかう》を取《と》つて燒《や》きて獸《けもの》の住處《じゆしよ》に向《むか》つて、呪《じゆ》すること一千遍《せんべん》すれば、其《そ》の獸夜間《けもののやかん》に至《いた》りて、持法《ちはふ》の人《ひと》の門前《もんぜん》に集《あつ》まり、歸降《きかう》すること人間《にんげん》の如《ごと》し、夜叉《やしや》をして自《みづか》ら來《きた》り歸降《きかう》せしめんと思《おも》はば、桃柳枝《とうりうし》十羽《は》を取《と》つて齊《ひと》しく截《さい》て、水一碩《みづせき》を取《と》つて煎《せん》じ、五升《せう》を取《と》て桃柳《とうりう》を勞出《ろうしゆつ》し、丁香《ていか》三大兩《だいれう》、乳頭香《にうとうかう》三大兩《だいれう》、白膠香《はくこうかう》三大兩《だいれう》を以《もつ》て、之《こ》れを柳水《りうすゐ》に利《わ》して、五升《せう》に煎《せん》じ取《と》り、一砂盆中《さぼんちう》に置《お》き、一桃枝長《とうしなが》さ三尺《じやく》あるを取《と》つて水《みづ》を攪《かきま》わし、神呪《しんじゆ》を誦《せう》すること一百遍《べん》すれば、一切《さい》の夜叉羅刹《やしやらせつ》、皆來現《みならいげん》して、行人《かうじん》と相語《あひかた》り、其《そ》の人《ひと》の使者《ししや》となる。

若《も》し諸惡鬼神《しよあくきじん》、毒蛇《どくじや》、蜘《くも》、猛獸等《もうじうとう》の毒《どく》を滅《めつ》せんと思《おも》はば、淨衣《じやうゑ》を取《と》つて新居《しんきよ》の穴孔《かうこう》を圍《かこ》めば、自然《しぜん》に出《い》で來《くた》る、其《そ》の時《とき》微《すこ》しく聲《こゑ》を出《だ》して呪《じゆ》すること一百遍《べん》すれば、其《そ》の蛇等《ぢやとう》一切《さい》の虫獸《ちうじう》、各々《おの／＼》其《そ》の毒心《どくしん》を滅《めつ》して、敢《あへ》て人《ひと》を傷《きづつ》けず、若《も》し惡鬼《あくき》をして人《ひと》を傷《きづ》けざらしめんと思《おも》はば、食《しよく》一摶《はく》を取《と》つて呪《じゆ》すること七遍《へん》、其《そ》の食《しよく》を與《あた》ふれば、永《なが》く人《ひと》を傷《やぶ》らず、亦聲《またこゑ》を出《だ》さず。

若《も》し惡人《あくにん》をして降伏《かうふく》せしめんと欲《ほつ》せば、其《そ》の人《ひと》の姓名《せいめい》を書《しよ》し、呪《じゆ》して我《わ》が脚下《きやくか》に置《お》いて、更《さら》に是《これ》を呪《じゆ》すること百遍《ぺん》し、心《こゝろ》に彼人《かのひと》を念《ねん》すれば、其《そ》の人立所《ひとたちどころ》に至《いた》つて降伏《かうふく》し、愛憎《あいぞう》の心《こゝろ》を捨《す》つべし。

若《も》し人《ひと》をして相憎《あひにく》ましめんと思《おも》はば、彼《か》の二人《にん》の名號《めうがう》を書《かい》て、自《みづか》らの足下《あしもと》に於《おい》て呪《じゆ》すること二百十八遍《へん》すれば、其《そ》の人互《ひとたがひ》に相離背《あひりはい》して愛敬《あいけい》せず。

若《も》し相憎《あひにく》む人《ひど》あり、之《こ》れを相愛敬《さうあいけい》せしめんと欲《ほつ》せば、卽《すなは》ち彼《か》の相憎《あひにく》む人《ひと》の姓名《せいめい》を書《か》きて我《わ》が足下《そくか》に於《おい》て呪《じゆ》すること一百八遍《へん》すれば、其《そ》の人相愛重《ひとさうあいちよう》して、永《なが》く相捨《あひす》てず。

若《も》し不安《ふあん》の人《ひと》をして安樂《あんらく》ならしめんと思《おも》はば、其《そ》の人《ひと》の名字《めうわ》を取《とつ》て、足下《そくか》に書《か》き、呪《じゆ》すること三百遍《へん》、彼《か》の人《ひと》の爲《た》めに大誓願《だいせいぐわん》を發《はつ》し、一切《さい》の辨才珍寶《べんさいちんほう》を得《え》せしめんと、至心《ししん》に呪《じゆ》を誦《せう》すれば、卽《すなは》ち其《そ》の所願《しよぐわん》を滿《みた》すことを得《う》べし。

若《も》し人《ひと》の病《やまみ》を治《ぢ》せんとせば頓病《とんびやう》の印《いん》、卽《すなは》ち先《ま》づ左《さ》手《しゆ》頭指《おやゆび》中指《なかゆび》を以《もつ》て索文《さくぶん》を押《おさ》へ、呪《じゆ》すること一百遍《へん》にして、頓病《とうびやう》の人《ひと》に印《いん》すること七遍《へん》せば、其《そ》の立所《たちどころ》に癒《いゆ》べし、若《も》し病人死《びやうにんし》せんとするときは、禁《きん》五路《ろ》印《いん》に依《よ》つて是《こ》れを治《ぢ》せば死《し》せず、先《ま》づ準印《じゆんいん》を用《もち》ふ、無名指《むめいし》を屈《くつ》して掌中《しやうちう》に向《む》け、小指《こゆび》を竪《た》て、是《こ》れを呪《じゆ》すること百遍《へん》なるべし、若《も》し邪病《じやびやう》を治《ぢ》せんと欲《ねが》はば、病患人《びやうくわんにん》の頭邊《かしらべ》に於《おい》て、安息香《あんそくかう》を燒《やい》て、是《こ》れを呪《じゆ》すること至心《ししん》なれば、立所《たちどころ》に治《ち》すべし、若《も》し蠱毒《ちうどく》の病《やまひ》を治《ち》せんとせば、患《わづら》ふ人《ひと》の名字《めうじ》を紙《かみ》に書《か》き、是《こ》れを呪《じゆ》すべし、精魔病《せいまびやう》を治《ち》するも亦同《またどう》一法《はふ》に依《よ》るべし、若《も》し伏屍病《ふくしびやう》を治《ち》せんとせば、患《わづら》ふ人《ひと》の姓名《せいめい》と病《やまひ》を作《な》す鬼《をに》の名《な》を書《しよ》し、患《わづら》ふ人《ひと》の牀下《しやうか》に埋《うづ》め、是《こ》れを呪《じゆ》すれば、其《そ》の鬼《をに》は速《すみや》かに名字《ゆうじ》を奉《ほう》じ自身《じしん》を出現《しゆつげん》す、便《すなは》ち其《そ》の鬼《をに》をして三世《せい》の事《こと》を看《み》せ、一々具《つぶ》さに人《ひと》に説明《せつめい》すれば、其《そ》の病《やまひ》即《すなは》ち癒《い》ゆ、若《も》し時氣《じき》の病《やまひ》を患《わづら》ふるものあれば、呪師《じゆし》を見《み》るのみにて即《すなは》ち治《ち》す、若《も》し行病《かうびやう》の鬼《をに》を此界《しかい》に入《い》らしめざらんとせば、十齋日《さいじつ》に於《おい》て、此《こ》の呪《じゆ》を誦《せう》すること一千八十遍《べん》すれば、よく萬里《はんり》の中《うち》の衰患《すいくわん》を除《のぞ》くべし。

第二十章　大元帥明王の鎭護國家秘法

一、名義《めいぎ》、梵語《ぼんご》にては、阿吒婆拘《あたはく》アタバクといふ、譯《やく》して曠野鬼神《くわうやきじん》といふべきを、其《そ》の德廣大《とくくわうだい》なるゆへ、意譯《いやく》して大元帥明王《だいげんすいめいわう》と爲《な》す。

二、形像《けいざう》、身《み》は黑青色《こくせいしよく》にして、身長《しんちやう》六尺《しやく》、四面《めん》にして當面《たうめん》は佛面《ぶつめん》に作《つく》り、左面《さめん》は虎牙《こが》相《さう》叉《き》し三眼《がん》なり、眼《め》赤《あか》き事《こと》血《ち》の如《ごと》し、右面《うめん》は神面《しんめん》にして瞋相《しんさう》なり、虎牙《こが》相叉《さうさ》し三眼《がん》なり、左《さ》右《いう》に牙《きば》を安《やすん》じ、髭髮《しはつ》あり、頭上《づじやう》の一面《めん》は惡相《あくさう》にして三眼《がん》あり、虎牙《こが》相叉《さうさ》し、眼赤《めあか》きこと血《ち》の如《ごと》し、最上頭《さいじやうづ》に赤龍《せきりう》を以《もつ》て髻《もとどり》に纏《まと》ひ、火焔頂上《くわえんちやうじやう》に連《つらな》り聳《そび》へ、身《み》に蛇《ぢや》を怒《かけ》て八臂《ぴ》なり左上手《ひだりうはて》に輪《わ》、次《つぎ》に索《さく》、次《つぎ》に右《みぎ》の第《だい》三手《しゆ》を前《まへ》に當《あ》て合掌《がつしやう》し供養印《くやういん》を作《な》し、次《つぎ》に下手《したて》に索《さく》、右《みぎ》上手《うはて》に跋折羅《はつせつら》、次手《つぎて》に捧《ほう》、次《つぎ》に下手《したて》は印《いん》、次《つぎ》の下手《したて》は刄《やいば》、腕臂《わんしつ》の上《うへ》に皆蛇《みなぢや》を纒《まと》ひ、七寶《ほう》の紋絡甲《かう・くかふ》を着《つ》け、膊上《はくじやう》に皆龍《みなりう》あり、後《うしろ》に四天王寺《てんわうじ》圍繞《ゐぎやう》す、又虎皮《またこひ》を褌《こん》と爲《な》し、脚《あし》に二藥叉《やくさ》を踏《ふ》む、又《また》八尺《しやく》の身長《しんちやう》とするものあり。

三、種字《たねじ》、阿《あ》ア、又《また》は鑁《はん》バン。

四、三昧耶形《まいやけい》、輪《わ》、刀《かたな》、塔《たふ》。

五、印相《いんさう》、智拳印《ちけんいん》、又《また》は内縛《ないはく》して三股印《こいん》を用《もち》ふ、八印《いん》ありとするものあり。

六、眞言《しんごん》、タリツ、タボリツ、ハラボリツ、タキメイタキメイ、タラサンタン、ウエンビ、ソバカ、又《また》アシヤアシヤ、ムニムニ、マカムニムニ、アウニキウキウ、マカナカキユキユ、トウカナラチコ、アカナチアタナチ、アダアダ、リウヅ、キウキウヅリウ、キニキニキニ、イククマイククマ、クマ、クマ、キリキリキリ、キリ、ニリ、ニリ、マカニリ、ソバカ、又諸惡《またしよあく》を防《ふせ》ぐ眞言《しんごん》は、リウム、リウム、リウム、リウマリウマ、キリキリ、キリ

キリ、キリキリ、クナクナ、クナ、クナ、クナ、クトクト、クト、クト、クルクル、クルクル、キウル、キウル、キウル、キリ、ボキウボキウ、ボキリボキリ、ボキリボキリ、キウム、キウム、キウムキウム、キメイテイ、マメイシマカテイカラメイト、ソバカ。

七、修法《しうはふ》、主《しゆ》として鎭護國家《ちんごこくか》、朝敵退治《てうてきたいち》、諸魔降伏《しよまかうふく》、諸畏怖消滅《しよゐふせうめつ》に修《しう》す。

個人《こじん》の爲《た》めに惡魔惡鬼《あくまあくき》を拂《はら》ひ、其《そ》の財産身体《ざいさんしんたい》を保護《ほご》するは、固《もと》より、惡智議貞《あくちぎてい》の他《ほか》一切《さい》調伏《てうふく》して、害《がい》を爲《な》さざらしむるも、若《も》し城邑村落《じやういつそんらく》の爲《た》めに、此《こ》の呪《じゆ》を誦《せう》すれば、其《そ》の村落《そんらく》は利益《りえき》を蒙《かうむ》り、諸難流行病等《しよなんりうかうびやうとう》入《はい》ることなく、又國王大臣《またこくわうだいじん》にして、此《こ》の呪《じゆ》を誦《しやう》すれば、其《そ》の境土內《きやうどない》に惡賊怖難《あくぞくふなん》の起《おこ》ることなく、災損《さいそん》、疫疾《えきしつ》、水旱《すゐかん》、風雪等《ふうせつとう》の災變《さいへん》なし、若《も》し惡賊《あくぞく》に遇《あ》ふとき、此《こ》の呪《じゆ》を誦《しやう》し、若《も》しくば高《たか》き幢《こうし》の頭《あたま》に繫着《けいちやく》すれば、賊《ぞく》は之《こ》れを見《み》て直《たゞ》ちに退散降伏《たいさんかうふく》すべし。

又强敵《またきやうてき》に對《たい》して、十八道修法《だうしうはふ》を正式《せいしき》に行《おこな》ふときは、如何《いか》なる大敵《たいてき》も結局降伏滅亡《けつきよくかうふくめつぱう》すべし平將門《たひらのまさかど》を調伏《てつふく》せしが如《ごと》き、又元冦《またげんこう》の亂《らん》を調伏《てうふく》せしが如《ごと》き實例《じつれい》あり、昔《むかし》は禁庭《きんてい》にて毎年修《まいねんしう》法《はふ》せられ、特《とく》に大靈驗《たいれいげん》ある秘法《ひはふ》あり。

第二十一章　孔雀明王の延命持仙秘法

一、名義《めいぎ》、梵語《ぼんご》にては摩喩利《まゆり》マユリといふ、譯《やく》して孔雀《くじやく》といふ、諸佛能生《しよぶつのうせい》の徳《とく》に住《ぢう》する故《ゆゑ》に、孔雀佛母《くじやくぶつぼ》ともいひ、密號《みつがう》を佛母金剛《ぶつもこんがう》といふ、僧《そう》として修行《しうぎやう》の時《とき》、黒蛇《こくぢや》に螫《さ》れて悶絶《もんぜつ》せしことあるを以《もつ》て、蛇毒《ぢやどく》を除《のぞ》くを以《もつ》て本誓《ほんせい》とす。

二、形像《けいぞう》、肉色《にくいろ》にして右手《みぎて》に孔雀尾《くじやくを》を持《ぢ》し、左手《さしゆ》に開蓮華《かいれんげ》を持《ぢ》し、赤蓮華《あかれんげ》に坐《ざ》す、別《べつ》に異《ことな》なるものあり。

三、種字《たねじ》、摩《ま》マ

四、三昧耶形《まいやけい》、孔雀尾《くじやくを》

五、印相《いんさう》、二手外縛《しゆくわいばく》して二大指《だいし》二小指《せうし》立《た》て合《がつ》す、是《こ》れ小指《せうし》は尾《を》、大指《だいし》は頭《かしら》にして、餘《よ》の大指《だいし》は羽《はね》であるから、眞言《しんごん》を唱《とな》へながら、其《そ》の六指《し》を扇《あほ》ぐ、是《こ》れ孔雀《くじやく》の舞《ま》ふ状《さま》あり。

六、眞言《しんごん》、マユキラテイ、ソバカ、又大呪《まただいじゆ》には、ノウモボタヤ、ノウモタラマヤ、ノウモソウキヤ、タニヤタ、ゴゴゴゴゴ、ノウガレイレイ、ダバレイレイ、ゴヤゴヤ、ビジヤヤビジヤヤ、トソトソ、ローロ、ヒイラメラ、チリメラ、イリミタリ、チリミタリ、イヅチリミタリ、ダメ、ソダメ、トソテイ、クラベイラ、サバラ、ビバラ、イチリ、ビチリリチリ、ビチリ、ノウモソトハボタナン、ソクリキシ、クドキヤウカ、ノウモラカタン、ゴラダラ、バラシヤトニバ、サンマンテイノウ、ナシヤソニシヤソ、ノウマクハタナン、ソバカ、此《こ》れを佛母《ぶつも》大孔雀明王《だいくじやくみやうわう》の陀羅尼《だらに》といふ、明王《みやうわう》曾《かつ》て此《こ》の呪《じゆ》を誦《しやう》することを忘《わす》れ・衆《しう》多《た》の孔雀采女《くじやくさいによ》と倶《とも》に、林《はやし》より林《はやし》に至《いた》り、山《やま》より山《やま》に至《いた》りて遊戯《ゆうぎ》し、貪欲愛着放逸昏迷《どんよくあいちやくはういつこんめい》して山穴《さんけつ》の中《なか》に入《い》りしに、獵人《かりうど》之《こ》れを捕《とら》へて縛《ばく》せり、其《そ》の時《とき》に明王本正念《みやうわうほんせいねん》を憶《おも》ひて、前《まへ》の如《ごと》く大呪《だいじゆ》を誦《しやう》せしに、縛《ばく》自《みづか》ら解《と》け、眷屬安穩《けんぞくあんおん》に本住所《ほんぢうしよ》に歸《かへ》ることを得《え》たりといふ。

七、修法《しゆはふ》、息災及《そくさいおよ》び祈雨《きう》に修《しう》せられ、又後《またのち》の行者《ぎやうじや》が此《こ》の法《はふ》を修《しゆ》して、飛行《ひかう》の術《じゆつ》を得《え》しは何人《なんぴと》も知《し》る所《ところ》である、此《こ》の修法《しうはふ》は尤《もつと》も秘奥《ひおう》のものとして一流《りう》を爲《な》して居《ゐ》るのである。

修驗道山伏派《じゆけんだうやまぶしは》にては、尤《もつと》も此《こ》の法《はふ》を尊重《そんちやう》し、其《そ》の呪力《じゆりき》に依《よ》りて、持明仙《ぢめいせん》と爲《な》り、延命長《えんめいちやう》生《せい》することを得《う》、又深山幽谷《またしんざんゆうこく》に住《ぢう》するときは、此《こ》の呪《じゆ》に依《よ》りて一切《さい》の障害《しやうがい》を免《まぬ》かれ、極《きは》めて安穩《あんおん》を得《え》、又如法《またによはふ》に修行《しゆぎやう》怠《おこた》らざれば、水上行歩《すゐじやうかうほ》、飛行自在《ひかうじざい》を得《う》るものとしてある。

第二十二章　愛染明王の馬陰藏三昧

一、名義《めいぎ》、梵語《ぼんご》にては、羅誐《らが》ラガ、亦羅誐羅闍《またらがらじや》ラガラジヤ、誐摩訶羅《まからが》マカラガ等《など》といふ羅誐《らが》は愛染《あいせん》と譯《やく》し、羅闍《ちじや》は王《わう》と譯《やく》し、摩訶《まか》は大《だい》と譯《やく》す、愛染《あくせん》、又愛染王《またあいせんわう》、大愛染《だいあいせん》と稱《しよう》せらる、此《こ》の尊《みこと》は小野流《おのりう》の秘佛《ひぶつ》とする所《ところ》であつて、金剛薩埵《こんごうさつた》の所變《しよへん》とし、菩提速疾《ぼだいそくしつ》の法《はふ》に修《しう》せらる。

二、形像《けいざう》、普通《ふつう》の敬愛和合《けいあひわがふ》の本尊《ほんぞん》は、一身兩頭《しんりやうとう》、但《たゞ》し左面瞋赤《さめんしんせき》にして右面《うめん》は慈白《じはく》なり、遍身並《へんしんならび》に白《しろ》、又《また》は赤《あか》にして、像形金剛薩埵《ざうけいこんごうさつた》の如《ごと》し、左手《さしゆ》に鈴《すゞ》、右手《みぎて》に杵《きね》、頂上《ちやうじやう》に五色《しき》の光《ひかり》を放《はな》ち、月輪《ぐわつりん》の中《なか》に住《ちう》し、紅蓮花《べにれんげ》に坐《ざ》す、瑜祇經《ゆていきやう》に説《と》く所《ところ》は、身色日暉《しんしよくにつこん》の如《ごと》く、熾盛《しきせい》の輪《りん》に住《じう》し、三目威怒《もくゐど》にして視《み》る、首髻《しゆはつ》、師子冠《しぞくわん》あり利毛《りもう》ありて忿怒形《ふんどけい》なり、又五鈷鈎《またここう》を安《やす》んじて師子《し》の頂《いたゞき》に在《あ》り、五色《しき》の華鬘《げまん》を垂《た》れ、天帶《てんたい》を以《もつ》て耳《み》を覆《おほ》へり、左《ひだり》の手《て》には金《きん》の鈴《すゞ》を持《ぢ》し、右《みぎ》には五峰《ほう》の杵《きね》を執《と》れり、儀形《ぎけい》は薩埵《さつた》の如《ごと》くにして衆生界《しうじやうかい》に安立《あんりつ》す、次《つぎ》の左《ひだり》には金剛弓《こんごうきう》、右《みぎ》には金剛箭《こんごうせん》を執《と》れり、衆星《しうせい》の光《ひかり》を射《い》るが如《ごと》くにして、能《よ》く大染法《だいせんはふ》を成《じやう》す、左《ひだり》の手《て》には彼《かれ》を持《ぢ》し、右《みぎ》には打勢《だせい》の如《ごと》くす、一切惡心《さいあくしん》の衆《しう》、速《すみや》かに滅《めつ》して疑《うたが》ひあることなし、諸々《もろ〳〵》の花鬘《くわまん》の索《さく》を以《もつ》て絞結《かうけつ》して身《み》を嚴《かざ》れり、結伽趺坐《けつかふざ》して、赤色《せきしよく》の蓮《はす》に住《ぢう》す、蓮《れん》の下《した》に寶《ほう》瓶《べい》あり、兩畔《りやうはん》より諸寶《しよほう》を吐《は》けりと

三、種字《たねじ》、吽《うん》ウン、又《また》は弱鑁斛《じやくはんまく》、ジヤクバンコク、或《あるひ》は枳惹嚩《きじやくあ》訖《き》利《りく》キジヤクアリキリク。

四、三昧耶《まいや》形《けい》、五羯鈷《こかん》、箭《せん》、獅子冠《ししくわん》、五股鈷《こきん》、白蓮華等《びやくれんげとう》にして、四種法《しゆはふ》によりて異《こと》なれり、獅子冠《ししつわん》を戴《いたゞ》き居れる故《ゆゑ》、王者《わうじや》の三昧《まい》といふ。

五、印相《いんさう》、二手金剛縛《しゆこんごうしばり》にして、二中指《ちうし》を竪《た》て合《あは》せ、二頭指《とうし》を鈎《かぎ》の形《かたち》にし、二小指《せうし》と二大《だい》指《し》と竪《た》て合《あは》せ、五峰《ほう》の如《こと》くす、之《こ》れを羯磨印《かつまいん》と名《な》づけ、又三昧印《またさんまいや》と名《な》づく、即《すなは》ち五股印《こいん》なり、其《そ》の他《た》の印相《いんさう》あるも、修法《しゆはふ》の所《ところ》に記《き》すべし。

六、眞言《しんごん》、根本眞言《こんぽんしんごん》、心眞言《しんしんごん》、一字《じ》眞言《しんごん》、經破曜宿《きやうはえうしゆく》の眞言《しんごん》あり、宿曜家《しゆくえうか》に尊重《そんちやう》せらる。

七、修法《しゆはふ》、五種法《しゆはふ》に修《しゆ》せらるるも、就中調伏《なかんづくてうふく》と敬愛《けいあい》とに靈驗《れいけん》あり、古來《こらい》より深秘《しんぴ》の修法《しゆはふ》として尊重《そんちやう》せらる。

敬愛《けいあい》の印《いん》は、二手金剛華《しゆこんごうげ》にして相叉《あひさ》きて内《うち》に縛《はく》を爲《な》し、直《すぐ》ぐ二中指《ちうし》を竪《た》てて針《はり》のく如《ごと》し相交《あひまじ》へて即《すなは》ち染《せん》を爲《な》す、是《こ》れを根本印《こんぽんいん》といふ、眞言《しんごん》は、オン、マカラガ、バサロヒツニシ

ヤ・バサラサタバ、シャクウンバンコク・此《こ》の眞言《しんごん》を持《じ》し、印《いん》を以《もつ》て、心《しん》・額《がく》、喉《こう》、頂《いたゞき》に加持《かぢ》すれば、金剛頂《こうつうちやう》の身《み》の如《ごと》く一切《さい》の諸々《もろ〳〵》の罪垢《ざいこう》、直《たゞ》ちに滅《めつ》すべし、若《も》しくは寂災《じやくさい》と増《ぞう》益《えき》と愛敬《あいけい》と降伏《かうふく》と、孰《いづ》れにしても其《そ》の欲《ほつ》する所《ところ》に隨《したが》ひ、直《たゞ》ちに成就《じやうじゆ》す。

又《また》毒《どく》を解《と》き、食《しよく》を加持《かぢ》すれば、甘露《かんろ》の如《ごと》く、憎惡《ぞうを》の者《もの》は互《たがひ》に相愛敬《さうあひけい》するに至《いた》るべしといふ、又《また》宿曜《しゆくえう》の凌逼《れうひつ》せらるゝことある場合《はあひ》にも、之《こ》れに依《よ》つて其《そ》の災禍《さいくわ》を免《まぬ》がるるゆへ、二十八宿《しゆく》九星家《せいか》の歸依《きえ》する所《ところ》となる。

如來《によらい》が此《こ》の明王《みやうわう》の三昧《まい》を説《と》くとき、馬《め》陰藏《いんざう》三昧《まい》に入《い》り給《たま》へるなり、後世馬《こうせいうま》が欲《よく》を起《おこ》す時《とき》は陰《いん》を出《いだ》し、欲《よく》息《や》む時《とき》は陰《いん》を藏《ざう》するが如《ごと》く、煩惱自体《ほんのうじたい》の動靜斯《どうせいか》くの如《ごと》しと形容《けうよう》せるなりと曲解《きようかい》し、欲情煩惱《よくじやうぼんのう》の遂行《すゐかう》を以《もつ》て、愛染明王《あいぜんみやうわう》の三昧《まい》なりと爲《な》し、本遮《ほんしや》の義《ぎ》をたどり、金胎兩部《きんたいりやうぶ》に及《およ》ぼし、男女相愛《なんによさうあい》は之《こ》れ大日如來《だいにちによらい》の本願本誓《ほんぐわんほんせい》なり、其《そ》の欲《よく》そのままにして法性《ほつしやう》なりとて、大邪道《だいじやだう》に陷《おちい》れる立川流《たちかはりう》の如《ごと》きもの出《い》づるに至《いた》れり。

此《こ》の明王《みやうわう》の印《いん》、眞言《しんごん》を三十万遍結誦《へんけつしやう》すれば、一切《さい》のものに敬愛《けいあい》せられ、又《また》一切《さい》のものを調伏《てうふく》して、極《きは》めて安穩《あんおん》を得《う》るものとしてある。

第二十三章　天部の意義

佛教《ぶつけう》にて天《てん》とか、天部《てんぶ》とか、又別箇《またべつこ》に大黒天《だいこくてん》とか聖天《しやうてん》とかいふのは、儒教《じゆけう》にていふ天《てん》や我《わ》が國《くに》の古《ふる》き考《かんが》へ方《かた》の天《てん》、空等《そらとう》といふのとは、頗《すこぶ》る其《そ》の趣《おもむ》を異《こと》にするものがあるから、簡《かん》單《たん》に解説《かいせつ》するものである。

天《てん》は梵語《ぼんご》にて提婆《だいば》ダイバといふ、天等又《てんなどまた》は天部《てんぶ》といふ、諸天《しよてん》に等《ひと》しき徳《とく》と福《ふく》とを有《いう》し、又《また》は之《こ》れに部屬《ぶぞく》すといふ義《ぎ》である、天《てん》に四種《しゆ》あり、一は世間天《せけんてん》、諸國王《しよこくわう》即《すなは》ち天《てん》の福《ふく》を受《う》く二は生天《せいてん》、四天王《てんわう》已上《きじやう》より非《ひ》々想《さう》に至《いた》る、第《だい》三は淨居天《じやうこてん》、須陀恒《すだこつ》より菩薩《ぼさつ》に至《いた》る、四は解《かい》義天《ぎてん》、文義《ぶんぎ》に於《おい》て自在《じざい》なり、此《こ》の第《だい》四が即《すなは》ち夜叉《やしや》、羅刹《らせつ》、非人《ひにん》、龍種等《りうしゆとう》の屬《ぞく》するものである、時《とき》には人《ひと》をも天《てん》といひ得《う》ることがある、即《すなは》ち天《てん》は自然《しぜんじ》自在《ざい》の義《ぎ》、神通《じんつう》を有《いう》するものを指《さ》し、玆《こゝ》に所謂天《いはゆるてん》は、菩薩位《ぼさつくらゐ》の天《てん》、又《また》はその變化等《へんくわとう》にして、普通《ふつう》一般《はん》の天《てん》と稱《しよう》するものと異《こと》なるのである、故《ゆゑ》に修法上《しゆはふじやう》の功《く》徳廣大《どくくわうだい》不可思議《ふかしぎ》にして、佛《ぶつ》は勿論《もちろん》、菩薩《ぼさつ》、明王等《みやうわうとう》よりも下《か》位《ゐ》に在《あ》りて人間《にんげん》に近《ちか》きだけ、それだけ法驗《はふけん》の顯著《けんちよ》なるものがあるのである、其《そ》の代《かは》りに法《はふ》を乱《みだ》り犯《をか》すときは、責罰亦非常《せきばつまたひじやう》に嚴重《げんぢゆう》である。

此等《これら》の天等《てんとう》は、金胎兩部外金剛部《きんたいりやうぶほかこんがうぶ》の諸尊《しよそん》のうちに於《おい》ても、最《もつと》も尊敬《そんけい》せらるる天《てん》あるは固《もと》よりにして、八方天《はうてん》、十二天《てん》、二十天《てん》、五十天《てん》、六十九天《てん》の主尊《しゆそん》なるを以《もつ》て、行者《ぎやうじや》が心《こころ》を尊《あつ》くして信修《しんしゆ》する時《とき》は、効驗不可思議《こうけんふかしぎ》なるものあり、一應區別《おつくべつ》すれば、菩薩明王佛《ぼさつみやうわうぶつ》と天等《てんなど》とは、上下高卑《じやうかかうひ》の差《さ》あるも、此《こ》れ差別觀《さべつくわん》にして、平等眼《びやうどうがん》より見《み》れば、決《けつ》して優劣《いうれつ》あるものではない、畢竟《ひつきやう》は一佛《ぶつ》の作動出世《さどうしゆつせ》に外《ほか》ならぬのである。

天《てん》と云《い》ふけれども夜叉《やしや》もある、例《たと》へば護世四天王《ごせいてんわう》の如《ごと》きは、夜叉《やしや》とするけれども、是《こ》れ眞實《しんじつ》の夜叉《やしや》にはあらずして、天《てん》の忿怒形《ふんどけい》の尊《そん》である、之《こ》れに反《はん》して歡喜天《くわんきてん》、氷迦羅天《ひからてん》の如《ごと》きは、全《まつ》たく夜叉《やしや》であるけれども、只々成道《たゞ〳〵じやうだう》せるが故《ゆゑ》に、之《こ》れを天《てん》と名《なづ》けたのであつて、眞《しん》の夜叉《やしや》に相違《さうゐ》はないのである。

第二十四章　大黒天の本誓秘法

一、名義《めいぎ》、梵語《ぼんご》にては、摩訶迦羅《まかから》マカカラといふ、譯《やく》すれば大時《おほとき》の義《ぎ》となる、尤《もつと》も迦羅《から》は時《とき》とも、暗黒《あんこく》ともいはれる故《ゆゑ》、大黒天《だいこくてん》とせしより、大暗夜叉《だいあんやしや》ともいひ、荼吉尼《だぎに》を除《のぞ》かんが爲《た》め、化《くわ》して大黒神《だいこくしん》と作《な》り、荼吉尼《だぎに》に過《す》ぐること無量《むりやう》にして示現《しげん》し、灰《はい》を以《もつ》て身《み》を塗《ぬ》り曠野《くわうや》の中《うち》に於《おい》て術《じゆつ》を以《もつ》て悉《ことごと》く一切法《さいほふ》を成就《じやうじゆ》し、空《そら》に乘《じやう》じ水《みづ》を履《ふ》み皆礙《みなこ》ることなく、諸《もろもろ》の荼吉尼《だきに》を召《め》して之《こ》れを呵責《かしやく》して曰《いは》く、汝常《なんぢつね》に人《ひと》を噉《く》ふ故《ゆゑ》。我《わ》れ今汝《いまなんぢ》を食《しよく》すべしとて、之《こ》れを呑噉《どんかん》すと、之《こ》れ大日如來《だいにちによらい》が大黒天《だいこくてん》の忿怒身《ふんねしん》を現《あらは》し、荼吉尼《だきに》を降伏《かうふく》せることを明《あ》かせしものである。

二、形像《けいざう》、青色忿怒形《せいしよくふんどけい》、三面《めん》六臂《ぴ》にして毒蛇《どくぢや》を以《もつ》て臂劍《りうけん》と爲《な》し、髑髏《どくろ》瓔珞《えうらく》と爲《な》し、火《くわ》炎髮《えんはつ》あり、三目《もく》にして双牙《もろきはい》出で、右手《みぎて》一手《しゆ》には餓鬼《がき》の頭髮《とうはつ》を提《ひつさ》げ、左第二手《ひだりだいしゆ》に羊《ひつじ》の兩角《りやうつの》を提《さ》げ持《も》ち、左右《さいう》の第《だい》二手《しゆ》には醒《たまぐさ》き象皮《ざうひ》を背《せ》に張《は》り覆《おほ》ふ、其《そ》の凄絶《せいぜつこ》此れに及《およ》ぶものなし。尤《もつと》も今日傍間《こんにちはうかん》に行《おこな》はるる大黒天《だいこくてん》なるものは、日本《にほん》の大黒主命《おほくにぬしみこと》と相混《あひこん》じ頭巾《づきん》を被《かむ》り、槌《つち》を持《も》ち、俵《たはら》に乘《の》るを常《つね》とす、又大黒神法《また'だいこくしんはふ》には、長《た》け五尺又《しやくまた》は三尺又《じやくまた》は二尺《しやく》五寸《すん》とし、黑色《こくしよく》に烏帽子《えぼし》を冠《かむ》らしめ、袴《はかま》を着《つ》け、右手《みぎて》を拳《こぶし》にし、左手《ひだりて》に大袋《おほぶくろ》を持《ち》せしめ云々《うんぬん》とあり。

三、種字《たねじ》、摩《ま》マ、天《てん》の頭字《かしらじ》、吽《うん》ウン、天部《てんぶ》の通稱字《つうしようじ》なり。

四、三昧耶形《まいやけい》、袋《ふくろ》。

五、印相《いんさう》、内縛《ないはく》して兩無名指《りやうむめいし》、小《せう》の二指《し》を散《さん》じ立《た》つ、或《あるひ》は普印《ふいん》を用《もち》ふ。

六、眞言《しんごん》、オンマカラマ、ソバカ。

七、修法《しゆはふ》、戰勝《せんしやう》を祈《いの》る本尊《ほんぞん》なるも、普通《ふつう》には福徳《ふくとく》を求《もと》むるに修《しう》す。

大黒天《だいこくてん》を伽藍《がらん》に安置《あんち》し、毎日炊《まいにちかし》ぐ處《ところ》の飯《いひ》を分《わ》け上《のほ》りて、供養怠《くやうおこた》らざれば、寺中《じちう》に衆多《しうた》の僧《そう》を住《ちう》せしめ、毎日必《まいにちかなら》ず千人《にん》の僧《そう》を養《やしな》ふべし、又常人《またじやうじん》の宅《たく》にても、若《も》し三年間專心《ねんかんせんしん》に供養《くやう》すれば、大黒太《だいこくてん》は其《そ》の家《いへ》に來《き》たり供養《くわやう》の人《ひと》に、世間《せけん》の富貴並《ふうきならび》に富位爵祿《ふうゐしやくろく》を得《え》せしめんと、又大衆《またたいしう》の食屋《しよくや》に置《お》き禮供《れいく》すれば、堂房屋舍必《だうほうおくしやかなら》ず自然《しぜん》に榮《さか》へ、聚集涌《じゆしふわ》き出《い》でんと、又大黒天《まただいこくてん》の呪《じゆ》を持念《ちねん》し、四季大備《きたいび》の餚膳《かうぜん》、酒羹《しゆかん》、飯食乃至百《いんしよくないし》味《み》、五更《かう》の時《とき》を以《もつ》て人知《ひとし》れず供《きよう》すれば決定《けつてい》して福《ふく》を得《う》ると、又貿易商 業上《またほうえきしやうけふじやう》に利《り》を得《え》んと慾《ほつ》するものは、努《つと》めて此《こ》の尊《そん》を信念《しんねん》すべきなり。

大黒天神法秘密成就次第《だいこくてんしんはふひみつじやうじゆしだい》に曰《いは》く、此《こ》れ最《もつと》も秘密《ひみつ》なり、入室《にふしつ》の弟子《でし》に非《あ》らざれば傳授《でんじゆ》すべからず、千金《きん》だも傳《つた》ふる勿《なか》れ、努力《どりよく》せよ、常途《じやうと》の法《はふ》は十八道建立《だうこんりふ》とす、先《ま》づ供《きよう》一而《めん》を儲《まう》く次《つぎ》に少々《せうく》の菓《くわ》、次《つぎ》に香水《かうすゐ》一杯《はい》、次《つぎ》に塗香《とかう》一杯《はい》、花鬘《くわまん》一杯《はい》、燒香《せうかう》一杯《はい》、酒《さけ》一杯《はい》、次《つぎ》に洗米《せんまい》一杯《はい》、銀錢《ぎんせん》一捧《ほう》、次《つぎ》に洗手漱口《せんしゆそこう》、次《つぎ》に護身《ごしん》、入堂《にふだう》、次《つぎ》に禮佛《らいぶつ》、着坐《ちやくざ》、次《つぎ》に塗香手《とかうて》に塗《ぬ》る、加《か》持香水《ちかうすゐ》、次《つぎ》に供物《くもつ》を灑淨《れいじやう》す、次《つぎ》に加持《かぢ》飯食《いんしよく》の印《いん》と眞言《しんごん》、次《つぎ》に鑁字觀《まんじくわん》、次《つぎ》に勸請《くわんせい》、次《つぎ》に閼伽《おか》次《つぎ》に華坐《げざ》、次《つぎ》に塗香《とかう》、次《つぎ》に華鬘《げまん》、次《つぎ》に燒香《せうかう》、次《つぎ》に飮食《いんしよく》、次《つぎ》に燈明《たうみやう》、次《つぎ》に銀錢《ぎんせん》、次《つぎ》に普供養《ふくやう》次《つぎ》に讃印《さんかう》、次《つぎ》に諦緣度《ていゑんど》、次《つぎ》に心經《しんきやう》、次《つぎ》に隨意祈願《ずいいきぐわん》、根本印《こんぽんいん》と眞言《しんごん》、次《つぎ》に閼伽《おか》、次《づぎ》に啓伯《けいはく》、所設供養《しよせつくやう》・次《つぎ》に禮拜《らいはい》、次《つぎ》に撥遣《はつけん》、次《づぎ》に護身《ごしん》、次《つぎ》に着座《ちやくざ》、諸天讚《しよてんさん》。

又《また》七目《もく》千坐《ざ》秘密法《ひみつはふ》あり、一に頓得成就法《とんとくじやうじゆはふ》といふ、一種《しゆ》の略念誦法《りやくねんしやうはふ》である、先《ま》づ供物《くもつ》を普通《ふつう》に辨備《べんび》し、次《つぎ》に護身法《ごしんはふ》、次《つぎ》に灑水《れいすゐ》、次《つぎ》に供物加持《くもつかぢ》、次《つぎ》に飯食印《いんしよくいん》、次《つぎ》に道場觀《だうぢやうくわん》、法界《ほふかい》定印《ぢやういん》を結《むす》び・大日《だいにち》の眞言《しんごん》を誦《しやう》す、觀想《かんさう》、壇上《だんじやう》に鑁字《はんじ》あり、變《へん》じて法界塔婆《はふかいたうは》となり、大日如來《だいにちによらい》となり、不動明王《ふどうみやうわう》となり、明王《みやうわう》變《へん》じて大黑天《だいこくてん》となると、次《つぎ》に五股印《こいん》、呪《じゆ》を誦《しやう》す、火《つぎ》に大《だい》黑天《こくてん》の根本印明《こんぽんいんめい》、次《つぎ》に祈願《きぐわん》。

第二十五章　毘沙門天の隱形飛行呪殺密法

一、名義《めいぎ》、梵語《ぼんご》にては、吠室羅摩拏《うえしらまだ》ウヱシラマダ、譯《やく》して多聞天《たもんてん》と爲《な》し、又種々門《またしゆくもん》ともいふ、毘沙門《びしやもん》は梵音《ぼんおん》のなまりである、四天王《てんわう》の北方《ほくはう》の守護神《しゆごしん》であつて、天部《てんぶ》にては聖天《しやうてん》と倶《とも》に尤《もつと》も崇尊《すうそん》せられて居《ゐ》る、功徳經《くどくきやう》に無量《むりやう》の福徳《ふくとく》を得《う》、一切世間《さいせけん》に於《おい》て喩《たと》ふるにものなし此《こ》の天王《てんわう》の左手中《さしゆちう》より無量《むりやう》の七珍寶《ちんほう》を出《いだ》し、右手《みぎて》中《ちう》より一切法藏《さいはふざう》を顯《あら》はし、諸々《もろ〳〵》の衆生《しうじやう》に隨《したが》て一切寶物《さいほうもつ》を賜與《しよ》せんとす、若《も》し毘沙門天王《びしやもんてんわう》の名《な》を聞《き》かば、一切《さい》の業障《ごふしやう》を消滅《せうめつ》し、菩提《ぼだい》を成就《じやうじゆ》すと、如來《によらい》の道場《だうちやう》を守《まも》て、常《つね》に説法《せつぽふ》を聞《き》く故《ゆゑ》に、多聞《たもん》といふ。

二、形像《けいざう》、二鬼《き》の上《うへ》に坐《ざ》し、甲冑《かつちう》を着《き》て、左掌《さしやう》に塔《たふ》あり、右手《みぎて》寶捧《ほうほう》を執《と》る。

三、種子《たねじ》、吠《はい》バイ。

四、三昧耶形《まいやけい》、寶捧《ほうほう》又《また》は塔《たふ》。

五、印相内縛《いんさうないばく》して、二無名指《むめいし》を立《た》て合《あは》せ、二頭指《とうし》を立《た》て開《ひら》く、是《こ》れ夜叉印《やしやいん》にして此《こ》れを根木印《こんほんいん》となす、次《つぎ》に迦駄棒印《かたほういん》、虚心合掌《きよしんがつしやう》して二小指《せうし》を内《うち》に入《い》れ、其《そ》の頭指《とうし》を屈《くつ》して中指《なかゆび》の遍《へん》に置《お》き、相着《あひつ》けざるをいふ、又寶珠印《またほうしゆいん》あり、内縛《ないばく》して二中指《ちうし》を立《たて》て合《あは》せ寶形《ほうけい》によせるをいふ。

六、眞言《しんごん》、小呪《せうじゆ》は其《そ》の名《な》に歸命《きめう》を加《くは》へたるもの、降伏眞言《かうふくしんごん》は、オン、チシナバイシラ、マダヤマカラシヤヤヤクカシヤ、チバタナホバガバテイマタラハタニ、ソバカ、又隨軍護《またずゐぐんご》法眞言《はふしんごん》は、ノウマクラタノウタラタヤヤ、アタキヤロボタラヤチシヤヤ、ハイシラマダヤマカラジヤヤ、ヤクカシヤチバタバ、ソトタソソシツラバラソバカ、ダヤキマタタタビハラシヤヤメイバタヤタホセイジクシヤバイシラバイシラマダヤマカラシヤヤキバダカヂタラマジヤウトババ、ナバシヤタヤシヤナホハガバテイシツデントバタラハタヂワバカ。

七、修法《じゆほふ》、福徳《ふくとく》を祈《いの》るに修《しゆ》し、又軍陣《またぐんじん》にも行《おこな》ふ、我《わ》が國《くに》にては七福神《ふくじん》の一とす、福神《ふくじん》にして勇猛神《ゆうもうじん》である、修法《しゆほふ》の特別法《とくべつはふ》として、浴油法《よくゆうはふ》、洒浴法《しゆよくはふ》を為《な》すことがある、黒耳天《こくじてん》をも併《あは》せて供養《くやう》す。

前《まへ》の降伏眞言《かうふくしんごん》を誦《しやう》し、至心《ししん》に祈念《きねん》するときは、佛法《ぶつはふ》を排斥《はいせき》するもの也《なり》、國王《こくわう》に反逆《はんぎやく》するもの、其《そ》の他總《たすべ》て善法《ぜんはふ》に相違《さうゐ》するものを降伏《かうふく》することを得《う》、但《たゞ》し行法《ぎやうはふ》の際《さい》は、行者《ぎやうじや》は種々《しゆ〲》の花燒香《はなせうかう》を供養《くやう》し、上下《じやうげ》の衣服《いふく》を清淨《せいじやう》にし、一度《たび》厠《かはや》に行《ゆ》くときは常《つね》に護身《ごしん》し、黒月《くろづき》（十五日以後《にちいご》）の十五夜《や》に起首《きしゆ》し、三十万遍《べん》を誦《しやう》し、香泥《かうでい》を収《と》りて尊像《そんざう》に供養《くやう》し、松葉《せうえふ》を護摩《ごま》を為《な》すべし。

若《も》し惡人《あくにん》ありて、比丘《びく》、比丘尼《びくに》を犯《おか》すときは、苦楝木《くれんず》を以《もつ》て護摩《ごま》すること七日《か》なれば、惡人即《あくにんすなは》ち珍滅《ちんめつ》す、又怨人暴惡人《またおんにんばうあくにん》を降伏《かうふく》せんとするときは、苦楝木《くれんず》以《もつ》て護摩《ごま》し、また苦楝木《くれんず》の汁《しる》が煮《に》へ出《い》づる時《とき》に黄土《わうど》に和《わ》せ、怨敵《おんてき》の人形《にんぎやう》を作《つく》り、胸《むね》の上《うへ》に姓名《せいめい》を書《しよ》せるもの十箇《こ》を七日《か》の中《うち》に火中《くわちう》に投《とう》じ、數々《しばしば》呪《じゆ》を誦《しやう》し作印《さくいん》せば、彼《か》れ亡《ほろ》ぶること疑《うたがひ》なし。

又衆生《またしうしやう》あり、七珍《ちん》を得《え》んと思《おも》はゞ、父母兄弟姉妹眷屬《ふぼけいていしまいけんぞく》を撰《えら》ばず、前法《ぜんはふ》により柏木《かしはぎ》を以《もつ》て護摩《ごま》すれば、一切《さい》の珍寶自《ちんぽうみづか》ら來《き》たる、又妻子奴婢車乘及《またさいしどひしやじやうおよ》び六畜《ちく》を求《もと》めんとするときも同《どう》一法《はふ》に依《よ》るべし。

又《また》一切《さい》の諸人及《しよにんおよ》び惡人《あくにん》に對《たい》し、勝《かち》を制《せい》せんと思《おも》はば、松木《せうぼく》を以《もつ》て三戟鞘《げきさや》を作《つく》り、數々壇《しばしばだん》底《てい》を打《う》ち、其《そ》の壇《だん》の底《そこ》に相手《あひて》の人形《にんぎやう》を置《お》くこと三、數々《しばしば》打てば數々悶絶《しばしばもんぜつ》す。

又阿修羅《またあしゆら》窟《くつ》の門《もん》にあて、三戟鞘《げきさく》を以《もつ》て打《う》てば、自《みづか》ら口《くち》を開《ひら》くべし、又胡《またご》粉《ふん》を以《もつ》て温《うん》に和《な》して護摩《ごま》すれば、天供《てんく》四万人《にん》、必《かなら》ず來《き》たりて敵國兵《てきこくへい》を破《や》ぶり殄滅《ちんめつ》せしむ。

又前《またまへ》に示《しめ》したる隨軍護法眞言《ずいぐんごはふしんごん》を念誦《ねんしやう》し、降伏《かうふく》は黑月《くろづき》十五夜《や》、息災《そくさい》は白月《しろづき》十五夜《や》に起首《きしゆ》し如法《によほふ》に修行《しゆぎやう》して、十万遍《べん》に及《およ》び薰陸香《くんりくかう》一百八顆《くわ》を取《と》り、一呪《じゆ》一顆之《くわこ》れを火中《くわちう》に投《とう》ずれば、毘沙門天現身《びしやもんてんげんしん》す、其《そ》の時行者飯食《ときぎやうじやいひじき》を取《と》りて供養《くやう》すれば、一切《さい》の所願《しよぐわん》成就《じやうじゆ》す、若《も》し現身《げんしん》せざることあるも、聲《こゑ》を聞《き》くか、或《あるひ》は大風雲通過《だいふううんつうくわ》して、其《そ》の壇上《だんじやう》を布《し》くことあり、之《こ》れ成就《じやうじゆ》の證《しやう》なり。

又雨《またあめ》をそふには、杳子《じうし》一百八顆《くわ》、取《と》り、都《すべ》て呪《じゆ》すること二十一遍《へん》、龍《りう》ある水中《すゐちう》に着《つ》くれば必《かなら》ず雨《あめ》ふる、又雨《またあめ》を止《や》めんとするには、梧桐《きり》の子《み》を取《と》りて、之《こ》れを火中《くわちう》に燒《や》きて護摩《ごま》すれば卽《すなは》ち止《や》む。

又行者食《またぎやうじやしよく》を求《もと》めんと思《おも》はゞ、先《ま》づ鉢《はち》を呪《じゆ》すること一百八遍《へん》なれば、至《いた》る所必《ところかなら》ず飮食《いひぢき》を供《きよう》す、飮食《いんしよく》し了《をは》りて殘《のこ》りあれば、自《みづか》ら化《くわ》し去《さ》る、此《こ》の他自身《ほかじしん》に威光《ゐくわう》あらしめんとすれば墨《すみ》を呪《じゆ》し額上《かくじやう》に塗《ね》るべく、又灰《またはい》を呪《じゆ》して其《そ》の身《み》に塗《ね》れば、大衆《たいしう》の中《なか》にて大福德《だいふくとく》の相《さう》を現《あら》はし、長途《ちやうと》を行《ゆ》くに印呪《いんじゆ》すれば行路難《かうろなん》なく、奔馬《ほんば》よりも疾《すみや》かなり、惡人《あくにん》の手《て》を呪《じゆ》すれば、其《そ》の人疾《ひとや》みて抗敵《かうてき》する能《あた》はず、又童男童女《またどうなんどうによ》を加持《かぢ》すれば、神憑《かみた》りして三世《せい》一切《さい》の事《こと》を問《とひ》に隨《したが》ひて答《こた》ふべし、病源《びやうげん》を知《し》り、治方《ぢはう》を知《し》ることも亦易《またやす》し。

又法《またはふ》の如《ごと》く至心《ししん》に供養《くやう》し、赤銅鉢《あかどうと》一枚《まい》を取《と》り、雄黃《ゆわう》三兩《りやう》、細《こま》かに擣《つ》きて密水《みつすゐ》に和《ま》せて丸《ぐわん》と爲《な》し、像《ざう》の前《まへ》に置《お》き、荷葉《かえふ》を取《と》りて上《うへ》に覆《おほ》ひ手《て》を以《もつ》て之《こ》れを掩《お》ひ、呪《じゆ》して息《いこ》はざれば、一切《さい》の所願成就《しよぐわんじやうじゆ》し、天尊《てんそん》の相《さう》を見《み》ることを得《う》、若《も》し烟《けむり》出《い》づる時《とき》は取《と》りて身上《しんじやう》に塗《ね》るべし、若《も》し火《ひ》出《い》づる時《とき》は手《て》に火炎《くわえん》　取《と》りて　《もち》ひて面上《めんじやう》に塗《ね》れば、一切《さい》の人《ひと》は見《み》て以《もつ》て大《おほい》に敬仰歡《けいかうくわん》喜《き》すべし。

又舍利《またしやり》堂搭《だうたふ》の前《まへ》にて午黃《こわう》を呪《じゆ》し、前《まへ》の葉法《えふはふ》に依《よ》り身《み》に塗《ね》れば、一切《さい》の福德《ふくとく》盡《ことごと》く其《そ》の身《み》に集《あつ》まる。

又舍利塔《またしやりたふ》の前《まへ》に於《おい》て、香《かう》を地《ち》に塗《ぬ》り、香華《かうげ》を壇内《だんない》に散《さん》じ、上妙供養《じやうめうくやう》し了《をは》りて、梨《なし》の木《き》を取《と》り合子《がふす》を作《つく》り、安膳那石《あんぜんやせき》を末《まつ》と爲《な》し、秦膠水《しんこうすゐ》を用《もち》ひて丸子《ぐわんし》と爲《な》し、合子《がふす》のうちに盛《も》りて壇中《だんちう》に置《お》き、行者《ぎやうじや》新《あら》たに淨衣《じやうい》を着《ちやく》し、像《ざう》の前《まへ》に於《おい》て一日食《にちしよく》せず、此《こ》の呪《じゆ》を誦《しやう》すること一千八十遍《へん》了《を》りて、また、烟《けむり》、火《ひ》、煖《だん》の三相《さう》を現《げん》すべし、更《さら》に一千八十遍呪《へんじゆ》し訖《をは》りて眼《め》に塗《ぬ》り竟《を》はり、更《さら》に脚掌《きやくしやう》、心中《しんちう》、胸前《けうせん》、兩膊《りやうでん》の上《うへ》、頂《いたゞき》に塗《ぬ》り、至心《ししん》に合掌《がつしやう》して、身虚空《みこくう》の如《ごと》しと思《おも》ひ、身相自已《しんさうじこ》の想念《さうねん》を作《な》すことなければ、卽《すなは》ち行者《ぎやうじや》の形《かたち》を隱《かく》して、日《ひ》日千里《り》を行《ゆ》くことを得《う》、一切《さい》の事業《じげふ》みな並《ならび》に悉《ことごと》く成《なら》ず、又外道《またげだう》を伏《ふく》せんとするには、自身《じしん》の血《ち》と魚《さかな》の血《ち》とを取《と》り、瞋心《しんしん》を以《もつ》て呪《じゆ》すること二十一遍《へん》、火中《くわちう》に投《とう》ずれば、火中《くわちう》に入《い》るも其《そ》の身《み》を燒《や》かず、外道忽《げだうたちま》ち屈伏《くつぷく》す。

第二十六章　吉祥天の天女現身不思議法

一、名義《めいぎ》、梵語《ぼんご》にては、摩訶室利《まかしり》マカシリといふ、功徳天《くどくてん》、又《また》は吉祥天《きつしやうてん》と譯《やく》す、千手觀《しゆくわん》音《おん》の下《した》に位《くらゐ》す、或《あるひ》に毘《び》沙《しやもんてん》　天の婦《よ》なりとして北方《ほくはう》に位《くらゐ》することあり、或《あるひ》は那《な》羅《ら》延天《えんてん》の妃《ひ》として西方《せいはう》に座位《ざゐ》すともいふ、寶嚴世《はうげんせ》界《かい》に於《おい》て等正覺《とうせいかく》を成《しやう》じ、吉祥摩尼《きつしやうまに》寶生如來《はうしやうにようい》となるといふ、此《こ》の天《てん》は如意《によい》寶珠《はうしゆ》を三昧《まい》とするを以《もつ》て、特《とく》に尊崇《ぜんすう》せられ、後《のち》七日《か》の修法《しゆはふ》にすら供養《くやう》せらる、一切貧窮業障《さいひんぎうごふしやう》を除《のぞ》き、大富貴《だいふうき》豐饒財寶《あいげうざいはう》を得《うる》といふ。

二、形像《けいざう》、半跏《はんか》趺坐《ふざ》、手《て》に蓮花《れんげ》を執《と》り、衣《い》服鐶釧《ふくくわんくん》、七寶《はう》の瓔珞《えうらく》に莊嚴《さうこん》す、他《た》に種々《しゆく》の異《い》像《ざう》あり。

三、種字《たねじ》、阿《あ》落《らく》アラク　は吉祥《きつしやう》の義《ぎ》である。

四、三昧耶《まいや》形《げい》、如意《によい》寶珠《ほうしゆ》。

五、印相《いんさう》、八葉蓮花《えふれんげ》印《いん》を常《つね》とす、又被《またひ》甲印《かういん》、及《およ》び其《そ》の他《た》十一印《いん》あり。

六、眞言《しんごん》、小呪《せうじゆ》はオン、マカシリヱイ、ソバカ、又《また》はアラキシツミノウシヤヤ、本尊《ほんそん》の名《な》に歸命《きみやう》と成就《じやうじゆ》とを加《くは》ふるを常《つね》とす、大呪《だいじゆ》は、ハリフロナ　シヤリマンマンダ、タシヤニマカビカラキヤテイ、サンマンダ、ビダナカテイ、マカカリバテイ、ハバミキサハリ、サンマンダ、シユハレイフレイ、アヤナダルマテイ、マカビコリテイ、マカミロクヒソウギヤテイ、ケイテイシ、サンハリギギテイ、サンマンダアダ、アトシヤラ　。

七、修法《しゆはふ》、福徳《ふくとく》を求《もと》むるに行《おこな》ふ。

此《こ》の天《てん》の像《ざう》を造《つく》るには、未《いま》だ嫁《とつ》かざる女《をんな》の十五才《さい》なるものを擇《えら》び、絹《きぬ》一丈《じやう》四尺《しやく》を織《を》らしめ、前《まへ》の大呪《だいじゆ》を用《もち》ひて、黄午《おうぎう》の屎《ねう》を呪《しう》すること一千八十遍《へん》、屎《ねう》を以《もつ》て其《そ》の絹《きぬ》の面《めん》にそそぎ白月《しろづき》の八日《か》より十四日《か》の間《あひだ》に、淨好《じやうかう》の泥地《でいち》に、四肘《ちう》の水壇《すゐだん》を作《つ》くり、釋迦像《しやかざう》一軀《く》を取《と》りて壇中《だんちう》に安置《あんち》し、種々《しゆく》の香華《かうげ》飯食《いひぢき》燃燈《ねんたう》五盞《せん》を供養《くやう》し、一畫師《ぐわし》の上好手《じやうかうしゆ》なる者《もの》を喚《よ》び、日々《にちく》八齋戒《さいかい》を受與《じゆよ》し、淸淨洒浴《せいじやうしやよく》せしめ、また畫師《ぐわし》に護身印《ごしんいん》を爲《な》さしめ、共《とも》に其《そ》の功力《くりき》に隨《したが》ふべし其《そ》の像《ざう》の身長《しんちやう》一尺《しやく》三寸《すん》五分《ぶ》云々とあり、其《そ》の他作像《ほかさくざう》の法多《はふおほ》し。

此《こ》の天《てん》の修法《しうはふ》を行《おこな》はんとするには、正月《しやうぐわつ》、三月《ぐわつ》七月《ぐわつ》を以《もつ》て入壇《にふだん》すれば、天女歡喜《てんにょくわんき》し、余《よ》の月《つき》は容易《ようい》に成就《じやうじゆ》せずといふ。

大力《たいりき》の鬼《おに》を伏《ふ》せんとするには木患子《もくげんし》を燒《や》き法《はふ》を作《な》すべし、又薰陸香《またくんりくかう》、尻倶樹華《にくねゆえふ》や、種々《しゆく》の華《げ》を呪《しう》し、又黄牛《またおうぎう》の蘇《そ》を以《もつ》て燈《たう》を燃《ねん》し、毎々《つねく》に是《か》くの如《ごと》くし、前《まへ》の華《げ》果《くわ》を取《と》り呪《しう》すること一百八遍《へん》、一遍《ぺん》一度《ど》火中《くわちう》に擲着《てうちやく》し、一日《にち》に三度《ど》、十五日《にち》にて滿足《まんぞく》す、斯《か》くすれば財寶衣《ざいほうい》裳《しやう》五穀《こく》更《さら》に欠乏《けつはふ》することなし。

又《また》あらゆる病人《びやうにん》の身上《みじやう》の一切《さい》の痛《いた》む所《ところ》をみな、黒《くろ》き羊《ひつじ》の毛《け》の繩《なは》を以《もつ》て結《むす》び、二十一結《けつ》を作《つく》り、一結《けつ》一呪《しう》し、痛《いた》む所《ところ》にかけ安《やすん》ずれば、即《すなは》ち除《のぞ》き癒《い》ゆ、又病人《またびやうにん》の牀底《しやうてい》に向《むか》つて、毎夜《まいよ》雄《ゆ》黃《おう》幷《ならび》に白芥子《しろけし》鹽等《しほとう》を燒《や》けば、鬼《なに》は藥氣《やくけ》を聞《きい》て、身《み》劈裂《へきれつ》し、退散馳遁《たいさんちとん》す、又牛黃《またごおう》と相思草《さうしぐさ》とをとり擣《つい》て末《こな》となし、之《こ》れを呪《しう》すること一百八遍《へん》、額上《かくじやう》の前《まへ》に塗着《とちやく》すれば、一切《さい》の障難《しやうなん》自然《しぜん》に散滅《さんめつ》す。

若《も》し又敬愛《またけいあい》を得《え》んと思《おや》はば　丁香畢龍腦《ちんげうえふりうのう》を取《と》り、擣《つい》て末《こな》と爲《な》し、之《こ》れを呪《しゆ》すること一千八十遍《へん》、用《もち》ひて心上《しんじやう》に塗《ね》り、又《また》一分《ぶ》を取《と》り緋《ひ》の袋《ふんろ》を以《もつ》て、之《こ》れを成《しやう》じ頂上《ちやうじやう》に安《やす》んずれば一切衆生《さいしうじやう》見《み》るもの愛敬《あいけい》を念《おも》はざるはなし、若《も》し怨家《おんか》をして病《や》ましめんと欲《おも》はば、吉祥天《きつしやうてん》の像《ざう》の前《まへ》に當《あた》り一肘《ちう》の水壇《すゐだん》をたて壇門《だんもん》の邊《あたり》に紫檀木《したんもく》を燒《や》き、市死人《つしにん》の臂骨《へきこつ》と野芥子《のけし》と訶梨勒《かりろく》とを取《と》り、燒《やい》て灰《はい》と爲《だ》し乳汁《にうじう》を和《ま》せ、彼《か》の怨人《おんじん》の形像《けいちう》を圖《づ》し、呪《しう》を誦《しよう》し、右手《みぎて》を以《もつ》て刀《とう》を把《にぎ》り、左手《ひだりて》に執持《しうち》し、瞋心《しんしん》を作《な》して呪《しう》を誦《しよう》すること一百八遍《へん》、また左脚《さきやく》を以《もつ》て怨《うら》みある人《ひと》の圖畵《づぐわ》の心上《しんじやう》を蹋《け》ること二十一遍《へん》、誦《しよう》するときに吽梯《うんはつた》ウンハツタを加《くは》ふ、斯《か》くすれば怨家《おんか》亡《ほろ》ぶ。

又吉祥天《またきつしやうてん》を見《み》て、直接問答《ちよくせつもんだふ》せんと思《おも》はば、一大蓮華《だいれんげ》地《いけ》に詣《いた》り、左《さ》手《しゆ》を以《もつ》て香爐《かうろ》を取り、蓮華《れんげ》地《いけ》に入《い》り、其《そ》の池中《ちちう》の一華《くわ》を摘《つ》み取《と》り、之《こ》れを呪《しう》すること一遍《べん》、又中《またなか》に擲《う》ち、是《かく》の如《ごと》くすること一萬遍《べん》に滿《み》つれば、其《そ》の時吉祥天《ときぎつしやうてん》は七寶《ほう》の座《ざ》に乘《の》り、自《みづか》ら相好《さうがう》の貌《かほ》を以《もつ》て、水《すゐ》中《ちう》に出現《しゆつげん》し給《なぎ》ふ、行者《ぎやうじや》は銀盃《ぎんはい》を以《もつ》て中《なか》に龍腦香《りうのうかう》水《すゐ》を盛《も》り滿《み》たしめ、其《そ》の出《い》で給《たま》ふ處《ところ》に於《おい》て水《みづ》を以《もつ》て、之《こ》れを撥《はつ》すれば、吉祥天曰《ぎつしやうてんいは》く、汝何《なんぢなに》を欲《ほつ》するやと、行者《ぎやうじや》は答《こた》へて、少分《せうぶん》を減《げん》じて我《わ》れに施《ほどこ》し給《たま》へと、斯《か》くて天尊《てんそん》は去《さ》り給《たま》ふ、其《そ》の以後《いご》より行者《ぎやうじや》のゆく處《ところ》みな財寶《ざいほう》を得《う》べし。

又道場《またどうじやう》を莊嚴《さうごん》し、天尊《てんそん》の像《ざう》を西《にし》に向《む》け、寸截《すんさい》の紫檀木《したんもく》、苦楝木《くれんもく》の二種物《しゆもつ》を、悉《ことごと》く酪酥《らくそ》密《みつ》を以《もつ》て塗《ぬ》り、一段木《だんき》を塗《ぬ》ることに一呪《じゆ》し、火中《くわちう》に擲《う》ち、是《か》の如《ごと》くすること一百八遍《へん》すること一日《にね》三回《くわい》、二十一日間行《にちかんぎやう》すれば、日々銀錢《にち〳〵ぎんせん》五百文《もん》を得《う》べし。

又優鉢羅華《またうはらげ》を取り、（此《こ》の花《はな》なければ青蓮華《あをれんげ》の初《はじ》め出《い》でしもの、舍利波尼鞞《しやりはにひ》、沙多波尼《もんたはに》、摩陀那香《まだなかう》、摩盧伽香《まろかかう》、摩那比羅《まなひら》の六種《しゆ》を等分《とうぶん》し、擣《つ》きて末《こな》と爲《な》し、雪水《ゆきみづ》に和《わ》して丸《ぐわん》と作《な》し丸《まる》の大《おほき》さ小棗《せうそう》の如《ごと》くにし、金銀《きんぎん》の合子《がふす》に此《こ》の藥丸《やくぐわん》を盛《も》り重《かさ》ね、前法《せんぽふ》の如《ごと》くし日夜呪《にちやじゆ》を誦《しよう》して息《や》まざれば、藥自然《くすりしぜん》に動《うご》く、動《うご》けば藥《くすり》を口中《こうちう》に擲《う》ち入《い》れ、含《ふく》み了《をは》りて出《い》づれば、見《み》るもの一切歡喜《さいくわんき》し、日《ひ》三　千里《り》を行《ゆ》くことを得《う》。

此《こ》の他障難消滅《ほかしやうなんせうめつ》、患痛平癒《くわんつうへいゆ》、惡人調伏等《あくにんてうふくとう》の殊法多《しゆほふおほ》きが、特《とく》に像《ざう》の前《まへ》に四肘《ちう》の水壇《すゐだん》を造《つく》り壇《だん》の中心《ちうしん》に一肘《ちう》の火抗《くわかう》を穿《うが》ち、深《ふか》さ七寸《すん》、十二葉《えふ》蓮華形《れんげがた》を畫《えが》き作《さく》し、中《なか》に紫檀木《したんぼく》、桑木《さうぼく》の柴《しば》を燒《や》くべし。柴《しば》の長《なが》さ一肘《ちう》、各々《おのおの》一束《そく》百八本《ほん》とす。是《か》くの如《ごと》くすること毎日《まいにち》三囘《くわい》、像《ざう》の前《まへ》に之《こ》れを燒《や》き、種々供養《しゆじゆくやう》し、並《ならび》に酥酪《くわろ》、粳米粟《かうまいくわ》、蕎麥華《そばくわ》を燒《や》き、大身呪《たいしんじゆ》を誦《しよう》すること十萬遍《べん》に至《いた》れば、天女歡喜《てんによくわんき》して、恒《つね》に大驗《たいけん》を具《そな》ふ。尤《もつと》も此《こ》の法《はふ》を行《おこな》ひ、此《こ》の呪《じゆ》を誦《しよう》するときは、婬欲《いんよく》を得《う》ふことを得《え》ず、世《よ》或《あるひ》は此《こ》の天《てん》と辨財天《べんざいてん》とを混《こん》するものあり、或《あるひ》は福《ふく》は此《こ》の天《てん》、辨財天《べんざいてん》は辨舌《べんぜつ》のみと云《い》ふものあり、本誓《ほんせい》は異《こと》なるも、辨財天《べんざいてん》にも福德《ふくとく》を具《ぐ》す、誤《あやま》るべからず。

第二十七章　帝釋天の加護妙法

一、名義《めいぎ》、梵語《ぼんご》にては、釋迦提婆因陀羅《しやかだはいんだら》と號《がう》し、釋提桓因《しやだこういん》又《また》は單《たん》に因陀羅《いんだら》といふ、因陀羅《いんだら》ば天主《てんしゆ》、又《また》は帝《たい》と譯《やく》し、釋迦提婆《しやかだは》の頭字《かしらじ》を取《と》つて、帝釋天《たいしやくてん》といふ、此《こ》の天《てん》は印度《いんど》の軍神《ぐんしん》であつて、常《つね》に阿修羅《あしゆら》と戰《たゝか》ひ、四魔《ま》を征《せい》し、邪神《じやしん》を服《ふく》するを以《もつ》て、大《おほい》に尊崇《そんすう》せられ、往《わうこ》たは印度四姓《いんどくわいしやう》を支配《しはい》する梵天《ぼんてん》と相並《あひなら》んで無上《むじやう》の信仰《しんかう》を受《う》けしが、佛都興隆《ぶつけうかうりう》してよりは、普通《ふつう》一般《はん》の天尊《てんそん》と同視《どうし》せらるゝに至《いた》れり、此《こ》の天《てん》は地居《ちきよ》の主《ぬし》にして、衆生《じゆしやう》の所作《しよさ》の善悪《ぜんあく》を注記《ちうき》す、此《こ》の天喜《てんよろこ》ぶ時《とき》は國土安穩《こくどあんおん》にして人民亂《じんみんみだ》れず、此《こ》の天瞋《てんいか》る時《とき》は刀兵相闘《たうへいあひたゝか》ひ、諸王悉《しよわうことごと》く安《やす》からずといふ。

二、形像《けいざう》、妙高山《めうかうざん》に安住《あんぢう》し、寶冠《ほうくわん》を戴《いたゞ》き、瓔珞《あうらく》を被《かう》むり、金剛杵《こんがうきね》の印《いん》を持《ぢ》す、猶《な》ほ此《こ》れに異《こと》なる像《ざう》も種々《しゆ〴〵》あり。

三、種字《たねじ》、吽《うん》ウン。

四、三昧耶形《まいやけい》、獨股《どくこ》又《また》は三股《こ》。

五、印相《いんさう》、内縛《ないはく》して二頭指《とうし》を竪《た》て合《あは》せ、二大指《だいし》を並《なら》ぶるものを普通《ふつう》とす、拳《こぶし》、中指《ちうし》を竪《たて》て、指頭《しどう》を背《せ》に附《つ》くるものもあり。

六、眞言《しんごん》、バキラヤ、ソバカ、又《また》はオン、バサラ、ユタ、又《また》はインダラヤ、ソバカ。

七、修法《しうはふ》、福徳《ふくとく》を祈《いの》り、戰勝《せんしよう》を祈《いの》る、鈴明天皇《れいめいてんのう》の朝《てう》、密法的《みつはふてき》の修法《しうはふ》として、始《はじ》めて行《おこな》はる。

此《こ》の天《てん》を供養《くやう》し、十八道立《だうりつ》の修法《しうはふ》を爲《な》し、前記《ぜんき》の印明《いんめい》の他《ほか》、更《さら》にオン、キヨバミリキヤキヨバカミリキヤ、ナヲアラジンジヤウ、アラウバカ、アキヤシユラウキヤ、バカテイ、シナハラソク、ソバカを誦《とな》へ、又單《またたん》に朝夕禮拜《てうせきらいはい》するのみにても。帝釋天《たいしやくてん》の他《ほか》、一切《さい》の諸天《しよてん》常《つね》に加護《かご》して、心身安穩《しんしんあんおん》、財寶欠《ざんほうか》ぐる所《ところ》なく、國王《こくわう》としては國内安全《こくないあんぜん》にして、人民《じんみんよ》能《よ》く治《ち》す、若《も》し戰爭《せんそう》の際《さい》に、此《こ》の法《はふ》を正式《せいしノ》に行《かう》して三日又《かまた》は一七日間《にちかんし》至心供養《しんくやう》して怠《おこた》らざれば、戰勝疑《せんしようぅたが》ひなしといふ。

第二十八章　辨才天の香藥三十二味及び妙音成就法

一、名義《めいぎ》、梵語《ぼんご》にては、薩羅薩伐底《さらさはち》サラサハチと云《い》ひ、意譯《いやく》して美音天《びおんてん》、辨才天《べんざいてん》といふ妙音《めうおん》を以《もつ》て衆生《じゆしやう》を悅可《えか》せしむ、言辭柔輭《げんじじうなん》にして衆心悅可《しうしんえか》し、歡喜《くわんき》すと、此《こ》の天《てん》は印度《いんど》の薩《さ》羅薩伐底河《らさはちか》を神格化《しんかくくわ》したるものとして、水邊《みづべ》に祀《まつ》るを常《つね》とす、但《たゞ》し高野山《かうやさん》の如《ごと》きは、嶽《たけ》の辨天《べんてん》と稱《しよう》して、八岳《がく》の最高峯《さいかうはう》に祀《まつ》れり、水神《すゐじん》、福神《ふくじん》、伎藝《ぎげい》の神《かみ》、美音《びおん》の神《かみ》として尊崇《そんすう》せらる。

二、形像《けいぞう》、肉色《にくいろ》二臂《ひ》にして琵琶《びは》を彈《たん》ず、又八臂《またび》として、左第一手《ひだりだいしゆ》には鉾《ほこ》、次《つぎ》に三股杵《またきね》、次《つぎ》に弓《ゆみ》、次《つぎ》に輪《りん》、右《みぎ》の第《だい》一手《しゆ》は鉾《ほこ》、次《つぎ》は鈎《かん》、次《つぎ》は矢《や》、次《つぎ》は索《つな》、世《よ》の八臂《び》辨天《べんてん》と稱《しよう》するものは、鍵《かぎ》、棒《ぼう》、刀《かたな》、矢《や》、三股《こ》戟《げき》、輪《りん》、寶珠《ほうじゆ》、弓《ゆみ》、又《また》は三股《こ》戟《げき》、獨股《どくこ》戟《げき》、輪《りん》、矢《や》、刀《かたな》、斧《おの》、索《つな》弓《ゆみ》とす。

四、三昧耶《まいや》形《けい》 種々《しゆ〳〵》あり、所持《しよぢ》の法具《はふぐ》に象《かたど》る。

五、印相《いんさう》、琵琶《びは》印《いん》、左手《ゆんで》の五指《し》を伸《の》べて、仰《おほ》むけて臍《へそ》の邊《あたり》に置《お》き、右手《めて》大指《たいし》を以《もつ》て頭指《とうし》を捻《ね》じ、餘指《よし》をば散《さん》じて運動《うんどう》し、空篌《くうそう》を彈《たん》ずる姿勢《しせい》を爲《な》す。

六、眞言《しんごん》、オン、サラサバチエイ、ソバカ。

七、修法《しうはふ》、智《ち》妻《ひ》音樂《おんがく》には、二臂《び》像《ざう》を拜《はい》し、軍陣《ぐんぢん》には八臂《び》を本尊《ほんぞん》とす。

大辨才天藥洗浴《だいべんざいてんやくせんよく》の法あり、人《ひと》若しあらゆる惡星災變《あくせいさいへん》、疫病《やくびやう》の苦《く》、鬪諍《とうそう》、陣戰《ぢんせん》、惡鬼《あくき》神《じん》、惡夢《あくむ》、蠱毒《とうどく》、厭魅《えんび》、呪術《じうじゆつ》、起《き》屍《し》等《とう》の如《ごと》き、諸惡《しよあく》の障難《しやうなん》を爲《な》すものを、悉《こと〴〵》く除滅《ぢよめつ》せんとするには、當《ま》さに洗浴《せんよく》の法《はふ》を爲《な》すべし、其《そ》の法《はふ》は香藥《かつえふ》三十二味《み》、所謂《いはゆる》、菖蒲《しやうぶ》、牛黄《ちうわう》、苜蓿香《こしゆくかう》、麝香《じやかう》、雄黄《ゆわう》、合昏樹《がふこんじゆ》、白及《はくきふ》、芎藭《ほきう》、拘杞根《こうきこん》、松脂《まつやに》、桂皮《けいひ》、香附子《かうふし》、沈香《ちんかう》、栴檀《せんだん》、零凌香《れいれうかう》、丁字《ちんし》、欝金《うつきん》、婆律膏《はりつかう》、葦香《ゐかう》、竹黄《ちくくわう》、細豆蔻《さいとうこう》、甘松《かんしよう》、藿香《かくかう》、茅根香《はうこんかう》、叱脂《しし》、芥納《かいのう》、安息香《あんそくかう》、芥子《けし》、馬芥《はせり》、龍華鬚《りうくわひげ》、白膠《はくこう》、青木《せいぼく》を等分《とうぶん》にし、布灑《ふれい》日《び》を以《もつ》て一所《しよ》に擣《つ》きて篩《ふる》にて、其《そ》の香《かう》末《まつ》を取《と》り、左《さ》の呪《じゅ》を以《もつ》て一百八遍加持《へんかぢ》すべし、チチタ、ソニヤリテイ、キリテイゴウマチリ、ゼンヌキヤラタイ、カクキヤラタイ、インタラジヤリニ、シフキヤラタイ、ハセニヤレイ、アハチキヤサイ、ケイダクトクト、キヤカビレイ、ゴウビレイゴウヒライ、ゴウビラマチ、シラマチセンチドラマチリ、ハラチハチレイシツレイシツレイ、サチシツタイテイ、ソバカ。

猶《な》ほ如法《じよはふ》に洗浴《せんよく》する時《とき》には、まさに壇場方《だんぢやうはう》八肘《すん》なるを作《つく》り、寂靜安穩《じやくせいあんおん》の處《ところ》に於《おい》て、求《もと》むる所《ところ》の事《こと》を念《ねん》じて心《こゝろ》に離《はな》れざらしめ、應《まさ》に牛糞《ぎうふん》を塗《ぬ》りて、其《そ》の壇《だん》を作《つく》り、上《うへ》に諸々《もろ〳〵》の華彩《くわさい》を散《さん》すべし、淨潔《じやうけつ》の金銀器《きんぎんき》を以《もつ》て美味《びみ》並《ならび》に乳蜜《にうみつ》を盛《も》り滿《み》たすべし、彼《か》の壇場《だんぢやう》の四門《もん》の所《ところ》に於《おい》て、四人《にん》の守護法常《しゆごはふつね》の如《ごと》くし、四童子《どうじ》をして好《よ》く身《み》を嚴《いつ》くしくし、各々《おの〳〵》一角《かく》に於《おい》て瓶水《かめみづ》を持《も》せしむ、此《こゝ》に於《おい》て常《つね》に安息香《あんたかう》を燒《た》きて、五音《おん》の樂聲《がくせい》を絶《た》やさず、旛蓋莊嚴《はんがいさうごん》、繒綵《そさい》をかけ、壇場《だんぢやう》の四邊《へん》に安《やすん》せしめ、復《ま》た場内《ぢやうない》に於《おい》て、明鏡《めいきやう》、利刀《りたう》、箭《や》を兼《か》ねて、名々《おの〳〵》四枚《まい》を置《お》き、壇《だん》の中心《ちうしん》に置《お》いて大盆《おほぼん》を埋《うづ》め、漏版《らうはん》を以《もつ》て其《そ》の上《うへ》に安《やすん》ずべし、斯《か》くて前《まへ》の香末《かうまつ》を用《もち》ひて、以《もつ》て湯《ゆ》に和《ま》せ、また〳〵壇《だん》の内《うち》に安正《あんざい》し、斯《か》くの如《ごと》く布置《ふち》を作《な》し已《をは》りて、後《のち》に呪《まじなひ》を誦《しやう》して其《そ》の壇《だん》を結《むす》び、結界了《けつかいをは》りて壇《だん》の内《うち》に入《い》り、水《みづ》を呪《じう》すること二十一遍《べん》にして四方《はう》に散《さん》じ灑《そゝ》ぎ次《つぎ》に香湯《かうたう》を呪《じゆ》すること一百八遍《へん》、四邊《へん》に幔幃《まんまん》を安《やす》んじて、然《しか》る後《のち》に身《み》を洗浴《せんよく》す、水《みづ》を呪《じゆ》し湯《ゆ》を呪《じゆ》す、呪《じゆ》はタニヤタ、サケイチ、ピケイチ、ピケイタハチ、ソバカ。

洗浴訖《せんよくをは》れば、其《そ》の洗浴《せんよく》の湯《ゆ》、及《およ》び壇中《だんちう》の飯食《おんじき》は、河《かは》や池《いけ》の中《なか》に棄《す》つべし、餘《よ》のものは收《おさ》む、此《かく》の如《ごと》く浴《よく》し已《をは》りて淨衣《じやうい》を着《ちやく》し、壇場《だんぢやう》を出《い》でて淨室《じやうしつ》に入《い》り、弘誓《こうせい》の願《ねがひ》を發《はつ》し、永《なが》く衆《しゆ》惡《あく》を斷《た》ち、常《つね》に諸善《しよぜん》を修《をさ》むと誓《ちか》ふ、斯《か》くすれば福徳無限《ふくとくむげん》に至《いた》るべし、又病氣《またびやうき》にても此《こ》の洗《せん》浴及《よくおよ》び服薬《ふくやく》すれば効果顯著《かうくわけんちよ》なり。

此《こ》の天《てん》は妙音辨才《めうおんべんざい》を以《もつ》て速疾本誓《そんしつほんせい》とするゆへ、常《つね》に此《こ》の天《てん》の印《いん》と眞言《しんごん》とを結論《けつしよう》すれば、大美音家《だいびおんか》、大聲樂家《だいせいがくか》、大雄辯家《だいゆうべんか》と爲《な》ることを得《う》べし、世《よ》此《こ》の天《てん》を以《もつ》て宇賀神《うかがみ》と同視《どうし》するものあり、三毒《とく》の無明《むめい》を調伏《てうふく》し、魔障《ましやう》を除《のぞ》く三昧相同《まゝあひおな》じきゆへ混同《こんどう》せしものなり、宇賀神《うがかみ》は則《すなは》ち蛇體《じやたい》なり、辨才天《べんざいてん》を蛇《じや》と關係《くわんけい》あるが如《ごと》く信《しん》ずるは、此《これ》より出《い》でたるなり。

第三十九章　摩醯首羅天の男女召呼秘法

一、名義《めいぎ》、梵語《ぼんご》にて摩醯首羅《まけすら》は、譯《やく》して大自在天《だいじざいてん》と云《い》ふ、伊舍那天《いさなてん》の如《ごと》きは、此《こ》の天《てん》の千名《めい》の一にて一分《ぶ》を顯《あら》はしたるものなり、此《こ》の天《てん》は一生界《しやうがい》の中《うち》に於《おい》て大勢力《だいせいりよく》あり、伊舍那《いさな》は此《こ》の天《てん》の忿怒身《ふんどしん》なりといふ。

二、形像《けいざう》、八臂《ぴ》三眼《がん》あり、白牛《はくぎう》に乘《の》る。

三、種字《たねじ》、摩《ま》マ、此《こ》の天《てん》の頭字《かしらじ》、嚕字《ろじ》ロ、底《てい》テイ、此《こ》の字《じ》は金剛部段《こんがうぶだん》の種字《たねじ》なり。

四、三昧耶《さんまいや》形《けい》、三戟《げき》。

五、印相《いんさう》、三昧《まい》の手《て》を伸《の》べ、虛空地《こくうち》輪《りん》相加《あひくは》ふ三戟印《げきいん》なり、又左《またさ》手《しゆ》大指《おほゆび》と小指《こゆび》とを捻《ね》じ、餘指《よし》を立《た》てて三戟印《げきいん》の形《かたち》をなすもの、或《あるひ》は外縛《げばく》して二大頭《だいとう》二小指《せうし》を立《た》て合《あは》せたる三股杵印《こきねいん》を用《もち》ふ。

六、眞言《しんごん》、オンマケイ、シツバラヤ、ソバカ。

七、修法《しうはふ》、此《こ》の法《はふ》は單獨《たんどく》に修法《しうはふ》されしことなきも、男女召呼《だんぢよせつこ》、特《とく》に女《をんな》を得《え》んとするに用《もち》ふるときは、大《だい》なる効果《かうくわ》を見《み》るべし。

人《ひと》若し女《をんな》　めんと欲せば、七日間全《かんまつた》く飯食《いんしよく》せず、日々此《にちにちこ》の天《てん》の印《いん》を結《むす》び、眞言《しんごん》を誦《しよう》し印《いん》の中指上《なかゆびうへ》に酥蜜《くわみつ》を塗《ぬ》り、求《もと》むる所《ところ》の婦人《ふじん》の名字《めうじ》を云《い》ひて、急々來《きふきふき》たれと唱《とな》ふれば、第《だい》七日《か》に至《いた》り卽《すはは》ち來《き》たりて門《もん》を打《う》つ、夜時《やじ》の作法《さはふ》は人《ひと》をして知《し》らしむべからず、又日中《またにつちう》の作法《さはふ》にも、牢《らう》の如《ごと》く門《もん》を閉《と》ぢ、人《ひと》をして聽《き》かしむるなかれ。

又泥《またどろ》を以《もつ》て四箇《こ》の像《ざう》をつくり、天《てん》の像《ざう》の如《ごと》くにし、長《た》け三四指《し》とす、一を闍夜《じやや》、二を毘《ひ》闍夜《じやや》、三を阿自多《あじた》、四を阿婆羅自多《あはらじた》と名《な》づく、又泥《またどろ》を以《もつ》て此《こ》の天《てん》の像《ざう》を作《つ》くり、中央《ちうあう》に此《こ》の天像《てんざう》を安《やす》んじ、右《みぎ》に闍夜《じやや》及《およ》び毘闍夜《ひじやや》を安《やす》んじ、左《ひだり》に他《た》の二を安《やす》んじ、前《まへ》に火爐《くわろ》を着《つ》け、猫兒糞《ねこのふん》及《およ》び人《ひと》の爪《つめ》の甲《かふ》と、人《ひと》の頭髪《とうはつ》の三種《しゆ》を取《と》り、相和《あひま》せ、燒《や》きて之《こ》れを供養《くやう》す、數々印《しばくいん》を作《な》し、並《ならび》に呪《じゆ》を誦《しやう》し已《をは》り、口《くち》に求《もと》むる所《ところ》の婦人《ふじん》の名字《みやうじ》をいふて、急々來《きふくき》たれと、斯《か》くの如《ごと》くすること七日《か》、日々作法《にちくさはふ》して第七日《だいか》に至《いた》れば、即《すなは》ち來《きた》りて門《もん》を打《う》つて、欲《ほつ》する所《ところ》に隨《したが》ふ、人《ひと》を知《し》らしめざるやうにするは、其《その》法《はふ》と同《おな》じ、三白食《はくしよく》、菜食《さいしよく》は可《か》なり、事竟《ことをは》らば、其《そ》の像《ざう》を收《をさ》め取《と》りて藏着《ざうちやく》し置《お》きて、復《ま》た用《もち》ふるもよし、此《こ》の天《てん》を聖天《しやうてん》と爲《な》すものあり、誤《あやま》りなり。

第三十章　摩利支天の隱形縛鬼增力大秘法

一、名義《めいぎ》。梵語《ぼんご》の摩利支《まりし》マリシは、陽炎《かげらふ》または威光《ゐくわう》と譯《やく》す、是《こ》れ陽炎《かげらふ》を神格化《しんかくくわ》したる天《てん》にして、大神通自在《だいしんつうじざい》の法《はふ》を備《そな》ふ、如何《いか》なるものも勝《か》つこと能《あた》はず、人《ひと》能《よ》く此《こ》の天《てん》を信念《しんねん》すれば、卽《すなは》ち此の天《てん》と同《どう》一功力《こうりよく》ありと。

二、形像《けいぞう》、金《きん》、銀《ぎん》、赤銅《しやくどう》、白檀《びやくだん》、　等《しやくだんとう》を以《もつ》て作像《さくぞう》すべし、其《そ》の形《かたち》は天女《てんによ》に似《に》て、左《ひだり》の手臂《しゆひ》を屈《くす》めて上《うへ》に向《む》け、手腕《しゆわん》を左《ひだり》の乳《ち》の前《まへ》に當《あ》て拳《こぶし》を作《つ》くれ、拳《こぶし》の中《なか》に天扇《てんせん》を把《と》れ、扇《あふぎ》は維摩詰《ゐまき》の前《まへ》の天女《てんによ》の把《と》る扇《あふぎ》の如《ごと》くし、扇《あふぎ》の中心《ちうしん》に佛胸上《ぶつけうじやう》の　《まんじ》字の如《ごと》くし、字《じ》の四圍《ゐ》のうちに、各々《おの〳〵》四箇《こ》の目形《じつけい》を作《つ》くり、一々之《こ》れを著《つ》け、其《そ》の天扇《てんせん》の上《うへ》に炎光《せんくわう》の形《かたち》を作《つく》り、右手臂《みぎしゆひ》を伸《の》べ、並《ならび》に五指《し》を伸《の》べ、指頭《しとう》垂下《すゐか》す、身《み》の長《た》け一寸《すん》二寸乃至《すんないし》一肘《そん》、就中《なかんづく》最《もつと》もよきを一二寸《すん》とす、其《そ》の像《ぞう》を作《つ》くる人《ひと》は、最好手《さいかうしゆ》の博士《はかせ》をして八齋戒《さいかい》を受《う》けしめ、日々《にち〳〵》洒浴《しやよく》し白淨《しろじやう》衣《い》を着《ちやく》して之《こ》れ作《つく》るべし云々《うんねん》と。

又《また》三面《めん》八臂《び》、猪上《ちよじやう》に立《た》ち、中央《ちうあう》の面《めん》は柔和相《じうわさう》なれども三目《もく》あり、右面《うめん》も柔和相《じうわさう》なれども左面《さめん》は忿怒相《ふんどさう》なり、右《みぎ》の第《だい》一手《しゆ》に三戟《げき》、次《つぎ》に獨股杵《どくこきね》、次《つぎ》に棒《ほう》、次《つぎ》に箭《ぜん》、左《ひだり》の第《だい》一手《しゆ》に龍索《りうさく》次《つぎ》に枝《ちやう》、次《つぎ》に羂索《らさく》、次《つぎ》に弓《ゆみ》を持《も》ち、猪上《ちよじやう》に半月《はんげつ》あり、半月《はんげつ》の中《うち》に二つの蓮華《れんげ》あり、兩足《りやうそく》を之《こ》れに置《お》く、普通《ふつう》の形像《けいぞう》は、走《はし》れる猪《ゐのしゝ》の上《うへ》に一足《そく》にて立《た》ち、三面《めん》六臂《び》の忿怒相《ふんどさう》にして炎髮《せんはつ》あり。

行旅《りよかう》の際《さい》、袈裟《けさ》又《また》は頭髻《とうはつ》の中《なか》に像《ざう》を藏《ざう》せば、畏怖《ゐふ》なく魔障退散《ましやうたいさん》す、此《こ》の天《てん》は日本武士《にほんぶし》の尊崇《そんすう》たかく、其《そ》の靈驗談《れいけんだん》多《おほ》し、角力道《すまふだう》も此《こ》の天《てん》を尊崇《そんすう》す。

三、種字《たねじ》、摩《ま》マ、名《な》の頭字《かしらじ》なり。

四、三昧耶形《まいやけい》、弓箭《きうぜん》又《また》は團扇《うちは》なり、弓箭《きうぜん》は速疾三昧《そくしつまい》、團扇《うちは》は又《また》風《かせ》の速疾《そくしつ》なるを意味《いみ》す、或《あるひ》は猪《ゐのしゝ》となすあり。

五、印相《いんさう》、內縛《ないばく》して二頭指《とうし》、二大指《だいし》を立《た》て、中指《ちうし》を頭指《とうし》に纏《まと》めたる大金剛輪印《だいこんがうりんいん》を根本印《こんぽんいん》とす、猶《な》ほ隱形印《ゐんげいいん》其《そ》の他《た》幾多《いくた》の印契《いんけい》あり。

六、眞言《しんごん》、オン、マリシエイ、ソバカ。

七、修法《しうはふ》、四種法《しゆはふ》に通《つう》ずるも、更《さら》に調伏《てうふく》と除難《ぢよなん》に修《しう》せられ、武士《ぶし》の戰鬪《せんとう》に臨《のぞ》む際《さい》、此《こ》の法《はふ》を修《しう》す、劍道角力道《けんだうすまふだう》には、日々《にち〳〵》奉祀《ほうし》祈念《きねん》す。

隱形《おんけい》の法《ほふ》としては、先《ま》づ身印《しんいん》卽《すなは》ち大金剛輪印《だいこんがうりんいん》を作《さく》して、心《こゝろ》に當《あ》て、眞言《しんごん》を誦《しよう》すること七遍《へん》、身《み》の五處《しよ》を加持《かぢ》す、五處《しよ》とは心《しん》、額《ひたひ》、左肩《さけん》、右肩《うけん》、頂《てう》なり、眞言《しんごん》はオン、マリシエイソバカ。次《つぎ》に隱形印《いんけいいん》とて左手《さしゆ》虛心合掌《きよしんがつしやう》に作《つく》り、拳《こぶし》の右掌《うしやう》の五輪《りん》を舒《の》べて、其《そ》の左《ひだり》の虛心合《きよしんがつ》掌《しやう》の上《うへ》に覆《おほ》ふて、其《そ》の身心《しんしん》に間隙《かんげき》なきやうにすべし、隱形《おんけい》の眞言《しんごん》は、アニチヤ、マリシ、ソバカといふ、隱形印《おんけいいん》を心《こころ》に當《あ》て念誦《ねんじゆ》すること一百八遍《へん》、此《こ》の印《いん》、眞言《しんごん》の加持力《かぢりよく》に依《よ》るが故《ゆゑ》に、一切《さい》の天魔《てんま》惡鬼《あくき》、外道《げだう》等《とう》は、更《さら》に其《そ》の便《べん》を得《え》ず、其《そ》の形體《けいたい》を認《みと》むること能《あた》はず、如《い》何《か》なる方法《はうはふ》を以《もつ》て搜《さが》し索《もと》むるも得《え》ず、此《こ》れは修行《しゆぎやう》成就《じやうじゆ》のものは、何時《なんどき》にても卽時《そくじ》に行《おこな》ひ得《う》るものなり。

此《こ》の隱形《いんけい》の印眞言《いんしんごん》は、七種所行《しゆしよぎやう》の時《とき》、常《つね》に此《こ》れにて加持《かぢ》すべし、七種《しゆ》とは、睡眠《すゐみん》の時《とき》、覺悟《かくご》の時《とき》、沐浴《もくよく》の時《とき》、遠行《ゑんかう》の時《とき》、客《きやく》に逢《あ》ふ時《とき》、飮食《いんしよく》の時《とき》、厠《かはや》に行《ゆ》く時《とき》なり、此《こ》の身印《しんいん》及《およ》び隱形《いんけい》の印《いん》、眞言《しんごん》を結誦《けつしよう》せんとする時《とき》は、必《かなら》ず護《ご》身法《しんはふ》を行《おこな》ふべし、之《こ》れを行《おこな》はざれば、功力《かうりよく》欠《か》けて全《まつた》からず、若《も》し此《こ》の法《はふ》を十八道立《だうりつ》の正法《せいはふ》にて行《おこな》ふときは、其《そ》の靈驗《れいけん》驚《おどろ》くべきものあり。

又此《またこ》の秘法《ひはふ》にて、武具加持《ぶぐかぢ》を行《おこな》ふことあり、卽《すなは》ち武具《ぶぐ》を此《こ》の天《てん》の寳瓶《はうへい》三昧《まい》に入《い》れて加持《かぢ》することにて、寳瓶《はうへい》三昧《まい》とは虚空藏印《こくうざういん》のことであつて、此《こ》の時《とき》は眞言《しんごん》は、隱形呪《いんけいじゆ》を用《もち》ゆ、日天《につてん》、不動明王《ふどうみやうわう》、愛染明王等《あいぜんみやうわうとう》の諸法《しよはふ》によりて修法《しうはふ》せらるるを常《つね》とす。

此《こ》の他《ほか》、常途《じやうと》の法《はふ》にては、此《こ》の天《てん》の現身法《げんしんはふ》、增力法《ぞうりきはふ》、惡鬼《あくき》等《とう》の呪縛法《じゆばくはふ》、王臣敬愛法《わうしんけいあいはふ》、論《ろん》議《ぎ》必勝《ひつしよう》、聰明成就法《そうめいじやうじゆはふ》、癩病除却法等《らいびやうぢよきやくはふとう》あり、其《そ》の修法《しうはふ》極《きは》めて嚴重《げんぢう》微《び》細《さい》を極《きは》めたるものなるも普通《ふつう》には此《こ》の天《てん》の眞言《しんごん》を怠《おこた》りなく誦《しよう》し、至心《ししん》に信仰《しんかう》すれば、同《どう》一の靈驗《れいけん》を蒙《かうむ》り、効果《かうくわ》を得《う》るものである、此《こ》の天《てん》の呪《じゆ》は特《とく》に神力自在《しんりよくじざい》なるものとす。

第三十一章　地天の福神召請土崇秘法

附　養蚕豐作密法

一、名義《めいぎ》、梵語《ぼんご》にて、比里底毘《ひりちひ》ヒリチヒと云《い》ふ、譯《やく》して堅牢地天《けんらうちてん》といひ、女天《によてん》と男天《をてん》との說《せつ》あり、此《こ》の天《てん》は大地《たいち》を司《つかさ》どるものにして、釋迦如來《しやかによらい》の成道《せうだう》の時《とき》に、其《そ》の成道《せうだう》を證《しよう》せんが爲《た》めに、大地《たいち》より湧出《ゆうしゆつ》せり。

二、形像《けいぞう》、男天《をてん》は肉色《にくしよく》にして、左手《さしゆ》は鉢《はち》に花《はな》を盛《も》りたるを持《ぢ》し、右手《めて》は外《そと》に向《むか》ふ、女天《によてん》は白肉色《しろにくしよく》にして、右手《めて》を抱《かゝ》へて心《こゝろ》に當《あ》て、左手《さしゆ》も抱《かゝ》へて股《また》に當《あ》つ、其《そ》の驚發地神《けうはつちしん》の時《とき》は、男天《をてん》の像《ざう》とするも、普通《ふつう》は女天《によてん》なり、或《あるひ》は男天《をてん》は阿修羅衆《あしゆらしう》とも考《かんが》へらる、それは地神阿修《ちしんあしゆ》羅王子寶瓶《らわうしほうへい》を把《と》るといふに基《もと》づく。

三、種字《たねじ》、比《ひ》ヒ、暗《あん》アン、大地《たいち》の種字《たねじ》なり。

四、三昧耶《さまや》印形《いんけい》、寶瓶《ほうへい》。

五、印相《いんさう》、左右《さいう》十指《し》を圓《ゑん》に屈《くつ》し合《あは》せ、大指《たいし》を掌《て》の中《なか》にすと、又合掌《またがつしやう》して頭指《づうし》と小指《せうし》とを屈《くつ》して掌《て》の中《なか》にす、此《こ》れ瓶印《へいいん》なり。

六、眞言《しんごん》、オン、ヒリチヒエイ、ソバカ、又《また》ナモサン、マンタボタナン、オン、ハラバラチニ、セツリサンマンタ、アタアタ、アヅアツ、ヒリチヒ、ヒリチヒエイ、ソバカ。

七、修法《しうはふ》、福徳《ふくとく》を求《もと》むるに修《しう》し、又土《またど》の祟《たゝ》りに之《こ》れを修《しう》す、土地《とち》を使用《しよう》する時《とき》、供養《くやう》することあり、之《こ》れを土公供《どこうく》といふ、地《ち》を貰《もら》ふために修《しう》するものにして、陰陽師等《いんやうしら》盛《さかん》に之《こ》れを尊崇《そんすう》す、王朝時代《わうてうじだい》より行《おこな》ひ來《き》たれるものたりといふ。

地天《ちてん》の印《いん》を結《むす》び、眞言《しんごん》を誦《しよう》すること、十万遍《べん》に及《およ》へば、富貴無極《ふうきむきよく》にして、七珍無限《ちんむげん》なりと、又米《またこめ》を怒《い》りて華《くわ》と作《つく》り、之《こ》れを以《もつ》て護摩《ごま》すれば五穀豊登《こくほうとう》の成就《じやうじゆ》を得《う》べし、又闍底華《またじやちげ》を以《もつ》て護摩《ごま》すれば、蚕《さん》千斤《ぎん》の成就《じやうじゆ》を得《え》、又粳米《またこうまい》を以《もつ》て護摩《ごま》すれば、無盡《むじん》の福徳《ふくとく》と福田《ふくでん》とを得《う》べしと。

又大麥小麥《またおほむぎこむぎ》を以《もつ》て護摩《ごま》すれば、富貴《ふうき》を得《え》、兢蘘草《こくろさう》を以《もつ》て護摩《ごま》すれば、無數《むすう》の六畜《ちく》を得《う》べく、又青馬《またせいま》の尾《を》を以《もつ》て、各々《おの〳〵》一寸《すん》に截《た》ち、二十一本《ほん》を毎度《まいど》護摩《ごま》して念《ねん》ずれば、福神必《ふくじんかなら》ず來《きた》つて、行者《ぎやうじや》の身《み》に付《つ》き護《まも》るべし、又福人《またふくじん》の家《いへ》の竈《かまど》の額《ひたひ》の土《つち》を取《と》り、臘月《らふげつ》八日《か》持《も》ち來《き》たり、我《わ》が所《ところ》に安置《あんち》すれば、必《かなら》ず富《とみ》を得《う》、尤《もつと》も土《つち》を取《と》る時《とき》、地天《ちてん》の呪《じゆ》を誦《しよう》すること二十一遍《べん》すべし。

土《と》氣強盛《きゝやうせい》にして、土《つち》の處《とが》の爲《た》めに疾病《しつぺい》に罹《か》るものあらば、此《こ》の天《てん》の直言《しんごん》を唱《とな》へ加持《かち》すれば治《ぢ》すべし。

第三十二章　伎藝天の十大秘法

一、名義《めいぎ》、摩醯首羅天王《まきすらてんわう》の髮《かみ》の際《きは》に於《お》て、一つの天女《てんによ》を化生《くゑしやう》す、顏容端正《がんようたんせい》にして伎藝第一《ぎげいだい》なり、一切《さい》の諸天《しよてん》能《よ》く勝《まさ》ることなし、大衆《たいしゆう》の中《なか》に於《お》て祈願《きたう》する所《ところ》の豐饒吉祥富樂《ほうぜうきつしやうふらく》の事《こと》、皆成就《みなじやうじゆ》せしむ、特《とく》に諸々《もろ／＼》の伎藝《ぎげい》に於《お》て、速《すみや》かに能《よ》く成就《じやうじゆ》すと。

二、形像《けいざう》、天《てん》の衣服《いふく》を着《ちやく》し、瓔珞《あうらく》を身《み》に纏《まと》ひ、兩手《りやうて》と腕《うで》の上《うへ》に、各々環釧《おの／＼くわんくん》あり、左《ひだり》の手《て》は上《うへ》に向《なか》ひて一の天花《てんくわ》を捧《さゝ》げ。右手《めて》は下《した》に向《むか》ひ裙《すそ》を捻《ねん》するの勢《せい》を作《な》す、身形《しんけい》の長《なが》さ三尺《じやく》するべし、或《あるひ》は大小《だいせう》に隨《したが》つて稱量《せうれう》を取《と》るに任《まか》す。

三、種字《たねじ》、吽《うん》ウン。

四、三昧耶形《まいやけい》、天花《てんくわ》、寶珠《ほうじゆ》。

五、印相《いんさう》、合掌《がつしやう》して無名指《むめいし》中指《なかゆび》外《そと》に相交《あひまじ》へ、二指頭《しとう》を少《すこ》し鑿《ちゞ》めて寶珠《ほうじゆ》の如《ごと》くす。

六、眞言《しんごん》、ノウマリマケイシバラヤ、オンシマチウシキヤヤ、ソバカ。

七、修法《しうはふ》、一切《さい》の藝能上達《げいのうじやうたつ》に修《しう》す、其《そ》の他止雨《たしう》、降伏《かうふく》、愛敬《あいけい》、鈎召《こうせう》、使鬼《しき》、現身《げんしん》、三世《せい》質疑《しつぎ》、逃走還歸《とうさうくわんき》、衆人束縛《しうじんそくはく》、除病等《ぢよびやうとう》十大秘《だいひ》法《はふ》あり。

此《こ》の天《てん》の修法《しうはふ》を行《おこな》はんとするには、先《ま》づ道場《だうぢやう》を立《た》て、法《はふ》の如《ごと》く嚴飾《げんしよく》し、種々《しゆぐ》の香華《かうげ》を以《もつ》て供養《くやう》し、二七日或《あるひ》は一七日間受戒持《かんじゆかいぢ》齋戒《さいかい》して、淫慾《いんよく》を斷《た》ち、眞言《しんごん》一萬遍或《べんあるひ》は十萬遍《べん》を滿《み》たし、其《そ》の中間《ちうかん》に酒肉薫穢《しゆにくくんゑ》を食《くら》ふことなく、至心《ししん》に信持《しんぢ》すれば、所求皆滿足《しよきうみなまんぞく》す、その後《ご》に至《いた》れば何等障礙《なんらしやうがい》することなく、妻子《さいし》薫穢《くんゑ》も亦制斷《またせいだん》を要《えう》せず、併《しか》し淨戒《じやうかい》を持《ぢ》する程《ほど》、効驗《かうけん》は速《すみや》かなり。

持誦《ぢしよう》の時《とき》は、先《ま》づ結界《けつかい》し、或《あるひ》は水《みづ》、或《あるひ》は灰《はい》を加持《かぢ》すること七遍《へん》、四方《はう》に散灑《さんれい》し、心《こゝろ》の遠《ゑん》近《きん》に隨《したが》ふ、斯《か》くして一千遍《べん》を誦《しよう》すれば、天龍人非《てんりうにんぴ》人歡喜《にんくわんき》し、二千遍《べん》に至《いた》れば一切《さい》の鬼神皆《きしんみな》悉《ことごと》く護衛《ごゑい》す、三千遍《べん》に至《いた》れば藥草《やくさう》の精靈《せいれい》悉《ことごと》く其前《そのまへ》に現《げん》じ、華果林《くわくわりん》神歡喜《しんくわんき》して隨從《ずゐじう》す、四千遍《べん》に至《いた》れば一切《さい》の毘多羅鬼《ひたらき》悉《ことごと》く恭敬《けうけん》す、五千遍《べん》に至《いた》れば一切《さい》の龍神眷族男女歡喜恭《りうじんけんぞくだんぢよくわんきけ》仰《かう》す、六千遍《べん》に至《いた》れば夜叉《やしや》一切使役《さいしえき》に任《にん》ず。七千遍《べん》に至《いた》れば一切《さい》の天王寺給待《てんわうらきふたい》す、八千遍《べん》に至《いた》れば一切持明《さいぢめう》五通《つう》の仙人深《せんにんふか》く歡喜《くわんき》す、一萬遍乃至《べんないし》十萬遍《べん》に至《いた》れば一切《さい》の衆生大歡喜《しゆしやうだいくわんき》を生《しやう》じ、隨逐待衞《ぢゐついたいゑい》す、而《しか》して行者《ぎやうじや》は常《つね》に豐饒吉祥《ほうげうきつしやう》なり。

又旱天《またかんてん》に雨《あめ》を得《え》んとすれば、結界壇《けつかいだん》を作《つく》りて護摩《ごま》し、結誦《けつしよう》一萬遍《べん》に至《いた》れば卽《すなは》ち雨《あめ》ふる、若《も》し雨多《あめおほ》くして之《こ》れを止《とゞ》めんとするには、淨《きよ》き灰《はい》を加持《かぢ》すること一百八遍《へん》にして、空中《くうちう》に擲《なげう》てば、雨卽《あめすなは》ち止《や》む。

若《も》し怨家《えんか》あり惡意《あくい》を起《おこ》さば、朱砂又《しゆしやまた》は赤土《せきど》を用《もち》ひて、名《な》または形《かたち》を書《か》き、左脚《さきやく》の下《した》に之《こ》れを踏《ふ》み念誦《ねんしよう》し、夜後《よご》に之《こ》れを爲《な》すこと一百八遍《へん》すれば、遠近《ゑんきん》に關《かゝ》はらず、怨家自《えんかおのづか》ら來《き》たりて怨《うら》みを解《と》き和順《わじゆん》を生《しやう》じ、轉《てん》じて愛敬《あいけい》を生《しやう》ず。

若《も》し一切《さい》の鬼神《きじん》を使役《しえき》せんとせば、之《こ》れを召集《せうしふ》して、分《ぶん》に應《おう》じて飮食《いんしよく》せしめ、此《こ》の飮食《いんじよく》を加持《かぢ》すること一百八遍《へん》にして、散《さん》じて之《こ》れを施《ほどこ》し、愍念《びんねん》して後《のち》に驅《か》り使《つか》ふべし。

又《また》一切《さい》の人《ひと》を鈎召《こうせう》せんと欲《ほつ》せば、心《こゝろ》に念《おも》ふに隨《したが》ふて、遠近《ゑんきん》に關《くわん》せず、水《みづ》を加持《かぢ》すること七遍《へん》、四方《はう》に散《さん》じ、彼《かれ》の方《はう》を望《のぞ》んで一百八遍《へん》を誦《しよう》すれば、悉《ことごと》く來《き》たりて違逆《ゐぎやく》せず。

若《も》し夫婦《ふうふ》あり、心《こゝろ》相憎《あひにく》み水火《すゐくわ》の如《ごと》くなるも、密《ひそか》に其《そ》の名《な》を書《しる》し、知覺《ちかく》せしめず、前法《ぜんぽふ》に由《よ》り左脚《さきやく》に之《こ》れを踏《ふ》み、名《な》を稱《せう》し、眞言《しんごん》を誦《しよう》すること一千八十遍《べん》すれば、卽《すなは》ち相和順《あひわじゆん》し、轉《てん》じて相憐愛《あひれんあい》すること膠漆《こうしつ》の如《ごと》し。

又《また》貴人《きじん》に愛《あい》せられ、或《あるひ》は官府《くわんぶ》に入《い》る時《とき》、此《こ》の印明《いんめい》を結誦《きつしよう》すれば、喜悅《きえつ》無量《むりよ》、求《もと》む所《ところ》卽《すなは》ち皆《みな》能《よ》く成就《じやうじゆ》す、又《また》愛《あい》する所《ところ》の女人《ぢよにん》、或《あるひ》は男子《だんし》、意《い》相樂《あひたのし》まんと思《おも》はゞ、胡燕脂《こえんし》、或《あるひ》は紅藍《こうらん》汁《じふ》を加持《かぢ》して、其《そ》の兩脚《れうきやく》の掌下《しやうか》に塗《ね》り、火《ひ》を以《もつ》て之《こ》れを炙《あぶ》り、二手《しゆ》を其《そ》の上《うへ》に掩《おほ》ひ、名《な》を稱《せう》し、念誦《ねんしよう》一萬八千遍《べん》すれば、彼《か》れ立所《たちどころ》に自《みづか》ら來《き》たり相求《あひもと》めて命終《めいをは》るまで背て相捨《あひす》てず。

又《また》鬼神《きじん》を見《み》んとするには、死屍《しし》を燒《や》きたる殘柴《ざんし》を取《と》りて護摩《ごま》し、一呪《じう》一燒《せう》一百八遍《へん》すべし、又《また》人《ひと》を縛《はく》して念誦《ねんしよう》すれば、能《よ》く三世《せ》の一切《さい》のことを語《かた》るべし、又《また》萬病《びやう》を治《ぢ》せんとするには、佉陀羅木《きよだらき》を截《き》りて二十一段《たん》と爲《な》し、眞言《しんごん》を誦《しよう》すること二十一遍《べん》、呪《じゆ》一燒《せう》すべし、又《また》精神病《せいしんびやう》には、阿魏藥《あぎやく》、安悉香《あんしつかう》、雄黃《ゆわう》、白芥子《しろけし》、青木香《せいぼくかう》、苦楝葉《くれんくわ》を取《と》り、搗《つ》き篩《ふる》ひて相和《あひわ》し四十九丸《ぐわん》を作《つく》り、一誦明《しようめう》一投火《とうくわ》すれば、其《そ》の病《やまひ》卽《すなは》ち治《ぢ》す、又魅病《またみびやう》には、雄黃《ゆわう》、白芥子《しろけし》、芎藭《きうきう》、獨頭《どくとう》、萩《はぎ》、犀角《さいかく》、羝羊尿《ていやうねう》、白馬懸蹄《はくはけんてい》、驢馬夜眼《ろはよめ》を取《と》り、搗《つ》き篩《ふる》ひて丸《ぐわん》と爲《な》し、一百八遍加持《へんかぢ》し、鼻孔《びこう》の中《なか》に燒薰《せうくん》し、並《ならび》に身上《しんじやう》に塗《ね》れば、魅《み》卽《すなは》ち消滅《せうめつ》し、其《そ》の病直《やまひたゞち》に治《ち》す。

第三十三章　大聖歡喜天の神變福德大自在法

一、名義《めいぎ》、梵語《ぼんご》にては、誐那鉢底《がなはち》ガナバチ、之《こ》れを歡喜《くわんぎ》と譯《やく》す、又毘那夜迦《またびなやか》ビナヤカ、之《こ》れを障礙神《しやうがいじん》、又《また》は象鼻《ざうび》と譯《やく》す、大聖歡喜天《だいしやうくわんぎてん》、略《りやく》して聖天《しやうてん》と稱《せう》す。

昔魔羅醯羅列王《むかしまらけられつわう》あり、唯《た》だ牛肉《ぎうにく》と大根《だいこん》とを食《くら》ふ、國中《こくちう》に牛少《うしすくな》し、民死人《たみしにん》を以《もつ》て供《そな》ふ、死《し》人少《にんすくな》し、生《い》ける人《ひと》の肉《にく》を用《もち》ふ、此《こ》の時國中大臣人民《ときこくちうおとゞじんみん》四兵《へい》を發《はつ》して、其《そ》の王《わう》を害《がい》せんとす、時《とき》に王《わう》は大鬼王毘那夜迦《たいきわうびなやか》となり、諸々《もろ〳〵》の毘那夜迦眷族《びなやかけんぞく》と倶《とも》に空《くう》を飛《と》んで去《さ》る、其《そ》の後國中《ごこくちう》に疾病行《しつぺいおこな》はる、此《こ》の時大臣人民《ときおとゞじんみん》十一面觀音《めんくわんおん》を念《ねん》ず、爾《なんぢ》の時觀自在菩薩大悲心《じくわんじざいぼさつたいひしん》を薫《くん》じ、慈悲《じひ》根力《こんりよく》を以《もつ》て化《くわ》して毘那夜迦婦女身《びなやかふぢよしん》と爲《な》り、彼《か》の觀喜王《くわんきわう》の處《ところ》に往《ゆ》く、彼《か》の王此《わうこ》の婦女《ふぢよ》を見《み》て欲心熾盛《よくしんしせい》なり、彼《か》れ女《をんな》に觸《ふ》れんとせしに、女曰《をんないは》く我《わ》れに觸《ふ》れんとせば、我《わ》が敎《をしへ》に隨《したが》へと、王遂《わうつひ》に屈伏《くつぷく》して佛敎守護《ぶつけうしゆご》を誓《ちか》ふ、毘那夜迦《びなやか》は斯《か》く歡喜《くわんぎ》を得《え》、依《よつ》に名《めい》とす。

二、形像《けいざう》．其《そ》の頭《あたま》は象頭《ざうとう》、身《しん》は人《ひと》の如《ごと》く、夫婦二身相向《ふうふしんあひむか》ひて相抱《あひいだ》きて立《た》つ、左手《さしゆ》に蘿蔔《だいこん》を取《と》り、右手《めて》に歡喜團《くわんきだん》を取《と》る、此《こ》の他《ほか》四臂像《ひざう》、三面九目六臂等《めんもくひとう》の別《べつ》あり、莊嚴《さうごん》も亦異《またこと》なれり。

三、種字《たねじ》、虐《ぎやく》ギヤク、頡哩虐《きりぎやく》の三となる。

四、三味耶《まいや》形《けい》、箕《みの》、歡喜團《くわんきだん》、蘿蔔《だいこん》とす、息災《そくさい》には箕《みの》を用《もち》ひ、箕《み》二つを立《た》て合《あは》せ二尊《そん》の抱《はう》形《けい》と爲《な》す、又象《またざう》の可《み》の形《かたち》よく惡糟《あくそう》を除《のぞ》く意《い》ありと爲《な》す、降伏《かうふく》には蘿蔔《だいこん》を用《もち》ひ、敬愛《けいあい》には歡《くわん》喜團《きだん》を用《もち》ふ、蘿蔔《だいこん》は辛辣《しんらつ》にして相應《さうおう》の味《あぢ》を持《も》ち、歡喜團《くわんきだん》は圓滿和合《ゑんまんわがふ》の形《かたち》ありとす。

五、印相《いんさう》、內縛《ないはく》して二中指《ちうし》を立《た》て合《あは》せ、二頭指《とうし》を以《もつ》て中指《ちうし》の背《せ》に附《ふ》し、二大指《だいし》を各頭指《かくとうし》に附《ふ》す、是《こ》れ箕《みの》の◀形《かたち》なり、或《あるひ》は兩手《れうて》の各無名指《かくむめいし》小指《せうし》を屈《かゞ》め、中指《ちうし》を立《た》てて頭指《とうし》の背《せ》に附《ふ》し大指《たいし》を頭指《とうし》の下《した》に置《お》きたるを牙印《がいん》とす、此《こ》の他印契多《ほかいんけいおほ》し、其《そ》の修法《しうはふ》の場所《ばしよ》に記《き》す。

六、眞言《しんごん》、小呪《せうじゆ》はガナハチイ、ビナヤカ、其《そ》の他多《たおほ》し、別《べつ》に記《き》す。

七、四種法《しゆはふ》に通《つう》じ、後《のち》七日の修法《しうはふ》にも此《こ》の壇《だん》を建《た》てらる、浴油供《よくゆぐ》、花水供《くつすゐぐ》、酒供《しゆぐ》等《とう》の法《はふ》あり、福《ふく》を祈《いの》るを最《さい》とし、夫婦間《ふうふかん》の敬愛《けいあい》を祈《いの》るを通例《つうれい》とし、一度此《たびこ》の天《てん》に祈《いの》れば、七代《だい》の福《ふく》を一時《じ》に集《あつ》め得《う》ると稱《せう》せらる、尤《もつと》も妄《みだ》りに蓄積《ちくせき》して施《ほどこ》さず、又法《またはふ》に背《そむ》けば、冥罰立《めいばつた》ち所《どころ》に至《いた》り、恐《おそ》るべき災禍《さいくわ》を受《う》く、賞罰共《せうばつとも》に烈日《れつじつ》の如《ごと》し、聖天又《しやうてんまた》は單《たん》に天尊《てんそん》として有名《いうめい》なり。

作像安置壇法《さくざうあんちだんはふ》の結構形《けつこうかた》の如《ごと》く終了《しうれう》し、然《しか》る後荷葉《のちかえふ》七枚《まい》をとり、四葉《えふ》の蓮華《れんげ》を書《えが》き、蓮上《れんじやう》の東面《とうめん》の葉上《えふじやう》に唵字《おんじ》、西《にし》に頡哩字《きりじ》、南《みなみ》に訶字《かじ》、北《きた》に吽字《うんじ》を書《か》きたるものを蓮華上《れんげじやう》に敷《し》き、合子《がふし》を安《やす》んじて、烏麻《うま》を取《と》りて火中《くわちう》に投《とう》じ、一呪《じゆ》一燒《せう》八千遍《べん》を滿《まん》じ、然《しか》る後《のち》、右手《めて》にて壇《だん》中《ちう》の合子《がふし》を押《お》せば、内《うち》に聲《こゑ》あり、即《すなは》ち之《こ》れ驗《しるし》あるなり、然《しか》る後闘諍《のちたうしやう》ある處《ところ》に、上件《じやうけん》の合子《がふし》を取《と》り、頭《あたま》に戴《いただ》きて闘諍《たうしやう》すれば、勝《か》ち易《やす》し。

又他《またた》人《にん》を追《お》ひ、或《あるひ》は喚《よ》ばんと欲《おも》はゞ、前《まへ》の合子《がふし》をとり右手《めて》に棒《ぼう》を把《と》りて作《な》せば、皆成《みなな》るべし、又勝負事《またしようぶごと》を爲《な》すとき、像《ざう》を取《と》り合子《がふし》を右《みぎ》の脚下《きやくか》に繋《つな》ぎ博戯《はくぎ》すれば、即《すなは》ち勝《か》つ、又怨《またえん》家《か》を趁《はし》らしめんと欲《おも》はゞ、白芥子《しろけし》并《ならび》に鹽《しほ》を取《と》り、白芥子《しろけし》の脂《あぶら》に和《ま》せて燒《や》けば、像又《ざうまた》は合子《がふし》動《うご》くべし、斯《か》く供養《くやう》すれば即《すなは》ち却《しりぞ》くることを得《う》。

若《も》し敬愛《けいあい》を得《え》んと欲《ほつ》すれば、牛黃《ぎうこう》をとり呪《じゆ》すること一百八遍《へん》、然《しか》る後牛黃《のちぎうこう》を取《と》りて額上《がくじやう》に點《てん》すれば、即《すなは》ち皆敬愛《みなけいあい》す、又白蓮《またびやくれん》を取《と》り華絲《くわし》にて牛蘇《ぎうそ》を燒《や》き燃《もや》し、心《こころ》を正《たゞ》しくして像《ざう》の前《まへ》に就《つ》きて供養《くやう》し、燃《も》へし墨《すみ》を取《と》り呪《じゆ》すること一百八遍《へん》、然《しか》し後《のち》に眼中《がんちう》に點《てん》すれば、見《み》る處《ところ》のもの皆敬愛《みなけいあい》す。

若《も》し惡賊惡獸等《あくぞくあくじうとう》の怨《うらみ》あり、怖《おそ》れを爲《な》す時《とき》は、左手《さしゆ》の合子《がふし》を取《と》りて右《みぎ》の手《て》の大母指《だいぼし》の掌中《しやうちう》に押《おさ》へて棒《ぼう》と作《さく》し、一百八遍《へん》を呪《じゆ》すれば、一切《さい》の惡人等《あくにんら》皆遠離《みなゑんり》す、若《も》し人《ひと》あり、常《つね》に此《こ》の天《てん》の印明《いんめう》を結誦《きつしよう》すれば、人皆敬愛《ひとみなけいあい》す、又人《またひと》を降伏《かうふく》せんとすれば、鹽《しほ》を取《と》り一呪《じゆ》一燒《せう》一千八十遍《べん》に至《いた》り、彼《か》の人《ひと》の名字《めうじ》を稱《とな》ふれば、七日に至《いた》つて即《すなは》ち伏《ふく》す、又像《またざう》の前《まへ》に於《おい》て水《みづ》を呪《じゆ》すること七遍《へん》、彼《か》の人《ひと》の名字《めうじ》を稱《とな》ふれば即《すなは》ち來《き》たる、又勢力富貴《またせいりよくふうき》を求《もと》むるには、蓮華《れんげ》の鬚《ひげ》をとり一呪《じゆ》一燒《せう》して、一日三囘《くわい》、一千八十遍《べん》を滿《まん》じ、乃至《ないし》七日間滿《かんまん》ずれば、即《すなは》ち成就《じやうじゆ》す。

毘那夜迦《びなやか》深秘《しんぴ》浴油《よくゆ》供養次第《くやうしだい》に曰《いは》く、本身呪《ほんしんじゆ》、ナムビヤカ、シヤカシツチ、モクキヤシヤチニヤタアチヤナチシシユバテイヤウシツタンカヤシツバタバヤバタサツシヤヤヤバリチソバカ、此《こ》の法《はふ》をなさんと欲《おも》はゞ、先《ま》づ像《ざう》を作《つく》るべし、或《あるひ》は白鑞《はくらう》、銅木《どうぼく》を用《もち》ひて、其《そ》の形《けい》像《ざう》を尅作《こくさく》し、夫婦《ふうふ》二身和合《しんわがふ》して相抱《あひいだ》いて立《た》つ、象頭人身《ざうとうじんしん》につくれ、其《そ》の像《ざう》を造《つく》るには價《あたひ》を論《ろん》ずるなかれ、其《そ》の像《ざう》を造《つく》り已《をは》りて、白月《はくげつ》一日淨室内《じつじやうしつない》に於《おい》て、淨牛《じやうぎう》の糞《ふん》を用《もち》ひて磨《みが》き圓壇《ゑんだん》をつくれ、意《い》に隨《じたが》つて大小《だいせう》あるも可《か》なり、一升《せう》の胡麻油《ごまゆ》を取《と》りて、上《うへ》の呪《じゆ》を用《もち》ひ、また其《そ》の淨油《じやうゆ》を一百八遍《へん》、その油《あぶら》を煖《あつ》くして淨《きよ》き銅器《どうき》を以《もつ》て煖油《あつゆ》を盛《も》り、然《しか》して後《のち》に像《ざう》を將《も》つて銅盤《どうはん》の油中《ゆちう》に放着《ぬうちやく》して壇内《だんない》に安置《あんち》し、淨《きよ》ひ銅杓《どうしやく》を以《もつ》て油《あぶら》を攣《れん》して、其《そ》の像《ざう》の身頂《しんてう》に灌《そゝ》ぐこと一百八遍《へん》、以後《いご》一日《じつ》のうちに七遍《へん》これを灌《そゝ》ぐ、即《すなは》ち平旦《へいたん》四度《ど》、日午《じつご》三度《ど》さす、是《かく》の如《ごと》く作法《きはふ》し、七日を經《へ》れば、即《すなは》ち心《こゝろ》の願《ねが》ふ所《ところ》に隨《したが》つて成就《じやうじゆ》す、油《あぶら》を灌《そゝ》ぐ時《とき》に屢々《しば〱》發願《ほつぐわん》して、蘇《そ》密《みつ》を用《もち》ひて麹《こうじ》に和《ま》せて團《だん》を作《つく》り、蘿蔔並《だいこんならび》に一盞《さん》の酢《す》、酒漿《しゆしやう》を日々《ひゞ》献食《けんしよく》を成《な》し、自《みづか》ら食《くら》へば方《まさ》に氣力《きりよく》を得《う》るなり。

此《こ》の他《ほか》、總《すべ》て聖天《しやうてん》の呪《じゆ》を誦《しよう》し、其《そ》の印《いん》を結《むす》び、蘿蔔等《だいこんとう》を供養《くやう》すれば、福徳自《ふくとくみづか》ら至《いた》り、夫婦《ふうふ》の和合《わがふ》、官人《くわんじん》の敬愛《けいあい》、本尊《ほんぞん》の現身等皆成就《げんしんとうみなじやうじゆ》す、祈願修法《きぐわんしうはふ》の期間《きかん》、淫慾等《いんよくとう》を愼《つゝし》むべし。

第三十四章　深沙大將仙術秘法

一、名義《めいぎ》、玄弉三藏《げんさうざう》五天竺《てんぢく》を跋渉《ばつせふ》の際《さい》、此《こ》の神《かみ》を感得《かんとく》す、北方多聞天卽《ほくはうたもんてんすなは》ち毘沙門天《びしやもんてん》の化身《けしん》なりといふ、唐《たう》にては頗《すこぶ》る之《こ》れを尊崇《そんすう》し、災《わざはひ》を救《すく》ひ益《えき》を成《な》すものとなし、寺裏《じり》の人家《じんか》には皆此《みなこ》の神《かみ》あり、或《あるひ》は又此《またこ》の大將《たいしやう》は大山府君《たいざんふくん》なりともいふ。

二、形像《けいざう》、忿怒形《ふんどけい》にして、鬼口《きこう》を開《ひら》き、兩手《りやうて》にて獨股戟《とくこげき》を持《ぢ》し、岩上《がんじやう》に立《た》つものと、又《また》開口《かいこう》の鬼神形《きじんけい》にして、右《みぎ》と三股戟《こげき》を持《ぢ》し、左手《さしゆ》を開《ひら》ひて外《そと》に向《む》け、飛《と》ぶ勢《いきほひ》を爲《な》して二つの蓮上《れんじやう》に立《た》つものとあり。

三、種字《たねじ》、吽《うん》ウン、天部《てんぶ》の通種字《とほりたねじ》。

四、三昧耶形《まいやけい》、三戟又《げきまた》は蛇《じや》。

五、印相《いんさう》、右手《めて》を胎藏拳《たいぞうこぶし》にして、大指《たいし》を去來《きよらい》せしむるを通常《つうじやう》とす。

六、眞言《しんごん》、オン、アフルアフル、シャラシャラ、ソバカ、此《こ》の他數種《ほかすうしゆ》あり。

七、修法《しうはふ》、一切《さい》の善事《ぜんじ》は、世間出世間《せけんしゆつせけん》を問《と》はず皆成就《みなじやうじゆ》し、一切《さい》の罪業消滅《ざいごふせうめつ》するに修《しう》す、夜叉《やしや》にして出世間《しゆつせけん》の悉地《しつち》を成《ぜう》ずるは、此《こ》の大將《たいしやう》に及《およ》ぶものなしといふ。

一切善事成就《さいぜんじじやうじゆ》、一切罪障消滅《さいざいしやうせうめつ》の眞言《しんごん》に曰《いは》く、ナモラチナ、タラヤヤ、ナモアリヤバリヨキテイ、タニヤタ、ジヤエイジヤエイ、ジヤヤ、バケイニジヤユタリ、カラカラ、バラバラバラ、シヤラキダ、サバカツマタラダニ、メイバチソバカ、此《こ》の呪《じゆ》を誦《しよう》すれば罪障消滅《ざいしやうせうめつ》す、誦《しよう》して七遍《へん》に至《いた》れば五逆罪滅《ぎやくざいめつ》す、若《も》し千遍《べん》に滿《み》つれば、罪《つみ》として滅《めつ》せざるはなし、十萬遍《べん》に至《いた》れば、觀音《くわんおん》の種々《しゆ〴〵》に莊嚴《さうごん》せるを見《み》るべし、七日のうちは、唯《た》だ乳糜《にうび》と酥《くわ》とを食《くら》ふべし、又最後《またさいご》の一日は食《くら》ふべからず、十五日の夜尊前《よそんぜん》に念誦《ねんしよう》すべし、斯《か》くすれば尊像現《そんざうあら》はれ出《い》で聲《こゑ》を出《だ》して、善哉《ぜんざい》と呼《よ》び、眞珠寶物《しんじゆほうもつ》を以《もつ》て行者《ぎやうじや》の頂上《ちやうじやう》に安《やすん》ず、是《こ》れ驗《しるし》あるの印《しるし》なり一切《さい》の善事悉《ぜんじこと〴〵》く成就《じやうじゆ》す。

又此《またこ》の尊《そん》を至心《ししん》に祈念《きねん》して、呪《じゆ》を誦《しよう》すること毎日夕息《まいにつせきや》まざれば、惡人自《あくにんおのづ》から降伏《かうふく》し、諸《しよ》病悉《びやうことごと》く退散《たいさん》して、心身安穩《しんしんあんおん》、持明仙《ぢめいせん》と異《こと》なるなく、延命長生《えんめいちやうせい》を得《う》べし、心痛《しんびやう》には黄土《こうど》を加持《かぢ》して心《こゝろ》に塗《ね》るべし、眼病《がんびやう》には杏子《あんず》の油《あぶら》を加持《かぢ》して塗《ね》るべし、腫物《しゆびやう》には杏夫《けうふ》を加持《かぢ》すること一百八遍《へん》にして塗《ね》るべし、魔《ま》を去《さ》るには、桃《もゝ》の若木《わかぎ》を加持《かぢ》すること八遍《へん》すれば遠《とほ》く去《さ》る。

又《また》オン、ジヤ、エイエイ、ソバカの三句《く》は、能《よ》く水《すゐ》、火《くわ》、兵《へい》の三災《さい》、飲食《いんしよく》、睡眠《すゐみん》、淫欲《いんよく》の三執《しう》を滅《めつ》し、一切《さい》の罪障《ざいしやう》を拂《はら》ひ、呪滿《じゆあ》つれば、空界《くうかい》に乘《せう》じて仙人《せんにん》と爲《な》り、天龍夜叉《てんりうやしや》を召《せう》集《しふ》し、心《こゝろ》に任《まか》せて使役發達《しえきはったつ》す。

第三十五章　迦樓羅天の漁利開戸蛇使秘法

一、名義《めいぎ》、梵語《ぼんご》にて迦樓羅《かるら》カルラは、金翅《きんせう》又《また》は妙翅《めうせう》と譯《やく》す、其《そ》の翅頭《せうどう》に金色《こんじき》の翅《つはさ》あるが故《ゆゑ》なり。又其《またそ》の羽毛妙麗《うもうめうれい》なるが故《ゆゑ》なりと、此《こ》れ實《じつ》は眞《しん》の鳥類《てうるゐ》に非《あ》らず、文殊菩薩《もんじゆぼさつ》の化身《けしん》なりといふ、其《そ》の形《かたち》は兩翼相距《れうよくあひさ》ること三百三十六萬方里《はうり》、一日に一大龍《だいれう》と五百の小龍《せうれう》とを食《くら》ふ、妙高山《めうかうざん》の側《そは》の金山《きんざん》のうち淡水《たんすゐ》に住《ぢう》す、是《こ》れ煩惱《ぼんのう》の毒龍《どくりう》を食《くら》ふて衆生《じゆしやう》を利益《りえき》する意《い》なり

二、形像《けいざう》、尊儀《そんぎ》にして、其《そ》し身分《しんぶん》は臍《へそ》より已上《きじやう》は天王形《てんわうけい》の如《ごと》く、ただ鼻《はな》は鷹《たか》の嘴《くちばし》の如《ごと》くにして綠色《りよくしよく》なり、臍《へそ》より以下《いか》亦鷹《またたか》の如《ごと》く、頭髻寶冠《とうはつほうくわん》あり、髮《かみ》は肩《かた》に披《ひら》き、臂腕《ひわん》に寶《たから》の環《かん》釧《くん》あり、天衣《てんい》瓔珞《あうらく》を垂《た》れ、通身金色《つうしんこんじき》にして、翅《つばさ》は鳥《とり》の如《ごと》く兩向《れうかう》に尾《を》を舒《の》べ、下《した》に向《むか》つて散《さん》ず、四臂《ひ》あり、二の正午《せうご》は卽《すなは》ち大印《たいいん》を結《むす》び、兩手《れうしゆ》の指頭《しとう》を相交《あひまじ》へ、左右《さいう》を押《お》し、虛心合掌《きよしんがつしやう》して、印《いん》を以《もつ》て心《こゝろ》にあて、餘《よ》の二手《しゆ》は垂《た》れ下《くだ》して五指《し》を舒《の》べ施願《せぐわん》の勢《せい》とし、亦金剛珠所成《またこんがうじゆしよせい》の金山上《きんざんじやう》に一つの金架《きんか》あり、架《か》の上《うへ》に覆《おほ》ふに錦衾《きんぶすま》を以《もつ》てし、本尊《ほんぞん》は衾上《きんじやう》に於《おい》て正《たゞ》しく立《た》ち忿怒形《ふんどけい》を爲《な》す、口《くち》に牙齒《がし》を露出《ろしゆつ》し、傘《かさ》を以《もつ》て之《こ》れを覆《おほ》ふ、首《くび》に圓光《ゑんくわう》あり、而《しか》して寶冠《ほうくわん》を戴《いたゞ》く、猶《な》ほ此《こ》の天《てん》が篳篥《ひつりつ》を吹奏《すゐそう》する像《ざう》あり、篳篥《ひつりつ》は龍吟《りうぎん》に似《に》たり、天龍等《てんれうら》降伏《かうふく》の本誓《ほんせい》を現《あら》はせるものなり、俗《ぞく》に所謂天狗《いはゆるてんぐ》なり。

三、種字《たねじ》、迦《か》カ、各字《めうじ》の頭字《かしらじ》、又《また》は阿《あ》アを用《もち》ふ。

四、三昧耶形《まいやけい》、篳篥《ひつりつ》、螺《ら》、柘榴枝《ざくろづえ》、三股杵《こきね》。

五、印相《いんさう》、左右《さいう》の手《て》の五指《し》を散《さん》じ伸《の》べて、兩大指《れうたいし》を相纏《あひまと》ふ、是《こ》れ羽《はね》を張《は》りたる形《かたち》なり。

六、眞言《しんごん》、小呪《せうじゆ》は、オン、キヤロダヤ、ソバカ、大呪《だいじゆ》は、ノウマクサンマンタボダネン、アハラチ、ガタ、シヤサナナン、タチヤタ、オンシヤクタ、マカシヤクタ、ビタンタ、ヒキシヤ、サハバノウ、キヤナカ、キヨキヨキヤキヤキヨキヤ、サンバヤ、マヌサツマラ、ウンチヒツタ、バウチサチブ、キニヨウハヤラ、パソカ。

七、修法《しうはふ》、請雨《せいう》、止雨《しう》、其《そ》の他龍蛇《たりうだ》に關《くわん》するもの多《おほ》し、靈驗《れいけん》の速疾《そくしつ》よりは、此《こ》の尊《そん》の特點《とくてん》なりとす。

此《こ》の尊《そん》の修法《しうはふ》に由《よ》つて、龍《れう》を召《せう》し龍《れう》を調《てう》して、過去未來《くわこみらい》一切《さい》の事《こと》を說《と》かしむることあり又蛇《またじや》を召《せう》して罰《ばつ》し、蛇《じや》を謫《てき》して毒《どく》を取《と》り、戯劇《ぎげき》するも毒《どく》に中《あて》られず、所謂蛇使《いはゆるへびつかひ》の守本尊《まもりほんぞん》とするものあり、其《そ》の他《た》一切《さい》の毒物《どくぶつ》は此《こ》の尊《そん》を念誦《ねんしよう》するに由《よ》つて消失《せうしつ》す、又正式《またせいしき》に造壇作修《ぞうだんさくしう》して、如法《によはふ》に修生《しうはふ》するときは、衆蛇《しうだ》集《あつま》り來《きた》りて閼伽《あか》を献《けん》する等驅使《とうくし》に任《にん》じ福德《ふくとく》を招來《せうらい》す。

又兩人《またれうにん》をして相憎《あひにく》ましめんとすれば、白氈華《しろせんげ》を取《と》りて毒藥《どくやく》に和《ま》せ、護摩《ごま》すること二十一遍《べん》なれば、彼等《かれら》卽《すなは》ち相憎《あひにく》む、又蛇皮《まただひ》一枚《まい》を取《と》り呪《じゆ》して火《ひ》に投《とう》すること二十一遍《べん》に及《およ》べば怨家摧滅《えんかさいめつ》す、鳥《とり》の翅《つばさ》を取《と》り前法《ぜんはふ》に依《よ》りて護摩《ごま》すれば、彼《か》の怨人狂走《えんじんけうさう》して、恰《あだ》かも鳥《とり》の飛《と》ぶが如《ごと》くなるべし。

又男女《またなんによ》をして互《たがひ》に相敬愛《あひけいあい》せしめんとすれば、白芥子《しろけし》を以《もつ》て酥《くわ》に和《ま》せ、護摩《ごま》すること二十一遍《べん》なれば卽《すなは》ち相愛着《あひあいちやく》す、又大呪《まただいじゆ》を誦《しよう》すること七遍《へん》、江湖《こうこ》の水《みづ》を加持《かぢ》すれば、一切《さい》の魚《うを》は網《あみ》にかからず、又指彈《またしだん》して眞言《しんごん》を誦《しよう》すれば、能《よ》く諸魚《じよぎよ》を召《せう》すべし。

又棒《またほう》を加持《かぢ》すること二十一遍《べん》、一切《さい》の門《もん》を打《う》てば、門《もん》即《すなは》ち開《ひら》く、又棒《またほう》を以《もつ》て青色《せいしよく》の袋《ふくろ》に入《い》れ、軍陣《ぐんぢん》の前《まへ》に當《あた》り遙《はる》かに他敵《たてき》に示《しめ》せば、彼《か》の軍《ぐん》即《すなは》ち散《さん》ず。又衣襟《またいきん》を加持《かぢ》すること二十一遍《べん》にして、彼《か》の敵《てき》に閃燭《せんしやく》すれば、彼《か》の軍《ぐん》のあらゆる刀杖《たうぢやう》 弩弓《どきう》 悉《ことごと》く自《みづか》ら破壞《はくわい》し、皆禁止《みなきんし》して動《うご》かすこと能《あた》はず、若《も》し解《と》かんとすれば、眞言《しんごん》を誦《しよう》すること一遍《べん》、即《すなは》ち自在《じざい》を得《う》、又《また》毒箭《どくぜん》に中《あた》りたるものは、水《みづ》を加持《かぢ》して遙《はる》かに灑《そゝ》げば、其《そ》の箭《せん》即《すなは》ち出《い》づ。

又降雨《またかうう》を置《のぞ》すば、正式《せいしき》に壇《だん》を建立《こんりふ》し、供養《くやう》を作《な》し、護摩爐《ごまろ》を作《つく》り、其楝木《そのれんぼく》を取《と》りて火《ひ》を燃《もや》し、白芥子《しろけし》を以《もつ》て護摩《ごま》すること一千八十遍《べん》なれば、即《すなは》ち雨降《あめふ》る、猶《な》ほ多《おほ》きを破《ほつ》せば、順《じゆん》次護摩《じごま》すべし、近火《きんくわ》の際《さい》は、華笈《ひつきふ》を執《と》りて加持《かぢ》すること二十一遍《べん》、手《て》に執《と》り其《そ》の方《はう》に隨《したが》つて揮《ふる》へば、火災《くわさい》即《すなは》ち他《た》に移《うつ》る、又泥蛇《またでいじや》を加持《かぢ》すること二十一遍《べん》にして、某軍《ぼうぐん》を嚙《か》めと云《い》へば、其《そ》の者《もの》即《すなは》ち嚙《か》まる。

又蘿蔔《ゆただいこん》の子《み》を以《もつ》て擣《つい》て油麻油《ごまゆ》に和《ま》ぜ燒《や》くときは、速《すみや》かに鈎召《こうせう》し得《う》べし、又尸林中《またしりんちう》に於《おい》て優曇鉢木《うどんげはちき》を以《もつ》て火《ひ》を燃《もや》し、劫波羅《ごうはら》を致《いた》して坐《ざ》と爲《な》し、蛇皮《だひ》を燒《や》けば其《そ》の家《いへ》の食量《しよくれう》盡《つ》くることなし。

　又屍林中《またしりんちう》の骨《ほね》を以《もつ》て擣《つい》て末《すゑ》と爲《な》し、白芥子《しろけし》に和《ま》せ、護摩《ごま》すること一千八十遍《ぺん》、彼《か》の人《ひと》の名《な》を稱《とな》ふれば、百由旬《ゆじゆん》のうち皆召來《みなせうらい》せしめ、諸色 欲染觸《しよしよくよくせんしよくくわ》 過す、卽《すなは》ち情慾《じやうよく》を遂《と》げ得《う》べし。又白檀香《またびやくだんかう》を以《もつ》て刻《きざ》んで金翅鳥王《きんげうてうわう》の形《かたち》を展《の》べ作《つく》り、一切《さい》の龍《りう》の瓔珞《やうらく》を嚴具《げんぐ》し、其《そ》の嘴《くちはし》及《およ》び爪《つめ》を極《きは》めて鋭利《えいり》ならしめ、恐怖可畏《きようふかゐ》の形《かたち》に作《つく》り、蓮華臺上《れんげだいじやう》に立《た》て下《した》に向《む》ける視勢《しせい》と爲《な》し、或《あるひ》は別木《べつほく》を以《もつ》て墻壁《しやうへき》の上《うへ》に畫《ゑが》けば刻像《こくざう》と同《どう》一なることを得《う》べし。

　又《また》一切迦樓羅法《さいかろらはふ》の中《うち》に、最殊勝最秘密《さいしゆしようさいひみつ》にして、尤《もつと》も得難《えがた》きは、阿尾捨法《あびしやはふ》なり。阿尾捨《あびしや》とは神降《かみおろ》しのことにして、其《そ》の法《はふ》は、四五歲《さい》の童男《どうなん》、或《あるひ》は七八歲《さい》の童女《どうによ》の、身上《しんじやう》に一點《てん》の缺《けつ》點《てん》なく、且《か》つ聰靈英利《そうれいえいり》なるものを簡擇《かんたく》し、先《ま》づ七日《か》間素食《かんそしよく》せしめ、行者《ぎやうじや》は吉日卽《きちにちすなは》ち鬼《き》宿《しゆく》或《あるひ》は甘露直日《かんろちよくひ》を以《もつ》て沐浴《もくよく》し、全身《ぜんしん》に香《かう》を塗《ね》り、淨衣《じやうい》を着《ちやく》し、口《くち》に龍腦豆蔻《りうなうとうこう》を含《ふく》み、誦《しよう》を持《じ》する者《もの》は面《おもて》を東《ひがし》に向《む》けて坐《ざ》し、身前《しんぜん》に白檀香《びやくだんかう》を以《もつ》て一小壇《せうだん》を塗《ね》り、一肘《ちう》の量《りやう》になし、童女《どうぢよ》等《ら》をして壇上《だんじやう》に立《た》たしめ、其《そ》の前《まへ》に散華《さんげ》し、一《ひと》つの閼伽《あか》を置《お》き、爐《ろ》に安息香《あんそくかう》を取《と》り、大印《だいいん》眞言《しんごん》を以《もつ》て加持《かぢ》すること七遍《へん》、燒《や》きて童女等《どうぢよら》の手《て》を熏《くすぶ》らしめ、また赤華《あかはな》を執《と》り加持《かぢ》することと七遍《へん》、童女《どうぢよ》の掌中《しやうちう》に安《やす》んじ、便《すなは》ち手《て》を以《もつ》て面《おもて》を掩《おほ》ひ、持誦者大印《ぢしようしやだいいん》を結《むす》ふべし。二手合掌《にしゆがつしやう》して外相文《ぐわいさうぶん》へ、左右《さいう》を押《お》し、其《そ》の 掌《てのひら》を虛《きよ》にす。此《こ》の印《いん》を以《もつ》て自身《じしん》の額左右《ひたひさいう》の肩《かた》、心《こゝろ》、喉《のど》頂上《ちやうじやう》を加持《かぢ》し、印《いん》を散《さん》し、眞言《しんごん》を誦《そらん》ず、眞言《しんごん》は、ソウマリバキヤバチマカボナギ、カタラシキチリ、シギチリ、ロサヂイジヤ、ヂユハバテイ、ソバカ、又印《またいん》を以《もつ》て童女《どうちよ》の頂《ちやう》に按《あん》じ、頭上《づじやう》に三角《かく》の赤色熾盛《せきしよくしせい》の火輪光《くわりんくわう》を想《おも》ひ、眞言《しんごん》を誦《じゆ》すること七遍《へん》、火輪眞言《くわりんしんごん》は、ネン、アギヂ、シキ、ソバカ・又此《またこ》の印《いん》を以《もつ》て童女《どうちよ》の口上《こうじやう》に按《あん》じ、彼《か》の口中《こうちう》に水輪白色《すゐりんはくしよく》の半月形《はんげつけい》を想《おも》ひ、眞言《しんごん》を誦《じゆ》すること七遍《へん》、眞言《しんごん》は、オン、ジヤラタンリタマニ、ソバカ、次《つぎ》に印《いん》を移《うつ》して後《か》の心中《しんちう》に按《あん》ずべし。地輪《ちりん》の形方《かたちはう》にして黄色《くわうしよく》なるを想《おも》ひ、眞言《しんごん》を誦《じゆ》すること七遍《へん》眞言《しんごん》は、オン、マカバラバラキラマ、ソバカ、次《つぎ》に印《いん》を移《うつ》して彼《か》の臍中《せいちう》に按《あん》ずべし、風輪《ふうりん》其《そ》の形圓《けいゑん》にして黑色《こくしよく》なるを想《おも》ひ、眞言《しんごん》を誦《じゆ》すること七遍《へん》、眞言《しんかん》は、オン、ピノウタリラノウナ、ソバカ、次《つぎ》に大印《だいいん》を以《もつ》て彼《か》の兩脚《りやうきやく》を加持《かぢ》すべし、迦樓羅《かろら》を想《おも》ふて眞言《しんごん》を誦《じゆ》すべし眞言《しんごん》は、オン、ハキシラジヤハナ、ソバカ、次《つぎ》に大印《だいいん》を以《もつ》て甲冑眞言《かつちうしんごん》を誦《じゆ》し、童女《どうちよ》を加持《かぢ》すべし、偏身旋轉眞言《へんしんせんてんしんごん》に曰《いは》く、オン、カバサマブタチハテイ、ソバカ、行者次《ぎやうじやつぎ》に自身《じしん》魔醯《まこう》首羅天《しゆらてん》と爲《な》ると思《おも》ふべし。青色三目《せいしよくもく》にして頭《かしら》に瓔珞《えうらく》を冠《か》むり莊嚴《さうごん》なり、頭冠《とうくわん》の上《うへ》に佛《ほとけ》の半《はん》月《げつ》あり、十八臂手《びて》に種々《しゆく》の器《うつは》を持《も》ち、龍《りう》を以《もつ》て紳線角《しんせんかく》の絡繫《らくけい》を爲《つく》り、又彼《またか》の血《ち》を塗《ぬ》り寫《うつ》すと、須臾《しゆゆ》の頃《ころ》にして自身《じしん》を觀《くわん》じ已《をは》りて、次《つぎ》に大印《だいいん》を以《もつ》て彼《か》の童女《どうちよ》一百八命節《めいせつ》を加持《かぢ》すべし眞言《しんごん》に曰《いは》く、オン、ミリテイビヤタタジヤバユラカセン、次《つぎ》にまた大印眞言《だいいんしんごん》を以《もつ》て華香《くわかう》及《およ》び閼伽《あか》等《など》を加持《かぢ》すべし、次《つぎ》に十方《はう》を結界《けつかい》し、童女《どうぢよ》に向《むか》ひ摩《ま》醯首羅《こうしゆら》使《し》者《しや》の眞言《しんごん》を誦《じゆ》す、眞言《しんごん》曰《いは》く、リセイタカ、バタナキヤ、ビシヤタハダ、サツマダキヤラ、ビキツラマ、ビラサツキヤチ、リセイタカ、フラリバタンラン、サラサラ、サリサリ、ハダハダ、ハタハタ、ハンニハンニ、キヤチキヤチ、アビシヤアビシヤ、リセイタカ、ロヌソキニヨウハヤチ、ソバカ、此《こ》の眞言《しんごん》を七遍誦《へんじゆ》すべし。然《しか》るときは彼《か》の童女戰動《どうぢよせんどう》す、之《こ》れ聖者身《せいじやみ》に入《い》るなり、更《さら》に又彈指《まただんし》して眞言《しんごん》を誦《じゆ》すべし。

若《も》し現驗《げんけん》なくんば、次《つぎ》に催促使者眞言《さいそくししやしんごん》を唱《とな》ふべし。眞言《しんごん》に曰《いは》く、リリヤ、マロキヤタ、ソロソロ、フニタカナカナ、ハラカンハナニ、ナトロニトロニ、モニモニ、ハニハニ、キヤチキヤチ、アビシヤアビシヤ、リセイタカ、ロヌソキニヨウハヤテイ、ソバカ・此《こ》の眞言《しんごん》を誦《じゆ》すれば必《かなら》ず應驗《おうけん》あり、未來《みらい》の善惡《ぜんあく》一切《さい》の災祥《さいしやう》を問《と》ふ。若《も》し語《かた》らず、或《あるひ》は語《かた》ること遲《おそ》ければ、則《すなは》ち捧印《ほういん》を結《けつ》す。二《に》手合掌《しゆがつしやう》して二無名指外《むめいしゆぐわい》まじへ、二中指《ちうし》ならべ立《た》て、二頭指《とうし》各《おの》々《おの》無名指《むめいし》頭《とう》を鈎《こう》し、二大指《だいし》各々《おの〳〵》中《なか》を押《お》して交《まじ》へしめ、眞言《しんごん》を誦《じゆ》して曰《いは》く、オン、ボナキカチ、トロトロトロトロ、ソバカ、此《こ》の捧印《ほういん》を結《むす》べば即《すなは》ち種々《しゆ〳〵》の事《こと》を語《かた》る、已《をは》りて大印眞言《だいいんしんごん》を以《もつ》て、閼伽《あか》加持《かち》し、三灑《れい》すれば、童女《どうぢよ》の面《おもて》即《すなは》ち結解《けつかい》す。此《こ》の使者《ししや》の眞言《しんごん》は一万遍誦《まんぺんじゆ》すれば、即《すなは》ち法成就《はふじやうじゆ》し、使者《ししや》の出現《しゆつげん》を見《み》るべし。斯《か》くする上《うへ》は此《こ》の使者《ししや》の現《あら》はるると否《いな》とに關《くわん》せず、常《つね》に之《こ》れを招請《せうせい》して供養《くやう》し、至心《ししん》に祈念《きねん》すれば、如何《いか》なる所《ところ》にも奔走《ほんそう》し、或《あるひ》は夜摩《やま》王《わう》の所《ところ》に至《いた》りて延命《えんみやう》を求《もと》め、又增益《またぞうえき》し、又他敵《またたてき》を推破《さいは》し、又上天《またじやうてん》に於《おい》て種々《しゆく》の甘露《かんろ》を取《と》らしめ、種々所求成《しゆくしよきうな》らざることなし。若《も》し惡念《あくねん》あれば忽《たちま》ち罰《はつ》を蒙《かうむ》る。法器《はふき》の天才《てんさい》に非《あら》ざれば、妄《みだ》りに此《こ》の法《はふ》を傳《つた》ふべからず。

第三十六章　鬼子母神の現身髑髏使役秘法

一、名義《めいぎ》、梵名《ぼんめい》は訶梨帝《かりてい》カリテイ、食鬼《しよくき》と譯《やく》し、又母神《またぼしん》ともいふ。或《あるひ》は賀哩底《かりてい》カリテイとして惡女《あくぢよ》と譯《やく》し、又愛子母《またあいしぼ》とすることあり。歸佛《きぶつ》の因緣《いんえん》に曰《いは》く、大藥叉女《だいやくしやぢよ》あり、歡喜《くわんき》といふ。容貌端嚴《ようぼうたんげん》にして五千の眷屬《けんぞく》あり、常《つね》に支那國《しなこく》に住《ぢう》して世界《せかい》を護持《ごち》す。此《こ》の女嫁《ぢよか》して五百の子《こ》を生《う》む。大威力《だいゐりよく》あり、諸《もろ〳〵》の眷屬《けんぞく》と佛所《ぶつしよ》に來《き》たる、佛《ほとけ》告《つ》げて曰《いは》く、汝《なんぢ》今如來《いまにょらい》の敎《けう》勅《ちよく》を受《う》くべし、我汝《われなんぢ》をして暴惡《ばうあく》を捨除《しやぢよ》して諸《もろ〳〵》の衆生《しゆじやう》を護《まも》り、此《こ》の王舍城及《わうしやじやうおよ》び贍部州《せんぶしゆ》の一切《さい》の女人《によにん》の生《う》む所《ところ》の男女《なんによ》に無《む》畏《ゐ》を施《ほどこ》さしめんと欲《ほつ》すと、時《とき》に觀喜母《くわんきぼ》佛《ぶつ》は白《もう》して曰《いは》く、世尊《せそん》若《も》し是《か》くの如《ごと》くならは、我《わ》れ及《およ》び諸子《しよし》當《まさ》に何《なに》を食《しよく》すべき、佛《ほとけ》言《いは》く汝《なんぢ》但《ただ》慈心《じしん》にして衆生《しゆじやう》を害《がい》せずんば、我《わ》れ當《まさ》に諸聲聞弟子《しよせいもんでし》に勅《ちよく》して、食次毎《しよくじごと》に常《つね》に汝《なんぢ》に食《しよく》を與《あた》へ、幷《ならび》に行末《ゆくすゑ》一分《ぶ》の食《しよく》を置《お》き、汝《なんぢ》の名號《みやうがう》並《ならび》に諸子《しよし》等《ら》を呼《よ》び、皆飽滿《みなはうまん》せしめん、若《も》し餘食《よしよく》あらば汝《なんぢ》一切《さい》鬼《き》神《じん》に廻《くわい》施《し》すべし。皆悉《みなことごと》く其《それ》を飽足《はうそく》せしめん、時《とき》に觀喜母《くわんきぼ》佛《ぶつ》に白《もう》して曰《いは》く、我《わ》れ今如來《いまにょらい》に歸命《きみやう》して佛勅《ぶつちよく》を奉《ほう》じて敢《あへ》て違越《ゐゑつ》せず云々《うんぬん》と、俗説《ぞくせつ》には自己所生《じこしよじやう》の多子《たし》を食《しよく》し、最後《さいご》の一子《し》に至《いた》り發心《ほつしん》して、一切《さい》の衆生《しゆじやう》の子《こ》を加護《かご》せんと誓《ちか》ひしといふ。

二、形像《けいざう》、鬼子母神《きしもじん》の形像《けいざう》は、夜叉形《やしやけい》なりとの俗信《ぞくしん》あるも、密教《みつけう》にては天女形《てんによけい》とせり。法華行者《ほけぎやうじや》の尊崇《そんすう》する鬼子母神《きしもじん》は、發心《ほつしん》の一刹那《せつな》、頭上《づじやう》の角落《かどお》ちたる態《てい》と、其《そ》の法華經《ほけきやう》に障《しやう》礙《がい》するものを降伏《かうふく》するを本誓《ほんせい》とするを以《もつ》て忿怒形《ふんねけい》とせるなり。

三、種子《しゆじ》、訶力《かりき》、吽《うん》ウン、吉里《きつり》キツリ等《など》あり、名《な》の頭字《かしらじ》、天部《てんぶ》の通種字《つうしゆじ》、諸天星宿《しよてんせいしゆく》の通《つう》種字《しゆじ》等《とう》あり。

四、三昧耶《まいや》形《けい》、刀《かたな》、星形《せいけい》、吉祥葉《きつしやうえふ》、寶珠《はうしゆ》、賢瓶《けんへい》。

五、印相《いんさう》、左右《さいう》五指《し》を伸《の》べ、右掌《みぎてのひら》を左掌《ひだりてのひら》の背《せ》に重《かさ》ね、左手《ゆんで》を握《にぎ》る。是《こ》れを請召《しやうせう》の印《いん》とす。降伏《かうふく》の印《いん》は被甲《ひかふ》の印《いん》の如《ごと》く、無名指《むめいし》の頭《かしら》を大指《おほゆび》の虎口《ここう》に出《だ》す。此《こ》れ愛子《あいし》成就法《じやうじゆはふ》の説《せつ》とす。

六、眞言《しんごん》、オン、ドト、マリ、カキテイ、ソバカ。

七、修法《しゆはふ》、此《こ》の尊《そん》は下劣《げれつ》の夜叉《やしや》なれば、其《そ》の修法《しゆはふ》の外道《げだう》に類似《るゐじ》するものあり。多《おほ》くは小《せう》兒《に》の成育《せいいく》、安産《あんざん》等《とう》に修行《しゆぎやう》せらる。

歡喜母法《くわんきぼはふ》に曰《いは》く、若《も》し鑛物《くわうぶつ》等《など》の伏藏《ふくざう》を求《もと》むるには、一童女《どうぢよ》の心《こゝろ》正《たゞ》しく身体《しん／＼》端麗《たんれい》なるものを取《と》り、沐浴清淨《もくよくしやうじやう》ならしめ、鮮潔《せんけつ》の衣《ころも》を着《き》せ、香氣《かうき》ある華《はな》を取《と》り、童女《どうぢよ》をして兩手《りやうて》に華《はな》を捧《さゝ》げ面《おもて》を掩《おほ》ひ、壇邊《だんぺん》に立《た》たしめ、行者《ぎやうじや》は左《ひだり》の眞言《しんごん》を一百八遍《べん》を誦《じゆ》す。眞言《しんごん》に曰《いは》く、ノウモラチノウチラヤ、ダモガリチエイ、マカヤキヤシテイ、アバキヤエイ、サッチエイハヂネイ、ボタバリヤエイ、ジヤダカリニエイ、ハンサホチラ、シヤタハリバエイヒリカラエイ、バキヤタサバサチバ、ノウバリクキリタエイ、バキヤバンカリチエイ、キリタイヤハベイタイシヤメイ、ボタテイジヤバニチ、サバラタエイ、バガバンボララキシヤシ、バキヤバンモシタシ、ハラホチラ、ピキンノウピノウヤカ、ボリハサンバニタトラダチ、マンチラバダホタチ、カラシヤエイ、チニヤタ、シバタイ、バリバタイ、ネイチラカッチ、サツバキヤバカラダエイ、ツバカ、誦《じゆ》し已《をは》つて、欝金香水《うこんかうすゐ》を加持《かぢ》して、童女《どうぢよ》の身上《しんじやう》に灑《そゝ》ぎて眞言《しんごん》の句《く》の中《なか》に其《そ》の求願《きうぐわん》の事《こと》を加《くは》ふ。左《さ》すれば須臾《しゆゆ》の頃《ころ》に彼《か》の童女《どうぢよ》即《すなは》ち伏藏《ふくざう》の所在《しよざい》を説《と》く。

此《こ》の他財寶《ほかざいはう》を求《もと》むの法《はふ》、女人《ぢよにん》の愛敬《あいけい》を得《う》る法《はふ》、夫婦相和《ふうふあひわ》する法《はふ》、治病《ぢびやう》の法《はふ》、除毒《ぢよどく》の法《はふ》、囚禁枷鎖《しうきんかさ》自《おのづか》ら解《と》け去《さ》るの法《はふ》、訟訴等《そしようとう》の必勝法《ひつしようはふ》、官難解脱《くわんなんげだつ》の法等《はふとう》、皆前《みなまへ》の印明《いんみやう》を結誦《けつじゆ》するに由《よつ》て成就《じやうじゆ》するものなり。

又怨敵《またをんてき》の家《いへ》をして驚恐安《きやうきようやす》からざらしめんと欲《ねが》ふときは、髑髏《どくろ》一箇《こ》を取《と》り、大呪及印契《だいじゆおよびいんけい》を以《もつ》て加持《かぢ》すること二十一遍《ぺん》、又《また》は一百八遍《ぺん》にして、密《ひそか》に彼《か》の怨家《ゑんか》の宅内《たくかい》に置《お》けば、其《そ》の怨家必《ゑんかかなら》ず驚恐《きやうきよう》して安《やす》からず、而《しか》して初《はじ》め髑髏《どくろ》を取《と》らんとする時《とき》、先《ま》づ其《そ》の眞言《しんごん》を以《もつ》て自身《じしん》を加持《かぢ》すること二十一遍《ぺん》、召印《せういん》を結《むす》び、前後《ぜんご》これを取《と》り、密《ひそか》に加持《かぢ》すれば効驗《かうけん》あらざることなし。又此《またこ》の驚恐《きやうきよう》を除《のぞ》かんとせば、此《こ》の眞言《しんごん》を誦《じゆ》すること二十一遍《ぺん》、髑髏《どくろ》を收《をさ》め取《と》り發遣《はつけん》して本所《ほんしよ》に却送《きやくそう》すれば、即《すなは》ち息《や》む、此《こ》の骨《ほね》は一度用《どもち》ふれば、更《さら》に重《かさ》ねて用《もち》ふるも驗《しるし》なし。

凡《およ》そ供養《くやう》を經《へ》おはれる食及《しよくおよ》び菓子等《くわしなど》は、一切食《さいく》ふべからず。之《こ》れを食《く》へば行者《ぎやうじや》に効驗《かうけん》なし、又供養《またくやう》せんと欲《ねが》はば、皆新《みなあらた》に別《べつ》に造《つく》れる物《もの》を須《もち》ふべし、宿《やど》を經《へ》たる殘食《ざんしよく》を用《もち》ふべからず。又毎供養食《またまいくやうしよく》は皆自《みなみづか》ら送《おく》りて、人《ひと》をして持《も》ち運《はこ》ばしむべからず。之《こ》れに違《たが》へば効《かう》なし、又髑髏《またどくろ》は强幹《きようかん》の人《ひと》のもの程効迅速《ほどかうじんそくか》且つ顯著《けんちよ》なり。此《こ》の法《はふ》は他《た》に漏泄《ろうせつ》すれば効《かう》なし、亦怨家《またえんか》の人《ひと》が解法《かいはふ》を心得居《こゝろえを》るものなれば、却《かへ》りて自《みづか》ら災《わざはひ》を受《う》くべし、注意《ちうい》を要《えう》す。

第三十七章　氷迦羅天の愛子現身秘法

一、名義《めいぎ》、氷迦羅《ひから》又《また》は畢里孕伽羅《ひやうきやら》、ヒヤウキヤラ、蒼色《さうしよく》と譯《やく》す。訶梨帝母《かりても》即《すなは》ち鬼子母神《きしもじん》の懐《いだ》きたる愛子《あいし》なり、赤色《せきしよく》の花《はな》を取《と》りて花毎《はなごと》に一誦《じゆ》して、童子《どうじ》の身上《しんじやう》に擲《なげう》ち十萬遍《まんべん》に滿《み》たしむれば、其《そ》の童子《どうじ》必《かなら》ず來《きた》りて身《み》を現《げん》し、一切《さい》の願《ねがひ》を成就《じやうじゆ》し、日《ひ》に千人《にん》の上妙食《うめうしよく》を得《え》て欠乏《けつはふ》する所《ところ》なしといふ。

二、形像《けいざう》、白旃檀香木《しろせんだんかうぼく》の瑕隙無《かげきな》きを取《と》て、長《た》け六指《し》或《あるひ》は一傑手《けつと》とし、童子《どうじ》形《けい》を作《つく》り、頂上《ちやう》に五髻子《けいし》あり、相好圓滿《さうかうゑんまん》、種々《しゆ〳〵》の瓔珞《とうらく》を以《もつ》て其《そ》の身《み》を莊嚴《さうごん》し、荷葉《かえふ》の上《うへ》に於《おい》て脚《あし》を交《まじ》へ坐《ざ》す。右《みぎ》の手掌《てのひら》に吉祥果《きつしやうくわ》あり、人《ひと》に與《あた》ふる勢《いきほひ》を作《な》し、左手掌《ひだりてのひら》を下《さ》げて外《そと》に向《む》けて五指《し》を垂《た》れ展《の》ぶ、此《こ》れを滿願印《まんぐわんいん》と名《な》づく。

三、種子《しゆじ》、氷《ひろ》ヒロ、枳《ち》チ。

四、三昧耶形《まいやけい》、吉祥菓《きつしやうくわ》。

五、印相《いんさう》、虗心合掌《きよしんがつしやう》、又《また》は虛心合掌《きよしんがつしやう》して大指《だいし》を掌中《しやうちう》にしたるもの。

六、眞言《しんごん》、オン、チヒチニ、ソバカ。

七、鑛物發掘《くわうぶつはつくつ》、怨敵降伏《をんてきかうふく》、愛子現身法《あいしげんしんはふ》に行《ぎやう》せらる。

此《こ》の童子《どうじ》の修法《しゆはふ》を行《おこな》はんとするには、或《あるひ》は乞食《こじき》し、或《あるひ》は喫乳《きつにう》し、眞言《しんごん》を誦《じゆ》すること三十萬遍《まんべん》を滿《まん》じ、然《しか》る後《のち》牛肉《ぎうにく》を取《と》りて丸《ぐわん》と爲《な》し、一加持《かぢ》一燒《せう》、日々《ひゞ》三回《くわい》、回每《くわいごと》に千八十遍《ぺん》、四十九日《にち》を滿《まん》ばれば、本尊卽《ほんぞんすなは》ち身《み》を現《あら》はし、行者《ぎやうじや》の願《ねがひ》を滿足《まんぞく》せしむ。又行者《またぎやうじや》三白食《はくしよく》を食《く》ひ、中肉《ちうにく》を安悉香《あんしつかう》に和《ま》せて丸《ぐわん》と爲《な》し護摩《ごま》すべし、白月《はくげつ》一日《にち》より起首《きしゆ》し、一月《ぐわつ》を滿足《まんぞく》し、每《まい》三回《くわい》廣《ひろ》く供養《くやう》を陳《つら》ね、一日《にち》一夜食《やしよく》を斷《た》ち、言語《げんご》を斷《た》ち、護摩《ごま》すること間斷《かんだん》なく、至誠《しせい》に念誦《ねんじゆ》すれば、本尊身《ほんぞんみ》を現《あらは》し、常《つね》に親友《しんいう》の如《ごと》くなり、求《もと》むる所《ところ》皆應《みなこたへ》あり。金錢用度《きんせんようと》皆滿足《みなまんぞく》す。

又伏藏物《またふくざうぶつ》を求《もと》めんとすれば、其《そ》の如《ごと》く護摩《ごま》し、然《しか》して後《の》ち蘇合香《そがふかう》を以《もつ》て酥《くわ》に和《ま》せ、每日《まいにち》三回《くわい》、每回《まいくわい》千八十遍念誦《ぺんねんじゆ》し、間斷《かんだん》なければ其《そ》の伏藏卽《ふくざうすなは》ち礦物等現《くわうぶつなどあら》はれ出《いで》て、取《と》るに障礙《しやうがい》なし。

又《また》怨敵《をんてき》を伏《ふく》せんとせば、彼《か》の怨人《えんじん》の名《な》を記《しる》して左《ひだり》の脚下《きやくか》に踏《ふ》み、勵《はげ》しき聲《こゑ》を以《もつ》て忿怒《ふんぬ》して眞言《しんごん》を誦《じゆ》し，句《く》の中《なか》に彼《か》の怨人《えんじん》の名《な》を加《くは》へて誦《じゆ》すること十萬遍《まんべん》に滿《み》つれば、一切《さい》の恨《うら》みあるも隨順《ずゐじゆん》せざるはなし。

又此《またこ》の天《てん》と同《どう》一境界《きやうかい》に入《い》り、一切《さい》の疑事《ぎじ》を問《と》はんとせば、前法《ぜんぽふ》に依《よ》り下《しも》の如《ごと》く眞言《しんごん》を誦《じゆ》すべし。オン、タラタラ、トハトハトハ、イケイキ、ヒリタカラ、サツバサツチバネイバラヤ、カキカキゴゴ、ソバカ。

第三十八章　水天龍王の秘密修法

一、名義《めいぎ》、龍《りう》は梵名《ぼんめい》にては、那伽《なか》ナガと云《い》ひ、天龍《てんりう》と龍《りう》とに分《わ》かる。一般龍種《はんりうしゆ》の主《ぬし》を水《すゐ》天《てん》といふ。水天《すゐてん》は梵語《ぼんご》にては、嚩嚕陀《ばろだ》バロダといふ。此《こ》の天喜《てんよろこ》ぶときは、人身《じんしん》渴《かつ》せず、雨《う》澤時《たくとき》に順《したが》ふ。瞋《い》かるときは人身乾《じんしんかは》き、器界旱魃《きかいかんはつ》して萬物乾《ばんぶつほさ》れ盡《つ》くと、天龍《てんりう》は以上水天《いじやうすゐてん》の外《ほか》に八大龍王《だいりうわう》あり、又別《またべつ》に九頭《くづ》龍王《りうわう》あり、此等《これら》は龍宮《りうぐう》といふ一定《てい》の淨土《じやうど》ありて三熱《ねつ》の苦《く》なく佛法王法《ぶつはふわうはふ》を守護《しゆご》し、世間《せけん》を利益《りえき》し、人々《ひと〲》を出世間《しゆつせけん》に導《みちび》くを本誓《ほんせい》とす、之《こ》れに反《はん》し並通《ふつう》の龍《りう》は日々《ひゞ》三熱《ねつ》の苦《く》あり、身神惱亂《しんくなうらん》し、瞋恚《しんゐ》ます〱増長《ぞうちやう》し、或《あるひ》は阿修羅《あしゆら》に屬《ぞく》し、或《あるひ》は畜生《ちくしやう》に屬《ぞく》す。

二、形像《けいざう》、西方水天《さいはうすゐてん》、水中《すゐちう》に住《ぢう》し、龜《かめ》に乘《の》り淺緑色《せんりよくしよく》なり、左《ひだり》の手《て》に刀《かたな》をとり、右《みぎ》に龍索《りうさく》を執《と》り、頭冠上《とうくわんじやう》にに五龍《りう》あり、四天女妙華《てんによめうげ》を持《ぢ》す。普通《ふつう》の龍王《りうわう》は天女形《てんによけい》にして、龍索《りうさく》又《また》は刀《かたな》、或《あるひ》は如意寶珠《によいはうしゆ》を持《ぢ》す。

三、種子《しゆじ》、阿《あ》ア、又《また》は嚩《は》バ、又鑁《またばん》バンといふときは、水天《すゐてん》を大日如來《だいにちによらい》の化身《けしん》と觀《くわん》ずるなり。

四、三昧耶形《まいやけい》、龍索《りうさく》、如意寶珠《によいはうしゆ》、甘露水《かんろすゐ》。

五、印相《いんさう》、內縛《ないはく》して二頭指《とうし》を立《た》て合《あは》せたるもの、即《すなは》ち龍索印《りうさくいん》を普通《ふつう》とす。九頭龍印《くづりういん》は、二手《しゆ》の大指《だいし》を叉《こま》き、餘《よ》の八指《し》を散《さん》じて、合《あは》せて九頭《とう》と爲《な》す。又兩手《またりやうて》を覆《かへ》し、大指《だいし》を相鉤《あひこう》し餘指《よし》を散《きん》じ、之《こ》れを轉《てん》じて龍《りう》の匍匐《ほふく》の形《かたち》となすものあり。

六、眞言《しんごん》、水天《すゐてん》の眞言《しんごん》は、オン、バロダヤ、ソバカ、又《また》はオン、アハン、バタヤ、ソバカ、九頭龍王《くづりうわう》は、ナモ、サンマンタ、ボタナン、ナカ、シヤニエイ、ソバカ。

七、修法《しゆはふ》、祈雨《きう》、止雨《しう》、海中求寶《かいちうきうはう》、航海安全等《かうかいあんぜんとう》に修行《しゆぎやう》せらる。水天《すゐてん》の像《ざう》を造《つく》り、木函内《もくかんない》に安《あす》んじ、錦嚢《きんなう》を以《もつ》て包《つゝ》み、左《ひだり》の臂《ひぢ》にかくれば、諸願成就《しよぐわんじやうじゆ》すといふ。又水天《またすゐてん》の印《いん》を結《むす》び、或《あるひ》は召印《せういん》を結《むす》び、下《しも》の眞言《しんごん》十萬遍《まんぺん》を唱《とな》ふべし。タニヤタ、ウタカダイバナ、エンケイエンケイ、ソバカ、此《こ》の印呪《いんじゆ》を行《ぎやう》するには、縦横《じうわう》四肘《ちう》の水壇《すゐだん》を造《つく》り、壇《だん》に四門《もん》を開《ひら》き、其《そ》の壇《だん》の北面《ほくめん》に水天坐《すゐてんざ》を安《あん》じ、十六盤《はん》の飲食《いんしよく》を供養《くやう》し、薫陸香《くんろくかう》を焼《や》き、行者《ぎやうじや》は沐浴《もくよく》して新浄衣《しんじやうい》を着《つ》け、北面《ほくめん》して祈《いの》るべし。左《さ》すれば淋雨《りんう》は止《や》み、旱天《かんてん》には雨《あめ》ふり、水中《すゐちう》に入《い》るとき此《こ》の印法《いんはふ》を行《おこな》へば、水《みづ》を履《ふ》むこと地《ち》と異《こと》なることなし。因《ちなみ》に龍王《りうわう》の供物《くもつ》は梨果《りくわ》を相應《さうおう》とするは何人《なんびと》も知《し》れる所《ところ》にして、戸隠権現《とがくしごんげん》の使者《ししや》となすことあり。

第三十九章　青面金剛の降魔秘法

一、名義《めいぎ》、青面金剛《せいめんこんがう》とは、其《そ》の像《ざう》の色相《しきさう》によりて名《な》づけたるものにして、支那《しな》にて所謂《いはゆる》庚申《かうしん》の本尊《ほんぞん》なり。或《あるひ》は忿怒明王《ふんぬみやうわう》なりともいふ。台密《だいみつ》にては八臂《び》の尊《そん》をつくり、三猿即《ゑんすなは》ち見《み》ざる、聞《きか》ざる、言《いは》ざるの義《ぎ》と、三諦義《ていぎ》とによりて、此《こ》の尊《そん》の深秘《しんぴ》を説《と》けり。

二、形像《けいざう》・一身四手《しんよつで》、左邊《さへん》の上手《じやうしゆ》に三肢戟《こげき》を把《と》り、下手《かしゆ》に捧《はう》を把《と》り、右邊《うへん》の上手《じやうしゆ》の掌《てのひら》に一輪《りん》を拓《ひら》き、下手《かしゆ》に羅索《けんさく》を把《ど》り、其《そ》の身《み》青色《せいしよく》にして、大《おほい》に口《くち》を張《は》り狗牙《くげ》上《うへ》に出《い》で、眼《め》の赤《あか》きこと血《ち》の如《ごと》くにして三眼《がん》あり、頂《ちやう》に髑髏《どくろ》を戴《いただ》き、頭髪《とうはつ》聳《そび》へ堅《た》ちて火災色《くわえんしよく》の如《ごと》く、頂《ちやう》に大蛇《だいじや》を纏《まと》ひ、兩縛《りやうはく》に各々《おの〳〵》倒《さか》さまに垂《た》れたる一龍《りう》あり、龍頭《りうづ》相向《あひむか》ひ、其《そ》の腰《こし》に二大赤蛇《だいせきだ》を纏《まと》ひ、兩脚上《りやきやくじやう》にまた大赤蛇《だいせきだ》を纏《まと》ひ、腰《こし》にも大赤蛇《だいせきだ》あり、把《と》る處《ところ》の捧上《はうじやう》にもまた大蛇《だいじや》あり、虎皮《こひ》の縵袴《まんこ》、髑髏《どくろ》の瓔珞《えうらく》あり、兩脚下《りやうきやくか》に各々《おの〳〵》一鬼《き》を安《あん》ず、左右《さいう》に青衣《せいい》の童子《どうじ》あり、手《て》に香爐《かうろ》を把《と》り、右《みぎ》には二藥叉《やくしや》あり、一《いち》は赤《あか》、一《いち》は黄《き》にして、刀《かたな》を執《と》り索《なは》を執《と》る。左《ひだり》にも二藥《やく》叉《しや》あり、一《いち》は白《しろ》、一《いち》は黒《くろ》にして戟《ほこ》を執《と》り叉《しや》を執《と》る。形状《けいじやう》並《ならび》に甚《はなは》だ怖畏《ふゐ》すべし、手足《しゆそく》並《ならび》に藥叉《やくしや》の如《ごと》く、其《そ》の爪長利《つめちやうり》なり。

三、種子《たねじ》、吽《うん》ウン。

四、三昧耶《まいや》形《けい》、三股《こ》叉《しや》、羅索《けんさく》、輪《りん》なり。

五、印相《いんさう》、藥叉《やくしや》の立身印《りつしんいん》とて、右脚《うきやく》を以《もつ》て直《す》ぐ左脚《さきやく》踏《ふ》み地《ち》に着《つ》けて相離《あひはな》るゝこと一肘《ちう》。左手《ゆんで》の三指《し》を以《もつ》て直《す》ぐ竪《た》て、大指《おほゆび》を立《た》て小指《こゆび》の甲上《かふじやう》を捻《ねん》じ、腰《こし》を叉《こま》ぬき、四指《し》を前《まへ》に向《む》け右手《めて》の五指《し》を以《もつ》て面《おもて》を招《まね》き是《こ》れを上《あ》げ、面《おもて》を嗔色《しんしよく》となして結界《けつかい》す。

六、眞言《しんごん》、心呪《しんじゆ》は、バテイタ、マカマカロ、ウコウコウコ、ラアチラタテイ、ソバカ、叉《また》オン、テイバヤシヤ、ハンタハンタ、カカカカ、ソバカ。

七、修法《しゆはふ》、四魔《ま》降伏《かうふく》、除病《ぢよびやう》等《どう》を主《しゆ》とす。

此《こ》の尊《そん》の修法《しゆはふ》は、先《ま》づ像《ざう》を作《つく》り、叉《また》は畫《ゑが》き了《をは》りて、日月蝕《じつげつしよく》の時《とき》、急《きふ》に一壇《だん》を造《つく》り、食菓《しよくくわ》子《し》を辨《べん》じ、供養呪誦《くやうじゆしよう》すべし、行者《ぎやうじや》は五辛酒肉《しんしゆにく》を食《しよく》すべからず、それを食《しよく》すれば神驗《しんけん》なし、酒肉《しゆにく》此《こ》の尊《そん》の性《せい》は急惡《きふあく》なり、誤《あやま》れば人《ひと》を損害《そんがい》せん、世《よ》に此《こ》の尊《そん》を祀《まつ》り庚申待《こうしんま》ち等《など》と稱《しよう》し、酒肉を喫《きつ》し、叉《また》は歌舞狂言《かぶきやうげん》し、或《あるひ》は邪淫《じやいん》の所爲《しよゐ》あるものあり、咎《とがめ》を受《う》くること深《ふか》し。

病人《びやうにん》を療《れう》せんとせば、呪《じゆ》を誦《しよう》し、請《こ》ふて五方藥叉《はうやくしや》を請《じやう》すべし、先《ま》づ東方《とうはう》に請《こ》ふを初《はじ》めとす、東方《とうはう》は青帝藥叉《せいていやくしや》なり、身《み》の長《た》け三丈二尺《ぢやうしやく》、口《くち》に青氣《せいき》を吐《は》き、並《ならび》に諸眷屬《しよけんぞく》此《こ》の室内《しつない》に入《い》る、其《そ》の余《よ》も亦之《またこ》れに準《じゆん》ず。

此《こ》の壇《だん》の東北角《とうほくかく》に於《おい》て、藥叉身形《やくしやしんけい》を立《た》つべし、また藥叉立身印《やくしやりつしんいん》と其《そ》の呪《じゆ》を結誦《けつじゆ》すべし、此《こ》の印呪《いんじゆ》は能《よ》く四魔《ま》を下《くだ》し、またよく此《こ》の尊《そん》を歡喜《くわんき》せしめ、靈驗極《れいけんきは》めて顯著《けんちよ》なり。

支那朝鮮等《しなてうせんなど》にては、各村里《かくむらざと》の四方《はう》に此《こ》の尊《そん》の像《ざう》を刻《きざ》みて、道路《だうろ》の村界《そんかい》に建《た》つ、此《こ》れ惡疫《あくえき》の侵入《しんにふ》を防《ふせ》ぎ、叉魔《またま》の犯《お》かすを防《ふせ》ぎ、郷黨《きやうたう》の平和安全《へいわあんぜん》を祈《いの》るものなりといふ。一時《じ》は非常《ひじやう》に尊崇流行《そんすうりうかう》せるものなり。

第四十章　茶吉尼天神變不可思議秘法

一、名義《めいぎ》、梵語《ぼんご》の茶吉尼《だきに》ダキニは、之《こ》れを噉食《たんじき》と記《しる》す。之《こ》れ人黄《じんわう》を噉食《たんじき》するゆゑなり、尤《もつと》も深秘《しんぴ》の義《ぎ》は、無明《むみやう》の人黄《じんわう》を噉食《たんじき》するものとす、叉或《またあるひ》は此《こ》の天能《てんよ》く煩惱《ぼんなう》の垢穢《くゑ》を噉食《たんじき》すといふ。勿論其《もちろんそ》の成道以前《じやうだういぜん》には、人黄《じんわう》を食《くら》ひたる夜叉《やしや》なりしは明白《めいはく》なり。此《こ》の夜叉《やしや》は自在《じざい》に呪術《じゆじゆつ》を以《もつ》て人《ひと》の命《いのち》の終《をは》らんとするを知《し》り、六月以前《ぐわついぜん》より之《こ》れを知《し》り已《をは》つて、法《はふ》を作《な》し其《そ》の心《こゝろ》を取《と》り、之《こ》れを食《くら》ふ。之《こ》れ人《ひと》の身中《しんちう》に黄《き》あり、牛《うし》に黄《き》あるが如《ごと》し。之《こ》れを得《え》んが爲《た》めには、人《ひと》を病苦《びやうく》せしめ、其《そ》の治《ぢ》するを妨《さまた》ぐるに至《いた》る。如來《によらい》は降《がう》三世《ぜ》の法門《はふもん》を以《もつ》て、彼《かれ》を除《のぞ》かんと欲《ほつ》し、化《くわ》して大黑天神《だいこくてんじん》と爲《な》り、彼《か》れ茶吉尼《だきに》に過《す》ぎたること無量《むりやう》にして示現《しげん》し、灰《はひ》を以《もつ》て身《み》に塗《ぬ》り、曠野《こうや》の中《なか》に在《あ》りて、術《じゆつ》を以《もつ》て悉《こと〴〵》く一切法《さいはふ》を成就《じやうじゆ》し、空《そら》に乘《じよう》じ水《みづ》を履《ふ》むに皆害《みながい》なき諸々《もろ〳〵》の茶吉尼《だきに》を召《め》して、之《こ》れを呵責《かしやく》す。曰《いは》く、汝常《なんぢつね》に人《ひと》を噉《くら》ふに依《よ》るが故《ゆゑ》、我《わ》れいま當《まさ》に汝《なんぢ》を食《しよく》すべしとて呑噉《どんたん》す。然《しか》れども彼《か》れ茶吉尼《だきに》をして死《し》せしめずして、伏《ふ》し已《をは》つて之《こ》れを放《はな》ち、悉《ことごと》く肉《にく》を斷《だん》せしむ、彼《か》れ茶吉尼佛《だきにぶつ》に白《もう》して曰《いは》く、我《わ》れ今《いま》まで肉《にく》を食《しよく》して存《そん》することを得《え》たり、今如何《いまいか》がして自《みづか》ら濟《なさ》ん、佛言《ほとけい》はく汝《なんぢ》に死人《しにん》の心《こゝろ》を噉《くら》ふことを許《ゆる》すと、彼《か》れ曰《いは》く人《ひと》の死《し》せんとする時《とき》は諸々《もろもろ》の大夜叉等《だいやしやなど》、彼《か》の人《ひと》の命《いのち》の盡《つく》るを知《し》り、爭《あらそ》ひ來《きた》つて食《くら》はんとす。我《わ》れ如何《いか》にして之《こ》れを得《う》べき、佛言《ほとけい》はく汝《なんぢ》の爲《た》めに眞言法及《しんごんはふおよ》び印《いん》を說《と》くべし、六月《ぐわつ》より未《いま》だ死《し》せざるも卽《すなは》ち能《よ》く之《こ》れを知《し》り、法《はふ》を以《もつ》て加護《かご》し、他《た》をして損《そん》せざらしむ、命盡《いのちつ》くる時《とき》に至《いた》りて、汝《なんぢ》に取《と》り食《くら》ふこと聞《ゆる》すとて、是《か》くの如《ごと》くにして道《みち》に入《い》ることを得《え》せしめたり。

二、形像《けいざう》、炎魔天《えんまてん》に侍《じ》せる茶吉尼天《だきにてん》は、童子形《どうじけい》にして袋《ふくろ》を持《も》てり、普通《ふつう》には、赤黑色《せきこくしよく》の餓鬼形《がきけい》なり、右手《めて》に人足《じんそく》を持《ぢ》し、口《くち》を開《ひら》いて是《こ》れを食《くら》ふ勢《いきほひ》を爲《な》し、左手《ゆんで》に人手《じんしゆ》を持《ぢ》す、侍者左《じしやさ》右《いう》に侍《じ》して各々《おのおの》血《ち》を盛《も》れる皿《さら》を持《も》てり、前《まへ》に死人《しにん》あり仰《あふ》けて臥《ぐわ》す、之《こ》れを臥鬼《ぐわき》といふ。其《そ》の前《まへ》に茶吉尼象《だきにしう》四人《にん》あり、又世間《またせけん》に祭《まつ》られ居る茶吉尼天《だきにてん》は、天女形《てんによけい》にして狐《きつね》の上《うへ》に乘《の》り、狐飛行《きつねひかう》のさまをなす。之《こ》れ所謂管狐《いはゆるくわんこ》を神格化《しんかくくわ》せるものなり。

三、種字《たねじ》、訖利《きりり》キリク、又訶《またか》カ、訶《か》は男天女天共《なんてんによてんとも》に用《もち》ふ。

四、三昧耶形《まいやけい》、人黃《じんわう》、袋《ふくろ》、皿《さら》、袋《ふくろ》には人黃《じんわう》を盛《も》る。

五、印相《いんさう》、左掌《ひだりてのひら》を窪《くほ》めて皿《さら》の形《かたち》と觀《くわん》じ、之《こ》れを甜《な》むるの勢《いきほひ》をなす、此《こ》の天《てん》の三昧《まい》なり。

六、眞言《しんごん》、ナモ、サンマンダ、ボタナン、キリク、カソバカ。

七、修法《しゆはふ》、四種法《しゆはふ》に通《つう》じ、殊《こと》に福德《ふくとく》を求《もと》むるに行《ぎやう》せらるるを常《つね》とす。

修法《しゆはふ》には、先《ま》づ壇上《だんじやう》に訖利字《きりじ》あり、字變《じへん》じて人黃《じんわう》と爲《な》る形圓《けいゑん》し、人黃變《じんわうへん》じて荼吉尼《だきに》となる。又荼吉尼《まただきに》變《へん》じて文殊菩薩《もじゆぼさつ》と爲《な》り、菩薩變《ぼさつへん》じて又荼吉尼《まただきに》となると觀《くわん》ず。

此《こ》の天《てん》にして功力《くりき》なきときは、大黑天根本印呪《だいこくてんこんほんいんじゆ》を用《もち》ひ、之《こ》れに召請《せうじやう》の句《く》を加《くは》へ、荼吉尼《だきに》降伏《かうふく》の本誓《ほんせい》に基《もと》づき、十萬遍《まんべん》に滿《み》つれば、荼吉尼《だきに》は常《つね》に行者《ぎやうじや》に侍《じ》して、其《そ》の用《よう》に從《したが》ひ、他《た》の如何《いか》なる秘密《ひみつ》をも搜《さぐ》り知《し》りて行者《ぎやうじや》に告《つ》げ、又《また》他の財寶《ざいはう》をも持《も》ち運《はこ》びて、種々神變不思議《しゆじゆしんぺんふしぎ》の作業《さげふ》を爲《な》すものといふ。神使《かみつかひ》たる狐《きつね》と稻荷大神《いなりだいじん》と荼吉尼天《だきにてん》とを混同《こんどう》して、變態的修法《へんたいてきしゆはふ》を行《おこな》ふもの多《おほ》し。

或《あるひ》は祈願《きぐわん》に當《あた》り、荼吉尼天行者《だきにてんぎやうじや》は、自己命終《じこめいしゆう》の時《とき》に、自己《じこ》の人黃《じんわう》を荼吉尼天《だきにてん》に捧《さゝ》ぐることを誓《ちか》ふといふ。左《さ》れば此《こ》れを一種《しゆ》の邪法迷敎《じやはふめいけう》として禁止《きんし》せられたることあり。此《こ》の天《てん》の信仰《しんかう》と其《そ》の行法《ぎやうはふ》は、善悪共《ぜんあくとも》に効験《かうけん》余《あま》りに甚《はなは》だしきゆへ、或《のるひ》は忌《い》まれ、或《あるひ》は誤《あやま》るに至《いた》りしものならん。

上編　眞言秘密の卷　終

眞言秘密
兩部神法

加持祈禱奥傳

下編　兩部神法の卷

下編　兩部神法の卷

發端

兩部神法《りやうぶしんぽふ》といふのは、兩部神道《りやうぶしんだう》の加持祈禱《かぢきたう》の神變不思議《しんぺんふしぎ》なる修法《しゆほふ》と、其《そ》の靈驗《れいけん》を指《さ》したのである。兩部神道《りやうぶしんだう》とは、眞言密敎《しんごんみつけう》の金剛界胎藏界兩部《こんがうかいたいざうかいりやうぶ》の義《ぎ》を以《もつ》て、日本《にほん》の神道《しんだう》を解釋《かいしやく》し固有神道《こいうしんだう》と佛敎《ぶつけう》の密部《みつぶ》とを習合融會《しふがふゆうゑ》せしめたるものである。

斯《か》く兩部神道《りやうぶしんだう》は、眞言密敎《しんごんみつけう》の敎義《けうぎ》を主《しゆ》として、弘法大師《こうぼふだいし》の手《て》に依《よ》て始《はじ》められたものではあるが、それ以前《いぜん》にも神佛《しんぶつ》の習合《しふがふ》は行《おこな》はれて居《を》り、又鎌倉時代《またかまくらじだい》以後《いご》戰國時代《せんごくじだい》になつては、兩部神道《りやうぶしんだう》といつても、眞言宗《しんごんしう》のそれとは多少《たせう》趣《おもむき》を異《こと》にして、或《あるひ》は支那《しな》の道敎仙術等《だうけうせんじゆつなど》を交《まじ》へたものも出《で》て來《き》たのである。

全體《ぜんたい》神儒佛《しんじゆぶつ》の三敎《けう》、又《また》は神儒佛道《しんじゆぶつだう》即《すなは》ち神道儒敎佛敎道敎《しんだうじゆけうぶつけうだうけう》の四敎《けう》が互《たがひ》に習合融會《しふがふゆうゑ》して、日《に》本《ほん》の思想宗敎界《しさうしうけうかい》を支配《しはい》して來《き》たのは、爭《あらそ》はれぬ事實《じじつ》であつて、所謂兩部神道流《いはゆるりやうぶしんだうりう》の思想修法《しさうしゆほふ》は、千餘《よ》年來《ねんらい》日本民族《にほんみんぞく》の精神的生命《せいしんてきせいめい》となつて居《ゐ》るものである。即《すなは》ち三教《けう》又《また》は四教《けう》の思想《しさう》は日本《にほん》に於《おい》ては最早《もはや》一體不可分《たいふかぶん》のものとなつて居《ゐ》るのである。

今日《こんにち》に於《おい》て我《わ》が國固有《くにこいう》の神道思想《しんだうしさう》を奪《うば》ひ去《さ》ることの不可能《ふかのう》なるは、云《い》ふまでもない所《ところ》であつて、お宮《みや》といひ、神様《かみさま》といひ、忌《い》み汚《けが》れといひ、祓《はら》ひ清《きよ》めといひ、天皇《てんわう》すめらぎ、現《げん》神《しん》あらひとがみといひ、此等《これら》の國語《こくご》と其《そ》の事實《じじつ》を取《と》り去《さ》つたならば、日本國民《にほんこくみん》の思想信仰《しさうしんかう》は、半身不隨《はんしんふずゐ》と爲《な》り、又事實《またじじつ》の上《うへ》に於《おい》ては、遂《つひ》に生活《せいくわつ》の不可能《ふかのう》を見《み》るに至《いた》るべきである。

又《また》お天道様《てんとうさま》といひ、仁義《じんぎ》といひ、五倫《りん》五常《じやう》といひ、其《そ》の他支那《たしな》の文學《ぶんがく》、道教儒教《だうけうじゆけう》の思想《しさう》信念《しんねん》を、我《わ》が國民《こくみん》より控除《こうぢよ》したならば如何《いか》になるか、云《い》ふまでもなく、精神的《せいしんてき》にも物質的《ぶつしつてき》にも、殆《ほと》んど元始的《げんしてき》に退却《たいきやく》せねばならぬのである。

又更《またさら》に佛教《ぶつけう》に就《つい》て見《み》ても、全然同《ぜん〱どう》一であつて、因果《いんぐわ》といひ、因緣《いんねん》と云《ゐ》ひ、因業《いんごふ》といひ、地獄極樂《ちごくごくらく》といひ、淨土《じやうど》といひ、宇宙《うちう》の眞相《しんさう》、人生《じんせい》の歸趣《きしゆ》を解決《かいけつ》する上《うへ》に於《おい》て、精神上《せいしんじやう》の修《しう》養慰安《やうゐあん》の上《うへ》に於《おい》ても、將又《はたまた》美《び》術上《じゆつじやう》、或《あるひ》は日常生活上《にちじやうせいくわつじやう》に於《おい》ても、佛教《ぶつけう》の思想《しさう》が、國民《こくみん》の腦裡《なうり》に浸潤《しんじゆん》せる程度《ていど》は、尋常《じんじやう》の尺度《しやくど》を以《もつ》て容易《ようい》に測《はか》ることは出來《でき》ないのである。若《も》し我《わ》が國民《こくみん》より佛教思想《ぶつけうしさう》を取《と》り去《さ》つたならば、其《そ》の人《ひと》は全然廢人《ぜん〱はいじん》に屬《ぞく》すべきである。

要《えう》するに千餘年連綿《よねんれんめん》として、傳統的《でんとうてき》に馴致《じゆんち》せられたる、日本民族《やまとみんぞく》の思想《しさう》は、現《げん》に三教又《けうまた》は四教《けう》の區別《くべつ》を超越《てうゑつ》し、此《こ》の四教融渾淳化《けうゆうこんじゆんくわ》せる一種《しゆ》の結晶的日本思想《けつしやうてきにほんしさう》として、一體不可分《たいふかぶん》のものとなつて居《ゐ》るのである。

日本人《にほんじん》が不動明王《ふどうみやうわう》を神様《かみさま》と信《しん》じ、金比羅様《こんぴらさま》や、八幡様《まんさま》を菩薩《ぼさつ》と信《しん》じ、神社《じんじや》にて念佛《ねんぶつ》を唱へ、又佛前《またぶつぜん》にて拍手《はくしゆ》するが如《ごと》き、誕生《たんじやう》にお宮參《みやまゐ》りはするが、お弔《とむらひ》は佛寺《ぶつでら》でやるといふ如《ごと》き所謂兩部思想《いはゆるりやうぶしさう》は、如何《いか》にしても實際生活《じつさいせいくわつ》に牢乎《ろうこ》として拔《ぬ》くべからざるものがある。排佛排《はいぶつはい》他《た》と同時《どうじ》に神祇《しんぎ》を蔑視《べつし》するが如《ごと》き、相互《さうご》の我田引水的我見《がでんいんすゐてきがけん》、皮相《ひさう》の偏見《へんけん》は、却《かへ》りて思想界《しさうかい》を毒《どく》し、信仰《しんかう》を紊《みだ》るものであるのみでなく、我《わ》が國民性《こくみんせい》の偉大《ゐだい》なる包容力《はうようりよく》を傷《きずつ》け、其《そ》の進《しん》取發達《しゆはつたつ》を阻害《そがい》するものである。

三教《けう》も四教《けう》も、更《さら》に基督教《キリストけう》をも加《くは》へ、歐米哲學《おうべいてつがく》をも加《くは》へ、五教六教《けうけう》の長《ちやう》を採《と》り、兩部思想的《りやうぶしさうてき》に一切《さい》を吸收消化《きふしうせうくわ》して、全然自家《ぜんぜんじか》の營養分《えいやうぶん》と爲《な》すことが肝要《かんえう》であるのは、今更喋々《いまさらてう〳〵》を要《えう》せざる所《ところ》であつて、之《こ》れ吾人《ごじん》が兩部神法《りやうぶしんはふ》を世《よ》に公表紹介《こうへうせうかい》して、それが如何《いか》に國民信念《こくみんしんねん》の中樞《ちうしう》に潜勢力《せんせいりよく》を有《いう》するかを反證《はんしよう》せんとするのである。

兩部思想《りやうぶしさう》の淵源《えんげん》たる佛教《ぶつけう》の眞言秘密《しんごんひみつ》の法《はふ》は、既《すで》に上編《じやうへん》に之《こ》れを説《とい》たが、其《そ》の半身《はんしん》たる一方《はう》の神道《しんだう》に就《つい》ては、又種々《またしゆ〴〵》の流派《りうは》があつて、先《ま》づ神代《じんだい》より傳統《でんとう》せるものと、儒教道教《じゆけうだうけう》の影《えい》響《きやう》を受《う》けたるものと、佛教《ぶつけう》と習合《しふがふ》せるものと、更《さら》に又神儒佛《またしんじゆぶつ》、或《あるひ》は神儒佛道《しんじゆぶつだう》四教《けう》の融合《ゆうがふ》せるものとあつて、それ〴〵特殊《とくしゆ》の修法《しゆはふ》を有《いう》して居《ゐ》るのであるが、吾人《ごじん》が今茲《いまこゝ》に説示《せつじ》せんとする兩部神法《りやうぶしんはふ》は、過去《くわこ》數《すう》百年《ねん》に亘《わた》つて、我《わ》が國民思《こくみんし》想《さう》の中心《ちうしん》となり、信仰《しんかう》の源流《げんりう》となつて居《ゐ》る、四教融合《けうゆうがふ》のものであるから、單《たん》に所謂兩部神道《いはゆるりやうぶしんだう》でもなく、唯《ゐ》一神道《しんだう》や、固有神道《こいうしんだう》でもなく、本地垂迹説《ほんちすゐせきせつ》のみでもないのである。

斯《か》く一切融合《さいゆうがふ》の兩部神法《りやうぶしんはふ》は、國民信念《こくみんしんねん》の上《うへ》よりも、又實生活《またじつせいくわつ》上《じやう》よりするも、極《きは》めて重《ちう》要性《えうせい》を帶《お》ぶるものであると同時《どうじ》に、其《そ》の由來《ゆらい》する所《ところ》も亦遠《またとほ》きものがあるのであるから、吾《ご》人《じん》は先《ま》づ第《だい》一に神代《じんだい》に於《お》ける、固《こ》有《いう》の神道傳流《しんだうでんりう》を明《あき》らかにし、更《さら》に進《すゝ》んで神儒《しんじゆ》、又《また》は神佛《しんぶつ》の習合《しふがふ》の次第《しだい》を詳《つまび》らかにして、神變《しんぺん》不《ふ》可思議《かしぎ》にして而《し》かも靈驗効果《れいけんかうくわ》の尤《もつと》も顯著《けんちよ》なる兩部神《りやうぶしん》法《はふ》の根源《こんげん》を質《たゞ》し、國民信仰《こくみんしんかう》の基脚《ききやく》を定《さだ》めて、それより順次神法《じゆんじしんはふ》の實修法《じつしゆはふ》を陳《の》ぶるのである。

兩部神法《りやうぶしんはふ》にも、幾《いく》十の流派《りうは》があつて、各自《かくじ》に口傳《こうでん》とか、直傳《ちきでん》とか、奧傳《おくでん》とか、秘傳《ひでん》とか面授《めんじゆ》とかいつて、明白《めいはく》に文章《ぶんしやう》に現《あら》はすことを忌《い》み、且《か》つ又他派他流《またたはたりう》を排斥《はいせき》し、誤《あやま》れるものなりとする癖《くせ》がある。吾人《ごじん》は三十餘年《よねん》の久《ひさ》しきに亘《わた》り、十數流《すうりう》の奧儀《おくぎ》を窮《きは》め、之《こ》れを取《しゆ》捨《しや》して、其《そ》の長所《ちやうしよ》と實効《じつかう》とを認《みと》めたるものを採錄《さいろく》することにしたのである。左《さ》れば一流《りう》一派《は》に傾《かたむ》くものは、偏見《へんけん》を以《もつ》て之《こ》れを異端《ゐたん》となすものもあるであらうが、それは盲者《まうじや》の象評《ぞうひやう》であつて、固《もと》より一顧《こ》にも價《あたひ》せぬのである。

第一章　神代の傳流

第一節　饒速日命の傳統

饒速日命《にぎはやひのみこと》は、天祖《てんそ》天照皇大神《あまてらすめおほかみ》の皇長子《くわうちやうし》天忍穗耳尊《あめのをしほみみのみこと》の御子《おんこ》であつて、御母《おんはゝ》は高御產靈《たかみむすびの》尊《みこと》の姫神《ひめがみ》である。天孫瓊々杵尊《てんそんにゝぎのみこと》に先《さき》だちて、日本《にほん》に天降《あまくだ》りたのであるが、其《そ》の下降《げかう》の際《さい》に、外祖《ぐわいそ》高御產靈尊《たかみむすびのみこと》は天祖《てんそ》と倶《とも》に、天璽《あまのふとだま》と十種《とくさ》の神寶《かんだから》を授《さづ》けて、若《も》し病氣災難《びやうきさいなん》其《そ》の他不幸《たふかう》があつたならば、此《こ》の十種《とくさ》の寶《たから》を以《もつ》て、一二三四五六七八九十《ひふみよいむななやこゝとう》と布留邊由良由良《ふるべゆらゆら》と唱《とな》へて、祈念《きねん》せよ、然《しか》るときは死人《しにん》も甦《よみが》へるべしと敎《をし》へ給《たま》ふたのである。

而《しか》して又更《またさら》に勅《ちよく》して曰《いは》く、若《も》し葦原《あしはら》の中《なか》つ國《くに》に逆戰《ぎやくせん》するものがあるならば、方便《はうべん》して平《へい》定《てい》すべしとて、三十二神並《しんならび》に部人《よじん》を率《ひき》ひて、天磐船《あまのいはふね》に乘《の》りて、河內國河上《かはちのくにかはかみ》の哮峰《たけるのみね》に降《くだ》り給《たま》ふたのである。

饒速日命《にぎはやひのみこと》の御子《おんこ》の宇麻志麻迩命《うましまぢのみこと》は、神武天皇《じんむてんわう》の東征《とうせい》を扶《たす》けて殊勳《しゆくん》があつたから、近衛《このゑ》の主《しゆ》長《ちやう》に任《にん》ぜられた、之《こ》れが物部氏《ものべし》の祖《そ》である。命《みこと》は亦《また》十種《とくさ》の神寶《かんだから》を天皇《てんわう》に傳《つた》へ献《まつ》りて、鎭魂《ちんこん》の法《はふ》を説《と》き、天皇《てんわう》の精神《せいしん》を鎭め、又神々《またかみ〴〵》の神慮《しんりよ》を安《やす》めむ爲《た》め、鎭魂祭《ちんこんさい》を行《おこな》ふたのである。此《こ》の祭儀《さいぎ》は朝廷《てうてい》の慣例《くわんれい》と爲《な》り、維《ゐ》新《しん》まで繼續《けいぞく》して居《を》つたのである。今日《こんにち》にても六月《ぐわつ》と十二月《ぐわつ》の大祓《おほはらひ》の前《まへ》に當《あた》つて之《こ》れを行《おこな》はせられるのである。

斯《か》くて饒速日命《にぎはやひのみこと》の傳《つた》へられたる十種《とくさ》の神寶《かんだから》と、鎭魂《ちんこん》の秘法《ひはふ》や、神憑《かみがゝり》即《すなは》ち神降《かみおろし》の靈術《れいじゆつ》は世々《よゝ》之《こ》れを皇室《くわうしつ》に繼紹《けいせう》し、令義解《れいぎかい》には鎭魂《ちんこん》を釋《しやく》して、遊離《いうり》の魂魄《こんぱく》を召復《せうふく》して身體《しんたい》の中府《ちうふ》に鎭《しづ》めしむといつてある。宮中《きうちう》にての鎭魂祭《ちんこんさい》は、多《おほ》くは仲冬新嘗祭《ちうとうにいなめさい》の前日《ぜんじつ》に行《おこな》ひ、寶祚《はうそ》の無《む》窮《きう》を齋《いわ》い奉《まつ》るのである。

崇神天皇《すじんてんわう》の朝《てう》には、皇女倭姫命《くわうぢよやまとひめのみこと》をして此《こ》の法《はふ》を行《おこな》ひ物忌《ものいみ》を修《しう》して神勅《しんちよく》を受《う》け、天祖《てんそ》天照皇大神《あまてらすすめおほかみ》の鎭坐地《ちんざち》を伊勢《いせ》に決定《けつてい》せられたこともある。又神功皇后《またじんぐくわうごう》の三韓征伐《かんせいばつ》を企《くはだ》てし際《さい》に神憑《かみがゝり》のあつたこと等《など》は、皆此《みなこ》の鎭魂降神《ちんこんかうしん》の秘法《ひはふ》に依《よ》るものである。

雄略天皇《いうりやくてんわう》より嵯峨天皇《さがてんわう》の朝《てう》に至《いた》るまでは、皇女《くわうぢよ》をして齋院《さいゐん》と爲《な》し、特《とく》に此《こ》の行事秘法《ぎやうじひはふ》を傳《つた》へ、一朝事《てうこと》のある時《とき》は、神憑《かみがゝり》に依《よ》りて神勅《しんちよく》を受《う》くるを例《れい》としたのである。後《の》ち花山天皇《くわさんてんわう》の皇孫延信王《くわうそんえんしんわう》の神祇《じんぎ》伯《はく》に任《にん》ぜられてから、白河伯王家《しらかははくわうけ》と稱《しよう》し、累代神事《るゐだいしんじ》を總轄《そうくわつ》し給《たま》ひ、此《こ》の鎭魂降神法並《ちんこんかうしんはふならび》に十種《とくさ》の神寶《かんだから》を以《もつ》て、祈禱禁厭《きたつきんえん》を爲《な》すの秘術《ひじゆつ》は、擧《あ》げて同家《どうけ》に遷《うつ》り、以《もつ》て今日《こんにち》に至《いた》つて居《ゐ》るのである。

第二節　天兒屋根命の傳流

天兒屋根命《あめのこやねのみこと》は、別系天神興登魂尊《べつけいてんじんおきとのたまのみこと》の御子《おんこ》であつて、兒屋根《こやね》は大宮即《おほみやすなは》ち朝廷《てうてい》の宮中《きうちう》に仕《つか》へ奉《まつ》る諸神《しよじん》の司長《しちやう》といふ義《ぎ》である。官幣大社奈良《くわんぺいたいしやなら》の春日《かすが》神社《じんじや》の祭神《さいじん》であつて、其《そ》の他各地《たかくち》に奉祀《ほうし》せられ、所謂大中臣藤原氏《いはゆるおほなかとみふぢはらし》の始祖《しそ》である。卜部家《うらべけ》も亦其《またそ》の末流《はつりう》といふ。

兒屋根命《こやねのみこと》の御子《おんこ》を天押雲命《あめのおしくものみこと》といひ、孫《そん》を天種子命《あめのたねこのみこと》と云《い》ふ。天祖天照皇大神《てんそあまてらすすめおほかみ》が御弟《おんおとうと》の素盞嗚尊《すさのうのみこと》の暴狀《ばうじやう》を惡《にく》みて、天《あま》の磐門《いはと》に隱《かく》れ給《たま》ひし時《とき》、天下《てんか》は常闇《とこやみ》と爲《な》り、邪神等《じやしんなど》が大《おほい》に荒《すさ》びたるゆへ、八百萬神等《やほよろづのかみたち》は甚《いた》く愁《うれ》ひて、天安河原《あめのやすかはら》に集《あつ》まり、八意思兼命《やごゝろおもひかねのみこと》に思《おも》ひ謀《はか》らしめ、又天兒屋根命《またあめのこやねのみこと》と天太玉命《あめのふとだまのみこと》は、太占《ふとまに》を以《もつ》て神意《しんい》を伺《うかゞ》ひ、岩戸《いはと》の前《まへ》に神事《しんじ》を行《おこな》ひ、兒屋《こや》根命《ねのみこと》は太祝詞《のりと》を奏上《そうじやう》し。天鈿女命《あめのうずめのみこと》は神樂《かぐら》を舞《ま》ひ、一二三《ひふみ》の神言《しんごん》を唱《とな》へたのである。かくて天祖《てんそ》は兒屋《こや》根命《ねのみこと》の祝詞《のりと》を聞《き》こしめし給《たま》ひて、大美辭《だいびじ》と宣《の》り給《たま》ひ、又群神《またぐんしん》の笑《わら》ひ興《きよう》ずるを怪《あや》しみ、少《すこ》しく戶《と》を開《ひら》きて覘《うかゞ》ひ給《たま》ふたのを、天手力雄命《あまのたちからをのみこと》が御手《おんて》を取《と》り強《しひ》て出《いだ》し給《たま》ふたゆへ、天下《てんか》は復《ま》たもとの如《ごと》く光《ひか》り輝《かゞや》き、群神《ぐんしん》は手《て》を打《う》ちて、あら嬉《うれ》し、あら樂《たの》しと歌《うた》ひ喜《よろこ》んだのである。

兒屋《こや》根命《ねのみこと》の孫《そん》天種子命《あめのたねこのみこと》は、神武《じんむ》天皇《てんわう》の東征《とうせい》の奉仕《ほうし》し、日向《ひうが》を發《はつ》して宇佐《うさ》まで來《き》た時《とき》、土地《とち》の主神《しゆしん》宇佐津彥《うさつひこ》宇佐津姫《うさつひめ》の兄妹《きやうだい》が、皇軍《くわうぐん》を迎《むか》へて之《こ》れを犒《ねぎら》ひたるを賞《しやう》し、種子命《たねこのみこと》をして宇佐津姫《うさつひめ》を娶《めと》らしめたのである。それから中國《ちうごく》が既《すで》に平定《へいてい》して、天皇《てんわう》が御即位《ごそくゐ》の大禮《たいれい》を擧《あ》げ給《たま》ふとき、靈畤《れいじ》を鳥見山《とりみやま》に設《まう》けて祖神《そじん》を祀《まつ》られたのであるが、其《そ》の際《さい》に種子命《たねこのみこと》は祭司《さいし》を命《めい》ぜられ、又天罪《またあまつみ》、國罪《くにつつみ》を解除《かいぢよ》せしむることをも司《つかさ》どつたのである。

招神《せうじん》の祝詞《のりと》、卽《すなは》ち神明勸請法《しんめいくわんじやうはふ》、所謂降神《いはゆるかうしん》の祕辭《ひじ》と、大祓《おほはらひ》の祭儀《さいぎ》とは、世《よ》々《ゝ》種子命《たねこのみこと》の子《し》孫《そん》が、之《こ》れを掌《つかさ》どり、大中臣《おほなかとみ》、中臣《なかとみ》、卜部《うらべ》、藤原等《ふぢはらなど》の數系《すうけい》に分《わ》かれ、垂仁天皇《すゐにんてんわう》の朝《てう》に、神《じん》祇官《ぎくわん》の設《まう》けられた際《さい》には、大中臣家《おほなかとみけ》は神祇《じんぎ》伯《はく》に任《にん》ぜられ、爾來白河伯王家《じらいしらかははくわうけ》の起《おこ》るまでは、其《そ》の職《しよく》を世襲《せしふ》し、伯王家《はくわうけ》が出《で》てからも、猶《な》ほ神祇《じんぎ》四職《しよく》の隨一《ずゐ》として、宮廷《きうてい》の祭祀《さいし》に奉仕《ほうし》して居《を》つたのである。

天兒屋根命《あめのこやねのみこと》の傳統《でんとう》に出《い》づる神事《しんじ》は、招神《せうじん》の祕法《ひはふ》と潔齋《けつさい》とを主《しゆ》とし、潔齋《けつさい》は招神《せうじん》卽《すなは》ち神明《しんめい》を招《まね》き降《く》だすに、尤《もつと》も有効肝要《いうかうかんえう》なる唯《ゆゐ》一の準備行爲《じゆんびかうゐ》であつて、又招神《またせんじん》の儀《ぎ》は一切《さい》の神事《しんじ》祭《さい》式《しき》、加持祈禱中《かぢきたうちう》、至重主要《しぢうしゆえう》なものであることは云《い》ふまでもない所《ところ》である。招神《せうじん》は齋主《さいしゆ》が先《ま》づ身心《しん〳〵》を清淨《しやう〳〵》にして、至眞至誠《ししんしせい》を以《もつ》て奉仕《ほうし》し、招神《せうじん》の祝詞《のりと》を奏《そう》し、神言《しんごん》を唱《とな》ふるは固《もと》より祭壇《さいだん》を清潔《せいけつ》にし、器具《きぐ》を清淨《しやう〳〵》にし、其《そ》の作法《さはふ》を優雅《いうが》にし、彈琴《だんきん》、警蹕《けいひつ》、唱歌等《しやうかとう》、悉《こと〳〵》く神《しん》明《めい》の意《い》に叶《かな》ひ、神慮《しんりよ》と齋主《さいしゆ》の至誠《しせい》と一致《ち》する時《とき》は、念《ねん》ずる神々《かみ〴〵》は忽然《こつねん》として降《くだ》り給《たま》ひ、如《い》何《か》なる神勅《しんちよく》をも授《さづ》け給《たま》ふのである。之《これ》が大中臣家《おほなかとみけ》祕傳《ひでん》の潔齋招神《けつさいせうじん》の奥儀《おくぎ》であるのである。

第三節　天太玉命の傳流

天太玉命《あめのふとだまのみこと》は高御産靈尊《たかみむすびのみこと》の御子《おんこ》にして、其《そ》の孫天富命《そんあまとみのみこと》は阿波《あは》に住《ぢう》し、忌部《いみべ》の族長《ぞくちやう》と爲《な》り、後《の》ち安總《あそう》に赴《おもむ》き、拓殖《たくしよく》に努《つと》め、其《そ》の地《ち》に太玉命《ふとだまのみこと》を勸請奉仕《くわんじやうほうし》したのが、今《いま》の官幣大社《くわんぺいたいしや》安房《あは》神社《じんじや》である。

始《はじ》め諾尊《いざなぎのみこと》、冊尊《いざなみのみこと》が天《あま》の浮橋《うきはし》に立《た》ちて左右《さいう》に廻《まは》り、女神《めがみ》先《ま》づ語《こ》を發《はつ》し給《たま》ふたゆへ其《そ》の生《う》める子《こ》は、蛭子《ひるこ》、淡島《あはしま》と共《とも》に不具《ふぐ》であつた。依《よつ》て二神《しん》は相議《あひぎ》して曰《いは》く、今吾《いまわ》が生《う》める子《こ》よからず、天神《あまつかみ》の御許《おんもと》に白《もう》すべしとて、即《すなは》ち天《てん》に上《のぼ》り天神《あまつかみ》の命《めい》を請《こ》ふ。天神《あまつかみ》依《よ》りて太《ふと》占《まに》にト《うら》ひたるに、女神《めがみ》先《ま》づ言《い》ひしに依《よ》りて良《よ》からず、復《ま》た還《かへ》り降《くだ》りて、改《あらた》め言《い》ふべしと、之《こ》れが太占《ふとまに》の起源《きげん》であると同時《どうじ》に、神勅《しんちよく》を受《う》けたる始《はじ》めである。

後《の》ち天祖《てんそ》天照皇大神《あまてらすすめおほかみ》が岩戸《いはと》隠《がく》れの時《とき》、天太玉命《あめのふとだまのみこと》は天香山《あまのがぐやま》の眞男鹿《さほじか》の肩《かた》を内抜《うちぬ》ぎて、天《あまの》香山《がぐやま》の天波波迦《あまははか》を取《と》りて、占《うらな》ひまかなひ給《たま》ひ、以《もつ》て神樂《かぐら》を奏《そう》し、遂《つひ》に天祖《てんそ》を岩戸《いはと》より出《いだ》し給《たま》ふたのである。

其《そ》の前後《ぜんご》高天原《たかまがはら》に於《おい》ても、又中國《またちうごく》に於《おい》ても、或《あるひ》は高天原《たかまがはら》と出雲《いづも》の交渉《かうせふ》の時《とき》に於《おい》ても、屢《しば》々此《こ》の秘法《ひはふ》即《すなは》ち太占《ふとまに》を以《もつ》て神意《しんい》を伺《うかゞ》ひ、神勅《しんちよく》を乞《こ》ふことを行《おこな》ひ、以《もつ》て吉凶《きつきよう》を判斷《はんだん》し、内外《ないぐわい》の方針《はうしん》を決定《けつてい》するのを常《つね》としたのである。

崇神天皇《すじんてんわう》の七年《ねん》に、天皇《てんわう》が淺茅原《あさぢがはら》に幸《みゆき》し給《たま》ひ、八十萬神《まんじん》を會《つど》へてト問《うらど》ひせしに、倭迹々《やまとにに》日百襲姫宮《ひもゝそひめみや》に神憑《かみがゝ》りして、太國主神《おほくにぬしのかみ》を祀《まつ》りて疫病《えきびやう》の流行《りうかう》を防《ふせ》ぐべしとの神託《しんたく》あり、又垂仁《またすゐにん》天皇《てんわう》の朝《てう》には、倭姫命《やまとひめのみこと》に天照皇大神《あまてらすすめおほかみ》の神憑《かみがゝり》あり、其《そ》の他此《ほかこ》の類《るゐ》は澤山《たくさん》あるが、斯《か》かる場《ば》合《あひ》に忌部家《いみべけ》は、常《つね》に其《そ》の事《こと》に奉仕《ほうし》して居《を》つたのである。

天太玉命《あめのふとだまのみこと》の後《の》ちたる忌部家《いみべけ》は、世々《よゝ》朝廷《てつてい》に仕《つか》へて、此《こ》の太占《ふとまに》の行事《ぎやうじ》を掌《つかさ》どり、小《せう》は日《にち》常《じやう》の變異《へんい》より、大《だい》は國家《こくか》の大事《だいじ》に至《いた》るまで、此《こ》の祕法《ひはふ》を以《もつ》て神勅《しんちよく》を受《う》け、一切《さい》を解決《かいけつ》するのが常《つね》であつた。後《の》ち大中臣家《おほなかとみけ》が神祇伯《じんぎはく》となるに及《およ》びて、此《こ》の太占《ふとまに》の行事《ぎやうじ》は、大中臣家《おほなかとみけ》の末流《まつりう》たる卜部家《うらべけ》と倶《とも》に管掌《くわんしやう》し、更《さら》に後世《こうせい》に至《いた》りては、宮中《きうちう》に陰陽寮《をんやうれう》を設《まう》け、陰陽頭《をんやうのかみ》、陰《をん》陽博士《やうはかせ》を置《お》き、太占《ふとまに》と周易《しうえき》とを同化《どうくわ》せしめて、以《もつ》て神託《しんたく》を受《う》くる唯一《ゆゐ》の大法《たいはふ》と爲《な》すに至《いた》つたのである。

翻《ひるが》へて又《また》冉　尊《いざなみのみこと》が、火之迦具神《ひのかぐつちのかみ》を生《う》み給《たま》ひて、黄泉國《よみのくに》に隱《かく》れ給《たま》ひし時《とき》、諾　尊《いざなみのみこと》は之《こ》れを追《お》ひ奉《まつ》りたるに、種々《しゆ〴〵》の不淨《ふじやう》に出《い》で遇《あ》ひ給《たま》ひ、それが爲《た》め後世《こうせい》に至《いた》りて、一《ひと》つ火《ひ》を忌《い》むとか、投櫛《なげくし》を忌《い》むとか、桃《もゝ》は惡魔《あくま》を拂《はら》ふとかいふが如《ごと》き、緣喜物忌《えんぎものいみ》を發《はつ》することとなり又諾　尊《またいざなみのみこと》が黄泉國《よみのくに》より歸《かへ》りて日向《ひうが》に至《いた》り、禊祓《けいはつ》を爲《な》し給《たま》ひし時《とき》、其《そ》の不淨《ふじやう》よりは禍津日《まがつびの》神《かみ》が化生《けしやう》し、御物《おんもつ》よりは十二神《しん》が現《あら》はれ、又御身《またおんみ》よりは、海《うみ》の六神《じん》が現《あら》はれ、清淨《しやう〴〵》の極地《きよくち》に至《いた》りては直日神《なほびのかみ》が現《あら》はれ、最後《さいご》に日月《じつげつ》二神《しん》の出現《しゆつげん》を見《み》るに至《いた》つたのである。

之《こ》れ實《じつ》に禊《みそぎ》を中心《ちうしん》とせる物忌潔齋《ものいみけつさい》の根源《こんげん》であつて、神《かみ》は清淨《しやう〴〵》を好《この》ませ給《たま》ひ、禊《みそぎ》の効力《かうりよく》、潔齋《けつさい》の威德《ゐとく》の廣大無邊《かうだいむへん》にして、清淨眞心《しやう〴〵しんじん》でなければ、神《かみ》に仕《つか》へ神勅《しんちよく》を受《う》くることは出來《でき》ないといふことを明示《めいじ》せられたものである。

此《こ》の禊物忌《みそぎものいみ》の行事《ぎやうじ》は、世々《よゝ》忌部家《いみべけ》の主《つかさ》どる所《ところ》であつて、朝廷《てうてい》に於《おい》ても、各神社《かくじんじや》に於《おい》ても極《きは》めて重要《ぢうえう》の儀《ぎ》となつて居《ゐ》るのである。後世《こうせい》に及《およ》びては此《こ》の物忌法《ものいみはふ》と、祈禱禁厭法《きたうきんえんはふ》とが打《うち》混同化《こんどうくわ》し、更《さら》に支那《しな》の道術《だうじゆつ》、佛敎《ぶつけう》の呪術等《じゆじゆつなど》が加味《かみ》せられて、宮中《きうちう》にも呪禁博士《じゆきんはかせ》、呪禁生《じゆきんせい》、巫呪等《ふじゆなど》を置《お》き、神事《しんじ》、卜占《うらべ》、療病等《れうびやうとう》を司配《しはい》するに至《いた》つたのである。白雉《はくち》四年《ねん》忌部首作賀斯《いんべのかみさかす》を神官頭《しんくわんのかみ》に任《にん》じ、王族宮内《わうぞくくない》の禮儀《れいぎ》、婚姻《こんいん》、卜筮《ぼくぜい》の事《こと》を掌《つかさど》らしめ、夏冬二季御卜《かとうきおんうらなひ》の式《しき》を起《おこ》すに至《いた》つたのである。

後世神道家《こうせいしんだうか》の所謂神道灌頂《いはゆるしんだうくわんちやう》は、此《こ》の禊《みそぎ》より起《おこ》つたのであつて、それに流行語《りうかうご》たる佛敎《ぶつけう》の灌頂《くわんちやう》といふ文字《もじ》を代用《だいよう》したのである。又基督敎《またキリストけう》の洗禮《せんれい》も、其《そ》の義《ぎ》に至《いた》つては大略《たいりやく》似《に》たものであつて、灌頂《くわんちやう》は印度《いんど》の儀式《ぎしき》より脱化《だつくわ》して、深理《しんり》に考究《かうきう》せられ、禊《みそぎ》は事實上《じじつじやう》の必要《ひつえう》より出《い》でて、神明《しんめい》に仕《つか》ふる中心《ちうしん》となり、洗禮《せんれい》は入信《にふしん》の形式《けいしき》たるに止《とゞ》まるのである。

忌部家《いみべけ》は即《すなは》ち土御門家《つちみかどけ》であつて、神祇四職中《じんぎしよくちう》の一《ひと》つである。安部晴明《あべのせいめい》は土御門家《つちみかどけ》より出《い》でて陰陽頭《おんやうのかみ》に任《にん》じて、以來其《いらいそ》の職《しよく》を繼《つ》ぐもの多《おほ》く、遂《つひ》には天文《てんもん》、卜筮《ぼくぜい》、兩部神道等《りやうぶしんだうとう》の祈禱《きたう》相混《あひこん》じて分《わか》つべからざるに至《いた》つたのである。

北朝後光嚴院《ほくてうごくわうげんゐん》の頃《ころ》、忌部正通《いみべまさみち》なるものが出《い》でて、神代口訣《じんだいこうけつ》なる書《しよ》を著《あら》はし、神儒佛《しんじゆぶつ》の三敎《けう》を批判論評《ひはんろんぴやう》し、又造化三神《またざうくわしん》を論《ろん》じ、頗《すこぶ》る卓見《たくけん》があつた。卽《すなは》ち斯道有數《しだういうすう》の學者《がくしや》であつて、忌部神道《いみべしんだう》は優《いう》に一宗敎《しうけう》として其《そ》の存在《そんざい》を認《みと》むべき價値《かち》があるのである。

第四節　大己貴命の直傳

官幣大社《くわんぺいたいしや》、日本最古《にほんさいこ》の神社《じんじや》たる出雲《いづも》の大社《おほやしろ》、及《およ》び其《そ》の他《た》全國至《ぜんこくいた》る所《ところ》に奉祀《ほうし》せられて居《ゐ》る大己貴命《おほあなむちのみこと》は、別名《べつめい》を大國主命《おほくにぬしのみこと》と云《い》ひ、大國《おほくに》と大黑《だいこく》と相通《あひつう》ずるを以《もつ》て、七福神《ふくじん》の一つとしても尊崇《そんすう》せらるるに至《いた》つて居《ゐ》るが、命《みこと》は天祖天照皇太神《てんそあまてらすすめおほかみ》の御弟《おんおとうと》素盞嗚尊《さのをのみこと》の御子《おんこ》である或《あるひ》は六世《せい》の孫《そん》ともいふ。其《そ》の少年時代《せうねんじだい》には庶兄等《しよけいら》に苛《いぢ》められ、萬死《ばんし》に瀕《ひん》せしことがあつたが、常《つね》に能《よ》く忍耐《にんたい》して悌道《ていだう》を守《まも》り、後《の》ち却《かへ》りて兄等《けいら》を耻服《ちふく》せしめ、出雲《いづも》を根據《こんきよ》として國家《こくか》開發《かいはつ》の大業《たいげふ》を創《はじ》め、八千矛《やちほこ》の神《かみ》と稱《しよう》せられ、勇武比《ゆうぶひ》なく、山陰山陽北陸東山《さんいんさんやうほくろくとうさん》の一部《ぶ》を平定《へいてい》し、又能《またよ》く部下民衆《ぶかみんしう》を愛《あい》し、其《そ》の身分《みぶん》を隱《かく》さんが爲《た》めに、頭巾《づきん》を蒙《かぶ》りて幕夜財物《ぼやざいぶつ》を盛《も》れる袋《ふくろ》を負《お》ふて、貧民《ひんみん》に施《ほどこ》し、其《そ》の喜《よろこ》ぶ様《さま》を見《み》て、自己《じこ》も亦莞爾《またにこ〱》するを常《つね》としたのである。今日《こんにち》の大黑天像《だいこくてんざう》の袋《ふくろ》と頭巾《づきん》とにこ〱顏《がほ》は、此《こ》の時《とき》の姿《すがた》を寫《うつ》せるものといわれて居《ゐ》るのである。

又其《またそ》の妃《きさき》須勢理姫《すせりひめ》は貞節《ていせつ》にして、能《よ》く夫神《ふしん》に仕《つか》へ、命《みこと》も亦能《またよ》く妃《きさき》の言《げん》を容《い》れて、暴擧《ばうきよ》を止《とゞ》むる等《など》・夫婦《ふうふ》相和《あひわ》し、家庭圓滿《かていゑんまん》にして、多數《たすう》の兒孫《じそん》を見《み》るに至《いた》つたのである。後《の》ち大義《たいぎ》名分《めいぶん》に依《よ》つて、折角經營《せつかくけいえい》した國土《こくど》を惜氣《をしげ》もなく、宗家《そうけ》即《すなは》ち今《いま》の皇室《くわうしつ》に獻《けん》し、已《おの》れは退《しりぞ》ひて精神的敎化的《せいしんてきけうくわてき》即《すなは》ち敎育宗敎《けういくしうけう》の事《こと》に從《したが》はむことを誓《ちか》ひ、又少彥名命《またすくなひこなのみこと》と力《ちから》を戮《あは》せて、療病《れうびやう》の法《はふ》、害虫驅除法《がいちうくぢよはふ》、溫泉等《をんせんとう》を發見《はつけん》して、國利民福《こくりみんぷく》を圖《はか》ることに努力《どりよく》せられたのである。

此等《これら》の事柄《ことがら》は、神代記《じんだいき》に詳《くは》しく書《か》れてあるが、眞《しん》に軍神《ぐんしん》、福神《ふくじん》・國家國民道德《こくかこくみんだうとく》の典型《てんけい》、醫藥《ゐやく》の祖神《そしん》、宗敎《しうけう》の開祖《かいそ》と稱《しよう》すべく、畜類《ちくるゐ》の治病《ちびやう》、禁厭《きんえん》の法《はふ》まで創建《さうけん》せられ、人民《じんみん》は爾來《じらい》今《いま》に至《いた》るまで、其《そ》の恩澤《おんたく》を蒙《かうむ》つて居《ゐ》るのである。

又其《またそ》の參謀總長《さんぼうそうちやう》たる少彥名命《すくなひこなのみこと》が、事業半途《じげふはんと》にして止《や》むを得《え》ず外國《ぐわいこく》に去《さ》り給《たま》ふに當《あた》り、大己貴命《おほあなむちのみこと》は茫然自失《はうぜんじしつ》爲《な》す所《ところ》を知《し》らず、頗《すこぶ》る落膽《らくたん》せられたが、忽《たちま》ち勇氣《ゆうき》を鼓《こ》し・精神《せいしん》を亢《かう》奮《ふん》せしめて、海邊《うみべ》に出《い》で海面《かいめん》を望《のぞ》んで居《ゐ》たるに、忽然《こつねん》として神《かみ》あり、眼前《がんぜん》に現《あら》はれ給《たま》ふ。命《みこと》は大《おほい》に驚《おどろ》きて汝《なんぢ》は孰《いづ》れの神《かみ》ぞと問《と》ひたるに、其《そ》の神答《かみこた》へて曰《いは》く、我《われ》は之《こ》れ汝《なんぢ》の奇魂《くしみたま》、幸《さち》魂《みたま》なりとて、爾來此《じらいこ》の二神《しん》、否《いな》二魂《こん》の守護《しゆご》に依《よ》り、智略運勢前《ちりやくうんせいまへ》にも彌增《いやま》して、遂《つひ》に大事業《だいじげふ》を成就《じやうじゆ》し給《たま》ふたのである。

自巳《じこ》の魂《たましひ》が自己《じこ》の前《まへ》に現《あら》はれしとは、實《じつ》に奇《き》中《ちう》の奇《き》、怪中《くわいちう》の怪《くわい》である。然《しか》れども此《これ》は心《しん》氣亢奮《かうふん》の結果《けつくわ》、精神界裡《せいしんかいり》の靈力發動《れいりよくはつどう》せると、大靈《たいれい》の顯動《けんどう》即《すなは》ち降神《かうしん》であるのは、固《もと》よりいふまでもない所《ところ》である。此《こ》の自他《じた》に同時《どうじ》に神《かみ》を認《みと》むるといふことは、出雲系《いづもけい》に傳《つた》はれる秘《ひ》奥《おう》の神事《しんじ》であつて、靈魂分離法《れいこんぶんりはふ》といふ一種《しゆ》神秘《しんぴ》の神法《しんはふ》である。從《したが》つて出雲《いづも》の神事《しんじ》が森嚴《しんげん》無《む》比《ひ》にして、其《そ》の威靈《ゐれい》の顯著《けんちよ》なるは、亦《また》依《よ》つて來《きた》る所《どころ》のあるのである。

此《こ》の出雲系《いづもけい》の傳流《でんりう》は、大靈降神《たいれいかうしん》と自己分靈《じこぶんれい》の秘法《ひはふ》を第《だい》一として、療病消災開運《れうびやうせうさいかいうん》の祈禱《きたう》禁《きん》厭《えん》を實際化《じつさいくわ》するに在《あ》るのである。而《しか》して此《こ》の傳流《でんりう》は古來《こらい》一貫《くわん》一味《み》であつて、佛敎《ぶつけう》にも觸《ふ》れず、仙術《せんじゆつ》や陰陽道《をんやうだう》をも加味《かみ》せず、神代以還《じんだいいくわん》嫡々《ちやく〳〵》相傳《あひつた》へて、萬古《ばんこ》不易《ふえき》の眞傳《しんでん》である。

神道《しんだう》には此《こ》の他《ほか》、伊勢《いせ》度會家《わたらいけ》の高祖《かうそ》であつて、饒速日命《にぎはやひのみこと》の部將《ぶしやう》である天牟良雲命《あめのむらくものみこと》の神力《しんりき》發動《はつどう》に依《よ》る不思議《ふしぎ》の神術《しんじゆつ》が傳《つた》へられて居《ゐ》る。或《あるひ》は岩《いは》を衝《つい》て水《みづ》を出《だ》し、或《あるひ》は火《ひ》に入《い》るも燒《や》けず、或《あるひ》は水《みづ》に浮《うか》びて溺《おぼ》れず、毒《どく》を呑《の》むも犯《おか》されず、或《あるひ》は壽命《じゆみやう》の長短《ちやうたん》や、死時《しじ》や、吉凶等《きつきようとう》を豫知《よち》する秘傳《ひでん》があるのである。又鎭火法《またちんくわはふ》、探湯法《たんたうはふ》の如《ごと》き、神代直系《じんだいちよくけい》のものと、神佛及道術《しんぶつおよびだうじゆつ》の加合《かがふ》せるもの等《など》種々《しゆ〴〵》あるが、それ等《ら》は下《しも》に具體的《ぐたいてき》に修行《しゆぎやう》を記《き》するのである。

第二章　神佛習合の事實

第一節　奈良朝の神佛習合

儒教《じゆけう》が日本《にほん》に入《はい》つて來《き》た時《とき》は、何等《なんら》の故障《こしやう》もなく我《わ》が國《くに》の思想《しさう》と同化《どうくわ》したのであつたが欽明天皇《きんめいてんわう》の朝《てう》に佛敎《ぶつけう》の傳來《でんらい》して時《とき》には、拆柄疫病《をりからえきびやう》の流行《りうかう》と倶《とも》に、之《こ》れ蕃神崇拜《はんしんすうはい》の神罰《しんばつ》なりとして、固有神道《こいうしんだう》の守持者《しゆぢしや》たる物部氏《ものべし》一統《とう》は、痛《いた》く之《こ》れに反抗《はんかう》したのであつたが、聖德太《しやうとくたい》子《し》の勢威《せいゐ》に依《よ》り、排佛派《はいぶつは》は破《やぶ》れて、崇佛派《すうぶつは》の全勝《ぜんしよう》に歸《き》し、爾來佛敎《じらいぶつけう》の流傳《りうでん》は旭日《きよくじつ》の如《ごと》き勢《いきほひ》を呈《てい》したのである。

聖德太子《しやうとくたいし》が崇佛《すうぶつ》を中心《ちうしん》として、神儒《しんじゆ》を之《こ》れに調和《てうわ》せんとした企《くはだ》てと、其《そ》の思想《しさう》は、爾來《じらい》識者碩德《しきしやせきとく》の每《つね》に襲踏《しふたふ》する所《ところ》であつたと、同時《どうじ》に又我《またわ》が國民思想界《こくみんしさうかい》の要求《えうきう》も、常《つね》に此《こ》の三敎《けう》一致《ち》に在《あ》つたのである。彼《か》の役《えん》の小角《せうかく》や、越《えつ》の泰澄《たいちよう》の如《ごと》きは、早《はや》くも神祇《じんぎ》を以《もつ》て、佛法《ぶつぽふ》の擁護者《ようごしや》と稱《しよう》し、我《わ》が國《くに》の神々《かみがみ》は、諸佛諸菩薩諸天《しよぶつしよぼさつしよてん》の化現《くわげん》であるとして、神佛融合《しんぶつゆうがふ》の一派《は》、卽《すなは》ち修驗山伏道《しゆげんやまぶしだう》を開立《かいりつ》するに至《いた》つたのである。

又《また》元正天皇《げんせうてんわう》霊亀元年《れいきぐわんねん》には、藤原武智麿《ふぢはらむちまろ》が氣比神社《けびじんじや》の境内《けいだい》に於《おい》て、神託《しんたく》なりと稱《しよう》して神宮《じんぐう》寺《じ》を創立《さうりつ》し、次《つい》で若狹比古神社《わかさひこじんじや》にも亦神宮寺《またじんぐうじ》を建《た》てたのである。又聖武天皇神亀《またせいむてんわうじんき》二年《ねん》には宇佐《うさ》八幡太神《まんだいじん》の御託宣《ごせんたく》なりとて、藥師《やくし》、彌勒《みろく》の二佛《ぶつ》を其《そ》の本尊《ほんぞん》と爲《な》し、境内《けいだい》に寺院《じゐん》を造《つく》り佛像《ぶつざう》を安置《あんち》したのである。當時高僧行基《たうじかうそうかうき》は、天照太神《あまてらすおほみかみ》の御神廬《ごしんりよ》なりと稱《しよう》して、東大寺《とうだいじ》を建立《こんりふ》し、大佛《だいぶつ》を鑄造《ちうぞう》した、天照太神《あまてらすおほみかみ》の本地《ほんち》は毘盧舍那佛《ひろしやなぶつ》即《すなは》ち大日如來《だいにちによらい》であつて、大日即《だいにちそく》日輪即天照太神《にちりんそくあまてらすおほかみ》と云《い》つたでのある。又此《またこ》の大佛《だいぶつ》の開眼式《かいがんしき》の際《さい》には、宇佐八幡太神《うさはちまんだいじん》の隨喜《ずいき》と稱《しよう》して、其《そ》の分靈《ぶんれい》を東大寺《とうだいじ》に遷《うつ》して鎭守《ちんしゆ》とした。今《いま》の手向山八幡宮《たむけやまはちまんぐう》が即《すなは》ち之《こ》れである。此《これ》より神前《しんぜん》に於《おい》て讀經《どくけう》を爲《な》し、佛經《ぶつけう》、佛舍利《ぶつしやり》の類《るい》をも、神社《じんじや》に奉納《ほうなう》するやうになつたのである。

第二節　平安朝の神佛習合

桓武天皇《くわんむてんわう》の延暦《えんれき》十三年《ねん》には、宇佐《うさ》、宗像《むなかた》、阿蘇《あそ》の三神社《じんじや》に於《おい》て讀經《どくけう》し、三神《じん》の爲《た》めに僧《そう》七人《にん》を度《ど》し、嵯峨天皇《さがてんわう》の大同《たいどう》四年《ねん》には、諸國名神《しよこくみやうじん》の爲《た》めに大般若經《だいはんにやけう》一部《ぶ》を書寫《しよしや》して奉讀《ほうどく》供養《やう》し、文德天皇《ぶんとくてんなう》の嘉祥《かしよう》三年《ねん》には、諸名神《しよみやうじん》の爲《た》めに僧《そう》七十人《にん》を度《ど》し、又神《またかみ》に菩薩《ぼさつ》、權現號《ごんげんがう》を附《ふ》するに至《いた》つたのである。

日本天台宗《にほんてんだいしう》の開祖傳敎大師《かいそでんけうたいし》は、延暦《えんれき》四年日枝《ねんひえ》の山《やま》、即《すなは》ち比叡山《ひえざん》に上《のぼ》り、草庵《さうあん》を結《むす》びて讀經《ぞくけう》し、其《そ》の七年山上《ねんさんじやう》に一乘止觀院《じやうしくわんゐん》を創立《さうりつ》し、二十三年入唐《ねんにふたう》し、歸朝《きてう》の後《の》ち、支那天台山《しなてんだいさん》の山王明神《さんわうみやうじん》の示現《じげん》なりと稱《しやう》し、日枝《ひえ》の山《やま》に古來《こらい》より祀《まつ》れる大山咋命《おほやまぐひのみこと》即《すなは》ち日枝神《ひえじん》を、山王權現《さんわうごんげん》と稱《しよう》し、本地《ほんち》は釋迦如來《しやかによらい》なりと爲《な》し、佛法守護《ぶつはふしゆご》特《とく》に天台法華《てんだいほつけ》の鎭守《ちんじゆ》としたのである。又《また》宇佐《うさ》、香春兩神社《かはるりやうじんじや》に於《おい》て、法華經《ほけけう》を講《かう》じ、神託《しんたく》を受《う》けたりといつて居《ゐ》る。

爾後天台宗《じごてんだいしう》の僧侶《そうりよ》は、盛《さかん》に本地垂迹説《ほんちすいせきせつ》を唱《とな》へ、圓仁《ゑんじん》は入唐《にふたう》して、歸朝《きてう》の際《さい》に明州赤山明神《みやうしゆうあかやまみやうじん》を遷《うつ》して、叡山《えいざん》の西麓《せいろく》に祀《まつ》り、圓珍《ゑんちん》は唐《たう》より歸朝《きてう》の際《さい》に、新羅明神《しらぎみやうじん》が船舷《せんげん》に現《あら》はれ、託宣《たくせん》ありたりとて、三井寺《みゐでら》の北《きた》に祀《まつ》つたのである。又此《またこ》の時代《じだい》より日本國中有名《にほんこくちういうめい》の神々《かみ〴〵》を撰《えら》び、毎月日《まいつきひ》を分《わか》ちて結番《けつはん》せしめ、之《こ》れを法華守護《ほつけしゆご》の三十番神《ばんしん》と稱《しよう》するに至《いた》つたのである台宗《だいしう》の神佛習合《しんぶつしふがふ》は斯《か》くの如《ごと》く、次第《しだい》に具體化《ぐたいくわ》し、而《しか》して其《そ》の敎義上《けうぎじやう》よりしては、本地垂迹説《ほんちすいせきせつ》より山王一實神道《さんわういちじつしんだう》といつて居《ゐ》るのである。

日本眞言宗《にほんしんごんしう》の開祖弘法大師《かいそこうほふたいし》が、高野山《かうやさん》を開《ひら》くに當《あた》り、丹生都姫神《ひうづひめのかみ》の案内《あない》あり、又稻荷太神《またいなりだいじん》の託宣《たくせん》に依《よ》り、藤森神社内《ふじもりじんじやない》に稻荷神社《いなりじんじや》を祀《まつ》り、伊勢《いせ》に在《あ》りては神道《しんだう》を研究《けんきう》し、朝熊山《あさまさん》に金剛證寺《こんごうしやうじ》を開《ひら》き、嵯峨天皇《さがてんわう》より神道灌頂《しんだうくわんちやう》を受《う》けたるが如《ごと》き史實《しじつ》がある。斯《か》くて弘法大師《こうほふたいし》は遂《つい》に天照太神卽大日如來《あまてらすおほかみそくだいにちによらい》、內外《ないぐわい》の兩宮卽金胎兩部《りやうぐうそくこんたいりやうぶ》、神道卽佛敎《しんだうそくぶつけう》、佛敎卽神道《ぶつけうそくしんだう》、神佛不二《しんぶつふに》神《しん》佛一致《ぶつち》の兩部神道《りやうぶしんだう》を開始《かいし》したのである。此《こ》れは本地垂迹說《ほんちすいせきせつ》に一步《ほ》を進《す》めたものといふべきである。

斯《か》く眞言密敎《しんごんみつけう》の兩部神道《りやうぶしんだう》は、我《わ》が國《くに》の神祇垂迹《しんぎすいせき》とせなかつたから、敎義上神祇《けうぎじやうしんぎ》を蔑視《べつし》するの非難《ひなん》を免《まぬ》かれ、大日佛敎卽大日靈神道《だいにちぶつけうそくおほひるめしんだう》と爲《な》つたのであるから、其《そ》の神社《じんじや》を佛化《ぶつくわ》するの勢《いきほひ》は恰《あだ》かも怒濤《どたう》の如《ごと》く、殊《こと》に皇上《わうじやう》の尊信篤《そんしんあつ》かりし爲《た》め、全國至《ぜんこくいた》る所《ところ》の大神社《だいじんじや》には、必《かなら》ず神宮寺《じんぐうじ》を設《まう》けられ、其《そ》の別當《べつたう》は多《おほ》く眞言僧《しんごんそう》を補任《ほさ》するに至《いた》つたのである。

第三節　鎌倉以後の神佛習合

天台宗《てんだいしう》より出《い》でたる日蓮宗《にちれんしう》では、法華神道《ほつけしんだう》を唱導《しやうだう》し、法華守護《ほつけしゆご》の三十番神《はんしん》を、愈々具體《いよ〳〵ぐたい》化《くわ》し、他宗排斥《たしうはいせき》、且《か》つ又神祇《またしんぎ》をも排斥《はいせき》する特殊《とくしゆ》の神佛習合《しんぶつしふがふ》を企《くはだ》てたのである。

元弘時代《げんこうじだい》には、僧慈遍《そうじへん》なるもが、神國私記《しんこくしき》なる書《しよ》を著《あら》はし、神道大意《しんだうたいい》・天地開闢《てんちかいびやく》・兩宮《りやうぐう》鎭座《ちんざ》、神佛同異等《しんぶつどういとう》の事《こと》を辨《べん》じて朝廷《てうてい》に奉《たてま》つたことがある。

眞宗《しんしう》の存覺《ぞんかく》は、諸神本懐集《しよしんほんくわいしう》を編述《へんじゆつ》して、其《そ》の中《なか》に、佛陀《ぶつだ》は神明《しんみい》の本地《ほんち》、神明《しんめい》は佛陀《ぶつだ》の垂《すい》迹《せき》なり。本《ほん》にあらざれば迹《あと》を垂《た》るることなく、迹《あと》にあらざれば本《ほん》をあらはすことなく、神《しん》明《めい》といひ、佛陀《ぶつだ》といひ、おもてとなり、うらとなりて、互《たがひ》に利益《りえき》をほどこし、垂迹《すいせき》といひ本地《ほんち》といひ、權《けん》となり、實《じつ》となりて、ともに濟度《さいど》すといつて居《ゐ》る。

又蓮如《またれんによ》は、一切《さい》の神明《しんめい》とまをすは、本地《ほんち》は佛菩薩《ぶつぼさつ》の變化《へんくわ》にてましませども、この界《かい》の衆《しう》生《じやう》をみるに、佛菩薩《ぶつぼさつ》にすこしちかづき難《がた》くおもふあいだ、神明《しんめい》の方便《はうべん》にかりに神《かみ》とあらはれて、衆生《しうじやう》に縁《えん》を結《むす》び、その力《ちから》をもて、たよりとして遂《つひ》に佛法《ぶつぽふ》にすゝいれんがためなり云《うん》々《ねん》と説《と》かれて居《ゐ》る。

徳川幕府《とくがははくふ》の始《はじ》め、天台宗《てんだいしう》の天海《てんかい》は、山王《さんわう》一實神道《じつしんだう》を説《と》き、又吉田家《またよしだけ》の梵舜《ぼんしゆん》と爭《あらそ》ひて、之《こ》れを屈《くつ》せしめ、後陽成天皇《ごやうせいてんわう》の朝《てう》に、禁廷《きんてい》に於《おい》て葦林庵《ゐりんあん》と唯一神道《ゆいつしんだう》と兩部神道《りやうぶしんだう》の論《ろん》を戰《たゝか》はして、勝《か》ちたるゆへ、大内神道《だいだいしんだう》の稱號《しようがう》を賜《たま》はつたことがある。其《そ》の伴天連追放文中《はんてんれんつゐはうぶんちう》に、惟《こ》れ神明應迹《しんめいおうせき》の國《くに》にして、大日本《だいにほん》の本國《ほんごく》なり、法華《ほつけ》に曰《いは》く、諸佛世《しよぶつよ》を救《すく》ふものは、大神通《だいしんづう》に住《ぢう》し、衆生《しうじやう》を悦《よろこ》ばしむる爲《た》めに、無量《むりやう》の神力《しんりよ》を現《あら》はすと、此《こ》の金句妙文《きんくめうぶん》、神《かみ》と佛《ぶつ》と其《そ》の名異《めいい》にして・其《そ》の趣《しゆ》一なるもの恰《あだ》かも符節《ふせつ》を合《がつ》するが如《ごと》し。日本《にほん》は神國佛國《しんこくぶつこく》にして、神《かみ》を尊《たつと》び佛《ぶつ》を敬《うやま》ひ、仁義《じんぎ》を専《もつぱ》らにして、善悪《ぜんあく》の法《はふ》を匡《ただ》すといつて居《ゐ》るのである。

第三章　神儒佛習合の流派

第一節　北畠一條の習合説

北畠親房《きたはたけちかふさ》は、神儒佛道《しんじゆぶつだう》の四教《けう》に亘《わた》れる博學者《はくがくしや》であり、又勤王精忠《またきんわうせいちう》の國士《こくし》である。神皇正統記《じんわうせいとうき》を著《あら》はして、國體上《こくたいじやう》の大義名分《たいぎめいぶん》を明《あき》らかにし、元々集《げん〳〵しう》、東家秘傳《とうかひでん》に依《よ》りて、天地開闢《てんちかいびやく》より神道《しんだう》に關《くわん》する所見《しよけん》を述《の》べて居《ゐ》る。即《すなは》ち元々集《げん〳〵しう》は、神道《しんだう》の諸説《しよせつ》を集《あつ》め、中《なか》に三種《しゆ》の神器《じんぎ》を、妙《みやう》、明《めい》、斷《だん》の三徳《とく》に比《ひ》し、更《さら》に之《こ》れを仁《じん》に括《かつ》し、現世安民《げんせあんみん》の道《みち》を率《りつ》し、東家秘傳《とうけひでん》には陰陽《いんやう》五行《ぎやう》五大《だい》を説《と》き、又佛教《またぶつけう》をも尊重《そんちやう》すべきを述《の》べてある。

一條兼良《でうかねよし》も亦神儒佛道《またしんじゆぶつだう》に亘《わた》れる博學《はくがく》の士《し》である。而《しか》して其《そ》の神道論《しんだうろん》には、應化《おうくわ》の神《かみ》は佛《ぶつ》菩薩《ぼさつ》が衆生《しゆじやう》の機《き》に應《おう》じて現形《げんけい》せるものであると爲《な》し、又神道《またしんだう》にも六道《だう》四生《しやう》三世循環《せじゆんくわん》あることを説《と》いて居《ゐ》る。之《こ》れは兩部習合《りやうぶしふがふ》よりも、一層佛教《そうぶつけう》に近《ちか》きものである。否《いな》、神道《しんだう》を全然佛教《ぜんぜんぶつけう》化《くわ》したるものである。

尤《もつと》も將軍義尙《しやうぐんよしなほ》の爲《た》めに、文明一統記《ぶんめいとうき》を著《あら》はして、第《だい》一に其《そ》の氏神《うちがみ》たる八幡宮《まんぐう》を祈念《きねん》すべきことを切說《せつせつ》し、又樵談治要《またせうだんちえう》には、我《わ》が國《くに》は神國《しんこく》なれば、敬神《けいしん》を先《さ》きにすべき事《こと》を、故事《こじ》典例《てんれい》を擧《あ》げて、具體的《ぐたいてき》に詳說《しやうせつ》してある。

要《えう》するに鎌倉時代《かまくらじだい》より戰國時代《せんごくじだい》に至《いた》るまでの學者《がくしや》は、後世《かうせ》の儒者《じゆしや》の如《ごと》く偏固《へんこ》でなく、又《また》多《おほ》く佛敎《ぶつけう》に私淑《ししゆく》し、思想《しさう》の根本《こんほん》が佛敎《ぶつけう》を離《はな》れざると倶《とも》に、神佛《しんぶつ》の調和《てうわ》が、濟世治民上《さいせちみんじやう》極《きは》めて切要肝心《せつえうかんじん》の事《こと》と信《しん》じて居《を》つたのである。

第二節　伊勢神道

伊勢神道《いせしんだう》は又社家神道《またしやけしんだう》ともいつて居《ゐ》る。元來伊勢《ぐわんらいいせ》は皇祖卽《くわうそすなは》ち天祖天照皇大神《てんそあまてらすくわうだいじん》の鎭座地《ちんざち》であつて、內外兩宮《ないぐわいりやうぐう》の神官《しんくわん》は、每々兩部神道《まいくりやうぶしんだう》及《およ》び佛敎《ぶつけう》を忌避《きひ》し、佛敎不入《ぶつけうふにふ》の神地《しんち》と爲《な》し、又佛敎及《またぶつけうおよ》び僧侶《そうりよ》に對《たい》しては、忌詞《いみことは》さへ設《まう》けて居《を》つた位《くらゐ》であつたが、併《しか》し其《そ》の所謂伊勢神道《いはゆるいせしんだう》の敎典《けうてん》とも稱《しよう》すべき五部《ぶ》書《しよ》なるものの內容《ないよう》は、全然神佛習合《ぜんぜんしんぶつしふがふ》である。

元來伊勢內外兩宮《ぐわんらいいせないぐわいりやうぐう》の神官《しんくわん》は、軋轢《あつれき》が甚《はなは》だしく、內宮《ないぐう》の神官《しんくわん》は、外宮豐受大神《ぐわいぐうとようけたいじん》を以《もつ》て、天《てん》照皇太神卽《しやうくわうだいじんすなは》ち內宮《ないぐう》の御饌《みけ》の神《かみ》であると爲《な》し、外宮《ぐわいぐう》は之《こ》れに對《たい》して豐受大神《とようけだいじん》を以《もつ》て、天御《あめのけ》中主神《なかぬしのかみ》にして、又國常立尊《またくにとこたちのみこと》であつて、寧《むし》ろ天照皇太神《あまてらすおほみかみ》の祖神《そしん》であるとして、内宮《ないぐう》を壓《あつ》せんとしたのである。

此《こ》の軋轢《あつれき》の結果《けつくわ》、北條氏《ほうでうし》の末葉《ばつえう》建武《けんぶ》の頃《ころ》より、外宮神官《ぐわいぐうしんくわん》の手《て》に依《よ》りて、神道五部書《しんだうごぶしよ》なるものが發行《はつかう》せられ、神典《しんてん》として盛《さかん》に流行《りうかう》したのである。五部《ぶ》とは、寶基本記《ほうきほんき》、御鎭坐傳記《ごちんざでんき》御鎭坐次第記《ごちんざしだいき》、御鎭坐本記《ごちんざほんき》、倭姫命世記《やまとひめのみことき》である。

又當時度會行家《またたうじわたらひゆきいへ》なるものがあつて、元應《げんおう》二年類聚神祇本源《るゐじうしんぎほんげん》十五卷《くわん》を著《あら》はし、舊事本記《きうじほんき》を主《しゆ》として、天照皇太神《あまてらすすめおほかみ》を大日如來《だいにちによらい》、諸冉二尊《すさのをのみこと》を天鼓音雷佛《てんこおんらいぶつ》、開敷花王佛《かいふくわわうぶつ》と稱《しよう》し、又儒教《またじゆけう》をも加味《かみ》し、其《そ》の說《せつ》大《おほい》に世《よ》に行《おこな》はれ、源親房《みなもとちかふさ》の元々集《げんげんしう》、神皇正統記《じんわうせいとうき》も之《こ》れに倣《なら》ふものが多《おほ》かつた。降《くだつ》て德川時代《とくがはじだい》に及《およ》び、度會延佳《わたらひえんか》一家及《かおよ》び荒木田久老《あらきだきうらう》等の學者《がくしや》があつた。山崎闇齋《やまざきあんさい》の垂加神道《すゐかしんだう》は延佳《えんか》に負《お》ふ所《ところ》が多《おほ》い。其《そ》の神道辨疑集《しんだうべんぎしう》、復陽記《ふくやうき》等《とう》は、神儒佛道《しんじゆぶつだう》四敎《けう》の合揉說《がふじうせつ》が多《おほ》く、高天原《たかまがはら》を以《もつ》て高尙《かうせう》なる理想界《りさうかい》としてある。

第三節 唯一神道

神祇官四職《しんぎくわんしよく》の一に卜部氏《うらべし》といふがあつた。世々京都吉田神社《よゝきやうとよしだじんじや》の神主《かんぬし》であつたから、又吉《またよし》田家《だけ》とも稱《しよう》して居《を》つた。鎌倉時代《かまくらじだい》に當《あた》り、兼方《かねかた》なるものが、釋日本紀《しやくにほんき》二十八卷《くわん》を著《あらは》し。應《おう》仁《じん》の頃《ころ》には、兼倶《かねとも》なるものが出《い》で、祖先兼延《そせんかねのぶ》の名《な》に託《たく》して、名法要集《みやうはふえうしう》なる書《しよ》を著《あら》はし、後《ご》一條院《でうゐん》の御《ご》震筆《しんぴつ》にて、其《そ》の書《しよ》に唯《ゆ》一の名《な》を賜《たま》はりたるゆへ、唯《ゆ》一神道《しんだう》と稱《しよう》し。又其《またそ》の內容《ないよう》よりしては、元本宗源神道《げんほんそうげんしんだう》、又氏《またうぢ》や所《ところ》に象《かた》どりては、卜部《うらべ》神道《しんだう》、吉田《よしだ》神道《しんだう》ともいつて居《ゐ》る。

唯《ゆ》一神道《しんだう》の要綱《えうかう》は、神道《しんだう》は根本《こんほん》なり、儒教《じゆけう》は枝葉《しえう》なり、佛教《ぶつけう》は華實《くわじつ》なり、故《ゆゑ》に顯露《けんろ》の淺《せん》義《ぎ》に依《よ》れば、佛《ほとけ》は本地《ほんち》、神《かみ》は垂迹《すいせき》なれども、隱密《おんみつ》の義《ぎ》に依《よ》れば、神《かみ》を以《もと》て本地《ほんち》と爲《な》し、佛《ほとけ》を以《もつ》て垂迹《すゐせき》となす。密《みつ》に秘《ひ》密《みつ》、隱密《おんみつ》の二義《ぎ》あり、眞言敎《しんごんけう》の如《ごと》きは、秘密《ひみつ》にして尙《な》ほ淺《あさ》く、神道《しんだう》は隱密《おんみつ》にして極《きは》めて深《ふか》し。神道《しんだう》には相傳《さうでん》、傳授《でんじゆ》、面授《めんじゆ》、口訣《かうけつ》の四重《ちう》あり、又影像《またえいざう》、光《くわう》氣《き》、向上《かうじやう》、底下《ていか》の四位《ゐ》あり、顯《けん》より密《みつ》に至《いた》り、密《みつ》の中《なか》に亦淺深《またせんしん》あり、故《ゆゑ》に若《い》し其《そ》の人《ひと》に非《あ》らざれば、淺略《せんりやく》の分《ぶん》も傳《つた》ふべからずといふのである。

又其《またそ》の行事《ぎやうじ》に、神道護摩《しんだうごま》、宗源行事《そうげんぎやうじ》、十八道《だう》といふことがある、之《こ》れを兼《か》ね學《まな》ぶを三壇《だん》行事《ぎやうじ》としてある。尙《な》ほ此《こ》の他《た》、神道灌頂《じんだうくわんちやう》、神道加持《しんだうかぢ》、大燒行事等《たいしやうぎやうじとう》があつて、之《こ》れを切紙傳《きりかみでん》授《じゆ》と名《な》づけ、密《ひそか》に傳授《でんじゆ》して居《を》つたのである。殊《こと》に唯《ゆ》一の意義《いぎ》に就《つい》ても、種々《しゆぐ》の解說《かいせつ》を企《くはだ》ててあるが、要《えう》は他《た》の三敎《けう》を合說《がつせつ》して、自家《じか》を其《そ》の上《うへ》に駕《が》せしめんとしたのである。

吉田家《よしだけ》の支流《しりう》に吉川惟足《よしかはこれたり》といふものがあつて、德川家綱將軍《とくがはいへつなしやうぐん》の時《とき》に、幕府《ばくふ》の神道方《しんだうかた》となつて、神祇要篇《しんぎえうへん》を著《あら》はし、唯《ゆ》一神道《しんだう》に宋學《そうがく》を加《くは》へ、自《みづか》ら理學神道《りがくしんだう》と稱《しよう》して居《を》つたのである。

第四節　伯家神道

神祇官《しんぎくわん》の頭領《とうりやう》、神祇伯王《しんぎはくわう》たる白川家《しらかはけ》にては、一方《はう》には時代《じだい》の趨勢《すうせい》に驅《か》られ、一方《はう》には其《そ》の配下《はいか》ある卜部家《うらべけ》卽《すなは》ち吉田《よしだ》が唯《ゆ》一神道《しんだう》を唱《とな》へて跋扈《はつこ》するゆへ、自衞《じゑい》の必要上《ひつえうじやう》、伯家神道《はくけしんだう》なるものを組織《そしき》し、其《そ》の學頭等《がくとうら》の手《て》に依《よ》つて、神道通國辨等《しんだうつうこくべんとう》なる書《しよ》を著《あら》はし、神道《しんだう》が萬國《ばんこく》一般《はん》の大道《だいだう》なることを辨《べん》じ、又崇秘切紙傳《またすうひせつしでん》には、神代《しんだい》を理天地《りてんち》、氣天地《きてんち》、質天地《しつてんち》、形天地《けいてんち》の四天地《てんち》に分《わか》ちて、天地萬物開發《てんちばんぶつかいはつ》の順次《じゆんじ》を說《と》き、神代經緯貫義《しんだいけいゐくわんぎ》には、理《り》の三才《さい》、理神《りしん》、氣神《きしん》、質神《しつしん》、三卽《そく》一、二氣妙合等《きみやうがふとう》を說《と》き、三才《さい》を日月星《にちげつせい》、海山陸《かいさんりく》、君臣庶《くんしんしよ》、智仁勇《ちじんゆう》、鏡玉劍《きやうぎよくけん》、理《り》氣質等《きしつとう》に配合《はいがふ》して解釋《かいしやく》してある。

此《こ》の他《ほか》、土御門家《つちみかどけ》は、晴明以來《せいめいいらい》、陰陽頭《おんやうかしら》となれる人多《ひとおほ》く、天文道《てんもんだう》を以《もつ》て聞《きこ》へ、神祇官僧《しんぎくわんそう》侶《りよ》と齊《ひと》しく祭祀祈禱《さいしきとう》を掌《つかさど》つて居《を》つたが、遂《つい》には陰陽道《おんやうどう》と相合《あひがつ》して、土御門神道《つちみかどしんだう》なるものを起《おこ》すに至《いた》つたのである。此《こ》の神道《しんだう》は安部家《あべけ》を主《しゆ》とするが故《ゆゑ》に、安家神道《あけしんだう》、又《また》は天社神道《てんしやしんだう》ともいつて居《を》る。主《しゆ》として消災求福《せうさいきうふく》の祈禱《きとう》を爲《な》すものであつて、眞言密敎《しんごんみつけう》の方式《はうしき》と、道敎仙術等《だうけうせんじゆつとう》の意義《いぎ》を用《もち》ふることが多《おほ》いのである。

第五節　垂加神道

山崎闇齋《やまざきあんざい》は、寛文時代《くわんぶんじだい》に於《お》ける宋學《そうがく》の大家《たいか》であつたが、保科正之《ほしなまさゆき》の臣《しん》である吉川惟足《よしかはこれたり》の門弟服部春安《もんていはつとりしゆんあん》と議論《ぎろん》して、遂《つい》に神道並《しんだうならび》に國體《こくたい》に關《くわん》する研究《けんきう》を企《くはだ》て、伊勢唯《いせゆ》一の兩神道《りやうしんだう》を窮《きは》め、之《こ》れに大極陰陽五行說《だいきよくいんやうごぎやうせつ》を調和《てうわ》し、五部書《ぶしよ》に神垂祈禱《しんすゐきとう》を以《もつ》て先《さき》とし、冥加正直《めうがしやうじき》を以《もつ》て本《ほん》と爲《な》すとの語《ご》あるを見《み》て、取《と》りて以《もつ》て自《みづか》ら垂加《すゐか》と號《がう》し、其《そ》の所說《しよせつ》を垂加神道《すゐかしんだう》といふに至《いた》つたのである。

其《そ》の神道《しんだう》に關《くわん》する著書《ちよしよ》は、垂加文集《すゐかぶんしう》、土金傳《ときんでん》、龍雲傳《りううんでん》、風水草《ふうすゐさう》、風水抄《ふうすゐせう》、自徒抄《じとせう》、天津《あまつ》籬磐坂秘書《まがきいはさかひしよ》、神代國業等《しんだいこくげふとう》がある。其《そ》の弟子玉水葦齋《でしたまみづゐさい》の著《ちよ》、玉籤集《ぎよくせんしう》には大《おほい》に垂加神道《すゐかしんだう》の意《い》が述《の》べてある。闇齋《あんさい》は佛《ぶつ》を排《はい》して、神儒《しんじゆ》の習合《しふがふ》を旨《むね》としたのであるが、其《そ》の内容《ないよう》は神佛道《しんぶつだう》の三教調和《けうてうわ》が多《おほ》いのである。

其《そ》の教旨《けうし》は、天地《てんち》の間《かん》一元氣《げんき》のみとして、之《こ》れを天御中主神《あまみなかぬしのかみ》と爲《な》し、以下《いか》の諸神《しよしん》を五行《ぎやう》に配《はい》し、國常立尊《くにとこたちのみこと》の國《くに》は土《つち》、立《たち》は金《きん》なりとして、之《こ》れを土金《どきん》の敎《をしへ》といひ、又吾人《またごじん》は本來神《ほんらいしん》聖《せい》なる元神《げんしん》より生《しやう》じ、靈質《れいしつ》を有《いう》するものであるから、此《こ》れに省《かへり》みて本《もと》に還《かへ》り、性《しやう》に復《かへ》るべしといひ、更《さら》に居敬獨愼《きよけいどくしん》、安坐巡行法《あんざじゆんかうはふ》、潔齋祈禱《けつさいきとう》の切要《せつえう》を論《ろん》じ、進《すゝ》んで靈魂《れいこん》の不滅《ふめつ》、死後《しご》靈魂歸着等《れいこんきちやくとう》に就《つい》て、大《おほい》に說《と》く所《ところ》があるのである。

第六節　兩部神道

本地垂跡說《ほんちすゐせきせつ》は、行基《ぎやうき》に始《はじ》められ、天台傳敎大師《てんだいでんけうだいし》に依《よ》つて、完全《くわんぜん》に具體化《ぐたいくわ》せられたが、兩部《りやうぶ》神道《しんだう》は眞言密敎弘法大師《しんごんみつけうこうぼふだいし》に由《よ》りて創唱《さうしやう》せられ、別當神宮等《べつたうじんぐうとう》の設定《せつてい》によりて具體的《ぐたいてき》となつたのである。弘法太師《こうぼふたいし》の作《さく》と稱《しよう》する天地麗氣記《てんちれいきき》といふ書《しよ》が、高野山金剛峰寺《かうやさんこんがうぶじ》に傳《つた》へられ、的《てき》々《〳〵》傳授《てんじゆ》、唯《ゆ》受《じゆ》一人不可忍之《にんしのぶべからず》の秘書《ひしよ》とせられて居《を》つたが、林羅山《はやしらざん》の神社考《じんじやかう》、吉川《よしかは》の唯《ゆ》一神道《しんだう》出口《でぐち》の伊勢《いせ》神道等《しんだうとう》の出《い》づるに及《およ》び、寛文《くわんぶん》十二年《ねん》九月《がつ》を以《もつ》て公刊《こうかん》せられた。大日如來卽大日《だいにちによらいそくだいにち》靈尊《みたまのみこと》、卽日輪等《そくにちりんとう》の理論《りろん》は別《べつ》として、具體的《ぐたいてき》に神佛《しんぶつ》を習合《しふがふ》せしめ、所謂兩部神道《いはゆるりやうぶしんだう》の宣傳《せんでん》を

徹底《てつてい》せしめて居《ゐ》るのである。其《そ》の要旨《えうし》に曰《いは》く

天神《てんち》七葉《えう》は過去《くわこ》七佛《ぶつ》、地神《ちしん》五葉《えう》は現在《げんざい》の四佛《ぶつ》に舍那《しやな》を加《くわ》へたる五佛《ぶつ》、化《くわ》して地《ち》の五行神《ぎやうしん》を成《な》す。十六葉大神《えうだいじん》の供奉《ぐぶ》は賢劫《けんかう》十六尊《そん》なり云々《うんねん》、次《つぎ》に神代《しんだい》十種《しゆ》の神寶《しんぽう》を論《ろん》じ、オノコロ島等《じまとう》の習合的解釋《しふがふてきかいしやく》を試《こゝろ》み、天孫降臨《てんそんかうりん》の秘義《ひぎ》を示《しめ》してある。

又天照大神鎭坐次《またあまてらすおほかみちんざし》第《だい》に就《つい》ては、天照皇大神《あまてらすすめおほかみ》は大悲《だいひ》胎藏界《たいざうかい》、八葉中台《えうちうだい》五佛云々《ぶつうんねん》と述《の》べ、外《ぐわい》宮豐受太神《ぐうとようけだいじん》を金剛界成身會《こんがうかいせいしんゑ》云々《うんねん》と敍《の》べ、大毘《だいび》盧《ろ》舍那《しやな》、遍照金剛《へんせうこんがう》、神號天御中主尊《しんがうあまみなかねしのみこと》、水珠所《せゐしゆしよ》成云々《せいうんねん》といつてある。此他諸神《このほかしよしん》と諸佛《しよぶつ》とを實際的《じつさいてき》に習合《しふがふ》し、古《こ》來《らい》の神道家《しんだうか》が佛敎《ぶつけう》を汚《を》穢《わい》なりとの僻見《へきけん》を排《はい》して、佛敎不《ぶつけうふ》入《にふ》の伊勢《いせ》神地《しんち》にも、遂《つい》に神宮寺《じんぐうじ》を建《た》つるに至《いた》り、社家《しやか》祠官《しくわん》は全《まつ》たく半僧半巫《はんそうはんこ》たるに至《いた》らしめたのは、兩部神道《りやうぶしんだう》の成功《せいかう》である。

次《つぎ》に神官僧侶《しんくわんそうりよ》の習合《しふがふ》をも論《ろん》じ、法《はふ》は卽《すなは》ち神《かみ》、神《かみ》は卽《すなは》ち法《はふ》、法《はふ》は卽《すなは》ち僧《そう》、僧《そう》は卽《すなは》ち佛《ぶつ》、佛《ぶつ》卽《すなは》ち人《ひと》、人《ひと》は卽《すなは》ち神《かみ》、神《かみ》は卽《すなは》ち通《つう》、通《つう》は即《すなは》ち利益《りえき》なり。利益《りえき》とは一切《さい》の萬像卽佛身《ばんぞうそくぶつしん》なり。佛身《ぶつしん》は卽《すなは》ち獨古《どくこ》、獨古《どくこ》は卽《すなは》ち心柱《しんちゆう》、心柱《しんちゆう》は卽《すなは》ち一切衆生《さいしうじやう》の身量《しんりやう》なり、安心《あんしん》の御柱《みはしら》とは、大《だい》日本國開闢獨古金剛國璽《にほんこくかいびやくどくこゝんがうこくぢ》の境柱《きやうちゆう》、水尾《みつを》中津《なかつ》國《くに》の心《こゝろ》の御柱《みはしら》、天地《てんち》和合《わがふ》の本體《ほんたい》、生死《しやうしじ》自在《ざい》の本《ほん》妙像《めうぞう》、十方如來《はうによらい》、三昧耶《まいや》形《けい》、一切衆生《まいしうじやう》の心神珠《しんしんじゆ》、心《こゝろ》を以《もつ》て主《しゆ》と爲《な》す。主《しゆ》は卽《すなは》ち神主《かんねし》、神主《かんねし》

神明應化《しんめいおうくわ》の故《ゆゑ》に、神官《しんくわん》の社司《しやし》等《とう》は、精進《しやうじん》を先《さき》と爲《な》し、尊神《そんしん》に供《けう》し奉《たてまつ》り、穢惡《わいあく》を交《まじ》ふるなかれ、清淨《せいじやう》は卽《すなは》ち諸佛《しよぶつ》の本道《ほんだう》なり云々《うんねん》と述《の》べ、又《また》一切衆生《さいしうじやう》は本來薩埵《ほんらいさつすゐ》、凡聖皆是神體《ほんせいみなこれしんたい》なりと云々《うんねん》といつて居《ゐ》るのである。

第七節　山王一實神道

天台宗《てんだいしう》の本地《ほんち》垂迹說《すゐせきせつ》を根據《こんきよ》として、天地麗氣記《てんちれいきき》に續《つ》いで、山王《さんわう》一實神道原《じつしんだうげん》なる書《しよ》か、天台宗《てんだいしう》の手《て》に依《よつ》て發刊《はつかん》せられた。元來天台宗《ぐわんらいてんだいしう》は傑僧天海《けつそうてんかい》が、德川幕府《とくがはばくふ》と結託《けつたく》して、東叡山《とうえいざん》を創立《さうりつ》し、神佛習合《しんぶつしふがふ》は具《ぐ》體的《たいてき》に實行《じつかう》せられて居《を》つたが、寬文年間各種《くわんぶんねんかんかくしゆ》の習合說《しふがふせつ》が流布《るふ》するに及《およ》び、台宗《しう》にても自衞《じゑい》上《じやう》此《こ》の書《しよ》を公《おほやけ》にしたのである。

同書《どうしよ》には山王《さんわう》の字義《じぎ》より說《と》き起《おこ》し、三諦《てい》一境《きやう》の稱《しよう》、三と雖《いへど》も而《し》かも一、斯《これ》を極理《ごくり》と爲《な》す乃《すなは》ち一實《じつ》の謂《いひ》なりとて、三諦論《ていろん》を布衍《ふえん》し、又歷史的《またれきしてき》に桓武《くわんむ》の古《いにしへ》を述《の》べ、叡山《えいざん》と王城《わうじやう》との關《くわん》係《けい》に及《およ》び、山王《さんわう》、山城《やましろ》の名詞《めいし》を引《ひ》き、更《さら》に天海《てんかい》と家康《いへやす》との深交《しんかう》を證《しやう》し、武城《ぶじやう》を築《きつ》き一實《じつ》を唱《とな》へ艮山《こんざん》に東叡《とうえい》を創《はじ》めし因緣《いんえん》を說《と》き、一實神道《じつしんだう》を以《もつ》て家康《いへやす》を日光山《にくわうざん》に殯葬《ひんさう》せる事實《じじつ》を擧《あ》げてある。

夫《そ》れより更《さら》に進《すゝ》んで、山王《さんわう》一實《じつ》の現世利益《げんせいりえき》を説《と》き、夫《そ》れ卽宮假中《そくきうかちう》、竪《たて》に異《こと》なり、横《よこ》に別《べつ》なるは猶《な》は權敎《けんけう》に屬《ぞく》す、三卽是《そくぜ》一實《じつ》なる、是《こ》れを法華《ほつけ》と爲《な》す云々《うんねん》。則《すなは》ち皆以《みなもつ》て神體《しんたい》を健《けん》にし、神壽《しんじゆ》を増《ま》し神力《しんりよく》を添《そ》へざるなし云々《うんねん》、一實《じつ》の法門興隆《はふもんこうりう》する時《とき》は、卽《すなは》ち神威熾盛自在《しんゐしせいじざい》なり、神威熾盛自在《しんゐしせいじざい》なれば、卽《すなは》ち子孫《しそん》を擁護《ようご》し、國家《こくか》を鎭撫《ちんぶ》し云々《うんねん》と云《い》つて居《を》るのである。

又山王《またさんわう》一實《じつ》の深趣《しんしゆ》として、城《しろ》は三諦《てい》、山《やま》は三觀《くわん》、神《かみ》は三行《かう》、三行《かう》を成《な》するは外護崇奉《ぐわいごすうほう》の仁《じん》なり云々《うんねん》、又山王《またさんわう》の三體《たい》を以《もつ》て、釋迦《しやか》、彌陀《みだ》、藥師《やくし》の三尊《そん》に配《はい》し、此等諸佛《これらしよぶつ》の誘引《いういん》に依《よ》り、世俗直《せぞくたゞ》ちに利益《りえき》を蒙《かう》むる旨《むね》が述《の》べてあるのである。

斯《か》くて大神社《だいじんじや》には必《かなら》ず神宮等《しんぐうとう》が建立《こんりう》せられ、其《そ》の別當《べつたう》と稱《しよう》する實權者《じつけんしや》は、悉《ことごと》く天台《てんだい》か眞《しん》言《こん》かの僧侶《そうりよ》であつて、神社《じんじや》の神《かみ》の本體《ほんたい》をも取《と》り替《か》へて、觀音《くわんおん》の像《ぞう》とか、藥師《やくし》の像《ぞう》とか、彌《み》陀《だ》の像《ぞう》とか、佛像又《ぶつぞうまた》は天部《てんぶ》の諸諸《しよそん》の木像《もくぞう》や、畫像《ぐわぞう》を入《い》れ替《か》ゆるといふ有樣《ありさま》であつたのである。

第八節　法華神道

日蓮宗《にちれんしう》にても、法華神道祕訣《ほつけしんだうひけつ》なる書《しよ》を公表《こうひやう》して、他《た》と相競《あひきそ》ふて神佛習合《しんぶつしふがふ》を唱《とな》へて居《を》る。

同書《どうしよ》の末尾《まつび》に曰《いは》く、右此《みぎこ》の抄《せう》は當家《たうけ》神道《しんだう》の一大事《だいじ》、深秘《しんぴ》口傳《こうでん》、共《と》に書載《しよさい》し給《たま》ふ、口外《こうぐわい》すべからず、神天上《しんてんじやう》の法門《はふもん》之《こ》れに過《す》ぐべからず、一大傳受口傳《だいでんじゆこうでん》〳〵、深秘《しんぴ》奕〳〵、永祿《えいろく》十三庚《かう》年《ねん》午《うま》六月《ぐわつ》十九日之《たちこ》れを書《しよ》し畢《をはり》ぬ、沙門日歡印《しやもんにちくわんいん》とある。永祿《えいろく》十三年《ねん》は織田信長《をだのぶなが》が旗《はた》を京畿《きやうき》に樹《た》てた年《とし》である。同書《どうしよ》の要旨《えうし》を見《み》るに

此《こ》の宗《しう》に於《おい》て末法立行《まつはうりつかう》の導師上行菩薩《だうしじやうぎやうぼさつ》、塔中《たうちう》に於《おい》て別付屬《べつふぞく》を受《う》けて以來《いらい》、後《あと》五百歳《さい》の惡《あく》世《よ》に出現《しゆつげん》して、三説超過《せつてうくわ》の妙經《みやうけい》に依《よ》り、諸宗分絶《しよしうぶんぜつ》の法華經《ほつけきやう》を建《た》つ、所立《しよりう》の法門《にふもん》に宗旨《しうし》宗敎《しうけう》折伏彼《よくふくかれ》これ多《おほ》し、就中《なかんづく》、神天上《しんてんじやう》の法門《はうもん》、一箇《こ》の重事《ちうじ》なり。得意《とくい》に付《つい》て道理《だうり》、文證《ぶんしやう》、現證《げんしやう》の三これありて、神《かみ》に三神《しん》を立《た》て、佛《ぶつ》の三身《しん》に比《ひ》せり。三神《しん》とは

一、法性神《はふせいしん》、本法天照《ほんはふてんしやう》の神《かみ》、周遍法界《しうへんはふかい》の理《り》

二、有覺神《いうかくしん》、大悲《だいひ》覺靈神《かくれいしん》、陰陽機《ゐんやうき》に隨《したが》ひ、利生時《りしやうとき》に應《おう》じ、權現出沒《ごんげんしゆつぼつ》の大明神《だいみやうじん》

三、邪橫神《じやわうしん》、惡魔鬼賊《あくまきぞく》の邪神《じやしん》にて、利物《りぶつ》の慈悲《じひ》なし

といつてある。

又諸神《またしよしん》の本地《ほんち》を釋迦《しやか》如來《によらい》と爲《な》し、貴《たつと》き神《かみ》は彼《かれ》の本地《ほんち》を顯《あら》はし奉《たてまつ》れば喜《よろこ》び給《たま》ふなり。神明《しんめい》には再拜《さいはい》と成《な》し、社《やしろ》をば二度《ど》禮《れい》し向《む》くべし。本地《ほんち》垂迹《すゐせき》思《おも》ひ分《わ》けつつ、八百萬神《まんしん》のめぐみも

まことには三世《せ》の佛《ほとけ》のちかひなりけり云々《うんぬん》といつて居《を》るのである。

第九節 雲傳神道

正徳《しやうとく》四年《ねん》に僧慶安《そうけいあん》なるものが、兩部神道口訣鈔《りやうぶしんだうこうけつせう》なる書《しよ》を發刊《はつかん》し、神道佛道《しんだうぶつだう》を兩部《りやうぶ》なりと稱《しよう》し、一層詳密《そうしやうみつ》に神佛習合《しんぶつしふがふ》の理《り》を闡明《せんめい》し、又天文《またてんもん》に訣圖《けつづ》を著《あら》はして、地動説《ちどうせつ》を唱《とな》へて居《ゐ》る。孰《いづ》れも頗《すこぶ》る卓見《たくけん》がある。

又葛城《またかつらぎ》の慈雲尊者《じうんそんじや》は、神佛習合《しんぶつしふがふ》の徒《と》が、往々《わう〱》偏見《へんけん》に傾《かたむ》き、其《そ》の曲説附會《きよくせつふくわい》の陋醜《ろうしう》見るに忍《しの》びずと爲《な》し、尊者《そんじや》一流《りう》の神道説《しんだうせつ》を唱導《しやうだう》するに至《いた》つた。世其《よそ》の諱《いみな》の一字《じ》を取《と》りて雲傳神道《うんでんしんだう》と稱《しよう》して居《ゐ》る。(尤《もつと》も幕末《ばくまつ》に當《あた》り加茂規清《かものりきよ》の唱《とな》へた烏傳神道《うでんしんどう》即《すなは》ち加茂《かも》神習敎《しんしふけう》とは異《べつ》である)又《また》其《そ》の地名《ちめい》に依《よ》り葛城神道《かつらぎしんだう》ともいつて居《ゐ》るが、尊者自身《そんじやじしん》は開會神道《かいくわいしんだう》と釋《しやく》してある。

尊者《そんじや》の神道要語《じんだうえうてい》に曰《いは》く、眞正《んせい》の大道《だいだう》が世《よ》に顯現《けんげん》するを高天原《たかまがはら》といふ。天御中主神《あまみなかぬしのかみ》は高天《たかまが》原《はら》の靈《みたま》をあらはせる名《な》なり。國常立尊《くにとこたつのみこと》といふは、此《こ》の道《みち》の大地《たいち》と共《とも》に永久《えいきう》なるの名《な》なり。伊弉諾《いざなぎ》、伊弉冉尊《いざなみのみこと》とは、一陰《いん》一陽萬物《やうばんぶつ》を生育《せいいく》するの名《な》なりと、又開會神道《またかいくわいしんだう》には、我《わ》が國神《くにしん》道《だう》あり、支那《しな》諸蠻《しよばん》に勝《まさ》れり云々《うんねん》、神道《しんどう》の高《たか》さは、道敎儒敎《だうけうじゆけう》の及《およ》ぶ處《ところ》に非《あ》らす、その深意《しんい》を得《う》るには密教《みつけう》に入《い》るに非《あら》ざれば、是《こ》れを知《し》ること能《あた》はずといつて居《ゐ》る。

又神教要頌《またしんけうえうしやう》には、蒼々《さう〳〵》たる高天原《たかまがはら》、了々《れう〳〵》たる古今《ここん》の道《みち》、上天《じやうてん》は御中主《おんなかぬし》、大地《だいち》は國常立《くにとこだち》、天地《てんち》是《こ》れ活物《くわつぶつ》、萬物《ばんぶつ》悉《こと〴〵》く生育《せいいく》す。初生《しよせい》は獨化《どくくわ》なり、次《つぎ》は乾坤相參《けんこんあひまゐ》る、造化《ざうくわ》は諸冉《いざなみ》の尊《みこと》、受命《じゆめい》は瓊矛《ねほこ》に在《あ》りとて、神道《しんだう》の造化說《ざうくわせつ》を密教《みつけう》の曼荼羅化《まんだらくわ》せる點多《てんおほ》し、猶《な》ほ此《こ》の他神道傳授《ほかしんだうでんじゆ》折紙等《をりがみとう》の目錄《もくろく》がある。

第十節 御流神道

御流神道《ごりうしんだう》は御室仁和寺《みむろにんなでら》に依《よ》て唱《とな》へられ、仁和寺《にんなでら》は皇族《くわうぞく》が門跡《もんぜき》であつたゆへ、御室《みむろ》といひ御流《ごりう》といつたのであるが、畢竟大師流神道《ひつきやうたいしりうしんだう》の別名《べつめい》であつて、兩部神道《りやうぶしんだう》に相異《さうい》ないのである。御流神道口訣《ごりうしんだうこうけつ》なる書《しよ》が、嘉永年間《かえいねんかん》に公刊《こうかん》せられて居《ゐ》るが、其《そ》の大體《だいたい》は兩部神道口訣鈔《りやうぶしんだうこうけつせう》の燒《や》き直《なほ》しである。尤《もつと》も習合《しふがふ》は餘程巧妙《よほどこうめう》である。例《たと》へば智拳印《ちけんいん》の解說《かいせつ》に、天照大神《あまてらすおほかみ》とあるは、卽《すなは》ち本地大日《ほんちだいにち》、故《ゆゑ》に印《いん》と明《めい》と金胎不二《きんたいふに》の智《ち》云々《うんぬん》、佛道《ぶつだう》には果《はて》を尊《たふと》ひ、神道《しんだう》には因《いん》を尊《たふと》ぶ。此《こ》の國《くに》は豐葦原《とよあしはら》の中《なか》つ國《くに》といひ、中台日《なかだいにち》の國《くに》なる故《ゆゑ》に、阿字原中台國《あじはらなかだいこく》と謂《い》ふなり云々《うんねん》、日本國《にほんこく》は密嚴國土《みつごんこくど》、天照大神《あまてらすおほかみ》は金剛遍照《こんがうへんしやう》云々《うんねん》、儒《じゆ》は聖人《せいじん》の世《よ》を治《おさ》むるもの、佛《ぶつ》は聖人《せいじん》の出世《しゆつせ》を治《おさ》むるもの、兩部神道《りやうぶしんだう》は世《よ》を治《おさ》め、又出世《またしゆつせ》を治《おさ》むるもの、然《しか》れば神佛《しんぶつ》兼《か》ねたる日本《にほん》なり云々《うんねん》

此《こ》の他切紙傳授《ほかきりがみでんじゆ》、智拳印《ちけんいん》、五畿《き》七道印《だういん》、輪王御《りんわうご》卽位灌頂《そくゐくわんちやう》、御卽位印《ごそくゐいん》、四海領掌印《かいりやうしやういん》、紹運《せううん》天子《てんし》秘法《ひはふ》、灌頂初重第二《くわんちやうしよちうだいに》、神道注連曳大事《しんだうちうれんえいだいじ》、沸湯之《ふつとうの》釜注連大事《かまちうれんだいじ》、第《だい》一鍛治《かぢ》大事《だいじ》、諸工職皆《しよこうしよくかい》神始終《しんしじゆう》、大祝詞《おほのりと》、兩部神道拍手等《りやうぶしんだうはくしゆとう》に關《くわん》する釋明《しやくめい》がしてある。

猶又《なほまた》維新後《ゐしんご》に簇出《ぞくしゆつ》せる神道各敎《しんだうかくけう》の如《ごと》きは、孰《いつ》れも悉《ことごと》く神佛習合《しんぶつしふがふ》の臭氣《しうき》を帶《お》びざるものなく、若《も》し又佛敎《またぶつけう》に遠《とほ》きものは道術《だうじゆつ》に近《ちか》きものあり、要《えう》するに維新《ゐしん》の際《さい》に於《お》ける神佛分離《しんぶつぶんり》の結果《げつくわ》、多《おほ》くのものが信仰《しんかう》の中心《ちうしん》を失《うしな》ひ、思想界《しさうかい》の混沌《こんとん》なるに乘《じやう》じ、從來兩部《じゆうらいりやうぶ》の社僧或《しやそうあるひ》は修《しゆ》驗山伏等《けんやまぶしとう》に隱《かく》る一類《るい》の投機的宗敎家《とうきてきしうけうか》が、好機乘《かうきじやう》ずべしとなして新規《しんき》を裝《よそほ》ひ、或《あるひ》は固有神道《こいうしんだう》復興《ふくこう》を標榜《へうはつ》して出《い》でたるものである。尤《もつと》も眞《しん》に宗敎《しうけう》の敎主開祖《けうしゆかいそ》と稱《しよう》すべき偉人《ゐじん》、至誠《しせい》の人《じん》物《ぶつ》もないではないが、其《そ》の敎旨《けうし》の內容《ないよう》は、神佛習合《しんぶつしふがふ》か、神儒佛打混《しんじゆぶつうちまぜ》か、神道道敎《しんだうだうけう》の調和《てうわ》かに在《あ》るのである。天理王命《てんりわうのみこと》も金光大神《こんくわうおほかみ》、本祠《ほんし》大神《おほかみ》も、御嶽《おんたけ》、扶桑《ふさう》も皆是《みなこ》れ、習合的意義《しふがふてきいぎ》を有《いう》せざるものはないのである。從《したが》つて其《そ》の加持祈禱法《かぢきたうはふ》の如《ごと》きも、悉《ことごと》く此《こ》の兩部神法《りやうぶしんはふ》の埒外《らちぐわい》に出《い》づるものはないのである。

第四章　神明の種別

第一節　宇宙の活力たる神

神《かみ》とは何《なん》であるか、佛《ぶつ》とは何《なん》であるか、基督敎《きりすとけう》には唯《ゆ》一の眞神《しんしん》といつて、眞《しん》の神《かみ》は宇宙《うちう》に唯《た》だ一つであるといひ、日本《にほん》にては八百萬《やをよろづ》の神《かみ》といつて、神樣《かみさま》が澤山《たくさん》ある。現《げん》にお宮卽《みやすなは》ち神社《じんじや》の數《かず》も十萬《まん》からある。尤《もつと》も祭神《さいじん》は八幡樣《はちまんさま》とか天滿宮樣《てんまんぐうさま》とか、同《どう》一の神樣《かみさま》が大分《だいぶ》あるから、宮《みや》の數程神樣《かずほどかみさま》の種類《しゆるい》がある譯《わけ》ではないが、それでも何《なん》百といふ神樣《かみさま》がある。そこで神樣《かみさま》といふものの分類《ぶんるい》が必要《ひつえう》になつて來《く》るのである。

先《ま》づ第《だい》一に、宇宙《うちう》の根本的實在《こんぽんてきじつざい》でてつて、萬有《ばんいう》の根源《こんげん》となるものがなくてはならぬ。此《こ》の根本的《こんぽんてき》の實在《じつざい》を指《さ》して絕對《ぜつたい》の神《かみ》といふのである。或《あるひ》は此《こ》れを因神《ゐんしん》といつてもよい、卽《すなは》ち萬有《ばんいふ》の根因《こんゐん》であつて、人間《にんげん》の神格化《しんかくくわ》したる果神《くわしん》と區別《くべつ》する爲《た》めにかくいふのである。

此《こ》の因神卽《ゐんしんすなは》ち萬有《ばんいう》の根本《こんぽん》たる神《かみ》は、哲學上《てつがくじやう》で云《い》へば・絕對《ぜつたい》とか實在《じつざい》とか云《い》ひ、基督敎《きりすとけう》で云《い》へば唯一《ゆいつ》の眞神《しんしん》である。佛敎《ぶつけう》で云《い》へば眞如《しんによ》とか、法身如來《ほうしんによらい》とか、胎藏界《たいざうかい》の大日如來《だいにちによらい》とかいふのである。又日《またに》本《ほん》では天御中主神《あまみなかぬしのかみ》といふのである。此等《これら》萬有《ばんいう》の根本《こんぽん》とか、又《また》は萬有《ばんいう》を一貫《くわん》する理法《りはふ》とか、萬有《ばんいう》の中《なか》に共通《きやうつう》する活力《くわつりよく》とかいふものがなければ、宇宙萬有《うちうばんいう》は成立《せいりつ》せないのであるが、哲學的《てつがくてき》には此《こ》の活力《くわつりよく》を冷《ひや》かに見《み》て、理法的《りはふてき》に考《かんが》へ、宗敎《しうけう》の方《はう》からは之《こ》れを神格的《しんかくてき》に見《み》て、活動的《くわつどうてき》に暖《あた》かく見《み》るのである。儒敎《じゆけう》で天《てん》とか上帝《じやうてい》とかいふのは、此《こ》の冷《れい》暖《だん》二つの見方《みかた》を折衷調和《せつちうてうわ》したものと考《かんが》へてもよいのである。

何《なに》を以《もつ》て宇宙《うちう》の萬象《ばんしやう》を指《さ》して、動的神的《どうてきしんてき》なりといふか、又如何《またいか》にして神明《しんめい》の存在《そんざい》を證認《しやうにん》し得《う》るかといふに、神《かみ》の存在《そんざい》といふことは、三方面《はうめん》より之《こ》れを證明《しやうめい》することが出來《でき》るのである。

一、吾人《ごじん》に神妄兩心《しんまうりやうしん》があつて、妄心《まうしん》は各人各別《かくじんかくべつ》である。例《たと》へば欲《よく》にもそれ〳〵異《こと》なるが如《ごと》くであるが、眞心《まごゝろ》は萬人同《まんにんどう》一である。赤兒《あかご》の井《ゐ》に入《い》らんとするや、親殺《おやごろ》しの大惡人《だいあくにん》でも、其《そ》の子《こ》の親《おや》とは仇《あだ》であつても、アア助《たす》けたいといふ惻隱《そくおん》の心《こゝろ》が起《おこ》る。此《こ》れは見《み》る人《ひと》悉《こと〴〵》く同《どう》一である。左《さ》れば眞心《まごゝろ》は萬人共通《まんにんきやうつう》である。萬人共通《まんにんきやうつう》のものは、各人《かくじん》が勝手《かつて》に後天《かうてん》的《てき》に起《おこ》すものではない、必《かなら》ずやその出《で》て來《く》る同《どう》一の根源《こんげん》がなくてはならぬ。此《こ》の眞心《まごゝろ》の根《こん》源《げん》が卽《すなは》ち神《かみ》である。如來《によらい》である。

二、過去現在未來《くわこげんざいみらい》を一貫《くわん》して、萬有《ばんいう》の上《うへ》には、善惡《ぜんあく》の應報《おうはう》、須毫《すがう》も誤《あやま》らぬ極《きは》めて峻嚴《しゆんげん》なる道德律《だうとくりつ》。即《すなは》ち因果《ゐんぐわ》の理法《りはふ》といふものが行《おこな》はれて居《ゐ》る。吾人《ごじん》は此《こ》の威力《ゐりよく》此《こ》の理法《りはふ》の活動《くわつどう》を指《さ》して、神的立法的《しんてきりつぱふてき》に人類乃至《じんるいないし》萬有《ばんいう》を支配《しはい》するものと見《み》るのである。

三、草《くさ》が針《はり》の如《ごと》き芽《め》を出《いだ》すにも、鳥《とり》の啼《な》くにも、日《ひ》の輝《かゞや》くにも、雪《ゆき》の降《ふ》るにも、器械的《きかいてき》科學的以上《くわがくてきいじやう》に、人力《じんりよく》を超越《てうえつ》したる、萬事萬物《ばんじばんぶつ》悉《ことごと》く一種《しゆ》の神秘力《しんぴりよく》を備《そな》へて居《ゐ》る。此《こ》の奇々《きゝ》妙々不可思議《みやう〳〵ふかしぎ》の力《ちから》、神秘力《しんぴりよく》を指《さ》してか吾人《ごじん》は生《い》ける動的温的《どうてきおんてき》の神明《しんめい》とするのである。

第二節　偉人の靈力としての神

吾人《ごじん》と同《どう》一の人間《にんげん》ではあるが、修養積德《しゆやうせきとく》の結果《けつくわ》、絶對《ぜつたい》の神《かみ》と一致《ち》し、以《もつ》て感化《かんくわ》を後世《こうせい》に垂《た》れたる偉人《ゐじん》の靈力《れいりよく》といふものは、何人《なんぴと》も之《こ》れを認《みと》むることが出來《でき》る所《ところ》の、現實《げんじつ》であり史實《しじつ》である。吾人《ごじん》は之《こ》れを人中《じんちう》の神《かみ》、又《また》は果神《くわしん》といふのである。天照皇大神《あまてらすすめおほかみ》の如《ごと》きも、近《ちか》くは明治神宮《めいぢじんぐう》の明治天皇《めいぢてんわう》の如《ごと》きも、孔子《こうし》も釋迦《しやか》も基督《きりすと》その人《ひと》も、又日本《またにほん》の各神社《かくじんじや》に祀《まつ》られて居《ゐ》る各神々《かくかみ〴〵》も、多《おほ》くは此《こ》の偉人《ゐじん》の靈力《れいりよく》を崇拜《すうはい》するのである。八幡宮天滿宮楠公社乃木神《はちまんぐうてんまんぐうなんこうじやのぎじん》社皆然《じやみなしか》らざるはないのである。

前《まへ》の絶對《ぜつたい》の神《かみ》を哲學的《てつがくてき》の神《かみ》とすれば、此《こ》れは道德的《だうとくてき》の神《かみ》である。宗教《しうけう》の信仰《しんかう》の對象《たいしやう》としても、此《こ》の神《かみ》が多《おほ》い。尤《もつと》も宗教《しうけう》の本尊《ほんぞん》は唯一《ゆいつ》であり、絶對《ぜつたい》ではなくてはならぬ。多數教《たすうけう》はいけぬ。人《ひと》の神格化《しんかくくわ》はいけぬといふけれど、此《こ》の絶對《ぜつたい》の神《かみ》は偉人《ゐじん》を透《とほ》さねば信仰《しんかう》の對象《たいしやう》としては冷《ひや》やかである。此《こ》の絶對《ぜつたい》の神《かみ》を道德《だうとく》の神《かみ》と同化《どうくわ》させた所《ところ》に、本尊《ほんぞん》としての價《あたひ》あるものが多《おほ》いのである。ゴット丈《だけ》はいけぬ。神《かみ》の子《こ》キリストがなくてはならぬ。彌陀《みだ》が法身佛《はふしんぶつ》ではだめ、法藏菩薩《はふざうぼさつ》の成《な》り上《あが》りで、更《さら》に法然《はふねん》や親鸞《しんらん》が加《くは》はらねば、熱烈《ねつれつ》にならぬのである。

多數教《たすうけう》はいけぬといふけれども、活動《くわつどう》の作用《さよう》と、活動《くわつどう》の方面《はうめん》は異《こと》なるも、悉《ことごと》く之《こ》れ一絶《ぜつ》對《たい》の發動《はつどう》と見《み》れば、多卽《たそく》一である。絶對《ぜつたい》が寂常無作《じやくじやうむさく》では役《やく》に立《た》たぬ。活動《くわつどう》するものとすれば、其《そ》の活動《くわつどう》は一ではなく、必《かなら》ずや多種多樣《たしゆたやう》でなくてはならぬ。卽《すなは》ち一卽多《そくた》である。例《たと》へは統治《とうち》の大權《たいけん》は陛下《へいか》に在《あ》るも、實際《じつさい》の政務《せいむ》は各大臣《かくだいじん》知事《ちじ》が之《こ》れに當《あた》るやうなものであつて絶對《ぜつたい》の神《かみ》は一、偉人《ゐじん》の靈力《れいりよく》としての神《かみ》は多《た》でよいのである。

又《また》人《ひと》の死《し》したるものが神《かみ》として何《なん》の價《あたひ》もないといふものもあるが、釋迦《しやか》孔子《こうし》基督《きりすと》は現《げん》に生《い》きて多《おほ》くの人々《ひとびと》を感化《かんくわ》して居《ゐ》るではないか、楠公《なんこう》の精忠《せいちう》は今《いま》も尙《な》ほ小學生《せうがくせい》幼稚園生《えうちえんせい》まで日々《ひゞ》感化《かんくわ》して活動《くわつどう》して居《ゐ》るではないか。

要《えう》するに加持祈禱《かぢきたう》の如《ごと》きは、此《こ》の靈力的《れいりよくてき》の神《かみ》の方《はう》が、祈願者《きぐわんしや》と親近《しんきん》である上《うへ》に、神《かみ》そのものが人生《じんせい》に實驗《じつけん》があるから、意志《いし》の共通《きやうつう》が圓滑《ゑんかつ》であると見《み》なければならぬのである。左《さ》れば此《こ》の偉人《ゐじん》の靈力《れいりよく》なる神佛《しんぶつ》を輕視《けいし》することは、信仰《しんかう》又《また》は加持祈禱《かぢきたう》の意義《いぎ》を害《そこな》ふものであらねばならぬ。

第三節　異物の通力としての神

異物《いぶつ》の通力《つうりき》といふ語《ご》は、聊《いさゝ》か不穩當《ふおんたう》かも知《し》れぬが、充分《じうぶん》なる術語《じゆつご》がないから、暫《しばら》く之《こ》れを用《もち》ふるのである。之《こ》れは眞言密敎《しんごんみつけう》等《とう》で所謂《いはゆる》變化法身《へんくわほふしん》とか、等流法身《とうりうほふしん》とかいふ類《るい》であつて彼《か》の年經《としへ》たる狐狸《こり》等《とう》の有《いう》する一種《しゆ》の不可思議《ふかしぎ》なる作用《さよう》、或《あるひ》は蟇《がま》の奇《き》なる方術《はうじゆつ》や、猛獸毒蛇《まうじうどくじや》の怪力《くわいりよく》、更《さら》に又《また》數《すう》百年《ねん》を經《へ》たる老樹《らうじゆ》等《とう》の精靈的變化《せいりやうてきへんくわ》、其《そ》の他《た》風《かぜ》の有《いう》する威力《ゐりよく》、火《ひ》の有《いう》する怪力《くわいりよく》、卽《すなは》ち風神《ふうじん》、水神《すゐじん》、火神《くわじん》、土公神《どこうじん》、木《き》の神《かみ》、山《やま》の神《かみ》、海《うみ》の神等《かみなど》と、萬物《ばんぶつ》を人格化《じんかくわ》し、更《さら》に之《こ》れを神格化《しんかくわ》するが如《ごと》き類《るい》を總稱《そうしよう》したのである。

此等《これら》の力《ちから》が如何《いか》なる性質《せいしつ》のものであるか、將又《はたまた》如何《いか》なる價値《かち》あるものであるかは、暫《しばら》く別問題《べつもんだい》として、此等《これら》のものが吾人々間《ごじんにんげん》に對《たい》して、時々《とき〴〵》一種《しゆ》の作用《さよう》を呈《てい》し、吾人《ごじん》は其《そ》の影響《えいきやう》を受《う》くることの少《すく》なくないのは、爭《あらそ》ふべからざる事實《じじつ》であるから、假《か》りに通力《つうりき》なる語《ご》を用《もち》ひ、又之《またこ》れを一種《しゆ》の考察《かうさつ》として。古來《こらい》の慣習《くわんしよ》に倣《なら》ひて神視《しんし》するものである。勿論此《もちろんこ》れは哲《てつ》學的《がくてき》に論及《ろんきう》しても、此等精靈通力《これらせいれいつうりき》は客觀的《かくくわんてき》に嚴存《げんしゆ》し、而《しか》してそれが吾人々間《ごじんにんげん》の主觀《しゆくわん》と相互《さうご》交渉《かうしやう》して、一種《しゆ》の不可思議作用《ふかしぎさよう》を發現《はつげん》するは、當然有《たうぜんあ》り得《う》ることであると同時《どうじ》に、又萬有《またばんいう》はそれ〳〵各自《かくじ》に一種《しゆ》の特性能力《とくせいのうりよく》を有《いう》し、練磨《れんま》の力《ちから》、時間《じかん》の力《ちから》に由《よ》つて、人間以下《にんげんいか》のものも、人間以上《にんげん・じやう》の或種《あるしゆ》の業動《げふどう》を作《おこ》し得《う》ることは、極《きは》めて道理《だうり》ある事實《じじつ》であるのである。

猶《な》ほ又偉人《またゐじん》の靈力《れいりよく》に非《あ》らずして、愚人或《ぐじんあるひ》は痴人《ちじん》の怨念力《おんねんりよく》といふものがある。俗《ぞく》に所謂生《いはゆるいき》靈《りよう》、死靈《しりよう》、怨靈《おんりよう》といふ恐《おそ》るべき作動災殃《さどうさいわう》を爲《な》すものあることは、決《け》つして迷信《めいしん》でもなく、又單《またたん》に所謂主觀的《いはゆるしゆくわんてき》のみでなく、客觀的《かくくわんてき》に嚴存《げんぞん》するのは、誣《し》ふべからざるものである。

以上《いじやう》の如《ごと》き各種《かくしゆ》の通力《つうりき》性　力《くわいりき》の中《なか》には、吾人《ごじん》が加持祈禱《かぢきたう》の對象《たいしやう》として、其《そ》の價《あたひ》を有《いう》するものもあれば、又之《またこ》れを絶對《ぜつたい》に排除《はいぢよ》すべく、加持祈禱《かぢきたう》を行《おこな》はねばならぬのもある。併《しか》し孰《いづ》れにしても科學者《かがくしや》の如《ごと》く、此等《これら》を無視《むし》し、或《あるひ》は又迷信者《まためいしんしや》の如《ごと》く、無暗《むやみ》に之《こ》れを恐《おそ》れ、又《また》は利用《りよう》せんとするが如《ごと》きは、倶《とも》に邪道《じやだう》であるのは、今更云《いまさらい》ふまでもない所《ところ》である。

第五章 靈驗の確實性

第一節 人間と神明

宇宙《うちう》の總《すべ》てを自然的唯物的《しぜんてきゆいぶつてき》に見《み》れば、此《こ》の世《よ》は恰《あだ》かも沙漠《さばく》のやうであり、又之《またこ》れに反《はん》して活物《くわつぶつ》なりとし、神明《しんめい》を實在《じつざい》として見《み》れば、光明《くわうみやう》あり、温情《おんじやう》ある平和《へいわ》なる家庭的世界《かていてきせかい》となるのである。而《しか》して絶對《ぜつたい》の神《かみ》は唯《ゆ》一の君主《くんしゆ》の如《ごと》く、三世常住萬世無窮《ぜじやうぢゆうまんせむきゆう》である。偉人《ゐじん》の靈力《れいりよく》としての神《かみ》は、親《おや》の如《ごと》く夫《おつと》の如《ごと》く親友《しんいう》の如《ごと》く師匠《しやう》の如《ごと》くであつて、尊嚴温味《そんげんおんみ》兩《ふた》つながら兼《かね》ね有《いう》するものである。又異物《またいぶつ》の通力《つうりき》としての神《かみ》は、或《あるひ》は自己《じこ》の從僕《じゆうぼく》の如《ごと》く、或《あるひ》は日用品《にちようひん》の如《ごと》く、或《あるひ》は利害兩有《りがいりやういう》の劇藥《げきやく》の如《ごと》きものである。

要《えう》するに吾人《ごじん》と神明《しんめい》とは、其《そ》の形式《けいしき》より云《い》へば、或《あるひ》は君臣《くんしん》の如《ごと》く、或《あるひ》は生活《せいくわつ》上《じやう》の必要《ひつえう》品《ひん》、又《また》は病患《びやうくわん》の醫藥《いやく》たるが如《ごと》きものである。而《しか》して之《こ》れを其《そ》の內容《ないよう》より見《み》る時《とき》は、孰《いつ》れも精神的《せいしんてき》に共通《きやうつう》して居《を》つて、畢竟《ひつきやう》一枚《まい》の紙面《しめん》に線《せん》を施《ほどこ》し、此《こ》れは神《かみ》、此《こ》れは人《ひと》、此《こ》れは何《なに》と區劃《くくわく》したに過《す》ぎぬものであつて、紙《かみ》そのもの、卽《すなは》ち宇《う》宙《ちう》の大實在《だいじつざい》より見《み》れば、如何《いか》に區分《くぶん》され、如何《いか》に線《せん》を引《ひ》きたりとても、紙《かみ》たる本質《ほんしつ》に增減變化《ぞうげんへんくは》なく、分裂《ぶんれつ》なく、矢張《やは》り一枚《まい》の紙《かみ》たるを失《うしな》はぬものである。神人《しんじん》の別《べつ》も神人《しんじん》の關係《くわんけい》も亦之《またこ》れと同《おな》じである。絶對《ぜつたい》の神《かみ》は海《かい》水《すゐ》である。偉人《ゐじん》の神《かみ》、異物《いぶつ》の神《かみ》、人間《にんげん》の活力《くわつりよく》は、海水面上《かいすゐめんじやう》の波紋《はもん》である。水《みづ》と波《なみ》は異《い》にして同《どう》、同《どう》にして異《い》、二にして一、一にして二である。

此《こ》れに依《よつ》て之《こ》れを觀《み》れば、神人《しんじん》は本來《ほんらい》一物《もつ》一致《ち》であるが、吾人《ごじん》の妄心《まうしん》を以《もつ》て假《か》りに分別《ふんべつ》して居《ゐ》るのに過《す》ぎぬ。そこで此《こ》の妄念《まうねん》を伏抑《ふくよく》して、天眞玲瓏《てんしんれいらう》たる本來《ほんらい》の面目《めんもく》を現《あら》はせば、神人不二、感應同交《かんおうどうかう》は既《すで》に已《すで》に始《はじ》めより成就《じやうじゆ》して居《ゐ》るのである。

即《すなは》ち本然《ほんぜん》の神力《しんりよく》、佛性《ぶつせい》、良心《りやうしん》、靈《れい》、所謂先天的《いはゆるせんてんてき》可能性《かのうせい》と、此《こ》の可能性《かのうせい》と共通《きやうつう》一體《たい》なる神《しん》明《めい》と、暫《しばら》く假別《かべつ》せられたる如《ごと》く見《み》へて居《ゐ》るのと、自覺《じかく》して其《そ》の本《ほん》に返《かへ》れば、卽《すなは》ち神《かみ》と同化《どうくわ》し、神力發現《しんりよくはつげん》、大自在《だいじざい》を得《う》べきは云《い》ふまでもなき所《ところ》である。

第二節　神力の發動

唯物主義《ゆいぶつしゆぎ》無《む》神論《しんろん》の如《ごと》く、神明《しんめい》の實在《じつざい》を信《しん》ぜぬものは、恰《あだ》かも親《おや》なくして生《う》まれ、靈《れい》なくして器械的《きかいてき》に作動《さくどう》すといふに均《ひと》しく、此等《これら》は全《まつ》たく論外《ろんぐわい》である。又彼《またか》の神明《しんめい》は在《あ》りとするも、之《こ》れを信仰《しんかう》せざるものは、政治《せいぢ》を爲《な》すは主權者《しゆけんしや》の當然《たうぜん》の役目《やくめ》、子《こ》を養育《やういく》するは親《おや》の必《ひつ》然《ぜん》なる責任《せきにん》であるから、君父《くんぷ》たりとも尊重《そんちやう》し、信頼《しんらい》する必要《ひつえう》はないといふ暴論《ばうろん》に等《ひと》しきものである。此等《これら》の人《ひと》の行爲《かうゐ》は荒《すさ》み果《は》て、人盛《ひとさか》んにして天《てん》に勝《か》ち、天定《てんさだま》つて後《の》ち人《ひと》に勝《か》つ、何時《いつか》は自繩自縛《じじやうじばく》天譴《てんけん》を蒙《かうむ》り、宇宙活動《うちうくわつどう》の眞相《しんさう》に違反《ゐはん》するものである。

之《こ》れに反《はん》して多少迷信的《たせうめいしんてき》であるとしても、信仰厚《しんかうあつ》きものは必《かなら》ずそれ丈《だけ》の果報《くわはう》があり、終《をはり》を愼《つゝ》しみ、遠《とほ》きを追《お》へば民《たみ》の德厚《とくあつ》きに歸《き》し、一人善《にんせん》あれば一鄕之《きやうこ》れに化《くわ》し、遂《つい》に一國依《こくよ》つて興《おこ》るに至《いた》るものである。世道《せだう》の興廢《こうはい》、人類《じんるい》の幸禍《かうくわ》は、一に信念《しんねん》の如何《いかん》に關《くわん》するものである。

信者《しんじや》の信力《しんりき》、行者《ぎやうじや》の念力《ねんりき》、神明《しんめい》の活力《くわつりき》、靈力《れいりき》、通力《つうりき》、之《こ》れを宗教上《しうけうじやう》の五力《りき》といふ。此《こ》の五力《りき》が具足《ぐそく》するときは、一の力《ちから》の普通人《ふつうじん》が、五の力《ちから》を有《いう》する超人的《てうじんてき》の大威力大活動《だいゐりよくだいくわつどう》を作《な》すことが出來《でき》るのである。此《こ》れが即《すなは》ち神人同化《しんじんどうくわ》である。又《また》一方《はう》より見《み》れば神力《しんりよく》の發動《はつどう》である。

此《こ》の神人同化《しんじんどうくわ》、神力發動《しんりきはつどう》の効果《かうくわ》としては、療病等《りやうびやうとう》は云《い》ふまでもなく、惡性《あくせい》の轉換《てんくわん》、愚人《ぐじん》の開智《かいち》、拾貫《くわん》を負《お》ふ力《ちから》の者《もの》が、二十貫《くわん》三十貫《くわん》を持《も》ち得《う》るに至《いた》り、開運《かいうん》、幸榮《かうえい》、勝利《しやうり》、優等《いうとう》召鈎《せうかう》、其《そ》の他《た》求《もと》むる所《ところ》にして正理《せいり》に反《はん》せざる限《かぎ》り、成遂《せいたつ》せざるはなきに至《いた》るのである。又《また》過去未來《くわこみらい》を知《し》るの力《ちから》、見神見佛《けんしんけんぶつ》、透視《とうし》等《とう》は、神力《しんりよく》の發動《はつどう》に依《よ》て易々《ゐゝ》たるはいふまでもない所《ところ》である。

第三節　信仰の威力

吾人《ごじん》が信仰《しんかう》及《およ》び修行《しゆぎやう》の結果《けつくわ》、此《こ》の世《よ》に於《おい》て神明《しんめい》と同化《どうくわ》し得《う》るやうになれば、此《こ》れ即《すなは》ち偉《ゐ》人《じん》である。生《い》き神《がみ》である。斯《か》くして其《そ》の居《ゐ》る所《ところ》は、穢土陋屋《わいどらうおく》であつても、之《こ》れ正《まさ》しく現在《げんざい》の天國淨土《てんごくじやうど》である。戚々《さいゝゝ》として縛《しば》らるゝことなく、綽々《しやくゝゝ》として餘裕《よゆう》があるのである。所謂《いはゆる》沙婆即寂光《しやはそくじやくくわう》の淨土《じやうど》である。天國極樂《てんごくごくらく》は其《そ》の身《み》に在《あ》りである。斯《か》くて死後《しご》は宇宙絶對《うちうぜつたい》の神《かみ》と同化《どうくわ》し、還源《くわんげん》するから、之《こ》れが永生《えいせい》である。不死《ふし》である。靈活的神明《れいくわつてきしんめい》である。

之《こ》れに反《はん》して不信妄動《ふしんまうどう》、君父《くんぷ》を輕《かろ》んじ、妻子《さいし》を疎《うと》んじ、隣閣友僚《りんかくいうりやう》に薄《うす》く、妄《みだ》りに怒《いか》り狂《くる》ひ、或《あるひ》は泣《な》き悲《かな》しむものは、所謂廣《いはゆるひろ》き世界《ぜかい》に身《み》の置《お》き所《どころ》なく、孰《いづ》れを見《み》ても悉《ことゞゝ》く敵《てき》である。更《さら》に味方《みかた》なるものはなく、煩惱《ぼんのう》に煩惱《ぼんのう》を重《かさ》ねるので、縱令《たとへ》高位《かうゐ》になり、金殿玉樓《きんでんぎよくらう》に住《す》み、錦衣玉食《きんいぎよくしよく》しても、之《こ》れ明《あき》らかに地獄《ちごく》の生活《せいくわつ》である。惡魔《あくま》の存在《そんざい》である。

斯《か》くして死《し》することは、其《そ》の靈魂《れいこん》は凝固《ぎこ》沈滯《ちんたい》して、永久大靈大源《いいきうたいれいたいげん》に同化還源《どうくわくわんげん》の期《き》なく、一易地《えきち》に戚々《せき〳〵》として居《を》らねばならぬ、所謂《いはゆる》地獄《ぢごく》落《お》ちである。

信《しん》は力《ちから》なりである。神明《しんめい》を信《しん》ずれば、自己《じこ》に偉大《ゐだい》なる活力《くわつりよく》を得《え》、善《ぜん》に進《すゝ》む勇《ゆう》が生《しやう》じ、惡《あく》に遠《とほざ》かる耐忍《にんたい》が出《で》る。窮《きう》して濫《らん》せず、大節《たいせつ》に臨《のぞ》んで奪《うは》ふべからず、如何《いか》なる場合《ばあひ》にも乱《みだ》れず、慌《あは》てず、悲《かなし》んで傷《いたは》らず、樂《たのし》んで淫《いん》せず、威武《ゐぶ》も屈《くつ》する能《あた》はず、金力權力《きんりよくけんりよく》も奪《うは》ふ能《あた》はざるものであつて、大《だい》より小《せう》なり威化《かんくわ》を無窮《むきう》に垂《た》れ、人《ひと》にして聖《せい》、人《ひと》にして神《しん》、之《こ》れを仰《あふ》げば彌々《いよ〳〵》高《たか》く、之《こ》れを鑽《き》れば愈々《いよ〳〵》堅《かた》く、神人無別《しんじんむべつ》、至《いた》る所《ところ》高天原《たかまがはら》の理想郷《りさうきやう》と化《くわ》するのである。

第四節　行力の成就

本來神人不二《ほんらいしんじんふ》同質《どうしつ》であつても、現在《げんざい》に見《み》る所《ところ》は、天地雲泥《てんちうんでい》の差《さ》がある。又如何《またいか》に信仰力《しんかうりよく》強《つよ》くても、單《たん》に信《しん》ずる丈《だけ》にては、心《こゝろ》の神《かみ》、心《こゝろ》の成佛《じやうぶつ》であつて、神力《しんりよく》を外部《ぐわいぶ》に發動《はつどう》することが出來《でき》ぬ。例《たと》へば貧乏人《ひんばうにん》を救《すく》ひたいと思《おも》ふても、實際食物《じつさいしよくもつ》なり、金錢《きんせん》なり衣類《いるい》なりを施《ほどこ》さねば、慈善《じぜん》の業《げふ》とはならぬやうなものである。

信《しん》じたならば、その信念《しんねん》の通《とほ》りに修行《しゆぎやう》し實行《じつかう》して、其《そ》の實効《じつかう》を自認《じにん》し體驗《たいけん》せねばならぬ。彌陀《みだ》を信《しん》ずるならば、淨土宗《じやうどしう》のやうに日夕名號《につせきみやうがう》を唱《とな》へて、百萬遍《まんべん》もやらねば、念佛《ねんぶつ》の効果《かうくわ》は現《あら》はれぬ。亦其《またそ》の難有味《ありがたみ》の體驗《たいけん》も出來《でき》ぬのである。信念《しんねん》だけでは、哲學者《てつがくしや》が眞理《しんり》を知《し》つて居《ゐ》ると同《おな》じで、知《し》らぬよりはよいけれども、其《そ》の眞理《しんり》の體驗即《たいけんすなは》ち味《あじ》が分《わか》らぬのである。鯛《たひ》は美味《びみ》といふことは知《し》つて居《を》つても、實際食《じつさいく》はねば、眞《しん》の味《あじ》が分《わか》らぬ上《うへ》に、知《し》つて居《ゐ》るばかりで、實際《じつさい》の効果《かうくわ》は何《なに》もないことになるのである。

眞言陀羅尼《しんごんだらに》でもよい、天地王命《てんちわうのみこと》でもよい、トウカラヱミタミでもよい、念佛《ねんぶつ》もよい、御《お》題目《だいもく》もよい、アメンも構《かま》はぬ、兎《と》に角日夕出來得《かくにつせきできう》る限《かぎ》り、數多《かずおほ》く唱《とな》ふるがよい、そうすればそれ丈《だけ》の効果《かうくわ》は發生《はつせい》し、活躍《くわつやく》して來《く》るのである。

信念《しんねん》が固《もと》より根本《こんぽん》であり、大切《たいせつ》である。太工《だいく》が工夫設計《くふうせつけい》の大事《だいじ》なると同《おな》じである。併《しか》し設計丈《せつけいだけ》では家《いへ》は立《た》たぬ、木《き》を集《あつ》め竹《たけ》を集《あつ》め、石瓦《いしがはら》を集《あつ》め、斧《をの》を揮《ふる》ひ、鋸《のこぎり》を用《もち》ひ、種々《しゆ〲》と細《さい》工《く》をして組《く》み立《た》てねば、住居《すまゐ》にはならぬ。家《いへ》としての効力《かうりよく》が發生《はつせい》せぬのである。要《えう》するに信《しん》と行《かう》とが成神成佛《せいしんじやうぶつ》の車《くるま》の兩輪《りやうりん》、鳥《とり》の兩翼《りやうよく》である。

第六章　修行の課程

第一節　自省と誓願

自分《じぶん》が宗教家《しうけうか》になりたいとか、又職業的《またしよくげふてき》の宗教家《しうけうか》でなくても、求道自覺《きうだうじかく》したいとか、或《あるひ》は一定《てい》の修行《しゆぎやう》をして、加持祈禱《かぢきたう》の靈驗《れいけん》を體得《たいとく》し、其《そ》の威力《ゐりよく》を確認《かくにん》したいといふ考《かんがへ》があれば、先《ま》づ第《だい》一に自己《じこ》を反省《はんせい》して見《み》ねばならぬ、全體宗教家《ぜんたいしうけうか》になるとか、加持祈禱《かぢきたう》を實習《じつしふ》するといふことは、一方《はう》から見《み》れば政治家《せいぢか》とか實業家《じつげふか》となるよりは、容易《ようゐ》な仕事《しごと》のやうであるが、又《また》一方《はう》から見《み》れば余程特殊《よほどとくしゆ》なる天才的《てんさいてき》のものでなければ、成功《せいこう》せぬものであるから自分《じぶん》はそれに適當《てきたう》して居《ゐ》るか、否《いか》か、成就《じやうじゆ》する自信《じしん》があるか、否《いな》かといふことを、大《おほい》に考《かう》査《さ》せねばならぬのである。

勿論大學者大智者大勇力者《もちろんだいがくしやだいちしやだいゆうりきしや》でなくともよい、只《た》だ至誠《しせい》で忍耐力《にんたいりよく》の強《つよ》いものでなくてはならぬ。餘《あま》り世間的《せけんてき》の欲望《よくばう》に執着《しうちやく》の深《ふか》いものはよくない、目《め》から鼻《はな》に拔《ぬ》けるやうに敏《すると》すぎるものよりは、却《かへ》りてぼんやりして眞面目《まじめ》なのがよい。狡猾《ずるい》といふのが尤《もつと》も不適當《ふてきたう》である。身體《しんたい》でも大層立派《だいそうりつぱ》でなくてもよいが、酷《ひど》い片輪《かたわ》とか、病的《びやうてき》のものは大《おほい》に困《こま》る。飢寒《きかん》に耐《た》へ得《う》る丈《だけ》の體力《たいりよく》はなくてはならぬのである。

自己《じこ》の身體《しんたい》が如上《じよじやう》の修行《しゆぎやう》に堪《た》へ得《う》るといふ確信《かくしん》が付《つい》たならば、其《そ》の次《つぎ》は何《いつ》れの宗旨《しうし》、何《いづ》れの法門《はふもん》を修《おさ》むべきかを研究《けんきう》せねばならぬ。宗教《しうけう》は日本《にほん》に現在在《げんざいあ》る丈《だけ》でも、神道宗教《しんだうしうけう》十三教《けう》、佛教《ぶつけう》十四宗《しう》五十派《は》、其《そ》の他《た》基督教《きりすとけう》等《とう》もある。而《しか》して其《そ》の各教各宗派《かくけうかくしうは》は互《たがひ》に排斥論難攻撃《はいせきろんなんこうげき》して居《ゐ》るから、果《はた》してどれがよいか、どれを信《しん》ずべきか、孰《いつ》れの法門《はふもん》を修《おさ》むべきかといふことが六ケ敷《むつかしい》のである。そこで有道《いうだう》の識者《しきしや》に就《つい》て聞《き》くなり、又書冊《またしよさつ》に就《つい》て自分《じぶん》で研究《けんきう》するなりして、自分《じぶん》に相應《さうおう》して居《ゐ》る、此《こ》れならば必《かなら》ずやれるといふのを撰《えら》んで、自分《じぶん》の宗旨《しうし》法門修行《はふもんしゆぎやう》の根本《こんほん》を決定《けつてい》せねばならぬのである。

既《すで》に自信《じしん》が付《つ》き、法門《はふもん》が決定《けつてい》したならば、其《そ》の次《つぎ》には大覺悟大決心《だいかくごだいけつしん》を確立《かくりつ》せねばならぬ。即《すなは》ち大誓願《だいせいぐわん》を立《た》つるといふことが肝要《かんえう》である。誓願《せいぐわん》といふのは、自分《じぶん》は此《こ》の修行《しゆぎやう》が成就《じやうじゆ》するまでは死《し》を賭《と》してやるといふ決心《けつしん》が第《たい》一である。次《つぎ》に既《すで》に成就《じやうじゆ》した上《うへ》は、決《けつ》して自利自欲《じりじよく》のためにのみ動《うご》くことはなく、大《だい》は人類國家社會《じんるいこくかしやくわい》の爲《た》め、小《せう》は一家《か》一個人《こじん》より、畜生《ちくしやう》に至《いた》るまで、出來得《できう》る限《かぎ》り精《せい》を出《だ》して、既得《きとく》の法《はふ》を以《もつ》て救濟《きうざい》しようといふ、他化救濟《たくわきうざい》の大慈悲《だいじひ》を起《おこ》さねばならぬのである。

第二節 懺悔更生

既《すで》に大誓願《だいせいぐわん》を發《はつ》し、修行實習決着《しゆぎやうじつしふけつちやく》の上《うへ》は、更《さら》に之《こ》れを具體的《ぐたいてき》に實際上《じつさいじやう》に活應《くわつおう》せねばならぬ。其《そ》の實際問題《じつさいもんだい》の第《だい》一は、情實嚴斷《じやうじつげんだん》である。在來《ざいらい》の社會的《しやくわいてき》の情誼《じやうぎ》に囚《とら》はれてはならぬ。例《たと》へば大義《たいぎ》親《じん》を滅《めつ》するの譬《たとへ》の如《ごと》へ、修行成就《しゆぎやうじやうじゆ》までは、父母妻子《ふぼさいし》と雖《いへど》も、捨《す》てゝ顧《かへり》みぬ、父《ふ》母《ぼ》は導《みちび》く其《そ》の恩《おん》深《ふか》きも、道《みち》は更《さら》に尊《たうと》し、道成《みちな》るは却《かへ》りて大孝《たいかう》なりとするのである。妻子《さいし》友《いう》僚《れう》も亦然《またしか》りである。

其《そ》の他《た》金錢上《きんせんじやう》の問題《もんだい》、飲食物《いんしよくぶつ》の事《こと》、衣類《いるい》の事《こと》なども、極《きは》めて淡白《たんぱく》にして、病氣等《びやうきなど》の場合《ばあひ》も、死《し》何《なに》かあらんと閑氣《のんき》に考《かんが》へ込《こ》んで、決《け》つしてくよくよせぬやうになければならぬ。而《しか》して又如何《またいか》なる事《こと》があつても、疳癪《かんしやく》を起《おこ》したり、愚痴《ぐち》を溢《こぼ》したりしてはならぬ。莞爾微笑《くわんじびしやう》は構《かま》はぬが、駄法螺《だぼら》高笑《たかわら》ひ、言多《ことばおほ》きはよろしくない。出來得《できう》る限《かぎ》り人《ひと》に接《せつ》せぬやうにするのが肝要《かんえう》である。

情實嚴《じやうじつげん》の次《つぎ》には、懺悔《ざんげ》を具體的《ぐたいてき》に決行《けつかう》せねばならぬ。佛教《ぶつけう》にては懺悔《ざんげ》を淨白門《じやうはくもん》と云《い》ひ、成佛《じやうぶつ》の甘露門《かんろもん》と云《い》ひ、儒教《じゆけう》では過《あやまつ》て改《あらた》むれば大善《たいぜん》となるといひ、基督教《きりすとけう》でも悔《く》ひ改《あらた》めよと勸《すゝ》め、神道《しんだう》には祓《はら》ひといひ、直日《なほひ》の神《かみ》といつて居《ゐ》るのである。此《こ》の過《あやまち》を改《あらた》むるといふことは、何《なん》でもないやうであつて、實《じつ》は非常《ひじやう》に困難《こんなん》である。一つの過《あやまち》がある、それを直《す》ぐ改《あらた》むれば何《なん》でもないのに、それを塗糊《ぬこ》する爲《た》めに、更《さら》に過《あやまち》を重《かさ》ね、冥《めい》より冥《めい》に入《い》り、罪《つみ》に罪《つみ》を重《かさ》ぬるのが、凡人《ぼんじん》の常《つね》である。

懺悔《ざんげ》に理懺《りざん》とて、道德的《だうとくてき》の懺悔《ざんげ》、罪過《ざいくわ》は浮雲《ふうん》の如《ごと》きものといふ眞理的《しんりてき》に覺悟《かくご》し、精神的《せいしんてき》道德的《だうたくてき》に改悔《かいご》し、改善《かいぜん》を誓《ちか》ふもの、次《つぎ》に事懺悔《じざんげ》とて、他人《たにん》に對《たい》して過《あやまち》を悔《く》ひ謝《しや》し、又神明《またしんめい》に對《たい》して改善《かいぜん》を誓《ちか》ひ、更《さら》に又《また》一つの過《あやまち》に對《たい》し、それ丈又又《だけまたまた》それ以上《いじやう》の賠償《はいしやう》を爲《な》すこと、即《すなは》ち過誤《くわご》以上《いじやう》の善《ぜん》を決行《けつかう》することである。此《こ》の懺悔改悟《ざんげかいご》が即《すなは》ち神明《しんめい》に近《ちか》づき、神明同化《しんめいどうくわ》の第《だい》一の契機《けいき》となるのである。

第三節　主神奉安

各敎各宗派《かくけうかくしうは》には、各々本尊《おの〱ほんぞん》とか主神《しゆしん》とかいふものがある。基督敎《きりすとけう》のゴツト、眞宗《しんしう》の阿彌陀佛《あみだぶつ》、天理敎《てんりけう》の天理王命《てんりわうすること》、眞言宗《しんごんしう》の大日如來《だいにちによらい》といつた工合《ぐあい》に、其《そ》の敎派宗派《けうはしうは》の者《もの》が一般《ぱん》に信仰《しんかう》すべき總本尊《そうほんぞん》があるから、其《そ》の敎徒信徒《けうとしんと》が其《そ》の本尊主神《ほんぞんしゆしん》を信《しん》ずるのは、云《い》ふまでもない所《ところ》であるが、茲《こゝ》に所謂主神《いはゆるしゆしん》といふのは、古來《こらい》の習慣《しふくわん》となつて居《ゐ》る。其《そ》の人々《ひとびと》の守本尊《まもりほんぞん》ともいふべきであつて、特《とく》に其《そ》の人《ひと》に有縁《いうゑん》の神佛《しんぶつ》を指《さ》していふのである。

又加持祈禱《またかぢきたう》を行《おこな》ふときは、其《そ》の祈念《きねん》の事柄《ことがら》に依《よ》つて本尊《ほんぞん》とすべきものが異《こと》なる場合《ばあひ》もある。此れは前編《ぜんぺん》の眞言秘密《しんごんひみつ》の巻《まき》を見《み》れば極《きは》めて明白《めいはく》の事《こと》である。それで修行者自身《しゆぎやうしやじしん》は、自分《じぶん》の性格及《せいかくおよ》び修行《しゆぎやう》の事柄《ことがら》に相應《さうおう》すべき本尊主神《ほんぞんしゆしん》を擇《えら》び定《さだ》めて、それを奉安《ほうあん》し、日夕常住祈《につせきじやうぢうき》念《ねん》することが肝要《かんえう》である。其《そ》の擇撰《せんたく》の方法《はうはふ》は種々《しゆじゆ》あるが、要《えう》するに自分《じぶん》の好《す》きな神佛《しんぶつ》がよいのである。

既《すで》に主神《しゆしん》そのものが決定《けつてい》すれば、其《そ》の神明御神靈《しんめいごしんれい》を勸請《くわんぜい》するとか、或《あるひ》は新《あら》たに彫刻圖畫《てうこくづくわ》して勸請式《くわんぜいしき》とか開眼式《かいがんしき》とかを行《おこな》ひ、平常《へいじやう》は此《こ》の神佛《しんぶつ》を本尊《ほんぞん》として、自分成道《じぶんじやうだう》の祈念《きねん》を爲《な》すべきである。此《こ》の主神《しゆしん》は即《すなは》ち君《きみ》である。親《おや》である。師匠《しやう》であるといふ觀念《くわんねん》を以《もつ》て奉仕《ほうし》し、花《はな》や水《みづ》を供《そな》ふべきは固《もと》より、自分《じぶん》の飲食物《いんしよくぶつ》でも、先《ま》づ主神《しゆしん》に供《そな》へ、然《しか》る後《のち》自分《じぶん》は飲食《いんしよく》するといふ工合《ぐあひ》に、總《すべ》て大切《たいせつ》の賓客扱《ひんきやくあつか》にせねばならぬのである。

第四節　身濺の行事

彌々《いよ〳〵》實地《じつち》の修行《しゆぎやう》に取《と》り掛《か》るときには、携帶《けいたい》の用具《ようぐ》とか、入門式《にふもんしき》とか、入殿式《にふでんしき》とかいふ順《じゆん》序《ちよ》も必要《ひつえう》であろうが、それ等《ら》は略《りやく》して、實修第《じつしゆだい》一の行事《ぎやうじ》たる身濺《みすゝぎ》の概要《がいえう》を述《の》べんに、行水《ぎやうずゐ》は通常《つうじやう》、早旦《さうたん》と、日中《につちう》、就床前《しうしやうぜん》の三回《くわい》とし、行水《ぎやうすい》即《すなは》ち身濺《みすゝぎ》の時《とき》は、既定《きてい》の水行場《すゐぎやうば》に入《い》り、先《ま》づ水面《すゐめん》に向《むか》ひ、禊祓《みそぎはら》ひを三回唱《くわいとな》へ、次《つぎ》に衣《ころも》を脱《だつ》し、腰卷《こしまき》一つとなり、更《さら》に水《みず》を望《のぞ》んで、水想觀《すゐさうくわん》とて、水《みず》は一切萬物《さいばんぶつ》の母《は》でつて長養《ちやうやう》の力《ちから》を備《そな》へ、又《また》一切《さい》を清淨《せいじやう》にするものであると觀《くわん》じ、それより水中《すゐちう》に入《い》りて浴《よく》するのである。或《あるひ》は水桶《みずおけ》に汲《く》みて頭《あたま》よりかぶのでもよい。此《こ》の行水《ぎやうずゐ》の間《ま》も禊祓《みそぎはらひ》を唱《とな》ふるがよい。行水《ぎやうずゐ》の時間《じかん》は五分間《ふんかん》を程度《ていど》とす。併《しか》しそれと時宜《じぎ》に依《よ》り伸縮勝手《しんしゆくかつて》にしてよいのである。

行水《ぎやうずゐ》が終《をは》れば、能《よ》く拭《ふい》て着衣《ちやくい》し、朝《あさ》に限《かぎ》りて先《ま》づ東向旭日《とうかうきよくじつ》を拜《はい》し、更《さら》に南西北《なんせいほく》を拜《はい》す。拜日《はいじつ》の時《とき》は先《ま》づ拍手《はくしゆ》三回《くわい》、斯《か》く四方拜《はうはい》終《をは》れば、歸《かへ》りて修行殿《しゆぎやうでん》に入《い》り、既定《きてい》に坐《ざ》に就《つ》きて、主神禮拜祈念《しゆしんらいはいきねん》を爲《な》し、次《つぎ》に祓《はらひ》を奏上《さうじやう》し、成《な》る丈大聲《たけおほごゑ》にて三十分間以上《ぶんかんいじやう》、十數回唱《すうくわいとな》ふること。

行水《ぎやうずゐ》の次《つぎ》に調氣法《てうきはふ》といふがある。此《こ》れは深呼吸《しんこきふ》と同《おな》じやり方《がた》であるが、其《そ》の意義《いぎ》は、腹《ふく》中《ちう》にある毒氣魔氣《どくきまき》を悉《ことごと》く吐《は》き出《だ》して、胸腹臟腑《きやうふくざうふ》を空虚清淨《くうきよせいじやう》にし、而《しか》して後《の》ち神氣生氣《しんきせいき》を吸《きふ》入《にふ》して、神明《しんめい》に同化《どうくわ》するといふのである。同化《どうくわ》とは氣《き》体上《たいじやう》の同化《どつくわ》であつて、それがやがて精神的《せいしんてき》にも、肉体的《にくたいてき》にも、神人同化《しんじんどうくわ》の原流《げんりう》となるものである。

調氣法《てうきはふ》の次《つぎ》には、清淨神聖觀《せいじやうしんせいくわん》と其《そ》の反對《はんだい》に不淨觀《ふじやうくわん》がある。此《こ》れは情慾食慾《じやうよくしよくよく》の度《ど》を過《す》ぐることを防止《ゆうし》する爲《た》めであつて、食《しよく》が糞《ふん》となり、紅顔白骨《かうがんはくこつ》に化《くわ》するの有様《ありさま》を觀《くわん》じて、心身《しんしん》の安泰《あんたい》を求《もと》むるのである。

清淨觀《せいじやうくわん》の次《つぎ》には、神威觀《しんゐくわん》といふものがある。それは冲漠無朕《ちうはくむちん》の宇宙《うちう》の太霊《たいれい》が發動《はつどう》して、萬有《ばんいう》を化生《くわせい》し、生々變化活動《せいくへんくわくわつどう》息《や》まざる次第《しだい》を觀《くわん》じ、大霊《たいれい》の威力大動《ゐりよくたいどう》、神明《しんめい》の霊動《れいどう》を直觀《ちよくくわん》し神人同化《しんじんどうくわ》の要素《えうそ》を造《つく》るに在《あ》るのである。

第五節　鎭魂行事

鎭魂《ちんこん》は神人同化《しんじんどうくわ》の秘法《ひはふ》であつて、同時《どうじ》に又品性陶冶《またひんせいとうや》の修養法《しゆやうはふ》であるが、此等《これら》は主《しゆ》として精神的方面《せいしんてきはうめん》に屬《ぞく》する事《こと》であるから、他《た》より見《み》ては直接《ちよくせつ》に其《そ》の効果《かうくわ》を認《みと》むることが困難《こんなん》である。然《しか》るに鎭魂《ちんこん》は單《たん》に神人同化《しんじんどうくわ》や修養法丈《しゆやうはふだけ》ではなくして、鎭魂《ちんこん》の基礎《きそ》は全《まつ》たく心身《しんしん》の健康《けんかう》法《はふ》に在《あ》るのである。即《すなは》ち鎭魂《ちんこん》は腦裡《のうり》に在《あ》る煩惱苦悶《ぼんのうくもん》を洗《あら》ひ去《さ》りて、散逸《さんいつ》せる精神《せいしん》を鎭靜《ちんせい》せしめ、以《もつ》て精神上《せいしんじやう》の緩和安靜《くわんわあんせい》を期《き》すると、同時《どうじ》に又《また》それが精氣喚發《せいきくわんはつ》、元氣旺盛《げんきわうせい》、眞智活現《しんちくわつげん》の根底《こんてい》となるものである。

而《しか》して又肉身上《またにくしんじやう》よりすれば、靜坐端正《せいざたんせい》に依《よ》りて、身體諸器官《しんたいしよきくわん》の不整《ふせい》を整頓調理《せいとんてうり》して、各《かく》部《ぶ》の權衡《けんかう》を均勢《きんせい》ならしめ、又深呼吸《またしんこきふ》の伊吹法《いぶきはふ》に依《よ》りて、內臟《ないぞう》の諸器能《しよきのう》を鮮滌順調《せんてきじゆんてう》にするのである。

鎭魂法《ちんこんはふ》は、端坐合掌《たんざがつしやう》して、一切《さい》の妄念《もうねん》を斷《た》ち、冥想《めいさう》にもあらず、默想《もくさう》にもあらず、又劇《またはげ》しく呼吸《こきふ》せず、考《かんが》へもせず、動《うごき》もせず、寂然不動《じやくねんふどう》の姿《すがた》に居《お》りて、無念無想《むねんむさう》の三昧《まい》に入《い》るのである。

鎭魂《ちんこん》は卽《すなは》ち入神《にふしん》である。入神《にふしん》は又歸神《またきしん》とも云《い》へるのである。自己《じこ》の妄念《もうねん》を止《や》むれば、本《ほん》來《らい》の神明大靈《しんめいたいれい》に歸同《きどう》して、絕對境《ぜつたいきやう》に入還《にふくわん》するのである。既《すで》に鎭魂《ちんこん》すれば、玆《こゝ》に入神《にふしん》し、入《にふ》神《しん》すれば、直《たゞ》ちに積極的《せききよくてき》に活動《くわつどう》して現神《げんしん》することが出來《でき》るのである。尤《もつと》も玆《こゝ》に所謂鎭魂《いはゆるちんこん》は消極的《せうきよくてき》であつて、現神《げんしん》の程度《ていど》には至《いた》らぬでもよいのである。

第六節　物忌行事

物忌《ものいみ》は齋戒《さいかい》と同意《どうい》である。神代《かみよ》に諸冉《いざなぎ》二尊《そん》が蛭兒《ひるこ》を生《う》み給《たま》ひし時《とき》より行《おこな》はれたものであつて、上代《じやうだい》より忌部《いみべ》なるものがあつて、之《こ》れを掌《つかさ》どり極《きは》めて嚴格《げんかく》なる行事《ぎやうじ》である。神明《しんめい》に仕《つか》ゆる唯《ゆ》一《いつ》の至《し》道《だう》として、特殊《とくしゆ》の効力《かうりよく》を有《いう》することは、爭《あらそ》はれぬ事實《じじつ》である。現神《げんしん》の境《きやう》に至《いた》らんとするものは、苟《いやし》くも之《こ》れを忽《ゆるがせ》にしてはならぬ。蓋《けだ》し神人《しんじん》の感應《かんおう》は至誠《しせい》に在《あ》り、至《し》誠《せい》は先《ま》づ邪僞《じやぎ》を去《さ》り、神氣形體《しんきけいたい》の汚穢《をわい》を洗滌《せんでき》して、後《の》ちに神思《しんし》を凝《こ》らすの他《ほか》はないのである。

物忌《ものいみ》には、致《ち》齋《さい》卽《すなは》ち眞忌《しんいみ》とて、百事《ひやくじ》を悉《こと〴〵》く廢《はい》し、淨身沐浴《じやうしんもくよく》して、唯《た》だ神事《しんじ》のみを行《おこな》ふものと、散齋《さんさい》卽《すなは》ち疎《そ》忌《いみ》とて、喪《も》を弔《とむら》はず、刑殺《けいさつ》を判《はん》せず、宍《しゝ》を喰《くら》はず、穢惡《わいあく》の事《こと》に預《あづ》からぬといふ丈《だけ》の忌《いみ》である。此等《これら》は祭祀《さいし》の大小《だいせう》、祈《き》禱《たう》の輕重《けいちやう》に依《よ》つて、分別《ふんべつ》すべきものである。

今更《いまさら》に物忌《ものいみ》の概目《がいもく》を記《き》すべし。

一、別室《べつしつ》に移《うつ》り、其《そ》の室《しつ》は清掃《せいそう》して、注連《しめ》を張《は》る事《こと》

二、社會《しやくわい》の人《ひと》と交《まじは》らず、要務《えうむ》は成《な》るべく間《あひだ》を隔《へだ》てて、簡單《かんたん》に談《だん》ずべき事《こと》

三、食器《しよくき》は淨器《じやうき》とて、白木《しらき》具《ぐ》、瓦器《がき》等《とう》を用《もち》ふる事《こと》

四、厠《かはや》に入《い》る度每《たびひと》に、行水《ぎやうすい》又《また》は湯浴《ゆあみ》する事《こと》

五、喪家《もうか》には絶對《ぜつたい》に入《はい》らざる事《こと》

六、肉食及《にくしよくおよ》び五辛飲酒《しんゐんしゆ》せざる事《こと》

七、喧嘩爭論《けんくわさうろん》、其他騷擾《そのたさうざう》しき場所《ばしよ》に立寄《たちよ》り、又見聞《またけんもん》せざる事《こと》

八、情慾關係《じやうよくくわんけい》を一切中止《さいちうし》する事《こと》

九、火《ひ》は其《そ》の都度切《つどき》り火《び》を用《もち》ふる事《こと》、穢人穢火家《けがれにんけがれびいへ》に入《い》れば、必《かなら》ず火《ひ》を改《あらた》むる事《こと》

十、高歌放聲《かうかはうせい》、高笑《たかわらひ》、諧談《かいだん》、横目《よこめ》、上目《うはめ》、横臥《わつぐわ》、畸居《ききよ》、疾走《しつさう》、盗歩《とうほ》、悲泣《ひきつ》、瞋怒《しんど》、暴語《はうご》詰責等《きつせきとう》一切嚴禁《さいげんきん》の事《こと》

右《みぎ》の内特《うちとく》に穢火《けがれび》を忌《い》む。蓋《けだ》し世間《せけん》の禍《わざはい》は、總《すべ》て火《ひ》の穢《けが》れより起《おこ》る。生火《なまび》淸火《きよび》は造化《ざうくわ》の功《かう》を扶《たす》け、生々《いき〴〵》として月《つき》に榮《さか》へ、日《ひ》に榮《さか》へ行《ゆ》くものである。鎭火《ちんくわ》の祭儀《さいぎ》は、神代《かみよ》より行《おこな》はれて居《ゐ》る。心《こゝろ》の火《ひ》も亦然《またしか》りである。出雲大社宮司《いづもたいしやぐうじ》の家《いへ》には齋殿《さいでん》が設《まう》けられて、物忌行事《ものゐみぎやうじ》を主《しゆ》とし、火鑽臼《くわさんきう》ありて神代《しんだい》より傳《つた》はつて居《ゐ》る。或《あるひ》は生死不二《しやうしふに》、淨穢不二《じやうわいふじ》等《など》いふも、それは大悟《たいご》の境界《きやうかい》、理想《りさう》の境《さかい》である。決《け》つして混合《こんがふ》誤解《ごかい》してはならぬ。

第七章　祈禱の方式

第一節　装殿圖式

神位《しんゐ》は祈禱《きたう》の種類《しゆるゐ》に依《よつ》て、或《あるひ》は南面《なんめん》、或《あるひ》は北面《ほくめん》、或《あるひ》は東面等《とうめんなど》と異《こと》なるものであるけれども、既《すで》に神殿《しんでん》として常住決定《じやうぢうけつてい》し居《お》るものは、其《そ》の儘《まゝ》にて差支《さしつかへ》なし。唯《た》だ法《はふ》を心得《こゝろえ》居《お》りて、其《そ》の積《つ》りにてやればよいのである。

第《だい》二には神位《しんゐ》の次《つぎ》の段《だん》に、中央《ちうわう》に幣《へい》、向《むか》つて右《みぎ》に神鏡《しんきやう》、左《ひだり》に神璽《しんじ》、鏡《かゞみ》の脇《わき》に太麻《たいま》、璽《じ》の脇《わき》に眞榊《まさかき》を飾《かざ》るべし。第《だい》三段《だん》には、中央《ちうわう》に水《みづ》、右《みぎ》に鹽《しほ》、其《そ》の右《みぎ》に劍《つるぎ》、左《ひだり》に洗米《せんまい》、其《そ》の左《ひだり》に鉾《ほこ》を装《よそほ》るべし。第《だい》四段《だん》には、中央《ちうわう》に燃薫《ねんくん》、其《そ》の左《ひだり》に燭火《しよくび》、又《また》は油火《あぶらび》を供《そな》ふ。斯《か》く少《すこ》しく離《はな》れて、別《べつ》の案《あん》に神饌《しんせん》を供《そな》ふべし。又神饌《またしんせん》の前《まへ》には、小机《こづくへ》を置《お》き、祝詞《のりと》、鈴等《すゞとう》を置《お》くに用《もち》ふ。

要《えう》するに神殿《しんでん》を一天地《てんち》と見做《みな》して、天地人《てんちじん》の三方乃至《はうないし》萬象其《ばんしやうそ》の内《うち》に森羅列伍《しんられつご》し、内外相《ないぐわいさう》應《おう》して、感通《かんつう》の妙用《めうよう》を現《あら》はすものと觀《くわん》ずべきである。

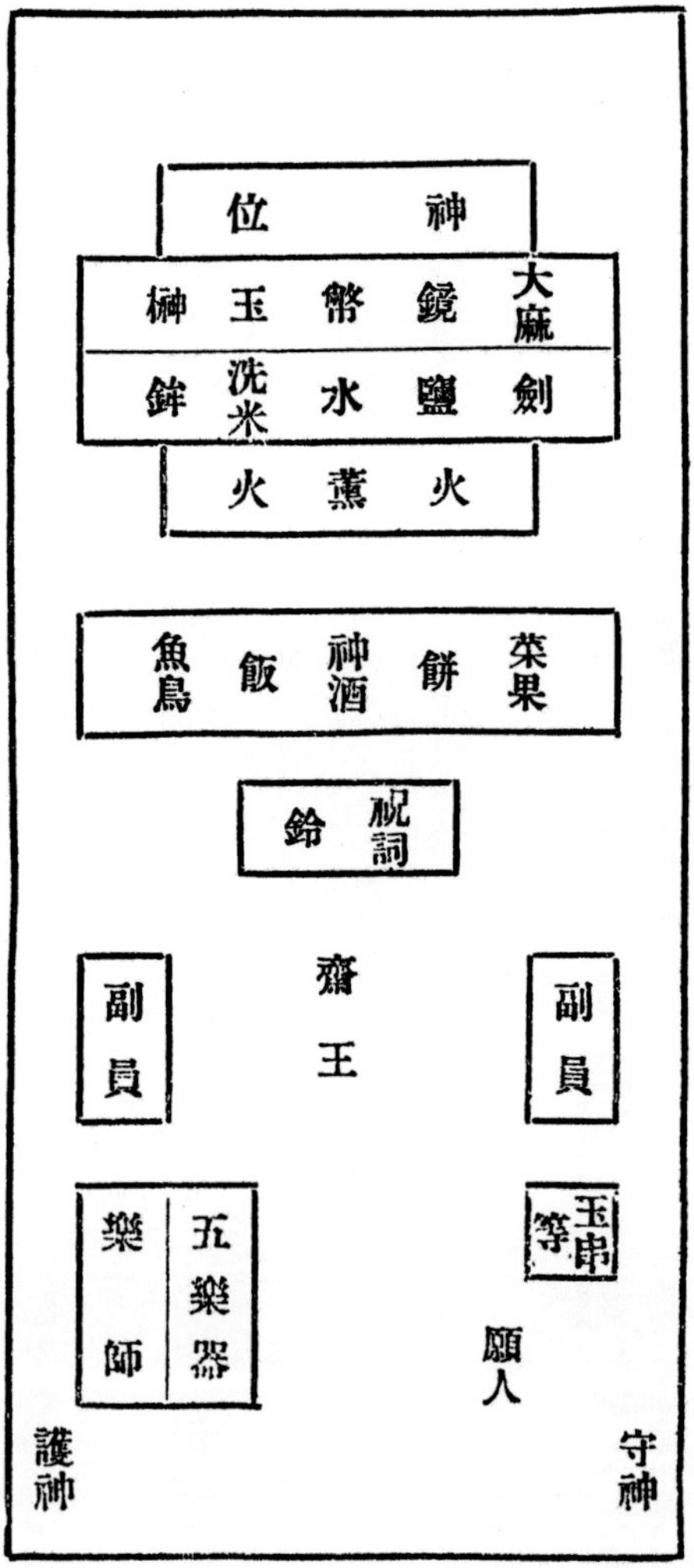

第二節　禁護修祓

祈禱《きたう》の際《さい》には、魔鬼《まき》が之《こ》れを忌《い》みて、或《あるひ》は主神卽《しゆしんすなは》ち本尊《ほんぞん》を壓迫《あつはく》せんと試《こゝろ》み、或《ありひ》は修行《しゆぎやう》祈《き》禱者《たうしや》を迫害《はくがい》せむとし、或《あるひ》は祈禱《きたう》の依賴者《いらいしや》あれば、其《そ》の祈願人《きぐわんにん》を脅威《きやうゐ》せんとすることがある。それが爲《た》めに祈禱《きたう》の前後《ぜんご》、又《また》は其《そ》の現場《げんば》に於《おい》て、種々《しゆ〴〵》の障碍《しやうがい》を發生《はつせい》し、祈禱《きたう》を完全《くわんぜん》に圓滿《ゑんまん》に遂行《すいかう》することの出來《でき》ないことがある。

此等《これら》の障碍《しやうがい》を豫防《よばう》する爲《た》めに、禁護法《きんごはふ》又《また》は結護法《けつごはふ》といふことを行《おこな》はねばならぬ。禁護《きんご》とは勇猛《ゆうまう》の神《かみ》、又《また》は大明神《だいみやうじん》の荒魂《あらたま》を勸請《くわんぜい》して、祈禱殿《きたうでん》の四隅《ぐう》に奉安《ほうあん》し、以《もつ》て此等《これら》の障碍《しやうがい》を拂《はら》ひ、惡魔《あくま》の殿内《でんない》に入《い》ることを得《え》ざらしむるのである。又結護《またけつご》とは、神殿以外《しんでんいぐわい》の地《ち》に新《あら》たに行場《ぎやうば》を設《まう》けて祈禱《きたう》する時《とき》に、第《だい》一その土地《とち》の地神《ぢがみ》に土地使用《とちしよう》と守護《しゆご》とを祈《いの》り、次《つぎ》に禁護法《きんごはふ》を勸請《くわんぜい》するのである。卽《すなは》ち結界法《けつかいはふ》である。祈禱殿《きたうでん》は最初建築《さいしよけんちく》の時《とき》に、地神《ぢがみ》には願《ねが》ふてあるから、祈禱毎《きたうごと》に祈《いの》る必要《ひつえう》はないのである。

先《ま》づ第《だい》一に神殿《しんでん》や、結界行場内《けつかいぎやうばない》を修祓《しゆはつ》し、次《つぎ》に供物《くもつ》や人間《にんげん》をも修祓《しゆはつ》し、次《つぎ》に守護神《しゆごしん》を勸《くわん》請《せい》し、一切《さい》の準備《じゆんび》を整《とゝの》へ、それより祈禱《きたう》に取掛《とりかゝ》るのであるが、行場内《ぎやうばない》や殿内《でんない》を早《はや》くより淸《せい》淨《じやう》に掃除《さうじ》し、供物器具《くもつきぐ》に一つも不潔《ふけつ》のなきやうに注意《ちうい》し、供物《くもつ》の如《ごと》きも新鮮《しんせん》にして、形體《けいたい》の整《とゝの》ふたるものを用《もち》ひ、祈禱者《きたうしや》の身體《しんたい》より衣類《いるい》を極《きは》めて淸淨《せいじやう》にすべきは云《い》ふまでもなき所《ところ》である。齋戒法《さいかいはふ》は獨《ひと》り人間《にんげん》に施《ほどこ》す丈《だけ》でなく、場所《ばしよ》にも器具《きぐ》にも供物《くもつ》にも同樣《どうやう》にすべきである。

第三節　神明勸請式

祈《き》禱《たう》の性質《せいしつ》に依《よ》つて、其《そ》の主神《しゆしん》即《すなは》ち本尊《ほんぞん》を異《こと》にすることがあるから、祈禱殿《きたうでん》には神床《かみどこ》を設《まう》けてあつても、神明《しんめい》が常住《じやうぢう》して居《ゐ》るといふ譯《わけ》ではない。それで祈禱毎《きたうごと》にそれ相應《さうおう》の主神《しゆしん》を勸請《くわんぜい》し、昔《むかし》の神籬式《ひもろぎしき》に依《よ》りて、奉安《ほうあん》せねばならぬのである。尤《もつと》も御神像《ごしんぞう》なり、御神號《ごしんがう》なりを神床《かみどこ》に奉安《ほうあん》するも可《か》なりであるが、それにしても勸請《くわんぜい》の祝詞《のりと》は奏上《そうじやう》せねばならぬ。例《たと》へば第《だい》一上段《ぞうだん》の神位床《しんゐしやう》に御神像《ごしんぞう》を祈禱主《きたうしゆ》が奉安《ほうあん》する時《とき》は、奏樂《そうがく》、警蹕《けいひつ》を行《おこな》ひ、更《さら》に祈禱《きたう》主《しゆ》は祝詞《のりと》を奏上《そうぞう》すべきである。

若《も》し又既《またすで》に奉安《ほうあん》しある主神《しゆしん》に對《たい》して、祈禱《きたう》するときは、開扉式《かいひしき》を行《おこな》ひ、勸請祝詞《くわんぜいのりと》を奏上《そうぞう》するがよい。

勸請式《くわんぜいしき》を行《おこな》へば、神明《しんめい》は孰《いづ》れより來《きた》るか、又神明《またしんめい》は必《かなら》ず來《きた》るか、勸請《くわんせい》の祝詞《のりと》は神明《しんめい》に達《たつ》するかといふに、神明《しんめい》は宇宙《うちう》の大靈若《たいれいも》しくは、大靈《たいれい》と一致《ち》し居《お》るものであるから、宇宙至《うちういた》る所《ところ》に遍滿《へんまん》して居《ゐ》る。恰《あだか》も空氣《くうき》や電氣《でんき》が地球《ちきう》の表面《へうめん》に充滿《ぢうまん》して居《ゐ》るやうなものである。それで至誠眞心《しせいまごゝろ》を籠《こ》めて勸請《くわんぜい》すれば、恰《あだか》も無線電信《むせんでんしん》の感應《かんおう》あると同《おな》じく、神明《しんめい》は其《そ》の要求《えうきう》を承知《せうち》して降臨《かうりん》せらるるものである。

猶《な》ほ勸請《くわんぜい》の祝詞《のりと》は、祈禱《きたう》の種類《しゆるい》に由《よ》りて多少《たせう》異《こと》なるべきも、神床《かみどこ》を祓《はら》ひ清《きよ》めて何々《なに〳〵》大神《だいじん》を勸請《くわんぜい》して、祈念《きれん》し奉《たてまつ》るといふ意義《いぎ》が徹底《てつてい》すれば、それでよいのである。尤《もつと》も特別《とくべつ》のものはそれ〴〵別《べつ》に記述《きじゆつ》することにしやう。

第四節　祈念及送神

主神《しゆしん》の勸請《くわんぜい》が終《をは》れば、献饌《けんせん》し、献饌《けんせん》終《をは》れば、拍手稽首《はくしゆけいしゆ》して、主神《しゆしん》の神號《しんがう》を誦《じゆ》すること七遍《へん》、七二遍《へん》（尤《もつと》も神饌《しんせん》は始《はじ》めより献《けん》じ置《お》くも差支《さしつかへ》なし）神號念誦《しんがうねんじゆ》が終《をは》れば、祈禱主《きたうしゆ》が祝詞《のりと》を奏上《そうじやう》す。中音《ちうおん》にして底力《そこぢから》ある透徹《とうてつ》せる美聲《びせい》を可《か》とす。祝詞《のりと》の趣旨《しゆし》は、大神招請献饌《たいしんせうぜいけんせん》を述《の》べ、何某《なにばう》が何々《なに〳〵》の件《けん》に付《つき》、大神《たいしん》の御神助《ごしんじよ》を仰《あふ》ぐ旨《むね》を鄭重《ていちやう》なる美文《びぶん》にて綴《つゞ》り、而《しか》かも極《きは》めて嚴格莊重《げんかくそうてう》の語辭《ごじ》を用《もち》ひ、奉書紙《ほうしよし》に淨水新墨新筆《じやうすゐしんぼくしんぴつ》にて、祈禱旨《きたうしゆ》自《みづか》ら認《したゝ》め、一句《く》毎《ごと》に主神《しゆしん》の神號《しんがう》を唱《とな》へて書《しよ》すべし。

祝詞奏上中《のりとそうぜうちう》は、列席者《れつせきしや》あれば皆悉《みなこと〴〵》く伏拜《ふくはい》の禮《れい》を取《と》らねばならぬ。祝詞《のりと》が終《をは》れば、又主神《またしゆしん》の名號《めいがう》を唱《とな》ふること一百遍《ぴやくへん》、終《をはつ》て拍手稽禮《はくしゆけいれい》すべし。斯《か》くて玉串《たまくし》を献《けん》じ、參拜者《さんぱいしや》あれば、順《じゆん》次神前《しんぜん》に玉串《たまくし》を奉獻《ほうけん》するも可《か》なり。

次《つぎ》に祈禱者《きたうしや》は願《ねが》ふ所《ところ》の呪法《じゆはふ》を行《おこな》ふ。此《こ》の法《はふ》は祈禱《きたう》の性質《せいしつ》に依《よ》りて、各々異《おの\/\こと》なる故《ゆゑ》、それは下《した》に各別《かくべつ》に記述《きじゆつ》することとなす。呪法《じゆはふ》が終《をは》れば一同手《どうて》を胸《むね》の前《まへ》にて金剛合掌《こんがうかつしやう》し、兩食指《れうしよくし》を立《た》て、瞑目《めいもく》して祈念《きねん》の事柄《ことがら》を觀念默禱《くわんねんもくたう》すること十分以上《ぶんいぜう》、終《をはつ》て拍手稽首重禮《はくしゆけいしゆちうれい》す。次《つぎ》に撤饌《てつせん》す。尤《もつと》も其《そ》の儘《まゝ》になし置《お》くも差支《さしつかへ》なし。

次《つぎ》に送神《さうしん》の詞《のりと》を奏上《そうぜう》す。送神文《さうしんぶん》は大抵同一《たいていどう》故《ゆゑ》、その要《えう》を記《き》すべし。

掛卷母《かけまくも》畏支《かしこき》何々《なにく\》大神等《だいじんら》尓《に》降臨《かうりん》一切乃《さいの》諸神等《しよしんら》、仰支願久波《あふぎねがはく》元乃本宮《もとのほんぐう》幣《へ》送利奉留《おくりたてまつる》恐禮奈加良《おそれながら》承引《せういん》給幣《たま》

送納歸宮《さうなうきぐう》住社《ぢうしや》敬白《けいはく》天福《てんぷく》皆來《かいらい》地福《ち》圓滿《ふくゑんまん》神送《しんさう》神力《しんりよく》一切《さい》諸願《しよぐわん》成就《ぜうじゆ》守良世給幣《まもらせたまへ》止《と》恐類《おそる》恐類《おそる》白須《はくす》

次《つぎ》に一同起坐揖禮《どうきざしうれい》、退場《たいぢやう》。

第五節　神道護摩法

日本《にほん》にては神代《しんだい》より燒火祭《せうくわさい》、鎭火祭等《ちんくわさいとう》が行《おこな》はれて、延喜式《えんぎしき》の祝詞《のりと》中《ちう》にもあるが如《ごと》く、上代天神《ぜうだいてんじん》よりの秘傳《ひでん》の一行事《ぎやうじ》となつて居《ゐ》る。印度《いんど》の拜火外道《はいくわげだう》、佛敎《ぶつけう》の護摩《ごま》、波斯《はす》の拜火敎等《はいくわけうとう》

て其《そ》の意《い》は相似《あひに》て居《ゐ》るのである。

我《わ》が國《くに》にては火《ひ》は火結神《ほむすびのかみ》の支配《しはい》し守護《しゆご》し給《たま》ふ所《ところ》であつて、人民《じんみん》の生活上《せいくわつぜう》にも、將又萬有《はたまたはんいう》の生育上《せいいくぜう》にも、唯一主要《ゆいつしゆえう》のものであるから、此《こ》の火《ひ》を鎮《しづ》め、又火《またひ》そのものの性《しやう》として、一切《さい》の不浄汚穢《ふぜうをわい》を燒《や》き盡《つ》くす故《ゆゑ》、燒火即《せうくわすなは》ち護摩《ごま》の祈禱法《きたうはふ》を生《せう》じたのである。而《しか》して此《こ》の火祭《くわさい》にては、主神《しゆしん》として多《おは》くは火之迦具土神《ひのかぐつちのかみ》を奉祀《ほうし》し、神籬式《ひもろぎしき》にして、案上《あんぜう》に水瓢《すいひやう》、土《つち》、川菜《かはな》を清《きよ》く大《だい》なる器《うつは》に盛《も》りて供《きやう》するの常式《ぜうしき》である。

護摩《ごま》に内外《うちそと》の二種《しゆ》あり、又理《またり》護摩《ごま》、事護摩《ことごま》ともいふ。護摩所《ごましよ》を作《つく》り、木《き》を燒《や》きて祈念《きねん》するを外護摩《そとごま》、又《また》は事護摩《ことごま》といひ、自己《じこ》心内《しんない》の煩悶汚《はんもんを》心《しん》燒《や》き盡《つく》すを、理護摩《りごま》又《また》は内護摩《うちごま》といふ。此《こ》の内外《うちそと》、理事《りじ》の兩護摩《れうごま》が一致《ち》相應《さうおう》せざれば、其《そ》の効《かう》なく、此《こ》れが一致《ち》すれば、其《そ》の効驗《かうけん》は恐《おそ》るべきものがあるのである。

護摩《ごま》には祈念《きねん》の種別《しゆべつ》に依《よ》つて、それ〳〵其《そ》の方式《はうしき》を異《こと》にするけれども、それは必要《ひつえう》に應《おう》じて其《そ》の祈念法《きねんはふ》の所《ところ》に記《き》すべく、今《いま》は單《たん》に祈禱者《きたうしや》が火《ひ》に對《たい》する觀念《くわんねん》の方式《はうしき》を示《しめ》すべし。

一、火《ひ》は神聖《しんせい》なり、汚《けが》れを燒《や》くも汚《けが》されず。

二、火《ひ》は無盡性《むじんせう》なり、一火《くわ》を千移萬分《ぜんいまんぶん》するも、元《もと》の火《ひ》は更《さら》に消失減少《せうしつげんせう》することなし。

三、火《ひ》は重要《ぢうえう》なり、人類《じんるい》の生活《せいくわつ》は固《もと》より萬物《はんぶつ》の生育上寸時《せいいくぜうすんじ》も火《ひ》がなくてはならぬ。

四、火《ひ》は猛利《まうり》なり、一火世界《くわせかい》をも燒《や》き盡《つく》す。燒《や》き去《さ》つて而《しか》して更《さら》に影《かげ》を止《と》めず、一切《さい》の惡魔《あくま》を退治《たいぢ》するも亦然《またしか》り、我《わ》れ人《ひと》の心内《しんない》の煩惱惡念《はんもんあくねん》も亦將《またま》さに、斯《か》くの如《ごと》く燒《や》き盡《つく》して跡《あと》なく消《き》へ去《さ》らしむべし。

五、次《つぎ》に瞑目《めいもく》して燧石《ついせき》より發《はつ》する螢火《ほたるび》よりも小《ちい》さき一閃光《せんくわう》あり、自己《じこ》の胸間《きやうかん》より發《はつ》す。既《すで》にして其《そ》の火《ひ》漸次擴大《ぜんじくわくだい》して、自己《じこ》の內臟《ないざう》一切《さい》を燒《や》き盡《つく》し、更《さら》に外肉表皮《ぐわいにくへうひ》骨骼《こつかく》を悉《ことごと》く燒《や》き拂《はら》へり。而《しか》して自分《じぶん》は今正《いままさ》に神靈《しんれい》のみとなり、瓢々乎《へうへうこ》として宇宙《うちう》を自在《じざい》に翔《か》け廻《ま》はれりと觀《くわん》ず。

六、次《つぎ》に爐火《ろび》漸次《ぜんじ》燃《も》へ上《あが》りて、供物《くもつ》を燒《や》き、祭人《さいじん》を燒《や》き、護摩殿《ごまでん》を燒《や》き、山野《さんや》を燒《や》き、都邑《という》を燒《や》き、大地《だいち》を燒《や》き、彼《か》の病人惡人《べうにんあくにん》を燒《や》き盡《つ》くし、一切《さい》は清淨《せいじやう》なる虛空《こくう》に化《くわ》し、只《た》だ神明《しんめい》と我《わ》が靈《れい》のみなりと觀《くわん》ず。

護摩殿《ごまでん》の作方《つくりかた》とか祈禱《きたう》の種類《しゆるい》とか、其《そ》の種類《しゆるい》に依《よ》る爐壇《ろだん》等の造《つく》り方《かた》や、燃《もや》すべき木《き》及《およ》び其《そ》の寸法等《すんぽふとう》は兩部法《れうぶはふ》にては多《おほ》く眞言密教《しんごんみつけう》の方式《はうしき》に依《よ》るものである。

第八章　山籠の修行

山籠《やまごもり》と云《い》ふのに二様《やう》ある。一は人里離《ひとざとはな》れたる幽邃《ゆうすゐ》の地《ち》に隠遁《いんとん》して、猿《さる》や鹿等《しかなど》を侶《とも》として自然《しぜん》の風光《ふうくわう》を楽《たの》しみ、脱俗塵外《だつぞくぢんぐわい》の人《ひと》となつて、仙人見《せんにんみ》たやうな生活《せいくわつ》をするのである。又《また》一つは一定《てい》の霊山霊場《れいざんれいぢやう》を定《さだ》め、其《そ》の附近《ふきん》の岩窟《がんくつ》でも宜《よ》ければ、祠宇《しう》や佛堂《ぶつだう》でもよい、又細小《またさいせう》な屋《いへ》を搆《かま》へてもよい。兎《と》に角修行《かくしゆぎやう》の道場《だうぢやう》といふ意義《いぎ》のものを定《さだ》めて、其《そ》の内《うち》に起居《ききよ》して法式《はふしき》の修行《しゆぎやう》をするものである。

此《こ》の山籠《やまごもり》といふことは、普通《ふつう》のものでも一度《ど》はやるがよい。膽力《たんりよく》を練《ね》る爲《た》めにもなり、忍耐力《にんたいりよく》も強《つよ》くなつて、如何《いか》なる辛苦艱難《しんくかんなん》にも堪《た》へ得《う》る勇氣《ゆうき》を馴致《じゆんち》することが出來《でき》るのである。一日《にち》でも一ケ月《げつ》でも山籠《やまごもり》をすると、精神《せいしん》も身体《しんたい》も何《なん》となく清々《すが〳〵》するやうになる。神々《かう〴〵》しい氣持《きもち》のするものである。それで半歳《はんさい》とか一年《ねん》とか、此《こ》れを續《つゞ》けると、全《まつ》たく神化《しんくわ》して仙術《せんじゆつ》を得《え》、神通力《しんつうりよく》の妙所《めうしよ》まで達《たつ》せぬでも、不思議《ふしぎ》の妙力《めうりよく》を發揮《はつき》し得《う》るものである。

山籠《やまごもり》をするにも、矢張《やは》り第一《だい》に雨露《うろ》を凌《しの》ぐ準備《じゆんび》は必要《ひつえう》である。又《また》一定《てい》の睡眠《すゐみん》は取《と》らねばならぬから用意《ようい》もなくてはならぬ。従《したが》つて衣類《いるい》の如《ごと》きも一定《てい》のものは準備《じゆんび》するがよい。寒《さむ》い時《とき》には火《ひ》を焚《た》くもよければ、谷水《たにみづ》で身滌《みそぎ》をして摩擦《まさつ》して暖《だん》を取《と》つてもよい、それから食物《しよくもつ》も、蕎麥粉《そばこ》と梅干位《うめぼしくらゐ》はなくてはならぬ。尤《もつと》も山籠《やまごもり》が慣《なる》れば、少《すこ》し深山《しんざん》になると、飢《いえ》を凌《しの》ぐに足《た》る木《き》の實《み》等《など》が、自然《しぜん》に手《て》に入《い》るから、大抵《たいてい》は差支《さしつかへ》はないのである。

全体人間《ぜんたいにんげん》は煩雜《はんざつ》な事務《じむ》をやつて居《く》れば、肉食《にくしよく》も必要《ひつえう》であり、又烈《またはげ》しい勞働《らうどう》をすれば、多《た》量《れう》の飲食《のんしよく》せねばならぬが、仙術的《せんじゆつてき》の修行《しゆぎやう》を爲《な》し、山籠等《やまごもりどう》をして居《お》れば、飲食物《のんしよくもつ》は極《きは》めて少《せう》量《れう》でよい。而《しか》して肉食等《にくしよくとう》の必要《ひつえう》は少《すこ》しもない。米飯《べいはん》は却《かへ》りて害《がい》がある。云《い》ふまでもなく肉《にく》類《るい》や米《こめ》は人間《にんげん》の血液《けつえき》を欝結《うつけつ》せしめ、消化器《せうくわき》に非《ひ》常《ぜう》の骨折《ほねをり》をさせるものである。一時《じ》は肥《こえ》て活潑《くわつぱつ》で健康《けんかう》のやうであるけれども、身体各器官《しんたいかくきくわん》の生活力《せいくわつりよく》が早《はや》く消耗《せうもう》して永續《えいぞく》せぬものである。之《こ》れに反《はん》して野《や》菜果實《さいくわじつ》は血液《けつえき》を新鮮《しんせん》にして、心氣《しんき》の欝滯《うつたい》を防《ふせ》ぐもので、一見《けん》すれば弱《よは》いやうであるが、精神力《せいしんりよく》には何處《どこ》となく強《つよ》い所《ところ》があつて、病毒等《べうどくとう》に犯《おか》されることはなく、中々長壽《なか〳〵ちやうじゆ》のするものである。又肉食等《またにくしよくとう》せねば、色欲《しきよく》や妄想等《もうさうとう》も妄《みだ》りに起《おこ》らぬやうになり、次《し》第《だい》に神靈的《しんれいてき》になつてゆくものがある。

山籠《やまごもり》を三年《ねん》も續《つゞ》くれば、後《の》ちには食物《しよくもつ》も入《い》らぬやうになる。蜂《はち》や虻《あぶ》や毒虫《どくむし》も近所《きんじよ》に寄《よ》り付《つ》かぬ。よし又蛟《またかま》れ螫《さゝ》れても、決《けつ》して痛《いた》まぬ。所謂《いはゆる》枯《こ》木死《ぼくし》灰《はい》の如《ごと》くなる。死《し》人《にん》も同《おな》じである。木石《ぼくせき》と異《こと》ならぬのである。それで猛獣《まうじう》でも毒蛇《どくじや》でも相手《あいて》にせぬのである。雨《あめ》に曝《さら》され雪《ゆき》に打《う》たれても、一向苦痛《かうくつう》を感《かん》せぬので、それなれば丸《まる》で死人《しにん》と同《おな》じかといふに、決《け》つしてさうではない。奥山《おくやま》の岩穴《いはあな》に胡座《あぐら》をかいて居《お》つても、天下《てんか》の事《こと》も人《ひと》の事《こと》見透《みすか》して、千里眼《りがん》見たやうに、世《よ》の中《なか》の事《こと》が何《なん》でも分《わ》かるやうになるものである。未來《みらい》の豫言《よげん》も、吉凶《きつきやう》の判斷《はんだん》も、自然《しぜん》と出來《でき》るのである。又善人《またぜんにん》に對《たい》して奇瑞《きずい》を示《しめ》し、惡人《あくにん》に對《たい》して不吉《ふきち》の現象《げんしやう》を現《あら》はすことも出來《でき》るのである。

山籠《やまごもり》の修行《しゆぎやう》をするには、衣食住《いしよくぢう》は前述《ぜんじゆつ》の如《ごと》くにして、其《そ》の上《うへ》に左《さ》の如《ごと》き條項《でうかう》を必要《ひつえう》とするものである。

一、守本尊《まもりほんぞん》 二、山神《さんじん》の神符《しんぷ》 三、鏡《かゞみ》 四、小劔《こつるぎ》 五、鈴《すゞ》 六、燧石道具《ついせきだうぐ》

それから修行《しゆぎやう》の順序《じゆんじよ》は

本尊《ほんぞん》の禮拜《らいはい》、毎日回數《まいにちくわいすう》を定《さだ》めて勵行《れいかう》すること、次《つぎ》に本尊《ほんぞん》の神號《しんがう》を度數《どすう》を定《さだ》めて唱《とな》ふること。

次《つぎ》に御祓幾回《おんはらひいくくわい》、兩部法《れうぶほふ》にては心經《しんけう》を讀《よ》み、孔雀明王《くじやくみやうわう》の眞言《しんごん》を誦《とな》ふる例《れい》なり。

次《つぎ》は志望《しばう》の號項《がうかう》を默念祈禱《もくねんきたう》すること。此《こ》れは朝《あさ》一回《くわい》、日中《につちう》一回《くわい》、夜分《やぶん》一回《くわい》の三回《くわい》とし、

事《こと》に依《よ》りては眞夜中《まよなか》に一回《くわい》祈《き》念《ねん》するもよろし。

其《そ》の他《た》任意觀法修法祈《にんいくわんはふしゆはふき》念《ねん》すべし。

古來《こらい》より一敎《けう》一派《は》を弘《ひろ》めたる偉人高德《ゐじんかうとく》、又《また》は武道《ぶだう》の達人等《たつじんとう》は、皆此《みなこ》の山籠《やまごもり》の修行《しゆぎやう》をやつたものである。釋迦《しやか》も基督《きりすと》も行基《ぎやうき》も傳敎《でんけう》も弘法《くわうはふ》も、塚原卜傳《つかはらぼくでん》も、宮本武藏《みやもとむさし》も柳生《やぎふ》も皆然《みなしか》りである。殊《こと》に仙術《せんじゆつ》といふのは、此《こ》の山籠《やまごも》りの發端《ほつたん》である。此《こ》の山籠《やまごも》りが徹底的《てつていてき》に成就《じやうじゆ》すれば、それが卽《すなは》ち持命仙《ぢめいせん》である。歩《あゆ》むこと飛《と》ぶが如《ごと》く、一日《にち》六七十里《り》を行《ゆ》くも疲《つか》れず、他《た》よりみれば飛行《ひかう》かと思《おも》はれ、善惡吉凶《ぜんあくきつきやう》を豫言《よげん》し、木實《きのみ》のみにて生活《せいくわつ》し、年齡《ねんれい》は少《すく》なくも百五十才以《さいい》上《ぜう》を保《たも》ち得《う》るのである。

第九章　斷食の修行

斷食《だんじき》といつても、今《いま》まで牛飮馬食《ぎうゐんばしよく》して居《を》つたものが、一足飛《そくと》びに斷食《だんじき》するのではない。又昨日《またきなふ》まで勞働《らうどう》して盛《さかん》に飮食《ゐんしよく》して居《を》つたものが、今日《けふ》から俄《には》かに斷食《だんじき》するといふやうなことは、病氣《べうき》の他《ほか》は決《け》つして出來《でき》ぬことである。それで斷食《だんじき》するにも一定《てい》の順序《じゆんじよ》がある。其《そ》の順序《じゆんじよ》の大要《たいえう》を左《さ》に示《しめ》すべし。

先《ま》づ美食《びしよく》より粗食《そしよく》に移《うつ》る事《こと》、即《すなは》ち米食肉肴《べいしよくにくかう》を麥飯菜《ばくはんさい》とするが如《ごと》し。次《つぎ》に徐々《じよ〳〵》に減食《げんしよく》する事《こと》、即《すなは》ち三杯《はい》を二杯《はい》、二杯《はい》を一杯半《はいはん》、三度食《どしよく》を二度《ど》するが如《ごと》し。次《つぎ》に火食《くわしよく》即《すなは》ち火《ひ》で煮《に》たものを絶《た》ちて、蕎麥粉《そばこ》を湯《ゆ》でねつて食《く》ふとか、梅干《うめぼし》とか果實《くわじつ》とかいふが如《ごと》きものを食《しよく》する事《こと》。次《つぎ》には全《まつ》たく食物《しよくもつ》を絶《た》ちて水《みづ》のみを呑《の》む事《こと》。

全体人間《ぜんたいにんげん》は斷食《だんじき》したからとて、決《け》つして死《し》ぬるものではない。病氣《びやうき》の際《さい》には三十日《にち》も五十日《にち》も斷食《だんじき》しても、結局《けつきよく》死《し》なぬで快復《くわいふく》することがある。普通《ふつう》のものでも三週間位《しうかんくらゐ》は斷食《だんじき》しても別條《べつでう》はないのである。況《ま》して修行《しゆぎやう》の爲《た》めにやるのであれば、いくら久《ひさ》しくても其《そ》の法《はふ》其《そ》の道《みち》を以《も》つてすれば、立派《りつぱ》に生命《せいめい》の保續《ほぞく》は出來《でき》るものである。獨《ひと》り單《たん》に生命《せいめい》の保持《ほぢ》が可《か》能《のう》なるばかりでなく、心身《しんしん》の健康《けんかう》も少《すこ》しも平日《へいじつ》と異《こと》ならず、或《あるひ》は却《かへ》つて健康活潑《けんかうくわつはつ》の狀態《ぜうたい》を催《もよほ》すことがあり、殊《こと》に精神狀態《せいしんぜうたい》は極《きは》めて優越《いうえつ》となるのである。

此《こ》の斷食《だんじき》が永續《えいぞく》して最早再《もはやふたゝ》び火食《くわしよく》を要《えう》せぬ。則《すなは》ち火食《くしよく》がしたくないやうになれば、それが所謂仙人《いはゆるせんにん》になつたのである。心身共《しんしんとも》に漸次輕妙《ぜんじけいめう》になり、遂《つひ》には飛行《ひかう》とか、隱形《おんけい》とか、所謂進退出沒《いはゆるしんたいしゆつぼつ》が極《きは》めて自由自在《じいうじざい》になるのである。勿論仙人《もちろんせんにん》も何時《いつ》かは死《し》ぬるけれども、人《ひと》としての壽命《じゆめい》七十年《ねん》と假定《かてい》すれば、仙人《せんにん》は少《すく》なくも其《そ》の二倍《はい》三倍《はい》は長生《ちやうせい》することが出來《でき》るのである。それは飯食物《ゐんしよくぶつ》の爲《た》めに、生活《せいくわつ》の諸器官《しよきくわん》が消耗《せうもう》することがなくして、只《た》だ自然《しぜん》に減《げん》退《たい》する丈《だけ》であるからである。即《すなは》ち烈《はげ》しく使《つか》へば早《はや》く損《そん》じ、剃刀《かみそり》でも始終《しじゆう》磨《と》げば早《はや》く減《へ》るが、使《つか》はず磨《と》かずして銹《さび》を拭《ふ》く位《くらゐ》にすれば、永持《ながもち》がすると同然《どうぜん》である。

断食《だんじき》の修行《しゆぎやう》は、昔《むかし》から宗教家《しうけうか》や、特別《とくべつ》の祈願《きぐわん》あるものは行《おこな》ふて居《ゐ》る。而《しか》して其《そ》の靈驗《れいけん》も亦《また》著《いちゞる》し　ものがあるのは疑《うたが》ひなき事實《じじつ》である。近《ちか》くは明治《めいぢ》二十六年《ねん》七月《がつ》に伊豆《いづ》韮山《にらやま》の安《やす》井《ゐ》次《じ》郎《らう》といふ者《もの》、師範學校《しはんがくかう》卒業《そつげふ》の學校敎員《がくかうけうゐん》が、節食《せつしよく》又《また》は断食《だんじき》の癖《くせ》があつて、帝大醫《ていだいゐ》科《くわ》大澤《おほさは》博士《はくし》が試驗《しけん》したのに、始《はじ》め減食《げんしよく》から遂《つい》に三週間断食《しうかんだんじき》したが、体量《たいれう》一貫《くわん》六百十匁《もんめ》減《げん》じた丈《だけ》で氣力等《きりよくなど》は却《かへ》つて盛《さかん》で、断食中《だんじきちう》は毎朝早《まいあさはや》く起《お》き、井戸端《ゐどはた》に出《い》で、冷水《れいすゐ》を酌《く》み、身体《しんたい》を拭《ふ》き、それより体操《たいそう》を爲《な》し、六時《じ》より十時《じ》まで讀書《どくしよ》し、其《そ》の後《ご》は手紙《てがみ》を認《したゝ》むるとか、看視人《かんしにん》と碁《ご》を圍《かこ》むとか、少《すこ》しも疲勞《ひらう》せる体《てい》なく、二十一日《にち》の中《うち》に一日《にち》は春木座《はるきざ》の芝居《しばゐ》見物《けんぶつ》に行《ゆ》き、一夜《よる》は寄席《よせ》に行《ゆ》きて落語《らくご》を聞《き》き、途中《とちう》の歩行《ほかう》も頗《すこぶ》る確《たし》かであつた。夜《よる》も睡眠《すゐみん》も少時間《せうじかん》で、元《げん》氣《き》は平日《へいじつ》より盛《さか》んであると本人《ほんにん》は言《い》つて居《お》つた。体《からだ》は痩《や》せたが力量《りきりやう》には變《かは》りはなかつた。博士《はくし》は此《こ》の上《うへ》猶《なほ》一週間断食《しうかんだんじき》を續《つゞ》けても、生命《せいめい》に別條《べつでう》はないと鑑診《かんてい》したのである。

断食《だんじき》すれば、肉体的《にくたいてき》の諸器官《しよきくわん》は漸次《ぜんじ》半休止《はんきうし》より、殆《ほと》んど全《まつ》たく休止《きうし》するやうになる。而《しか》して精神力《せいしんりよく》のみが獨《ひと》り盛《さか》んになる。肉慾的《にくよくてき》の野心《やしん》がなくて、眞《しん》に神聖《しんせい》なる精神作用《せいしんさよう》によるから、どんな事《こと》でも分《わ》かるのである。所謂天地見透《いはゆるてんちみすかし》の仙人《せんにん》になるのである。佛教《ぶつけう》で所謂《いはゆる》六神通《じんつう》を得《う》るに至《いた》るのである。

斷食《だんじき》の修行《しゆぎやう》をするには、市中《しちう》でも、普通《ふつう》の人家《じんか》でも差支《さしつかへ》はないけれども、幽邃《ゆうすい》なる神地《しんち》とか、山寺《やまでら》とかでやるがよい。又山籠《またやまごもり》の修行《しゆぎやう》に續《つゞ》いてやるのが、尤《もつと》もよい方法《はうはふ》であり順序《じゆんぢよ》である。此《こ》の山籠修行《やまごもりしゆぎやう》と斷食修行《だんじきしゆぎやう》とを兼用《けんよう》すれば、其《そ》の成功《せいかう》も迅速《じんそく》であつて、結果《けつくわ》は誠《まこ》とに好良《かうれう》である。

斷食《だんじき》の際《さい》に於《お》ける主神《しゆしん》は、守本尊《まもりほんぞん》でも、又《また》は何神《なにがみ》でもよろしい。而《しか》して其《そ》の觀念《くわんねん》の仕方《しかた》は人間《にんげん》の精神《せいしん》は本來《ほんらい》の神明《しんめい》の分靈《ぶんれい》である、清淨無垢《せいじやうむく》なるものである。然《しか》るに肉体《にくたい》といふものが附着《ふちやく》して、肉体《にくたい》の慾望《よくばう》の爲《た》めに汚《けが》されて仕舞《しま》ふたのである。肉体《にくたい》は母乳《ぼにう》や食物《しよくもつ》に依《よ》て發育《はついく》するもので、乳《ちゝ》や食物《しよくもつ》の元素《げんそ》は、土石《どせき》より成《な》り立《た》つたものである。即《すなは》ち人間《にんげん》の食《く》ふ動《どう》物《ぶつ》は植物《しよくぶつ》を食《く》ひ、植物《しよくぶつ》は土石《どせき》から養分《やうぶん》を吸收《きうしう》して生育《せいいく》して居《ゐ》る。つまり肉体《にくたい》は土石《どせき》の精撰《せいせん》せられたるものである。それで重量《ぢうれう》があつて固着《こちやく》して、不自在《ふじざい》である。左《さ》れば此《こ》の肉体《にくたい》の覊絆《きはん》を斷《た》つときは、精神《せいしん》が神明《しんめい》の本体《ほんたい》に還同《くわんどう》して、變通自在《へんつうじざい》になる。そうなれば肉體《にくたい》も肉《にく》慾《よく》も離《はな》れ、心力《しんりよく》で之《こ》れを生活《せいくわつ》せしむることが出來《でき》る。既《すで》にこうなれば霊主肉従《れいしゆにくじゆう》で、輕妙《けいめう》になるのは當然《たうぜん》である。又霊力《またれいりよく》は肉身《にくしん》を持續《ぢぞく》するに充分《じうぶん》であり大可能《だいかのう》であると觀《くわん》するがよいのである。即《すなは》ち精神《せいしん》の氣力《きりよく》で肉体《にくたい》を養《やしな》ふて行《ゆ》くことになるのである。此等《これら》は心力代用《しんりよくだいよう》の断《だん》食法《じきはふ》といつて、歐米《おうべい》の催眠術《さいみんじゆつ》や、常途《ぜうと》の斷食法《だんじきはふ》は、決《けつ》して爲《な》し得《え》ぬ所《ところ》である。

第十章　吸氣食霞の行法

世《よ》に仙術《せんじゆつ》といふものがある。隨分奇妙《ずいぶんきめう》な術《じゆつ》である。或《あるひ》は酒《さけ》を吹《ふい》て火《ひ》を消《け》し、雪《ゆき》を削《けづ》りて銀《ぎん》と爲《な》し、或《あるひ》は白石《はくせき》を呵《か》して羊《ひつじ》に化《くわ》せしめ、千里《せんり》の遠《とほ》きをも尺地《しやくち》と爲《な》し、或《あるひ》は空《そら》を飛《と》び、水《みづ》を潜《くぐ》ると云《い》ふやうな、普通《ふつう》一般《はん》の理法《りはふ》を以《もつ》て解《かい》することの出來《でき》ぬ法術《はふじゆつ》をやるのである。此《こ》の仙術《せんじゆつ》を行《おこな》ふ人《ひと》を仙人《せんにん》とか道士《だうし》とかいつて、支那《しな》では古來非常《こらいひぜう》に流行《りうかう》したものである。

此等《これら》の仙人道士《せんにんだうし》なるものは、全《まつ》たく俗界《ぞくかい》を離《はな》れて世間《せけん》に交《まじ》はらぬものが多《おほ》い、大抵山林《たいていさんりん》に隠棲《ゐんせい》して居《ゐ》る。而《しか》して仙人《せんにん》になるには、種々《しゆじゆ》の修行《しゆぎやう》を要《えう》するのである。或《あるひ》は蛇《じや》に責《せ》められ、或《あるひ》は蜂《はち》に螫《さ》され、それから最《もつと》も苦《くる》しい斷食《だんじき》をするのである。尤《もつと》も下級《かきう》の仙人《せんにん》は、全然《ぜんぜん》何《なに》も喰《く》はぬといふのではない、或《あるひ》は石髓《せきずい》とて石《いし》の割目《われめ》から出《で》る膠《にかは》のやうなものを嘗《な》めたる柘《つげ》の實《み》や松膠《まつやに》を食《く》つたりして居《ゐ》る。而《しか》してそれが修行《しゆぎやう》の進行《しんかう》するに從《したが》ひ、今度《こんど》は氣《き》を吸《す》ひ霞《かすみ》を食《く》ふて生存《せいぞん》するやうになるのである。固形物《こけいぶつ》や流動體《りうどうたい》は全然《ぜんぜん》飲食《ゐんしよく》せぬものである。卽《すなは》ち氣體《きたい》丈《だけ》で生《い》きて居《ゐ》るのである。併《しか》し此《これ》は全然《ぜんぜん》出來《でき》ないことはないのである。

元來空氣《ぐわんらいくうき》を吸《す》へば人間《にんげん》の生活力《せいくわつりよく》に異狀《いぜう》はない。霞《かすみ》の中《なか》には水《みづ》もあれば、鑛物《くわうぶつ》の鎔解《ようかい》した藥物《やくぶつ》もある。それで氣《き》を吸《す》ひ霞《かすみ》を食《く》へば、生活力《せいくわつりよく》の缺乏《けつはふ》を補足《ほそく》する丈《だけ》の事《こと》は出來《でき》る。尤《もつと》も此《こ》れまで行《ゆ》くには、一定《てい》の順序《じゆんぢよ》がある。今其《いまそ》の大要《たいえう》を左《さ》に記《き》すべし。

大豆《だいづ》五と、麻《あさ》の子《こ》三といふ割合《わりあひ》にて能《よ》く蒸《む》し、其《そ》の皮《かは》を去《さ》り搗《つ》きて餅《もち》の如《ごと》くし、更《さら》にそれを半日以上《はんにちいじやう》蒸《む》して、それより能《よ》く日《ひ》に晒《さら》し乾《かは》かして粉《こ》と爲《な》し、初《はじ》めはそれを充分《ぢうぶん》に食《く》ふ左《さ》すれば一度《ど》にて七日《か》間位《かんくらゐ》は飢《う》へぬ。七日《か》過《す》ぐれば又食《またく》ふ、今度《こんど》は三四十日間《にちかん》も食《く》へぬ。斯《か》くして四五回《くわい》に至《いた》れば、永久斷食《えいきうだんじき》しても差支《さしつかへ》はない、而《しか》して朝日《あさひ》に向《むか》ひて陽氣《やつき》と新鮮《しんせん》の空氣《くうき》を吸《す》ひ、夕《ゆふべ》には谷間《たにま》の霞《かすみ》を食《く》へば、それで生命《せいめい》の維持《ゐぢ》は出來《でき》るのである。

又黃芪《またわうじ》、赤石脂《あかせきじ》、龍骨《りうこつ》各《かく》三匁《もんめ》、防風《ばうふう》五匁《もんめ》、烏頭《てうとう》一匁《もんめ》の割合《わりあひ》にて、此《こ》の五種《しゆ》の藥品《やくひん》を石臼《いしうす》にて能《よ》く碎《くだ》き、蜜《みつ》にて煉《ねつ》て團子《だんご》の如《ごと》き丸藥《ぐわんやく》と爲《な》し、時々《ときどき》服用《ふくよう》すれば、飢《うへ》を凌《しの》ぎ、遠《とほ》きを行《ゆ》くも疲《つか》れぬものである。但《たゞ》し烏頭《とりがしら》は毒《どく》があるから分量《ぶんれう》を間違《まちが》へてはならぬ。

又餅米《またもちごめ》をよくいりこがし、黄蠟《わうらう》をよくわかし、餅米《もちごめ》三合《がふ》、黄蠟《わうらう》二匁《もんめ》の割合《わりあひ》にて、混《ま》ぜ煮《に》て團子《だんご》と爲《な》し、少《すこ》しづつ食《く》へば、決《けつ》して飢《うへ》を感《かん》せぬものである。

又《また》一日《にち》に一箇《こ》の梅干《うめぼし》に二合《がふ》の湯《ゆ》を入《い》れて呑《の》み、椎《しい》の實《み》少量《せうれう》を食《く》ひ居《お》れば、甚《はなは》だしく身體《しんたい》を勞《らう》せざる限《かぎ》り、幾日《いくにち》にても生活力《せいくわつりよく》を全《まつた》ふし得《う》るものである。

又六鳳草《またろくほうさう》の根《ね》を細粉《さいふん》と爲《な》し、花粉《くわふん》と共《とも》に雲雀《ひばり》等《とう》の卵《たまご》の黄味《きみ》にて煉《ね》り、少量宛《せうれうづゝ》一年間《ねんかん》も食《しよく》し居《お》れば、後《の》ちには吸氣食霞《きふきしよくか》丈《だけ》にて二百年《ひやくねん》も生存《せいぞん》し得《え》て、殊《こと》に身體《しんたい》は輕妙《けいめう》になり、所謂《いはゆる》飛行自在《かうじざい》といふ有様《ありさま》に達《たつ》し得《う》るのである。

又朱砂《またしゆさ》、黄金《うこん》、雄黄《ゆわう》、飛丹《ひたん》を調劑服用《てうざいふくよう》して、飛行仙《ひかうせん》となつたものもある。又金漿《またきんしやう》、玉體《ぎよくたい》交梨《かうり》、火棗《ひなつめ》を煉製《れんせい》して、飛騰藥《ひとうやく》を造《つく》り、仙術《せんじゆつ》を得《え》たものもある。又大行山《またたいかうざん》に入《い》り雷鳴《らいめい》に逢《あ》ひ、岩石《がんせき》が破裂《はれつ》して、其《そ》の間《あひだ》より流《なが》れ出《い》でたる青泥《あをどろ》を食《く》ひ、斷食《だんじき》して仙人《せんにん》になつたものもある。又松《またまつ》の實《み》だけ食《く》ふこと三年《ねん》、後《の》ち遂《つひ》に吸氣食霞《きふきしよくか》して、飛行仙《ひかうせん》となつたものもある。

現時《げんじ》に於《お》ける仙術《せんじゆつ》の修行《しゆぎやう》は、前《さき》の山籠《やまごもり》、次《つぎ》に斷食《だんじき》、而《しか》して最初《さいしよ》より日出《ひので》と倶《とも》に旭日《あさひ》に向《むか》ひて深呼吸《しんこきふ》を爲《な》し、陽氣《やうき》と生氣《せいき》とを吸《す》ひ、日光浴《につくわうよく》を充分《ちうぶん》にし、靜座腹式呼吸《せいざふくしきこきふ》を數回行《すうくわいおこな》ひ、夕《ゆふべ》は谷間《たにま》より昇《のぼ》る霞《かすみ》を食《く》ひ、其《そ》の間《かん》多《おほ》くは瞑目《めいもく》して、神明《しんめい》を信念《しんねん》し、夜《よる》は全《まつ》たく無念《むねん》無想《さう》の境《きやう》に入《い》り、天地《てんち》が我《われ》か、我《われ》が天地《てんち》か、乾坤《けんこん》全《まつ》たく我《われ》と共《とも》に鎔《と》くといふ有無《うむ》断絶《だんぜつ》の有様《ありさま》になればよいのである。

第十一章　養神錬膽の修行

山籠《やまごもり》、断食《だんじき》、仙術《せんじゆつ》、皆之《みなこ》れ養神錬膽《やうしんれんたん》の法《はふ》ではあるが、今茲《いまここ》には更《さら》に別法《べつはふ》を以《もつ》て示《しめ》すのである。仙人《せんにん》と為《な》つてしまうて世間《せけん》と全《まつ》たく没交渉《ぼつかうせう》になれば、それまでであるが、苟《いやし》くも人間社會《にんげんしやくわい》に交《まじ》はつて、何《なに》かやらうとするには、膽力《たんりよく》が据《すは》つて打《うつ》ても突《つい》ても泰然《たいぜん》たること大山《たいざん》の如《ごと》く、又慌《またあは》てず騒《さは》がず心氣《しんき》を靜《しづ》めて悠々自若《ゆう〳〵じじやく》たると共《とも》に、强氣堂々《きやうきだう〳〵》乾坤《けんこん》を壓《あつ》する慨《がい》を備《そな》へ、何事《なにごと》も先《さき》の先《さき》を取《と》らねばならぬ、所謂《いはゆる》疾《はや》きこと風《かぜ》の如《ごと》く、靜《しづ》なること林《はやし》の如《ごと》く、動《うご》かざること山《やま》の如《ごと》くなくてはならぬのである。

左《さ》れば此《こ》の養神錬膽《やうしんれんたん》といふことは、如何《いか》なる場合《ばあひ》、如何《いか》なる人《ひと》、如何《いか》なる仕事《しごと》にも肝要《かんえう》である。又膽玉《またきもたま》がしつかりして、氣《き》が落付《おちつい》て居《お》れば、如何《いか》なる術《じゆつ》でも自《おのづか》ら上達《じやうたつ》するが、養神錬膽《やうしんれんたん》の道《みち》を盡《つく》さずに、徒《いたづ》らに術《じゆつ》を學《まな》んでも、決《けつ》して成就《じやうじゆ》するものではない。妙所《めうしよ》に達《たつ》することは出來《でき》ぬのである。

柳生宗矩《やぎふむねのり》が伊藤《いたう》一刀齋《たうさい》に就《つい》て七年間《ねんかん》劍術《けんじゆつ》を修行《しゆぎやう》したが、一度《ど》も竹刀《しない》や木刀《ぼくたう》を以《もつ》て試合《しあ》ふたことはない、寢《ね》て居《お》れば不意《ふい》に叩《たゝ》き起《おこ》され、飯《めし》を食《くつ》て居《お》れば俄《にはか》にオドカサレ、雪《ゆき》が降《ふ》れば單衣《ひとへ》で薪《まき》を採《と》らせ、岩《いは》の上《うへ》から飛《と》ばせ、顫《ふる》へて居《お》れば水《みづ》を打《う》ちかけるといふ工合《ぐあひ》に、只《た》だ無茶苦茶《むちやくちや》にいぢめるばかりであつたが、それでも宗矩《むねのり》は天下《てんか》の名人《めいじん》となつた。此《こ》れは術《じゆつ》が末《すゑ》で、錬膽養神《れんたんやうしん》が本《もと》であるといふ事實《じじつ》である。相手《あひて》は何時《いつ》でも其《そ》の膽氣《たんき》に挫《くじ》かれ、其《そ》の心力《しんりよく》に壓《あつ》せらるるのである。

催眠術《さいみんじゆつ》でも何《なん》でも膽力《たんりよく》の弱《よは》いものが、強《つよ》いものに施術《せじゆつ》は出來《でき》ぬ。祈禱《きたう》の念力《ねんりき》が、病人《びやうにん》の心力《しんりよく》より先《さき》を取《と》つて居《お》れば、必《かなら》ず治平《ちへい》の効《かう》がある。如何《いか》なる交渉《かうせう》でも、事業《じげふ》でも膽力《たんりよく》が先《さき》に立《た》てば成功《せいかう》するのである。

今左《いまさ》に養神練膽《やうしんれんたん》の大要《たいやう》を記《き》すべし。

一、主神《しゆしん》を奉信《ほうしん》し、朝夕鎭魂法《てうせきちんこんはふ》を行《おこな》ふ事《こと》。

二、坐《ざ》するにも歩行《ほかう》するにも、下腹《したはら》を突出《つきだ》し、丹田《たんでん》に力《ちから》を籠《こ》めて氣力《きりよく》を滿《み》たし、休《やす》むときはゴム球《たま》の破《やぶ》れたる如《ごと》く氣力《きりよく》を拔《ぬ》き空《から》にする事《こと》。

三、低《ひく》き所《ところ》より漸次《ぜんじ》高《たか》くし、飛《と》び下《お》る事《こと》、前向《まへむき》に成功《せいかう》せば、後向《うしろむき》に飛《と》ぶ事《こと》。

四、細《ほそ》き一本橋《ほんはし》を渡《わた》るべし。此《こ》の橋《はし》を渡《わた》る時《とき》も、又前《またまへ》の飛《と》ぶ時《とき》も、下腹《したはら》に力《ちから》を入《い》るれば足《あし》ふるはず、落《お》る恐《おそ》れも、倒《たほ》れる憂《うれひ》もなし。

五、高《たか》き所《ところ》や、木《き》に飛《と》び上《あが》る稽古《けいこ》をすべし。此《こ》の時《とき》は腹中《ふくちう》の鬱氣《うつき》を長《なが》く吐《は》き出《だ》し、其《そ》の空虚《くうきょ》になりたる機會《きくわい》にヒョイと飛《と》ぶべし。

六、蜂《はち》や蚊《か》や虻等《あぶなど》の多《おほ》き所《ところ》に、瞑目靜坐《めいもくせいざ》して、少《すこ》しも手足《てあし》を動《うご》かさぬ事《こと》。

七、茶碗《ちやわん》に水《みづ》を滿《み》たし、一間位距《けんくらゐへだ》りたる台《だい》に置《お》き、青眼《せいがん》の構《かま》へにて、エイと叫《さけ》び、水《みづ》を叱《しか》るべし。此《こ》のエイといふ聲《こゑ》は、餘《あま》り大《おほ》きくてもいけねば、小《ちい》さくては固《もと》より役《やく》に立《た》たぬ喉《のど》から出《で》る聲《こゑ》は何《な》にもならぬ、下腹《したはら》から出《で》る聲《こゑ》でなくてはならぬ。此《こ》れが熟《じゆく》すれば、碗中《わんちう》の水《みづ》が溢《あふ》れる。後《の》ちに茶碗《ちやわん》は倒《たほ》れる。遂《つひ》に割《わ》れる。こうなれば人《ひと》は其《そ》の人《ひと》の面《おもて》を見《み》た丈《だけ》で壓倒《あつたう》され、畏服《いふく》、敬服《けいふく》、心服《しんぷく》するに至《いた》るのである。

八、木刀《ぼくたう》を盥《たらひ》の水《みづ》を切《き》るのは、剣道《けんだう》の氣合術《きあひじゆつ》であるが、此《こ》の方《はう》では聲《こゑ》のみで、水《みづ》が左右《さいう》に分《わ》かれるやうになる。此《こ》れは前《まへ》の法《はふ》を進《すゝ》むれば出來《でき》るのである。

九、岩間等《いはまなど》より水《みづ》の滴《した》たる所《ところ》に端坐《たんざ》して動《うご》かぬ事《こと》。瀧等《たきなど》の如《ごと》く水《みづ》が澤山《たくさん》あれば、打《う》たれても淩《しの》げるが、滴水《てきすゐ》は中々《なか〳〵》堪《た》へられぬ。犯人《はんにん》に白狀《はくぜう》さするとき、襟《えり》に筆《ふで》で一寸〳〵《すん》水《みづ》を滴《た》らすのが、火責《ひぜ》め石責《いしぜ》めよりもつらいそうである。此《こ》れば我慢《がまん》が出來《でき》れば、吾《わ》が事成《ことな》るである。

十、木《き》の上《うへ》や、水中《すゐちう》にでも眠《ねむ》る事《こと》。

第十二章　九字を切る法

九字《じ》とは、臨《りん》、兵《へい》、鬪《とう》、者《しや》、皆《かい》、陣《ちん》、裂《れつ》、在《ざい》、前《ぜん》の九字《じ》である。而《しか》して此《こ》れにはそれ〳〵印《いん》がある。卽《すなは》ち臨《りん》は外縛《ぐわいばく》二中立印《ちうりついん》、兵《へい》は大金剛輪印《だいこんがうりんいん》、鬪《とう》は外縛《ぐわいばく》二頭立合印《とうりつがふいん》、者《しや》は內獅《ないじ》子印《しいん》、皆《かい》は外獅子印《ぐわいじしいん》、陣《ちん》は隱形印《おんぎやういん》、列《れつ》は智奉印《ちほういん》、在《ざい》は日輪印《にちりんいん》、前《ぜん》は寶瓶印《ほうへいいん》である。

此《こ》の九字《じ》は元來抱朴子《ぐわんらいはうぼくし》に出《い》で、陰陽道《おんやうだう》の一大事《だいじ》とさる所《ところ》である。眞言密敎等《しんごんみつけうとう》にては、修《しゆ》驗者《けんじや》は九字《じ》を切《き》ると稱《しよう》し、劍印《けんいん》を結《むす》び、其《そ》の印《いん》にて此《こ》の九字《じ》を劃《くわく》し、惡魔《あくま》を切《き》り捨《す》つることとしてある。神道《しんだう》にては禁厭法中《きんえんはふちう》に此《こ》れに類《るい》せるものがある。

要《えう》するに此《こ》の九字《じ》を切《き》り一切《さい》の火難病魔《くわなんびやうま》を拂《はら》ふことは、神道祓《しんだうはつ》の意《い》を骨《こつ》と爲《な》し、陰陽道《おんやうだう》と佛敎《ぶつけう》の印明《いんめい》とを合《がつ》して大成《たいせい》したものである。陣戰行旅《ぢんせんかうりよ》其《そ》の他《た》一切《さい》の災害惡魔《さいがいあくま》を拂《はら》ふに、不思議《ふしぎ》の功果霊驗《かうくわれいけん》のあるものである。今日《こんにち》流行《りうかう》する氣合術等《きあひじゆつなど》も、實《じつ》は此《こ》れより脱胎《だつたい》して來《き》たものである。效果《かうくわ》の如何《いかん》は、行者《ぎやうじや》の心力《しんりよく》と觀念力《くわんねんりよく》の如何《いかん》に在《あ》るのであるから、行者《ぎやうじや》の精神《せいしん》が統《どう》一が出來《でき》て、其氣力《そのきりよく》が旺盛《わうせい》で、如何《いか》なるものをも壓《あつ》する威勢《ゐせい》がなくてはならぬ、そうしてエイと掛聲《かけごゑ》をして手《て》を振《ふ》りかざす、其《そ》の聲《こゑ》の力《ちから》、其《そ》の振《ふ》る手指《てゆび》の力《ちから》が、雷《らい》の如《ごと》く、劍光《けんくわう》の如《ごと》くなくてはならぬのである。

九字《じ》を切《き》るとか、印《いん》を結《むす》ぶとか、眞言《しんごん》を唱《とな》ふるとか、祓《はらひ》を讀《よ》むとかいふが如《ごと》き、僅《わづ》か指先《ゆびさき》や、口先《くちさき》を動《うご》かす位《くらゐ》の事《こと》で、何《なん》の不思議《ふしぎ》や效果《かいくわ》があろうか、そんなことは野蠻《やばん》であり、迷信《めいしん》であるといふものもあるが、それは實《じつ》に淺見《せんけん》である。全體人間《ぜんたいにんげん》は宇宙《うちう》の縮圖《しゆくづ》である。宇宙大靈《うちうたいれい》の分身《ぶんしん》である。指《ゆび》一本《ほん》の屈伸《くつしん》でも、それは直《たゞ》ちに宇宙全體《うちうぜんたい》に關係《くわんけい》するものである。

彼《か》の世界大戰爭《せかいたいせんそう》の如《ごと》きも、セルビヤの一壯漢《さうかん》が、僅《わづ》かに人指指《ひとさしゆび》を三分《よ》ばかり屈《かゞ》めて、短《ぴす》銃《ちう》の引金《ひきがね》を引《ひ》いたばかりに、あれ丈《だけ》の大戰亂《だいせんらん》が起《おこ》つて、何百萬人《なんびやくまんにん》の死《し》、何千億《なんぜんおく》の金《かね》を費《ついや》し、全世界全人類《ぜんせかいぜんじんるい》を驚顚《きやうてん》せしめたではないか、又《また》一言《げん》にして帝王《ていわう》の師《し》と爲《な》り、一語《ご》で幾百萬人《いくひやくまんにん》を動《うご》かし、一句《く》の金言《きんげん》が幾千年《いくせんねん》の久《ひさ》しい間《あひだ》、多《おほ》くの人心《じんしん》を支配《しはい》することもある。

左《さ》れば何事《なにごと》にても、誠心《せいしん》と法術《はふじゆつ》と儀式《ぎしき》と相《あひ》一致《ち》するときは、一の指《ゆび》を彈《はじ》くのも、一音《おん》の辭《じ》でも、天地《てんち》を動《うご》かし、人《ひと》を動《うご》かし、神明《しんめい》を感格《かんかく》せしめ、又《また》諸《もろ〱》の邪魔《じやま》鬼畜《きちく》を却《しりぞ》くるのは、固《もと》より當然《たうぜん》である。

此《こ》の九字《じ》を切《き》り、エイの一喝《かつ》で、犹子《いぼ》を落《おと》すとか、神經痛《しんけいつう》を治《なほ》すとか、種々《しゆ〲》の病氣《びやうき》に活《くわつ》用《よう》することがあるが、此《こ》れは彼《か》の催眠術《さいみんじゆつ》よりは、弊害《へいがい》が少《すく》ない上《うへ》に、術者行者《じゆつしやぎやうじや》が鍛錬《たんれん》して居《お》れば、其《そ》の效果《かうくわ》も遙《はる》かに勝《すぐ》れて居《ゐ》るのである。尤《もつと》も行者未熟《ぎやうじやみじゆく》であれば、誤魔化《ごまくわ》し子供《こども》だましに終《をは》るのはいふまでもないのである。

又《また》九字《じ》を戻《もど》すことを心得居《こゝろえお》らねばならぬ。此《こ》れは九字《じ》を切《き》れば、神明《しんめい》が指頭《ゆびがしら》に降臨《かうりん》するのであるから、此《こ》の神明《しんめい》を送《おく》り還《か》へす意味《いみ》もあり、又《また》九字《じ》で惡人《あくにん》を縛《しば》りつけて置《お》く場合《はあひ》に惡人《あくにん》が悔悟《くわいご》すれば、其《そ》の縛《ばく》を解《と》くが如《ごと》き場合《はあひ》を指《さ》して、九字《じ》を戻《もど》すといふのである。九字《じ》を切《きつ》て縛《しば》るのは、所謂《いはゆる》不動《ふどう》の金縛《かなしばり》と同《どう》一義《ぎ》である。神明《しんめい》を造《つく》るには、其《そ》の義《ぎ》を口中《こうちう》にて唱《とな》へ、而《しか》して後拍手《のちはくしゆ》すればよい。又解除《またかいじよ》の意味《いみ》にて九字《じ》を戻《もど》すには、除垢《じよく》の呪《まじなひ》即《すなは》ち、オンキリキヤラ、ハラハラ、フタラン、バソツ、ソバカを三遍《べん》唱《とな》ふべきである。

第十三章　神符の作法

神符《しんぷ》には神社等《じんじやなど》より一般信徒《はんしんと》に授《さづ》くるものと、加持祈禱《かぢきたう》を爲《な》したる特別《とくべつ》のものに授《さづ》くる呪符《じゆふ》靈符等《れいふとう》の如《ごと》きものがある。孰《いづ》れも之《こ》れは神棚《かみだな》に安置《あんち》するとか、或《あるひ》は門戸《もんと》や柱等《はしらなど》に貼《は》るとか、又《また》は嚢《さき》に納《おさ》め、或《あるひ》は身體《しんたい》に帶《お》ぶるなどするものであるが、其《そ》の用《もち》ひ方《かた》も、其《そ》の功德《くとく》も神々《かみ〴〵》の職分《しよくぶん》に由《よ》りて異《こと》なり、又祈禱《またきたう》の種類《しゆるい》に依《よ》つて、それ〴〵分別《ぶんべつ》せらるるものであるが、要《えう》は災厄《さいやく》を拂《はら》ひ、福德《ふくとく》を求《もと》むるといふに歸着《やちやく》するのである。それで信者《しんじや》の熱誠《ねつせい》と渴仰《かつかう》とに由《よ》れば、此《こ》の神符《しんぷ》一つが偉大《ゐだい》なる効力《かうりよく》を發揮《はつき》し、如何《いか》なる願意《ぐわんい》をも達《たつ》し、息災延命《そくさいえんめい》の幸福《かうふく》が得《え》らるることのあるものである。

神符《しんぷ》の起源《きげん》は、神代《しんだい》に天照皇太神《あまてらすすめのみこと》が御父神《ごふしん》より賜《たま》はりし玉《たま》を、倉棚《くらだな》の神《かみ》として祀《まつ》つたのは神棚《かみだな》の起源《きげん》であると同時《どうじ》に、神札《つんさい》や神符《しんぷ》の偏始《はじめ》といつてもよいのである。又道家《まただうけ》には靈符《れいふ》といふのがあつて、人皇《じんくわい》四十五代聖武天皇天平《だいしやうむてんわうてんぺい》十二庚辰《かのえたつ》の年《とし》、肥後國《ひごすくにや》八代郡白木山《しろぐんしろすやま》神宮寺《じんぐうじ》に於《おい》て、仙家《せんけ》の靈印靈符《れいいんれいふ》に倣《なら》ひ、板《いた》に彫《ほ》りて神符《んんぷ》を出《だ》したことがある。

神符《しんぷ》を封《よう》ずるの理由《りいう》は、加指祈禱《かぢきたう》の精神《せいしん》を物《もの》に封《よう》じ留《とゞ》めて、神明《しんめい》が其《そ》の物《もの》を帶《お》ぶる人《ひと》や其《そ》の物《もの》を安置《あんち》する處《ところ》を守護《しゆご》するといふ義理《わけ》である。故《ゆゑ》に其《そ》の年月日時《ねんげつにちじ》や、祈願者《きぐわんしや》の姓名《せいめい》を記《き》する時《とき》、其《そ》の心化《しんくわ》の靈《れい》、卽《すなは》ち神明《しんめい》の威力《ゐりよく》と祈願者《きぐわんしや》の眞心《しんしん》希望《ばう》と同化《どうくわ》して、離《はな》れ動《うご》かざるやうに永久《えいきう》に存在《そんざい》せしめ、永《なが》く効驗《かうけん》あらしむる爲《た》めである。それで祈願《きぐわん》が異《こと》なり、神符《しんぷ》の書《か》き方《かた》も違《ちが》ひ、神符《しんぷ》そのものも、或《あるひ》は紙《かみ》、或《あるひ》は木《き》とか、玉《たま》、鏡《かゞみ》、劍等《つるぎなど》と品《しな》は變《かは》つても、効《かつ》驗利益《けんりえき》に於《お》て異《こと》なることはないのである。而《しか》して神々《かみ〴〵》の造《つく》り方《かた》は、神々《かみ〴〵》に由《よ》りそれ〳〵秘《ひ》傳《でん》があるのである。強《しい》て造《つく》り方《かた》を八ケ敷《やかましく》いふには及《およ》ばぬのである。

神符《しんぷ》と御守《おまもり》とは同《どう》一である。橘家《たちばなけ》にては神符《しんぷ》を守符《まもりふ》と云《い》ひ、古今神學類編《こきんしんがくるいへん》には札守《ふだもり》と云《い》ひ、俗《ぞく》には守札《まもりふだ》と云《い》つて居《ゐ》る。守《まもり》マモリは、和語《わご》にては眼常《まなこつね》に此《こゝ》に在《あ》りといふことである。信心厚《しんじんあつ》く此《こ》れを持《も》つ意味《いみ》と、神明《しんめい》の眼《め》が此《こ》れに在《あ》りて見《み》てくれるといふ意《い》もある。膚《はだ》に掛《か》くるも枕《まくら》の上《うへ》に掛《か》くるも同《おな》じ理《り》である。

又呑《またの》むべき神符《しんぷ》がある。それは濃《こ》き墨《すみ》を忌《い》み、或《あるひ》は白字傳《はくじでん》もある。又札《またふだ》の銘《めい》を記《しる》すに、點劃《てんくわく》、墨繼等《すみつぎとう》に、それ〳〵口傳《こうでん》がある。要《えう》するに神《かみ》の方《はう》より云《い》へば神符《しんぷ》である。それを受《う》けて所持《しよぢ》する方《はう》からいへば御守《おまもり》である。そしてその時《とき》、又《また》は其《そ》の一事《じ》丈《だけ》、卽《すなは》ち病氣平癒《びやうきへいゆ》なれば、それ丈《だけ》の御守《おまもり》と、一生《しやう》の守本尊《まもりほんぞん》たる御守《おまもり》とある。その他《た》神符《しんぷ》は家《いへ》や、牛馬《ぎうば》や、五穀《こく》等《とう》に關《くわん》するものがあつて、種類《しゆるい》が澤山《たくさん》ある。而《しか》して其《そ》の効果靈驗《かうくわれいけん》も、池鯉鮒大明神《ちりふだいめうじん》の神符《しんぷ》が長虫《ながむし》を除《のぞ》く効驗《かうけん》があり、稲荷大明神《いなりだいめうじん》の神明《しんめい》が狐憑《こり》を放《はな》す効驗《かうけん》があり、各神社《かくじんじや》の虫封等《むしふうじとう》の効果《かうくわ》は何人《なんぴと》も能《よ》く知《し》る所《ところ》である。

神符《しんぷ》の一例《れい》として、神祇伯白川王家行事傳《しんぎはくしらかはわうけぎやうじでん》に在《あ》る福富祭《ふくふさい》の神符《しんぷ》は左《さ》の如《ごと》し。

奉祝詞 伊弉諾尊 蛭兒尊 豊宇賀野女 事代主神 保食神 安鎭座

新座福富祭之札 何之司職 何之何某敬白

店《みせ》ひらきならば、開店《かいてん》、又常々《またつねづね》の祭《まつり》ならば交易福富祭《かうえきふくふさい》と書《か》くのである。

稚座靈　金銀
倉稲魂命　衣食住滿足
保食神　米錢

如此同寸の白紙を以て卷き
くるむ、是をかけ紙と云ふ
守は一枚にて認むべし

糊固《のりつけ》にして錦《にしき》に包《つゝ》み、上《うへ》に福富神《ふくふじん》と書《か》く、此《こ》れは身《み》につける御守《おまもり》の調進法《てうしんはふ》である。

又《また》普通《ふつう》一般《はん》に行《おこな》はるる、病氣《びやうき》平癒《へいゆ》等《とう》の御札《おふだ》は

何々大神宮病平癒祈願御守護
何之某

中《なか》の方《はう》は、祈禱《きたう》を行《おこな》ふ者《もの》の考《かんが》へ、又《また》は其《そ》の神《かみ》の傳法《でんはふ》に依《よ》り、心呪《しんじゆ》の一字《じ》、又《また》は符牒《ふてふ》等《とう》を記《しる》して、密封《みつぷう》し、裏《うら》に年月日《ねんがつぴ》を記《しる》し、封《ふう》を爲《な》すべし。

此《こ》の他《ほか》、地鎭祭《ちちんさい》、家造《いへづく》り、方角祈禱《はうがくきたう》、入學《にふがく》、出征《しゆつせい》等《とう》、其《そ》の事《こと》其《そ》の時《とき》に應《おう》じ、以上《いじやう》の心得《こゝろえ》

を以《もつ》て、其《そ》の場所《ばしよ》に用《もち》ふる守札《まもりふだ》、又《また》は個人《こじん》の所持《しよぢ》する御守《おまもり》を調進《てうしん》すべし。

第十三章　衰運挽回開運祈禱

人《ひと》の不幸不運《ふかうふうん》は、其《そ》の人《ひと》の不注意不勉强《ふちういふべんきやう》に依《よ》る事《こと》のあるのは固《もと》よりであるが、如何《いか》に氣《き》を付《つ》け、能《よ》く働《はたら》いても、爲《た》す事《こと》する事皆行違《ことごとみなゆきちが》ひて悲況《ひきやう》に陷《おちゐ》るものもあれば、又如何《またいか》に立派《りつぱ》な人格《じんかく》、聖賢《せいけん》の君子《くんし》でも、災難不運《さいなんふうん》は免《まぬ》がれぬ事《こと》が多《おほ》いのである。此等《これら》の不幸不運《ふかうふうん》は、親《おや》や祖先《そせん》の餘殃《よあふ》であることもあれば、居所等《きよしよとう》の惡《わる》い爲《た》めに起《おこ》ることもある。又自分《またじぶん》には分《わか》らぬけれども、其《そ》の家《いへ》や族類《ぞくるい》に對《たい》して、怨癘《おんれう》の氣《き》が覆《おほ》ひ塞《ふさ》がつて居《ゐ》るような事《こと》から來《く》るのもある。孰《いづ》れにしても人力《じんりよく》の及《およ》ばぬ不祥《ふしやう》なる邪氣惡靈《じやきあくりやう》の殃禍《わざわい》に苦《くる》しめらるるのである。

此《こ》の不幸不運《ふかうふうん》を防《ふせ》ぎ、衰運《すいうん》を挽回《はんくわい》するには、古代《こだい》より傳來《でんらい》して居《ゐ》る法式《はふしき》に由《よ》つて、災除《さいじよ》の祈禱《きたう》、開運《かいうん》の祭願《さいぐわん》を行《おこな》ひ、或《あるひ》は神符《しんぷ》を造《つく》つて家屋《かおく》に鎭《しづ》め、或《あるひ》は御守《おまもり》を封《ふう》じて膚《はだ》に添《そ》へて祈念《きねん》する等《とう》の必要《ひつえう》がある。斯《か》くすれば神力《しんりよく》の生氣《せいき》が、常《つね》に家《いへ》や身《み》を離《はな》れぬ故《ゆゑ》、如何《いか》なる邪氣惡魔《じやきあくま》も近寄《ちかよ》ることが出來《でき》ぬのである。既《すで》に邪氣《じやき》を拂《はら》ふて神明《しんめい》の生氣《せいき》を得《う》れば、缺《か》けたる月《つき》が滿《み》ち始《はじ》め、黑雲《くろくも》に覆《おほ》はれたる月光《げつくわう》が雲《くも》より現《あら》はれて、輝《かゞや》き始《はじ》むるが如《ごと》く、運氣《うんき》は次第《しだい》に開《ひら》け、次第《しだい》に盛《さかん》になりて、萬事《ばんじ》意《い》の如《ごと》くなるものであることは、自然《しぜん》の理義《わけ》である。先《ま》づ家《いへ》を造《つく》つてより、火災《くわさい》來《す》たり、惡《あし》き事度重《ことたびかさ》なり、金神凶方祟《こんじんきやうはうた》り、養蠶農事《やうさんのうじ》不作《ふさく》、或《あるひ》は病災《びやうさい》、損失絶《そんしつた》へざる時《とき》は、屋敷《やしき》の四方中央《はうちうわう》の五ケ所《しよ》に、深《ふか》さ四尺《しやく》ほどの穴《あな》を掘《ほ》り、中央《ちうわう》の山《やま》、中央《ちうわう》の穴《あな》の邊《あた》りに掘《ほ》りし土《つち》を積《つ》みよせ、之《こ》れを山《やま》といふ、その山《やま》に榊《さかき》を立《た》て、天《てん》の五行《ぎやう》の神《かみ》を勸請《くわんぜい》し、五穀《こく》を盛《も》り分《わ》けて各《かく》五行《ぎやう》の神《かみ》に供《そな》ふべし。

又《また》地《ち》の五行《ぎやう》の神《かみ》をも奉齋《ほうさい》することを要《えう》す。天地《てんち》の五行《ぎやう》の神《かみ》の名號《めいがう》及《およ》び其《そ》の鎭《しづ》め奉《たてまつ》るべき方位《はうゐ》を左《さ》に示《しめ》すべし。

天《てん》の五行神《やぎうしん》

元氣《げんき》水德神《すゐとくしん》……國狹槌尊《くにさつちのみこと》
元氣《げんき》火德神《くわとくしん》……豐斟淳尊《とようけあつのみこと》
元氣《げんよ》木德神《もくとくしん》……泥土煮尊《うひちにのみこと》、沙土煮尊《すちにのみこと》
元氣《げんき》金德神《きんとくしん》……大戸之道尊《おほとのみちのみこと》、大苫邊尊《おほとまべのみこと》
元氣《げんき》土德神《どとくしん》……面足尊《おもたりのみこと》、惶根尊《かしこねのみこと》

地《ち》の五行神《ごぎやうしん》

木祖《もくそ》、句句廼馳神《くくのちのかみ》……東《ひがし》
火祖《くわそ》、軻遇突智神《かぐつちのかみ》……南《みなみ》
土祖《どそ》、埴安姫命《はにやすひめのみこと》……中央《ちうわう》
金祖《きんそ》、金山彦命《かなやまひこのみこと》……西《にし》
水祖《すゐそ》、水速女命《みづはめのみこと》……北《きた》

鐵玉《てつたま》五つを入《い》れる箱《はこ》五つ、劍《つるぎ》一振《ふり》、此《こ》の劍《つるぎ》の神體《しんたい》として、經津主命《つねつねしのみこと》、武甕槌命《むかめつちのみこと》を祭《まつ》り、中心《ちうしん》には天御中主神《あまみなかねしのかみ》と切《き》り付《つ》け、但《たゞ》し紙《かみ》に書《か》き巻《まい》てもよし。刄《やいは》のわきは、素盞嗚命《すさのをのみこと》、八千《やち》戈命《ほこのみこと》、天葺根命《あまふきねのみこと》、八十猛命《やそたけるのみこと》、武御名方命《たけみなかたのみこと》、事代主命《ことよねしのみこと》を祭《まつ》るべし。是《こ》の祭神《さいにん》尤《もつと》も大切《たいせつ》なり。

それより先《ま》づ中央《ちうわう》の山《やま》の前《まへ》に進《す》み立《た》ちて、加持《かぢ》す、次《つぎ》に再拜拍手《さいはいはくしゆ》、護神神法《ごしんしんはふ》、祓眞讀《はつしんどく》

次《つぎ》に諸神勸請《しよしんくわんぜい》、供物《くもつ》、供物祝詞《くもつのりと》、次《つぎ》に五方《はう》の穴《あな》の上《うへ》に勸請《くわんぜい》、供物前《くもつまへ》に同《おな》じ。

次《つぎ》に中央《ちうわう》の山《やま》の前《まへ》に劍《つるぎ》を神體《しんたい》として勸請《くわんせい》し、次《つぎ》に祝詞《のりと》、次《つぎ》に劍之行事《つるぎのぎやうじ》、神歌《しんか》を唱《とな》ふ。

出雲路《いづもぢ》、八雲村雲《やくもむらくも》、十握《とにぎり》にて、降《ふ》る劍《つるぎ》に、罪《つみ》は消《き》へけり。

次《つぎ》に立《た》ちて、天地人體護堅《てんちじんたいごけん》、中央《ちうわう》の穴《あな》の前《まへ》にて太上段雲拂《たいじやうだんくもはら》ひ、東《ひがし》の穴《あな》の前《まへ》にて青龍《せいりう》の劍《つるぎ》南《みなみ》の穴《あな》の前《まへ》にて朱雀《しゆじやく》の劍《つるぎ》、西《にし》の穴《あな》の前《まへ》にて白虎《びやくこ》の劍《つるぎ》、北《きた》の穴《あな》の前《まへ》にて玄武《げんは》の劍《つるぎ》、中央《ちうわう》の穴《あな》

の前《まへ》にて、三比禮《ひれい》の劍《つるぎ》と振《ふ》り納《おさ》む。

次《つぎ》に十《と》種行事《くさぎやうじ》、鐵玉《てつたま》を掌《てのひら》の中《なか》に握《にぎ》りて振《ふる》ふなり。其《そ》の口傳《こうでん》に曰《いは》く、鐵《てつ》の玉《たま》一つ掌《てのひら》の中《なか》に取《と》りて、左《さ》の神言《しんげん》を讀《よ》み、フルベユラユラといひて、鐵《てつ》の玉《たま》を手《て》の內《うち》にて振《ふ》り、箱《はこ》に納《おさ》む。五つとも皆同《みなおな》じくす。神言《しんげん》は

東方木祖句句廼馳命《とうはうもくそくくのちのみこと》、澳津鏡邊津鏡《おうつきやうべつきやう》、八握劍《やにぎりけん》、生玉《しやうぎよく》、死返玉《しへんぎよく》、足玉《そくぎよく》、道反玉《だうはんぎよく》、蛇比禮《じやひらい》、蜂比禮《はつひらい》、品品物比禮《ひんくぶつひらい》、甲乙丙丁戊巳庚辛壬癸《かうおつへいていぼきかうしんじんき》、一二三四五六七八九十、フルベユラユラ、フルベ。

と祓《はら》ひ、十種神寶《しゆしんほう》を唱《とな》へて加持《かぢ》すべし。次《つぎ》に皆《みな》一柱《ちう》宛《づゝ》十種の神寶《しんほう》を唱《とな》へ加持《かぢ》すべし。

次《つぎ》に南方火祖軻遇突智神《なんはうくわそかぐつちのかみ》　神言前《しんげんまへ》に同《おな》じ。

次《つぎ》に西方金祖金山彥命《さいはうきんそかなやまひこのみこと》　同

次《つぎ》に北方水祖水速女命《ほくはうすかそみづはめのみこと》　同

次《つぎ》に中央土祖埴安姬命《ちうわうどそはにやすひめのみこと》　同

但《たゞ》し東方《とうはう》の神言《しんげん》を唱《とな》へて鐵玉《てつだま》を入《い》るる箱《はこ》には、東《ひがし》の符號《ふがう》を豫《かね》て記《しる》し置《お》くべし。祈禱《きたう》終《をは》れば、五方《はう》の穴《あな》の幣《へい》の本《もと》に埋《うづ》むるなり。劍《つるぎ》も箱《はこ》に納《おさ》めて、棟木大國柱《むなぎだいこくはしら》に齋《いつ》き奉《たてまつ》りて、

永《なが》く家《いへ》の守《まもり》とす。

次《つぎ》に神送《かみおく》りの詞《のりと》を奏《そう》して、次《つぎ》に拍手《はくしゆ》二拜《はい》、立座《りつざ》退散《たいさん》す。之《こ》れにて祈禱《きたう》終《をは》る。又《また》土金《どきん》行事《ぎやうじ》の略式《りやくしき》として、生氣《せいき》吉方《きちはう》の土《つち》を少《すこ》し取《と》り、金紙《きんがみ》を少々《せう／＼》切《き》り交《ま》ぜ、五寸《すん》四方《はう》ほどの箱《はこ》に入《い》れ、五行《ぎやう》神符《しんぷ》鐵《てつ》の玉《たま》を十種《とくさ》の行事《ぎやうじ》をして入《い》れ、屋敷《やしき》の五方《はう》に埋《うづ》む。又《また》木劍《もくけん》をこしらへて神體《しんたい》を勸請《くわんぜい》し、眞劍《しんけん》にて行事《ぎやうじ》して、其《そ》の靈威《れいゐ》を木劍《もくけん》に遷《うつ》し奉《たてまつ》りて、家《いへ》の鎭護《ちんご》とす

口傳《こうでん》には、五行《ぎやう》の神符《しんぷ》とは、五行《ぎやう》の神號《しんがう》を記《き》して守護《しゆご》せしものなり。土生金《どせいきん》の吉方《きつはう》とは正月《しやうがつ》子《ね》、二月《がつ》丑《うし》、三月《がつ》寅《とら》、四月《がつ》卯《う》、五月《がつ》辰《たつ》、六月《がつ》巳《み》、七月《がつ》午《うま》、八月《がつ》未《ひつじ》、九月《がつ》申《さる》、十月《がつ》酉《とり》、十一月《がつ》戌《いぬ》、十二月《がつ》亥《ゐ》の方《はう》をいふ。

第十五章　治病祈禱法

元來《ぐわんらい》人間《にんげん》の精神《せいしん》は產靈《むすび》の神《かみ》の分靈《ぶんれい》であつて、又身體《またしんたい》は體化《たいくわ》の神《かみ》たる諾冉兩尊《いざなぎいざなみりやうみこと》の分身《ぶんしん》である。それで人間《にんげん》の心身《しんしん》には本來《ほんらい》その本質《ほんしつ》に於《お》て、決《け》つして病氣等《びやうきとう》のあるべき筈《はづ》がないのである。然《しか》るに實際《じつさい》は病氣《びやうき》が多《おほ》く、近頃《ちかごろ》は醫藥《いやく》の道《みち》は神巧《しんかう》を奪《うば》ふまで發達《はつたつ》し、衞生《ゑいせい》は能《よ》く行《ゆ》き屆《とゞ》いて居《ゐ》るけれど、難治《なんぢ》の病《やまひ》は彌々《いよ／＼》多《おほ》く、病患者《びやうくわんじや》の數《すう》も又增加《またぞうか》しつつあるのである。

斯《か》く病態《びやうたい》の文明《ぶんめい》と反比例《はんぴれい》するのは、何故《なぜ》であるかといふに、それは自分《じぶん》で此《こ》の神聖《しんせい》なる心身《しんしん》を汚《け》がすからである。又或《またあるひ》は同業同果《どうげふどうくわ》の理《り》に依《よ》りて他《た》の爲《た》めに汚《けが》されて災難《さいなん》を受《う》くることもある。又急性《またきうせい》の中毒《ちうどく》とか、傳染病《でんせんびやう》にかかるのは、全《まつ》たく自分《じぶん》の不注意《ふちうい》や、臨時《りんじ》の災難《さいなん》であつて、それは又特別《またとくべつ》の法式《はふしき》を用《もち》ゐねばならぬが、一體人間《たいにんげん》の慢性的長病《まんせいてきちやうびやう》をするのは、單《たん》に自分《じぶん》を汚《けが》して居《ゐ》るばかりでなく、神明《しんめい》まで汚《けが》して居《ゐ》るとか、又《また》は他《た》から怨氣《おんき》を受《う》けて居《ゐ》るのであるから、單《たん》に身心上丈《しんしんじやうだけ》の病氣《びやうき》でなく、天地自然《てんちしぜん》の大法《だいはふ》を犯《おか》して居《ゐ》る、神氣《しんき》を害《そこな》ひ、精氣《せいき》を傷《きづつ》けて居《ゐ》るのである。醫藥《いやく》の必要《ひつえう》は固《もと》よりある。又自分《またじぶん》の養生《やうじやう》も肝要《かんえう》であるが、それ以上《いじやう》に特《とく》に此《こ》の汚《けが》れを拂《はら》ひ、神明《しんめい》の怒《いかり》を慰《なぐさ》め、天地《てんち》の氣勢《きせい》を融和《ゆうわ》して、病者《びやうしや》と神明《しんめい》とを調度《てうど》せしめて本然《ほんぜん》に復《かへ》らせねばならぬ。

我《わ》が國《くに》では醫藥《いやく》の祖神《そしん》であり、治病禁厭祈禱《ちびやうきんえんきたう》を始《はじ》められたのは、大巳貴命《おほむちのみこと》と少彥名命《すくなひこなのみこと》であるから、治病《ちびやう》の祈禱《きたう》には、此《こ》の二神《しん》を主神本尊《しゆしんほんぞん》として祈禱加持《きたうかぢ》するのが一般《はん》の法式《はふしき》であるが、併《しか》し特殊《とくしゆ》の病《やまひ》には又《また》それ〴〵其《そ》の方面《はうめん》の神《かみ》があるから、それを本尊《ほんぞん》とするがよい。又《また》一般《はん》に孰《いづ》れの神《かみ》に祈《いの》りても差支《さしつかへ》はない。

夫《そ》れから病氣平癒《びやうきへいゆ》を祈《いの》ると同時《どうじ》に、家內安全《かないあんぜん》を祈《いの》ることが肝要《かんえう》であり、引續《ひきつゞ》き醫神祭《いしんさい》を行《おこな》ふことも肝要《かんえう》であるから、今《いま》左《さ》に此《こ》の三つの祈禱祝詞《きたうのりと》の一班《はん》を示《しめ》すべし。

治病祈禱の祝詞文例

掛毛《カケマクモ》畏伎《カシコキ》吾《アガ》皇神《スメミカミ》乃《ノ》大前《オホマヘ》爾《ニ》畏美畏美《カシコミカシコミ》白久《マウサク》某國《ソレノクニ》某群《ソレノコホリ》某里人《ソレノサトビト》何某《ナニガシ》某病《ソレノヤマヒ》有氐《アリテ》月日《ツキヒ》佐麻彌久《サマネク》病臥世利《ヤミコヤセリ》故是以《カレコヽヲモツテ》〔齋主名〕爾《ニ》事議且《コトハカリテ》雖恐《カシコケレド》吾《アガ》皇神《スメミカミ》乃《ノ》大前《オホマヘ》乎《ヲ》齋奉留《イツキマツリ》蒼生《アヲヒトクサ》乎《ヲ》惠給布《メグミタマフ》恩賴《ミタマノフユ》乎《ヲ》乞祈奉牟登《コヒノミマツラムト》爲且《シテ》今日《ケフ》乃《ノ》吉日《ヨキヒ》乃《ノ》吉時《ヨキトキ》爾《ニ》〔名〕爾《ニ》禮代《イヤシロ》乃《ノ》幣乎《ミテクラヲ》捧持《サヽグモチ》且《テ》恐美恐美毛《カシコミカシコミモ》稱辭竟奉良之牟《タヽヘゴトオヘマツラシム》掛毛《カケマクモ》畏伎《カシコキ》皇神《スメミカミ》此狀乎《コノサマヲ》平久《タヒラケク》安久《ヤスラケク》聞召且《キコシメシテ》何某我《ナニガシガ》惱牟《ナヤム》病乎《ヤマヒヲ》速爾《スミヤカニ》直給《ナホシタマヒ》癒給比《イヤシタマヒ》堅磐爾《カキハニ》常磐爾《トキハニ》命《イノチ》長久《ナガク》夜守《ヨモリ》日守爾《ヒモリニ》守給《マモリタマヒ》幸給登《サキハヘタマヘト》畏美畏美毋《カシコミカシコミモ》白《マウス》。

家內安全祈禱の祝詞文例

掛毛《カケマクモ》恐伎《カシコキ》吾《アガ》大神《オホカミ》乃《ノ》大前《オホマヘ》爾《ニ》恐美恐美母《カシコミカシコミモ》白久《マウサク》某國《ソレノクニ》某郡《ソレノコホリ》某里人《ソレノサトビト》何某《ナニガシ》伊《イ》吾《アガ》大神《オホカミ》乃《ノ》恩賴《ミタマノフユ》爾《ニ》依且《ヨリテ》其家《ソノイヘ》乃《ノ》彌益々《イヤマスマス》爾《ニ》立榮牟事《タチサカヘムコト》乎《ヲ》祈白牟登《ノミマウサムト》爲且《シテ》〔齋主名〕爾《ニ》禮代《イヤシロ》乃《ノ》幣乎《ミテグラヲ》捧持《サヽゲモチ》且《テ》恐美恐美母《カシコミカシコミモ》稱辭竟奉良之牟《タヽヘゴトオヘマツラシム》此狀乎《コノサマヲ》平久《タヒラケク》安久《ヤスラケク》聞召且《キコシメシテ》何某我《ナニガシガ》家內爾波《カナイニハ》八十枉津日《ヤソマガツヒ》乃《ノ》枉事《マガコト》不令有《アラシメズ》產業乎《ナリワイヲ》无緩事《タルムコトナク》无怠事《オコタルコトナク》勤美《イソシミ》務米且《ツトメテ》其家門乎《ソノカモンヲ》起佐之米《オコサシメ》給比《タマヒ》廣米之米《ヒロメシメ》

給比《タマヒ》堅石《カタイシ》爾《ニ》常石《トコイシ》爾《ニ》命《イノチ》長久《ナガク》子孫《ウミノコ》乃《ノ》八十《ヤソ》連屬《ツヾキ》爾《ニ》至流麻《イタルマデ》◇茂之《イカシ》八桑枝《ヤクワエ》乃《ノ》如久《ゴトク》令立榮《タチサカヘシメ》
給比《タマヒ》過犯須《トガオカス》事乃《コトノ》有牟乎婆《アラムヲバ》見直《ミナホシ》聞直《キヽナホシ》坐《マシテ》◇夜乃守《ヨノモリ》日乃守《ヒノモリ》爾《ニ》守《マモリ》給比《タマヒ》幸《サキハヘ》給閉登《タマヘト》恐美《カシコミ》◀美母《カシコミモ》
白須《マウス》。

醫藥神祭の祝詞文例

此乃《コノ》神床爾《カンドコニ》神籬《ヒモロギ》立且《タテテ》招請《ネギコヒ》奉利《マツリ》令坐《アラシメ》奉留《マツル》掛卷毛《カケマクモ》畏伎《カシコキ》神皇產靈《カムミムスビノ》大神《オホカミ》大穴牟遲《オホナムチノ》
神《カミ》少名比古那神乃《スクナヒコナノカミノ》御前爾《ミマヘニ》畏々毛《カシコミカシコミモ》白久《マウサク》遠津神代爾《トホツカミヨニ》大穴牟遲神《オホナムチノカミ》大御祖神皇《オホミオヤカムミ》
產靈大神乃《ムスビノオホカミノ》勅爾《ミコトノリニ》依且《ヨリテ》少名比古那神止《スクナヒコナノカミト》御兄弟止《ミウガラト》成坐且《ナリマシテ》、御心乎《ミコヽロヲ》睦比《ムツビ》御力乎《ミチカラヲ》合世《アヘセ》
給比且《タマヒテ》葦原乃中津國乎《アシハラノナカツクニヲ》國造利《クニツクリ》固給比《カタメタマヒ》又《マタ》御祖《ミオヤ》大神乃《オホカミノ》御心乎《ミコヽロヲ》受給《ウケタマヒ》傳給比且《ツタヘタマヒテ》愛志伎《ウツシキ》
蒼生乃《アヲヒトグサノ》病乎《ヤマヒヲ》憐美《アハレミ》給比《タマヒ》少名比古那神止《スクナヒコナノカミト》議給比且《ハカリタマヒテ》藥湯乃《クスリユノ》道止《ミチト》病乎《ヤマヒヲ》療須留《イヤスル》方止乎《ノリトヲ》始給《ハジメタマ》
比《ヒ》飛禽《トブトリ》走獸《ハシルケモノ》昆虫乃《ハムシノ》災乎《ワザハヒヲ》攘牟止《ハラハムト》爲且《シテ》其呪乃《ソノマジナヒノ》法乎《ノリヲ》定給比伎《サダメタマヒキ》是乎《コレヲ》以且《モツテ》百姓等《オホミタカラタチ》今爾《イマニ》至留《イタル》
迄《マデ》其《ソノ》恩賴乎《ミタマノフユヲ》蒙里《カウブリ》奉禮留《マツレル》事乎《コトヲ》奈毛《ナモ》憙美辱美且《ウレシミカタジケナミテ》奉留《タテマツル》幣帛波《ミテグラハ》由紀乃《ユキノ》御食《ミケ》御酒波《ミキハ》甕乃閉《ミカノヘ》
高知《タカシリ》甕乃《ミカノ》腹滿《ハラミテ》雙邊且《ナラベテ》山野物波《ヤマノノモノハ》甘菜《アマナ》辛菜《カラナ》青海原物波《アヲウナバラノモノハ》鰭乃廣物《ハタノヒロモノ》鰭乃狹物《ハタノサモノ》奧津《オクツ》

藻菜《セナ》邊《ベ》津《ノ》藻菜《セナ》爾至麻氏爾《ニイタルマデニ》橫山《ヨコヤマ》乃如久《ノゴトク》置足氏《オキタラハシテ》奉留《マツレ》幣帛《ミテグラ》乃足《ノタル》幣帛《ミテグラ》止平久安久《トタヒラケクヤスラケク》所聞《キコシ》食《メシ》且《テ》此乃席《コノトコロニ》爾集侍《ウゴナハレル》藥師等乃《ラノ》用留《モチフル》種々《クサグサ》乃藥《ノクスリ》爾大神等《オホカミタチ》御靈《ミタマ》幸《サキハヘ》氏《テ》世人《ヨノヒト》乃悶熱《ノアツカヒ》懊惱《ナヤメル》病物《ヤマヒモノ》乃氣《ノケ》高津神《タカツカミ》乃氣《ノケ》爾至麻氏《ニイタルマデ》平久安久《タヒラケクヤスラケク》令治給《ナホサシメタマヘ》閉止《ト》十六自物《カコジモノ》膝折伏《ヒザヲリフシ》宇事物頸《ウジモノウナジ》根突拔《ネツキヌキ》氏《テ》稱辭竟奉《タタヘゴトヲヘマツラ》久止《クト》白《マウ》須《ス》。

第十六章　諸病間接祈禱法

此《こ》の間接祈禱《かんせつきたう》といふのは、病人《びやうにん》が重病《ぢうびやう》とか、遠方《ゑんぱう》とかにて祈禱者《きたうしや》の許《もと》に來《く》ることが出來《でき》ぬとか、祈禱者《きたうしや》も亦行《またゆ》かれぬといふ場合《ばあひ》に、祈禱者《きたうしや》は自分《じぶん》の內《うち》にて、通常《つうじやう》の祈禱《きたう》を爲《な》して、病氣《びやうき》を治癒《ちゆ》せしむるといふのである。病人《びやうにん》の代人《だいにん》か、衣類《いるい》か、寫眞《しやしん》かがあれば、それを代《かは》りとして祈禱《きたう》するのが結構《けつこう》である。そうして神符《しんぷ》を造《つく》り、それを病者《びやうしや》に與《あた》へ、家人《かじん》をして病者《びやうしや》の身體《しんたい》を撫《な》でしむる等《とう》もよろしい、又神符《またしんぷ》を送《おく》る等《など》も間《ま》は合《あ》はぬとか、困難《こんなん》といふ時《とき》には、單《たん》に祈禱《きたう》だけでもよいのである。

全體病氣《ぜんたいびやうき》は、醫藥《いやく》の力《ちから》も必要《ひつえう》である、病《やまひ》は七分方看護《かたかんご》で治《なほ》するといふこともあつて、看《かん》護《ご》の力《ちから》が大切《たいせつ》である、それから病人《びやうにん》の信念《しんねん》、祈禱《きたう》の威力《ゐりよく》といふやうに、三拍子《びやうし》も四拍子《びやうし》も揃《そろ》へば結構《けつこう》である。それから病人《びやうにん》が小供《こども》であるとか、又間接祈禱《またかんせつきたう》の事《こと》は知《し》らぬでも、祈禱《きたう》者依頼者《しやいらいしや》の心力電力《しんりよくでんりよく》で以《もつ》て、病者《びやうじや》に感傳《かんでん》し、矢張《やは》り効果《こうくわ》を現《あら》はすものである。

神符《しんぷ》の作《つく》り法《はふ》は、先《ま》つ神符《しんぷ》の中符《ちうふ》に、十種《とくさ》の神寶《しんぽう》の圓《まる》を書《か》くこと、但《たゞ》し紺紙《こんがみ》か青紙《あをがみ》にすべし、外符《ぐわいふ》は邪氣打出法《じやきうちだしはふ》の呪字《じゆじ》又《また》は九字《じ》の印《いん》を、式《しき》の如《ごと》く祈念《きねん》して書《か》き、之《こ》れを包紙《つゝみがみ》として内符《ないふ》を包《つゝ》み調《とゝの》ふ、上包《うはづゝみ》は別紙《べつし》にて封《ふう》ず、但《たゞ》し神靈朱印又《しんれいしゆいんまた》は水引《みづひき》を掛《か》くることあるも、それ等《ら》は隨意《ずいい》なり、拜受者《はいじゆしや》は口《くち》を嗽《そゝ》ぎ手《て》を洗《あら》ひ、朝《あさ》は東方《とうはう》に向《むか》ひて拜《はい》し、夕《ゆふべ》は西方《せいはう》に向《むか》ひて拜《はい》し、符《ふ》を頂《いたゞ》き、心《こゝろ》の内《うち》にて神々《かみ〴〵》を念《ねん》じ、神符《しんぷ》を以《もつ》て病體《びやうたい》を撫《な》で、兩眼《りやうがん》を閉《と》ぢ、此《こ》の災禍《さいくわ》を除《のぞ》き給《たま》へ、此《こ》の病《やまひ》を祓《はら》ひ給《たま》へと、幾度《いくど》もくりかへし唱《とな》ふべし、而《しか》して朝夕二回宛《てうせきくわいづゝ》、七日間《かかん》行《おこな》ふべし。

病氣祈禱《びやうききたう》、又《また》は病氣《びやうき》を封《ふう》じ、それより其《そ》の病者《びやうしや》が、除災延命《じよさいえんめい》の爲《た》め、常《つね》に首《くび》に掛《か》けて膚《はだ》身《み》を離《はな》さゞる御守護《ごしゆご》の神符作法《しんぷさはふ》を左《さ》に例示《れいじ》すべし。

病氣祈念《びやうききねん》の勸請《くわんせん》すべきは左《さ》の五神《しん》とす。

大巳貴命《おほなむちのみこと》、少彦名命《すくなひこなのみこと》、天照太神《あまてらすおほみかみ》、素盞嗚太神《すさのをのおほかみ》、猿田彥太神《さるたひこのかみ》

又《また》加持《かぢ》の時《とき》は、左《さ》の五柱《ちう》の神《かみ》を以《もつ》て、五臓《ざう》を加持《かぢ》すべきものなり。
心神《しんしん》——天合魂神《あめあいたまのかみ》、腎神《じんしん》——天三降魂神《あめのふりたまのかみ》、肝神《かんじん》——天八百目魂神《あめやをめたまのかみ》、肺神《はいじん》——天八十萬魂《あまやそよろづたまの》神《かみ》、脾神《じんしん》——天八降魂神《あめやふるたまのかみ》。

斯《か》くて祓《はらひ》を讀《よ》み、歌《うた》を讀《よ》み、祝詞祈念辭《のりときねんじ》を讀《よ》み、又神符《またしんぷ》を作《つく》るには、人形《にんぎやう》の形《かたち》を紙《かみ》にて切《き》り、それに病名《びやうめい》、姓名《せいめい》、生年月日《せいねんがつぴ》を書《しよ》し、此《こ》れに病人《びやうにん》の息《いき》を吹《ふ》き入《い》れ、表《おもて》には大己貴神《おほなむちのかみ》少彦名神《すくなひこなのかみ》と書《しよ》し、其《そ》の左右《さいう》に一二三四五（右《みぎ》）六七八九十（左《ひだり》）と書《しよ》して、之《こ》れを地《ち》に埋《うづ》めて封《ふう》じ、更《さら》に又反對《またはんたい》に神名《しんめい》を中《なか》に書《しよ》し、神氣《しんき》を吹《ふ》き入《い》れ、表《おもて》に當病平癒年月《たうびやうへいゆねんげつ》を書《しよ》して守《まもり》と爲《な》し、病人《びやうにん》に掛《か》けしむるのである。

兩部法《れうぶはふ》にては不動尊等《ふどうそんとう》の靈符《れいふ》あり、長病全治《てうびやうぜんち》を主《しゆ》とするものである。

第十七章　病氣封加持法

病氣《びやうき》の封加持《ふうかぢ》とは、病毒卽《びやうどくすなは》ち黴菌等《ばいきんなど》を法力《はふりき》と神力《しんりき》とで封《ふう》じ込《こ》んでしもうて、病魔《びやうま》の働《はたらき》の出來《でき》ぬやうにすると同時《どうじ》に、衰弱《すいじやく》せる病人《びやうにん》の五體《たい》を加持《かぢ》して、精力《せいりよく》を付《つ》け元氣《げんき》を回復《くわいふく》せしむる法《はふ》である。此《こ》の加持《かぢ》といふことは、行者《ぎやうじや》の法力《はふりき》と神威《しんゐ》とを病者《びやうしや》の心身《しんしん》に同化《どうくわ》せしむので、恰《あだ》かも腐水《ふすゐ》でも、其《そ》の中《なか》に清水《しみづ》を注入《ちうにふ》すれば、腐水《ふすゐ》も次第《しだい》に清浄《せいじやう》になり、腐毒《ふどく》は自然《しぜん》に何時《いつ》となく、消失逃《せうしつに》げ去《さ》ると同《どう》一である。加持力《かぢりよく》の偉大《ゐだい》なることは、實《じつ》に非常《ひじやう》なものがあるのである。

今諸病封加持《いましよびやうふうかぢ》の秘文《ひもん》を左《さ》に示《しめ》すべし。

病者《びやうしや》に向《むか》ひて九字護身法《じごしんはふ》、白幣束《しろへいそく》を以《もつ》て加持《かぢ》すべし。

夫《そ》れ清《すめ》るを天《てん》とし濁《にご》るを地《ち》とす陰陽交《いんやうまじは》り萬物《ばんぶつ》を生《しやう》じ悉《ことごと》く身佛生《しんぶつしやう》あり最《もつと》も人倫《じんりん》をえらみ身《しん》佛《ぶつ》となる故《ゆゑ》に八葉《えふ》のうてなに大《だい》さい二十八宿《しゆく》を三界《がい》とす行者謹《ぎやうじやつゝし》み敬《うやまひ》て白《まう》す火《ひ》もゆく事《こと》不能水《あたはずみづ》もただよはす事不能刀兵《ことあたはずとうひやう》も勝事不能壽《かつことあたはずじゆ》は百壽《じゆ》の秋《あき》を保《たも》ち頭《かしら》は五智寶冠《ちほうくわん》の大日如來《だいにちによらい》髪《かみ》は倶利加羅大日大聖不動明王《くりからだいにちだいしやうふどうみやうわう》耳《み》は身祿菩薩《ろくぼさつ》左《ひだり》の眼《まなこ》は日天子《につてんし》右《みぎ》の眼《まなこ》を月天子《げつてんし》鼻《はな》は藥師《やくし》如來《によらい》口《くち》は地藏菩薩《ちざうぼさつ》左手《ひだりて》は千珠菩薩《せんじゆぼさつ》右手《みぎて》は普賢菩薩《ふけんぼさつ》左《ひだり》の足《あし》は正觀世音菩薩《しやうくわんぜおんぼさつ》右《みぎ》の足《あし》は大勢至《だいせいし》菩薩《ぼさつ》膝《ひざ》は地持天肝《ちぢてんかん》の臟《ざう》は降三世夜叉明王《かうさんぜやしやみやうわう》心《しん》の臟《ざう》は軍茶利夜叉明王《ぐんだりやしやみやうわう》肺《はい》の臟《ざう》は大威徳夜叉明《だいゐとくやしやみやう》王腎《わうじん》の臟《ざう》は金剛夜叉明王《こんがうやしやみやうわう》脾《ひ》の臟《ざう》は中央大日大聖不動明　王其心《ちうわうだいにちだいしやうふどうみやうわうそのこゝろ》　諸神諸菩薩《しよしんしよぼさつ》住《ぢう》し給《たま》ふ其《そ》の徳廣厚《とくくわうかう》として諸天善神金輪奈落《しよてんぜんしんこんりんなら》の底《そこ》までも之《これ》を照《てら》す阿吽《あうん》の息風《いきかぜ》と成《なつ》て衆生《しゆうじやう》の苦《くるし》み災《わざはひ》を吹散《ふきちら》し大智《だいち》の劒《けん》を定規《ぢやうぎ》とす四方《はう》の趣意《しゆい》愚《おろか》なる心《こゝろ》にして恨《うら》みを爲《な》すもの祓《はら》ひ清《きよ》め行者《ぎやうじやきやう》の經

數《かず》なしと雖《いへど》も神佛擁護《しんぶつえうご》の加持《かぢ》を以《もつ》て守護《しゆご》頭《かしら》に頂《いたゞ》き怨敵《おんてき》諸《もろ〳〵》の障碍《しやうげ》をなす物皆《ものみな》悉《ことごと》く退散《たいさん》し去《さら》ん、唵者儞志陀儞娑婆訶《おんしやにしだにそはか》と唱《とな》ふべし。

次《つぎ》は封加持《ふうかぢ》と理義《りぎ》は結局同《けつきよくどう》一に歸《き》するが、其《そ》の名目《めいもく》は反對《はんたい》に、流行病送《りうかうびやうおく》り出《だ》し法《はふ》といふがある。元來《ぐわんらい》流行病《りうかうびやう》は黴菌《はいきん》の傳播《でんぱ》である、此《こ》の黴菌《はいきん》は空間《くうかん》に浮遊《ふゆう》して據《よ》る處《ところ》の無《な》い、怨癘《おんらい》陰濕《いんしつ》の氣《き》に依《よつ》て化成《くわせい》するのものである、夫《それ》で何人《なんぴと》でも心《こゝろ》に邪念《じやねん》を抱《いだ》くものや、恐怖《きやうふ》の念《ねん》ある者《もの》には、直《たゞ》ちに感染《かんせん》するのである。無理《むり》に亂暴《らんばう》せよといふではないが、流行病《りうかうびやう》に對《たい》して元氣《げんき》と恐怖《きやうふ》せぬのが肝要《かんえう》である。併《しか》し既《すで》に家内中《かないちう》にても病毒《びやうどく》が這入《はい》つたならば、普通《ふつう》一般《はん》の衞生法《ゑいせいはふ》は固《もと》よりやらねばならぬが、其《そ》の上《うへ》に流行病《りうかうびやう》を送《おく》り出《だ》す方法《はうはふ》をせねばならぬ、其《そ》の方式《はうしき》は先《ま》づ第《だい》一に神前《しんぜん》に幣束《へいそく》と赤飯《せきはん》とを供《そな》へて祀《まつ》り、家内中《かないちう》を祓《はら》ひ清《きよ》め、祭儀《さいぎ》が終《をは》れば此《こ》の幣束《へいそく》と赤飯《せきはん》とを持《も》ちて野外《やぐわい》に送《おく》り出《だ》して棄《すて》るのである、此《こ》れは小兒欺《こどもだま》し見《み》たやうであるが、今日《こんにち》の衞生法《ゑいせいはふ》から考《かんが》へても、食物《しよくもつ》に病黴《びやうどく》を集《あつ》めて放逐《はうちく》するといふ至極道理《しごくだうり》のあることである。其《そ》の法式《はうしき》は

第《だい》一、未敷蓮華印《みしきれんげいん》、オン天神《てんじん》ナラエンバイキソズカ

第《だい》二、八葉印《はいん》、オンサリサリチナラエンソバカ

第《だい》三、四方結印《はらけついん》、オンハラテイゴヅ天王《てんわう》セイクワンインメイソバカ
第《だい》四、金剛合掌《こんがうがつしやう》・オン天神王子《てんじんわうじ》地《ち》神王子《しんわうじ》ズイキエンメイソバカ
第《だい》五、内縛印《ないばくいん》、オン王神王子《わうじんわうじ》オンギインメイソバカ
第《だい》六、智《ち》奉印《はういん》、オンキリキリシヨツリソバカ
次《つぎ》に護身法《ごしんはふ》、獨古印《どくこいん》、次《つぎ》は左《さ》の文《ぶん》を唱《とな》ふ
抑《そも／＼》當病《たうびやう》なやまし給《たま》ふ貪欲中途《とんよくちうと》又流行神《またりうかうしん》生靈《しやうりやう》死靈呪咀《しりやうじゆそ》唯今行者《たゞいまぎやうじや》の教化《けうくわ》に随《したがつ》て病者《びやうしや》の身《み》の内《うち》を立退《たちの》き給《たま》ひ、病家《びやうか》に來《き》たり給《たま》はば、流行疫神此《りうかうえきしんこ》の八葉《えう》に乘《の》り給《たま》ひ・天魔外道《てんまげだう》生靈《しやうりやう》死靈《しりやう》四足《そく》二足靈氣《そくれいき》各此《かくこ》の八葉《えう》に乘《の》り給《たま》ひ、成就《じやうじゆ》し給《たま》ひ、他方《たはう》へ歸《かへ》らせ給《たま》へ
次《つぎ》に神歌《しんか》を唱《とな》ふ。
峰《みね》の八ッ谷《たに》は九ッ山《やま》こえて道《みち》一ッで迷《まよ》ふ方《かた》なし
水《みづ》よりも風《かぜ》こそなみをたつるなり元《もと》の水《みづ》には煩《わづら》ひもなし
倶利迦羅《くりから》の敎《をしへ》にまかせて住《す》たるや幣《ねさ》の上《うへ》には物《もの》のけはなし
東路印《とうろいん》にて、オントロトロ　三遍《べん》
ナウマクシツチリヤヂビキヤナンオンザザロウギヤウギヤランラン

祈禱後《きたうご》、わらだに幣帛《へいはく》をさして外《そと》へ持《も》ちいだし、歌《うた》ふ、歌《うた》に曰《いは》く

神《かみ》さいて穢《けが》れ祓《はら》ふといふことは、此《こ》の身《み》此《こ》の儘《まゝ》神《かみ》のみたまぞ

次《つぎ》にわらだを持《も》ち出《だ》す時《とき》に、不動縛文《ふどうしばりもん》を唱《とな》ふ

動《うご》くともよもゆるさず、縛《しばり》のなは、不動《ふどう》の心《こころ》あらん限《かぎ》りは

五大尊《だいそん》の名號《めいがう》を唱《とな》へ、心經陀羅尼《しんきやうだらに》を唱《とな》へ、鹽《しほ》をまき、家内《かない》を清《きよ》む、次《つぎ》に野神作法《やしんさはふ》

先《ま》づもとの野原《のはら》なりけるとなへ、次《つぎ》に送《おく》り車路《しやろ》の印《いん》、オントロトロソン、次《つぎ》に寶車路《ほうしやろ》の印《いん》

ナリマクシチリヤチビキヤナンオンバロウギヤウキヤランソバカ

九字《じ》十字《じ》内祓《うちはらひ》、金剛合掌《こんがうがつしやう》して諸經諸眞言《しよきやうしよしんごん》を唱《とな》へて內《うち》に入《い》る時《とき》、護身法《ごしんはふ》九字《じ》十字《じ》、オンケイシヤケツシヤソバカ

第十八章　諸病禁厭法

世人《せじん》の輕視《けいし》する風邪《ふうじや》は、諸病《しよびやう》の因《いん》を爲《な》すものである、元來風邪《ぐわんらいふうじや》は正氣《しやうき》と邪勢《じやせい》との戰《たゝかひ》である。それで加持禁厭《かちきんえん》を行《おこな》へば、大《おほい》に効果《かうくわ》を見《み》るのである。

先《ま》づ病人《びやうにん》に向《むか》ひ痛《いた》む所《ところ》を見《み》て加持《かぢ》す、祓詞《はつし》、祝詞《のりと》、十種《とくさ》の神寳《しんぽう》、次《つぎ》に級長《しな》津彦神《づひこのかみ》、級長《しな》津姫神《づひめのかみ》、大己貴神《おほなむちのかみ》、少彦名神《すくなひこなのかみ》、須佐之男命《すさのをのみこと》、惡氣《あくき》退散祓《たいさんはら》へ給《たま》へと唱《とな》ふ。

次《つぎ》に八神《しん》を唱《とな》へて祓《はら》ふ、天之《あめの》御中主神《みなかぬしのかみ》、高産靈神《たかむすびのかみ》、神産靈神《かみむすびのかみ》、魂留《たまる》産靈神《むすびのかみ》、生産靈神《うまむすびのかみ》、足産靈神《あしむすびのかみ》、大宮姫神《おほみやひめのかみ》、保食神《うけもちのかみ》、事代主神《ことしろぬしのかみ》、神直日神《かんなほしひのかみ》、疾病退散《しつぺいたいさん》、身體健固《しんたいけんご》祓《はら》ひ給《たま》へ清《きよ》め給《たま》へと白須《まうす》、三遍唱《べんとな》ふべし。

一二三四五六七八九十と祓串《はらひくし》の先《さき》にて書《かい》て吹《ふ》く事《こと》三遍《べん》すべし、次《つぎ》に神歌《しんか》

八雲立《やくもた》つ、出雲八重垣《いづもやへがき》、つまごめに、やへがきつくる、そのやへがきを

大己貴命《おほなむちのみこと》、少彦名命《すくなひこなのかみ》、力《ちから》を合《あは》せて、一心病《しんやまひ》を療治《いやし》定《さだ》め給《たま》へ、天神璽《てんしんじ》の十種瑞神寳《しゆすいしんぽう》、一二三四五六七八九十フルベユラユラフルベと三遍唱《べんとな》ふ、次又神歌《つぎまたしんか》三遍《べん》

病《やまひ》なら、いづれ外山《とやま》に、すべきに、里《さと》はここなり、いざかへれいね

風《かぜ》にのり、熱《あつ》けもよふす、神息《かみいき》は、天《そら》に涼《すず》しき、法《のり》にさめけり

又呪咀《またじゆそ》として左《さ》の法《はふ》あり

風流行《かぜりうかう》する時《とき》は、推蕈《しいたけ》、又《また》は干烏賊《するめ》を火《ひ》に薫《くす》べて、其《そ》の煙《けむり》を鼻《はな》にかぎつつ、通《つう》するときは、如何《いか》に流行《りうかう》するも、風《かぜ》を引《ひ》くの患《うれい》なし。

又風《またかぜ》を追拂《おいだ》す奇法《きはふ》あり
燒味噌《やきみそ》を小《ちい》さく拵《こしら》へ、朝《あさ》の飪《じん》の茶《ちや》を汲《く》み入《い》れ、雨戸《あまど》の立《た》て尻《じり》の敷居《しきゐ》の上《うへ》へ、右《みぎ》の味噌燒《みそやき》を置《お》きて飪《じん》にて茶《ちや》を進《しん》ぜる程《ほど》に出玉《いでたま》へと、口《くち》のうちにて唱《とな》へながら茶碗《ちやわん》の茶《ちや》にて、味噌燒《みそやき》を外《そと》へ流《なが》し、戸《と》を締切《しめき》りて後《あと》を見《み》ずして、居間《ゐま》に戻《もど》るべし、風邪《ふうじや》を治《ち》すること妙《みやう》なり。以《い》上《じやう》は皆《みな》自然《しぜん》の理義《りぎ》に通《かよ》ふものである。
又瘧病《またおこり》落《おと》しの妙法《みやうはふ》あり
先《ま》づ神拜《しんはい》常《つね》の如《ごと》く、諸神祈念祝詞《しよしんきねんのりと》、神符《しんぷ》を病人《びやうにん》の五體《たい》に書《か》くこと左《さ》の如《ごと》し。
額《ひたへ》に日枝《ひえ》神社身體健固《じんじやしんたいけんご》、胸《むね》に大山祇命當病平癒《おほやまぎのみことたうびやうへいゆ》。左右《さいう》の肩《かた》に藥力《やくりき》二柱大神《ちうおほかみ》。左右《さいう》の手《て》に
天照太神《あまてらすおほみかみ》、左右《さいう》の足《あし》に五行《ぎやう》の大神《おほかみ》。
次《つぎ》に呪文《じゆもん》
天地萬物《てんちばんぶつ》一體同根無上靈寶神道加持《たいどうこんむじやうれいほうしんだうかぢ》
此《こ》の文《ぶん》を唱《とな》へて吹《ふ》き拂《はら》ふべし。
又《また》つゆおちて、まつのはかるき、あしたかな、くものおこりを、はろふあきかせ。
ありあけの、ひまでになれば、かげもなし。

此《こ》の神歌《しんか》を丸札《まるふだ》の中《なか》に書《か》き、中《なか》の丸札口《まるふだぐち》の中《なか》へ、フルベゴンホンベン、布留部言本反《ふるべこんほんべ》の五字《じ》を書《か》き、祈念《きねん》して病者《びやうしや》の脊中《せなか》の大骨《おほほね》に押《お》すべし。

天地《てんち》のうごくまでこそかたからめ露《つゆ》のおこりを落《おと》せことの藥《くすり》。

此《こ》の神歌《しんか》を紙《かみ》に書《かい》て祈念《きねん》し、神水《しんすゐ》に浮《うか》して、水《みづ》を病者《びやうしや》に呑《のま》すべし。

又梨《またなし》を厚《あつ》く切《き》りて、一片《きれ》を持《も》ち南方《なんはう》の氣《き》を一口吸《くちす》ひ、梨《なし》に向《むか》つて呪《じゆ》して曰《いは》く、南方有レ池《なんはうにいけあり》池中有レ水《ちちうにみづあり》、水中有レ魚《すゐちうにうをあり》、三頭《とう》九尾《び》、不レ食二人間五穀一《にんげんごこくをくらはず》、唯食二瘧鬼一《たゞぎやくきをくらふ》と三遍唱《べんとな》へ、梨《なし》の上《うへ》に吹《ふ》き掛《か》け、又勅殺鬼《またちよくさつき》の三字《じ》を梨《なし》の上《うへ》に書《か》き、瘧《おこり》の日《ひ》の未《いま》だ起《おこ》らぬ前《まへ》に、之《こ》れを食《く》はしむべし。

又《また》、魁、魃、魖、䰩、魍、魑、魒の七字《じ》を、橘《たちばな》の葉《は》七枚《まい》に・朱《しゆ》にて一枚《まい》に一字宛書《じづゝしよ》し、之《こ》れを乾《かは》かし、細末《さいまつ》にして、早朝《さうてうく》汲《く》み立《た》ての水《みづ》にて、北《きた》に向《むか》つて清水《しみづ》にて之《こ》れを服《ふく》すべし、但《たゞ》し七週間《しうかん》は五辛《しん》を食《しよく》すべからず、此等《これら》皆《みな》理學的《りがくてき》と心理的《しんりてき》とを兼《か》ねたるものである。

流行眼病全治法《りうかうがんびやうぜんぢはふ》として、左《さ》の神歌《しんか》を唱《とな》へ、水《みづ》にて屢々《しばしば》目《め》を洗《あら》ふべし。

奥山《おくやま》の檜木《ひのき》の板目《いため》なり、買《か》ふ人《ひと》あらば賣《う》りやなかさん。

影清《かげきよ》き浮目《うきめ》を照《てら》す水鏡《めづかゞみ》末《すゑ》の子《こ》まで曇《くも》らざりけり。

又小《またちい》さき紙《かみ》に薄《うす》き墨《すみ》にて神符《しんぷ》を書《か》き、清水《しみづ》にて二つとも一度《ど》に呑《の》むべし。

日子
日子　喼々如律令

又目《まため》の俄《には》かに赤《あか》くなりたるは、生姜《なましやうが》の絞《しぼ》り汁《じる》を少量《せうりやう》目《め》に差《さ》すべし、又《また》流行眼《はやりめ》全治《ぜんち》の呪咀《まじなひ》は、間柱《まばしら》のなき一間《ま》の壁《かべ》に両手《りやうて》を廣《ひろ》げて抱《だ》き付《つき》、病眼《やまひめ》の方《はう》の手《て》の中指《なかゆび》の傍《かたはら》に七火灸點《くはきうてん》すべし。

イイ
ロ　喼急如律令

又虫歯全治《またむしはぜんち》の禁厭法《きんえんはふ》は、戸隠山《とがくれやま》の秘法《ひはふ》とて、左《さ》の如《ごと》き方法《はうはふ》にて先《ま》づ御札《おふだ》を作《つく》るべし。祭神《さいじん》に御酒《みき》、神燈《しんとう》を供《そな》へて、祓《はら》ひ祝詞《のりと》を唱《とな》へ祈念《きねん》すべし、札《ふだ》の中《なか》に、祭神《さいじん》として左《さ》の如《ごと》く書《か》く、

白山毘賣大御神《はくさんひめおほみかみ》、大己貴命《おほなむちのかみ》
祭神《さいしん》、戸隠山九頭龍大神《とがくれやまづりうだいじん》、産土大御神《おほみかみ》守里《まもり》幸比給比止白須《さちはいたまへとまをす》
竈三柱大御神《かまどみはしらおほみかみ》、少彦名命《すくなひこなのみこと》

此《こ》の守《まもり》を以《もつ》て左《さ》の神歌《しんか》をよみながら、病人《びやうにん》をまじなうべし。

日《ひ》の出《で》、日《ひ》の入《い》るはるべ、ゆらゆらと唱《とな》へて、左右《さいう》へめぐらし神歌《しんか》を唱《とな》ふ。

うづきには、巽《たつみ》の山《やま》の、谷《たに》かづら、本《もと》たちきれば、はもかるるらん。

香具山《かぐやま》の、木《こ》の葉《は》を喰《くら》ふ、虫《むし》あらば、皆刺《みなさ》し殺《ころ》せ、萬代《よろづよ》の神《かみ》

此《こ》の神歌《しんか》を唱《とな》へ、荒神《あらがみ》の柱《はしら》のある所《ところ》へ、札《ふだ》の中《なか》へ釘《くぎ》にて打《う》ち、病人《びやうにん》の年數丈《ねんすうだけ》うつべし、虫齒《むしは》の止《とま》りたる後《のち》は、釘《くぎ》を拔《ぬ》きて、細《ほそ》くたたみて、雨垂《あまだれ》の下《した》へ埋《うづ》めて、あとをしつかりとふむべし。

蚘《あぶ》、蛇《へび》、蝮《まむし》、蠍《さそり》、此《こ》の四字《じ》にて、まじないてもよろし、四字《じ》書《か》きて四つに折《をり》て虫《むし》に釘打《くぎう》つなり。

又白紙《またはくし》に指《ゆび》の大《おほ》きさ程《ほど》に呪《まじなひ》を書《か》き、たたみて七重《へ》にし、釘《くぎ》にて虫《むし》と云《い》ふ字《じ》の頭《かしら》を、柱《はしら》の高《たか》き處《ところ》に打付《うちつけ》て置《お》き、又其《またそ》の呪《まじなひ》を七遍唱《へんとな》ふべし。呪《まじなひ》は

虫是江南虫《むしはこれこうなんのむし》、郤來喰㆓我齒㆒《しりぞけきたりてわがはをくらふ》、釘在㆓椽頭上㆒《くぎえんのづじやうにあり》、永世不㆑還㆑家《えいせいいへにかへらず》

右《みぎ》の如《ごと》く白紙《はくし》に二行《ぎやう》に書《しよ》すべし。

又脚氣病全治《またかつけびやうぜんぢ》の禁厭法《きんえんはふ》は、痛《いた》む所《ところ》に墨《すみ》にて左《さ》の神佛《しんぶつ》の名《な》を書《しよ》し、加持《かぢ》すべし。

大巳貴命《おほなむちのみこと》、少彥名命《すくなひこなのみこと》、軻遇突智命《かぐつちのみこと》、毘沙門天《びしやもんてん》、十一面觀音《めんくわんのん》、如意輪觀音《によいりんくわんのん》、不動明王《ふどうみやうわう》、愛染明王《あいぜんみやうわう》、正觀音《しやうくわんのん》、阿彌陀如來《あみだにょらい》、彌勒菩薩《みろくぼさつ》、文殊菩薩《もんじゆぼさつ》

又脚氣《またかつけ》にて腫《は》れて水氣《すゐき》を持《も》ちたる時《とき》は、夜寢《よるね》るとき、芭蕉《はせう》の葉《は》にて足《あし》を捲《ま》きて寢《ね》れば、

妙《みやう》に水氣《すゐき》とれるものなり、又米糟《またこめぬか》を味噌汁《みそしる》の中《なか》に入《い》れて、食《しよく》するもよし。

又呪咀法《またじゆそはふ》としては、四月八日《がつかか》に花《はな》の下《した》に新《あたら》しき草鞋《わらじ》一足《そく》を紙《かみ》に包《つゝ》み水引《みづひき》を掛《か》け、日天様《につてんさま》何歳《なんさい》の男又《をとこまた》は女《をんな》と記《しる》して、天《てん》に供《そな》へ、脚氣《かつけ》を病《や》まざるやう、又速《またすみや》かに平癒《へいゆ》するやうに祈念《きねん》し、更《さら》に八日《か》を過《す》ぎて川《かは》に流《なが》すべし。

此《こ》の他《ほか》、乳《ち》の出《い》づる禁厭法《きんえんはふ》、疝氣《せんき》寸白《すんはく》の全治法《ぜんちはふ》、腫物《しゆもつ》全治法《ぜんちはふ》、虫封法《むしふうじはふ》、火傷《やけど》全治法等《ぜんちはふとう》あるも、大抵《たいてい》に於《お》ける方法同一《はうはふどう》なれば、祈禱祝詞《きたうのりと》を以《もつ》て治癒《ちゆ》を祈《いの》るべきである。

第十九章　鎮火火渡方式

火《ひ》は陽性《やうせい》である、萬物《はんぶつ》の生氣《せいき》である、陽火《やうくわ》の源《みなもと》は太陽《たいやう》である。水《みづ》は陰性《ゐんせい》である、萬物《はんぶつ》の生育《せいいく》を扶《たす》くるものである、陰水《ゐんすゐ》の源《みなもと》は太陰《たいゐん》即《すなは》ち月《つき》である、此《こ》の水火《すゐくわ》は互《たがひ》に相頼《あひよ》り相扶《あひたす》けて萬物《はんぶつ》が生々《せい〳〵》化育《くわいく》し、四時《じ》の序《じよ》が整《とゝの》ふものである。然《しか》るに陽火《やうくわ》は其《そ》の性《せい》が熾烈《しんれつ》にして、時《とき》に物《ぶつ》を破壞《はくわい》空消《くうせう》せしむることがある、そこで夏季《かき》の陽火盛《やうくわさかん》なるに先《さき》だちて、春季《しゆんき》の終《をは》りに鎮火《ちんくわ》祭《さい》を行《おこな》ひ、人間《にんげん》の病災《びやうさい》は固《もと》より、五穀豐饒《こくほうぎやう》・養蠶安全等《やうさんあんぜんとう》の祈念《きねん》を爲《な》すのが古例《これい》となつて居《ゐ》るのである。

鎭火祭《ちんくわさい》は熾烈《しれつ》なる陽火《やうくわ》を鎭《しづ》むるに、陰水《ゐんすゐ》を以《もつ》てし、陰陽水火《ゐんやうすゐくわ》を調和《てうわ》せしめ、適度《てきど》にして災害《さいがい》なく、化育《くわいく》の功《かつ》あらしめんとするのである、元來目《ぐわんらいめ》に見《み》へぬ水性《みづしやう》、目に見《み》へぬ火性《くわしやう》といふものがある、彼《か》の月《つき》が海水《かいすゐ》に影響《えいきやう》して滿干《まんかん》を生《しやう》ずるが如《ごと》きもので、水《みづ》の精神《せいしん》を以《もつ》て、火《ひ》の精神《せいしん》を鎭《しづ》め、有形《いうけい》の火《ひ》の勢力《せいりよく》を緩和《くわんわ》するのが、鎭火祭《ちんくわさい》である。故《ゆゑ》に此《こ》の意義《いぎ》を以《もつ》て、鎭火祭《ちんくわさい》を行《ぎやう》すれば、炎々《えんえん》たる炭火《すび》の中《なか》を跣足《はだし》にて行《ゆ》くも、火傷《やけど》せぬのである。

鎭火祭火渡法《ちんくわさいひわたりはふ》の祭神《さいじん》は

天合魂命《あめあひたまのみこと》、高龗神《たかるのかみ》、彦龍媛龍神《ひこたつひめたつのかみ》、五行大神《ぎやうおほかみ》、産土大神《うまづちのおほかみ》

先《ま》づ祭場《さいぢやう》の四方《にう》に七《し》五三《め》のなはを、竹《たけ》に結《むす》び付《つ》け、神殿《しんでん》に神號及《しんがうおよ》び三本《ぼん》の幣帛《へいはく》を立《た》て、五行神《ぎやうしん》を祭《まつ》り、祓具《はらひぐ》は平生《へいぜい》の如《ごと》くし、天洋祝詞《あまつのりと》一遍《ぺん》、祓詞《はらひし》一遍《ぺん》、次《つぎ》に大幣行事《たいへいぎやうじ》。

但《たゞ》し祭場及《さいぢやうおよ》び薪木《まきぎ》は能《よ》く淸《きよ》むべし、次《つぎ》に中央《ちうわう》に積《つ》み置《お》ける薪《まき》に、東西南北《とうざいなんぼへ》と四方《はう》より火《ひ》をつける。次《つぎ》に薪火《まきび》を隔《へだ》てて神殿《しんでん》に向《むか》ひて着座《ちやくざ》す、天洋祝詞《あまつのりと》一遍《ぺん》、大祓詞《おほはらひし》五遍又《へんまた》は一遍奏《ぺんそう》上《じやう》し、次《つぎ》に祈念《きねん》、次《つぎ》に薪《まき》の火《ひ》七分位燃《ぶくらゐも》へたる時《とき》に、火《ひ》に向《むか》ひて北方《ほくほう》の天《てん》に向《むか》ひて、大海印《たいないいん》坎水《かんすゐ》の符《ふ》を幣帛《へいはく》にて空書《そらがき》し、後《の》ちに東西南北《とうざいなんほく》四方《はう》より書《か》き、火《び》のまはり一體《たい》に書《か》く、次《つぎ》に御神歌《ごしんか》を唱《と》へること三度《ど》。

霜柱《しもはしら》氷《こほり》の梁《はり》の雪《ゆき》の桁雨《けたあめ》のたるきに露《つゆ》のふき草《くさ》
源《みなもと》の求《もと》むる水《みつ》を手《て》にとりて放《はな》せば九千八海となる
雨《あめ》あられ雪《ゆき》や氷《こほり》をかきあつめ火防《ひふせぎ》に結《むす》ぶ水《みつ》くきのあと
北方《ほくはう》で南《みなみ》を尅《こく》す鎭火祭丸《ちんくわさいまる》なる中《なか》は坎《かん》の水《みつ》なり
次《つぎ》に神號《しんがう》を三遍唱《べんとな》へ、大海印《たいかいいん》を結《むす》びて
高龗神《たかおのかみ》、天合魂神《あまあひたまのかみ》、彦龍媛龍神《ひこたつひめたつのかみ》
春季祭《しゆんきさい》なれば、農家養蠶家等《のうかやうさんかなど》は、參拜《さんぱい》して、蠶種等《さんしゆとう》に加持《かぢ》して、後《のち》に火渡《ひはたり》を行《おこな》ふべし。
斯《か》くて三種祓《しゆはらひ》を唱《とな》へながら、順《じゆん》に火《ひ》の周圍《まはり》を何回《なんくわい》となくまはりながら、鹽《しほ》を火《ひ》の中《なか》にまきちらすべし。
次《つぎ》に火《ひ》に青色《あをいろ》を含《ふく》む時《とき》、大麻《たいま》を以《もつ》て足《あし》の下《した》に、賦《ふ》の字《じ》を書《か》き、點《てん》を火《ひ》の中《なか》に打《う》ち込《こ》み、まじないて正壇《せいだん》に向《むか》ひ、火中《くわちう》を渡《わた》るのである。但《たゞ》し逆渡《ぎやくわた》すべからず。
次《つぎ》に願主《ぐわんしゆ》を渡《わた》す。
次《つぎ》に參詣人《さんけいにん》を渡《わた》す、身體《しんたい》を清《きよ》めて渡《わた》るべし。不淨《ふじやう》ある人《ひと》は、鎭火《ちんくわ》の法戻《はふもど》るものなり。
次《つぎ》に一同禮拜《どうらいはい》

次《つぎ》は昇神《しやうじん》の祝詞《のりと》を唱《とな》へて火《ひ》を消《け》すべし。

鎭火祭祝詞文例

高天原爾《タカマノハラニ》神留坐《カムヅマリマス》皇親神漏義《スメガムツカムロギ》神漏美能命《カムロミノミコト》持氏《モチテ》皇孫命波《ミマゴノミコトヘ》豊葦原乃《トヨアシハラノ》水穂國乎《ミヅホノクニヲ》安《ヤス》國登《クニト》平久《タヒラケク》所知食登《シロシメセト》天下《アメノシタ》所寄奉爾《ヨサシマツリニ》時志《トキシ》事《コト》寄奉志《ヨセマツリシ》天都詞太詞事乎《アマツノリトノフトノリトコトヲ》以氏《モテ》申久《マウサク》神伊《カミイ》佐奈伎伊佐奈美之命《ザナギイザナミノミコト》妹背二柱《イモセフタハシラ》嫁繼給氏《ナツギタマヒテ》國乃八十國島乃八十島乎《クニノヤソクニシマノヤソシマヲ》生給比《ウミタマヒ》八百萬神等乎《ヤホヨロヅノカミタチヲ》生給比氏《ウミタマヒテ》麻奈弟子爾《マナオトゴニ》火結神袁《ホムスビノカミヲ》生給氏《ウミタマヒテ》美保斗《ミホト》被燒氏《ヤカエテ》石隱坐氏《イハガクリマシテ》夜七夜《ヨヘナヽヨ》晝七日《ヒハナヽヒ》吾乎《アヲ》見給比曾《ミタマヒソ》吾奈背乃命登《アガナセノミコトト》申給比伎《マウシタマヒキ》此七日爾波《コノナヽヒニハ》不足氏《タラズテ》隱坐事《カクリマスコト》奇登氏《アヤシトテ》見所行須《ミソナハス》時《トキ》火乎《ヒヲ》生給乎《ウミタマヒテ》御保斗乎《ミホトヲ》所燒坐伎《ヤカレマシキ》如是《カヽル》時爾《トキニ》吾名勢乃命波《アガナセノミコトヘ》吾乎《アヲ》見《ミ》給布《タマフ》奈登《ナト》申乎《マウスヲ》吾乎《アヲ》見阿多志《ミアタシ》給比都登《タマヒツト》申給氏《マウシタマヒテ》吾名勢乃命波《アガナセノミコトヘ》上津國乎《ウハツクニヲ》所知食倍志《シロシメスヘシ》吾波《アヘ》下津國乎《シタツクニヲ》所知牟登《シロシメサムト》白《マウシテ》、石隱給氏《イハガクリタマヒテ》與母津枚坂爾《ヨミツヒラサカニ》至坐氏《イタリマシテ》所思食久《オモホサク》吾名勢命能《アガナセノミコトノ》所知食《シロシメス》上津國爾《ウハツクニヽ》心惡子乎《コヽロアシキコヲ》生置氏《ウミオキテ》來奴登《キヌト》宣氏《ノタマヒテ》返坐氏《カヘンマシテ》更《サラニ》生子《ミコヲウミタマフ》水神《ミヅノカミ》匏《ヒサゴ》川菜《カハナ》埴山姫《ハニヤマヒメ》四種物乎《ヨクサノモノヲ》生給氏《ウミタマヒテ》此能《コノ》心惡子乃《コヽロアシキコノ》心荒毘曾婆《コヽロアラヒソヘ》水神《ミヅノカミ》匏《ヒサゴ》埴山姫《ハニヤマヒメ》川菜乎《カハナヲ》持氏《モチテ》鎭奉禮登《シヅメマツレト》事《コト》敎《オシヘ》悟《サトシ》給伎《タマヒキ》依此《コレニヨリ》氐《テ》稱辭《タヽヘゴト》竟奉者《ヲヘマツラクハ》此里爾《コノサトニ》御心《ミコヽロ》一速備給波自登《イチハヤビタマハジト》爲氐《ナシテ》種々能《クサグサノ》幣帛乎《ミテグラヲ》机《ツク》代《シロ》爾《ニ》置所足氐《オクトコタリテ》天津祝詞能《アマツノリトノ》太祝詞事《フトノリトゴト》以氐《モテ》稱辭《タヽヘゴト》竟奉久登《ヨヘマノラクト》申《マウス》。

第二十章　寃罪消除法

寃罪《えんざい》といふことは、人間社會《にんげんしやくわい》は有《あ》りがちのことである、太陽《たいやう》でも浮雲《うきぐも》に掩《お》はれて光《ひかり》を隱《かく》すことがある。併《しか》し雲《くも》の爲《た》めに光《ひか》りが見《み》へぬでも、光《ひか》りそのものが無《な》くなつたのではない風雨《ふうう》去《さ》れば亦《また》もとの光《ひか》りともとの靜《しづ》けさに返《かへ》るのである、寃罪《えんざい》は何處《どこ》までも寃罪《えんざい》であるから、何時《いつ》かは晴《は》れるが、なろうことならば一日《にち》も早《はや》く、之《こ》れを明《あき》らかにしたいのである。

寃罪消除《えんざいせうじよ》の祈禱《きたう》といつて、神明《しんめい》に祈願《きぐわん》し、その威力靈力《ゐりよくれいりよく》に依《よ》つて、速《すみや》かに寃罪《えんざい》を雪《そゝ》ぐ法《はふ》がある、その主神《しゆしん》は、天照太神《あまてらすおほみかみ》、太巳貴命《おほなむちのみこと》、天穗日命《あまほひのみこと》とか、或《あるひ》は天滿宮《てんまんぐう》に祈願《きぐわん》するものが多《おほ》い、此《こ》れは寃罪《えんざい》を蒙《かうむ》りたる辛《つら》き實驗《じつけん》のある神明《しんめい》であるから、主神《しゆしん》として極《きは》めて好適《かうてき》である、此《こ》れ等《ら》は眞《しん》の罪人《ざいにん》や、係官《かゝりくわん》の心《こゝろ》を、神靈《しんれい》が詰責《きつせき》して、悔悟《くわいご》せしめ、眞相發現《しんさうはつげん》を速《すみや》かならしむるものである。

又寃罪消除《またえんざいせうじよ》と共《とも》に、雷除法《らいじよはふ》が行《おこな》はれて居《ゐ》る、俗《ぞく》に天滿宮菅原道眞公《てんまんぐうすがはらみちざねこう》が雷神《らいじん》になつて、怨《おん》敵等《てきどう》を取殺《とりころ》したといふ説《せつ》があるが、それは兎《と》も角《かく》、雷《かみなり》は天地《てんち》の間《あひだ》に充《み》ちて居《ゐ》る電力《でんりよく》である、宇宙大精神《うちうだいせいしん》の陽性《やうせい》の活動力《くわつどうりよく》が激變《げきへん》するから起《おこ》るものである、支那《しな》でも一婦怨《ぶおん》に死《し》して其《そ》の地方《ちはう》が三年旱《ねんかん》すといふことがあるが、人間《にんげん》の眞《しん》の怒《いか》りが電氣《でんき》を激《げき》することはあり得《う》るのである、それで雷除《らいよけ》と寃罪除《えんざいよけ》とを一所《しよ》にして、天滿宮《てんまんぐう》に祈《いの》るといふ自然《しぜん》の出來事《できごと》となつたのである。

先《ま》づ無所不至印《むしよふしいん》、オンロケイジンバラキリソバカ

怨敵退散《おんてきたいさん》七難卽滅《なんそくめつ》、具《ぐ》一切功《さいく》德慈《とくじ》眼衆生福《かんしうじやうふく》震海無量《しんかいむれう》是故《ぜこ》應頂禮《おうてうらい》

次《つぎ》に左《さ》の歌《うた》を唱《とな》ふべし。

我《わ》れ頼《たの》む人《ひと》に災難《さいなん》あらざれば北野《きたの》の神《かみ》となをばよばれん

次《つぎ》に、オントウドウシンシンソバカ

又已《またおの》れを寃罪《えんざい》に陷《おとしい》れたりと思《おも》ふ人《ひと》ある時《とき》は、其《そ》の人《ひと》の人形《にんぎやう》を造《つく》り、ワラ人形《にんぎやう》にても、畫《ゑ》に書《か》きてもよし、寫眞等《しやしんとう》あれば大《おほい》によし、而《しか》して人形《にんぎやう》の腹中《ふくちう》（畫《ゑ》なれば腹《はら》の所《ところ》に、寫眞《しやしん》なれば孰《いつ》れにてもよし）に其《そ》の人《ひと》の姓名《せいめい》を書《しよ》し、祓《はらひ》の辭《じ》を唱《とな》へつつ、其《そ》の中《なか》に彼《か》の人《ひと》の姓名《せいめい》を呼《よ》び、怒聲瞋色《どせいしんしよく》を以《もつ》て、繰《く》り返《かへ》し〳〵唱《とな》へ、然《しか》る後《の》ちに釘《くぎ》にて胸《むね》の所《ところ》を刺《さ》し、一週間同《しうかんどう》

一の事《こと》を祈念《きねん》すべし。夜中《よなか》なれば尤《もつと》もよろし。斯《か》くて七日《か》の後《のち》にクサキ草《くさ》か、カラタチの如《ごと》き刺《とげ》ある木《き》を燃《もや》し、其《そ》の火《ひ》の尤《もつと》も熾《さかん》なる時《とき》に、其《そ》の人形《にんぎやう》なり、畵《ゑ》なり、寫眞《しやしん》なりを、投《な》げ入《い》れて燒《や》き盡《つく》し、其《そ》の灰《はい》を四辻《つじ》の路上《ろじやう》に放棄《はうき》すべし。

若《も》し彼《か》の惡人《あくにん》が悔悟《くいご》して、寃罪《えんざい》晴《は》れたる時《とき》は、同《どう》一の人形《にんぎやう》、畵《ゑ》又《また》は寫眞《しやしん》を加持《かぢ》して、大《おほ》祓祝詞《はらひのりい》を三遍奏上《べんそうじやう》し、然《しか》る後桐《のちきり》の木《き》の火《ひ》に投入《とうにふ》して燒《や》き、其《そ》の灰《はい》を神社等《じんじやとう》の神殿《しんでん》の下等汚《したなどけ》がれぬ所《ところ》に入《い》れ置《お》くべし。

第二十一章　稻荷勸請の秘傳

稻荷《いなり》太神勸請《たいじんくわんぜい》の秘傳《ひでん》は、兩部神法《れうぶしんはふ》の極意《ごくい》である。其《そ》の法式《はふしき》は左《さ》の如《ごと》し。

極秘神體勸請《ごくひしんたいくわんぜい》、大神《だいじん》の御璽《ぎよじ》の箱《はこ》は、普通《ふつう》五握《あく》四方《はう》であるが、大小《だいせう》は任意《にんい》である、檜《ひのき》にて造《つく》るべし、蓋《ふた》あり、箱《はこ》の内《うち》に神體《しんたい》を納《い》れ藏《おさ》む、箱《はこ》は錦《にしき》を以《もつ》て包《つゝ》み、絲《いと》を以《もつ》て堅《かた》く結《むす》び、前《まへ》表《おもて》に札《ふだ》を挿《はさ》み立《た》つ、神體《しんたい》は天地《てんち》未《いま》だ開《ひら》けざる元始《げんし》に象《かたち》どり渾沌《こんとん》の形《かたち》とす、極秘《ごくひ》に傳《つた》ふ、靈《れい》山《ざい》の淸《きよ》き所《ところ》の四面《めん》に榊《さかき》を立《た》て鎭繩《しめなは》を引《ひ》き、一年前《ねんまへ》、或《あるひ》は一月前《つきまへ》、或《あるひ》は一旬前《じゆんまへ》より淸祓《きよはらひ》を行《おこな》ひ、其處《そこ》の埴土《はにふ》を取《とつ》て圓形《ゑんけい》に造《つく》り、白絹《しらぎぬ》を以《もつ》て幾重《いくへ》にも包《つゝ》み奉《まつ》るものである。

御柱勸請《みはしらくわんぜい》、太神《たいじん》の御璽《ぎよじ》の箱《はこ》は、檜木《ひのき》を以《もつ》て造《つく》る、箱《はこ》の內《うち》の上下《じやうげ》に縱橫《じうわう》の木《き》を入《い》れ御柱《みはしら》を二つ、御柱《みはしら》は靈山《れいざん》の淸《きよ》き所《ところ》の榊《さかき》の本末《ほんまつ》を斷《き》り捨《す》て、中段《ちうだん》の長《なが》さ五握《あく》に造《つくり》て、白絹《しらぎぬ》を以《もつ》て包《つゝ》み、麻《あさ》にて纏《まと》ひ、麻《あさ》二筋《すじ》を以《もつ》て下《した》より上《うへ》へ、一筋《すじ》は左《ひだり》に纏《まと》ひ、一筋《すじ》は右《みぎ》に纏《まと》ひ、一度《ど》に纏《まと》ひ上《あ》げ、左《ひだり》の表《おもて》より上下《じやうげ》に結《むす》び奉《まつ》り、箱《はこ》の中央《ちうわう》に立《た》て、此《こ》の箱《はこ》の內《うち》の御柱《みはしら》の外《そと》を榊《さかき》の枝《えだ》にて飾《かざ》る、箱《はこ》の外《そと》は神體勸請《しんたいくわんぜい》の如《ごと》くすべし。

榊勸請《さかきくわんぜい》、檜木《ひのき》の圓《まる》き器《うつは》を作《つく》り、內《うち》に靈山《れいざん》の埴土《はにふ》を納《おさ》めて、榊《さかき》の枝《えだ》を美《うつく》しく中央《ちうわう》に指立《さした》て木綿《もめん》を垂《た》れて神體《しんたい》と爲《な》し、外《そと》に幾重《いくへ》にも榊《さかき》の枝《えだ》を立《た》て、中央《ちうわう》の榊《さかき》を覆《おほ》ひ藏《ざう》し、外《そと》に注連《しめ》を引《ひ》く、此《こ》れを神籬勸請《かみまがきくわんぜい》といふ、上《うへ》に衾《ふすま》を覆《おほ》ひ奉《まつ》る、或《あるひ》は云《い》ふ御璽《ぎよじ》の神體《しんたい》は勸請《くわんぜい》に同《おな》じく、榊《さかき》の枝《えだ》二本《ほん》を左右《さいう》の手《て》に持《も》ち、器《うつは》の內《うち》へ幸魂奇魂《かうこんきこん》を思入《おもいいれ》て打《う》ち込《こ》み、卽《すなは》ち警蹕《けいひつ》して蓋《ふた》を覆《おほ》ひ奉《まつ》る。

神體封緘《しんたいふうかん》、淸殿《せいでん》にて封《ふう》ずるものなり、先《ま》づ淸殿《せいでん》へ神體《しんたい》を備《そな》へ神寶等《しんほうとう》を移《うつ》し、左右《さいう》の案《あん》に置《お》き、御爾《ぎよじ》の箱《はこ》、錦《にしき》絹《けん》紲《し》等《とう》悉《ことごと》く祓《はら》ひ淸《きよ》む、榊《さかさ》の枝《えだ》に水《みづ》を灑《そゝ》ぎ、洗《あら》ひ淸《きよ》め、大麻《たいま》にて祓《はら》ひ淸《きよ》め、箱《はこ》は錦《にしき》にて包《つゝ》み、蓋《ふた》を覆《おほ》ひ、案《あん》の上《うへ》に置《お》き衾《ふすま》を掛《か》け、箱《はこ》は上《うへ》に蓋《ふた》あり、板《いた》は厚《あつ》きを用《もち》ひ、木《き》は檜《ひのき》を用《もち》ふ、四方釘付《はうくぎつけ》にし、蓋《ふた》は釘《くぎ》を用《もち》ひず、錦《にしき》を以《もつ》て四方《はう》より包《つゝ》み、下《した》を折《を》り返《かへ》し上《うへ》に錦《にしき》を餘《あま》して蓋《ふた》を覆《おほ》ひ、後飾《あとかざり》を折《を》り返《かへ》して包《つゝ》む。かくて纒《まとひ》の後《うしろ》に掛《か》く、糸《いと》は白糸《しらいと》の組《くみ》又《また》は紫《むらさき》、又《また》は緋《あか》とす、向《むかひ》より下《した》、次《つぎ》に南《みなみ》より西《にし》、次《つぎ》に東《ひがし》、次《つぎ》に前《まへ》、次《つぎ》に隅《すみ》、次《つぎ》に右《みぎ》、次《つぎ》に向《むかひ》、次《つぎ》に左《ひだり》、次《つぎ》に南《みなみ》、次《つぎ》に隅《すみ》と次々《つぎ〱》に掛《か》け、總《すべ》て縦《たて》五筋《すじ》、横《よこ》五筋《すじ》、二殿《でんか》掛け奉《まつ》る。左右《さいう》へ廻《まは》し掛《か》け結《むす》び鎮《しづ》め奉《まつ》る。又始《またはじ》めより神體《しんたい》を箱《はこ》に藏《おさ》め封《よう》し纒《まと》め奉《まつ》りて、後《のち》に勸請《くわんぜい》を爲《な》すものなり、封《よう》じ事終《ことをは》り清殿《せいでん》の御戸《おんと》を閉《しめ》て退出《たいしゆつ》す。

勸請式法《くわんぜいしきはふ》、御爾《ぎよじ》移《うつし》は子《ね》の刻《こく》より先《ま》づ清殿《せいでん》を禊《みそぎ》し、進《すゝ》んで清殿《せいでん》に入《い》り、御爾《ぎよじ》の箱《はこ》を戴《いたゞ》き、渾沌殿《こんとんでん》の前階《ぜんかい》より進《すゝ》んで殿内《でんない》の渾沌社《こんとんしや》の内《うち》の案《あん》に置《お》き奉《まつ》る。從者渾沌殿《じうしやこんとんでん》の内《うち》の燈《ともしび》に靈蓋《れいがい》を覆《おほ》ひ殿《でん》を出《い》て、外《そと》より前《まへ》の御戸《おんと》を閉《と》ぢ後《うしろ》の御戸《おんと》を開《ひら》く、祭主勸請《さいしゆくわんせい》の極秘《ごくひ》あり、終《をは》りて從者《じうしや》を召《め》す、從者進《じうしやすゝ》みて後《うしろ》の御戸《おんと》を閉《と》ぢ前《まへ》の御戸《おんと》を開《ひら》き、靈蓋《れいがい》を撤《てつ》す、祭主面《さいしゆおもて》を覆《おほ》ひ手襁《たすき》を掛《か》く、從者《じうしや》また退出《たいしゆつ》、御戸《おんと》を閉《と》づ、祭主御纒《さいしゆおんまとひ》を掛《か》け、御札《おふだ》を立《た》て御舟《おふね》に乘《の》り、衾《ふすま》を覆《おほ》ひ、退《たい》出《しゆつ》、此《こ》の時神來《ときかみきた》りて御爾《ぎよじ》の箱《はこ》に止《と》まり給《たま》ふ。

白狐勸請法《びやくこくわんぜいはふ》、吒吉尼天《だきにてん》の印《いん》、金剛合掌《こんかうがつしやう》を用《もち》ひ、ノウマクサマンダナモキリカソバカを百八遍唱《へんとな》ふ、次《つぎ》に諸佛救世者《しよぶつきうせしや》、住於大神道《ぢうおだいしんだう》、爲悦衆生故《ゐえつしうじやうこ》、現無量神力《げんむりやうじんりき》、次《つぎ》に南無歸命頂禮茶《なむきみやうてうらいだ》吉尼天王子《きにてんわうじ》眷屬心中所願決定圓滿《けんぞくしんちうしよぐわんけつていゑんまん》と三遍唱《べんゞな》ふ。

敬白文《けいはくぶん》、敬《うやま》ひて常住《じやうぢう》の三寶《ほう》茶吉尼《だきに》天王子《てんわうじ》眷屬等《けんぞくとう》に白《まう》して曰《いは》く、夫《そ》れ本地《ほんち》は大聖文殊師利《たいしやうもんじゆしり》菩《ぼ》薩《さつ》なり、傳《つた》へ聞《き》く、辰狐《しんこ》王《わう》は一切衆生《さいしうじやう》の願《ねが》ふ所《ところ》に隨《したが》ひ、悉地《しつち》を施與《せよ》し給《たま》ふと、爰《こゝ》に我等《われら》貧《ひん》弱《じやく》の身《み》に生《う》まれて、萬品《まんぴん》の望《のぞ》み叶《かな》はず、就中《なかんづく》貧者《ひんじや》を救《すく》はんと欲《ほつ》すれども、財寶乏《ざいほうとぼ》しく、愚《ぐ》者《しや》を導《みちび》かんとすれども、般若乏《はんにやとぼ》し、但安然《たゞあんぜん》として日《ひ》を暮《くら》し、昏々《こんく》として夜《よ》を明《あか》す、憑《たの》む所《ところ》は彼《か》の天《てん》の願海《ぐわんかい》・仰《あふ》ぐ所《ところ》は此《こ》の尊《みこと》の本誓《ほんせい》なり、故《ゆゑ》に經《きやう》に曰《いは》く、此天《このてん》を持念《ちねん》すれば利生《りしやう》を施《せ》與《よ》すること十九種《しゆ》あり、一に諸病《しよびやう》を除《のぞ》き、二に福徳《ふくとく》を得《え》せしめ、三に敬愛《けいあい》を爲《な》さしむ、乃《ない》至《し》十九日《にち》は一切《さい》の靈驗《れいけん》自然《しぜん》無窮《むきう》なりと、加之《しかのみならず》四天子《てんし》八大童子《だいどうじ》各々《おのく》其《そ》の本誓《ほんせい》に任《まか》せ、衆生《しうじやう》の願《ぐわん》を滿《まん》ずること圓月《ゑんげつ》の遍水《へんすゐ》に浮《うか》ぶが如《ごと》し、凡《およ》そ此《こ》の尊《そん》の本迹《ほんせき》は幽玄《ゆうげん》にして不思議《ふしぎ》なり、悉《しつ》地《ち》遠《とほ》からず、誠《まこと》を祈《いの》るの有無《うむ》に由《よ》る、感應近《かんおうちか》きに在《あ》り、誠《まこと》の心《こゝろ》の厚薄《かいはく》に任《まか》す、仰《あふ》ぎ願《ねが》くば大聖尊者茶吉尼天《たいしやうそんじやだきにてん》、伏《ふ》して乞《こ》ふ八大童子部類從屬本誓《だいどうじぶるいじうぞくほんせい》を誤《あやま》らず、我《わ》れ等《ら》願《ねが》ふ所《ところ》の心《こゝろ》の如《ごと》く成就圓滿《じやうじゆゑんまん》せしめ、法界《はふかい》に及《およ》ぼし、平等利益《びやうどうりえき》し給《たま》へ、敬《うやまい》て白《まう》す。

次《つぎ》に前《まへ》の印《いん》を結《むす》び、眞言《しんごん》を一百八遍唱《へんとな》ふ。

第二十二章　稲荷祈禱神符

稲荷《いなり》大神《だいじん》の祭式《さいしき》は、先《ま》づ常途《じやうと》の神事《しんじ》祭式《さいしき》を行《おこな》ひ、次《つぎ》に如意《によい》寶珠法《ほうじゆはふ》を行《おこな》ふ、大神《だいじん》の本地《ほんち》の法徳《はふとく》は、世《せ》間出世間《けんしゆつせけん》の財寶《ざいほう》を出生《しゆつしやう》する如意《によい》寶珠《ほうじゆ》なりと觀《くわん》じて修法《しゆはふ》す、其《そ》の順序《じゆんじよ》は左《さ》の如《ごと》し。

先《ま》づ護《ご》身法《しんはふ》を修《しゆ》す、印相《いんさう》は如意《によい》寶珠形《ほうじゆけい》と蓮華合掌《れんげがつしやう》、虚心合掌《きよしんがつしやう》の頭指《かしらゆび》、無《む》名指《めいし》の三指《し》を開《ひら》き、指頭《しとう》を少《すこ》しく屈《くつ》す、是《こ》れ八葉蓮華《えうれんげ》の形《かたち》なり、呪《まじなひ》は、オンソバンソバクタサツバタルマソバソバクドカン、此《こ》れを一百八遍唱《へんとな》ふ。次《つぎ》に灑水《れいすゐ》すること一度《ど》、次《つぎ》に加持供物《かぢくもつ》は、三股杵《こしよ》印《いん》にて結護《けつご》す。此《こ》の印《いん》は三股杵《こしよ》の形《かたち》をしたるものにて片手《かたて》にて結《むす》ぶ、呪《まじなひ》は、オンアミツリテイ、ウンハツタ、此《こ》れを一百八遍唱《へんとな》ふ。

次《つぎ》に飯食印《はんしよくいん》を結《むす》ぶ、虚心合掌《きよしんがつしやう》して掌《たなごゝろ》を開《ひら》き、頭指《かしらゆび》以下《いか》頭《かしら》を拄へ、大指《おほゆび》を頭指《かしらゆび》の側《そは》に附《ふ》す。是《こ》れ鉢《はち》の形《かたち》にして飯食《はんしよく》を入《い》る形《かたち》の印《しるし》なり、呪《まじなひ》は、アララカララマツリンナダビマツリンナテイマカマツリソバカ、此《こ》れを一百八遍唱《へんとな》ふ。

次《つぎ》に道場觀《だうぢやうくわん》を爲《な》し、法界定印《はふかいていいん》を結《むす》ぶ、法界定印《はふかいていいん》の印相《いんさう》は胎藏界大日如來《たいざうかいだいにちによらい》の印《いん》にして、膝《ひざ》の上《うへ》に左《ひだり》の手《て》を傾《かたむ》け次《つぎ》に右《みぎ》の手《て》を仰《あふむ》け大指頭《おほゆびがしら》を拄ふ、即《すなは》ち左右《さいう》重《かさ》ね合《あは》せて大頭指《おほかしらゆび》を互《たがひ》に合《あは》せしものなり、世《せ》間出世間《けんしゆつせけん》の事業《じげふ》みな大神《おほかみ》の利益《りえき》を蒙《かう》むらざるものなしと觀《くわん》ずべし。

次《つぎ》に如意《によい》寶珠大陀羅尼印《ほうじゆだいだらにいん》を結《むす》び・根本陀羅尼《こんほんだらに》を唱《とな》ふること一百八遍《へん》すべし、陀羅尼《だらに》は、ダマリカツラタナタラヤヤ、ナムダリヤ、バロキヤテイシツパラヤ、ボダイサツタバヤ、マカサツタバヤ、マナキヤロニカヤ、タニヤタオンアンボキヤマニ、マカマニ、ハンドマニ、ソバカ

次《つぎ》に其《そ》の願《ねが》ふ所《ところ》を祈願《きぐわん》し、又《また》それを敬白文《けいはくぶん》にして奏上《そうじやう》するも可《か》なり。

斯《か》く祈願祈禱《きぐわんきたう》したる上《うへ》は、それを神符《しんぷ》として御守《おまもり》の如《ごと》く用《もち》ふるもよし、又常々《またつねぐ》神符《しんぷ》を造《つく》り置《お》きて、信徒《しんと》に授與《じゆよ》することもあるものなり。

神符書寫《しんぷしよしや》、神符《しんぷ》の書寫《しよしや》は、大神《だいじん》を信《しん》ずる者《もの》が、其《そ》の心化《しんくわ》の靈《れい》を留《とゞ》めむとの守《まもり》の御爾《ぎよじ》を造《つく》るものである。

書寫《しよしや》の準備《じゆんび》、硯《すゞり》、墨《すみ》、筆《ふで》・水《みづ》、及《およ》び書寫《かきうす》すべき紙《かみ》、又《また》は木《き》は極《きは》めて意《い》を用《もち》ふべきものなり、硯《すゞり》は純色《じゆんしよく》を用《もち》ひ、墨《すみ》は膠《にかは》を用《もち》ひざる香墨《かうぼく》を擇《えら》び、筆《ふで》は純毛《じゆんもう》を選《えら》ぶべし、水《みづ》は深山幽谷《しんざんゆうこく》の清淨《せいじやう》の地《ち》を流《なが》るる瀧水《たきみづ》を用《もち》ひ、紙《かみ》は鳥《とり》の子《こ》、木《き》なれば檜木《ひのき》とす。

書寫《しよしや》の吉日《きちにち》、亥《ゐ》、卯《う》、酉《とり》の日《ひ》を大吉《だいきち》とす、次《つぎ》は甲子《きのえね》、乙亥《きのとゐ》、巳未《つちのとひつじ》、壬寅《みづのえとら》、甲寅《きのえとら》、丙午《ひのえうま》、戊辰《つちのえたつ》、巳酉《つちのえとり》、壬午《みづのえうま》、甲辰《きのえたつ》、丙辰《ひのえたつ》、戊午《つちのえうま》、巳亥《つちのとゐ》、甲午《きのえうま》、丁酉《ひのととり》、戊申《つちのふさる》、庚寅《かのえら》、甲戌《きのえいぬ》、戊子《つちのえね》、巳巳《つちのとみ》、壬子《みづのえね》とす。

衣裳《いしやう》と方位《はうゐ》、神符《しんぷ》を書寫《しよしや》せんとする吉日《きちにち》の朝《あさ》・早《はや》く起《お》き沐浴《もくよく》し、口《くち》を漱《すゝ》ぎ、新衣《しんい》を着《ちやく》し、春《はる》は東《ひがし》、夏《なつ》は南《みなみ》、秋《あき》は西《にし》、冬《ふゆ》は北《き》に向《むか》ひ、土用《どよう》は四季《き》とも中央《ちうわう》に向《むか》ふ心《こゝろ》を爲《な》すべし。

書寫《しよしや》の觀念《くわんねん》、神符《しんぷ》を書寫《しよしや》せんとするときは、其《そ》の身《み》は五玉《ぎよく》となると心得《こゝろえ》ふべし、五玉《ぎよく》とは四季《き》の色《いろ》に從《したが》ふものである。春《はる》は青《あを》く、夏《なつ》は赤《あか》く、秋《あき》は白《しろ》く、冬《ふゆ》は黒《くろ》く、土用《どよう》は黄《き》なり因《ちなみ》に太神《たいじん》の神符《しんぷ》の中《うち》、尤《もつと》も大切《たいせつ》なるものの降《ふ》り來《き》たりて、我《わ》が口《くち》より腹《はら》の中《うち》に入《い》ると觀念《くわんねん》して後《の》ち一字《じ》一點《てん》誤《あやま》らず、大神《たいじん》我《わ》が身《み》に宿《やど》り給《たま》へりとし、豐作《ほうさく》、鎭土《ちんど》、除災福富《ちよさいふくふ》の守《まもり》、狐憑《こり》を去《さ》る符等《ふとう》、それ〲その觀念《くわんねん》を以《もつ》て書《しよ》すべし。

書後《しよご》の祈禱《きたう》、神符書寫後《しんぷしよしやご》は、祭式秘傳《さいしきひでん》に依《よ》り、其《そ》の所願《しよぐわん》及《およ》び福德《ふくとく》を授《さづ》かるやうに祈禱《きたう》すべし。

序《ついで》に狐憑《こり》を放《はな》す法《はふ》を示《しめ》さん、狐憑《こり》の有無等《うむとう》の議論《ぎろん》は別《べつ》として、事實世《じじつよ》の中《なか》に在《あ》る事柄《ことがら》に就《つ》き、尤《もつと》も簡單《かんたん》に狐憑《こり》を放《はな》す法《はふ》は左《さ》の如《ごと》し。

元來狐《ぐわんらいきつね》と犬《いぬ》とは、其《そ》の性氣相反《しやうきあいはん》し仲惡《なかあ》しきもの故《ゆゑ》、犬蠱《けんこ》ある地《ち》には狐《きつね》居《を》らず、狐《きつね》居《を》る地《ち》に犬蠱《けんこ》なしと傳《つた》ふ位《くらゐ》なり、故《ゆゑ》に犬《いぬ》の牙《きば》を粉《こな》にして素湯《すゆ》にて狐憑《こり》に呑《の》ませ、又犬《またいぬ》の牙《きば》を懷《ふところ》に入《い》れて加持《かぢ》すれば、不思議《ふしぎ》に離《はな》れ去《さ》るものなり。

又《また》兩部法《れうぶはう》にては、不動明王《ふどうみやうわう》の眞言《しんごん》を唱《とな》へ、九字《じ》を切《き》り患者《くわんじや》を加持《かぢ》し、額《ひたへ》、胸《むね》、頭《あたま》、脇《わき》、腹《はら》、左右《さいう》の手《て》に、不動眞言《ふどうしんごん》の梵字《ぼんじ》を珠數《じゆず》にて書《か》く如《ごと》くすべし。

又狐憑《またこり》なるや否《いな》やを知《し》るには、患者《くわんじや》を神前《しんぜん》に安坐《あんだ》せしめて幣《へい》を持《た》たしめ、稻荷太神《いなりだいじん》の勸《くわん》請文《ぜいぶん》を讀《よ》む時《とき》は、狐憑《こひ》なれば、御幣《ごへい》頻《しき》りに振動《ふりうごか》す、其《そ》の時背《ときせ》に犬《いぬ》といふ字《じ》を三字《じ》書《か》きて、其《そ》の背《せ》を打《う》てば卒倒《そつたう》して憑《こ》りし狐《きつね》は忽《たちま》ち落《お》ち去《さ》るものなり。

此《こ》の他前例《たぜんれい》に依《よ》り、神符《しんぷ》を造《つく》りて患者《くわんじや》にかけしめ、或《あるひ》は加持《かぢ》して神灸《しんきう》を施《ほどこ》すも妙《めう》なり。

第二十三章　害虫消除法

元來昆虫等《ぐわんらいこんちうなど》といふものは、天地《てんち》の間《あひだ》に本據《ほんきよ》はないものである、多《おほ》くは怨靈《おんりやう》瘴毒《しやうどく》の陰濕《いんしつ》の氣《き》を受《う》けて腐化《ふくわ》せるものである。作物等《さくもつなど》の未《いま》だ幼稚《えうち》で、抵抗力防衛力《ていこうりよくばうゑいりよく》の少《すく》ないのを機《き》として、其《そ》の心髓《しんずい》に喰《く》ひ入《い》つて、靜《しづ》かに時《とき》を待《ま》ち、作物《さくもつ》が生長《せいちやう》して滋養分《じやうぶん》の多《おほ》くなつた時《とき》に、盛《さかん》に其《そ》の精髓《せいづい》を吸《す》ふものである、恰《あだ》かも人間《にんげん》の結核菌《けつかくきん》と同《おな》じである、それで此等《これら》の害虫《がいちう》を驅除《くぢよ》するには、どうしても陽性《やうせい》の力《ちから》を發揚《はつやう》して、精氣《せいき》を活動《くわつどう》せしめ、癘欝《れいうつ》の氣《き》を退散《たいさん》させて撤死《なんし》せしめねばならぬ。それには祈禱《きたう》を爲《な》すに、先《ま》づ陽氣《やうき》の精神《せいしん》を振《ふる》ひ起《おこ》し、全身《ぜんしん》の精《せい》力《りよく》を盡《つく》して御祓《おはらひ》を大聲《おほごゑ》に讀《よ》み、九字《じ》を切《き》り、神符《しんぷ》を造《つく》り、神明《しんめい》の威力《ゐりよく》を加《くは》へて、之《こ》れを壓《あつ》殺《さつ》すべきである。

科學的人工的《くわがくてきじんこうてき》の害虫驅除法《がいちうくぢよはふ》は尤《もつと》も有効《いうかう》であるが、單《たん》にそれだけでは充分《ぢうぶん》でない、如何《いか》に科學《くわがく》が發達《はつたつ》し、文明《ぶんめい》が進歩《しんほ》しても、矢張《やは》り精神力《せいしんりよく》、神威力《しんゐりよく》の活用《くわつよう》は必要《ひつえう》である、害虫驅除《がいちうくぢよ》の祭儀《さいぎ》は、普通《ふつう》の祭式法《さいしきはふ》に依《よ》り、大祓《おほはらひ》を數多《かずおほ》く唱《とな》ふる程効果《ほどかうくわ》が顯著《けんちよ》である。

作物虫除神札《さくもつちうぢよしんさつ》の法《はふ》、神前普通神拜《しんぜんふつうしんはい》、祓祝詞《はらひのりと》、次《つぎ》に紙《かみ》なり木《き》なりに、何々大神《なに〳〵だいじん》、五穀成就《こくじやうじゆ》御守護《ごしゆご》と中央《ちうわう》に書《しよ》し、左右《さいう》に害虫消除《がいちうせうぢよ》といふやうに書《しよ》してもよろしく、折《を》り方書《かたか》き方《かた》は任《にん》意《い》にして中《なか》の符《ふ》は神號《しんがう》を書《か》くもよし、又呪《またまじなひ》を書《か》くもよろし、此《こ》の時昆虫《ときこんちう》の災《わざはい》、羽虫《はむし》の災《わざはひ》、祓《はら》ひ除《のぞ》き給《たま》へと白《まう》し、次《つぎ》に歌《うた》

天地《あめつち》をめぐむ虫《むし》は知《し》らねども虫《むし》よけ給《たま》へ得食《うけもち》の神《かみ》
みつぎもの作《つく》る其《そ》の田《た》につく虫《むし》を祓《はら》ひ給《たま》へと天津《あまつ》神風《かぜかぜ》
なでに北南《ほくなん》のために作《つく》り置《お》く西《にし》や東《ひがし》の虫《むし》ども
南《みなみ》から北《きた》と思《おも》はずものにつく西《にし》や東《ひがし》の油虫除《あぶらむしよ》け
大君《おほきみ》のみつぎに民《たみ》の作《つく》る稻喰《うが》の虫殺《むしころ》す牽牛《ひきうし》の花《はな》

葉《は》を枯《から》す稲《いね》喰《く》ふ虫《むし》の口《くち》腫《は》れてうごきもやらず水《みづ》に流《なが》るる
次《つぎ》に九字《じ》を切《き》り、天地《てんち》玄妙《げんめう》行《かう》神《しん》變《へん》通《つう》力《りよく》と唱《とな》ふ。
次《つぎ》に神事《しんじ》中《ちう》臣《こん》祓《はつ》を讀《よ》み終《をは》りて
神風《かみかぜ》でかりもすごき秋《あき》のよのあけゆく虫《むし》の音《ね》もなし
と歌《うた》ふ。
毎年《まいねん》夏《なつ》五月《がつ》、五穀《こく》成就《じやうじゆ》の祈《き》禱《たう》を爲《な》し、此《こ》の法《はふ》を行《おこな》ひ、田畑《でんはた》の前《まへ》に神札《かみふだ》を立《た》つれば、虫害《ちうがい》を除《のぞ》くなり。
此《こ》の他《ほか》、人間《にんげん》が蜂《はち》に螫《さ》さるるとか、蛇《へび》に蛟《かま》るるとか、或《あるひ》は毛虫《けむし》等《など》に毒《どく》せられたる時《とき》は、成《な》るべく不潔物《ふけつぶつ》即《すなは》ちアンモニヤの如《ごと》きもの、又《また》は油《あぶら》、醬油《しやうゆ》、味噌《みそ》、鹽《しほ》の如《ごと》きものを、其《そ》の傷《きづ》に塗《ぬ》り、アビラウンケンソバカと一百八遍《へん》唱《とな》へ、強《つよ》く加持《かぢ》すべし。
又《また》雄黄《ゆわう》と蒜《にら》とをすり交《ま》ぜて丸藥《ぐわんやく》と爲《な》し、懷中《くわいちう》に入《い》れ居《を》れば、蝮蛇《まむしへび》等《とう》恐《おそ》れて近寄《ちかよ》らず、若《も》し螫《さ》されたるときは、此《こ》れを塗《ぬ》り附《つ》くべし。又毒虫毒蛇《またどくむしどくじや》等《とう》の居《を》るやうな場所《ばしよ》に行《ゆ》くには、左《さ》の歌《うた》を唱《とな》ふべし。
逢坂《あふさか》やしげしが峠《たうげ》のかきわらひ其《そ》のむかしの女《をんな》こそ藥《くすり》なりけり

明藏主《めいざうしゆ》いふともことをわするるなかはたつ女氏《をんなうじ》はすがはら
かのこまだらのむしあらば山《やま》たつひめにかくてかたらん

又《また》毒虫《どくむし》毒蛇《どくじや》の毒《どく》を除《のぞ》くには、先《ま》づ護身法《ごしんはふ》、九字《じ》、心經《しんきやう》、觀音經《くわんおんきやう》、諸呪心《しよじゆしん》にまかせてよむべし。

オンキリキリハラウンハッタソバカ、有功尊三摩地觀住《いうかうそんさまちくわんぢう》と唱《とな》へ、はりに糸《いと》一尺《しやく》二寸《すん》五分《ぶ》ほどつけて紙《かみ》一枚《まい》をき、手足《てあし》いづれなり蛟《か》まれたる所《ところ》をなづべし

又《また》わらびと小刀《こがたな》とを以《もつ》て神歌《しんか》を唱《とな》へながら、手足《てあし》を打《う》つべし

天竺《てんぢく》の三谷《みたに》川原《かはら》のかぎわらび恩《おん》をわすれたか一寸《ちよつと》のまむし

オンボクソバカと數遍《すうへん》唱《とな》ふべし

又《また》種々《しゆぐ》なる毒虫除《どくむしよけ》の神符《しんぷ》は

地鯉鮒大明神　蛇蚖及蝮蠍
褰俱利尊天　守護處
諸天善神　氣毒煙火燃

害虫驅除《がいちうくじよ》卽《すなは》ち蝗《いなむし》を攘《はら》ひ、穀物《こくもつ》の豐饒《ほうじやう》を祈《いの》ることは、遠《とほ》く神代《かみよ》の大巳貴命《おほなむちのみこと》少彥名命《すくなひこなのみこと》の時《とき》

より行《おこな》はれて居《ゐ》る。今《いま》では年々祈《ねんしき》年祭《ねんさい》と共《とも》に攘蝗祭《じやうくわうさい》が行《おこな》はれて居《ゐ》る。其《そ》の祝詞《しゆくし》は左《さ》の如《ごと》くである。

攘蝗祭祝詞文例

此乃《コノ》所乃《トコロノ》伊豆乃《イヅノ》磐境戸《イハサカト》掃清氏《ハウヒキヨメテ》　神籬《ヒモロギ》立氏《タテテ》招請《オキ》奉里《マツリ》令座《マセ》奉留《マツル》　御年神《ミトセノカミ》大地主神《オウヂヌシノカミ》

御前爾《ミマヘニ》

白久《マウサク》神代乃《カミヨノ》昔《ムカシ》大地主神《オホトコヌシノカミ》田人爾《タヒトニ》牛肉乎《ウシノシシヲ》令食給閉留《クヘシメタマヘル》事乎《コトヲ》御年神乃《ミトンガミノ》怒坐且《イカリマシテ》　其營田《ソノツクダ》爾《ニ》蝗、放給志《イナムシヲハナチタマヒシ》故爾《ユエニ》苗葉《ナヘノハ》倏忽爾《タチマチニ》枯損比《カレソコナヒ》篠竹《シノダケ》如須《ナス》凋萎支《シボミキ》故《カレ》片巫《カタカムナギ》肱乎之且《エヂカムナキヲシテ》　巫占波志米《ウラナハシメ》給比志《タマヒシ》時爾《トキニ》是乎《コヲ》御年神乃《ミトンガミノ》祟奈里《タタリナリ》解志《トカシ》奉良牟《マツラム》　様波《サマハ》白猪《シロキヰ》白馬《シロウマ》白鷄乎《シロキカケヲ》献留《タテマツル》可止志《ベシ》申志支《トマウシキ》故《ユエ》敎乃《ヲシヘノ》隨爾《ママニ》申給布《マウシタマフ》時《トキ》御年神乃《ミトンガミノ》宣給久《ノリタマハク》實爾《マコトニ》吾御心奈里《アガミココロナリ》故《カレ》麻柄乎《アサカラヲ》以氏《モチテ》桛爾《カセギニ》作里氏《ツクリテ》桛《カセ》支《ギ》其乃葉乎《ソノハヲ》以氏《モツテ》拂比《ハラヒ》天押草《アメノオシグサ》以氏《モテ》押志《オシ》烏扇乎《カラスアフギヲ》以氏《モツテ》扇氏《アフギ》仍《ナホ》不去波《サラズバ》溝口爾《ミゾクチニ》牛肉乎《ウシノシシヲ》置咒《オキノ》咀乃《ロヒノ》形乎《カタヲ》作里《ツクリ》薏子《ツスノミ》山椒《ナルヘジカミ》呉桃葉《クミノヘ》及《マタ》鹽乎《シヲヲ》添《ソヘ》其畔爾《ソノアゼニ》班置給閉止《アカキオキタマヘト》　言敎給比支《コトヲシヘタマヒキ》於是《ココニ》大《オホ》地主神《トコヌシノカミ》其乃敎乃《ソノヲシヘノ》隨爾《ママニ》行給比加婆《ユキタマヒシカバ》苗葉《ナヘノハ》復《マタ》繁里《シゲリ》榮延氏《サカヘテ》年穀穰伎《タナツモノミノリキ》故《ユエ》此乃《コノ》古事爾《コジニ》依氏《ヨリテ》御年《トシ》能《ノ》皇《スメ》神《カミ》能《ノ》御《ミ》前《マヘ》爾《ニ》絹《キヌ》布《ノ》白猪《シロキシシ》白馬《シロキウマ》白鶏《シロキカケ》三種《ミクサ》能《ノ》代《シロ》爾《ニ》取易《トリカヘ》備奉《ソナヘマツ》里《リ》氏《テ》御祭《ミマツリ》仕《ツカヘ》奉《マツ》留《ル》狀《サマ》乎《ヲ》平《タヒラケ》久《ク》所聞食《キコシメシ》田《タ》毎《ゴト》爾《ニ》群聚《ムレアツマ》里《リ》氏《テ》年穀《トシノエクノ》乎《ヲ》損《ソコナフ》布《フ》蝗《イナ》虫《ムシ》乃《ノ》災《ワザワイ》掃除《ヘラヒノゾキ》支《テ》奥津《オクツ》御年《ミトシ》乎《ヲ》八束《ヤツカ》穗《オ》乃《ノ》茂穗《イカシホ》乃《ノ》成幸《ナルサキヘ》閉《ヘ》奉《タマヘ》閉《ヘ》刀《ト》十六《シシ》自《ジ》物《モノ》膝《ヒザ》折《オリ》伏《フシ》鵜《ウ》自《ジ》物《モノ》頸根《ウナネ》衝《ツキ》拔《ヌキ》支《テ》旦《テ》畏《カシコミ》𠀋畏《カシコミ》美毛《ミモ》稱《タタヘ》辭《ゴト》竟《ヲヘ》奉《マツ》久《ラク》登《ト》白《マフ》須《ス》

第二十四章　星祭鎭魂神法

天地間《てんちかん》の萬物《ばんぶつ》は總《すべ》ての物《もの》に共通《きようつう》して居《ゐ》る自然《しぜん》の大法則《だいはふそく》がある。日月星辰《につげつせいしん》の運行《うんかう》する法式《はふしき》も、人間《にんげん》や草木《さうもく》の生々化育《せいくわいく》する次第《しだい》も、其《そ》の原理《げんゐん》は同一《どう》である。時《じ》に盛衰《せいすい》ある、物《もの》に榮枯《えいこ》ある、人《ひと》に吉凶《きつきやう》あり、天《てん》の陽氣《やうき》旺《さかん》なれば、地《ち》の生々活潑《せいくわつはつ》にして、人《ひと》に幸福《かうふく》あり、天氣《てんき》邪濁《じやどく》なれば、地氣《ちき》陰毒《いんどく》にして、人《ひと》其《そ》の災禍《さいくわ》を受《う》く、殊《こと》に星辰《せいしん》の運行《うんかう》と人間《にんげん》の運氣《うんき》とは互《たがい》に相賴《あいよ》り相伴《あいともな》ふものであつて、人《ひと》は其《そ》の生年月日《せいねんがつぴ》に由《よ》つて、天上行運《てんじやうかううん》の星辰《せいしん》と相生《さうせい》することあり、相尅《さうこく》することあり以《もつ》て一生又《しやうまた》は一年《ねん》一ケ月《げつ》の幸福《かうふく》を分《わか》つに至《いた》るのである。

此《こ》の星辰《せいしん》の運行《うんかう》と人《ひと》の生年月日《せいねんがつぴ》とは、自然《しぜん》の成行《なりゆき》であるから人力《じんりき》のみを以《もつ》てしては、如何《かん》ともすることが出來《でき》ぬ。そこで宇宙大靈《うちゆうたいれい》の力《ちから》を借《か》り、此《こ》の惡運《あくうん》を祓《ね》き除《のぞ》き、凶《きやう》を吉《きち》に轉《てん》換《くわん》するの方法《はふはう》を講《こう》ずるの必要《ひつえう》がある。此《こ》の星廻《ほしまは》りの惡《あく》を祓《はら》ひ、消災《しうさい》の法《はう》を爲《な》すのが、卽《すなは》ち星祭《ほしまつり》である。此《こ》の星祭《ほしまつり》は古來《こらい》より行《おこな》はれ、殊《こと》に軍陣《ぐんぢん》に於《おい》ては、皆之《みなこ》れを行《おこな》ひ、一切祭儀《いつさいさいぎ》中の最大最重《さいだいさいちやう》のものとせられ、勝軍祈禱《しやうぐんきとう》といふも、其《そ》の實《じつ》は此《こ》の星祭《ほしまつり》が主《しゆ》であつたのである。

星祭《ほしまつり》には、或《あるい》は太山府君《おほやまずみのみこと》を主神《しゆしん》とし、或《あるい》は太上神君《おほかみがみのみこと》を祭《まつ》り佛敎《ぶつけう》の宿曜說《しゆくようせつ》にては、文《もん》殊師利菩薩《じゆしりぼさつ》を本尊《ほんぞん》として祭《まつ》る等《とう》、神儒道佛《しんじゆだうぶつ》の四敎《けう》とも、皆盛《みなさかん》に行《おこな》はれて居《ゐ》る、神道《しんだう》は氏神《うじがみ》產土神《うぶすながみ》の社殿《しやでん》に於《おい》て、恒例《こうれい》の祭式《さいしき》に依《よ》り、星祭御守護《ほしまつりごしゆご》、何年何某《なんねんなにぼう》の男女《だんぢよ》と書《しよ》したる御守《おまもり》を本人《ほんにん》に掛《かけ》させ、又同《まただう》一の神札《しんさつ》を神棚《かみだな》に祀《まつ》るの常《つね》である。

星祭《ほしまつり》は天《てん》に對《たい》するもの、宇宙《うちう》に對《たい》するもの、卽《すなは》ち對外的《たいぐわいてき》であるが、之《こ》れに對《たい》して自己《じこ》の內部《はいぶ》、卽《すなは》ち精神《せいしん》を鎭《しづ》むることが必要《ひつえう》である。それで星祭《ほしまつり》と倶《とも》に對自的對內的《たいじてきたいないてき》に鎭魂祭《ちんこんさい》を行《おこな》へば、內外自他兩々相待《ないぐわいじたりやう〳〵あいま》つて全《まつた》きを得《う》るものである。鎭魂《ちんこん》のことは始《はじ》めに少《すこ》し說《と》いたが、今其《いまそ》の祭式《さいしき》を左《さ》に記《き》すべし

凡《すべ》て人《ひと》の身《み》の上《うへ》は、星廻《ほしまは》りが惡《わる》いとか、非常《ひじやう》の異變《いへん》がある時《とき》は、起居《ききよ》の間《めいだ》に心神《しんしん》が放迷《はうめい》

惶逸《くわういつ》して落付《おちつ》かず、爲《た》めに大事《だいじ》を誤《あやま》るものであるから、星祭《ほしまつ》りと同時《どうじ》に、此《こ》の放迷《はうめい》せる魂《たましい》を安鎭《しづ》め、壽福《じゆふく》を祈《いの》るのが鎭魂祭《ちんこんさい》である。

鎭魂祭《ちんこんさい》は神代《かみよ》より行《おこな》はれ、畏《かしこ》くも宮中《きうちう》に於《お》ても、一つの神秘的行事《しんぴてきぎやうじ》となつて居《ゐ》る。延喜《えんぎ》式《しき》には鎭魂祭《ちんこんさい》と云《い》ひ、現今《げんこん》の皇室令《くわうしつれい》には、鎭魂《ちんこん》の式《しき》としてある

祭儀《さいぎ》は宮中《きうちう》の八神《がみ》卽《すなは》ち、神魂《いくむすび》、高魂《たかむすび》、生魂《いくむすび》、足魂《たるむすび》、魂留魂《みたまとめむすび》、大宮賣《おほみやうる》、御膳神《こぜんのかみ》、辭代主《じしろぬし》、及《およ》び大直日《おほなほび》の神《かみ》を招請《せうせい》して主神《しゆしん》と爲《な》し、案《あん》を据《す》へて神座《しんざ》を設《もう》け、鈴《すゞ》一口《くち》を付《つ》けたる榊《さかき》を倚《よ》せ立《た》て、又案上《またあんじやう》に柳筥《やなぎとね》を置《お》き、其《そ》の內《うち》に赤糸《あかいと》十筋《すぢ》を納《おさ》め、次《つぎ》に齋主《さいしゆ》の坐《ざ》を設《もう》け、側《そば》に宇氣《うけ》槽《ふね》を据《す》へ、和琴《わきん》、得琴役《とくきんやく》の坐《ざ》をおき、其《そ》の左側《ひだりがは》に鎭魂《ちんこん》すべき人《ひと》の坐《ざ》を設《まう》く、又其《またそ》の人《ひと》の衣《い》服《ふく》を身代《みかは》りとするもよし

次《つぎ》に祭儀《さいぎ》の次第《しだい》は左《さ》の如《ごと》し

時刻《じこく》に祓《はらい》の儀《ぎ》を行《おこな》ふ。次《つぎ》に齋主木綿蔓《さいしゆゆふかづら》を着《つ》く、各員着席《かくいんちやくせき》す、次《つぎ》に降神行事《かうしんぎやうじ》、彈琴《ぜんきん》一同平《どうへい》伏《ふく》す。次《つぎ》に神饌《しんせん》を献供《けんぐ》す、米《こめ》、酒《さけ》、鳥《とり》、野菜《やさい》、菓《くだもの》、鹽《しほ》、水等《みづとう》、次《つぎ》に齋主祝詞《さいしゆしゆくじ》を奏上《そうじやう》す、

次《つぎ》に鎭魂行事《ちんこんぎやうじ》

一、始《はじ》め彈琴《ぜんきん》、菅搔《すがかき》、二、巫矛《みこほこ》を取《と》りて立《た》ちて宇氣《うき》を衝《つ》く、其《そ》の儀《ぎ》は櫓《やぐら》に上《あが》りて、一二

三四五六七八九十と唱《とな》へつつ十度《どつ》衝く、三、齋主《さいしゆ》は赤糸《あかいと》一筋《すぢ》を取《と》り、又《また》一二三四五六七八九十と唱《とな》へて之《こ》れを結《むす》ぶ、かくすること十度《と》、結《むす》び終《おは》りて柳筥《やなぎとも》に納《おさ》む。四、此《こ》の間鎭魂《あいだちんこん》せらるべき人《ひと》は座《ず》したるまま左右左《さゆうさ》と振《ふみ》ふ。若《も》し衣服《いふく》のみなれば衣服《いふく》を振《ふ》る。五、次《つぎ》に玉《たま》十顆《か》を絹《きぬ》につつみ、之《こ》れを十種《しゆ》の神寶《しんぽう》として、オキツカガミ、ヘツカガミ、ヤツカノツルギ、イクタマ、タルタマ、ミチガヘシノタマ、マカルガヘシノタマ、オロチノヒレ、ハチノヒレ、クサ〴〵モノノヒレと唱《とな》へて、由良《ゆら》〳〵と振《ふる》つて、柳筥《りゆうと》に納《おさ》め、赤糸《あかいと》十筋《すぢ》を以《もつ》て筥《とも》を結《むす》ぶ

次《つえ》に撤饌《さんせん》、次《つぎ》に昇神行事《せうしんぎやうじ》、次《つぎ》に各退出《かくたいしゆつ》。

鎭魂祭祝詞

懸巻《ガケマク》毛《モ》畏《カンコ》伎《キ》大《オホ》宮《ミヤ》中《ウチ》乃《ノ》神殿《カミトノ》爾《ニ》座神魂《イマスウミムスビ》高御魂《タカミムスビ》生魂《イクムスビ》足魂《タルムッビ》魂留《タマツメムスビ》大《オホ》宮《ミヤ》能《ノ》女《メ》御《ミ》膳《ケ》津《ウ》

神《カミ》辭《コト》代《シロ》主《ヌシ》大《オホ》直《ナホ》日《ヒノ》神等《カミタチ》乃《ノ》御《ミ》前《マヘ》爾《ニ》畏美《カノコミ》畏美毛《カシコミモ》白久《マウサク》

高《タカ》天《マガ》原《ハラ》爾《ニ》神留座《カヘヅマリマス》神《カム》魯《ロ》伎《ギ》神《カム》魯《ロ》美《ミ》乃《ノ》命持氏《ミコトモチテ》宇《ウ》麻《マ》志《シ》麻《マ》治《ヂノ》命《ミコト》乃《ノ》御《ミ》父《オヤ》饒《ニギ》速《ハヤ》日《ヒノ》命《ミコト》爾《ニ》

十種《トグサ》乃《ノ》瑞寶《ミヅノミタガラ》瀛津鏡《オキツカガミ》邊津鏡《ヘツカガミ》八握劍《ヤツカノツルギ》生玉《イクタマ》足玉《タルタマ》道反玉《ミチガヘシノタマ》死反玉《マカルガヘシノタマ》蛇比禮《オロチノヒレ》蜂比《ハチノヒ》

禮《レ》品々乃物《クサグサノモノ》比禮乎《ヒレヲ》授給比氏《サヅケタマヒテ》天津日嗣止《アマツヒツギト》 大八島國《オホヤシマノクニ》所知食《シロシメス》皇御孫命乃《スメミマゴノミコトノ》 大御《オホミ》身乎《ミヲ》始米《ハジメ》豐葦原乃《トヨアシハラノ》水穗國爾《ミヅホノクニ》在由留《アル》 現伎《ウツクシキ》青人草《アヲヒトクサ》等我《ラガ》身爾《ミニ》至麻氏《イタルマデ》 阿部加北奈夜《アツカヒナロ》米流《ノル》所有牟爾波《トエロニアラムニヘ》此乃十種乃《コノトクサノ》瑞寶乎《ミヅホヲ》合氏《アハセテ》 一《ヒト》二《フタ》三《ミイ》四《ヨウ》五《イツ》六《ムウ》七《ナヽ》八《ヤ》九《コノ》十《トホ》止云氏《トイフテ》布流倍《フルヘ》由良由良止《ユラユラト》布流倍《フルヘ》如此奈志氏《カクノゴトクナシテ》婆死禮留《ヘマカレル》 人毛《ヒトモ》生反里奈牟止《イキカヘリナムト》 言依志氏《コトヨサシテ》天降給比志《アマクダシタマヒシ》御因縁爾依氏《ミイヘレニヨリテ》志貫島乃《シヤシマノ》大和國《オホヤマトノクニ》橿原乃《カシハラノ》大宮爾《オホミヤニ》肇國《ハツクニ》知食座志《シラシメシマシシ》天皇乃《スメラミコトノ》大御代爾《オホミヨニ》宇麻志麻治命爾《ウマシマジノミコトニ》令乎《オホセテ》大御魂乎《オホミタマヲ》齋鎭奉志米《イヘヒシヅメマツランメ》 給比志《タマヒシ》 御例乃《ミアトノ》麻爾麻爾《マニマニ》御代御代《ミヨミヨ》乃天皇乃《ノスメラミコトノ》大御廷爾毛《オホミカドニモ》 仕奉志米《ツカヘマツランメ》給比志《タマヒシ》 御神事爾《ミカムワザニ》習比氏《ナラヒテ》掛卷毛《カケマクモ》畏伎《カシコキ》大宮中乃《オホミヤナカノ》神殿爾《カムドノニ》座《マス》神魂《カムミムスビ》高御魂《タカミムスビ》生魂《イクタマ》足魂《タルタマ》魂留魂《タマツマルタマ》 大宮能女《オホミヤノメ》御膳津《ミケツ》 神辭代主《カミコトシロヌシ》大直日乃《オホナホビノ》大《オホ》神達乃《カミタチノ》大前爾《オホマヘニ》宇氣槽《ウケフネ》覆氏《フセテ》撞登騰呂加志《ツキトドロカン》天乃《アメノ》數哥《カノ》宇多比《ウタヒ》阿計氏《アケテ》浮禮《ウカレ》往《ユカ》麻久須留《》玉緒乎《タマノヲヲ》多志爾《タシニ》結留氏《ユヒトメテ》魂結乃《タマユヒノ》神事《カムワザ》仕奏留《シマツル》狀乎《サマヲ》宇麻良爾《ウマラニ》所聞食《キコシメシ》幸閉給閉止《サキハヘタマヘト》 献留《タテマツル》幣帛乎《ミテグラヲ》平久安久《タヒラケクヤスケク》所聞食座氏《キコシメシマシテ》某我身爾《ソレガシガミニ》 阿都加閉奈夜米留佐加美阿倍具《アツカヒナヤメルサカミアヘグ》病乎《ヤマヒヲ》婆献留《ベ・テ・ツル》嚴乃清酒《イツノスミサケ》伊登須美夜加爾《イトスミヤカニ》伊夜志給比氏《イヤシタマヒテ》曾我命乎婆《カイノチヲバ》 堅酒乃《カタザケノ》堅磐爾《カタハニ》常磐爾《トキハニ》

守幸給比氏《マモリヘサキタマヒテ》玉緒波《タマノヲハ》齎乃庭《ニヘノニハ》佐良受《サラズ》現身乃世乃《ウツソミノヨノ》長人止《ナガヒトト》在志米《アラシメ》給閉止《タマヘト》乞祈奉留言乃《コヒノミマツルコトノ》由乎《ヨシヲ》平久《タヒラケク》所聞食給閉止《キコシメシタマヘト》猪自物《シシジモノ》膝折伏《ヒザヲリフセ》鵜自物《ウジモノ》頸根衝《ウナネツキ》拔《ヌキ》天乃《アマノ》八平手《ヤヒラテ》打上氏《ウチアゲテ》畏美畏美毛白須《カシコミカシコミモマヲス》

第二十五章　漁獵祈禱神法

生物《せいぶつ》の命《いのち》を奪《うば》ることは、好《この》ましいことではないけれど、人《ひと》は萬物《ばんぶつ》の靈長《れいちやう》であつて、穀菜《こくさい》魚介《ぎよかい》は人類《じんるい》の生存《せいぞん》を助《たす》くる爲《た》めに出來《でき》たものであり、且《か》つ既《すで》に漁業者《ぎよげふしや》といふ職業《しよくげふ》のある以上《いじやう》は充分《じうぶん》に漁獲獵收《ぎよかくりやうしう》がなくてはならぬのは、固《もと》よりである。若《も》し漁獵《ぎよりやう》なきか、又《また》は少《すく》なくて困《こま》るときは、左《さ》の神法《しんぽふ》を行《おこな》ふべし。

先《ま》づ沐浴《もくよく》、次《つぎ》に身滌祓《みそぎはらひ》、又《また》三科祓《かはらい》、次《つぎ》に招神《せうしん》、次《つぎ》に祭神《さいしん》、祓戸《はらいど》四柱神《はしらのかみ》、住吉太神《すみよしだいじん》、船玉神《ふなだまがみ》、西宮大神《にしみやだいじん》、海幸彦神《うみさきひこのかみ》、鹽上老翁神《しほがみおきなのかみ》、次《つぎ》に祈念祝詞《きねんしゆくじ》、次《つぎ》に左《さ》の神歌《しんか》を三遍唱《べんとな》ふべし。

渡津見《わたつこ》の上《うへ》も高天原《たかまがはら》なればうじもろともに神《かみ》や守《まも》らん。

あまつかみ大海原《おほうなはら》に宮居《みやゐ》してここもゆたかこころゆたかに。

千《ち》早振《はやふる》大海原《おほうなはら》に漁《と》るを浦山《うらやま》しとやひとはいふらん。

夫《それ》よりアリナリトナリアナルナピクナピと二十一遍唱《べんとな》ふべし。次《つぎ》に、移多都美祝詞《ゐたつみしゆくじ》、次《つぎ》に、船玉祓《ふなだまはらい》、惡美須祓《ゑびすはらい》、此等《これら》の祓《はらい》は神道大祓《しんだうおほはらい》の中《うち》に在《あ》り、次《つぎ》に漁祭祝詞《ぎよさいしゆくじ》を左《さ》の如《ごと》く奏上《そうじやう》すべし。

打寄《うちよ》する波《なみ》は鼓《つゝみ》の音《おと》と聞《きこ》へ、沖往《おきゆ》く舟《ふね》は水鳥《みづとり》の遊《あそび》と見《み》へて、見晴佳《みはらしよ》き此岡《このおか》の上《うへ》を可美宮《かみみや》所《ところ》と注連《しめ》引張《ひきは》りて、齋卷《いつきまつ》も、掛卷《かけまく》も綾《あや》に畏《かし》こき、大綿津見神《おほめつみのかみ》、事代主神《ことしろねしのかみ》、海幸彦神《うみさちひこのかみ》の御前《みまへ》に謹敬《つゝしみうやま》ひ畏美畏美《かしこみかしこみ》申《まう》佐久《さく》、昔《むかし》より大神等《おほかみたち》の大惠《おほめぐみ》深《ふか》き此海原《このうなはら》には大魚小《おほうをこ》魚《うを》も最多《いとおほ》くして里《さと》の海士等《あまら》も隨分《をうなをうな》海幸《うみさち》得《え》て、嬉《うれし》み歡《よろこ》びつゝ在來《ありし》しを此頃《このごろ》は日《ひ》日《ゞ》並《ならび》で漁《すなど》れども一鮨《ひとひれ》だに得取《えと》らず、歎愁《なげきうれい》て爲術無《せんすべな》さに、議《はかり》ごちて、今日《けふ》の生日《いくひ》の足日《たるひ》を吉日《よきひ》と撰《えら》び定《さため》て宇豆御酒宇《うつみけう》豆《づ》の幣帛《みてぐら》を捧《さゝ》げて稱辭奉《たたほことをたてま》る、白雲《しらくも》の向伏限《むきふしかぎ》り潮沫《しほしぶき》の至《いた》り留《とゞむ》る極《きは》み、住《す》むと住《す》む魚類《ぎよるい》を朝潮《あさしほ》の滿《みつ》るまにまに、夕潮《ゆうしほ》の寄《よ》るまにまに、此海《このうみ》の澳《おく》に邊《へ》にも寄給《よせたま》ひ集給《つどへたま》ひて、乘舟《のりぶね》の舵誤《かぢあやま》つ事《こと》なく、浪風《なみかぜ》の障《さは》る事《こと》なく、引網《ひきあみ》の網目《あみめ》漏《も》らず、釣針《つりはり》の空針《からはり》なくもそろそろに網《あみ》引取《ひきと》りくるやくるやに釣揚《つりあ》げて、濱《はま》の眞砂《まさご》の盡《つき》ざるが如《ごと》く、今日《けふ》も今日《けふ》も獲《え》さしめ給《たま》へて打波《うつなみ》のかへす〳〵も願奉《ねがひまつ》らん舵音《かぢおと》のつばらつばらに所聞食相宇《きこしめざるあいう》豆《づ》ないまして打延《うちのべ》る網《あみ》の糸《いと》も奇《くし》く妙《たへ》なる嚴之御靈《いづのみたま》を幸賜《さちはへたま》へと磯《いそ》に鳴《な》く千鳥《ちどり》の海士《あま》諸共《もろとも》に打群《うちむれ》て畏美畏美白須《かしこみかしこみまうす》し。

又普《またふ》通海邊《つうみべ》の各神社《かくじんじや》に於《お》て・春秋若《しゆんじうも》しくば、其《そ》の時々《ときぐ》に行《おこな》はるゝ漁獵祭《ぎよりやうさい》の祝詞《しゆくじ》は左《さ》の如《ごと》し。

言《イヘ》幕《マクモ》母綾《アヤニ》爾畏《カシコキ》伎吾《ワガ》大神《オホガミノ》乃御前《ミマヘニ》爾懼々《カシコミカシコミ》美母申《マウサク》佐久此郷《コノサトノ》能漁夫《ギヨフ》等《タチ》間者《ニハ》海幸《ウミノサチ》失《ウシナヒワ》比和備《ビツヽ》都々居《オルヲ》乎相《アヒ》恤《アハレミ》美相《アヒ》慈《メグミ》給《タマヒテ》比豆 大海《オホウミノ》乃巨泄《オホギ》細鱗《チヒサイナ》等《ドモヲ》哀追《オヒ》聚《アツメテ》米天 海人《アマ》等《タチガ》我網子《アゴ》調《トトノヘ》反豆引《テヒキ》網《アミノ》乃網目《アミメ》不泄《モラサズ》引《ボテ》綱《ヅナノ》乃綱《ヒキ》手《テ》不緩《ユルメズ》佐々《サヽ》和々《ワヽ》爾《ニ》令曳《ヒキ》揚《アゲシメ》給《タマヘ》波荷前《ノサキヘ》波 横山《ヨコヤマノ》乃如《ゴト》久《ク》引《ヒキ》居《スエ》置《オキ》豆《テ》奉《マツラムト》牟刀禮自利《イヤジリ》乃《ノ》御幣《ミテグラ》捧持《ササゲモチテ》氐祈《ノリ》請《コヒ》奉《マツラクト》久刀言《マウス》。

又次《またつぎ》に山獵《さんりやう》即《すなは》ち禽獸《きんじゆう》の獵利《りやうり》を祈《いの》る祝詞《しゆくじ》の文例《ぶんれい》は左《さ》の如《ごと》し。祭神《さいじん》は大山祇神《おほやまづのかみ》始《はじ》め、其《そ》の地《ち》の産土大神《うぶすなおほがみ》とすべし

某《ソレガシノ》乃大神《オホガミノ》乃御前《ミマヘニ》爾畏《カシコ》美畏《カシコミ》美母啓《モウサク》佐久 大神《オホガミノ》乃往昔《ムカシヨリ》與理 吾《アガ》我地《トコロ》刀主《ウシ》佩坐《ハキイマス》須此山《コノヤマニ》波鹿《シ》、甚多《イトオホク》秘符《テ》戴在《ササゲタル》角《ツヌ》波《ヘ》枯木《カレキ》末《スエ》如《ナシ》志聚《ツドヘル》閉留 脚《アシ》波《ハ》若木《ンモト》原《ヘラ》類《ナン》志噴《イブ》介留《ケル》息《イキ》波《ハ》朝霧《サギリ》似《ナセリ》世利 故《カレ》山麓《ヤマモト》耳《ニ》家居《イヘヰシテ》志氐山幸《ヤマザチ》得《エタル》多類 獵夫《カリビト》等《ダチ》波《ヘ》篝火《ノリビノ》乃玉筒《タマヅツ》負《オヒテ》比氐 朝《アサニ》爾異《ケニ》爾伊行《イユキ》伎狩《カレドモ》禮杼母

盡流《ツキル》事《コト》無久《ナク》隨分《オフナオナ》利《リ》潤乎《ホサヲ》得都留毛《エツルモ》 偏耳《ヒトヘニ》大神乃《オホガミノ》御恩頼耳《ミタマノフユニ》由留《ヨル》事乃《コトノ》嬉美《ウレシミ》謝保志《ヨロコビ》乍《ナガラ》在來《アリコ》志乎《ンヲ》近伎《チカキ》頃與里《コロヨリ》鹿等《シシドモ》何方閉加《イヅチヘカ》散禮《ハフレ》失世氐《ウセテ》終日《ヒスガラ》覔介杼母《マゲドモ》其乃《ソノ》乾迹陀爾《カラトダニ》見衣受《ミエズ》然許《シカバカリ》多有《オホカ》利爾《リン》物能《モノノ》頓爾《ニハカニ》盡奴流可久波《ツキヌベクハ》 阿羅自《アラジ》若《モシ》大神乃《オホカミノ》御心耳《ミココロニ》不志已利《フシマリ》給布《タマフ》事《コト》有利氐《アリテ》隱志《カクシ》給閉留《タマヘル》加刀《カト》獵夫等《カリウドドモ》一同《モロモロ》畏懼萬利《オチカシコマリ》大前耳《オホマヘニ》種々乃《クサグサノ》御饗乎《ミケヲ》奉利《タテマツリ》祈白須《ノミマフス》狀乎《サマヲ》憫美《アハレミ》給比《タマヒ》惠備《メグミ》給比《タマヒ》過犯氐氣牟《アヤマチオカシテケム》 罪咎波《ツミトガハ》神直日《カムナホヒ》大直日仁《オホナホヒニ》見聞直志直志《ミナホシキキナホシ》給比氐《タマヒテ》如山幸《ヤマノゴトクサチ》忒波受《タガヘズ》 鹿多爾寄《シシサハニヨリ》給波婆《タマヘバ》志我《シガ》角波《ツヌハ》御笠乃林《ミカサノハヤシ》志我《シガ》耳波《ミミハ》御墨斗《ミスミノツボ》目波《メハ》眞澄鏡《マスミノカガミ》爪波《ツメハ》御弓乃弭《ミユミノハズ》毛乃《モヲ》御筆《ミフデ》製利《ツクリ》皮乎《カハヲ》御箱仁《ミハコニ》覆利《ハリ》宍刀波《シシトハ》御膾林刀爲氐《ミナマスノヤマトナシテ》申乃《カヘリマフシノ》禮代爾《イヤシロニ》奉良牟登《タテマツラムト》 申須《マウス》事乎《コトヲ》平介久《タヒラケク》安介久《ヤスラケク》聞食氐《キコシメシテ》乞《コヒ》隨爾《マスニ》幸閉《サキハヘ》賜閉刀《タマヘト》畏美《カシコミ》畏美毛《カシコミモ》啓須《マウス》。

但《たゞ》し山獵祭《さんりやうさい》の時《とき》は、海《うみ》の歌《うた》は必要《ひつえう》なし

第二十六章　道饗庚申祭秘法

旅行《りよかう》出征《しゆつせい》其《そ》の他《た》商用《しやうよう》等《とう》にて他出《たしゆつ》するに當《あた》り、海《うみ》に陸《おか》に其《そ》の守護神《しゆごしん》を祈《いの》り、旅行安全《りよかうあんぜん》、目《もく》的事《てきじ》の成就《じやうじゆ》を願《ねが》ひ、又《また》産土神《うぶすながみ》に出發《しゆつぱつ》歸着《きちやく》共《とも》報告祭《ほうこくさい》を行《おこな》ふことは、中古《ちうこ》以來《いらう》盛《さかん》に行《おこな》はれ、又《また》陰陽道《いんやうだう》より來《き》たれる庚申祭《かうしんさい》なるものがある。此《こ》れは單《たん》に旅行《りよかう》に關《くわん》する丈《だけ》ではなく、消災治《しやうさいち》病《びやう》をも兼《か》ぬものであるが、此《こ》の二種《しゆ》は相混《あいこん》じて、猿田彦神《さるたひこのかみ》即《すなは》ち天孫《てんそん》を道案内《みちあんない》せし道祖神《だうそじん》と庚申《かうしん》、青面金剛《せいめんこんがう》等《とう》が一つの旅行安全《りよとうあんぜん》の神《かみ》となつて居《ゐ》る。文武天皇《ぶんぶてんのう》の朝《てう》に難浪《なには》の四天王寺《てんわうじ》にて、庚申會《かうしんくわい》が行《おこな》はれ、青面金剛《せいめんこんがう》を以《もつ》て庚申《かうしん》の本地《ほんち》と爲《な》し、傳染流行病《でんせんりうかうびやう》の村落《そんらく》に侵入《しんにう》するを防《ふせ》ぐ、要塞神《えうさいしん》として祀《まつ》らるるに至《いた》り、青面金剛《せいめんこんがう》の八臂《び》より、見《み》ざる、聞《き》かざる、言《い》はざるの三猿説《えんせつ》を出《いだ》し、三猿《えん》の猿《さる》と猿田彦《さるたひこ》と又調和《またちようわ》するに至《いた》つて居《ゐ》るのである。

庚申祭《かうしんさい》は、庚申《かのえさる》の日《ひ》に、身體《しんたい》を清淨《せいじやう》にし、神酒《しんしゆ》其《そ》の他《た》の供物《くもつ》を捧《さゝ》げ、先《ま》づ護身法《ごしんはふ》、次《つぎ》に無所不至印《むしよふじいん》、呪《のろい》、オンコシレイ、コシレイ、マイダリ、マイダリ、ソワカを十遍唱《べんとな》へ、次《つぎ》に般若心經《はんにやしんきやう》を誦《しやう》すること三回《かい》又《また》は十回《かい》、次《つぎ》にオンテイバヤ、キシヤハンダ、ハンダ、カカカ、ソハカと數遍唱《すうへんとな》ふべし。次《つぎ》にシヤウキヤラヤ、イネヤ、サニネヤ、ワカテコニ、ネノルゾ、ネヌゾ、ネタルゾと唱《との》ふべし。以上《いじやう》の呪《のろい》は北斗星《ほくとせい》の呪《のろい》、青面金剛《せいめんこんがう》の降魔《かうま》と除病《じよびやう》の意《い》終《おは》りは降魔《かうま》の呪《のろい》である。次《つぎ》に南無《なむ》庚申青面金剛明王《かうしんせいめんかんがうめうわう》五穀豐《こくゆたか》登火盜退散病災消除《とうくわたうたいさんびやうさいしやうじよ》、惡魔《あくま》降《かう》伏怨敵退散《ふくおんてきたいさん》と唱《とな》ふべし。

又《また》道饗祭《だつきやつさい》の祝詞《しゆくじ》及《および》發旅祭《はつたびさい》並《ならび》に、歸還報賽祭《きくわんほつさいさい》の祝詞文例《しゆくじぶんれい》を左《さ》に示《しめ》すべし。

道饗祭祝詞文例

家鶏《カケ》巻毛《マクモ》畏支《カシコキ》障神乃《サヘノカミノ》御前爾《ミマヘニ》白久《マウサク》八衢彦《ヤチマタヒコ》八衢姫《ヤチマタヒメ》久那度止《クナドト》御名乎《オンナヲ》稱奉久波《タタヘマツラクハ》遠津《トホツ》神代爾《カミヨニ》神伊邪奈岐命《カムイザナギノミコト》伊奈醜目醜米支《イナシコメシコメキ》穢《キタナキ》黃泉國與里《ヨミノクニヨリ》歸來座須《カヘリキマス》時爾《トキニ》千曳乃《チビキノ》大石乎《オホイハヲ》黃泉戸爾《ヨミドニ》引居弖《ヒキスエテ》黃泉津神乎《ヨモツカミヲ》塞給比《サヘタマヒ》突世留《ツカセル》御杖乎《ミツエヲ》擲棄氐《ナゲステテ》妖鬼等乎《マガモノタチヲ》退氣給閉留《ソケタマヘル》故實乃《フルゴトノ》任爾《マニマニ》今毛《イマモ》後毛《ノチモ》大神等乃《オホカミタチノ》厚支《アツキ》御恩賴爾《ミタマノフユニ》因利氐《ヨリテ》根國底國與里《ネノクニソコツクニヨリ》荒毘《アラビ》疎毘《ウトビ》來牟《キタラム》枉神乃《マガツカミノ》枉事《マガゴト》不令在《アラセズ》夜乃守《ヨノモリ》日乃守爾《ヒノモリニ》幸閉比《サキヘヘト》禮代乃《イヤノロノ》幣帛乎《ミテグラヲ》八取乃《ヤトリノ》机爾《ツクエニ》如横山《ヨコヤマノゴトク》置《オキ》足波氐乎《タラハシテヲ》進留狀乎《タテマツルサマヲ》平久安久《タヒラケクヤスラケク》聞食氐《キコシメシテ》此乃《コノ》大八衢爾《オホヤチマタニ》湯津岩村乃《ユツノイハムラノ》如久《ゴトク》障座氐《サヤリマシテ》妖鬼等乃《マガモノヲ》上與里《ウヘヨリ》行婆《ユカバ》上乎《ウヘヲ》守里《マモリ》下與里《シタヨリ》行姬《ユカバ》下乎《シタヲ》守里《マモリ》防支《フセギ》追退氣給比《オイノリソケタマヒ》此乃《コノ》村爾波《ムラニハ》諸乃《モロモロノ》病無久《ヤマヒナク》無喪《モナク》無事《コトナク》泰久《サキク》眞幸久《マサキク》守給閉止波《マモリタマヘトハ》日乃《ヒノ》暮留々《クルル》迄此禮乃《マデコレノ》門邊爾《カドベニ》湯津磐群乃《ユツイハムラノ》如久《ゴトク》塞坐志氐《サヤリマシテ》惡事爾《マガゴトニ》相交和利《アイマジハリ》相口會志米牟刀《アイクチアヘシメムト》欲留《スル》天之禍都比《アメノマガツヒ》又貨財乎《マタタカラヲ》加蘇比奪波牟刀《カソヒウハヘント》欲流《スル》盜賊等我《ヌスビトラガ》四方四角與里《ヨモヨスミヨリ》疎備荒備來氐《ウトビアラビキテ》前都戸爾《トニ》伊行違比《イユキチガヒ》後都戸爾《シリツトニ》伊行違比《イユキチガヒ》候波《ウカガハ》

久乎《クヲ》大神乃《オホガミノ》上乎《ウヘヲ》守利《マモリ》下乎《シタヲ》守利《マモリ》待防岐《マナフセギ》掃却利《ハラヒヤリ》言排氣《イヒソケ》坐須爾《マスニ》依里天《ヨリテ》屋內乃《ヤヌチノ》者等《モノドモ》安久《ヤスク》穩《オダヤ》爾《ニ》在經留《アリフル》事乎《コトヲ》尊美《タフトミ》妖美《ウレシミ》年毎乃《トシゴトノ》今日乎《ケフヲ》吉日刀《ヨキヒト》撰定米氐《エラミサダメテ》御祭《ミマツリ》仕奉利《ツカヘマツリ》稱辭《タタヘゴト》竟奉良久乎《オヘマツラクヲ》平介久《タヒラケク》安介久《ヤスラケク》聞食世刀《キコシメセト》恐美《カシコミ》恐美毛《カシコミモ》白須《マウス》。

旅立祭祝詞文例

掛毛《カケマクモ》畏伎《カシコキ》吾皇神乃《ワガスメラミカドノ》大前爾《オホマヘニ》恐美《カシコミ》恐美毛《カシコミモ》白久《マウサク》何某伊《ナニガシイ》今《イマ》上道《ミチタチ》爲氐《シテ》某國《ソレノクニ》某里爾《ソレノサトニ》行牟登《ユカント》爲乎《スルヲ》吾《ワガ》大神乃《オホガミノ》高伎《タカキ》貴伎《タフトキ》恩賴爾《ミタマノフユニ》依氐《ヨリテ》往左乃《ユクサノ》路乃《ミチノ》間《ホド》都々牟《ツツム》事《コト》无久《ナク》守給比《マモリタマヒ》幸給比氐《サキハヘタマヒテ》平氣久《タヒラケク》安氣久《ヤスラケク》歸之《カヘシ》給閉登《タマヘト》禮代乃《イヤシロノ》幣乎《ミテグラヲ》捧持氐《ササゲモチテ》恐々毛《カシコミカシコミモ》稱辭竟奉久登《タタヘゴトオヘマツラクト》掛毛《カケモ》畏伎《カシコキ》吾皇神乃《ワガスメカミノ》大前爾《オホマヘニ》畏美《カシコミ》畏美毛《カシコミモ》白久《マウサク》何某伊《ナニガシイ》今《イマ》船出爲氐《フナデシテ》某國《ソレノクニ》某里爾《ソレノサトニ》行牟登《ユカント》爲乎《スルヲ》吾皇神乃《ワガスメラカミノ》高伎《タカキ》貴伎《タフトキ》靈驗爾《ミタマノフユニ》依氐《ヨリテ》行左《ユクサ》來左乃《クルサノ》海路爾《ウミヂニ》風浪乃《カゼナミノ》愁《ウレイ》无久《ナク》守給比《マモリタマヒ》幸給比氐《サキハヘタマヒテ》平氣久《タヒラケク》加多良可爾《カタラカニ》歸之《カヘシ》給閉登《タマヘト》禮代乃《イヤシロノ》幣乎《ミテグラヲ》捧持氐《ササゲモチテ》畏々《カシコミカシコミ》稱辭竟奉久登《タタヘゴトオヘマツラクト》白《マウス》。

報賽祭祝詞文例

掛卷母《カケマクモ》貴支《タウタキ》某神乃《ソレカミノ》大前爾《オホマヘニ》畏々美母《カシコミカシコミモ》何某《ナニガシ》白給方久《マウシタマワク》往日某國爾《ソレノクニニ》將行刀《ユカント》爲之《セン》時爾《トキニ》行

佐《サ》來《クル》佐《サ》恙事《ソゾムコト》無《ナ》久《ク》守《マモリ》幸《サキハ》反《ヘ》給《タマ》反《ヘ》刀《ト》皇神《スメガミ》乃《ノ》御《ミ》前《マヘ》爾《ニ》乞祈《コヒノミ》申《マウ》之《シ》々《シ》母《モ》效《シル》久《ク》事《コト》無《ナ》久《ク》平《タヒラカ》爾《ニ》家《イヘ》爾《ニ》還《カヘリ》着《ツキ》奴《ヌ》留《ル》事《コト》乎《ヲ》斯《カク》喜《ウレシ》美《ミ》忝《カタジケナ》美《ミ》御食《ミケ》御酒《ミキ》種々《クサグサ》乃《ノ》御《ミ》贄《ニヘ》乃《ノ》報《カヘリ》申《マウシ》乃《ノ》禮《イヤ》代《シロ》刀《ト》奉《タテマツリ》置《オキ》氏《テ》稱言《タタヘゴト》竟《オヘ》久《マツラム》刀《ト》申《マウ》須《ス》。

第二十七章　年越祈禱秘法

天地《てんち》の運行《うんかう》、星辰《せいしん》の循環《じゆんくわん》は、人間《にんげん》の生年月日《せいねんぐわつぴ》と相關聯《あいくわんれん》して其《そ》の間《あいだ》に吉凶禍福《きつきやうくわふく》を生《しやう》ずることのあるのは、星祭《ほしまつり》の所《ところ》に於《お》て逃《の》べたる如《ごと》くであるが、一人《ひとり》丈《だけ》の星廻《ほしまは》りの惡《わる》いのは、星祭《ほしまつり》や鎭魂祭《ちんこんさい》で片付《かたづ》ければ、それで差支《さしつかへ》ないのである。然《しか》るに男女《だんぢよ》が結婚《けつこん》するとか、其《そ》の他《た》同志《どうし》が血《ち》を啜《すゝつ》て何《なに》か大事《だいじ》を企《くはだ》てるといふやうな場合《ばあい》に、彼《か》れと此《こ》れとの相生相尅《さうせいさうこく》といふことがある。即《すなは》ち夫婦《ふうふ》の場合《ばあい》に於《おい》て、男女《だんぢよ》の年齡《ねんれい》其《そ》の他《た》が適恰《てきがう》であつて、互《たがひ》に相扶《あいたす》け相成《あいな》し得《う》るやうに出來《でき》て居《ゐ》るのが相生《あいしやう》で、又之《こ》れと反對《はんたい》に年齡《ねんれい》からも、干支《かんし》からも、星祭《ほしまつり》から見《み》ても、兩者《りやうしや》が互《たがひ》に相害《あいそこな》ふ意味《いみ》をもつて居《ゐ》るのが相尅《さうこく》である。

相尅《さうこく》であつても、是非《ぜひ》結婚《けつこん》せねばならぬ場合《ばあい》がある。かやうの時《とき》には、仕方《しかた》がないから男女《だんじよ》どちらかの年齢《ねんれい》を一つ増加《ぞうか》するのである。所謂年重《いはゆるとしかさ》ねにて、年越《としこ》しといふのがそれである。三十歳《さい》のものを一年間《ねんかん》に二つ年《とし》を加《くは》へて三十一歳《さい》とする祈禱法《きとうはふ》である。之《こ》れを年越《としこし》祭《まつり》とも、年越祈禱《としこしきとう》といふ。凶年相尅《きやうねんさうこく》の年《とし》を變《へん》じて吉年相生《きちねんさうせい》の年《とし》に移《うつ》すのである。其《そ》の法式《はふしき》左《さ》の如《ごと》し

大歳三柱大神　五行大神
天照皇大神天神地祇八百萬大神　此れは神符の中符
産土大神、　本命星尊

年中安全
奉祭大歳三柱大神歳越禊　此れは祈禱札
如意滿足　男女何歳

供物《くもつ》、神酒《ごしゆ》、洗米《せんまい》、堅魚節《かつをぶし》、鯛《たい》、昆布《こんぶ》、餅《もち》(願主《ぐわんしゆ》の年《とし》の數程《かずほど》)次《つぎ》に祭式《さいしき》、沐浴潔齋《もくよくけつさい》
次《つぎ》に護身神法《ごしんしんはふ》、美曾伎祓《みそぎはらい》、六根清淨祓《こんせいじやうはらい》、大祓《おほはらい》、大麻行事《おほまぎやうじ》、散米行事《さんざいぎやうじ》、勸請《くわんせい》、供物《くもつ》
庣《ねさ》を以《もつ》て天地拜《てんちはい》、大歳三柱大神《たいさいはしらだいじん》、産土神《うぶすながみ》、祈念祝詞《きねんしゆくじ》、次《つぎ》に天神地祇《てんしんちぎ》を勸請《くわんせい》し、天神《てんしん》六代《だい》

目《め》神號《しんがう》を。榊葉三光印《しやかきはくわういん》にて唱《とな》へ、伊邪那岐《いざなぎ》二柱大神《はしらだいじん》と唱《とな》へて神水行事《しんすゐぎやうじ》す

次《つぎ》に三元《げん》三妙加持《めうかじ》アナテングンテンメウシンペンカヂアナチゲンメウシンツウカヂ、アナニゲンニンメウシンリキカヂ

次《つぎ》に歳神《さいしん》五行《ぎやう》の神等《かみとう》を念《ねん》ず。次《つぎ》に降臨祓《かうりんはらい》、十種大祓《しゆおほはらい》、願主《ぐわんしゆ》の年《とし》の數丈唱《かずだけとな》へ奉《たてまつ》る。

次《つぎ》に祈念《きねん》、此《こ》れは祭主《さいしゆ》の任意《にんい》にして、祭文《さいもん》を奏上《そうじやう》するもよし、又單《またたん》に口頭《こうとう》にて祈《いの》るもよし、又默念《またもくねん》するもよし、心力《しんりよく》を集注《しうちう》して、消災招吉《しやうさいせうきつ》の誠意《せいい》が神明《しんめい》に通《つう》ずるやうにするのが肝要《かんえう》である。

又注意《またちうい》としては、結婚《けつこん》に付《つけ》て、男《をとこ》が水性《みづしやう》の人《ひと》で、女《をんな》が土性《つちしやう》であれば、非常《ひじやう》なる相尅《さうこく》で大《だい》凶《きやう》である。そこで仲介人《なかうど》即《すなは》ち媒酌人《ばいしやくにん》に相生《さうせい》の木性《もくしやう》の人《ひと》を選《えら》ぶといふやうなことも、轉凶爲《てんきやうゐ》吉《きち》の一つの方法《はうはふ》である。又結婚《またけつこん》する年《とし》や月《つき》や日《ひ》が凶《きやう》である時《とき》も、此《こ》の年越祈禱《としこへきとう》に準《じゆん》じて、月越《つきごえ》、日越《ひごえ》の祈念《きねん》すべきである。又相尅《またさうこく》のものでも年月日時《ねんぐわつびじ》に因《よ》つては、却《かへ》りて吉《きち》となる即《すなは》ち男《をとこ》が金《きん》、女《をんな》が火《ひ》なれば、火尅金《くわこくきん》である。之《こ》れに土性《つちしやう》の仲介人《なかうど》を加《くは》へ、土性《つちしやう》の月日時《ぐわつびじ》に式《しき》を擧《あ》ぐれば、總《すべ》て相生大吉《さうせいだいきち》となるのである。

第二十八章　靈藥調劑秘法

先《ま》づ大山府君《おほやまずみくん》、青面金剛《せいめんこんがう》、大田《おほた》姫命《ひめのみこと》を奉祀《ほつし》し、日夕祈念《につせききねん》を凝《こ》らし、調劑《てうざい》の間《あいだ》も常《つね》に神《しん》號《がう》を唱《とな》へ、左《さ》の如《ごと》く調合《てうがう》すべし。

不飢《ふき》の妙藥《めうやく》、麻《あさ》の實《み》一升《しやう》、糯米《ねかまい》一升《しやう》とを細粉《さいこ》と爲《な》し、煮《に》たる藁《わら》一升《しやう》と混《こん》じて、適當《てきたう》の丸《たま》と爲《な》し之《こ》れを數日《すうじつ》に一粒《りう》づゝ食《しよく》すれば、他《た》に食事《しよくじ》を爲《な》さゞるも、決《け》つして飢《う》ゆること なし。

又大豆《まただいづ》五升《しやう》を淘洗《あら》ひ三遍蒸《べんむ》して皮《かは》を去《さ》り、大麻《おほあさ》の實《み》三升《じやう》を水《みづ》に浸《ひた》すこと一夜《や》にして、同《おな》じく三遍蒸《べんむ》して、麻《あさ》の實《み》の口《くち》を開《あ》く時《とき》に皮《かは》を去《さ》り、右《みぎ》二種《しゆ》を能《よ》く搗《つ》きて餅《もち》の如《ごと》く丸《まる》め、瓶《かめ》に入《い》れて初更《しよこう》より夜半《やはん》まで蒸《む》し、夜《よる》の寅《とら》の刻《こく》に瓶《かめ》より取《と》り出《いだ》し、翌日《よくじつ》の晝晒《ひるら》し乾《かは》かして粉《こな》と爲《な》し此《こ》の粉《こな》を飽程食《あくほどしよく》して、一切他《さいた》の物《もの》を食《く》ふべからず。斯《か》く一度飽《どあ》く程食《ほどしよく》すれば、七日《か》間《かん》は飢《う》へず、それを過《すぎ》て又食《またしよく》すれば十數日《すうじつ》の間飢《あいだう》へず。斯《か》くすること四五回《かい》なれば、遂《つひ》に年中飢《ねんちゆうう》へざるに至《いた》る。若《も》し口渇《くちかつ》せば麻《あさ》の實《み》の湯《ゆ》を飲《の》むべし。又若《またも》し常《つね》の如《ごと》く食《く》はんと思《おも》はゞ冬葵子《とうがらし》三合《がう》を粉《こな》にして煎《せん》じて呑《の》むべし。左《さ》すれば大便下《たいべんくだ》り、其《そ》の後《ご》は常《つね》に食進《しよくすゝ》みて、少《すこ》しも身體《からだ》に害《がい》なし。

不溺《ふでき》の神藥《しんやく》、六鳳草《おうさう》の根《ね》を細末《さいまつ》と爲《な》し、花粉《かふん》と俱《とも》に雲雀《ひばり》の卵《たまご》の黄味《きみ》にて煉《ね》り、之《こ》れを一日《にち》十匁位《もんめぐらゐ》、百日間服用《にちかんふくよう》すれば、身體《からだ》自然《しぜん》に輕《かる》くなり、水上《すゐじやう》に立《た》ちても決《け》つして沈《しづ》むことなく、自由《じゆう》に歩《あゆ》むことを得《う》るなり。

早飛《はやとび》の仙藥《せんやく》、薄《すき》の葉《は》と六鳳草《おうさう》とを黒燒《くろやき》にして、馳走《ちさう》せんとする四五日前《にちまへ》より、一日《にち》十五匁位《もんめぐらゐ》服《ふく》すれば、普通《ふつう》より三倍以上《ばいゐじよう》の速力《そくりよく》を出《だ》し得《う》るものなり。

飛行《ひかう》の神藥《しんやく》、朱砂《しゆしや》、黄金《わうごん》、雌黄《めわう》、飛丹《ひたん》の四種《しゆ》を調劑《てうざい》して、之《こ》れを神丹《しんたん》といふ。此《こ》れを服《ふく》すれば、飛行自在《ひかうじざい》の仙術《せんじゆつ》を得《う》るに至《いた》るものなり。又金漿《またきんせう》、玉醴《ぎよくれい》、交梨《かうり》、火棗《ほなつめ》の四種《しゆ》を調合《てうごう》して服《ふく》するも同功《どうかう》なり。

隱形《おんぎやう》の妙藥《めうやく》、黑豆《くろまめ》、貫衆《かんしゆう》、槐子《くわいし》の三種《しゆ》を粉《こな》にし、晒《さら》し乾《かは》かして丸藥《ぐわんやく》と爲《な》し、毎日《まいにち》五六粒《りう》づゝ服《ふく》し、肉食《にくしよく》、淫酒《いんしゆ》、邪念《じやねん》を禁絶《きんぜつ》するときは、出沒隱見自在《しゆつぼつゐんけんじざい》を得《う》。

長命《てうめい》の秘藥《ひやく》、南芸《なんきよ》一匁《もんめ》、當歸《たうき》、三匁《もんめ》、生地貢《きぢひ》四匁《もんめ》、人參《にんじん》一匁《もんめ》、粉草《ふんさう》一匁《もんめ》、白茯苓《じねんじよ》二匁《もんめ》、白芍《じしやく》二匁《もんめ》、自求《じきう》二匁《もんめ》、五加皮《かひ》八匁《もんめ》、核桃肉《くるみにく》四匁《もんめ》、小肥紅《こひかう》四匁《もんめ》、以上《いじよう》十一種《しゆ》を絹《きぬ》の皮袋《かはぶくろ》に入《い》れ、糯米《ねかまい》の酒《さけ》四十斤《きん》と混《こん》じて、能《よ》く煮《に》、此《こ》れを壜《びん》に入《い》れて五日《か》乃至《ないし》七日《か》の間《あひだ》、土中《どちう》に埋《う》め置《お》き、然《しか》る後《のち》取《と》り出《だ》して、食前《しよくぜん》一回《かい》一杯宛服用《ふくよう》すれば、無病長命《むびやうてうめい》なることを得《う》る。

美音《びおん》の秘藥《ひやく》、金硫黃《きんゆわう》一グレン、蜀葵根末《わさびこんまつ》十グレンの劑《わり》にて調劑《てうざい》し、毎日《まいにち》三四回用《かいもち》ふれば音聲《おんせい》のかるることなく、非常《ひじやう》に妙音美聲《めうおんびせい》を出《いだ》すことを得《う》る。

童顏《どうがん》の仙藥《せんやく》、白小豆《しろあづき》五合《ごう》、滑石《こつせき》一匁《もんめ》、白橿《しろかし》一匁《もんめ》の劑《わり》にて紛末《ふんまつ》と爲《な》し、常《つね》に顏《かほ》を洗《あら》ふ時《とき》に用《もち》ひ、又漿水《またせうすゐ》とて水《みづ》の中《なか》に赤土《あかつち》を溶《と》き、一晝夜《ちうゆや》捨《す》て置《お》き、其《そ》の上水《うへみづ》を汲《く》むも宜《よろ》し、或《あるい》は寢《しん》前《ぜん》に犢牛《どくうし》の生《き》肉《にく》の油《あぶら》を顏面《がんめん》に塗《ね》り、又《また》能《よ》く洗《あら》ひ落《おと》せば、決《け》つして皺《しは》の寄《よ》ることなし

不醒不飢酒《ふせいふきしゆ》、蛤《はまぐり》の剝身《ねきみ》を瓶《かめ》に入《い》れて密封《みつぷう》し、土《ど》中《ちう》に埋《うづ》むること三年《ねん》にして、更《さら》に米《こめ》を加《くは》へ、又密封《またみつぷう》して土《ど》中《ちう》に埋《うづ》むること十年《ねん》なれば、一種《しゆ》の甘妙《かんめう》なる酒《さけ》と爲《な》る。之《こ》れを一杯飮《はいの》む時《とき》は、少《すこ》しく醉《よ》ふて三年《ねん》の間醒《あいださ》むることなく、他《た》に食事《しよくじ》せざるも飢《うゑ》を感《かん》ずることなし。

明眼《めいがん》の秘藥《ひやく》、深山《しんざん》の岩石《がんせき》より滴《した》たる白《しろ》き水《みづ》に、芒硝《ほうしよう》六匁《もんめ》、食鹽《しよくえん》一つまみを入《い》れて溶《と》き舊《きう》正月《せうぐわつ》三日《か》、二月《ぐわつ》八日《か》・三月《ぐわつ》四日《か》、四月《ぐわつ》四日《か》、五月《ぐわつ》五日《か》、六月《ぐわつ》四日《か》、七月《ぐわつ》三日《か》、八月朔日《ぐわつついたち》、九月《ぐわつ》十三日《にち》、十月《ぐわつ》十三日《にち》、十一月《ぐわつ》十六日《にち》、十二月《ぐわつ》五日《か》の十二日《にち》に能《よ》く眼《め》を洗《あら》へば、老眼《らうがん》も童眼《どうがん》の如《ごと》く爲《な》り、暗夜《あんや》も物《もの》を見《み》ることを得《う》、尤《もつと》も右《みぎ》十二日《にち》の他《ほか》、毎朝毎夕《まいあさまいゆう》三年程續《ねんほどつゞ》けて洗《あら》へば、殊《こと》に宜《よろ》し。

去病長生《きよびやうてうせい》の仙藥《せんやく》、槐子《くわいし》を舊《きう》十月上《ぐわつうへ》の己《み》の日《ひ》に、實《み》の連《つら》なり多《おほ》きものを取《と》りて、皮《かは》を去《さ》り、新《あた》らしき瓶《かめ》に入《い》れて密封《みつぷう》すること二七日《にち》、初《はじ》め一粒《りう》を呑《の》み、二日目《か》に二粒呑《りうの》み、斯《か》く一日《にち》に一粒宛増《りうづゝま》し十日目《かめ》に十粒《りう》を呑《の》み、十一日目《にちめ》に又《また》一粒《りう》に返《かへ》して、連續《れんぞく》して呑《の》むときは、百病《びやう》を去《さ》り。必《かなら》ず百歳以上《さいいじやう》の壽命《じゆめう》を保《たも》ち、仙境《せんきやう》に入《い》り、白髪《はくはつ》の童子《どうし》の如《ごと》くなり、痔下血等《じかけつとう》も治《なほ》し、身體輕妙《しんたいけいめう》となるものなり。

不飢不疲《ふきふひ》の妙藥《めうやく》、糯米《もちまい》三合《ごう》を能《よ》くいりこがし、黄蠟《わうろう》二兩《りやう》を能《よ》く沸《わか》し、之《こ》れに糯米《もちまい》の粉《こな》を入《い》れ、しばらくして火《ひ》を引《ひ》き、團子《だんご》の如《ごと》く丸《まる》めて食《しよく》する時《どき》は、數日食《すうじつしよく》せざるも飢《う》へず又遠《またゑん》足《そく》するも疲《つか》るることとなし。若《も》し普通《ふつう》の食事《しよくじ》を爲《な》さんとするときは、胡桃《くるみ》の實《み》二つを食《しよく》し、然《しか》る後《のち》に食事《しよくじ》すべし又黄芪《またきぎ》、龍骨各《りうこつかく》三匁《もんめ》、防風《ぼうふう》五匁《もんめ》、烏頭《うとう》一匁《もんめ》を混《こん》じて、石臼《いしうす》にて搗《つ》き、蜜《みつ》にて煉《ね》りて團子《だんご》と爲《な》し、時々服用《ときぐふくよう》すれば、數百里《すうり》を歩《あゆ》むも飢《う》へず、疲《つか》れず、且《か》つ迅速《じんそく》なり。但《たゞ》し烏頭《うとう》は毒《どく》ある故《ゆゑ》、分量《ぶんりやう》を誤《あや》るべからず。

創傷《さうしやう》の妙藥《めうやく》、岩石《がんせき》の空間《あきま》より餅《もち》の如《ごと》き半流動物《はんりうどうぶつ》の出《い》づるあり。之《こ》れを石黄《せきくわう》といふ。此《こ》れに松《まつ》の髄《ずゐ》より脂《あぶら》を絞《しぼ》り出《だ》したるを混《こん》じ、一種《しゆ》の膏藥《かうやく》と爲《な》し、刀傷《とうしやう》、腫物《はれもの》、火傷《やけど》、凍傷《とうしやう》、破《は》風傷等《ふうしやうとう》に用《もち》ふれば、神効《しんかう》あり。

除疫《じよえき》の神藥《しんやく》、極上《ごくじやう》の辰妙《しんしや》二兩《りやう》を細《こまか》に碎《くだ》いて蜜《みつ》にて煉《ね》り、麻《あさ》の實位《みぐらゐ》の丸藥《ぐわんやく》と爲《な》し、毎月朔《まいげつつい》日《たち》食前《しよくぜん》に日出《ひので》の方《はう》に向《むか》ひ、二十一粒宛呑《りうづゝの》めば、流行病《りうかうびやう》其《そ》の他《た》一切《いつさい》の病《やまひ》に罹《かゝ》ることなし。

除瘴《じよしやう》の秘藥《ひやく》、時候《じこう》惡《あ》しき時《とき》、瘴癘《しやうらい》の氣《き》多《おほ》き地《ち》、或《あるい》は病人《びやうにん》に近《ちか》づく時等《ときとう》は、其《そ》の毒氣《どくき》を避《さ》くる爲《た》め、左《さ》の方法《はふはう》を用《もち》ふべし。

新《あた》らしき布《ぬの》にて袋《ふくろ》を造《つく》り、之《こ》れに收獲《しうくわく》したての大豆《だいづ》一斗《と》を入《い》れ、井《ゐ》の中《なか》に一夜《や》浸《した》して取《と》出《いだ》し、危險《きけん》の場所《ばしよ》に赴《おもむ》かんとする時《とき》、七粒宛呑《りうづゝの》むか、又《また》は毎朝《まいあさ》一粒宛服《りうづゝふく》すべし。

除災《じよさい》の仙藥《せんやく》、舊暦《きうれき》にて毎月一日《まいげつついたち》二日《か》三日《か》と月末《げつまつ》の廿七日《にち》廿八日《にち》廿九日《にち》三十日《にち》の七日間《かかん》、三十日《にち》なき月《つき》は二十六日《にち》より始《はじ》め、毎朝《まいあさ》黒胡麻《くろごま》を摺《す》り碎《くだ》きて白湯《さゆ》にて呑《の》めば、山澤《やまさは》に入《い》るも、毒蛇猛獸《どくじやもうじゆう》も害《がい》することなし。又正月一日《またせうぐわつついたち》二月《ぐわつ》二日《か》十二月《ぐわつ》十二日《にち》の三日《か》、年《ねん》三回《かい》、枸杞《かうひ》の葉《は》の煎湯《せんゆ》にて沐浴《もくよく》すれば、色麗《いろうるは》しく、百病《びやう》生《しやう》せず、害物《がいぶつ》自《みづか》ら避《さ》け去《さ》るなり。

第二十九章　延命長壽の神法

庶成子《しよせいし》曰《いは》く、必《かなら》ず靜《しづ》かに、必《かなら》ず清《きよ》く、汝《なんぢ》が形《かたち》を勞《らう》するなく、爾《なんぢ》の粘《ねん》を搖《うご》かすなかれ、乃《すなは》ち以《もつ》て長生《てうせい》すべしと。鐵保《てつほ》仙人《せんにん》の贊《さん》に曰《いは》く、仙人《せんにん》は不養生《ふやうぜう》せず、腹立《はらだち》しず、物《もの》ほしからずそれで長生《てうせい》とある。又練丹《またれんたん》とて、丹田《たんでん》に氣《き》を練《ね》り込《こ》むことが肝要《かんえう》である。丹田《たんでん》は一名石門《めいいしもん》とも云《い》ひ、臍《へそ》の下《した》二寸《すん》の所《ところ》に在《あ》り、此《こ》の裡《うち》に氣《き》を練《ね》り込《こ》み、其《そ》の氣熟《きじゆく》するときは、決《けつ》して病魔《びやうま》に犯《おこ》さるることなしといつてある。

又吸氣法《またきうきはふ》とて、死氣《しき》を口《くち》より出《いだ》し、生氣《せいき》を鼻《はな》より取《と》るといつて、今日《こんにち》の深呼《しんこ》吸式《きうしき》の法《はふ》を朝夕行《あさゆうおこな》ふのが、仙法《せんはふ》の恒例《こうれい》の務《つとめ》である。又眞人《またしんにん》六液《えき》といつて涙《なみだ》や唾《つは》を多《おほ》く出《だ》してはならぬ咽味《ゐんみ》吐《と》納法《のうはふ》を、八《や》ケ間《ま》敷《しく》いつて居《ゐ》る。又《また》つまらぬ考《かんが》をせぬ。食事《しよくじ》を簡單《かんたん》にして、消化《しようくわ》の惡《わる》いもの、もたれるものを食《く》はぬ。大食《たいしよく》せぬといふのである。今其《いまそ》の大要《たいえう》の綱目《かうもく》を左《さ》に條記《ぜうき》すべし。

先《ま》づ日拜《につはい》とて毎朝旭《まいあさあさひ》を拜《はい》し、陽氣《やうき》を充分腹中《じうぶんふくちう》に吸《す》ひ込《こ》むこと、それより靜坐的《せいざてき》、無念觀《むねんくわん》に入《い》り、主神本尊《しゆしんほんぜん》を祈念《きねん》すること。次《つぎ》に

一、分限《ぶんげん》に過《す》ぎたる慾《よく》を起《おこ》さぬ事《こと》。

二、餘《あま》り歎《なげ》き悲《かな》しみ、愚痴《ぐち》を溢《こぼ》さぬ事《こと》。

三、不平《ふへい》疳癪《かんしやく》を起《おこ》さぬ事《こと》

四、餘《あま》り餘計《よけい》な世話《せわ》や、差出口《さしでぐち》をきかぬ事《こと》。

五、大食《たいしよく》せず、又屢々《またしば〳〵》食はぬ事《こと》。
六、血液《けつえき》の腐蝕鬱窒《ふしよくうつしつ》するが如《ごと》き肉類《にくるい》や、酒類《しゆるい》を用《もち》ひぬ事《こと》。
七、身體《しんたい》に無理《むり》をせぬこと、劇動《げきどう》もいけぬ。又安靜《またあんせい》に過《す》ぎ、倦怠《けんたい》に失《しつ》するもいけぬ事《こと》。
八、妄《みだ》りに元氣《げんき》を表《おもて》に現《あら》はし、又精氣《またせいき》を耗《へ》らすようなことをせぬ事《こと》。
九、朝夕練丹《あさゆうれんたん》を行《おこな》ふ事《こと》。
十、妄《みだ》りに大言壯語妄笑《たいげんさうごもうしよう》せぬ事《こと》。
十一、睡眠《すいみん》を貪《むさぼ》らす、起臥規律正《きぐわきりつただ》しく、朝早《あさはや》く神氣《しんき》を吸《す》ふ事《こと》。
十二、山道《さんだう》を緩歩《くわんぽ》し、自然《しぜん》の風光《ふうくわう》に接《せつ》し、心身《しんしん》を休養《きうやう》する事《こと》。
十三、清淨《せいじやう》なる冷水《れいすゐ》にて常《つね》に顔面手足《がんめんてあし》を洗《あら》ひ、服《ふく》を清《きよ》め、鼻耳《びじ》を濯《そゝ》ぎ、足《あし》の裏《うら》を能《よ》く拭く事《こと》。
十四、毎朝鹽湯《まいあさしほゆ》又《また》は梅干湯《うめぼしゆ》を飲《の》み、他《た》の茶等《ちやとう》は妄《みだ》りに飲《の》まぬ事《こと》。
十五、衣服《いふく》を薄《うす》くし、濕陰《しついん》の居《きよ》を避《さ》くる事《こと》。
以上《いじやう》を仙家《せんけ》の十五要《えう》といつて居《ゐ》る。普通《ふつう》の人《ひと》でも此《こ》れに類似《るいじ》の事《こと》を行《おこな》へば、無病長壽《むびやうちやうじゆ》を贏《か》ち得《う》ることは云《い》ふまでもない所《ところ》である。

夢窻國師《むそうこくし》の仙人《せんにん》紀《き》に曰《いは》く、人《ひと》長生《てうせい》せんと思《おも》はゞ、決《け》つして嘘《うそ》をいふべからず。嘘《うそ》は心《こゝろ》をつかひて、少《すこ》しのことにも心氣《しんき》を勞《ろう》す、人《ひと》は心氣《しんき》だに勞《ろう》せざれば命長《いのちなが》きこと疑《うたが》ふべからずと。

又陽勝仙人《またやうしやうせんにん》の修法記《しゆうはふき》に曰《いは》く、先《ま》づ初《はじ》めに穀物類《こくもつるい》の代《かは》りに蔬菜《さいしよく》を食《た》べてそれより蔬菜《そさい》を止《や》めて、木實《このみ》を食《しよく》とせよ。次第《しだい》に食慾《しよくよく》を斷《た》ちて、日《ひ》に一粒《りう》の粟《あは》を食《く》ふべし。然《しか》り而《しかう》して後《のち》には遂《つひ》に全《まつ》たく人間界《にんげんかい》の食物《しよくもつ》を採《と》らざるも可《か》なるに至《いた》るべし。

仙術研究書《せんじゆつけんきうしよ》に曰《いは》く、無病《むびやう》は卽《すなは》ち長生《てうせい》、人《ひと》の死《し》は病魔《びやうま》の爲《た》めなり、病魔《びやうま》は食《しよく》より入《い》る。食《しよく》を節《せつ》すれば病魔《びやうま》從《したが》つて入《い》るを得《え》ず。病災《びやうさい》を除《のぞ》くは斷食《だんじき》を第《だい》一とすと。又仙術療法《またせんじゆつりやうはふ》に曰《いは》く、第《だい》一が不正《ふせい》の慾《よく》を去《さ》りて、萬病《まんびやう》を治《ち》す第《だい》二待饑療法《たいがりようはふ》、卽《すなは》ち飢《う》へて死《し》する迄飮食《までいんしよく》せぬこと、第《だい》三斷食療《だんじきりやう》法《はふ》月《つき》に三日《か》或《あるひ》は五日《か》或は一週間位斷食《しうかんぐらゐだんじき》して、病氣《びやうき》の治療及《ちりやうおよ》び豫防《よぼう》とするのである。

第三十章　自他災難豫知秘法

先《ま》づ特別《とくべつ》の法《はふ》に於《お》ける自他死期《じたしご》の豫知法《よちはふ》を示《しめ》すべし。

血草《けつさう》の葉《は》を搾《しぼ》りたる液《しる》と、浮乳《ふにう》とを混《こん》ずれば、淡紅色《たんかうしよく》となる。之《こ》れを人《ひと》の手《て》或《あるひ》は顔等《かほとう》に塗《ね》るに忽《たちま》ち黒色《こくしよく》に變色《へんしよく》することあり、是《こ》れ其《そ》の人《ひと》が三週間以内《しうかんいない》に死《し》する證《しよう》である。若《も》し此《こ》れを塗《ね》るも淡紅色《たんこうしよく》の儘《まゝ》にて變色《へんしよく》せざ れば・何《なん》の憂《うれい》もないのである。

又《また》五本《ほん》の指《ゆび》を燈火《とうくわ》に密接《みつせつ》して、血液《けつえき》の循環《じゆんくわん》如何《いかん》を見《み》るべし。例《たと》へば如何《いか》に重病《ちうびう》の人《ひと》にても、掌《てのひら》の周圍《しうゐ》及《およ》び指《ゆび》の先《さき》も、皆透《みなす》き明《とほ》つて、薔薇色《ばらいろ》の如《ごと》くあれば、決《け》つして死《し》することなく、又如何《またいか》に壯健《さうけん》にても、若《も》し透明《とうめい》ならずして、恰《あた》かも大理石《だいりせき》の如《ごと》きときは、其《そ》の人《ひと》は一ケ月以内《げついない》に死《し》するものなり。

又次《またつぎ》に修法《しゆはふ》に由《よ》つて、死期《しご》を豫知《よち》する法《はふ》は左《さ》の如《ごと》し。

例《れい》に依《よつ》て道場《どうぢやう》を莊嚴《さうごん》し、北斗星《ほくとせい》を祭《まつ》り、其《そ》の人《ひと》の人形《にんぎやう》、又《また》は繪像《ゑざう》、寫眞《しやしん》を、壇《だん》の中央《ちうあう》に立《た》て、夫《そ》れに生年月日《せいねんぐわひ》及《およ》び姓名《せいめい》を記《しる》し、其《そ》の周圍《しうゐ》に七箇《こ》の燈火《とうくわ》を點《とも》し、修行者《しゆぎやうしや》は左手《ひだりて》に劒《けん》を安《あん》じ、右手《みぎて》に鈴《すゞ》を振《ふ》りて、一心《しん》に祈念《きねん》するときは、種々《しゆ〳〵》の不思議《ふしぎ》が現《あら》はれる もの である。

例《たと》へば、七箇《こ》の燈火《とうくわ》が一時《じ》に消《き》へることあり。此《こ》れは一週間以内《しうかんいない》に死《し》するか又《また》は七年以《ねんい》内《な》に死《し》するかの證《しよう》である。此《こ》の一週間《しうかん》か七年《ねん》かは、修行者《しゆぎやうしや》の心證《しんしよう》に在《あ》る。或《あるい》は人形像畫《にんぎやうぞうぐわ》に全身汗《ぜんしんあせ》を流《なが》すことがある。此《こ》れは一兩日中《りやうにちう》に病死《びやうし》するのである。又《また》それが全身血《ぜんしんち》に染《そ》みたやうに、赤《あか》い汗《あせ》を滴《たら》すことがある。此《これ》は一兩日中《りやうにちう》變死《へんし》する相《さう》である。それから、又燈火《またとうくわ》が一つ消《き》へたり、二つ消《き》へたり、三つ消《き》へたりすることがある。此《こ》れは其《そ》の數《かず》に應《おう》じて、死《し》期《き》を察知《さつち》し得《う》るべきである。又燈火《またとうくわ》が一つも消《き》へねば、七年以内《ねんいない》には決《けつ》つして死《し》なぬのである。

次《つぎ》に自他《じた》の災難即《さいなんすなは》ち其《そ》の人丈《ひとだけ》の災厄《さいやく》や、地震《ぢしん》とか火事《くわじ》とか戰爭《せんさう》とかの如《ごと》き共同的《きやうどうてき》の災難《さいなん》如何《いかん》を知《し》る法《はふ》を左《さ》に示《しめ》すべし。

先《ま》づ三脈術《みやくじゆつ》といふことより説《と》かんに、左右兩腭《さゆうりやうがく》の脈《みやく》と左《ひだり》の手《て》の脈《みやく》と平均調和《へいきんてうわ》すれば無《よ》事平穏《じへいおん》なるも、若《も》し此《こ》の三脈《みやく》が不調和《ふてうわ》にて平均《へいきん》せざれば必《かなら》ず何等《なんら》かの災厄《さいやく》ある證《しよう》である。若《も》し此《こ》の三脈《みやく》が何人《なんびと》も不調和《ふてうわ》であれば、共同的《きやうどうてき》の災厄《さいやく》であり、其《そ》の人一人丈《ひとひとりだけ》なれば、病難《びやうなん》劍難水難負傷寃罪等《けんなんすゐなんふしやうえんざいとう》と考《かんが》へ合《あ》はすべし。古來軍陣等《こらいぐんぢんとう》にては此《こ》の法《はふ》が非常《ひじやう》に行《おこな》はれたものである。

次《つぎ》に又眼瞼《またまぶた》が瞬《また》きせざるに、自《みづか》ら動《うご》く時《とき》は、明日必《みやうにちかなら》ず災禍《さいくわ》に出會《であ》ふ證《しるし》である。

又旅行或《またりよかうあるひ》は夜道《よみち》を爲《な》さんとする時《とき》に、眼《め》を塞《ふさ》ぎ、内背《ないし》を指《ゆび》にて押《お》して見《み》るべし。其《そ》の時《とき》眼中《がんちう》に金輪《きんりん》見《み》ゆれば無事《ぶじ》平穏《へいおん》なるも、此《こ》の金輪《きんりん》が見《み》へねば、必《かなら》ず途中《とちう》に災厄《さいやく》がある。此《こ》れを眼脈《がんみやく》の法《はふ》といひ、百中《ちう》百發《はつ》の妙《めう》がある。古來《こらい》仙家《せんけ》の秘法《ひはふ》としてある。

又修法《またしうはふ》に由《よ》つて災厄《さいやく》を豫知《よち》するのは、前《まへ》の死期《しき》を知《し》る方法《はうはふ》と同《どう》一の行法《ぎやうはふ》であつて直日《なほひ》の神《かみ》と、禍津日《くわづひ》の神《かみ》とを招請《せうせい》し、左右《さいう》の眞榊《まがき》に左《ひだり》を直日《なほひ》の神《かみ》、右《みぎ》を禍津日《くわづひ》の神《かみ》として、其《そ》の前《まへ》に各燈火《かくとうくわ》を供《そな》へて祈念《きねん》し、孰《いづ》れの燈火《とうくわ》を消《き》ゆるかに由《よ》りて、災厄《さいやく》の有無《うむ》を知《し》り、又人形《またにんぎやう》畫像《ぐわぞう》にも奇異《きゐ》の現象《げんしやう》を呈《てい》し、劍難《けんなん》、盜難《とうなん》、火難《くわなん》、病難《びやうなん》、水難《すいなん》、寃罪《えんざい》、其《そ》の他《た》を判定《はんてい》し得《う》るのである。

又風雨《またふうう》震災等《しんさいとう》を豫知《よち》するには、星《ほし》が大《おほ》きく動《うご》くやうに見《み》ゆれば、翌日《よくじつ》必《かなら》ず大風《たいふう》あり、又《また》星《ほし》に赤色《せきしよく》の輪《わ》が見《み》ゆるのも風《かぜ》の兆《ちやう》である。星《ほし》がぎら〳〵して望《のぞ》み定《さだ》まらぬのは雨《あめ》の兆《ちやう》である。又天穏《またてんおだやか》にして、流星《りうせい》なき時《とき》は、非常《ひじやう》の暴風雨《ばうふうう》ありと知《し》るべし。

次《つぎ》に川又《かはまた》は溝等《みぞとう》より盛《さかん》に湯氣《ゆげ》の上《あが》ることあり是《こ》れ其《そ》の日《ひ》の中《うち》に大地震《だいじしん》あるの兆《ちやう》なり。但《たゞ》し此《こ》の湯氣《ゆげ》は普通《ふつう》の白氣《しらき》や霧《きり》と異《こと》なれば注意《ちうい》して、鑑定《かんてい》すべし

又日出《またひので》より一時間後《じかんご》即《すなは》ち日出《ひので》五時《じ》とすれば、午前《ごぜん》六時《じ》に、太陽《たいやう》に向《むか》ひて、輕《かろ》く眼《め》を閉《と》ぢ暫《しはら》く靜《しづ》かにして居《お》つて、瞑目《めいもく》せる眼前《がんぜん》に、金輪《きんわ》紅色《こうしよく》燦然《さんぜん》たれば晴天《せいてん》であつて、闇黒色《あんこくしよく》であ

れば風《かぜ》の兆《ちやう》、鈍白色《じゆんはくしよく》なれば雨《あめ》あり、金輪輝《こんりんかゞや》かずして純紅色《じゆんこうしよく》なれば、地震《ぢしん》と知《し》るべし。但《ただ》し此等《これら》は皆《みな》二十四時間以内《じかんいない》の事《こと》とす。

又朝《またあさ》の日出時《ひのでじ》に起《お》きて静坐《せいざ》するに、頭重《あたまおも》き時《とき》は雨《あめ》、頭重《あたまおも》く且《か》つ眼朦朧《まなこもうろう》たる時《とき》は風雨《ふうう》、後《こう》頭部《とうぶ》に痛《いた》みを感《かん》ずるときは地震《ぢしん》なり。

此《こ》の他《た》修法《しゆはふ》にて風雨《ふうう》等天變地異《とうてんぺんちゐ》を豫知《よち》するには、神前《しんぜん》に金銀《きんぎん》の幣帛《へいそく》を立《た》て、其《そ》の前《まへ》に清《せい》水《すゐ》を大盥《おほだらい》に入《い》れて供《そな》へ、六丁《てう》六甲《こう》及《およ》び北斗《ほくと》七星《せい》の諸神諸神使《しよしんしよしんし》を招請《せうせい》して、祈念《きねん》するときは盥《たらい》の水面《すゐめん》より水氣《すゐき》霧《きり》の如《ごと》く立《た》ち昇《あが》れば、大雨《だいう》、又水《またみづ》左右《さゆう》に震動《しんどう》し、溢《あふ》るが如《ごと》き有様《ありさま》なれば大地震《だいぢしん》と知《し》るべし。又水《またみづ》が上下《じやうげ》に震動《しんどう》することあり、之《こ》れも地震《ぢしん》なり。水氣《すゐき》立《た》ち昇《のぼ》り且《か》つ左右《さゆう》に少《すこ》しく震動《しんどう》するは風雨《ふうう》なり。若《も》し水静《みづしず》かにして動《うご》かず、又水氣《またすゐき》も昇《あが》らざれば十日《か》以内《いない》に風雨《ふうう》なく、又《また》一ケ月或《げつあるひ》は一百日《じつ》以内《いない》には、大《だい》なる地震《ぢしん》なしと知《し》るべし。

第三十一章　災禍消除神法

先《ま》づ第《だい》一に戰爭等《せんさうとう》の際《さい》に、彈丸除《だんぐわんよ》け、劍難除《けんなんよ》けに就《つい》て示《しめ》さんに、此《こ》れは出陣《しゆつじん》の前《まへ》に當《あた》りて、大國主神《おほくにぬしのかみ》、太田命《おほたみこと》、經津主神《ふつぬしのかみ》、武甕槌神《たけみかつちのかみ》、八幡太神《まんだいじん》を勸請《くわんせい》し、千度祓《とはらい》を上《あ》げ、戰勝《せんしよう》祈禱《きとう》を行《おこな》ひ、其《そ》の神符《しんぷ》を臍《へそ》の所《ところ》に納《おさ》め膚身《はだみ》を離《はな》さず奉持《ほうじ》して、餘暇《よか》ある毎《こと》に祈念《きねん》すべし。

又茅草《またちぐさ》の葉《は》百八枚《まい》を五六寸《すん》に截《き》り、胡麻油《こまのあぶら》を塗《ね》り、護摩《ごま》にて焚《た》き、其《そ》の灰《はい》を御守《おまもり》として所持《しよじ》すれば、彈丸《だんぐわん》も刀《かたな》も身《み》に觸《ふ》れず、切《き》りかけたる刀《かたな》も折《お》るものなり。

又摩利支天《またまりしてん》の眞言《しんごん》を一萬度唱《たびとな》へたる御守《おまもり》を所持《しよじ》すれば、敵近《てきちか》づくも我《わ》が形《かたち》を見失《みうしな》ひて、他《た》に去《さ》るものなり。

又彈丸雨飛《まただんぐわんうひ》の中《うち》に在《あ》り、或《あるひ》は劍尖《けんくわう》互《たがひ》に相交《あひまじは》るの際《さい》に於《お》いては我《わ》れは武神《ぶしん》の精《せい》なりと觀念《くわんねん》し、面《おもて》もふらず一直線《ちよくせん》に進《すゝ》めば、丸《たま》も刀《かたな》も身《み》に觸《ふ》れざるものなり。

又《また》一生劍難《しやうけんなんそ》其の他《た》の諸災厄《しよさいやく》を免《まぬ》がれんとするには、特殊《とくしゆ》の祈禱《きとう》を爲《な》すべし。

祈禱《きとう》の時日《じじつ》は、本人《ほんにん》の生《うま》れた日《ひ》より始《はじ》めて一週間《しうかん》、又《また》は三十三日間《にちかん》とす。一七日《にち》は小《せう》祈禱《きとう》十五日は中祈禱《ちうきとう》三十三日《にち》を大祈禱《だいきとう》とす。

奉齋主神《ほうさいしゆしん》は、神道《しんどう》にては、大己貴命《おほみきのみこと》、猿田彥神《さるたひこのかみ》、太田命《おほたのみこと》、又中古《またちうこ》より天滿宮《てんまんぐう》を加祀《かし》す。兩部法《りやうぶはふ》にては、大黑天《だいこくてん》、魔利支天《まりしてん》、鬼子母神《きしもじん》、佛敎《ぶつけう》にて觀音菩薩《くわんおんぼさつ》とす。此《こ》の他本人《たほんにん》の守護《しゆご》神《しん》、生年月日《せいねんぐわつぴ》に應《おう》じたる守本尊《まもりほんぞん》を加座《かざ》すること肝要《かんえう》なり。

道場《どうぢやう》の中央《ちうおう》に爐《ろ》を造《つく》り、刺《とげ》ある木《き》にて薪《たきゞ》を造《つく》り、之《こ》れを燃《もや》す。爐《ろ》の上《うへ》には銅《どう》の鍋《なべ》に種油《たねあぶら》を入《い》れて掛《か》け、沸騰《ふつとう》せしめ、油《ゆ》減《げん》ずれば加《くは》へて、修法《しうはふ》の期間《きかん》絶《たえ》さず煮《に》立《た》つべし。

次《つぎ》に不淨《ふじやう》の土《つち》にわら灰《はい》を加《くは》へて、惡鬼《あくき》の土人形《つちにんぎやう》を造《つく》り、之《こ》れを沸騰《ふつとう》せる油《あぶら》の中《なか》に立《た》てて修法期間《しゆはふきかん》煮《に》ること、而《しか》して主神《しゆしん》の前《まへ》には、本人《ほんにん》の年數丈《としかずだけ》燈火《とうくわ》を供《そな》ゆること。

次《つぎ》に修法者《しゆはふしや》は、三日《か》前《まへ》より火食《くわしよく》すべからず、蕎麥粉《そばこ》、梅干《うめぼし》、白湯《さゆ》、又《また》は果物《くだもの》、牛乳《ぎうにう》を用《もち》ふること。修法中《しゆはふちう》、小便《しようべん》をすれば水《みづ》にて拭《ふ》き、大便《だいべん》の時《とき》は必《かなら》ず入浴《にうよく》すること。風呂《ふろ》には白檀香《はくだんかう》又《また》は妙香《めうかう》を入《い》るること。

修法壇《しゆはふだん》の左右《さゆう》には、白刄《はくじん》を一は倒《さかさ》に。一は鋒《ほこ》を上《うへ》に向《む》けて立《た》つること。修法者《しゆはふしや》は白衣《はくい》、白狩衣《しろかりぎぬ》のこと、左手《ひだりて》に鐵鎖《てつさ》又《また》は木珠數《きじゆしゆ》、右手《みぎて》に鈴《すゞ》を持《も》つこと。

大祓《おほはらい》千坐《ざ》以上日數《いじようにつすう》に應《おう》ず。呪亦然《じゆまたしか》り、朝未明《あさみめい》に始《はじ》め、朝勤《あさつとめ》二時間《じかん》、正午《せうご》一時半間《じはんかん》、眞夜《まよ》半《なか》一時半間《じはんかん》、一晝夜《ちうや》五時間《じかん》とす。呪《じゆ》の中《うち》に祈念文《きねんもん》及《およ》び本人《ほんにん》の姓名年齡《せいめいねんれい》を讀《よ》み込《こ》むべし。

修法中《しうはふちう》に燈火滅《とうくわめつ》すれば、中止《ちうし》して、翌月又《よくげつまた》は翌年更《よくねんあらた》めて行《おこな》ふべし。

斯《か》くて、一定《いつてい》の期間終《きかんおは》るに當《あた》りて、油《あぶら》の中《なか》の惡鬼人形《あくきにんぎやう》は碎《くだ》け溶《と》けて油《あぶら》と混《こん》じ、金糞《かなくそ》の如《ごと》く、稗《ひ》餅《もち》の如《ごと》くなるべし。修法終《しゆはふおは》れば此《こ》の人形《にんぎやう》の粉《こな》を三分《ぶん》し、一つは道《みち》の四辻《つぢ》に埋《う》め、一つは本人《ほんにん》の門口《かどぐち》に埋《う》め、一つは當人《たうにん》の膚《はだ》に付《つ》け居《お》るべし。尤《もつと》も此《こ》れ丈《だけ》着《つ》けて居《お》つては、却《かへ》りて害《がい》ある故《ゆゑ》、守本尊《まもりほんぞん》と共《とも》に所持《しよじ》し、本尊《ほんぞん》又《また》は神符《しんぷ》を胸《むね》に、此《こ》れは腹《はら》に當《あ》つるやうにして持《も》つべし。

斯《か》くれば一生病氣劍難其《いつしやうびやうきけんなんそ》の他《た》・其《そ》の人《ひと》一身上《いつしんじやう》に關《くわん》する一切《いつさい》の災厄《さいやく》を免《まぬ》がるることを得《う》るものである。

○第三十二章　不疲精根の秘法

幾夜《いくよ》も眠《ねむ》らずして、更《さら》に睡眠《すゐみん》を催《もよう》さぬとか、又疲勞《またひろう》せぬといふことは不可能《ふかのう》であるけれど二三日《にち》酷《ひど》く働《はたら》いたとか、一二夜《や》眠《ねむ》らぬからとて、左《さ》して疲《つか》れたとか、非常《ひじやう》に睡《ねむ》いとかいふのは弱《よは》いのである。戰爭《せんさう》とか、重病人《ぢうびやうにん》の看病《かんびやう》をするといふやうな場合《ばあひ》には、七日《か》も十日《か》も殆《ほと》んど不食不眠《ふしよくふみん》で合戰《かつせん》し、又《また》五夜《や》も六夜《や》も不眠《ふみん》で看護《かんご》するといふことは稀《まれ》らしくない。此《こ》れは精神《せいしん》が非常《ひじやう》に緊張《きんちやう》して居《ゐ》るからで、それは餘《あま》り用《よう》のない時《とき》に精神《せいしん》を悠《ゆる》やかにし、眠《ねむ》いとか苦《くる》しいと思《おも》ふ時《とき》に、とつて置《お》きの餘裕《よゆう》ある精神《せいしん》を緊張《きんちやう》さすればよいのである。猶又《なほまた》それに就《つい》て人工的《じんこうてき》に一種《しゆ》の秘法《ひはふ》がある。左《さ》に示《しめ》すべし。

一、眼《め》の用《よう》のない時《とき》には、常《つね》に半眼《はんがん》を閉《と》ぢて居《ゐ》るか、又《また》は左右交代《さゆうかうたい》に閉《と》ぢて一方丈開《ほうだけあ》け居《ゐ》る事《こと》。

二、毎朝梅干《まいあさうめぼし》を茶《ちや》にて呑《の》む事《こと》。

三、牡蠣《かき》五十匁《もんめ》に薬用人参《やくようにんじん》五匁《もんめ》を加《くは》へ、更《さら》に上茶《じやうちや》五匁《もんめ》を混《こん》じて、細末《さいまつ》と爲《な》し、之《こ》れを一回《かい》一匁五分位宛《もんめごぶくらゐづゝ》、一日《にち》三回服用《かいふくよう》し、且《か》つ食鹽水《しよくえんすゐ》にて時々《とき〴〵》眼《め》を洗《あら》ふ事《こと》。

四、陽華草《やうくわさう》の葉《は》を根《ね》より蒸出《ぜうしゆつ》したる汁液《じうえき》にて、泥龜《どろがめ》の肉《にく》と梟《ふくろ》の心臓《しんざう》とを煮《に》て食《しよく》すべし。尤《もつと》も之《こ》れを煮《に》るときは桑《くは》の木《き》を燃《もや》すべし。

五、梟《ふくろ》の尾《を》を黒焼《くろやき》にして、水《みづ》に溶《と》き、臍《へそ》に入《い》れ、上《うへ》に紙《かみ》を貼《は》り置《お》くべし。

六、道行《みちゆ》く時《とき》、又《また》は寢《ね》て睡《ねむ》らざる時等《ときとう》、手《て》の暇《ひま》ある場合《ばあい》には、手《て》を摩擦《まさつ》し、又顔頸等《またがんけいとう》を斷《た》へず掌《てのひら》にて摩擦《まさつ》すべし。

七、渇《かわ》きたる時《とき》は、麻《あさ》の實《み》の湯《ゆ》を呑《の》むべし。

八、黒豆《くろまめ》を不斷《ふだん》に食《しよく》すべし。

九、金砂鐵劑《きんしやてつざい》を時々用《とき〴〵もち》ふべし。

十、紅棗《あかなつめ》、交梨《かうり》を時々食《とき〴〵しよく》すべし。

十一、濕氣《しつき》に觸《ふ》れんとする時《とき》、又《また》は既《すで》に觸《ふ》れたる時《とき》は、犀角《さいかく》を用《もち》ふべし。

十二、生《な》まものを食《しよく》したる時《とき》は、牛膽《ぎうたん》を用《もち》ふべし。
十三、氣力倦怠《きりよくけんたい》の時《とき》は、洪景《くけい》の神丹《しんたん》を用《もち》ふべし。
十四、時間《じかん》の許《ゆる》す限《かぎ》り、山川《さんせん》を跋渉《ばつせう》すべし。
十五、裸《はだか》で生《う》まれて來《き》たことを思《おも》へば、貧乏《びんばう》もつらからず。何事《なにごと》も有《あ》りがたし有《あ》りがたしとて絶對的《ぜつたいてき》に樂觀《らくくわん》すべし。
十六、怒《いか》りと泣《な》く代《かは》りに、笑《わら》ふべし。尤《もつと》も高笑《たかわらひ》は不可《ふか》なり。ニコ〳〵と微笑《びしやう》すべし。
十七、一日《にち》に三回《かい》ほど五分間位《ふんかんぐらゐ》づつ、有《あ》り丈《たけ》の力《ちから》を出《だ》すことを試《こゝろ》むるべし。
十八、眞夜中《まよなか》人家《じんか》遠《とほ》き所《ところ》にて、出來得《できう》る限《かぎ》りの大聲《たいせい》を出《だ》して二三分間《ぶんかん》叫《さけ》ぶべし。
以上《いじやう》を練膽練身《れんたんれんしん》の十八要《えう》といふ。之《こ》れを三年間《ねんかん》も繰返《くりかへ》して續行《ぞくかう》すれば、殆《ほと》んど仙人的《せんにんてき》の境界《きやうかい》に入《い》り、精根《せいこん》強《つよ》く、如何《いか》なることにも屈托《くつたく》せず、疲勞《ひろう》せず、恐《おそ》れるといふことはなくなるのである。

第三十三章　頓死蘇生の秘法

溺死《できし》者《しや》に水《みづ》を吐《は》かせ、人工呼吸《じんこうこきゆう》を施《ほどこ》し、わら火《ひ》にて暖《あたゝ》め等《など》することは、常途《じやうと》の事《こと》であつていづれも有効《いうかう》であるが、今《いま》左に特殊《とくしゆ》の法《はふ》を示《しめ》すべし。

溺死者《できししや》を救《すく》ふには、ほとゝぎすの黒焼《くろやき》、又《また》は山《やま》がらの黒焼《くろやき》を鼻《はな》の中《なか》に吹《ふ》き入《い》るべし。尤《もつと》も此等《これら》の鳥《とり》なきときは、鳥類《ちようるい》なれば何《なに》にてもよろし。

縊死者《ゐししや》には、鷄尿《けいによう》五匁《もんめ》を清酒《せいしゆ》三合《がう》に混《こん》じ、能《よ》くかきまぜて、縊死者《ゐししや》の口並《くちならび》に鼻《はな》の穴《あな》に注入《ちうにう》すべし。死後《しご》十時間《じかん》以内《ない》なれば、必《かなら》ず蘇生《そせい》す。

凍死者《とうししや》を救《すく》ふには、炭火《すみび》にて睾丸《かうぐわん》を温《あた》め見《み》るべし。睾丸柔《かうぐわんやは》らかになれば、命《いのち》あるゆへ、直《たゞ》ちに蕎麥粉《そばこ》をあつき湯《ゆ》に掻《か》き、薄《うす》き糊《のり》のやうにして、少《すこ》しづつ口《くち》に入《い》るべし。蘇生《そせい》すること疑《うたが》ひなし。

雷死者《らいししや》を救《すく》ふには、其《そ》の人《ひと》の足裏《あしうら》と臍《へそ》の周圍《しうゐ》に、蚯蚓《みみず》をする潰《つぶ》して厚《あつ》く塗《ぬ》り、高聲《かうせい》に其《そ》の人《ひと》の名《な》を呼《よ》ぶべし。又生《またい》ける鮒《ふな》を捉《とら》へて胸《むね》の水落《みぞおち》に跳《おど》らすもよろし。此《こ》れは生理上《せいりじやう》よりするも當然《たうぜん》の事《こと》であつて、極《きは》めて有効《いうかう》なり。

難産《なんざん》にて姙婦《にんぷ》の悶絶《もんぜつ》したる時《とき》は、冬葵子《たうがらし》を細末《さいまつ》と爲《な》し、酒《さけ》に和《わ》して服用《ふくよう》せしむべし。姙婦《にんぷ》口《くち》を噤《つぐ》みて明《あ》けざるときは、兩顎《りやうあご》を抑《おさ》へて強《しひ》て明《あ》け呑《の》ますべし。

煙《けむり》にて窒息《ちつそく》せるものには、大根《だいこん》の汁《しる》を鼻《はな》に入《い》るべし。一回《かい》にて効《かう》なくば三回迄《かいまで》行《おこな》ふべし必《かなら》ず有効《いうかう》なり。

其《そ》の他《た》一切《さい》の頓死者《とんししや》には、韮《にら》のつけ汁《じる》を絞《しぼ》りて、鼻《はな》の中《なか》に吹《ふ》き入《い》るべし、又鷄冠《またけんくわん》の血《ち》をとりて、鼻《はな》に入《い》るるもよし。

又飲食物《またいんしよくぶつ》の中毒《ちうどく》に就《つい》ては、先《ま》づ有毒《いうどく》の鑑定法《かんていはふ》を示《しめ》すべし。第《だい》一食膳《しよくぜん》に向《むか》ひたる時《とき》、端坐《たんざ》して兩手《りようて》を膝《ひざ》に突《つ》き、眼《まなこ》を半眼《はんがん》にして、大己貴命《おほみきのみこと》、少彦名命《すこひこなのみこと》、生産靈命《いくむすびみこと》を念《ねん》じ、食事《しよくじ》の鴻《こう》恩《おん》を謝《しや》し、又健全《またけんぜん》を念《ねん》じ、而《しか》して食器《しよつき》の蓋《ふた》を取《と》り・箸《はし》を取《と》りて兩手《りやうて》に挾《はさ》みて膝《ひざ》の上《うへ》に立《た》て、再《ふた》び半眼《はんがん》になり、飲食物《いんしよくぶつ》の一尺程上方《しやくほどじようはう》を見詰《みつ》むべし。其《そ》の時陰黑《ときいんこく》の氣《き》が立昇《たちのぼ》る時《とき》は其《そ》の飲食物《いんしよくぶつ》の中《なか》に、毒物《どくぶつ》、又《また》は中毒性《ちうどくせい》のものを混《こん》じ居《お》るか、或《あるい》は飲食物《いんしよくぶつ》そのものに毒《どく》あるかの證《しよう》なり。白氣湯氣《しろけゆげ》なれば更《さら》に害《がい》なし

又酒《またさけ》、湯《ゆ》、水《みづ》、汁等《しるとう》は、振《ふ》り動《うご》かして、泡《あは》の如《ごと》き氣《き》泡生《はうしやう》ずるときは、必《かなら》ず毒《どく》あり。暗濁《あんどく》淡赤色《たんせきしよく》なるも、何等《なんら》か有毒質《いうどくしつ》を含《ふく》み居《ゐ》るものと知《し》るべし。

次《つぎ》に菌類及《きんるいおよ》び鑛物質《かうぶつしつ》の毒《どく》は銀貨《ぎんくわ》なり銀時計《ぎんどけい》なり、銀《ぎん》の指環《ゆびわ》なり、銀《ぎん》の簪《かんざし》なりを、其《そ》の上《うへ》に翳《かざ》し見《み》れば、必《かなら》ず黑色《こくしよく》の濕《しめ》りを生《しよう》ず。又銀《またぎん》を入《い》れて共《とも》に煮《に》るか、暫《しばら》く入《い》れ置《お》けば、銀《ぎん》は眞黒《まつくろ》く變色《へんしよく》す。是《こ》れ劇毒《げきどく》あるの證《しよう》なり。

又《また》食事《しよくじ》に當《あた》りて、耳《みゝ》の上《うへ》の脈《みやく》不穏《ふおん》にして右左《さゆう》不調和《ふてうわ》なれば、其《そ》の飲食物《いんしよくぶつ》は有毒《いうどく》でないまでも、必《かなら》ず健康《けんかう》を害《がい》するものであつて、疾病《しつぺい》の源因《げんいん》となるのである。

若《も》し誤《あやま》りて毒物《どくぶつ》を食《しよく》したるときは、直《たゞ》ちに強《つよ》き下劑《げざい》を用《もち》ひて吐《は》き出《だ》すことに努《つと》むべし。腐敗《ふはい》せるものを食《しよく》したる時《とき》も、吐《は》く工夫《くふう》をすべし。普通《ふつう》は湯《ゆ》に食鹽《しよくえん》を入《い》れて多量《たりよう》に呑《の》めば直《たゞ》ちに吐瀉《としや》す。石鹸水《せつけんすゐ》もよし。

斯《か》くして充分《じうぶん》に吐《は》きたる後《の》ち、更《さら》に腹《はら》を能《よ》く揉《も》み見《み》るべし。餘毒《よどく》あれば又嘔氣《またはきけ》を催《もよふ》す。嘔氣《はきけ》を催《もよふ》せば、再《ふた》び下劑《げざい》にて吐《は》かすべし。然《しか》る後熊膽圓《のちくまのいゑん》、又《また》は神藥等《しんやくとう》を充分服用《じうぶんふくよう》すべし。

祈禱加持《きとうかじ》は前《まへ》に示《しめ》したる病氣祈禱法《びやうきとうはふ》に依《よ》るべきものとす。尤《もつと》も中毒《ちうどく》の際《さい》には、直接身體《ちよくせつしんたい》加持《かじ》を必要《ひつえう》とす。又前《またまへ》の頓死《とんし》の場合《ばあい》も、身體加持《しんたいかじ》に非《あら》ざれば、効果少《かうくわすく》なきものなり。

第三十四章　人格轉換の神術

人格變換《じんかくへんくわん》は、今日催眠術《こんにちさいみんじゆつ》で能《よ》くやつて居《ゐ》る。例《たと》へば少年《しようねん》を老父《らうふ》に轉換《てんくわん》すれば、八九歳《さい》か十五六歳《さい》のものが、言語《げんご》より動作《どうさ》まで、悉《こと〴〵》く老人《らうじん》めき、小供《こども》を叱《しか》り又《また》は說諭《せつゆ》する等《とう》の事《こと》をやり、又下女《またげじよ》を學者《がくしや》に轉換《てんくわん》すれば、詩《し》を歌《うた》ひ、樂天主義《らくてんしゆぎ》とか、宇宙觀《うちうくわん》とか喋々《てふ〳〵》說明《せつめい》することである。或《あるい》は一少年《しやうねん》を東郷大將《とうごうたいしやう》たらしめて、皇國《くわうこく》の興廢此《こうはいこ》の一擧《きよ》に在《あ》りと號令《ごうれい》したやうな事《こと》もある。殊《こと》に無筆《むひつ》のものを書家《しよか》に變《へん》ぜしめて、極《きは》めて見事《みごと》な書《しよ》を揮毫《きごう》した例《れい》もある。又一人《またひとり》の人格《じんかく》を二人《ふたり》以上《いじやう》に變換《へんくわん》させることも出來《でき》る。即《すなは》ち一人《ひとり》の職工《しよくこう》を軍人《ぐんじん》と音樂家《おんがくか》に變《へん》じ、各々其《おの〳〵そ》の職分上《しよくぶんじやう》のことを、立派《りつぱ》に使《つか》ひ分《わ》けてやつたこともある。

此《こ》の催眠術《さいみんじゆつ》の人格變換《じんかくへんくわん》は一時的《じてき》で術《じゆつ》にかかつて居《ゐ》る間《あいだ》であるが人格轉換《じんかくてんくわん》の立派《りつぱ》に出來《でき》るといふ證據《しようこ》にはなる。尤《もつと》も之《こ》れも屢々《しば〳〵》やつて居《ゐ》れば、或《あるい》は全然變換《ぜん〳〵へんくわん》し終《おは》るやも知《し》れぬが、それには又《また》それに伴《ともな》ふ弊害《へいがい》が多《おほ》いから、此《こ》のやり方《かた》は突飛過《とつぴす》ぎてよろしくないのである。

此《こ》れを實用的《じつようてき》にやるには、根性《こんじやう》のねぢけたものを正直《せうぢき》にするとか、物覺《ものおぼ》への惡《わる》い者《もの》を、記憶力《きおくりよく》を善《よ》くするとか、盜心《とうしん》ある者《もの》を矯正《きやうせい》するとかいふやうにやるのが、肝要《かんえう》である。此《こ》れは一時的《じてき》でなく、全然人間《ぜん〳〵にんげん》の性格《せいかく》を改善《かいぜん》して、所謂生《いはゆるうま》れ變《かは》つたといふ人物《じんぶつ》にするのである。尤《もつと》も間《ま》には非常《ひじやう》なことをやらぬでもない。凡人《ぼんじん》を神《かみ》や佛《ほとけ》に變換《へんくわん》したり、或《あるい》は人間《にんげん》を牛《うし》猫《ねこ》にしたりする場合《はあい》もあるのである。

兩部法《りやうぶはふ》にては變成男子《へんせいだんし》の秘法《ひはふ》がある。それはつまり此《こ》の人格變換《じんかくへんくわん》の部類《ぶるい》である。此《こ》の法《はふ》は本尊《ほんぞん》を定《き》めて、護摩法《ごまはふ》に依《よつ》て修法《しうはふ》するのである。虛空藏《こくうぞう》の求聞持《ぐうもんじ》の修法《しうはふ》は愚者《ぐしや》を智者《ちしや》にする法《はふ》である。又惡人凶人《またあくにんきやうじん》を善良《ぜんりやう》の人々《ひと〴〵》にするのには、愛染明王《あいぜんみやうおう》の敬愛秘法《けいあいひはふ》が尤《もつと》も妙《めう》である。

神道《しんとう》にては産靈《むすび》の神《かみ》と八意思兼命《やこゝろおもかねみこと》と天鈿女命《あまのうづめのみこと》を主神《しゆしん》として、一七日間以上夜分《にちかんいじやうやぶん》に祈禱《きとう》するので、祈願文《きぐわんぶん》に其《そ》の人《ひと》の姓名生年月日《せいめいせいねんぐわつぴ》を記入《きにう》し、變換改善《へんくわんかいぜん》の目的《もくてき》を詳細《しやうさい》に記入《きにう》すればよいのである。

仙術《せんじゆつ》にては、北斗《ほくと》七星《せい》を祭《まつ》り、神丹《しんたん》を服《ふく》し、眞夜中《まよなか》より鷄鳴《けいめい》まで祈念《きねん》する法《はふ》がある。それから、又惡癖《またあくへき》のあるもの、疳癖《かんぺき》の強《つよ》いとか。酒癖者《しゆへきしや》とか愚痴《ぐち》ぽいとか。泣《な》き虫《むし》とかいたづら好《す》きとかいふ如《ごと》きものは、祈禱加持《きたうかじ》、精神的修養《せいしんてきしゆうやう》も肝要《かんえう》であるが一方《はう》には飲食物《いんしよくぶつ》を愼《つゝし》む必要《ひつえう》がある。脇香《わきが》とか其《そ》の他惡臭《たあくしう》あるものも、加持《かぢ》にて治癒《ぢりやう》するが、矢張《やは》り一方《いつぱう》には、食事療法《しよくじりやうはふ》も重要《ぢうえう》である。

即《すなは》ち疳癖強《かんぺきつよ》いものは、亢奮性不消化的《こうふんせいふしやうくわてき》のものを愼《つゝし》むとか、泣虫《なきむし》には辛味《しんみ》を多量《たりやう》に食《しよく》せしむるとか惡臭者《あくしうしや》にはそれに相應《さうおう》せる殺菌力《さつきんりよく》のある食物《しよくもつ》を用《もち》ひしめ、臭氣香氣《しうきかうき》強《つよ》きものを禁《きん》ずるといふやうにせねばならぬのである。此等《これら》は一々記載《きさい》せぬでも、常識《じやうしき》を以《もつ》て判斷《はんだん》すれば、大抵分《たいていわ》かることである。

第三十五章　勝負事必勝の神法

勝負《しやうぶ》といへば、戰爭《せんそう》が最大《さいだい》のものである。次《つぎ》に體力《たいりよく》の方《はう》では角力《すまふ》である。智力《ちりよく》の方《はふ》では外交《ぐわいかう》始《はじ》め各種《かくしゆ》の談判《だんはん》である。相場《さうば》も勝負《しやうぶ》の部類《ぶるい》である。競爭試驗始《きやうそうしけんはじ》め、其《そ》の他《た》各種《かくしゆ》の競技《きやうぎ》がある。賭博《とはく》や、賭事《かけごと》がある。圍碁《ゐご》とか將棋《しやうぎ》とか、兎《と》に角勝負事《かくしやうぶごと》は澤山《たくさん》ある。そうして戰《せん》爭《さう》角力《すまふ》外交《ぐわいかう》其《そ》の他《た》技藝試驗《ぎげいしけん》には、それ〴〵其《そ》の道《みち》の主神《しゆしん》がある。戰爭《せんさう》の武神《ぶしん》は既《すで》に前《まへ》に示《しめ》してあるが、角力《すまふ》の摩利支天《まりしてん》とか、不動明王《ふどうめうわう》、野《の》見宿禰《みのすくね》神等《かみら》の如《ごと》きは、尤《もつと》も著名《ちよめい》である。學問試驗《がくもんしけん》には八意思兼命《やごころおもひかねみこと》と天滿宮《てんまんぐう》が主神《しゆしん》である。

今左《いまさ》に試驗《しけん》とか、相場《さうば》とか、訟訴等《そしやうなど》に、勝《かち》を制《せい》する一般的《はんてき》の祈禱法《きとうはふ》を示《しめ》すべし。

先《ま》づそれ〴〵の主神《しゆしん》を勸請《くわんせい》する事《こと》

祈禱者《きとうしや》は尤《もつと》も強《つよ》き緊張《きんてう》せる精神狀態《せいしんじやうたい》を續《つゞ》ける事《こと》。

衣服其他《いふくそのた》一切《いつさい》のもの總《すべ》て黑色《こくしよく》を尙《たうと》ぶ事《こと》。

修法《しゆはふ》の日月《にちげつ》は二十三日以後《にちいご》か、又《また》は十六日《にち》より二十三日《にち》までの間《あいだ》を可《か》とす。月《つき》の初《はじ》めは宜《よろ》しからず。但《ただ》し事急《こときう》なるときは、即時《そくじ》起行《きかう》するも差支《さしつかへ》なし、又始《またはじ》むる時間《じかん》は日中《につちう》か或《あるい》は眞夜中《まよなか》よりすべし。

祈禱《きたう》の呪文等總《じゆもんとうすべ》て底力《そこぢから》のある强《つよ》き聲《こゑ》にて唱《とな》ふべし。

燈火《とうくわ》の油《あぶら》は芥子《けし》の油《あぶら》を可《か》とす。

相手方確定《あひてかたかくてい》し居《を》る場合《はあひ》は、願人《ぐわんにん》と其《そ》の相手方《あひてかた》と双方《さうはう》の人形《にんぎやう》に姓名生年月日《せいめいせいねんがつぴ》を記《しる》し、修法者《しゆはふしや》の左右《さいう》に立《た》て、其《そ》の前《まへ》に燈明《とうめう》を供《そな》へ、願人《ぐわんにん》には敬愛《けいあい》の祈禱《きたう》を爲《な》し、相手方《あひてかた》には召鈎《せうこう》又《また》は降伏《かうふく》の法《はふ》に依《よつ》て祈禱《きたう》を爲《な》すべし。

又神符《またしんぷ》に就《つい》ては、試驗優等等《しけんいうとうとう》の御守《おまもり》は、上符《ぜうふ》に八意思兼神御守護《やごころおもひかねのかみごしゆご》と書《しよ》し、中符《なかふ》の方《はう》に其《そ》の人《ひと》の姓名生年月日《せいめいせいねんがつぴ》を書《しよ》し、神明《しんめい》の威德《ゐとく》を吹《ふ》き込《こ》むべし。次《つぎ》に諸藝術技能《しよげいじゆつぎのう》の優勝御守《いうせうおまもり》は、表《おもて》に女子《ぢよし》なれば太田姫命御守護《おほたひめのみことごしゆご》と書《しよ》し、中符《なかふ》は前《まへ》と同《おな》じ、男子《だんし》なれば其《そ》の人《ひと》の守本尊《まもりほんぞん》の御《ご》名號御守護《めうがうごしゆご》と書《しよ》すべし。内容《ないよう》は前《まい》と同《おな》じ。又相場《またさうば》其《そ》の他《た》の勝負事《せうぶごと》は、上表《ぜうひやう》に開運勝利御守護《かいうんせうりごしゆご》と書《しよ》し、中符《なかふ》に主神《しゆしん》の名號《めいがう》を記《しる》し、必勝《ひつせう》の祈願《きぐわん》を吹《ふ》き込《こ》むべし。

又祈禱《またきたう》を爲《な》すには、それ〴〵祝詞祈念文《のりときねんぶん》の差異《さい》あるも今學神祭卽學業優等祈念《いまがくしんさいすなはちがくげふいうとうきねん》の文例《ぶんれい》を示《しめ》すべし。

又祈願成就《またきぐわんじやうじゆ》して、優等並《いうとうならび》に勝利《せうり》を得《う》るとか、事業《じげふ》が成功《せいかう》の曉《あかつき》は、必《かなら》らず報賽祭卽《はうさいさいすなは》ち御禮《おれい》の祈禱《きたう》をせねばならぬ。今《いま》それ等《ら》の祝詞《のりと》大要《たいえう》をも加《くわ》へ示《しめ》すべし。

學神祭祝詞

此《コノ》神床《カムトコ》爾《ニ》神籬《ヒモロギ》立且《タテテ》招奉里《オキマツリ》鎭奉留《シヅメマツル》掛卷母《カケマクモ》恐支《カシコキ》八意《ヤコヽロ》思兼神《オモヒカネノカミ》、菅原神《スガハラノカミ》、羽倉大人《ハグラノウシ》、本居大人《モトヲリウシ》、平田大人《ヒラタノウシ》、久延比古神《クエヒコノカミ》乃《ノ》御前《ミマヘ》乎母《ヲモ》愼美《ツヽシミ》敬比《ウヤマヒ》畏美《カシコミ》畏美母《カシコミモ》申左久《マウサク》某《ソレガシ》宇遲奈久《ウツナク》拙支《ツタナキ》身《ミ》仁波《ニハ》在杼《アレド》風音《カゼノオト》乃《ノ》遠支《トホキ》神代《カミヨ》乃《ノ》神典《ミフミ》乎《ヲ》讀美《ヨミ》窺比《ウカガヒ》日本《ヒノモト》乃《ノ》瑞穗國《ミヅホノクニ》乃《ノ》萬國《ヨロヅクニ》爾《ニ》勝里《マサリ》且《テ》尊久《タウトク》皇美麻命《スメミマノミコト》波《ハ》宇宙《アメツチ》乎母《ヲモ》統御《シラス》倍支《ヘキ》元因《モトノイヘレ》君臣《キミオミ》乃《ノ》大美《コトハリ》乎母《ヲモ》具爾《ツブサニ》令知《シラセ》給反止《タマヘト》朝夕《アサユウ》仁《ニ》勞支《イタツキ》勵卒《ハゲム》心乎《コヽロヲ》恤毘《アハレビ》慈志美《イツクシミ》給比且《タマヒテ》世仁《ヨニ》所有《アルトコロ》書止《ノフミト》云布《イフ》書者《フミハ》千卷《チマキ》五百卷《イホマキ》有乃《アリノ》盡《コトゴト》說明志《クトキアカシ》令悟得《サトラシメ》給比且《タマヒテ》幽事《カクリコト》神事毛《カミコトモ》知得倍支《シリウベキ》限波《カギリハ》令知《シラシメ》給比且《タマヒテ》足波《アシハ》不行《ユカ》努毛《ヌモ》天下《アメシタ》乃《ノ》大小事毛《ダイセウジモ》令知《シラシメ》給比《タマヒ》此《コノ》大道《タイダウ》乃《ノ》彌《イヤ》明爾《アカリニ》彌《イヤ》高仁《タカニ》吾《ワガ》日本《ヒノモト》乃《ノ》國《クニ》乃《ノ》光《ヒカリ》乎母《ヲモ》令耀《カヾヤカセ》給反止《タマヘト》禮代《イヤジロ》乃《ノ》幣帛《ミテグラ》捧《サヽゲ》持天《モチテ》恐美《オソレミ》恐美母《オソレミモ》乞祈《コヒノミ》奉良久止《タテマツラクト》白須《マウス》

事業創始又は勝利祈念
祝詞文例

掛卷毛《カケマクモ》畏支《カシコキ》產土《ウブスナノ》大神《オホカミ》及《オヨビ》其《ソノ》業《ワザ》知看《シロシメス》大神《オホカミ》能《ノ》御前《ミマヘ》爾《ニ》神宮《ジンクワン》某《ナニガシ》愼美《ツヽシミ》敬比《ウヤマヒ》畏美《カシコミ》畏美毛《カシコミモ》白《マウ》

佐久《サク》氏子《ウヂコ》某《ナニガシ》貧氣無禮杼《オフケナケレド》云々《シカジカ》乃《ノ》事成牟登《コトナラムト》思起氏《オモヒオコシテ》云々《シカジカ》乃《ノ》事平《コトヲ》以且《モツテ》誓《チカヒ》乃《ノ》證止志且《アトトシテ》大神《オホカミ》乃《ノ》御前爾《ミマヘニ》願奉里《ネガヒマツリ》誓奉留《チカヒマツル》狀平《サマヲ》委曲爾《ツバラニ》聞食且《キコシメシテ》奇支《クシキ》御靈平《ミタマヲ》幸倍給比《サキヘタマヒ》營業爾《ナリハヒニ》智《サトリ》深久《フカク》有志女《アラシメ》賜比且《タマヒテ》障事《サハルコト》無久《ナク》過事《アヤマツコト》無久《ナク》事成志米《コトナサシメ》功立志米《イサヲタテシメ》給倍止《タマヘト》畏美《カシコミ》畏美毛《カシコミモ》白須《マウス》。

事業成功又は勝利の際

奉禮の祝詞文例

掛卷毛《カケマクモ》畏支《カシコキ》産土大神《ウブスナオホカミ》及《オヨビ》其業《ソノワザ》知看《シロシメス》大神《オホカミ》乃《ノ》御前爾《ミマヘニ》神官《シンクワン》某《ソレガシ》恐美《カシコミ》恐美毛《カシコミモ》白久《マウサク》氏子《ウヂコ》某《ナニガシ》往年《イヌルトシ》大神《オホカミ》乃《ノ》御前爾《ミマヘニ》誓奉里《チカヒマツリ》創業《コトハジメ》斯與里《シヨリ》深久《フカク》厚支《アツキ》御惠平《ミメグミヲ》蒙里《カウムリ》奉里《マツリ》某年爾波《ソレノトシニハ》云々《シカジカ》乃《ノ》功平《イサヲ》立《タテ》某年爾波《ソレノトシニハ》云々《シカジカ》乃《ノ》事成《コトナシ》竟且《ヲヘテ》今波《イマハ》幾年《イクトシ》乃《ノ》齡止《ヨハヒト》成支《ナリキ》故《ユヱニ》奏功《カヘリコト》謝奉良牟刀《マウシマツラムト》奉留《タテマツル》幣帛《ミテグラ》平《ヲ》平久《タヒラケク》安久《ヤスラケク》聞食《キコシメシ》子孫《ウミノコ》八十《ヤソ》連《ツヾキ》彌遠長久《イヤトホナガク》家乃業平《イヘノワザヲ》母彌榮志米《モイヤサカヘシメ》守幸《マモリサキハヘ》賜閉止《タマヘト》畏美《カシコミ》恐美毛《カシコミモ》白須《マウス》。

猶《な》ほ奏功《そうかう》の報賽《ほうさい》の祭儀《さいぎ》以外《いぐわい》に、必《かなら》ずや何等《なんら》物質的《ぶつしつてき》の寄進《きしん》を爲《な》すべきものである。

第三十六章　自他精神交感秘術

自他精神《じたせいしん》の交換《かうくわん》といふことには種々《しゆじゆ》ある、第《だい》一に先方《せんはう》の心《こゝろ》を知《し》ること、此《こ》れは所謂讀心《いはゆるどくしん》術《じゆつ》であるから別《べつ》に述《の》べることにしやう。次《つぎ》は此《こ》の方《はう》の思《おも》ふことを先方《せんはう》に知《し》らせること、次《つぎ》は自分《じぶん》の思《おも》ふとうりに、先方《せんはう》の心《こゝろ》を自由《じいう》にさせること、又先方《またせんはう》の思《おも》ふとうりに此《こ》の方《はう》もなること、次《つぎ》は精神《せいしん》を全然入《い》れ替《か》へること、俗《ぞく》に所謂魂《いはゆるたましひ》の入《い》れ替《かへ》である。即《すなは》ち甲《かう》が乙《おつ》になり、乙《おつ》が甲《かう》になるのである。これに自分《じぶん》と他人《たにん》との入《い》れ替《か》へと、他人《たにん》と他人《たにん》とを入《い》れ替《か》へしむるのとある。例《たと》へば博士《はかせ》と馬丁《はてい》とを入《い》れかへ、馬丁《はてい》の體《からだ》に博士《はかせ》の精神《せいしん》が這入《はい》つて、堂《だう》々《〴〵》大議論大文章《だいぎろんだいぶんしやう》を爲《な》し、博士《はかせ》の體《からだ》に馬丁《はてい》の魂《たましひ》が入《い》り替《かは》つて、大學《だいがく》の講堂《かうだう》でハイドウドウをやるといふ奇現象《きげんしやう》を呈《てい》せしむるのである。

此《こ》の自分以外《じぶんいぐわい》の他人《たにん》と他人《たにん》との精神《せいしん》を入《い》れ替《か》ゆるといふことは、催眠術《さいみんじゆつ》でよくやることであつて、結局《けつきよく》は人格變換《じんかくへんくわん》の理《り》に基《もと》づくものであるから、既《すで》に述《の》べたる前説《ぜんせつ》を翫味《ぐわんみ》すれば分かるのである。そこで要《えう》は第《だい》一に自分《じぶん》の思《おも》ふ事《こと》を先方《せんはう》に知《し》らするのはどうすればよいかといふことが肝要《かんえう》の問題《もんだい》である。それには古來《こらい》より禁厭法《きんえんはふ》が澤山《たくさん》ある、或《あるひ》は歌《うた》を讀《よ》んで寢《ね》るとか、思《おも》はせることを書《か》いて枕《まくら》につけて寢《ね》るとか、呪符《じゆふ》を首《くび》にかけて居《ゐ》るとかいふやうなことであるが、それは精神《せいしん》の努力《どりよく》、神力《しんりよく》の媒介《ばいかい》といふことになるから、熱誠《ねつせい》如何《いかん》に由《よ》りで効果《かうくわ》のあるのは固《もと》よりであるが、今左《いまさ》には別異《べつい》のものを示《しめ》すべし。

先《ま》づ稲荷《いなり》太神《だいじん》を主神《しゆしん》とし、神使《かみづかひ》 白狐《びやつこ》を勸請《くわんぜい》して、一定《てい》の法式《はふしき》に依《よ》つて祈禱《きたう》し、自分《じぶん》の所念《しよねん》を熾烈《しれつ》に神使《かみづかひ》に吹《ふ》き込《こ》み、神使《かみづかひ》が媒介《ばいかい》となりて、或《あるひ》は幻覺的《げんかくてき》に、或《あるひ》は夢《ゆめ》に、或《あるひ》は全《まつ》たく現實《げんじつ》に之《こ》れを先方《せんはう》の精神裡《せいしんり》に傳達《でんたつ》するのである。此《こ》れは恰《あだ》かも有線電信《いうせんでんしん》のやうなもので神使《かみづかひ》 白狐《びやつこ》が銅線《どうせん》になるのであるから、尤《もつと》も確實《かくじつ》である。

次《つぎ》は無線電信《むせんでんしん》の理《り》から推究《すいきう》しても、人間《にんげん》の精神的機能《せいしんてききのう》は無線電信器《むせんでんしんき》以上《いぜう》精緻《せいち》不思議《ふしぎ》なものであり、宇宙《うちう》の大靈《たいれい》は空中《くうちう》の電力《でんりよく》以上《いぜう》に堅實《けんじつ》であるから、自己《じこ》の精神《せいしん》にネヂをかけ、所《いは》謂《ゆる》至誠《しせい》を以《もつ》て熱心《ねつしん》に刺激《しげき》を加《くは》ふれば、それが同質《どうしつ》の大靈《たいれい》を震撼《しんかん》し、其《そ》の靈力《れいりよく》が先方《せんはう》の精神《せいしん》に波動《はどう》を起《おこ》さしめて、諒解覺知《りやうかいかくち》すること恰《あだ》かも受話器《じゆわき》の如《ごと》きものである。此《こ》れは近《ちか》く相對《あひたい》して居《を》れば無論正確《むろんせいかく》であるが、千里《せんり》の遠《とほ》きに距《へだ》てて居《を》つても決《け》つして不可能《ふかのう》ではない、親《おや》が死時《しじ》の一念《ねん》にて、遠方《ゑんはう》に在《あ》る我《わ》が子《こ》の事《こと》を思《おも》へば、海外《かいぐわい》に在《あ》る子《こ》が親《おや》の姿《すがた》、症苦《べやうく》の様《さま》を夢《ゆめ》に見《み》るが如《ごと》きことは、實例《じつれい》の澤山《たくさん》あることである。此《こ》れは無線電信《むせんでんしん》の理《り》と少《すこ》しも變《かは》らぬのであつて、親子《おやこ》の如《ごと》きは其《そ》の器械符號《きかいふがう》が能《よ》く一致《ち》して居《を》るから、尤《もつと》も判明《はんめい》であるのである。

茶吉尼天《さきにてん》の修法《しゆはふ》にも、仙術《せんじゆつ》にも、全然《ぜん〳〵》之《こ》れと同一《どう》の行式《ぎやうしき》がある。又甲《またかふ》と乙《おつ》、自己《じこ》と他人《たにん》との精神《せいしん》を入《い》れ替《か》ふることも、此《こ》の修法《しゆはふ》、此《こ》の熱誠《ねつせい》に依《よ》つて成《な》し得《う》るのである。彼《か》の死靈《しりやう》といひ、生靈《いきりやう》といふのも、又此《またこ》の理《り》を推《お》して有《あ》り得《う》ることが疑《うたが》ひないことになるのである。

第三十七章　讀心察相の祕法

讀心《どくしん》とは人心看破《じんしんかんぱ》のことである、人《ひと》の顔色行動《がんしよくかうどう》を一見《けん》するか、或《あるひ》は其《そ》の音聲《おんせい》を聞《き》くかして其《そ》の人《ひと》の心《こゝろ》に思《おも》ふて居《ゐ》ることを知《し》る法《はふ》である。察相《さつさう》といふのは、其《そ》の人《ひと》の人相《にんさう》や骨格《こつかく》を見《み》て、其《そ》の人《ひと》の心術如何《しんじゆついかん》、即《すなは》ち善惡正邪愚智《ぜんあくせいじやぐち》を知《し》り、過去《くわこ》の行爲《かうゐ》をも察知《さつち》し、又未來《またみらい》の運《うん》命《めい》をも判定《はんてい》することである。

要《えう》するに此《こ》の讀心察相《どくしんさつさう》は、卜占《ぼくせん》に由《よ》らずして、直《たゞ》ちに其《そ》の人《ひと》の運命《うんめい》や所思《しよし》、即《すなは》ち善惡吉《ぜんあくきつ》凶《きやう》を鑑定《かんてい》するのである。佛敎六神通《ぶつけうしんつう》の中《うち》の他心通《たしんつう》といふのは、此《こ》の意義《いぎ》である。而《しか》して此《こ》の法《はふ》は、其《そ》の人《ひと》の熟練《じゆくれん》にて自然《しぜん》に出來《でき》ることもあれば、一種《しゆ》の神力《しんりき》、或《あるひ》は動物神使等《どうぶつかみづかひとう》の通《つう》力《りき》を媒介《ばいかい》として知《し》り得《う》ることもあるのである。

元來人《ぐわんらいひと》の心情《しんじやう》といふものは、顔形《かほかたち》に現《あら》はれるのは勿論《もちろん》、行爲《かうゐ》の上《うへ》にも現《あら》はれ、音聲《おんせい》の上《うへ》にも發《はつ》し、殊《こと》に笛《ふえ》にも琴《こと》にも彈奏《だんそう》する人《ひと》の心情《しんじやう》が發《はつ》するものである。夫《それ》から又人情《またにんじやう》といふものは、根本《こんほん》の賢愚《けんぐ》とか壽夭《じゆえう》とかいふ宿命《しゆくめい》の相《さう》は、中々容易《なかなかようゐ》に變《かは》らぬけれども、それ以下《いか》の輕《かる》い相《さう》は、其《そ》の人《ひと》の考《かんが》へや行爲《かうゐ》の變《かは》るに從《したが》ひて變《かは》るものである。殺人强盗《さつじんがうとう》といふやうな大《だい》凶相大惡相《きやうさうだいあくさう》でも、其《そ》の人《ひと》が眞心《まごころ》から悔悟《くはいご》して改心《かいしん》した時《とき》は、凶相《きやうさう》は全《まつ》たく無《な》くなり、吉相《きつさう》に遷《かは》るのである。尤《もつと》も以前《いぜん》に惡《わ》るかつた相《さう》はいづれにか微《かす》かに認《みと》むることは出來《でき》る。人相《にんさう》早學《さうがく》の序《じよ》に曰《いは》く

それ堯《げう》の眉《まゆ》は八采《さい》を分《わか》ち、舜《しゆん》の目《め》には重瞳《ちゆうどう》あり、大禹《たいう》の耳《みゝ》には三漏《らう》ある、成湯《じやうとう》の臂《うで》には四肘《ちう》あり、文王《ぶんわう》は龍顔《りうがん》にして虎《とら》の眉《まゆ》、漢高《かんかう》は斗《と》胸《むね》にして隆準《りうじゆん》なり、周公《すうこう》の反握《はんあく》は興考《きやうかう》の相《さう》なり、重耳《ちゆうじ》の駢脅《へいけう》は覇《は》晉《しん》の象《しやう》なり。常《じやう》の相貌《さうぼう》、古聖《こせい》の英姿《えいし》に比《ひ》すべからずと雖《いへど》も、不凡《ふぼん》の相《さう》に音形異《おんけいい》骨《こつ》あるときは、常人《じやうにん》にも其《そ》の分《ぶん》に隨《したが》ひ、貴《き》賤吉凶《せんきつきやう》の相《さう》あることを知《し》るべし。

歐米《おうべい》にては骨相學《こつさうがく》が盛《きかん》に行《おこな》はれ、我《わ》が國《くに》の人相學中《にんさうがくちう》には、手相術《しゆさうじゆつ》、面相術《めんさうじゆつ》、爪相術等《さうさうじゆつとう》があるが、皆《みな》一つの理《り》義《ぎ》を以《もつ》て推《お》すことが出來《でき》る。例《たと》へは腦《のう》なれば腦《のう》一つ見《み》て他《た》の一切《さい》の事《こと》が分《わ》かるのである。即《すなは》ち腦《のう》が一般《ぱん》に廣《ひろ》く、耳孔《じこう》より前額《ぜんがく》に至《いた》る距離《きより》の大《だい》なるもの、即《すなは》ち腦《のう》の前額部《ぜんがくぶ》の發育著大《はついくちよだい》なるものは、貴《き》福《ふく》にして智《ち》相《さう》であり、其《そ》の上額《じやうがく》の特《とく》に秀《ひい》でたるは理論《りろん》

的《てき》、下顎《げがく》の特《とく》に凸出《とつしゆつ》したるは物質的《ぶつしつてき》、即《すなは》ち事物《じぶつ》の觀察《くわんさつ》、形狀《けいじやう》、大小《だいせう》、重《おも》さ、色彩等《しきさいとう》、物性《ぶつしやう》に關《くわん》して詳細《しやうさい》なる智能《ちのう》を有《いう》し、又頭《またあたま》の横幅廣《よこははひろ》く特《とく》に耳《みゝ》の圍《まは》りの腦髓部《のうずいぶ》分《ぶん》のみ大《おほい》に發育《はついく》したるものは、破壞《はくわい》、秘密《ひみつ》、理財《りざい》、貪慾《どんよく》、敵愾心《てきがいしん》に富《と》み、又頭《またづ》腦頂部《のうちやうぶ》の前部《ぜんぶ》の中通《なかとほ》りが聳《そび》へて高《たか》きものは、決斷《けつだん》、自信等《じしんとう》の能力《のうりよく》の大《おほ》いに發達《はつたつ》せるものと見《み》るべく、又耳《またみゝ》より後《うしろ》の部《ぶ》の大《おほ》いに發育《はついく》したるは、社交心《しやかうしん》に富《と》める證《しやう》なりとす。

又假《またか》りに眼《め》に就《つい》て、一二の例《れい》を示《しめ》せば、眼光《がんくわう》すゞしく鈍蒙《どんもう》の樣子《やうす》見《み》へず、黒白判然《こくびやくはんぜん》たる者《もの》は、其《そ》の心性清醇《しんせいせいじゆん》にして、文學詩歌《ぶんがくしか》の才《さい》あり、自信深《じしんふか》くして外誘《ぐわいいう》に迷《まよ》はず、且《か》つ同情《どうじやう》に富《と》む、眉太《まゆふと》く濃《こ》く、まつ毛《け》も亦甚《またはなは》だ濃《こ》きものは、其《そ》の情力《じやうりよく》が智力《ちりよく》に勝《まさ》つ、所謂涙脆《いはゆるなみだもろ》きに失《しつ》し、決斷乏《けつだんとぼ》しく、婦人《ふじん》などに迷《まよ》はされ易《やす》し、一般《はん》に眼《め》の上《あが》りたるは癇癖強《かんぺきつよ》く、下《さが》りたるは自信乏《じしんとぼ》し、眼《め》の丸《まる》きは目前《もくぜん》の才智《さいち》ありて永遠《えいゑん》の智力《ちりよく》に乏《とぼ》しく、眼《め》の細《ほそ》く長《なが》きは遠《とほ》きを考《かんが》へ過《す》ぐる癖《くせ》ある、眼《め》の白色部《はくしよくぶ》かちたるは、小才《せうさい》ありて大才《だいさい》を缺《か》く、黒色部《こくしよくぶ》の茶褐色《ちやかつしよく》なるは狡《かう》才《さい》ありて大量《たいりやう》なし。

此《こ》の他耳《ほかみゝ》に依《よ》り、鼻《はな》に依《よ》り、口《くち》に依《よ》り、顏面全體《かんめんぜんたい》の狀相《じやうさう》に依《よ》り、以《もつ》て賢愚《けんぐ》、正邪《せいじや》、曲《きよく》直《ちよく》、貴賤《きせん》、貧富《ひんぷ》、品行《ひんかう》の正不正《せいふせい》、秘密《ひみつ》の有無《うむ》、業務《げふむ》の適否《てきひ》、壽命《じゆみやう》の長短《ちやうたん》、病疾《びやうしつ》の如何《いかん》、危《き》險災難《けんさいなん》の如何《いかん》、其《そ》の人《ひと》の好嫌《すききらひ》、趣味《しゆみ》、嗜好等《しかうとう》を察知《さつち》することが出來《でき》るのである。

此《こ》の讀心察相《どくしんさつさう》の法《はふ》は、一つは其《そ》の人《ひと》の熟練《じゆくれん》であるが、第《だい》一に觀相者自身《くわんさうしやじしん》が無念無想《むねんむさう》にて明鏡《めいきやう》の一塵《ぢん》も染《そ》めざるが如《ごと》くなくてはならぬ。心《こゝろ》が明鏡《めいきやう》の如《ごと》く清玲《せいれい》にして、曇《くも》りがなければ、宇宙間《うちうかん》のものは悉《こと／″＼》く其《そ》の實相《じつさう》を反映《はんえい》するものである。

又荼吉尼天《またたきにてん》の修法《しゆはふ》や、氷迦羅天《ひやうからてん》の修行《しゆぎやう》を積《つ》むときは、一種《しゆ》の通力《つうりき》を得《う》る、他心通《たしんつう》即《すなは》ち他《た》人《にん》の心《こゝろ》を看破《かんぱ》し、又其《またそ》の人《ひと》の吉凶運命《きつきやううんめい》を察知《さつち》することは極《きは》めて容易《ようい》である。殊《こと》に此等天部《これらてんぶ》の眷屬童子神使《けんぞくどうじかみつかひ》等《とう》を使役《しえき》するの法《はふ》に熟達《じゆくたつ》するときは、未見《みけん》の人《ひと》、遠方《ゑんぱう》に在《あ》る人《ひと》、面《めん》を接《せつ》せざるも、此等《これら》の眷屬《けんぞく》の媒介《ばいかい》に依《よ》り、其《そ》の人《ひと》の人柄《ひとがら》より、用務《ようむ》、運命等《うんめいとう》を知《し》ることは、掌中《しやうちう》の物《もの》を取《と》るよりも容易《ようい》である。此《こ》れは異物《いぶつ》の通力《つうりき》、即《すなは》ち神使《かみづかひ》の神變不可思議力《しんぺんふかしぎりよく》に依《よ》るものである。

第三十八章　物質變換の秘法

物質變換《ぶつしつへんくわん》といふのは、土《つち》を金《きん》にするとか、石《いし》を猫《ねこ》に見《み》せるとか、米《こめ》を水《みづ》にするとか、水《みづ》を酒《さけ》にするとか、酒《さけ》を血《ち》にするとかいふやうなことである。此《こ》れには種々《しゆ／″＼》の段等《だんとう》がある。

單《たん》に土《つち》を金《きん》に見《み》せるといふだけのことは、能《よ》く幻術《げんじゆつ》とか魔《ま》法《はふ》とか忍術《にんじゆつ》とかいふのでやることである。又耶《またや》蘇《そ》基督《きりすと》の行《おこな》ひたる奇《き》蹟《せき》、卽《すなは》ち石《いし》を變《へん》じてパンと爲《な》し、パンくづを肉《にく》に變《へん》じたとか、葡《ぶ》萄酒《どうしゆ》を血《ち》にしたといふやうなことから、佛敎等《ぶつけうなど》でもこういふ類《たぐい》は澤山《たくさん》あるが、それは信念力《しんねんりよく》と敎導者《けうだうしや》の方《はう》の威力《ゐりよく》から起《おこ》ることであつて、つまり心力作用《しんりよくさよう》である。催眠術《さいみんじゆつ》等《など》で石《いし》を與《あた》へて金《かね》と思《おも》はせ、水《みづ》を吞《の》ませて酒《さけ》であるといへば、被《ひ》催眠者《さいみんしや》は忽《たちま》ち顏《かほ》を赤《あか》くして酒《さけ》に醉《よ》ふた態度《たいど》になつて仕《し》舞《ま》ふ。併《しか》し此《こ》れ等《ら》はまだ一時《じ》の幻覺《げんかく》や錯覺《さくかく》であり、且《か》つ又相《またあひ》手《て》が一定《てい》の人《ひと》であるが、眞《しん》の法術神通力《はふじゆつしんつうりき》を以《もつ》てすれば、實際《じつさい》に土《つち》を黃金《わうごん》と爲《な》すことが出來《でき》るものである。而《しか》してそれが宇《う》宙《ちう》の大原理《だいげんり》から推《お》して、決《け》つして不都合《ふつがふ》はないのである。

元來宇宙《ぐわんらいうちう》の本源《ほんげん》は一元《げん》である。造化《ざうくわ》の神《かみ》の活動力《くわつどうりよく》が、産靈《むすび》の神《かみ》の作用《さよう》と現《あら》はれて、漸次《ぜんじ》萬物《ばんぶつ》が發生《はつせい》したのである。天地《てんち》の始《はじ》めは渾沌《こんとん》たる一氣《き》である。所謂《いはゆる》一星雲《せいくも》から火球《くわきう》卽《すなは》ち太《たい》陽《よう》となり、太陽《たいよう》が分裂《ぶんれつ》して地球《ちきう》と爲《な》り、其《そ》の冷却收縮《れいきやくしうしゆく》に從《したが》ひ山海《さんかい》を生《しやう》じ、鑛物《くわうぶつ》より植物動《しよくぶつどう》物人類《ぶつじんるい》と漸次《ぜんじ》發生《はつせい》したのである。人間《にんげん》の肉體《にくたい》も植物鑛物《しよくぶつくわうぶつ》と其《そ》の素質《そしつ》に於《おい》て異《かは》りはない、鑛《くわう》物《ぶつ》が砂《さ》糖黍《とうきび》なら、黑砂《くろさ》糖《たう》は植物《しよくぶつ》、中白《ちうじろ》は動物《どうぶつ》、大白《たいはく》が人間《にんげん》といふ鹽梅《あんばい》で、精製《せいせい》の度《ど》を異《こと》にする丈《だけ》である。從《したが》つて同《おな》じ鑛物中《くわうぶつちう》の土《つち》と金《きん》とが、全然根本的《ぜんぜんこんぽんてき》に相違《さうゐ》のものではない。唯《た》だ金《きん》が少《すく》ないゆへ、人間《にんげん》が珍《めづ》らしがつて尊重《そんちやう》するだけのことである。若《も》し犬《いぬ》や猫《ねこ》が見《み》たらば、土《つち》と黄金《わうごん》との區別《くべつ》はないのであらう。

眞言密敎等《しんごんみつけうとう》では、繪木法然《ゑぼくはふねん》といふて居《ゐ》る。此《こ》れは書《か》いた繪像《ゑぞう》でも、木佛金佛《きぶつかなぶつ》でも、眞《しん》の佛《ぶつ》と同《どう》一の靈驗《れいけん》があるといふのである。其《そ》の理由《りいう》は、佛《ほとけ》も凡人《ぼんじん》も犬《いぬ》も猫《ねこ》も土《つち》も木《き》も、皆悉《みなことごと》く六大《だい》で出來《でき》て居《を》り、大日如來《だいにちによらい》の活動《くわつどう》の現《あら》はれであるから、木佛金佛《きぶつかなぶつ》も佛《ほとけ》なりとして信《しん》ずれば、眞佛《しんぶつ》と同《どう》一の結果《けつくわ》を發生《はつせい》し得《う》るといふのである。而《しか》して土砂《どしや》を法力《はふりき》を以《もつ》て加持《かぢ》して金《きん》なり銀《ぎん》なりに爲《な》し得《う》るとしてある。此《こ》れは本來同《ほんらいどう》一根元《こんげん》から發生《はつせい》したものであるから、土砂《どしや》を先《ま》づ其《そ》の根元《こんげん》に還源《くわんげん》し、それより更《さら》に金《きん》なり銀《ぎん》に發生《はつせい》せしむるといふのである。今《いま》では器械力《きかいりよく》や藥力《やくりよく》を以《もつ》て萬物《ばんぶつ》を還銀《くわんぎん》するとか、ワラから銀《ぎん》を取《と》る等《など》といふが、器械力藥力《きかいりよくやくりよく》の代《かは》りに、法力加持力《はふりよくかぢりよく》を用《もち》ふるといふのが、此《こ》の物質變換法《ぶつしつへんくわんはふ》である。萬物同源《ばんぶつどうげん》、變成功德《へんせいくどく》の理《り》を觀《くわん》じて、加持祈禱《かぢきたう》を行《おこな》ふのである。一切衆生悉有佛性《さいしやうじやうしついうぶつしやう》、山川草木《さんせんさうもく》一切成佛《さいじやうぶつ》といふのも亦此《またこ》の理《り》を擴張《くわくちやう》して、宗敎的《しうけうてき》に解說《かいせつ》したのである。

柳《やなぎ》の木《き》の精《せい》が、お柳《りう》といふ女《をんな》になつて子《こ》まで產《う》み、鰯《いはし》の頭《あたま》が大日如來《だいにちによらい》となつて光明《くわうみやう》を放《はな》つたとか、木像《もくぞう》の毘沙門天《びしやもんてん》が木劍《ぼくけん》を揮《ふる》ふて、惡人《あくにん》を斬《き》つたとか、成田《なりた》の不動《ふどう》が劍《つるぎ》を小僧《こぞう》に呑《の》ませた等《など》いふのも、皆此《みなこ》の物質變換《ぶつしつへんくわん》の理《り》から出立《しゆつたつ》したものである。荒唐無稽《くわうたうむけい》のやうであり不思議《ふしぎ》のやうであるが、宇宙《うちう》の大靈《たいれい》の方《はう》から見《み》れば、何《なん》でもないことである。恰《あだ》かも小《こ》供《ども》が不思議《ふしぎ》と思《おも》ふことも、大人《おとな》が見《み》れば分《わ》かりきつたあたりまへのことであるといふのと同《おな》じである。

此《こ》の物質變換法《ぶつしつへんくわんはふ》は、變《へん》ぜんとする物質《ぶつしつ》そのものを加持《かぢ》するのである。例《たと》へば病氣祈禱《びやうききたう》の際《さい》に病人《びやうにん》を加持《かぢ》すると同《どう》一の意味《いみ》にて、物質《ぶつしつ》を加持《かぢ》し、又《また》一方《はう》には主神《しゆしん》に祈禱《きたう》すれば、主《しゆ》神《しん》の威力《ゐりよく》と加持《かぢ》の法力《はふりき》とが相《あひ》一致《ち》して、何人《なんびと》が見《み》ても石《いし》が金《きん》に見《み》へ、金《きん》として通用《つうよう》するに至《いた》り得《う》るのである。尤《もつと》も此《こ》れは一番困難《ばんこんなん》のものを例示《れいじ》したのであるが、一時的《じてき》に柴《しば》の葉《は》を紙幣《しへい》に見《み》せるとか、一人丈《ひとりだけ》の眼《め》に變換《へんくわん》して見《み》せるとか、石地藏《いしぢざう》を人間《にんげん》の如《ごと》く見《み》せるといふのは左程困難《さほどこんなん》ではないのである。

而《しか》して此《こ》の物質變換《ぶつしつへんくわん》の妙法《めうはふ》に練達《れんたつ》しやうと思《おも》へば、どうしても隱形《おんけい》の法《はふ》や、毘沙門天茶《びしやもんてんさ》吉尼天《きにてん》の秘法《ひはふ》を修行《しゆぎやう》することが肝要《かんえう》である。

第三十九章　繫縛活殺の秘術

伊勢《いせ》の神宮《じんぐう》や、熱田《あつた》の神宮《じんぐう》や、其《そ》の他《た》の神社等《じんじやとう》に賊《ぞく》が這入《はい》つて、神寶《しんぽう》を盗《ぬす》むとか、御神《ごしん》體《たい》に觸《さは》らうとして立《た》ちすくみになり、生捕《いきど》られた例《れい》は澤山《たくさん》ある。又凶賊《またきやうぞく》が陛下《へいか》の玉體《ぎよくたい》に近《ちか》付《つ》かんとして、目《め》を廻《まは》して氣絶《きぜつ》した事《こと》もある。强勇《きやうゆう》なる佐久間玄蕃《さくまげんば》が鐵棒《てつぼう》を揮《ふるつ》て、秀吉《ひでよし》を一打《うち》にせんとした時《とき》に、秀吉《ひでよし》が尾籠《びろう》なり下郎奴《げらうめ》と大喝《たいかつ》せしに、人馬共《じんばとも》に平伏《へたば》つたといふ事《こと》もあれば、劍術《けんじゆつ》の名人《めいじん》が氣合《きあひ》の掛聲《かけごゑ》一つで、大抵《たいてい》のものは立《た》ちすくむとか、一時氣絶《じきぜつ》するとか、又人《またひと》ばかりでなく鳥獸《ちやうじう》でも同《おな》じである。猶又古來《なほまたこらい》の高僧大德《かうそうたいとく》が惡人《あくにん》を喝伏《かつぷく》せしめた例《れい》も澤山《たくさん》ある。不動《ふどう》の金縛《かなしばり》といふのも此《こ》れである。此《こ》れに類《るい》したことは今日《こんにち》の催眠術《さいみんじゆつ》でも能《よ》くやつて居《ゐ》るのであるが、それと之《こ》れとは固《もと》より性質《せいしつ》の上《うへ》に、大《だい》なる相違《さうゐ》があるのである。

此《これ》は要《えう》するに、人間《にんげん》の活力《くわつりよく》と神明《しんめい》の威力《ゐりよく》とが相《あひ》一致《ち》して相手《あひて》を威壓《ゐあつ》するのであつて、蛙《かはづ》が蛇《へび》に睨《にら》まれて動《うご》けなくなるのも、道理《だうり》は同《どう》一である。それで此《こ》の法《はふ》は行者《ぎやうじや》の活力《くわつりよく》が强《つよ》くさへあれば容易《たやす》く出來《でき》るのである。殊《こと》に直接《ちよくせつ》相手《あひて》を捉《とら》へてやるのであるから、仕事《しごと》は一層《そう》たやすいのである。

此《こ》の法《はふ》は不意《ふゐ》の敵《てき》とか、盗賊《たうぞく》とかいふものに對《たい》して、實用的《じつようてき》の効力《かうりよく》あるのは勿論《もちろん》、病氣《びやうき》等《とう》でも病魔《びやうま》を喝殺《かつさつ》し、又睨《またにら》み殺《ころ》すといふことが出來《でき》るのである。

此《こ》の法《はふ》を行《おこな》ふ時《とき》は、行者《ぎやうじや》は先《ま》つ非常《ひじやう》の精神力《せいしんりよく》を外貌《ぐわいぼう》に現《あら》はして、動作《どうさ》容貌《ようぼう》が大《おほひ》に平常《へいじやう》と異《こと》なつて、相手《あひて》が一見悚然《けんそくぜん》たる狀態《じやうたい》を示《しめ》さねばならぬ。第《だい》一に眼《め》の光《ひかり》が銳《するど》く、所謂眼光燦《いはゆるぐわんくわうさん》爛崖下《らんがいか》の電《いなづま》の如《ごと》く、閃々《せんせん》人《ひと》を射《ゐ》るといふやうでなければならぬ。而《しか》して身體態度《しんたいたいど》宛然荒《さながらあ》れたる鬼神《きしん》の如《ごと》く、燕人張飛《えんじんちやうひ》が長坂橋《ながさかはし》で只《たゞ》一騎《き》曹操《そうさう》百萬《まん》の大勢《たいせい》を睨《にら》み付《つ》け、叫《さけ》び倒《たほ》した慨《がい》がなくてはならぬ。次《つぎ》に下腹《かふく》より絞《しぼ》り出《だ》せるやうな全身《ぜんしん》の力《ちから》の籠《こも》つた聲《こゑ》で、イヤッと大喝《たいかつ》することである。此《こ》の聲《こゑ》は手裏劍《しゆりけん》よりも、彈丸《だんぐわん》よりも、相手《あひて》の心膽《しんたん》に強《つよ》く響《ひゞ》くものであつて劍《けん》や丸《たま》は肉體《にくたい》の負傷《ふしやう》ですむが、此《こ》れは精神《せいしん》の深傷《ふかで》で、其《そ》れが亦肉體《またにくたい》にも及《およ》ぼし、心臟《しんざう》が一時麻痺《じまひ》して血液《けつえき》の循環《じゆんくわん》が止《と》まり、腦動作《のうどうさ》が中止《ちうし》して脊髓《せきづい》に痙攣《けいれん》を起《おこ》すのである。

又修法《またしゆはふ》として行《おこな》ふには、先《ま》づ護身法《ごしんはふ》、不動經讀誦《ふどうきやうどくしよう》、九字《じ》を切《き》る。轉法輪《てんぽふりん》の印《いん》を結《むす》び、左《さ》の神歌《しんか》を唱《とな》ふ。

ゆるくともよもや許《ゆる》さず縛《しば》りなわ不動《ふどう》の心《こゝろ》あるに限《かず》らん

次《つぎ》に東方降三世夜叉王《とうはうかうぜやしやわう》、西方大威德夜叉王《せいはうだいゐとくやしやわう》、北方金剛夜叉王《ほくはうこんがうやしやわう》、中央大日大聖不動明王《ちうわうだいにちだいしやうふどうめうわう》と縛《しばり》の印《いん》にて讀《よ》み上《あ》ぐ。呪《まじなひ》は、オンビンビシ、カラカラ、シバリ、ツワカと五回唱《くわいとな》ふべし。

又此《またこ》の法《はふ》を戻《もど》し、縛《しばり》を解《と》くには、左《さ》の歌《うた》を唱《とな》へ、九字《じ》を逆《ぎやく》に切《き》るべし。

年《とし》を經《へ》て、身《み》妨《さまた》ぐる荒神《あらがみ》も、皆立《みなた》ち去《さ》りて、千代《ちよ》と見《み》せる。

動物《どうぶつ》を喝殺《かつさつ》したり、又自由《またじゆう》に驅使《くし》したりするのも、矢張《やは》り同《どう》一の修法《しゆうはふ》にてよろしく、猶《なほ》大抵《たいてい》の動物《どうぶつ》は修法《しゆうはふ》までせずとも、此《こ》の法《はふ》に達《たつ》せるものが、眼光鋭《がんくわうするど》く一喝《かつ》すれば、大抵《たいてい》は立《た》ちすくむものである。獸類《じうるい》の尤《もつと》も恐《おそ》るのは人間《にんげん》の眼《め》の光《ひかり》と、腹《はら》から出《い》でる聲《こゑ》である。而《しか》して動物《どうぶつ》を能《よ》く畏服《けいふく》せしめ、能《よ》く馴《な》らし驅使《くし》するときは、或《あ》る事柄《ことがら》、或《あ》る場合《ばあい》には、人間《にんげん》以上《いじやう》の通力《つうりき》を現《あら》はして、忠實《ちうじつ》に其《そ》の人《ひと》の爲《た》めに働《はたら》くものである。

病魔《びやうま》の喝殺《かつさつ》も之《こ》れと同《おな》じく、陽性《やうせい》の元氣《げんき》を以《もつ》て、陰結《いんけつ》の菌毒《きんどく》を燒《や》き盡《つく》すのである。祈禱《きとう》加持《かじ》といふのも、此《こ》の陽氣《やうき》の活力《くわつりよく》が其《そ》の主源《しゆげん》であるのである。又人《またひと》の魂魄《こんぱく》や、鬼神《きしん》をも此《こ》の喝殺法《かつさつはふ》、動物驅使法《どうぶつくしはふ》と同《どう》一意義《いぎ》、同《どう》一の筆法《ひつぱふ》にて使役《しえき》し、此《こ》れをして神變不思議《しんぺんふしぎ》の現《げん》象作用《しやうさよう》を發生《はつせい》せしむることが出來《でき》るのである。

氣合氣死《きあひきし》の術《じゆつ》の如《ごと》きは、全然此《ぜんぜんこ》れと同《どう》一である。否《いな》、此《こ》の一部《ぶ》であつて所謂眼光《いはゆるがんくわう》の力《ちから》と腹《はら》から出《い》づる底力《そこぢから》のある聲《こゑ》との二《ふた》つで相手《あひて》を壓迫《あつぱく》するのである。それで自分《じぶん》より少《すこ》しでも強《つよ》いものには、一向効力《いつかうかうりよく》がないが、弱《よは》いものには能《よ》く利《き》くのである。

第四十章　護身調伏の神術

宇宙萬物《うちうはんぶつ》は一方《いつはふ》より見《み》れば、悉《ことごと》く我《わ》が味方《みかた》であつて、我《わ》れの生存發達《せいぞんはつたつ》を助《たす》くるものであるが、又一方《またいつはふ》より見《み》れば、悉《ことごと》く我《わ》が敵《てき》であつて、皆我《みなわ》れを迫害《はくがい》するものである。壓迫《あつはく》するものである。例《たと》へば第《だい》一の我《わ》れといふ我《わ》が心《こころ》さへ、妄想非望煩悶《まうさうひばうはんもん》があつて我《わ》れと我《わ》れを苦《くる》しみ、肉體《にくたく》には飢寒《きかん》があつて困難《こんなん》し、更《さら》に又病氣老衰《またびやうきらうすい》があつて、意《い》の如《ごと》くならぬのである。父子妻子《ふしさいし》も時々《ときどき》に我《わ》れを苦《くる》しめ、其《そ》の他一切《たいつさい》のものが、我《わ》れと競爭《きやうそう》し、我《わ》れを羨望《せんばう》し、我《わ》れを猜疑《さいぎ》し、我《わ》れを嫉妬《しつと》し、我《わ》れを排擠《はいせい》せんとするのである。

それで、我《わ》れは我《わ》れ自《みづか》ら我《わ》れを護《まも》らねばならぬ。我《わ》れを護《まも》るには、内外種々《ないぐわいしゆじゆ》の別《べつ》があるが先《ま》づ第《だい》一に我《わ》が心《こころ》を以《もつ》て我《わ》れを護《まも》らねばならぬ。我《わ》が心《こころ》を清淨《せいじやう》にし勇壯元氣《ゆうそうげんき》にし、一切《いつさい》の妄念煩悶《もうねんはんもん》を去《さ》りて、伏仰天地《ふげふてんち》に耻《は》ぢず、何物《なにもの》にも恐《おそ》れず、千萬人《にん》の敵《てき》の中《なか》にても、水火《すゐくわ》の中《なか》にも、敢然《かんぜん》として我《わ》れ行《ゆ》かんとする正義《せいぎ》の勇《ゆう》がなくてはならぬ。之《こ》れが心《こころ》の護《まもり》である。

次《つぎ》に我《わ》が身《み》を以《もつ》て我《わ》れを護《まも》らねばならぬ。即《すなは》ち我《わ》が肉體《にくたい》を强壯《きやうさう》にして、相當《さうたう》の伎倆力量《ぎれうりきりやう》を有《いう》し、一方《いつぱう》には他人他物《たにんたぶつ》の襲撃《しうげき》に堪《た》へ、一方《いつぱう》には病魔等《びやうまとう》に侵《おか》されぬだけの資質《ししつ》を有つて居《お》らねばならぬ。尤《もつと》も天性虚弱《てんせいきよじやく》のものもあるが。それは又《また》それにてそれ相應《さうおう》の用意《ようい》さへすればよいのである。此《こ》れが身《み》を以《もつ》て我《わ》れを護《まも》るのである。

次《つぎ》に眷屬部下《けんぞくぶか》の力《ちから》を頼《たの》むとか、或《あるい》は家宅《かたく》を堅固《けんご》にするとか種々《しゆ〳〵》の方法《はうはふ》はあるが、要《えう》するに此等《これら》は第《だい》二義《ぎ》第《だい》三義《ぎ》である。殊《こと》に金城鐵壁《きんじやうてつぺき》も天異地災《てんいちさい》の爲《た》めには、一朝《いつてう》にして脆《もろ》くも破《やぶ》れ、其《そ》の他人力《たじんりよく》を以《もつ》て爲《な》したることは、人力《じんりき》にて破壞《はくわい》されるのである。又眷屬部下《またけんぞくぶか》の如《ごと》きは忠實《ちうじつ》であれば第《だい》二の我《わ》れであるが、時《とき》に或《あるひ》は強敵外患《きやうてきがいくわん》よりも數等《すうとう》恐《おそ》るべき裏切《うらぎ》り者《もの》の出《い》づることもある。

我《わ》が心《こゝろ》さへ當《あ》てにならぬ。身體《しんたい》も不充分《ふじうぶん》である。部下《ぶか》も頼《たの》みにならぬ點《てん》があるとすればどうすればよいか、茲《ここ》に於《おい》て神明《しんめい》の威力《ゐりよく》を假《か》らねばならぬ。神明《しんめい》の威力《ゐりよく》とそれを信《しん》ずる念力《ねんりよく》とがあれば、從《したが》つて心《こゝろ》も確《たし》かになり、身體《しんたい》にも力《ちから》を生《しやう》じ、部下《ぶか》も自然《しぜん》と忠實《ちうじつ》を盡《つく》すやうになるのである。神明《しんめい》の力此《ちからこ》れが一切《いつさい》の力《ちから》の根源《こんげん》である。護身《ごしん》の中心《ちうしん》である。斯《か》くすれば我《わ》が身《み》は安全《あんぜん》である。併《しか》し敵《てき》は多《おほ》い、又種々《またしゆ〳〵》の策略《さくりやく》を以《もつ》て、猶《な》ほも我《わ》れを陷《おとしい》れんとするのであるから、それ等《ら》に對《たい》しては充分《じうぶん》なる制裁《せいさい》を加《くは》へねばならぬ。それは單《たん》に我《わ》れ一箇人《こじん》の為《た》めばかりではない。否《いな》、我《わ》れの為《た》めになるならぬは別《べつ》として、そういふ惡《わる》い者《もの》は、社《しや》會《くわい》の為《た》め、國家《こくか》の為《た》め、人類《じんるい》の為《た》め、宇宙《うちう》の眞理《しんり》の為《た》めに、是非《ぜひ》共之《ともこ》れを制伏《せいふく》せねばならぬ。此《こ》の惡人《あくたん》に制裁《せいさい》を加《くは》ふるには、法律《はふりつ》もあり、社會《しやくわい》の制裁《せいさい》もあり、道徳上《だうとくじやう》の審判《しんぱん》もあるけれども、表面善《へうめんぜん》を装《よそ》ふものには、充分《じうぶん》に制裁《せいさい》が出來《でき》ぬのみか、大奸却《だいかんかへ》りて忠《ちう》に似《に》て、世《よ》にも人《ひと》にも稱賛《しやうさん》せらるることがある。そこでそれ等《ら》の姦惡《かんあく》なるものには、神明《しんめい》の威力《ゐりよく》を以《もつ》て法力上神 術 的《はふりきじやうしんじゆつてき》の制裁《せいさい》を加《くは》へねばならぬ。此《こ》の法術的《はふじゆつてき》の制裁《せいさい》を降伏法《かうふくはふ》又《また》は調伏法《てうふくはふ》といふのである。今調伏法《いまてうふくはふ》に就《つい》て左《さ》に説《と》く所《ところ》あらん。

神代《かみよ》より我《わ》が國《くに》には蟇目《がまめ》の法《はふ》といふことがある。夫《それ》は蝦蟇《がま》に似《に》たる一種《しゆ》の矢《や》を弓《ゆみ》に番《つか》ひて、弦《つる》を鳴《な》らす法《はふ》であつて、此《こ》の法《はふ》を行《おこな》へば、惡魔《あくま》惡鬼《あくき》が退散《たいさん》し、物《もの》の怪《け》の病災《びやうさい》は忽《たちま》ち平《へい》癒《ゆ》し、又自《またじ》分《ぶん》に仇《あだ》を為《な》すものを調伏《てうふく》し、猶《な》ほ戰陣《せんぢん》に於《おい》ては敵《てき》を壓迫《あつぱく》することも出來《でき》るものとしてある。所謂祈禱呪法《いはゆるきとうじゆはふ》、怨敵降伏《おんてきかうふく》、戰勝祈禱《せんしやうきとう》と稱《しやう》すべきものである。源 義 家《みなもとよしいへ》が劍《つるぎ》を備《そな》へて主上《しゆじやう》の御惱《おなやみ》を治癒《ちゆ》せしめ、平 將 門《たひらのまさかど》の逆威《ぎやくゐ》を振《ふる》ふとき、朝廷《てうてい》にては蟇目《がまめ》の大法《たいはふ》を行《おこな》ひ元冦《げんこう》の際《さい》には龜山上皇親《かめやまじやうわうした》しく石清水《いはしみづ》八幡宮《まんぐう》に參幸《さんかう》ましまして御祈念《ごきねん》あらせられた等《とう》は、著《いちじる》しい例《れい》であつて、此《こ》れ等《ら》は矢張《やは》り、調伏祈禱《てうふくきとう》である。

調伏《てうふく》の修法《しゆうはふ》をするには、三つの條件《でうけん》がある。第《だい》一に調伏《てうふく》せねばならぬ相手方《あいて》が惡人《あくにん》でなくてはならぬ。善人《ぜんにん》を調伏《てうふく》すれば、其《そ》の善人《ぜんにん》も苦《くる》しむが、調伏《てうふく》したものも亦罰《またばつ》を受《う》けるのである。第《だい》二には其《そ》のものが國家社會《こくかしやくわい》の邪魔《じやま》になるものでなくてはならぬ。第三に亂臣賊子《らんしんぞくし》は別《べつ》として、相手《あいて》が惡人《あくにん》であつても、自分即《じぶんすなは》ち祈禱者《きとうしや》や、又《また》は祈禱《きとう》を依頼《いらい》するもの、即《すなは》ち願人《ねがいにん》の怨敵《おんてき》でなくてはならぬのである。人《ひと》を呪咀《のろ》へば穴《あな》二つといふ諺《ことはざ》の如《ごと》く、自分《じぶん》が正《せい》であつても、相手《あいて》が邪《じや》でなくては調伏《てうふく》してはならぬのである。又調伏《またてうふく》しても効力《かうりよく》はない。即《すなは》ち惡人賊子《あくにんぞくし》を相手《あいて》に、護身又《ごしんまた》は護國《ごこく》の爲《た》めにやるのでなくてはならぬのである。

修法《しゆうはふ》としての祈禱《きとう》の順序《じゆんじよ》は左《さ》の如《ごと》し。

祈禱《きとう》の際《さい》は勿論《もちろん》、一切《いつさい》の準備《じゆんび》をする時《とき》より、祈禱者《きとうしや》は寸時寸分《すんじすんぶん》の油斷《ゆだん》もなく、忿怒《ふんぬ》の心《こゝろ》が熾盛猛烈《せんせいもうれつ》でなくてはならぬ事《こと》。

修法《しゆはふ》の本尊《ほんぞん》は、祈禱者《きとうしや》の任意《にんい》たるべき事《こと》。

勸請壇《かんせいだん》も自分即《じぶんすなは》ち祈禱者《きとうしや》の据《すは》る座《ざ》も敷物《しきもの》も、總《すべ》て三角《かく》を要《えう》する事《こと》

衣服《いふく》其《そ》の他《た》、一切《いつさい》の器物《きぶつ》は、黒又《くろまた》は青色《あをいろ》を用《もち》ふる事《こと》

燈油《とうゆ》は芥子《からし》を用《もち》ふる事《こと》

燈明《とうみやう》は總《すべ》て三五七といふ如《ごと》く奇數《きすう》を用《もち》ふる事《こと》

行《おこな》ふ月《つき》も一三五七九十一といふやうに奇數《きすう》の月《つき》を可《か》とす。又日《またひ》は二十三日以後《にちいご》か、十六日《にち》より二十三日《にち》までの間《あひだ》を可《か》とす。但《たゞ》し緊急《きんきゆう》の時《とき》は、月日《つきひ》を撰《えら》ばず、即時起行《そくじきかう》するも妨《さまた》げず、併《しか》し月《つき》の初《はじ》めは宜《よろ》しからざる故《ゆゑ》、一應主神《いちおうしゆしん》に詫《わ》びの祝詞《しゆくじ》を奏上《そうじやう》して、然《しか》る後《の》ち行《おこな》ふべき事《こと》。

始《はじ》むる時間《じかん》は、正午《しやうご》か、眞夜中《まよなか》よりする事《こと》

祈禱《きとう》の聲《こゑ》は、怒氣《どき》を含《ふく》みたる底力《そこちから》のあるを要《えう》する事《こと》

總《すべ》てのものは逆《ぎやく》に用《もち》ひ、逆《ぎやく》に裝《かざ》る事《こと》

鈴《すゞ》を振《ふ》り、鐘《かね》を打《う》つも皆逆《みなぎやく》にする事《こと》

修法《しゆはふ》も若《も》し驗《しるし》なき時《とき》は、本尊《ほんぞん》の下《した》に蛇《へび》と蛙《かへる》とを入《い》れたる箱《はこ》を納《おさ》め、其《そ》れと本尊《ほんぞん》との中間《ちうかん》に相手《あいて》の人形又《にんぎやうまた》は畫像《ぐわぞう》を仰向《あふむ》けに入《い》れ、姓名生年月日《せいめいせいねんぐわつぴ》を記《しる》す。本尊《ほんぞん》の足又《あしまた》は膝《ひざ》に踏《ふ》み敷《し》くやうにする事《こと》

斯《か》くしても猶《な》ほ効驗《こうけん》なき時《とき》は本尊《ほんぞん》を縛《ばく》して、沸騰《ふつとう》せる油釜《ゆがま》の中《なか》に投《とう》じて、責《せ》め祈《いの》る事《こと》

又怨敵《またおんてき》の人形又《にんぎやうまた》は畫像《ぐわぞう》に姓名　年　月日《せいめいせいねんぐわつぴ》を記《しる》し、其《そ》の周圍《しうゐ》に十八、又《また》は三十六の鬼《おに》といふ

字《じ》を書《か》き四方《はう》に虫《むし》といふ字《じ》を書《か》き、之《こ》れを鼠《ねづみ》、蟇《がま》、蛇等《へびとう》の血《ち》に浸《した》し、不浄《ふじやう》の火《ひ》にて乾《かは》かし逆《ぎやく》に吊《つる》して、針《はり》を以《もつ》て之《こ》れを刺《さ》し、刺《さ》す毎《ごと》に瞋恚《しんい》の火《ひ》を吹《ふ》きかけ、默念《もくねん》の後《の》ち。道《みち》の四辻《つじ》又《また》は墓地《はかち》に棄《すて》るか、鈍刀《どんたう》にて其《そ》の人形《にんぎやう》又《また》は畫像《ぐわぞう》を切《き》り棄《す》つべし。

又相手《またあひて》の人形畫像《にんぎやうぐわぞう》に姓名生年月日《せいめいせいねんぐわつぴ》を書《しよ》し。左《ひだり》の足《あし》の足袋《たび》に入《い》れ、三週間之《しうかんこ》れを脱《だつ》せずして、日《ひ》の出《で》、正午《しやうご》、眞夜中《まよなか》の三回《かい》、或《あるひ》は随意《ずゐい》に六回《かい》、十一回《かい》、十三回《かい》、十七回《かい》、日々《にちにち》、オンチビチニソワカといふ呪《じゆ》を、一回《かい》に千度宛唱《どづゝとな》ふべし。此《こ》の呪《じゆ》を唱《との》ふるときは、兩手《りやうて》の拳《こぶし》を強《つよ》く握《にぎ》りて胸《むね》に當《あ》て、眼《まなこ》を怒《いか》らし、底力《そこぢから》のある音聲《おんせい》にて誦《しよう》すべし。左《さ》すれば相手《あひて》が病氣《びやうき》か、死亡《しぼう》か、又《また》は懺悔《ざんげ》して來《きた》り降伏《かうふく》するのである。

次《つぎ》に効力《かうりよく》ありたる時《とき》、又《また》は此《こ》の調伏法《てうふくはふ》を解《と》かんとする時《とき》は、修法《しゆはふ》せしものも、願人《ねがひびと》も至《し》心《しん》に懺悔《ざんげ》して其《そ》の趣《おもむき》を本尊《ほんぞん》に奏上《そうじやう》すべし。

次《つぎ》に呪咀《じうそ》返《かへ》しの法《はふ》とて、前《まへ》の呪《じゆ》を御符《ごふ》して之《こ》れを呑《の》み、之《こ》れを日々《ひゞ》一百八遍《ぺん》づつ二十一日間唱《にちかんとな》ふれば調伏《てうふく》せらるることなく、却《かへ》りて調伏《てうふく》せんとする者《もの》が罸《はつ》を受《う》くるものである。

眞言秘密 兩部神法 加持祈禱奥傳 終

加持祈祷奥伝

平成十三年七月二十日　復刻版　初刷発行
令和　五　年四月　三　日　復刻版　第四刷発行

著　者　小野清秀

発行所　八幡書店
東京都品川区平塚二―一―十六
ＫＫビル五階
電話　〇三（三七八五）〇八八一
振替　〇〇一八〇―一―四七二七六三

ISBN978-4-89350-563-7 C0014 ¥3800E